U0865974

科学出版社“十三五”普通高等教育
本科规划教材

新形态教材
www.coursegate.cn

田间试验与统计方法

（第二版）

宁海龙　主编

使用方法：登录“中科云教育”（www.coursegate.cn）平台，搜索本课程，点击“报名学习”即可观看在线学习资源。

科学出版社
北　京

内 容 简 介

本书以培养厚基础、实践动手能力强的高素质农业人才为目标，在第一版的基础上进行了适当修改和补充，系统地介绍了田间试验和统计方法的基本概念、原理与方法，并通过大量例题展示了方法的应用。全书共 15 章，包括田间试验概述、试验资料的整理与描述分析、概率分布、统计推断、χ^2 测验、方差分析、单因素试验资料的统计分析、多因素试验资料的方差分析、品种区域试验资料的统计分析、正交设计资料的统计分析、直线相关和回归分析、协方差分析、多元线性回归与相关分析、非线性回归、正交回归设计等内容，各章后都配备习题供读者练习，并配套有知识点讲解、拓展阅读、部分习题解答和教学课件等在线学习资源。

本书可作为全国高等农业院校植物生产类本科生教材，也可作为相关专业的专科生与研究生、广大农业科技工作者、农业生产管理人员和其他专业人员的工具性参考书。

图书在版编目（CIP）数据

田间试验与统计方法 /宁海龙主编. —2 版. —北京：科学出版社，2020.2

科学出版社“十三五”普通高等教育本科规划教材

ISBN 978-7-03-058362-8

Ⅰ. ①田…　Ⅱ. ①宁…　Ⅲ. ①田间试验-统计分析　Ⅳ. ①S3-33

中国版本图书馆 CIP 数据核字（2018）第 168330 号

责任编辑：丛　楠/ 责任校对：严　娜
责任印制：张　伟 / 封面设计：铭轩堂

科学出版社 出版
北京东黄城根北街 16 号
邮政编码：100717
http://www.sciencep.com
北京凌奇印刷有限责任公司 印刷
科学出版社发行　各地新华书店经销

*

2012 年 1 月第　一　版　开本：787 × 1092　1/16
2020 年 2 月第　二　版　印张：22
2022 年 8 月第三次印刷　字数：522 000

定价：65.00元

（如有印装质量问题，我社负责调换）

《田间试验与统计方法》（第二版）编委会名单

主　　编　宁海龙（东北农业大学）

副 主 编（按姓氏汉语拼音排序）

陈志斌（沈阳农业大学）
李文霞（东北农业大学）
王树彦（内蒙古农业大学）
许海霞（河南农业大学）

参编人员（按姓氏汉语拼音排序）

董中东（河南农业大学）
龚　江（石河子大学）
关　欣（沈阳农业大学）
李喜焕（河北农业大学）
刘桂富（华南农业大学）
屈淑平（东北农业大学）
宿俊吉（甘肃农业大学）
王　霞（黑龙江八一农垦大学）
于晓芳（内蒙古农业大学）
张　君（吉林农业大学）
赵欣欣（吉林农业大学）
朱华玉（河南农业大学）

主　　审　崔党群（河南农业大学）

第二版前言

“田间试验与统计方法”是高等农业院校植物生产类专业（农学、植物保护、园艺、植物生物技术、植物科学与技术等）及其相近专业的专业基础课，该课程可为后续专业课程的学习和从事农业科学研究与技术推广等工作奠定基础。

《田间试验与统计方法》（第一版）自 2012 年出版以来，得到广大师生和读者的认可，在使用过程中不断收到读者反馈的宝贵意见，同时各校教师也在不断积累经验，吸收新的教学成果，补充教学内容。2016 年春季，在哈尔滨召开了《田间试验与统计方法》（第二版）编委会议，提出了满足复合型和应用型不同层次人才的培养，适当拓展课程应具有的理论深度和分析技术的广度，并建设数字课程资源的教材编写原则和目标。基于以上理念，本书明确了试验设计和生物统计学的相关概念，在书中增加了概率分布及抽样分布、方差分析的数学模型和期望均方、单一自由度比较、协方差分析。为了满足不同层次的学习需求，我们增加了包含部分章节的教学视频。另外，将试验的实施、拟合优度测验、总体平均数差数的区间估计、拉丁方设计资料的统计分析、三因素完全随机和随机区组设计方差分析、混合型密度-产量回归分析、抛物线型密度-产量回归分析等内容，以及部分习题的答案，在书中以二维码的形式呈现，供读者学习应用。部分章的习题由于计算量较大，学生难以手工完成，可在掌握统计原理的基础上，通过计算机统计软件计算，书中不再给出详细计算过程，可根据参考答案验证对错。

全书共 15 章，系统介绍了田间试验概述（由董中东编写）、试验资料的整理与描述分析（由屈淑平编写）、概率分布（由宁海龙编写）、统计推断（由关欣和宁海龙编写）、χ^2 测验（由李文霞和龚江编写）、方差分析（由赵欣欣和张君编写）、单因素试验资料的统计分析（由张君编写）、多因素试验资料的方差分析（由王树彦编写）、品种区域试验资料的统计分析（由李喜焕编写）、正交设计资料的统计分析（由朱华玉和李文霞编写）、直线相关和回归分析（由王霞和宁海龙编写）、协方差分析（由刘桂富和宿俊吉编写）、多元线性回归与相关分析（由许海霞编写）、非线性回归（由于晓芳编写）、正交回归设计（由陈志斌编写）等内容。

为了帮助读者掌握知识点，提高学习效率，本书提供了内容丰富、形式多样的在线学习资源。读者可通过登录“中科云教育”（www.coursegate.cn）平台，观看本书知识点讲解视频、拓展阅读、习题解答和教学课件等。部分章的结尾以二维码的形式提供习题答案及解析，方便读者及时检验计算结果。

本书可作为高等农业院校植物生产类专业及其相近专业的教材，讲授完全部内容大约需要 80 学时，使用者可根据具体情况讲授其中的部分内容。本书也可作为广大农业科技工作者、农业生产管理人员和其他专业人员的工具性参考书。

书中引用了参考文献中的部分理论和图示，在此谨向相关作者表示感谢。向给本书第一版提出宝贵意见的读者表示感谢，同时也对关心与支持本书编写、出版的各位编者所在院校的领导和科学出版社的编辑表示衷心的感谢。

最后，诚挚地希望读者对书中的疏漏和不足之处给予指正，以利于今后的修订。

宁海龙

2018 年 3 月

第一版前言

“田间试验与统计方法”是高等农业院校植物生产类专业（农学、植物保护、园艺、植物生物技术、植物科学与技术等）及其相关专业的专业基础课，主要讲授田间试验的设计、实施和试验结果的统计分析方法，为学习专业课程和从事农业科学研究、农业技术推广等工作奠定基础。

在满足社会对具备较强实践动手能力高素质人才需求的背景下，作为专业基础课程的“田间试验与统计方法”的教学内容既要吸纳试验设计和统计新方法，也要加强统计方法与计算机科学相结合。基于以上理念，本书缩减了概率分布理论基础知识的篇幅，增加了正交设计、正交回归设计和作物密度与产量关系等内容，这些试验设计相比常规试验设计有较大的优势，在农业科研生产中广泛应用，虽然统计方法较复杂，但是在统计软件的支持下，统计变得非常方便；$2\times C$ 列联表独立性测验和 $R\times C$ 列联表独立性测验的方法和原理相同，本书删除了 $2\times C$ 列联表独立性测验；在对方差分析和回归分析的方法介绍中，首先介绍了线性模型，既便于读者理解变异来源，也便于读者在应用软件分析数据的过程中选择模型；由于广义线性模型方法在农业统计中的广泛应用，分析不平衡数据已经很容易，本书删除了方差分析相关章节缺区数据的估计与分析方法，同时，删除了关于期望均方的论述；本书的例题广泛涉及大田作物和园艺蔬菜作物的遗传育种、耕作栽培、植物保护、土壤农业化学等学科专业知识，并详细论述了试验设计、试验实施和数据获得的过程，尤其根据实际需要，在假设测验一章中，增加了一尾测验例题的数量，以期提高读者对试验设计与相应统计方法的选择与应用能力。在附表中，调整了 t 分布、F 分布、χ^2 分布临界值，以满足一尾测验的需要。

全书共分 14 章，系统介绍了田间试验概述、试验资料的整理与描述分析、概率分布、统计推断、χ^2 测验、方差分析、单因素试验资料的统计分析、多因素试验的统计分析、品种区域试验资料的统计分析、正交设计资料的统计分析、直线相关与回归分析、多元线性回归与相关分析、非线性回归分析、正交回归设计的内容。本书可与《田间试验数据的计算机分析》（科学出版社，2012）配合使用，实现原理方法与计算工具的结合，也可单独使用。

本书的第一章由河南农业大学崔党群编写，第二章由东北农业大学屈淑平编写，第三章由东北农业大学宁海龙编写，第四章由沈阳农业大学关欣编写，第五、第六、第九、第十章和附表由东北农业大学李文霞编写，第七章由吉林农业大学张君编写，第八章由内蒙古农业大学王树彦编写，第十一章由黑龙江八一农垦大学王霞编写，第十二章由河南农业大学许海霞编写，第十三章由内蒙古农业大学高利萍编写，第十四章由沈阳农业大学陈志斌编写。全书由宁海龙统稿，除以上编者交叉审稿外，由金益主审，最后由宁海龙定稿。

本书可作为高等农业院校植物生产类专业及其相关专业的教材，讲授完全部内容大约需要 70 学时，使用者也可根据具体情况讲授其中的部分内容。本书也可作为广大农业科技工作者、农业生产管理人员和其他专业人员的工具性参考书。

本书引用了参考文献中的部分理论和图示，在此谨向有关作者表示感谢。同时也对关心与支持本书编写、出版的科学出版社和编者所在院校的领导表示衷心感谢。

最后，诚挚地希望读者对书中的疏漏和不足之处给予指正，以利于今后的修订。

编　者

2011 年 10 月

目　　录

第一章　田间试验概述

【内容提要】　本章主要讲述田间试验设计的基本概念和试验方案的设计与实施。田间试验设计是统计分析的前提和基础。设计试验是为了有效地降低试验误差，提高试验的准确性和精确性，主要包括田间试验设计的一些基本概念（如试验因素、水平和试验指标等）、田间试验的任务和基本要求、制订试验方案的要点、田间试验误差的来源和控制途径、田间试验的基本原则和作用、试验地的土壤肥力差异和小区技术及田间试验中常用的一些试验设计等内容。

【学习重点】　试验误差的来源和控制途径、小区技术、试验设计原则及其作用，以及不同随机排列类型试验设计的实施步骤、优缺点和应用范围等。

【学习难点】　试验误差和土壤肥力差异控制、随机区组设计、裂区设计。

【要求掌握的基本技能】　能够根据试验地的特点和试验具体要求，结合田间试验的小区技术和试验设计的原则设计出合理的试验，并能够绘制出试验的田间种植图和制订出试验实施方案。

在大田条件下进行的试验称为田间试验（field experiment）。农业生产在大田中进行，受光照、气温、降雨和土壤等自然生态因子的影响。因而，要评价农业生产新技术在当地达到的预期效果如何、农作物新品种或新的丰产措施有无增产效果、新农药或新的防治病虫害措施效果如何等问题都必须进行田间试验。田间试验是进行农业科学研究的主要形式，除此之外，也可采用盆栽、温室、实验室及其他方式进行试验，如作物育种过程中的温室加代、研究作物矿质营养吸收的盆栽试验等。但是，这些试验的环境条件与大田生产差别较大，试验结果不能代表田间试验的结果，难以直接应用于大田生产。因此，只有在对环境条件要求比较严格时，才加以应用，一般来说，它们只是农业科学试验的辅助方式。可见，田间试验是农业科学研究中不可替代的主要研究手段。

第一节　田间试验的任务和要求

一、田间试验的任务与来源

田间试验的任务就是在大田条件下评价农业生产新技术、新产品及其实际效果，解决农业生产中需要解决的问题。农业生产在田间进行，只有在与农业生产实际条件相似的田间进行的试验中表现优良的农业科学研究成果，才有可能在生产实践中得到推广应用，发挥其增产增效的作用。例如，征集一个地区新育成的作物品种进行区域试验，评价这些品种的推广利用价值，供生产上择优利用；通过播期与播量试验，优化新育成品种的栽培技术，实现良种良法结合；通过育种试验，将各具不同优良特性的亲本杂交，选育出高产、多抗、优质的作物新品种；通过肥水耦合试验，确定优质、高效的施肥灌水技术等，都需要进行田间试验。

田间试验任务的来源主要有以下几个方面。

（1）农业生产实践中发现或提出了新的问题，需要通过田间试验进行解决。由于农业生产在田间进行，田间试验是直接为农业生产服务的。因此，当时当地农业生产中亟待解决的问题是田间试验任务的首要来源。例如，新品种选育和节水灌溉研究都需要进行田间试验；新育成品种需要进行播期与播量试验；研究植物激素对农作物生长发育的影响，需要在田间进行激素剂量与使用时期试验；研究肥水增产效果也需要在田间进行肥水耦合试验。

（2）农业科学工作者经常需要通过田间试验开展有关作物生长发育和遗传规律，以及作物与环境之间相互关系等的研究。虽然其中的许多内容也可以在实验室、温室或人工气候室中进行，但是在田间进行试验更符合作物的实际生长情况。可见，有关作物生长发育和遗传规律及其生境的基础研究也是田间试验任务的来源之一。

（3）不同地区和不同单位之间经常有相同或类似的项目需要进行研究，但各个地区或单位的条件不同，不可能也不必要都开展研究。通常可以委托具备较好试验条件的地区或单位来进行独立研究，或由位于不同地区的多个单位进行多点试验协作研究。因此，受其他地区或单位的委托进行研究也是田间试验任务的一个重要来源。

（4）根据农业生产发展的需要，各级农业行政部门或科研主管部门经常会安排一些田间试验项目，如农作物新品种展示、高产示范等都是田间试验任务的来源。

二、田间试验的基本要求

无论哪种类型的田间试验，要得到正确、可靠的结果，使其在科学种田中发挥参谋和促进作用，都必须满足以下四项基本要求。

（一）试验目的要明确

试验目的要明确就是对试验要解决的问题有充分的了解，对预期结果做到心中有数。例如，作物新品种的播期与密度试验，就是要确定作物新品种的最佳播期和最适密度，安排试验时，要根据已有资料和经验，预期可能的最佳播期和最适密度。这样就可以围绕可能的最佳播期安排播期处理，围绕可能的最佳密度安排密度处理；否则，最佳播期和最适密度可能不包括在播期处理和密度处理范围内，必然导致试验失败。

田间试验最根本、最主要的目的是解决农业生产或科学研究中的问题。因此，制订试验方案，选择试验项目时，要抓住当时当地农业生产或科学研究中急需解决的问题，明确试验目的。由于有些田间试验需要较长的时间，因此必须预见到试验结果推广时可能变化了的社会需求。例如，选育一个作物新品种通常需要 10 年以上的时间，那么在一轮新品种选育一开始就要预见到 10 年后社会和经济发展对作物新品种的需求与变化了的生产条件，明确 10 年后要解决的问题。

（二）试验条件要有代表性

试验条件要有代表性就是要求田间试验的各项试验条件要接近试验结果欲推广地区的自然条件和生产条件，只有这样才能使试验结果在欲推广地区的生产上发挥增产增效的作用。例如，如果欲推广地区土壤比较黏重，不够肥沃，肥料来源尚有困难，水利条件也不够理想，则试验地、供试品种和各项试验技术措施的选择，就必须与这些具体条件相适应。否则，选择了一块特别肥沃和有灌溉条件的高肥水地块作试验地，并选用喜肥水品种，用其试验结果指导欲推广地区的生产，显然很难达到预期目的，还很有可能带来巨大损失。此外，在考虑代表性的同时还要有预见性，随着社会经济的发展，肥、水等生产条件会不断改善，农业机械化水平也在不断提高。由于有的试验往往需要数年才有结果，如果不考虑试验结果欲推广地区数年后可能出现的生产条件，试验成果就难以在生产上发挥较大作用。

（三）试验结果要准确可靠

进行田间试验时，必须坚持唯一差异原则（principle of only one difference），随时随地注意试验的准确性，力求避免造成不应有的试验误差。例如，品种比较试验的目的在于比较不同品种的丰产能力，除比较的品种外，土壤肥力及栽培管理措施应尽可能一致。否则，若比较的各个品种所处小区肥力不匀，或者前茬、浇水、中耕等田间管理措施不一，时间早晚不同，收获不一致，就会大大影响试验的准确性。但应该指出的是：在注意其他条件一致的原则时，不能机械地套用这一原则，如将成熟期不同的品种同时收获，其结果反而不能准确地反映这些品种的生产能力。

（四）试验结果要有重演性

试验结果的重演性是指在相同或类似的条件下进行同样的试验或生产实践，能获得类似的结果。田间试验结果具有重演性，才能使试验结果推广应用于大田生产。为了满足重演性的要求，必须注意下面几个环节：第一，完全掌握试验所处的自然条件和生产条件；第二，有及时、准确、完整的田间观察记载，以便分析产生各种试验结果的原因，找出其中的规律；第三，每一项试验最好在本地重复进行 2～3 年，以便弄清作物对不同年份气候条件的反应；第四，如果将试验结果推广到其他地区，还应进行多点试验。

三、田间试验的种类

田间试验一般以作物为研究对象。依据试验项目的性质、试验因素数、试验设计类型和试验小区的面积、试验地点数、试验年份数，可以将试验从不同的角度分成不同的种类。

（一）按试验项目的性质分类

田间试验根据供试项目的性质，一般可分为 7 类。

1. 遗传试验　主要研究作物各性状的遗传特点和遗传规律，估算各类遗传参数。例如，为科学评价杂交亲本和估算遗传参数进行的双列杂交试验、为确定作物性状的遗传模型和估算基因效应进行的多世代群体试验都是遗传试验。

2. 生理生化试验　主要研究作物的生长发育规律及其生理特点，测定各项生理生化指标和作物器官的化学组成。例如，在田间测定作物群体或个体的光合效率、呼吸特性等生理和生化指标。

3. 生态试验　主要研究作物对自然和人工生态条件的反应，确定作物的适宜生境和营养来源。

4. 土肥试验 研究土壤特性和不同土壤类型的产量潜力、施肥效果等。

5. 作物育种试验 培育作物新品种进行的试验，包括亲本和杂交后代的种植、新品系的产量鉴定和比较、新品种的区域试验等。

6. 作物栽培与耕作试验 研究作物栽培技术的播期试验、播量试验，还有轮作、间作等试验。

7. 病虫草害防治试验 研究作物病虫草害防治的技术与机制，如农药试验、综合防治试验等。

（二）按试验因素数分类

试验因素（experimental factor）是指在试验中研究其变动对试验结果影响的对象，简称因素或因子。按试验因素的多少，试验可分为单因素试验、多因素试验（复因素试验）和综合性试验。

1. 单因素试验 只研究一个因素效应的试验叫单因素试验。单因素试验设计简单、目的明确、试验结果易于分析，不能了解因素间的相互关系是其局限性。例如，作物育种研究中通常进行的品种比较试验，只研究品种这一个试验因素，因此品种比较试验就是单因素试验。再如，施肥量试验，只研究施肥量这一个试验因素对作物产量及其他性状的影响，因此，也属于单因素试验。

2. 多因素试验 研究两个或两个以上因素效应的试验叫多因素试验，多因素试验往往根据其供试因素数进行命名，如品种×播期×播量是一个三因素试验。多因素试验不仅可以研究各因素的单独效应，而且能研究两个或两个以上因素结合起来的交互作用。多因素试验比单因素试验更符合作物的生长发育规律，但多因素试验的设计和结果分析比较复杂。例如，研究一个小麦新品种优化栽培措施的播期×播量试验就是一个二因素试验，既可研究播期和播量的单独效应，也能研究二者的交互作用。

3. 综合性试验 综合性试验是指将一个试验因素的某个特定水平同其他试验因素的某些特定水平搭配形成一些特定的处理组合，试验和结果分析时把各特定处理组合作为单因素进行处理对待。这种试验方案主要用于综合技术研究。例如，在河南郑州‘豫农 202’最适宜的播期为 10 月 10 日，播量为 8kg/667m^2；‘豫麦 18’最适宜的播期为 10 月 20 日，播量为 9kg/667m^2；‘豫农 035’最适宜的播期为 10 月 10 日，播量为 8kg/667m^2；‘豫麦 2 号’最适宜的播期为 10 月 8 日，播量为 8kg/667m^2；‘豫农 949’最适宜的播期为 10 月 15 日，播量为 8.5kg/667m^2。这样可以形成一个有 5 个特定处理组成的组合因素试验。

（三）按试验设计类型分类

按试验设计（experiment design）类型，田间试验可分为对比法设计（contrast design）试验、间比法设计（interval contrast design）试验、完全随机设计（completely random design）试验、完全随机区组设计（completely random block design）试验、裂区设计（split plot design）试验、正交设计（orthogonal design）试验、平衡不完全区组设计（balanced incompletely block design）试验、平衡格子方设计（balanced lattice design）试验等。这些试验中的大部分将在后面介绍，此处不赘述。

（四）按试验小区的面积分类

试验小区（experiment plot）是田间试验中一个处理（treatment）或处理组合（treatment combination）一次实施所占用的地段，简称小区（plot）。一般来讲，试验小区面积小于333m^2的试验叫小区试验，试验小区面积大于333m^2的试验叫大区试验。大区试验耕作栽培条件更接近大田生产，每个大区都可能碰上较肥或较瘦的地段，因此代表性和准确性都较好，而且便于示范推广，试验结果的分析也比较省事，但试验条件难以严格控制，而且人力、物力消耗较多，所以不适用于探索性试验。大区试验一般用于和生产比较接近的田间试验，如作物品种或栽培技术等的大区对比试验、新品种展示试验等；大区试验一般不设重复。小区试验在一定程度上克服了大区试验的缺点，特别在育种试验的初、中期阶段，试验的处理数较多，而每一处理的种子量较少，设置大区试验有困难。所以一般应先进行小区试验，在小区试验选优淘劣的基础上再进行大区对比示范试验。大多数田间试验都是小区试验，小区试验一般要设置重复。

（五）按试验地点数分类

按试验地点的多少，试验可以分为单点试验和多点试验。单点试验只在一个地点进行；多点试验要在两个或两个以上的地点按相同的试验方案进行，可以研究试验处理对不同地点气候、土壤等自然生态因子的反应。如果试验结果欲在多个地区推广就应进行多点试验，作物新品种的区域试验就是多点试验。

（六）按试验年份数分类

按试验年份的多少，试验可以分为一年试验和多年试验。一个试验只进行一年叫一年试验；按同一试验方案将一个试验进行两年或两年以上称为多年试验，多年试验可以研究试验处理对不同年份的气候等自然生态因子的反应。由于年份间气候特点往往存在较大差异，因此一个试验最好进行两年以上，这样才能使试验结果客观、可靠，具有推广利用价值。

此外，还有将多年试验与多点试验结合形成的多年多点试验，这样在一个试验中既可研究试验处理对不同地点气候、土壤等自然生态因子的反应，也可研究试验处理对年份间气候因子的反应。作物新品种的区域试验通常是多年多点试验。

第二节　试验方案的制订

试验方案是根据试验目的所拟订的一组试验处理或处理组合的总称。有时试验方案也指整个试验计划，包括试验目的和依据、供试试验材料、试验处理、小区设置、种植方法、田间管理、观察记载项目、收获考种、试验结果分析方法等。试验方案是试验的蓝图，必须认真细致地进行拟订。

一、试验因素与水平

在田间试验中有各种各样的因素影响试验结果，有些因素是试验的条件称为条件因素，如光照、气温、降雨等气候条件和土壤肥力等在大多数情况下都是试验的条件因素；在试验中对其进行研究的因素称为试验因素（experimental factor），如在品种比较试验中品种是试验因素，在播期与播量试验中播期和播量是试验因素，在施肥试验中肥料类型和施肥量是试验因素。

将试验因素数量的不同等级或质量的不同状态分成若干个不同级别称为水平。例如，在品种比较试验中使用了 10 个品种，那么品种这个试验因素就具有 10 个水平；同样，若一个施肥试验使用了 3 种肥料，每种肥料又有 3 个施肥量，那么肥料种类和施肥量两个试验因素都各有 3 个水平。单因素试验中的每一个水平称为处理（treatment）。

在多因素试验中各因素不同水平的组合称为处理组合（treatment combination）。例如，在一个玉米品种×密度试验中，选用‘豫玉 22’‘丹玉 405’‘郑单 958’3 个玉米品种，3000 株/667m^2、3750 株/667m^2、4500 株/667m^2、5250 株/667m^2 4 种密度，那么这个试验有 12 个处理组合，具体如下。

‘豫玉 22’/3000 株/667m^2	‘丹玉 405’/3000 株/667m^2	‘郑单 958’/3000 株/667m^2
‘豫玉 22’/3750 株/667m^2	‘丹玉 405’/3750 株/667m^2	‘郑单 958’/3750 株/667m^2
‘豫玉 22’/4500 株/667m^2	‘丹玉 405’/4500 株/667m^2	‘郑单 958’/4500 株/667m^2
‘豫玉 22’/5250 株/667m^2	‘丹玉 405’/5250 株/667m^2	‘郑单 958’/5250 株/667m^2

一个试验因素若是从量的方面分成若干个试验处理（水平），各相邻处理（水平）之间的间距可以相等也可以不等。

二、试验处理效应

在田间试验中，用于衡量试验效果的指示性状称为试验指标（experiment indicator）。在一个试验中衡量试验效果的指标可以是一个，也可以是多个，这要根据研究目的和专业知识进行确定。例如，在作物品种区域试验中，要考察的试验指标通常有生育期、产量及其构成因素、株高、穗部性状、抗病性、抗虫性、抗逆性、品质等几十个试验指标。

虽然，在田间试验中通常可考察的试验指标很多，但也不能面面俱到，要根据研究目的，分清主次，抓住主要方面，量力而行，合理确定试验指标。

处理效应（treatment effect）是试验因素对试验指标所起的增进或减少作用，处理效应可以分为简单效应、主效应和交互作用效应三类。简单效应（simple effect）是指同一个因素内两种水平间试验指标的差值。例如，两个小麦品种和两种施氮量的试验结果（表 1-1），可以计算 4 种简单效应，如甲品种氮肥的简单效应为 560－500＝60（kg/667m^2）。主效应（main effect）是指一个因素内各简单效应的平均数，又称平均效应，简称主效。表 1-1 的试验结果可以计算两种主效，即氮肥的主效和品种的主效，分别为 80kg/667m^2 和 70kg/667m^2。计算方法为：[（560－500）+（650－550）]/2（或者 605－525）=80（kg/667m^2），[（550－500）+（650－560）]/2（或者 600－530）=70（kg/667m^2）。交互作用效应（interaction effect）是指两因素简单效应间的平均差异，简称互作。交互作用也可以说是一个因素的各水平在另一个因素的各水平上表现不一致的现象。表 1-1 的试验结果可以算出品种与氮肥（或者氮肥和品种）的互作为［（650－550）－（560－500）］/2=［（650－560）－（550－500）］/2=20（kg/667m^2）。

表 1-1　两个小麦品种和两种施氮量的试验结果　（单位：kg/667m²）

品种	施纯氮 13kg/667m² 的产量	施纯氮 16kg/667m² 的产量	平均产量
甲	500	560	530
乙	550	650	600
平均	525	605	565

互作可以根据计算所得数值的正负划分为正互作和负互作。也可以根据参与的试验因素数来划分，一般来讲，两个试验因素间的互作叫一级互作，三个试验因素间的互作叫二级互作，其余类推。二级以上的互作也叫高级互作。高级互作通常对试验结果影响不大，而一级互作对试验结果的影响通常是显著的。

三、制订试验方案的要点

在试验开始前，制订一个正确有效的试验方案是十分重要的，可以达到事半功倍的效果。否则，不仅费时费力，甚至可能导致试验失败。制订一个正确有效的试验方案，应注意以下几点。

1. 明确试验任务，确定研究对象　在设计试验方案之前，必须通过查阅文献、调查研究等多种形式，比较深入地了解所要研究的问题及前人研究进展，明确田间试验的任务，确定研究的对象（即作物及其品种）和欲达到的目标等。

2. 确定试验因素，拟订试验处理　根据试验任务所提出的问题和影响试验结果的可能因素，分析因素间的主次从属及相互间的作用，从中挑选出本次试验所研究的关键因素。

试验因素一般不宜过多。一个试验最好是抓住 1 或 2 个或少数几个主要因素，解决关键性或急需解决的问题。尤其在研究初期，应抓住关键因素进行单因素试验，待明确其效应后，再以此为基础，进行多因素试验，以深入地了解因素之间的相互作用。如果一个问题所涉及的因素多，一时难以取舍，或者对各因素最佳水平的可能范围难以做出估计，可以将试验分两个阶段进行，即先做单因素试验，再根据多个单因素试验的结果精选试验因素和处理（水平），进行多因素试验。

试验因素确定之后，就要拟订试验处理。一般来讲，试验因素少，可以多设几个试验处理；试验因素多，每个试验因素就要少设几个试验处理。若是单因素试验，试验处理数可以在 10～20 个；若为多因素试验，试验处理组合数可以在 20 个左右。

若试验因素是从量的方面划分试验处理的，两个相邻试验处理的间距可以相等，也可以不等。另外，试验处理的最高值和最低值要适当，根据相关的专业知识和研究目的酌情确定。供试因素的处理数和两个相邻处理的间距要适当，并一定要包括可能的最佳处理。处理的设计应从生产实际出发，不要设置一些在生产实践中无意义或不能实施的处理。例如，设计一个玉米品种‘郑单 958’的密度试验，若试验因素密度（株/667m²）设 500、1500、2500、3500、4500、5500、6500、7500、8500、9500、10500、11500、12500 等 13 个处理。显然，这 13 个处理包括玉米品种‘郑单 958’可能的最适密度，但根据玉米的生长发育特点，500 株/667m²、1500 株/667m²、7500 株/667m²、8500 株/667m²、9500 株/667m²、10500 株/667m²、11500 株/667m² 和 12500 株/667m² 在生产上可能是无意义的。在设置试验处理时，若两个相邻处理的间距小，试验处理数目太多，试验复杂，处理间的真实效应极容易被误差所掩盖；

相反，若两个相邻处理的间距大，试验处理数目太少，试验灵敏度相应就低。总之，从量的方面划分试验处理的试验因素，处理的最大值和最小值及两个相邻试验处理的间距要适当。

在实际应用中，常用的确定两个相邻试验处理间距的方法有等差法、等比法和黄金分割法等。等差法也称等间距法，是指任意两个相邻处理的间距都相等，前述玉米密度试验就属等差法。等比法是指任意两个相邻处理数量比值相同。例如，冬小麦全生育期的纯氮用量可设 4 个水平，分别是 40kg/hm^2、80kg/hm^2、160kg/hm^2、320kg/hm^2，任意两个相邻处理之比为 1∶2。黄金分割法是利用黄金分割值 0.618 设置试验处理，当试验指标与因素水平间呈抛物线关系时，选出因素处理的两个端点值，再以 $L=$（最大值−最小值）×0.618 为处理间距，用最小值$+L$ 和最大值$-L$ 的方法确定处理。例如，冬小麦全生育期的纯氮用量试验，若最高施肥量定为 320kg/hm^2，最低为不施肥，则处理间距 $L=(320-0)\times0.618=197.76$kg/hm^2，那么 $0+197.76=197.76$，$320-197.76=122.24$，于是可得冬小麦全生育期的纯氮用量试验处理分别为：0kg/hm^2、122.24kg/hm^2、197.76kg/hm^2、320kg/hm^2。绝大多数试验处理的间距都是等差，即等间距的。

3. 贯彻唯一差异原则　唯一差异原则是指为保证试验结果的可比性，试验中除了要比较的试验处理间有差异外，其他各种试验条件都应相同或相近。例如，进行作物品种的产量比较试验，除了品种外，其他各种条件和栽培管理措施如小区形状与大小、播种期、播种量、株行距、施肥、灌溉、病虫害防治等都应保持完全一致。若进行播期×播量试验，除播种期、播种量外，品种、施肥、灌水、病虫害防治等都应完全一致。

4. 设置对照　试验方案中一般应包括对照处理（check，CK）。对照是各处理或处理组合与之比较的标准处理，绝大多数试验都需要设置对照。根据研究目的和内容，不同试验需要设置不同的对照，品种比较试验一般选用当地当前的主栽品种（当家品种）作对照，栽培试验一般选用当地正在使用的或当地当前最优的栽培技术作对照，施肥试验一般用不施肥作对照，灌水试验一般用不灌水作对照，根外喷肥试验一般用喷等量清水作对照或设置不喷和喷等量清水两个对照。

四、正确处理试验因素与试验条件的交互作用

一个试验中只有供试因素的处理水平在变动，其他条件因素都固定在某个处理水平上不变。在这种条件因素下获得的试验结果，在其他条件因素下不一定能重演。换句话说，在这种条件因素下为最优的处理组合，换了条件因素并非还是最优处理组合。因此，在拟定试验方案时，必须充分考虑试验因素与条件因素间的关系，尤其是那些与试验因素可能存在互作的条件因素，将某些与试验因素可能有互作（特别是负互作）的条件因素作为试验因素，放在一起进行多因素试验；或者在多种条件因素下分别进行同一单因素试验（如多点试验），然后将试验条件（如地点）也作为一个试验因素，进行试验结果的联合统计分析。

第三节　试验误差及其控制

田间试验受很多无法控制的自然因素影响，试验条件复杂。所以在进行田间试验时，需要研究影响试验数据准确度（accuracy）和精确度（precision）的各种因素，以便正确进行试验设计与统计分析，从而得出准确的结果，并做出正确的推断。

一、试验误差的概念

在田间试验中，试验处理有其真实效应，但总是受到许多非处理因素的干扰和影响，使试验处理的真实效应不能真实地反映出来。这样，从田间试验得到的观察值(observed value)，既包含处理的真实效应，又包含许多其他因素的偶然影响。这种因非处理因素的偶然干扰和影响而造成的试验观察值与处理真值的偏差（deviation），称为试验误差（experiment error）。

试验误差包括系统误差（systematic error）和随机误差（random error）两种。系统误差由试验处理以外某些固定不变的因素如试验仪器缺陷、观察习惯、试验方法、趋向式肥力差异等引起，在相同条件下进行多次测量，其误差数值的大小和正负保持相对稳定，或随条件改变按一定规律变化，所以系统误差是重复出现的定向误差。系统误差影响试验结果的准确度。随机误差由某些不易控制的偶然性因素造成，在相同条件下多次测量，其误差数值和方向是不确定的，即时大时小，时正时负，无固定大小和偏向。随机误差服从统计规律，其大小与测量次数有关。随着测量次数的增加，平均值的随机误差可以减小，但不会消除。随机误差影响试验的精确度，随机误差小表示精确度高，随机误差大则精确度低。

准确度是田间试验中作物某一性状或试验指标的观察值与其真值的接近程度。由于真值一般难以得到，因而准确度也难以度量。精确度是试验中同一作物性状或试验指标观察值彼此间的接近程度，即试验误差的大小，它可以计算。当没有系统误差存在时，准确度同精确度一致。

二、试验误差的来源

田间试验在变化多端而又难以控制的自然环境条件下进行，试验对象作物又容易受到自然环境等外界条件的影响，因此试验误差是不可避免的，其只能降低，不能消除，而且一般要比工业和理化试验的误差大得多。其主要来源有 4 个。

（一）试验小区条件不一致

试验小区条件不一致既包括各试验小区的土壤肥力不一致，也包括试验小区所处的外部环境条件不一致。土壤肥力不均是田间试验中最主要的试验误差来源。试验小区所处的外部环境条件不一致主要是试验安排在高大建筑物、树木、交通要道、风口等附近所致。

（二）试验材料不一致

试验材料不一致包括供试种子大小不一致、秧苗壮弱不一致、种子或秧苗在基因型上存在差异等。

（三）栽培管理操作技术不一致

栽培管理操作技术不一致包括各处理或处理组合的播种、田间管理、采样、收获等操作在时间上、质量上或数量上存在差别，也包括施肥、喷洒农药与植物生长调节剂等不均，还包括观察记载标准、时间不一致等。

（四）偶然性因素的影响

人工无法控制的冰雹、旋风等自然因素及人畜禽践踏和病虫草害引起的误差都是偶然性误差（spontaneous error）。

除此之外，还有工作中疏忽大意造成的错误，如读数错误、记录错误或操作失败所导致的错误等。工作中疏忽大意造成的错误也叫粗大误差，这类误差往往与正常值相差很大，应在整理数据时依据一定的规则加以剔除或重新测量。试验误差是不可避免的，但是采取一些措施，降低试验误差是完全可能的，但错误是不允许的，只要认真细致，按操作规程进行是完全可以避免的。

三、试验误差的控制

（一）选择同质的试验材料

首先，试验材料在遗传上必须是纯合或杂合一致的；其次，在生长发育上要壮弱大小一致，若有困难，可按生长发育的壮弱大小分成几个档次，把同一档次规格的安排在同一区组中，通过局部控制减少试验误差。另外，试验所用的肥料、农药、植物生长调节剂等最好是同一厂家同一生产批次的，确保其有效成分含量和杂质含量相对一致。

（二）改进农事操作管理制度，使之标准化

为了减少试验误差，首先操作要仔细，工作一丝不苟；其次操作管理中要贯彻局部控制原则，一个区组的试验内容尽量由一个人或尽可能少的人在尽可能短的时间内完成。

（三）精心选择试验地

各试验小区的土壤肥力和所处的外部条件要力求均匀一致，如果各试验小区的土壤肥力和所处的外部条件不一致，就很难使试验结果准确可靠。如果使各试验小区的土壤肥力和所处的外部条件一致确有困难，可根据局部控制原理，将它分成若干地段，使地段内土壤肥力尽可能均匀一致，地段间允许存在差异。

（四）采用合理的试验设计

合理的试验设计（包括试验小区的设置与排列）既可减少试验误差，提高试验的精确度和准确度，也可估计试验误差，从而对试验处理差异进行显著性测验（test of significance）。

第四节　试验地的土壤差异与小区技术

一、试验地的土壤差异及选择

在自然界，土壤肥力差异是普遍存在的，控制土壤肥力差异在田间试验中具有非常重要的作用。

（一）土壤肥力差异的测定

土壤肥力差异可通过空白试验（blank test）测定。空白试验就是在一块土地上播种同一

种作物（大密度小棵作物，如小麦、大麦等）的同一品种，播量及其他栽培管理措施也都力求均匀一致。收获时，将这块田地划分成若干个面积相等的小区，分别收获计产，便可发现各个小区的产量都存在着程度不同的差异，相邻的小区差异比较小，相隔越远产量差异就越大，这说明土壤肥力差异具有普遍性。如果空白试验结果表明土壤肥力差异具有趋向性，采用适当的试验设计进行田间试验，可以估计试验误差和有效降低试验误差。

土壤肥力差异程度通常用变异系数（coefficient of variation）度量。方法是分别对收获计产的小区产量计算平均数和标准差，进而计算变异系数。一般变异系数在10%以上的地块就不宜用作试验地。

（二）土壤肥力差异的产生

引起土壤肥力差异的原因主要有两方面：第一，土壤发生过程中的差异，由于土壤发生过程不一样，因此土壤质地不一样，有的是砂土，有的是壤土，有的是黏土，而且土壤的化学组成也不一样，这些都可能导致土壤肥力存在差异。一般来讲，由于土壤发生过程不同而产生的土壤肥力差异具有持久性，难以消除。第二，土壤利用不同造成的土壤肥力差异，如前茬、施肥、灌溉方法、耕作栽培等不同，都会引起土壤肥力差异。

（三）土壤肥力差异的种类

土壤肥力差异往往具有持久性，特别是使用有机肥料，其影响可以持续多年，土壤发生过程中的差异更是无法消除。土壤肥力差异的类型有两种。土壤肥力有规则地向一个方向变化叫趋向式肥力差异，这种形式的肥力差异在许多情况下是由斜坡以及土壤发生过程所形成的。在田块中有特别肥沃或特别瘠薄的斑块叫斑块式肥力差异，斑块式肥力差异多由施肥不均、牲畜便溺、盐碱化及其他因素造成。有较严重斑块式肥力差异的地块不宜用作试验地。

（四）减少土壤肥力差异的措施

匀地种植、绿肥掩青和试验地轮换都可减少肥力差异。匀地种植就是在试验开始前，先在选好的试验地上，视肥力不均程度播种同一作物的同一品种 1～3 年，播量、施肥量、施肥方法、耕作和栽培管理等力求均匀一致。匀地种植主要利用植物在肥力不同的土壤上吸收养分的能力不同，以达到减少土壤肥力差异的目的。一般来讲，作物在肥力高的地块上吸收养分多，在肥力低的地块上吸收养分少，因此匀地种植可以减少肥力差异。

绿肥掩青可大量增加土壤中的有机肥料，从而缓和土壤肥力差异，也可以防止使用有机肥不均造成新的肥力差异，同时绿肥掩青也是匀地种植的形式之一。

试验地轮换也可以减轻土壤肥力差异程度。即使比较均匀的试验地经过一轮试验，由于处理或处理组合不同，也会造成肥力差异。为了使试验每年都能设置在比较均匀的试验地上，可将试验地分成两半：一半试验，一半匀地种植，第二年倒换过来。对于那些对地力影响较大的试验，轮换的年限应适当延长。

虽然匀地种植、绿肥掩青、试验地轮换都可以减轻土壤肥力差异，但要得到一块良好的试验地，关键在于正确的选择。试验地选择不当，不仅费时费力，而且由地形、土壤机械成分及其他因素所造成的不均匀性，匀地种植、绿肥掩青、试验地轮换等措施是无法消除的。试验地选择要注意：①有代表性，能代表将来准备推广试验结果地区的自然条件和生产条件；

②土壤肥力均匀，地势平坦；③位置适当，避开树木、高大建筑物、交通要道、容易受人畜禽糟蹋的地方。

二、小区技术

在田间试验中，安排一个处理的一小块地段称为试验小区。正确的试验小区技术既可减少试验误差，也可节省人力和物力，缩短研究时间。试验小区技术包括确定小区面积、小区形状、重复次数，以及保护区（行）的设置、对照区的设置和植物病虫害防治田间试验的小区设置。

（一）小区面积

适当的小区面积，可以减少土壤肥力差异所引起的误差。一方面，小区面积大，可以避免某些小区恰好落在土壤特别肥沃或特别瘠薄的地段，因而可减少试验误差。但另一方面，小区面积增加到一定程度后，面积再增加，试验误差的减少速度递减，人力和物力的耗费却越来越大。有人曾对适当的小区面积做过研究，结果表明，小区面积较小时，随着面积的增加，试验误差下降很快，随着面积的逐渐增大，试验误差的下降速度逐渐减小，当大于 100m^2 时，再增加试验小区面积，试验误差的降低就很少了。可见，100m^2 是田间试验中理想的小区面积。实际上，小区面积还要考虑到试验种类、育种工作的不同阶段、试验地肥力差异的程度与形式、作物类别、试验过程中的取样需要等一些具体因素。

耕作栽培试验、水肥试验和病虫害防治试验，一般要求小区面积要大些。栽培试验的田间操作要求与大田相同，面积太小，试验操作有困难，特别是混作、间作、套作及机械化耕作试验，小区面积都应较大。混作、间作、套作试验包括两种或两种以上的作物，机械化耕作试验面积太小了，不便于使用机具；水肥试验由于小区间可以互相渗透、互相干扰，小区面积也应大些；病虫害防治试验，由于害虫有移动的本能，孢子可随风传播，因此小区面积也应大些。植物育种早代试验受种子量限制，且株系或品系较多，因此小区面积往往较小，但育种的高代试验品系较少、种子量较多，要求接近大田试验条件，小区面积也应较大。

试验地土壤肥力差异大，小区面积应该大；土壤肥力差异小，小区面积可以小。例如，盐碱地肥力差异大，小区面积不应小于 333.3m^2；小麦、水稻等小棵作物，小区面积可以小些；玉米、烟草等大棵作物，小区面积可以大些。一般来讲，大棵作物小区面积以 33.3～133.3m^2 为宜，小棵作物小区面积以 16.7～66.7m^2 为宜。

另外，如需在试验过程中取样进行各种测定，则应相应增大小区面积。

（二）小区形状

常见的小区形状有长方形和正方形两种。一般认为，长方形小区有较大的准确性，且长宽比为（3∶1）～（5∶1）比较合适。因为采用长方形小区不易独占肥力斑块，而且处理数较多时，各小区按窄边排在一起，不致占地太宽，可以减少趋向式肥力差异引起的试验误差。另外，田间作业也都以长方形比较方便，若为机器操作，优点更多。对邻区影响较大的肥料试验、灌溉试验等，为减少边际效应，宜采用止方形或接近正方形的试验小区。边际效应是指生长在小区两边或两端的植株因占较大的空间而表现出的差异。

（三）重复次数

重复次数是指每一处理种植的试验小区数。重复次数越多，试验误差越小。重复次数的多少一般应根据试验所要求的精确度、试验地土壤差异大小、试验材料的数量、试验地面积和试验小区大小等具体而定。对于精确度要求较高的试验，重复次数应多一些；土壤肥力差异较大的试验，重复次数也应多一些。试验地面积大时，可以在保证足够小区面积的同时增加重复次数。小区面积较小的试验通常需重复 3～6 次；小区面积较大时一般可重复 3～4 次。

（四）保护区（行）的设置

田间试验一般应在试验地周围设置保护区（行），这样既可保护试验材料免受人畜禽的践踏和损害，又可消除边际效应，使处理间有正确的比较。保护区（行）的大小无硬性规定，视情况而定。保护区（行）种植的品种最好比较早熟，以便提前收获，避免收获时与试验的各处理混杂（图 1-1）。

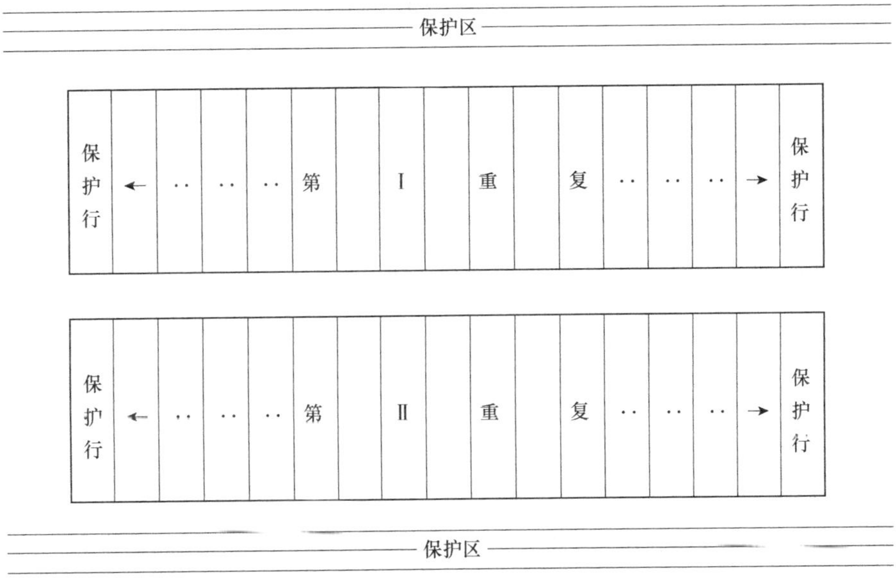

图 1-1　田间试验的保护区（行）的设置

（五）对照区的设置

田间试验应设置对照区作为处理比较的标准，衡量处理的优劣。对照应该是当地推广良种或最广泛的栽培技术措施，对照区的设置方式有顺序式和随机式，具体方法分别见下节的顺序排列的试验设计和随机排列的试验设计。

（六）植物病虫害防治田间试验的小区设置

植物病虫害防治的药效试验结果，有时与大田应用效果存在较大的差异，田间小区试验有低估药效的趋势，这叫代表性误差。存在代表性误差是由于植物病害的孢子会随风传播，害虫有移动的本能。一方面，不喷药的对照小区产生的孢子多，繁殖的害虫多，所以吹跑的孢子、迁出的害虫较吹入或迁入的多，其他条件不变，则其受害程度较喷药的小区降低；另一方面，喷药小区产生的孢子少，繁殖的害虫少，所以吹跑的孢子、迁出的害虫较吹入或迁入的少，其他条件不变，则其受害程度较不喷药的小区有所提高。两者都可导致药效低估。一般来讲，后者的影响大于前者，为此，进行病虫害防治药效试验时，应注意以下两方面。

（1）药效试验中所包括的处理，其效应不应相差太大，如果可能，最好不用不喷药作对照，而用生产上广泛使用的农药作对照，这样可减少从对照小区吹出过多的孢子、迁出过多的害虫造成的代表性误差。如果试验中一定要用不喷药作对照，可以把其设置在试验小区以外的下风方向。

（2）有的杀菌剂试验非要包括不喷药作对照，又要设置在试验中，可以将各重复排成单排式，排的走向与发病时的风向相垂直。此外，各处理小区之间都设一或两个保护区，这样对照区过多的孢子就不至于过分干扰邻近的处理小区。

第五节　常用的试验设计

按照试验目的要求和试验地的具体条件，将各试验处理或处理组合在试验地上做最合理的设置和排列，称为田间试验设计。正确的田间试验设计可以有效地减少和估算试验误差，有利于提高试验的准确度和精确度。田间试验小区的排列方式有顺序排列法和随机排列法两种。正确的田间试验设计应遵循试验设计的基本原则。

一、试验设计原则

在田间试验中，为了减少试验误差、提高试验的精确度，使研究工作能从试验结果中得到各种总体参数的无偏估值，从而进行正确有效的比较，田间试验设计必须遵循以下三个基本原则。

（一）重复原则

重复（replication）是指在田间试验中同一个处理种植的小区数。田间试验中，重复有两个作用，一是估计试验误差，试验误差是客观存在的，同一处理或处理组合重复两次以上，就可从各重复试验指标的差异估计出试验误差。显然，一个处理或处理组合只占用一个试验小区，不设重复，试验误差就无法估计。重复的另一个作用是降低试验误差，提高试验的精确度。在后面的学习中我们会知道均数标准误公式为 $s_{\bar{x}}=\dfrac{s}{\sqrt{n}}$，式中，$s_{\bar{x}}$ 为均数标准误；s 为样本标准误；n 为样本中个体数。公式表明，重复次数越多，平均数的标准误就越小。可见增加重复数可以降低试验误差。同时，如果试验小区的土壤肥力和试验的其他外部条件存在差异，可能有的试验小区的试验条件好，有的相对较差，取其平均数显然较为准确。重复次数的多少依试验小区的大小和试验的精确度要求而定，田间试验一般以 3 或 4 次为宜，而实验室试验一般以 5 或 6 次为宜。

（二）随机排列原则

随机排列（random assortment）是指在田间试验中每个处理都有相同的机会被安排在任何一个试验小区的一种排列方式。随机排列和顺序排列是相对应的。随机排列原则在试验设计中有两个作用：首先可以使各处理或处理组合居于试验中任何一个试验小区的机会均等，从而避免了由于顺序排列而带来的系统误差；其次随机排列与重复结合可以对试验误差进行无偏估计。

（三）局部控制原则

局部控制（local control）就是分范围、分地段地控制非试验因素（试验条件），使各处理所受到的影响趋于最大程度的一致。在田间试验中，就是将试验小区分成与重复次数一样多的区组，使每一区组中的试验小区数等于处理或处理组合数，且使同区组中试验小区的土壤肥力等试验条件尽可能均匀一致，而不同区组的试验小区允许存在差异。有时试验小区的土壤肥力比较均匀一致，但外部条件，如温度、光照、操作人员作业水平、操作时间存在差异，这时可把试验小区划分成与重复次数一样多的组，使每一组都处在一种比较均匀的环境条件下，或由同一人、同一组人操作，或在同一时间操作，这也是局部控制。局部控制的作用在于把控制的试验条件作为一个因素——区组，在方差分析中可以把局部控制的区组变异从总变异中分解出来，从而有效地减少试验误差，提高试验的准确度和灵敏度。

按照上述重复、随机排列和局部控制三个基本原则进行正确的试验设计，配合适当的小区技术和统计分析方法，既能比较准确地估计处理效应，又能获得无偏的试验误差估计，从而根据对试验结果的分析，做出比较可靠的推断，并对推断的可靠程度做出度量。

R. A. Fisher 将这三个田间试验设计基本原则的作用和相互关系表示为图 1-2。

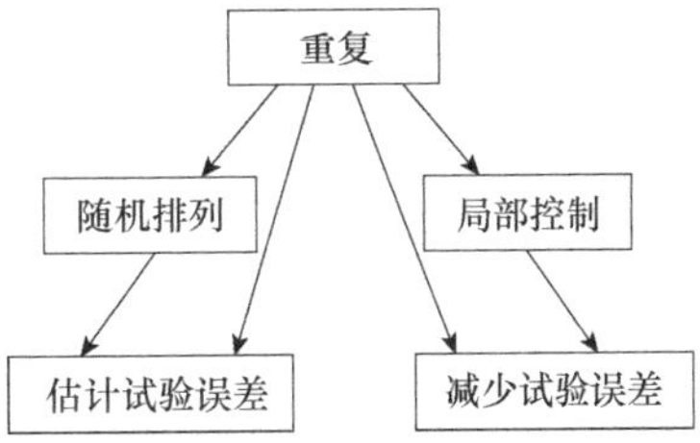

图 1-2　田间试验设计三个基本原则的作用和相互关系

二、顺序排列的试验设计

顺序排列法就是将试验处理按照株高、成熟期、施肥量等的顺序在一次重复内进行排列。其他各次重复基本上按照相同的顺序，进行正向式、逆向式或阶梯式排列。设 A、B、C、D、E（按株高由高到低）为供试品种即处理的代号，三种顺序排列方式如图 1-3 所示。三种顺序排列方式使用较多的是阶梯式，逆向式也有应用，正向式很少使用。

顺序排列法的三种排列方式都有一个共同特点：就是在第 I 重复中，两个处理如果是相邻的，则在其余的各个重复中基本上也是相邻的，这就有可能使试验结果产生系统误差。例如，其中 C 不抗倒伏，那么在顺序排列中，与 C 相邻的两个处理 B、D，在各次重复中都将因 C 的倒伏使其产量受到影响。此外，已知邻区土壤肥力比较相似，这样在各次重复中相邻的处理相互比较，其准确性较高，而在各次重复中相隔较远的处理相互比较，其准确性就较低，这也是一种系统误差。可见，系统误差的存在是顺序排列法的主要缺点。另外，顺序排列法试验的结果不能使用以概率论为基础的统计方法进行显著性测验。但顺序排列法试验设计比较简单，试验结果的分析也比较省事，而且如果排列是按照成熟期、株高等顺序设置的，小区的边行影响一般较小。

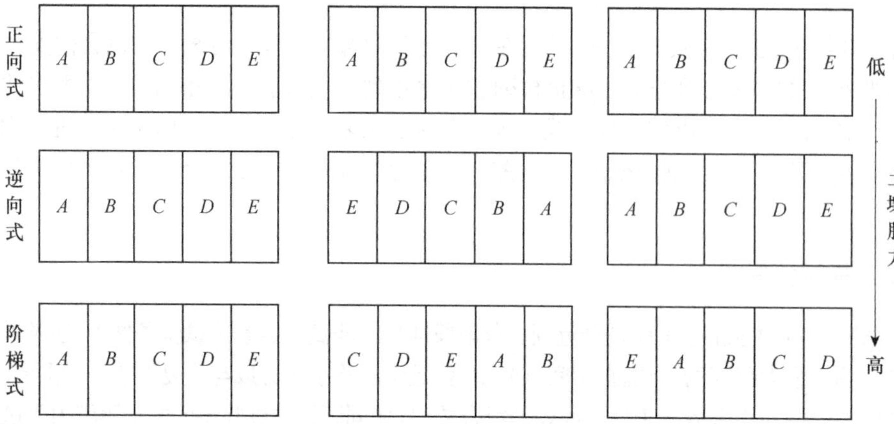

图 1-3　顺序排列法不同重复各处理的排列方式

前述顺序排列法的正向式、逆向式和阶梯式排列都是指处理在重复内的排列方式，重复在试验地上的排列可按重复间容许土壤肥力等试验条件有差异，但重复内应力求均匀一致的原则处理。如果试验地是一个没有明显趋向式土壤肥力差异的狭长条形，试验的重复数不多，处理数也不多，而且小区的形状是长宽比例较大的长方形，则可采用单排式。如果不符合这些条件，可以斟酌情况，根据不符合的程度分别采用双排式或多排式。

顺序排列的试验设计主要有大区对比试验、对比法设计和间比法设计三种。

（一）大区对比试验

大区对比试验处理的排列采用顺序排列法或随机排列法均可。如果采用顺序排列法，最好将对照处理设置在试验中间，以便田间观察评比。大区对比试验由于小区面积较大，一般在 $333m^2$ 以上，因而不设重复。如果处理数过多，可适当增加对照小区数。大区排列方向应与肥力趋向或坡向相垂直。图 1-4 是 7 个玉米品种（含对照）的大区对比试验排列图，不设重复。

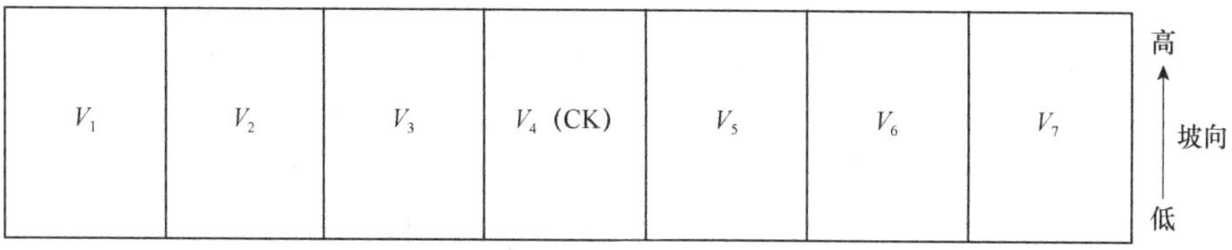

图 1-4　玉米品种大区对比试验排列图

（二）对比法设计

对比法设计常用于少数几个处理的比较试验，也称为邻比法设计（neighbor comparison design）。它的排列特点是每隔两个处理小区设一个对照小区。这样每个处理小区都可以与其邻近的对照小区相比。如果处理数是双数，可在每一重复开头先设一个处理小区，然后再设一个对照小区，以后每隔两个处理小区设一个对照小区，直到排完为止，这种排列法可以节省一个对照小区。如果处理数是单数，则每一重复开头，无论是先排处理小区还是先排对照小区，其对照小区数总是相同的。各个处理在重复中的顺序，可以按照株高、成熟期、施肥量、灌溉次数及其他有关标志顺序排列。各次重复的排列可以采用单排式、双排式或多排式，主要根据试验地的具体条件及处理数的多少来决定。不同重复内处理的排列一般采用阶梯式，也可采用逆向式（图 1-5，图 1-6）。

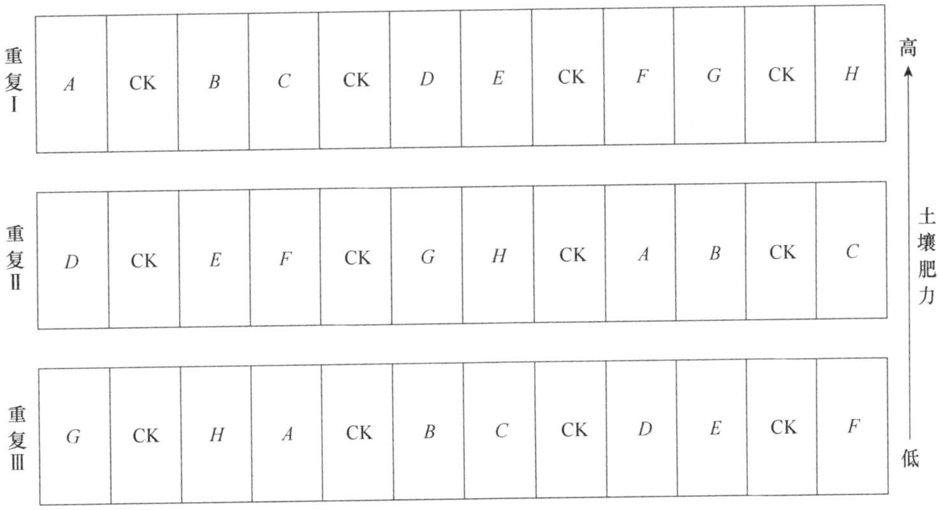

图 1-5　8 个处理 3 次重复的阶梯式对比法设计排列图

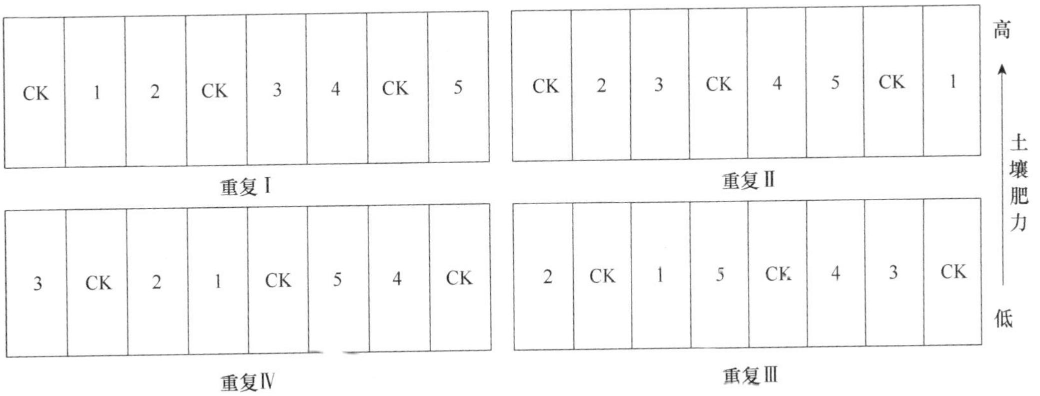

图 1-6　5 个处理 4 次重复的阶梯式对比法设计双排式排列图

邻近小区土壤肥力差异较小是对比法设计的理论根据。由于每隔两个处理小区设一个对照小区，每个处理小区都可以与其相邻近的对照小区相对比。邻近小区土壤肥力相似，因此对比的结果比较准确可靠，不致受土壤肥力差异较大的影响。对比法设计的最大优点是通俗易懂，便于田间观察评比，易为群众所接受。其缺点是对照小区占地太多，一般要占试验地面积的 1/3。所以，如果试验的处理数过多，就不宜采用此法。但一般处理数在 10 个以内的试验，采用此法还是可以的。

（三）间比法设计

在作物育种的产量鉴定阶段，一般供试的品系数较多，不宜采用随机区组试验，可用间比法设计。间比法设计的特点是在每一重复的开头，先设一个对照小区，以后每隔 4 个处理小区设一个对照小区，一直到全部处理排完，最后再设置一个对照小区。如果试验的处理数较多，而且试验准确性要求较低，也可以每隔 9 或 19 个处理小区设一个对照小区。间比法设计一般重复两次。重复内品系排列可按株高、成熟期等进行逆向式或阶梯式顺序排列。各重复可排成多排式，也可排成单排式（图 1-7）。

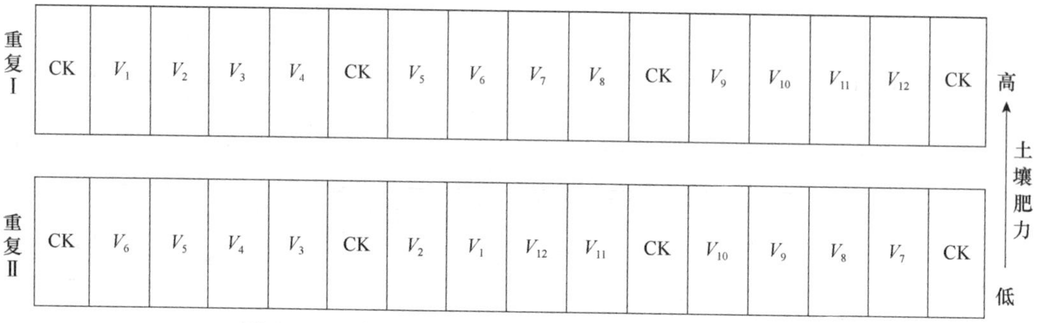

图 1-7　12 个品系 2 次重复的阶梯式间比法设计排列图

间比法设计除了运用重复原则外，还应用了局部控制原则。由于每 4 个处理都有两个邻近对照小区供作比较，在减少土壤肥力差异所造成的误差方面，虽然不及对比法设计，但也有一定程度的准确性。间比法设计的另一优点是在一个试验中可以包括较多的处理，所以在育种试验的产量鉴定阶段常采用此法。

三、随机排列的试验设计

随机排列法就是各个处理在重复内的排列，不按照一定的顺序，而是随机决定。这类排列方式的特点是在所有重复中，两个处理始终靠在一起的可能性很小；每个处理在重复内占据每个小区的机会完全均等。因此，这类排列方式可以降低系统误差。此外，随机排列法的试验结果还可以使用以概率论为基础的统计方法进行显著性测验，因此试验结果的准确度较高。缺点是排列、观察及试验结果的分析都比较费事。

（一）完全随机设计

完全随机设计（completely random design）是一种最简单的随机排列设计法，其特点是试验中的各处理或处理组合随机分配到各个试验小区中，单因素试验、多因素试验都可以用，各处理或处理组合的重复次数可以相等也可以不等。应用的条件是试验地土壤肥力和其他试验条件均匀一致，无趋向式差异。

假如试验包括 k 个处理，而每个处理要求重复 n 次，则可将试验地划分成 kn 个试验小区。在这些小区中随机决定 n 个小区设置 A 处理，另 n 个小区设置 B 处理，以此类推，一直到所有处理都完全随机地设置在所有试验小区上为止。

完全随机设计的处理或处理组合排列时，可以按照随机数字表（附表 1）进行排列。假定整个试验有 5 个处理，3 次重复，应有 15 个小区。把这 15 个小区依次编号。从随机数字表任意一行一列交叉处开始查，以两位数字为一组，划去 91，92，93，…，99，00 等和重复数字，并把大于 15 的数字除以 15 计其余数，再划去重复数字，这样就可以得到各个处理所应设置的小区号。划去 91，92，93，…，99，00 等数字是为了让其数字除以 15 后的余数出现的概率相等，处理或处理组合数不同，划去的数字也应不同。

例如，任意指定随机数字表上某行某列以后 4 个数字 4553 为起点，从 45 行 53 列向右顺横行查数，以两位数字为一组，得

43　83　15　81　93　12　79　96　59　61　98　53　29

39　17　82　87　64　10　05　67　95　52　91　11

划去 91，92，93，…，99，00 等和重复的数字，并把大于 15 的数字除以 15 计其余数，得

13　08　15　06　12　04　14　01　08　14　09　02　07

12　04　10　05　07　07　11　**03**

对此有三点需要说明：①无余数，可记为 15；②将重复数字划去；③最后一个数字 03 可根据所缺数字自行补足，不必再查随机数字表。把上面 15 个数字的随机排列整理如下。

13　08　15　06　12　04　14　01　09　02　07　10　05　11　03

这样，前 3 个数字代表的 8 号、13 号、15 号小区安排 *A* 处理；4 号、6 号、12 号小区安排 *B* 处理；1 号、9 号、14 号小区安排 *C* 处理；2 号、7 号、10 号小区安排 *D* 处理；3 号、5 号、11 号小区安排 *E* 处理。田间种植排列如图 1-8 所示。

C	*D*	*E*	*B*	*E*
D	*C*	*A*	*D*	*B*
E	*B*	*A*	*C*	*A*

图 1-8　5 个处理 3 次重复完全随机设计试验田间种植图

A～*E* 为处理

完全随机设计的优点：①试验设计较其他随机排列法简单；②富于弹性，单因素、多因素都可以使用，各处理或处理组合的重复次数可以相等也可以不等；③应用了试验设计的重复原则和随机原则，可以使用以概率论为基础的方差分析法对试验结果进行分析；④在试验过程中如果有的小区因意外原因而造成数据缺失，不必进行估计补足，只需舍去整个小区即可进行方差分析，而对于其他比较复杂的随机排列设计，却必须用统计方法估计补足后才能进行分析，否则就会影响整个试验的正交性。

完全随机排列设计的主要缺点是没有应用局部控制原则，因此不能将由土壤肥力或其他试验条件的趋向式差异所造成的系统误差从总变异中分离出来，提高试验的准确度和灵敏度。这种试验设计在实验室试验、盆栽试验和温室试验中应用较多，而在田间试验中应用较少。

（二）随机区组设计

随机区组设计（randomized block design）是针对完全随机设计的缺点而提出的一种应用十分广泛的试验设计。它全面运用了田间试验设计的三项原则，既能减少由土壤肥力差异及其他偶然因素所造成的试验误差，又能正确地估算试验误差。随机区组设计的特点是

按土壤肥力状况，将试验地划分为与重复次数一样多的区组，每个区组中再划成若干个试验小区，如图 1-9 和图 1-10 所示。原则上区组内各小区土壤肥力要求均匀，但区组之间容许有一定差异。一个区组安排一次重复，区组内各处理随机排列。在这里，一个区组实际上就是一次重复所有的小区组合。由于各个处理在区组内随机排列，因此任何一个处理在区组中位居任何一个小区的机会均等；各个处理在各区组中次序都相同的可能性很小，因而没有系统误差。

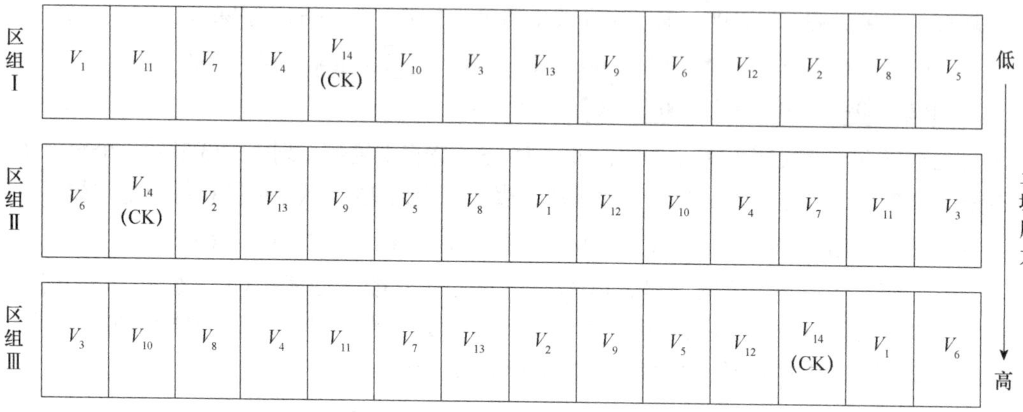

图 1-9　14 个品种（处理，包括 CK）3 次重复的完全随机区组设计试验田间种植图

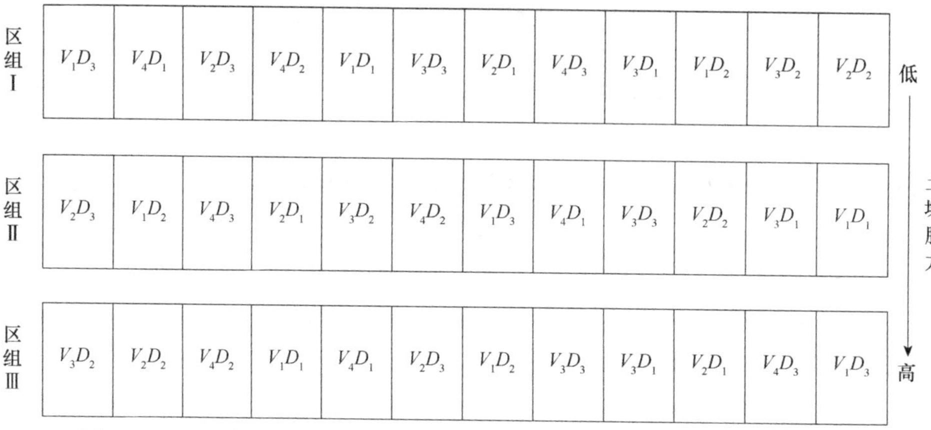

图 1-10　4 个品种 3 种密度 3 次重复的二因素完全随机区组设计试验田间种植图

区组内各个处理的随机排列可采用查随机数字表、摸球、抽签、计算机软件等方法，也可使用根据处理数已制作好的随机表。

随机区组设计有以下优点：①设计简单，容易掌握；②具有伸缩性，单因素、多因素及综合性试验都可应用；③能提供无偏的误差估计，并可有效地减少单方向肥力差异对试验结果的影响，降低试验误差；④对试验地的地形要求不严，必要时，不同区组可分散设置在不同地段上。

随机区组设计的不足之处：①这种设计处理数不宜太多，也不宜太少，一般 10～20 个比较合适，因为处理太多，区组必然增大，局部控制的效率降低，处理太少，试验误差的自由度太小，试验的灵敏度降低；②只能控制一个方向的土壤差异；③试验中不能有缺区，否则将破坏正交性。因此，试验中若因意外出现缺区，应将缺区所在的区组和处理舍弃或进行缺区估计后再进行试验结果分析。

（三）拉丁方设计

完全随机区组设计虽然运用了局部控制原则，可以控制土壤肥力差异，估计和减少试验误差，但只适用于具有一个方向土壤肥力差异的试验地，不能控制两个方向土壤肥力差异所造成的误差。拉丁方设计（latin-square design）是一种包括横行区组和纵行区组，并能控制纵横两个方向土壤肥力差异的随机排列设计。

拉丁方设计的特点：①重复数与处理数必须相等，5 个处理、5 次重复的拉丁方试验可以用 5×5 拉丁方安排，8 个处理、8 次重复的拉丁方试验可以用 8×8 拉丁方安排；②每一横行区组和每一纵行区组中，都包括所有处理，且每一处理只能出现一次；③全部处理在横行区组和纵行区组中都按照随机原则排列。

设计拉丁方试验，应先根据处理数 k，随机选定一个 $k\times k$ 的标准拉丁方（附表 2）；然后再随机调换纵行、横行及处理求得所需要的拉丁方排列。所谓标准方就是第一横行和第一纵行均为标准顺序（即 A，B，C，D……）的拉丁方，如图 1-11 就是一个 5×5 标准方。

3×3 的拉丁方只有一个标准方，4×4 的拉丁方有 4 个标准方，随着 k 增大，标准方数急剧增加，而且每个 $k\times k$ 标准方，可以随机调换成 $k!(k-1)!$ 个不同的拉丁方，如每个 5×5 标准方可随机调换成 $5!\times(5-1)!=2880$ 个拉丁方。虽然从 5×5 以后标准方数目较大，但实际设计工作中不需要用那么多。（3×3）~（7×7）的标准方数及可能调换成的拉丁方数如表 1-2 所示。

A	*B*	*C*	*D*	*E*
B	*A*	*D*	*E*	*C*
C	*E*	*A*	*B*	*D*
D	*C*	*E*	*A*	*B*
E	*D*	*B*	*C*	*A*

图 1-11　一个 5×5 标准方

表 1-2　不同拉丁方的标准方数及可能调换成的拉丁方

$k\times k$	标准方数	每个标准方可随机调换成的拉丁方数	拉丁方总数
3×3	1	12	12
4×4	4	144	576
5×5	56	2880	161280
6×6	9408	86400	812851200
7×7	16942080	3628800	61479419904000

在设计拉丁方试验时，先随机确定一个标准方。对于 3×3 和 4×4 标准方，随机调换所有纵行和除第一横行外的所有横行，再随机指定不同字母代表不同处理；对于 5×5 以上的标准方，随机调换所有纵行和横行，再随机指定不同字母代表不同处理。

现举例说明随机调换一个 5×5 标准方的具体步骤。以图 1-11 的标准方为例，第一步，先调换纵行。在随机数字表上得到 5 个随机数字：1、5、4、2、3。这意味着标准方的第 1 纵行不变，第 5 纵行变成第 2 纵行，第 4 纵行变成第 3 纵行，其余类推。纵行调换结果见图 1-12（a）。

第二步，在调换纵行的基础上再随机调换横行。设随机数字为：4、5、2、1、3，则调换结果如图 1-12（b）所示。

最后再随机指定各字母所代表的处理。设以 *C* 代表处理（1），*A* 代表（2），*E* 代表（3），*D* 代表（4），*B* 代表（5），代入，就得到所需要的 5×5 拉丁方设计图［图 1-12（c）］。

A	*E*	*D*	*B*	*C*
B	*C*	*E*	*A*	*D*
C	*D*	*B*	*E*	*A*
D	*B*	*A*	*C*	*E*
E	*A*	*C*	*D*	*B*

(a) 调换纵行

D	*B*	*A*	*C*	*E*
E	*A*	*C*	*D*	*B*
B	*C*	*E*	*A*	*D*
A	*E*	*D*	*B*	*C*
C	*D*	*B*	*E*	*A*

(b) 调换横行

(4)	(5)	(2)	(1)	(3)
(3)	(2)	(1)	(4)	(5)
(5)	(1)	(3)	(2)	(4)
(2)	(3)	(4)	(5)	(1)
(1)	(4)	(5)	(3)	(2)

(c) 安排处理

图 1-12　5×5 拉丁方设计图

A～*E* 为处理代号；（1）～（5）也为处理

如果试验地具有纵横两个方向的趋向式肥力差异，拉丁方设计可以结合肥力趋向划分纵横区组，并通过随后的统计分析，将纵横区组间的差异予以消除，因此可以得到比随机区组更为准确的试验结果。这是拉丁方设计的主要优点。它的缺点是：①重复数必须等于处理数，所以对于处理数过多的试验，不适宜应用拉丁方设计，但一般处理数在 5～8 个时，还是适宜的；②拉丁方设计为了照顾纵横两个方向趋向式肥力差异，小区的形状常采用接近正方形，这样小区间斑块式肥力差异可能有所增加；③在一般田间试验情况下，要求有一块比较平整的方形试验地，这就减少了选用试验地的灵活性。

（四）裂区设计

裂区设计（split plot design）是一种二因素随机不完全区组设计。其特点是先按第一个试验因素设置各个主处理小区；然后在每个主处理小区内设置第二个试验因素的副处理小区；按主处理所划分的小区称为主区（main plot），主区内按各副处理所划分的小区称为副区，也称为裂区（split plot）。对于第二个因素来讲，一个主区就是一个区组，但是从整个试验所有处理组合来讲，一个主区仅是一个不完全区组。由于这种设计将主区分裂为副区，故称为裂区设计。这种设计的特点是主处理设在主区，副处理设在每一主区内的副区，副区之间试验条件比主区之间更为接近，因而副处理间的比较比主处理间的比较更为精确。通常在下列几种情况下应用裂区设计。

（1）一个试验因素的各处理比另一试验因素的各处理需要更大的小区面积时，应使用裂区设计。例如，灌水次数和品种的二因素试验，一般来讲，灌水次数处理比品种处理需要的小区面积要大，因此可将灌水次数作为主处理安排在主区，将品种作为副处理安排在副区。

（2）试验中某一因素的主效比另一因素的主效更为重要，且要求更精确的比较，或两个因素间的交互作用比其主效是更为重要的研究对象时，也宜采用裂区设计，将要求更高精确度的因素作为副处理，另一因素作为主处理。例如，施肥量和品种的二因素试验，其目的是研究各个品种在不同施肥水平下的表现，因此，品种是主要因素，要求准确度较高，施肥量是次要因素，要求准确度较低。要求准确度较高的因素，其重复数应该较多，但小区面积可以较小；要求准确度低的因素，其重复数可较少，而小区面积应较大，因此可将施肥量作为主处理安排在主区，将品种作为副处理安排在副区。

（3）根据以往研究，一个试验因素的效应比另一个试验因素的效应更大时，宜采用裂区设计，将可能表现较大差异的因素作为主处理安排在主区，而将另一个试验因素作为副处理安排在副区。

（4）有时一个单因素试验已经在进行，但临时又发现需要加上另一个试验因素。这时可将已进行的试验因素作为第一个试验因素，要加上另一个试验因素作为第二个试验因素，把已经进行试验的每一个小区作为主区，再划成若干个较小的小区作为副区，将新增的试验因素的各个处理安排上去，形成裂区设计。例如，有一个小麦品种比较试验正在进行中，欲再增加一个试验因素根外喷施微肥，可将小麦品种比较试验的品种作为主处理，将根外喷施微肥作为副处理。

（5）有时将某一试验因素的各个处理小区排在一起，便于田间观察比较。例如，品种和密度试验，同一品种的各密度小区排在一起，可以在田间直接比较同一品种各密度的表现，从而确定各品种的最佳密度，这时也应采用裂区设计。

下面以灌水次数和品种二因素试验说明裂区设计。例如，有 3 种灌水次数，以 W_1、W_2、W_3表示；有 4 个品种，以 V_1、V_2、V_3、V_4表示；重复 3 次，则裂区设计的排列如图 1-13 所示。图中先对主处理（灌水次数）随机，后对副处理（品种）随机，每一重复的主、副处理随机皆独立进行。

重复Ⅰ	W_1V_3	W_1V_2	W_1V_1	W_1V_4	W_3V_1	W_3V_3	W_3V_2	W_3V_4	W_2V_1	W_2V_4	W_2V_3	W_2V_2	低
重复Ⅱ	W_2V_1	W_2V_3	W_2V_4	W_2V_2	W_1V_4	W_1V_2	W_1V_1	W_1V_3	W_3V_2	W_3V_3	W_3V_4	W_3V_1	土壤肥力 ↓
重复Ⅲ	W_3V_3	W_3V_1	W_3V_2	W_3V_4	W_2V_2	W_2V_1	W_2V_3	W_2V_4	W_1V_3	W_1V_1	W_1V_2	W_1V_4	高

图 1-13　灌水次数×品种的裂区设计试验田间种植图

习　　题

1.1　田间试验按试验因素划分有哪些种类？进行田间试验应符合哪些基本要求？

1.2　什么是试验方案？如何正确制订试验方案？

1.3　什么是试验误差？田间试验误差的主要来源有哪些？如何控制？

1.4　试述土壤肥力差异的种类和测定方法，以及减少试验地土壤肥力差异的技术措施。

1.5　试验地的选择有哪些注意要点？

1.6　确定小区面积时应考虑哪些因素？理想的小区面积以多大为宜？

1.7　什么是重复？为什么要设置重复？重复次数与小区面积之间的关系怎样？在确定重复次数时应考虑哪些具体因素？

1.8　试区别“重复”“试验因素”“处理”“水平”“处理组合”“效应”“互作”的含义。

1.9　为什么说长方形小区比较好？哪些性质的试验适合采用正方形或接近正方形的小区？

1.10　当试验地的肥力明显地朝一个方向变化时，区组和小区应怎样安排比较合理？为什么对于田间试验的技术操作，往往区组间容许存在差异，但区组内则要求尽量一致？

1.11　什么是植物病虫害防治田间试验的代表性误差？用什么办法来克服它？

1.12　顺序排列法和随机排列法试验设计的特点和优缺点是什么？

1.13　田间试验设计的三个基本原则及其各自的主要作用是什么？

1.14　完全随机设计和完全随机区组设计的优点和缺点是什么？在设置这两种试验时应注意哪些条件？

1.15　为什么在完全随机区组的设计中各区组的排列应与土壤肥力趋向或坡向相平行？

1.16　举例说明哪些二因素试验适合用裂区设计？裂区设计和随机区组设计的区别何在？为什么说裂区设计是一种随机不完全区组设计？

1.17　试在一块由南向北土壤肥力递减的试验地上安排一个有 12 个大豆品种（含 CK）参加的产量比较试验，请画出田间种植图。

1.18　拟选用 4 种灌水模式，研究 5 个小麦品种的水分反应，试进行试验设计，并画出田间种植图。

习题答案

第二章　试验资料的整理与描述分析

【内容提要】 在科学试验与调查中，经过一系列观察、测定和记载，可以得到大量的原始数据资料，这些资料的表现往往都是零乱、无规律可循的。只有通过科学地整理和分析，才能发现其内部联系和规律性，从而揭示事物的本质。本章首先介绍统计学的基本概念、数据的类型及不同类型试验资料的整理方法，然后介绍用于反映资料集中性的特征数——平均数及用于反映资料离散性的特征数——变异数的意义和计算方法。

【学习重点】 与试验资料有关的几个统计概念、试验资料的整理方法、平均数及变异数的计算方法等。

【学习难点】 算术平均数的重要特性、方差和标准差的计算方法、自由度的意义。

【要求掌握的基本技能】 试验资料的整理方法、平均数及变异数的计算方法。

第一节　统计的基本概念

一、总体与样本

（一）总体

依试验研究目的而确定的研究对象的全体或者某一性状所有观察值的集合称为总体（population）。总体可分为有限总体（finite population）和无限总体（infinite population）。包含无穷多个个体的总体称为无限总体；包含有限个个体的总体称为有限总体。总体中每个个体称为总体单位，它可以是一株植物、一个稻穗，也可以是一个作物品种等。总体中包括的所有个体数称为总体容量，用 N 表示。例如，大白菜品种‘东白 3 号’的总体是指‘东白 3 号’这一品种在多年、多地点种植的所有个体，其总体容量是无限的，所以是无限总体。而诸如“某一小区种植的所有水稻植株”“一块玉米田的所有果穗”等总体，由有限个个体组成，因而是有限总体。总体单位数目较多的有限总体，在统计上可视为无限总体。

（二）样本

对一个总体的研究，可以对总体中所有个体进行全面观测，但消耗人力和物力太多，难以实施；而且试验研究过程中有些观测手段具有破坏性，即使总体容量不太大，也不允许对所有个体一一进行考察，多数情况下只能从总体中抽取部分个体进行观察测量。从总体中抽取的部分有代表性的个体称为样本（sample），用样本作为总体的代表来估计总体的一般特征。从总体中采用随机方法抽取的样本称为随机样本（random sample）。样本所包含的个体数目称为样本容量（sample size），常记为 n。通常将样本容量 $n \geqslant 30$ 的样本叫大样本，样本容量 $n < 30$ 的样本叫小样本。

二、变量与观察值

同一总体的各个个体间在性状表现上有差异，在统计学中差异称为变异，凡是表现出来变异的性状或特征称为变量（variate）。例如，在栽培条件相对一致的试验地，种植同一品种的玉米，由于受到许多偶然因素的影响，它们的株高不会完全一致，株高就是变量。变量总体中每一个体的测定数值称为观察值（observation）。

三、参数与统计数

由总体的全部观察值计算得到的描述总体的特征数称为参数（parameter）。参数是恒定不变的常量，常用希腊字母表示，如总体平均数 μ、总体标准差 σ。由样本观察值计算得到的描述样本的特征数称为统计数（statistic），常用小写拉丁字母表示，如样本平均数 $\bar{x}$ 、样本标准差 s。参数是反映事物总体规律性的数值，科学研究的目的就在于获得对总体参数的了解。在实际试验和科学研究过程中，由于总体所包含的个体数目较多，常用样本统计数来估算总体的参数。

从逻辑上看，统计学就是通过试验或抽样从总体中抽取一部分个体构成样本，对样本中的个体进行测定或调查获得观察值并计算样本统计数，用样本统计数来推断总体参数进而描述总体的科学。总体、样本、统计数和参数间的关系见图 2-1。

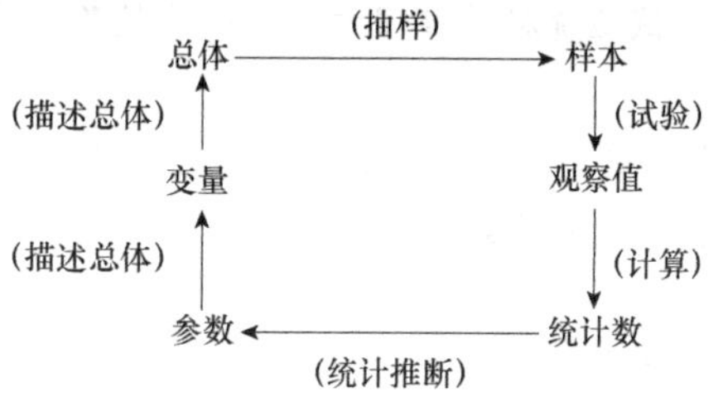

图 2-1　总体、样本、统计数和参数间的关系

第二节　数据的类型与次数分布

一、数据的类型

田间试验中观察记载所得的数据，因所反映的研究性状不同而有不同的性质。一般可分为数量性状资料和质量性状资料两大类。

（一）数量性状资料

数量性状（quantitative trait）资料又可分为连续性变量（continuous variable）资料和间断性变量（discontinuous or discrete variable）资料。

1．连续性变量资料　连续性变量资料又称计量资料，是指通过称量、度量、分析化验等方法所得的数据，如面积、长度、高度、重量、产量、硬度及养分含量等数据。其特点是各个观察值不限于整数，即在两个数值之间可以存在有微量差异的其他数值。而表示这种差异的小数点位数，则因测量工具的精度不同而有差异。

2．间断性变量资料　间断性变量资料又称计数资料，是指通过计数的方法所得的数据，如果实数、花朵数、叶片数、病斑数、死株数等。其特点是各个观察值只能是整数，相邻数值间不可能有带小数点的数存在。

（二）质量性状资料

质量性状（qualitative trait）资料是指只能通过观察、分类和文字描述而不能测量的性状，如根、茎、叶、花、果实等植物器官的颜色，或有无茸毛、针刺等特征，以及抗病、抗逆能力等性状。为了获得这类性状资料的直观信息，需将其转变成数字资料，常用方法有两种。

1．统计次数法　统计次数法简称分组法，即按属性性状将其分成两组或多组，然后分别统计各组的次数，从而使对这类资料的信息了解更直观。例如，种子发芽试验，供试 1000 粒种子，得发芽数为 915 粒，未发芽数为 85 粒，可知其发芽率为 91.5%。

2．评分法　评分法简称分级法，即将某种属性性状按其差异程度分成若干级别，并给某一级别一个适当的代表数值，然后分别统计各级别出现的次数。例如，鉴定植株对黄瓜细菌性角斑病的抗性，在田间调查时可按病叶多少和病斑大小分成 0（免疫）、1（高度抗病）、3（中度抗病）、5（感病）4 个级别。

以上两种方法所获得的质量性状数据，都属于间断性变量资料。

二、次数分布表

次数分布（frequency distribution）是根据资料内观察值数目的多少，把整个资料分成若干个组，并把每个观察值分别归到相应的组内，统计各组次数得到的分布，即由不同区间内观察值出现的次数组成的分布。试验或调查得到的资料，在观察值数目较少时，可直接用观察值做统计分析。当观察值数目较多（$n \geqslant 30$）时，直接做统计分析工作量太大，而且很难得到明确的规律，此时应该按照观察值的数值大小或数据的类别进行分组，建立关于观察值的不同组别或不同分类单位的次数分布，以达到简化和整理资料的目的。

把次数分布的结果用表格的形式表示出来，可得到次数分布表。不同类型变异资料的次数分布表的制作方法不尽相同。

（一）数量性状资料的次数分布表

1．间断性变量资料的次数分布表　对于观察值不多、变异范围不大的间断性变量资料（计数资料），以每一个观察值为一组进行分组，然后制成次数分布表，称为单项式分组。例如，随机调查 100 株番茄，计数每株结果数，原始数据列于表 2-1。

表 2-1　100 株番茄每株的结果数

20	22	24	24	25	21	22	24	25	24	24	25	26	22	24	24	25	26	21	25
25	24	21	26	25	23	24	23	24	22	25	24	25	22	22	22	24	23	23	23
22	23	24	24	23	20	21	22	26	22	23	23	23	23	24	22	23	22	24	24
25	24	22	20	24	23	24	24	23	25	25	26	26	25	23	23	23	20	24	24
21	20	21	23	21	25	20	21	25	24	21	24	23	23	23	20	21	22	24	23

上述资料为间断性变量资料，每株番茄结果数为 20～26 个，把所有观察值按每株结果数多少加以归类，共分为 7 组。这样可得到表 2-2 形式的次数分布表。从表 2-2 可以看出，该番茄品种每株结果数的变化规律，每株结果数多数集中在 23 个、24 个，以 24 个果为最多，占 26%，其次为 23 个果，占 22%，每株结果数 26 个的最少，只有 6%。

有些间断性变量资料，观察值类别较多，变异幅度较大，如果还按每一观察值归为一组的方法进行整理，则分组数目太多，资料过于分散，其规律性表现不出来。例如，研究不同小麦品种的 300 个麦穗，穗粒数为 18～62 粒，如果按一个数值分为一组，需要分 45 组，显得十分分散，也不易发现规律。如果把相邻的几个观察值分为一组（如以 5 粒为一组），则可使组数适当减少。经初步整理后分为 9 组，组距为 5，计算出各组的次数，结果见表 2-3，资料的规律性就显示出来了，即大部分麦穗的穗粒数在 28～52 粒。

表 2-2　100 株番茄每株结果数的次数分布表

每株结果数（x）	次数（f）
20	7
21	10
22	14
23	22
24	26
25	15
26	6
总次数（n）	100

表 2-3　不同小麦品种 300 个麦穗穗粒数的次数分布表

穗粒数	次数
18～22	3
23～27	18
28～32	38
33～37	51
38～42	68
43～47	53
48～52	41
53～57	22
58～62	6
总次数（n）	300

间断性变量资料的次数分布表的制作可以通过 SAS 程序的 proc freq 过程或者 Excel 软件分析工具的直方图分析实现。

2．连续性变量资料的次数分布表　连续性变量资料建立次数分布表一般采用组限式分组法。分组时需先计算全距，确定组数、组距和各组上下限，然后将观察值归组。下面以 100 株绿豆的株高资料（表 2-4）为例，说明整理方法。

表 2-4　100 株绿豆的株高　（单位：cm）

60.3	97.8	80.0	76.1	68.8	73.3	73.2	80.4	77.3	65.4
73.4	70.0	69.6	88.6	80.0	80.4	59.3	67.4	84.2	84.2
79.6	72.2	80.1	48.0	71.9	66.5	68.4	93.0	62.0	75.0
69.1	81.5	72.3	75.2	72.3	76.3	66.5	79.9	74.2	70.3
75.4	90.4	54.5	66.3	70.2	72.2	71.1	81.7	72.4	69.5
58.8	76.7	74.4	85.3	82.3	75.4	83.8	75.2	71.3	85.2
64.5	74.5	92.3	80.1	81.5	80.1	72.3	53.0	68.4	89.0
81.3	63.3	72.4	74.5	80.4	72.3	79.9	61.1	68.1	71.4
51.8	62.3	70.3	72.3	78.5	86.4	71.4	80.4	81.7	74.5
80.4	89.2	62.3	84.8	76.1	69.1	80.2	73.3	63.8	60.3

1）*计算全距*　全距（range）是样本数据资料中最大观察值与最小观察值的差值，又称为极差，用 R 表示。

在表 2-4 中，最大观察值是 97.8cm，最小观察值是 48.0cm，全距为 $R=97.8-48.0=49.8$（cm）。

2）*确定组数和组距*　组数是指整个资料的分组数目。组数的多少视样本容量及资料全距的大小而定，一般以既简化资料又不影响资料的规律性为原则。组数要适当，不宜过多，也不宜过少。组数越多所求得的统计数越准确，但组数过多，将会使资料过于分散，资料的集中性表现不出来，同时增大了运算量；若组数过少，资料的规律性就反映不出来，计算出的统计数的准确性也较差。一般可参考表 2-5，由样本容量确定组数。表 2-4 中有 100 个观察值，根据表 2-5 可分为 8～16 组，本例中分为 10 组。

组数确定后，还须确定组距。组距是指每组的最大值与最小值之差，记为 i。分组时要求各组的组距相等。组距的大小由全距和组数确定，计算公式如下。

表 2-5　样本容量与组数

样本容量（n）	组数
40～60	5～9
60～100	8～12
100～200	10～16
200～500	12～18
500 以上	18～30

$$组距=全距/组数$$

则本例组距为 $i=49.8/10=4.98$（cm），为方便分组，以 5cm 作为组距。

3）确定组限和组中值　各组的最大值与最小值称为组限，是各组数值的起止范围，最小值称为下限，最大值称为上限。每一组的中点值称为组中值，它是该组的代表值。组中值与组限的关系如下。

$$组中值=（组下限+组上限）/2$$

在确定组限和组中值时，首先要选定第一组的组中值，组中值最好取整数或末位为 5 的小数，以便于计算。第一组的组中值以接近或等于全资料的最小值为好。这样可以避免第一组内次数过多，能正确地反映资料的规律性。由于相邻两组的组中值之差等于组距，因此当第一组的组中值确定后，加上 1 个组距就是第二组的组中值，第二组的组中值加上组距就是第三组的组中值，其余类推。

各组的组中值确定之后，就可以计算各组的组限。下限为组中值减去 1/2 组距，上限为组中值加上 1/2 组距，上一组的上限即为下一组的下限。注意，最后一组的上限应大于资料中的最大值。

表 2-4 中最小观察值为 48.0cm，选定 48.0cm 为第一组的组中值，与资料中的最小观察值相等，则第二组的组中值为 48.0+5=53.0（cm），第三组的组中值为 53.0+5=58.0（cm），用同样的方法可算得其余各组的组中值。

第一组的下限为 48.0−5/2=45.5（cm），上限为 48.0+5/2=50.5（cm），第一组的组限为 45.5～50.5cm。第一组的上限同时也是第二组的下限，所以，第二组的下限为 50.5cm，第二组的上限为 53+5/2=55.5（cm），第二组的组限则为 50.5～55.5cm。按照此法计算其余各组组限，就可得到分组数列。

4）观察值入组，统计各组次数，做出次数分布表　写出分组数列后，将原始资料中的观察值逐个归到相应的组内，计算各组次数，制成次数分布表。为了使恰好等于前一组上限和后一组下限的数据能确切归组，约定将其归入后一组，即约定“上限不在本组内”。

依次将 100 个观察值都归组计数，即制成表 2-4 资料的次数分布表，见表 2-6。

表 2-6　100 株绿豆株高的次数分布表

组限	组中值（x）	次数（f）	组限	组中值（x）	次数（f）
45.5～50.5	48	1	75.5～80.5	78	20
50.5～55.5	53	3	80.5～85.5	83	12
55.5～60.5	58	4	85.5～90.5	88	5
60.5～65.5	63	8	90.5～95.5	93	2
65.5～70.5	68	16	95.5～100.5	98	1
70.5～75.5	73	28	合计（n）		100

由表 2-6 可以看出，该绿豆品种株高为 45.5～100.5cm；大部分株高在 65.5～85.5cm；株高大体是以 70.5～75.5cm 为中心分布的，并且基本是对称分布。

连续性变量资料的次数分布表的制作可以通过 SAS 程序的 proc freq 过程或者 Excel 软件分析工具实现。

表 2-7　水稻杂种第二代植株米粒性状的分离情况

性状分组	次数（f）	频率/%
红色非糯	112	56.0
红色糯稻	38	19.0
白色非糯	37	18.5
白色糯稻	13	6.5
合计	200	100.0

（二）质量性状资料的整理

对于质量性状资料可按单项式分组法进行分组，每个性状或属性分为一组，分别统计各组的次数，然后制成次数分布表。例如，某水稻杂种第二代植株米粒性状的分离情况见表 2-7。

三、次数分布图

试验资料除用次数分布表的形式表示外，还可以用图形表示，用图形表示资料的分布情况叫次数分布图。次数分布图可以直观、形象地显示资料的数量特征。常用的次数分布图有柱形图、折线图、条形图和饼图等。连续性变量资料一般用柱形图或折线图，间断性变量资料用条形图，而饼图则适用于间断性变量资料和属性性状资料。

（一）柱形图

柱形图（histogram）又称直方图、矩形图，适用于表示连续性变量的次数分布。以横坐标表示各组的组中值。纵坐标表示次数，截取一定距离代表组限大小和次数多少，用直线连接起来，构成一个个长方形。各组间一般没有距离，前一组上限与后一组下限可合并公用。以 100 株绿豆株高（表 2-4）的次数分布为例作出的柱形图如图 2-2 所示。

（二）折线图

折线图（broken-line chart）是表示连续性变量资料的一种方法，在同一幅图上可比较两组以上资料。制作折线图时，以横坐标表示各组组中值，纵坐标表示次数，把相邻的点顺次连接起来，即成折线图。以 100 株绿豆株高（表 2-4）的次数分布为例作出的折线图如图 2-3 所示。

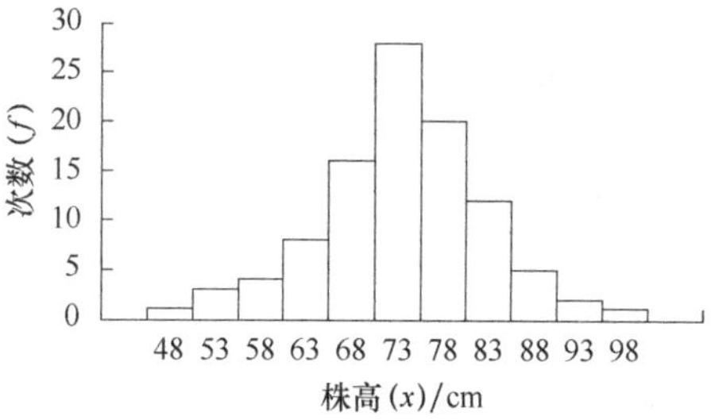

图 2-2　100 株绿豆株高次数分布的柱形图

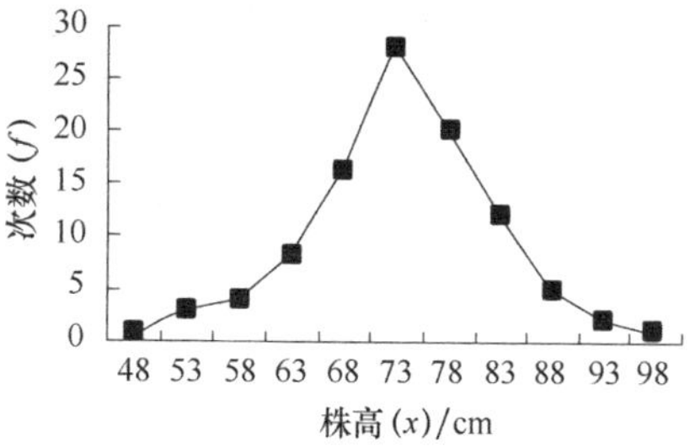

图 2-3　100 株绿豆株高次数分布的折线图

（三）条形图

条形图（bar diagram）适合于间断性变量资料和属性变量资料，用以表示这些变量的次数分布状况。一般其横坐标标出间断的中点值或分类性状，纵坐标标出次数。现以表 2-7 水稻杂种第二代植株米粒性状分离情况为例作出的条形图如图 2-4 所示。

（四）饼图

饼图（pie diagram）用以表示间断性变量资料和属性性状资料的次数分布。作图时，把饼图的全面积看成 100%，求出各观察值次数占观察值总数的百分比，即构成比（或频率），按构成比将圆饼分成若干份，以扇形面积大小分别表示各个变数的比例。以表 2-7 水稻杂种第二代植株米粒性状分离情况为例作出的饼图如图 2-5 所示。

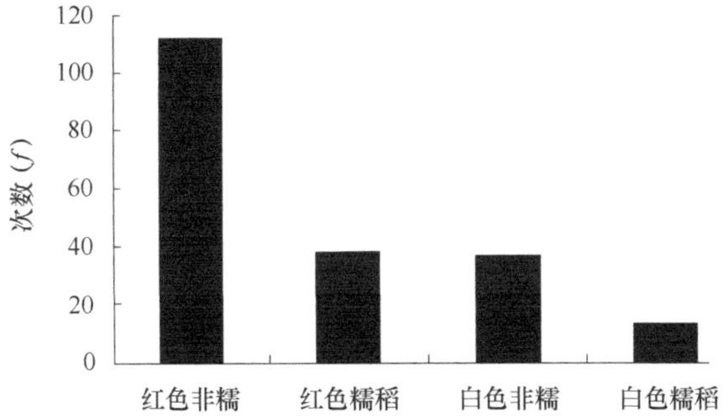

图 2-4　水稻杂种第二代植株米粒性状分离情况的条形图

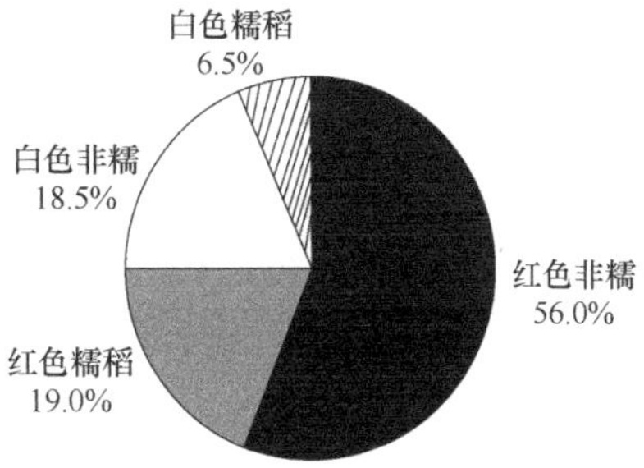

图 2-5　水稻杂种第二代植株米粒性状分离情况的饼图

常用的统计图可以通过 Excel 软件分析工具的制图向导进行绘制。

第三节　样本的描述分析

由上一节所述的次数分布可以看出，变量的分布具有两个明显的基本特征，即集中性和离散性。集中性是变量在趋势上有着向某一中心聚集，或者说以某一数值为中心而分布的性质。离散性是变量有离中分散变异的性质。为了反映变量分布的这两个基本性质，必须计算它们的特征数。反映集中性的特征数为平均数，反映离散性的特征数为变异数。下面对平均数和变异数的意义和计算方法分别予以介绍。

一、平均数

平均数（average 或 mean）是反映资料集中性的特征数，用来表明资料中的观察值相对集中的中心位置。平均数可以作为资料的代表与另一资料相比较，以明确两者之间的差异。在统计分析中，常用平均数来描述和比较不同品种、处理及不同的技术措施的效果。平均数主要有算术平均数、几何平均数、中数、众数及调和平均数等类型，其中以算术平均数应用最为普遍。

（一）算术平均数

样本资料中观察值的总和除以观察值的个数所得的商，称为算术平均数（arithmetic mean），简称平均数或均数（mean），记作 $\bar{x}$。设一样本含有 n 个观察值 x_1，x_2，⋯，x_n，其

算术平均数 $\bar{x}$ 定义为

$$\bar{x}=\frac{x_1+x_2+\cdots+x_n}{n}=\frac{\sum_{i=1}^{n}x_i}{n} \tag{2.1}$$

式中，x_i 为观察值；$\sum_{i=1}^{n}x_i$ 为从第一个观察值 x_1 累加到第 n 个观察值 x_n。当 $\sum_{i=1}^{n}x_i$ 在意义上已明确时，可简写为 $\sum x$，式（2.1）则可改写为

$$\bar{x}=\frac{\sum x}{n} \tag{2.2}$$

1. 算术平均数的计算方法　算术平均数的计算根据样本容量的大小及分组情况的不同而采用不同的方法。

1）*直接法*　对于小样本资料，可用直接法计算平均数。

【例 2-1】　在小麦品种比较试验中，‘永良 4 号’的 9 个小区产量分别为 25.5kg、22.8kg、25.0kg、25.0kg、24.0kg、23.6kg、26.0kg、28.0kg、27.5kg。计算该品种的小区平均产量。

根据式（2.2）可得

$$\bar{x}=\frac{\sum x}{n}=\frac{25.5+22.8+\cdots+27.5}{9}=25.27\ (\text{kg})$$

即该小麦品种 9 个小区的平均产量是 25.27kg。

2）*加权法*　对已进行了分组的大样本资料可采用加权法计算算术平均数，即用次数分布表中各组的组中值代表各组观察值以计算平均数，其计算公式如下。

$$\bar{x}=\frac{f_1x_1+f_2x_2+\cdots+f_kx_k}{f_1+f_2+\cdots+f_k}=\frac{\sum_{i=1}^{k}f_ix_i}{\sum_{i=1}^{k}f_i}=\frac{\sum fx}{\sum f} \tag{2.3}$$

式中，x_i 为第 i 组的组中值；f_i 为第 i 组的次数（$\sum f_i=n$）；k 为分组数目。

【例 2-2】　利用表 2-6 的资料计算该品种绿豆的平均株高。

根据式（2.3）可得

$$\bar{x}=\frac{\sum fx}{\sum f}=\frac{1\times48+3\times53+\cdots+1\times98}{1+3+\cdots+1}=\frac{7355}{100}=73.55\ (\text{cm})$$

即该绿豆品种的平均株高为 73.55cm。

2. 算术平均数的重要特性

（1）样本中各观察值与其平均数的差数（简称离均差）的总和等于零，即离均差的总和等于零。

$$\sum(x_i-\bar{x})=0$$

（2）样本中各观察值与其平均数差数的平方和，小于各观察值与其他任意数值差数的平方和，即离均差平方和最小。设 a 为 $\bar{x}$ 以外的任意数值，则

$$\sum(x_i-\bar{x})^2<\sum(x_i-a)^2$$

3. 总体平均数　对于总体而言，通常用 μ 表示总体平均数。包含 N 个个体的有限总

体的平均数 μ 的计算公式如下。

$$\mu=\frac{x_1+x_2+\cdots+x_N}{N}=\frac{\sum_{i=1}^{N}x_i}{N} \tag{2.4}$$

在统计学中，用样本平均数 $\bar{x}$ 估计总体平均数 μ 。当一个统计数的数学期望（mathematical expectation）等于所估计的总体参数时，则称此统计数为该总体参数的无偏估计量。统计学已证明样本平均数 $\bar{x}$ 是总体平均数 μ 的无偏估计量。

（二）中数

将资料中所有观察值从小到大依次排列，位于中间位置的观察值，称为中数（media），记作 M_d。当观察值个数 n 为奇数时，$(n+1)/2$ 位置的观察值为中数；当观察值的个数为偶数时，$n/2$ 和 $n/2+1$ 位置的两个观察值的平均数作为中数。

中数是一个位置特征数，不受极端值的影响，其特点是将全部数据一分为二，大于或小于中数的数据各占一半。在偏态分布中，中数比算术平均数更能代表数据的典型水平。在正态分布中，中数和算术平均数很接近。在农业试验中，以 50%为标准的各种生育期、发生期及毒力和诱变研究上的致死中量、致死中浓度等，虽然计算方法各不相同，但就其定义来讲都是指中数。

（三）众数

资料中出现次数最多的那个观察值或次数最多一组的组中值，称为众数（mode），记作 M_o。例如，表 2-1 所列 100 株番茄每株结果数的次数分布表中，24 出现的次数最多，则该资料的众数为 24。由于其数值大小与其他数值大小无关，所以不是变量理想的代表值。

（四）几何平均数

如有 n 个观察值，其乘积开 n 次方，即为几何平均数（geometric mean），用 G 表示。

$$G=\sqrt[n]{x_1x_2\cdots x_n} \tag{2.5}$$

几何平均数主要用于数据呈倍性增长的以百分率、比例表示的数据资料，如增长率、利率等。它能削弱数据中的个别过分偏大值的影响。

为了计算方便，可将各观察值取对数后相加除以 n，得 $\lg G$，再求 $\lg G$ 的反对数，即得 G 值，即

$$G=\lg^{-1}\left[\frac{1}{n}(\lg x_1+\lg x_2+\cdots+\lg x_n)\right] \tag{2.6}$$

【例 2-3】 逐日测定南瓜根长的生长量（mm）列于表 2-8。求南瓜根长的日平均增长率。

首先计算根长的逐日增长率，即每天较前一天根长的增长倍数。例如，第二天比第一天增长 1.2500（25/20）倍，第三天比第二天增长 1.2000（30/25）倍。然后根据式（2.6）计算南瓜根长的日平均增长率。

表 2-8　南瓜根长的测定值与日增长率

日期	根长/mm	日增长率（x）	$\lg x$
第一天	20	—	—
第二天	25	1.2500	0.0969
第三天	30	1.2000	0.0792
第四天	40	1.3333	0.1249
第五天	45	1.1250	0.0512
第六天	48	1.0667	0.0280
总和		5.9750	0.3802

$$
\begin{aligned}
G&=\lg^{-1}\left[\frac{1}{n}(\lg x_1+\lg x_2+\cdots+\lg x_n)\right]\\
&=\lg^{-1}\left[\frac{1}{5}(0.0969+0.0792+0.1249+0.0512+0.0280)\right]\\
&=\lg^{-1}\frac{0.3802}{5}\\
&=\lg^{-1}0.0760\\
&=1.1912
\end{aligned}
$$

结果表明，该南瓜的根每经过一天，比原有长度平均增长 1.1912 倍。

（五）调和平均数

资料中各观察值倒数的算术平均数的倒数，即为调和平均数，记作 H。

$$
H=\frac{1}{\frac{1}{n}\left(\frac{1}{x_1}+\frac{1}{x_2}+\cdots+\frac{1}{x_n}\right)}=\frac{1}{\frac{1}{n}\sum\frac{1}{x}} \tag{2.7}
$$

调和平均数主要用于计算速度类资料，如平均速率，或数据中有个别极端大值的情况。

【例 2-4】　测定土壤水分在毛细管中的上升速率，得表 2-9，计算该土壤毛细管中水的平均上升速率。

表 2-9　土壤毛细管中水的上升速率

上升高度/cm	上升速率（x）/（cm/min）
0～10	8
10～20	6
20～30	4

解：利用式（2.7）计算毛细管中水的平均上升速率，得

$$
H=\frac{1}{\frac{1}{3}\left(\frac{1}{8}+\frac{1}{6}+\frac{1}{4}\right)}=\frac{72}{13}=5.5385\,(\text{cm}/\text{min})
$$

结果表明，毛细管中水的平均上升速率为 5.5385cm/min。

二、变异数

平均数作为一个重要的特征数，描述了一组观察值的中心位置。但是，平均数代表性的优劣与资料的变异程度有很大关系。当样本的变异程度小、观察值比较整齐时，平均数的代表性强；而当样本的变异程度大、观察值比较分散时，平均数的代表性差；变异程度很大时，

平均数甚至完全失去代表性。因此，要全面地描述一个资料的基本特征，只有平均数是不够的，还必须度量其变异度。度量变异程度的特征数叫作变异数。常用的变异数有极差、方差、标准差和变异系数。

（一）极差

极差（range）又称全距，是样本资料中最大观察值与最小观察值的差数，记作 *R*。极差在一定程度上反映了资料的变异性，但它只是由资料中的两个极端值计算而得，其余观察值提供的信息均未利用，并且容易受资料中不正常极端值的影响。所以用极差只能粗略地估计变量的离散度。当资料很多而又要迅速对资料的变异程度做出判断时经常采用极差这个统计数。

【例 2-5】　测定 *A*、*B* 两个苹果品种的可溶性固形物含量，每个品种观测 10 个单果，所得结果经整理后列于表 2-10。

表 2-10　*A*、*B* 两个苹果品种的可溶性固形物含量　（%）

品种	可溶性固形物含量										总和	平均数	极差
A	11.5	16.5	11.1	13.9	11.0	14.0	13.5	14.5	17.2	12.8	136	13.6	6.2
B	12.3	13.7	12.0	15.0	16.2	13.8	13.2	14.8	12.6	12.4	136	13.6	4.2

表 2-10 中，*A*、*B* 两个品种的可溶性固形物含量平均数均为 13.6%，但是，*A* 品种的极差 $R=17.2\%-11.0\%=6.2\%$，*B* 品种的极差 $R=16.2\%-12.0\%=4.2\%$。结果表明，*A* 品种的可溶性固形物的含量变异范围较大，其平均数的代表性较差；*B* 品种的可溶性固形物含量变异范围小，其平均数的代表性较好。

（二）方差

要正确反映资料的变异度，比较理想的方法是根据全部观察值来度量资料的变异度。平均数作为样本的代表值，则以平均数作为比较的标准较为合理。对含有 *n* 个观察值的样本，其各个观察值为 x_1，x_2，…，x_n，将每个值与 $\bar{x}$ 相减，即可得离均差。离均差大，变异就大，反之，变异就小。但是根据平均数的第一重要特性，离均差的总和等于零，离均差不能直接用来度量变异，因此，将各离均差平方以后相加，求得离均差的平方和，简称平方和（sum of squares），记作 *SS*，用来反映资料所有观察值的总变异程度。

$$\text{样本 } SS=\sum(x_i-\bar{x})^2 \tag{2.8}$$

$$\text{总体 } SS=\sum(x_i-\mu)^2 \tag{2.9}$$

平方和克服了离均差的缺点，不再为 0，而且平方后加重了较大观察值的分量，所以提高了度量变异的灵敏度。但是，平方和的大小受观察值数目的影响，因此当要比较的样本包含的观察值数目不等时，不能直接用平方和进行比较。为解决这个问题，用观察值的数目来除平方和，得到平均的平方和，简称方差（variance）。样本方差用 s^2 表示，其定义为

$$s^2=\frac{\sum(x-\bar{x})^2}{n-1} \tag{2.10}$$

式中，$n-1$ 为自由度（degree of freedom），记作 *DF*，其具体数值常用 *df* 表示。

总体方差用 σ^2 表示，定义为

$$\sigma^2=\frac{\sum(x-\mu)^2}{N} \tag{2.11}$$

式中，N 为有限总体的个体数；μ 为总体平均数。样本方差 s^2 是总体方差的无偏估计值。样本的方差 s^2 通常称为均方（mean of square）。

（三）标准差

1. 标准差的定义 标准差（standard deviation）是方差的算术平方根值。其单位与观察值的度量单位相同，计算方法为

$$s=\sqrt{\frac{\sum(x-\bar{x})^2}{n-1}} \tag{2.12}$$

$$\sigma=\sqrt{\frac{\sum(x-\mu)^2}{N}} \tag{2.13}$$

样本标准差（s）是总体标准差（σ）的估计值。

2. 自由度的意义 自由度是指样本内独立而且能自由变动的离均差的个数。例如，一个具有 5 个观察值的样本，因为受统计数 $\bar{x}$ 的约束，在 5 个离均差中，只有 4 个数值可以在一定范围内自由变动取值，而第五个离均差必须满足 $\sum(x-\bar{x})=0$。如一样本为 3、4、5、6、7，平均数为 5，前 4 个离均差为−2、−1、0 和 1，则第五个离均差一定为 2，才能使 $\sum(x-\bar{x})=0$。一般地，样本自由度（df）等于观察值的个数（n）减去约束条件的个数（k），即 $df=n-k$。

计算样本的方差和标准差时，为什么要以自由度（$n-1$）作除数而不直接以 n 作除数呢？这是因为研究的是总体，但总体 μ 一般不知道，用样本去估计总体，但是 $\mu\neq\bar{x}$，根据算术平均数的性质 $\sum(x-\bar{x})^2$ 为最小，所以 $\sum(x-\bar{x})^2<\sum(x-\mu)^2$。如果用样本的标准差估计总体的标准差，则数据偏低。若以 $n-1$ 去除，所得 s^2 是 σ^2 的无偏估计值。因此，为了克服离均差的平方和偏小的弊病，在计算样本的方差和标准差时，一般用自由度作除数。

3. 标准差的计算方法

1）*直接法* 为了简便计算，可将式（2.12）进行转换，转换后得

$$s=\sqrt{\frac{\sum(x-\bar{x})^2}{n-1}}=\sqrt{\frac{\sum x^2-\frac{\left(\sum x\right)^2}{n}}{n-1}} \tag{2.14}$$

式中，$\frac{\left(\sum x\right)^2}{n}$ 称为矫正数，记作 C。用式（2.14）计算标准差的方法叫作矫正数法。

【例 2-6】 测得 10 个‘国光’苹果可溶性固形物含量（%）如下：14.0、12.0、13.6、13.6、14.0、13.0、14.0、13.6、15.0、13.2。求标准差。

$\sum x=136$，$\sum x^2=1855.12$，$n=10$，将有关计算数据代入式（2.14），得

$$s=\sqrt{\frac{\sum x^2-\frac{\left(\sum x\right)^2}{n}}{n-1}}=\sqrt{\frac{1855.12-\frac{136^2}{10}}{10-1}}=0.78\ (\%)$$

2）加权法　对于已经制成次数分布表的资料，可用加权法计算标准差，计算公式见式（2.15）和式（2.16）。

$$s=\sqrt{\frac{\sum f_i(x_i-\bar{x}_i)^2}{n-1}} \tag{2.15}$$

$$s=\sqrt{\frac{\sum f_i x_i^2-\frac{\left(\sum f_i x_i\right)^2}{n}}{n-1}} \tag{2.16}$$

式中，f_i 为第 i 组的次数；x_i 为第 i 组的组中值；n 为样本容量。

【例 2-7】　根据表 2-6 的数据求标准差。

将数值代入式（2.16）得

$$s=\sqrt{\frac{1\times 48^2+3\times 53^2+\cdots+1\times 98^2-\frac{(7355)^2}{100}}{100-1}}=9.070\ (\text{cm})$$

结果表明，该品种绿豆株高的标准差为 9.070cm。

（四）变异系数

标准差是表示资料变异程度的一个重要统计数，但不能用来比较度量单位不同或者度量单位相同但平均数不同的两个或多个样本资料的变异程度的大小，因此需要有一个既能表示变异程度又不带单位且不受平均数影响的特征数，这就是变异系数（coefficient of variation，*CV*），它是样本标准差与样本平均数的比值，以百分数形式表示，其计算公式见式（2.17）。

$$CV=\frac{s}{\bar{x}}\times 100\% \tag{2.17}$$

变异系数是一个不带单位的纯数，可用于比较两个或多个度量单位及平均数不同的样本资料的变异程度大小。

【例 2-8】　表 2-11 是某番茄品种苗高和果重两个性状的平均数、标准差和变异系数。从表 2-11 中可以看出，苗高的变异系数大，果重的变异系数小，即番茄苗高的变异度大于果重的变异度。

表 2-11　某番茄品种两个性状的平均数、标准差和变异系数

性状	平均数	标准差	变异系数（*CV*）/%
苗高/cm	30	4.3	14.33
果重/g	72	6.3	8.75

注意，变异系数的大小，不受平均数和标准差两个统计量的影响，因而在利用变异系数表示资料的变异程度时，最好将平均数和标准差也列出。

平均数和变异数等可以通过 SAS 程序的 proc means 过程或者 Excel 软件分析工具进行计算。

习　题

2.1　名词解释：总体、样本、参数、统计数、组限、组中值、极差、方差、标准差、变异系数。

2.2　资料可以分为哪几类？它们有何区别与联系？

2.3　表 2-12 为 100 个矮生菜豆豆荚长度（单位：cm），试将其整理成次数分布表，并绘制次数分布图。

表 2-12　100 个矮生菜豆豆荚长度　　（单位：cm）

4.4	6.1	7.0	7.3	5.0	6.3	7.0	7.4	5.5	6.4
6.1	7.0	5.8	6.5	7.2	7.5	6.0	6.8	7.2	8.0
6.9	7.3	8.1	8.5	9.0	9.5	10.1	10.9	8.1	8.5
7.2	4.8	8.2	8.6	9.1	9.6	10.3	11.6	8.2	8.6
4.5	6.2	8.4	8.7	9.3	9.3	10.0	10.6	11.7	8.5
7.1	7.5	5.6	6.4	7.1	7.5	5.6	6.5	7.1	7.5
6.0	6.8	7.2	8.0	8.0	8.5	9.0	9.5	10.1	10.8
9.0	9.5	10.2	11.2	8.2	8.6	9.1	9.6	10.2	11.4
9.1	9.7	10.3	11.6	8.3	8.7	9.2	9.8	10.4	11.6
8.8	9.4	10.0	10.6	11.8	8.5	8.8	10.0	10.7	9.4

2.4　采用习题 2.3 的次数分布表，用加权法计算其平均数和标准差。

2.5　某葡萄品种的每穗颗粒重（单位：g）和每穗小穗数如下，分别计算出这两个性状的标准差与变异系数，并解释所得结果。

每穗颗粒重：6.8、6.4、6.0、6.8、7.1、8.1、6.0、6.4、7.1、6.5。

每穗小穗数：16、21、17、15、16、18、20、19、22、19。

习题答案

第三章　概 率 分 布

【内容提要】 随机变量可能的取值或取值区间的概率称为概率分布。本章在介绍概率及其计算法则、概率分布及抽样分布的基础上，介绍了常用的二项总体及其抽样分布、正态总体及其抽样分布。次数资料的总和数与百分数，连续性变数的平均数、均数差数、方差是常见的抽样统计数。基于正态分布，提出了用于抽样分布概率计算的μ分布、χ^2分布、t分布、F分布等。

【学习重点】 概率的概念、二项总体分布及其抽样分布、正态总体分布及其抽样分布。

【学习难点】 概率的概念、概率分布及抽样分布的关系。

【要求掌握的基本技能】 应用概率计算法则计算常见性状表现的发生概率，二项分布和正态分布的概率计算，在总体分布的基础上估计平均数抽样分布和平均数差数抽样分布的总体平均数和方差。

随机变量可能的取值或取值区间的概率反映了随机变量的统计规律性，称为概率分布（probability distribution）。本章在介绍概率的基本概念和计算法则的基础上，介绍二项分布总体的分布特征及其抽样分布，正态总体分布特征及其抽样分布。

第一节　事件与概率

一、事件

某一事物的每一个现象，或某项试验的每一种结果称为事件（event）。其中，在特定条件下一定出现的现象或发生的结果称为必然事件（certain event）。例如，在标准大气压下，水加热到 100℃时必然沸腾。在特定条件下一定不出现的现象或不发生的结果称为不可能事件（impossible event）。例如，被害虫咬食了胚的种子一定不发芽。在特定条件下可能发生也可能不发生的结果称为随机事件（random event）。例如，抽取一粒种子，它可能发芽也可能不发芽，某大豆品种的亩①产量可能是 160kg，也可能低于 160kg，也可能高于 160kg。

许多现象是由多个事件构成的，为了深入研究，需要明确事件间的相互关系。事件之间的关系可表述如下。

（1）和事件：事件A和B至少有一个发生而构成事件C，则事件C称为事件A和B的和事件，记为$C=A+B$。例如，大豆种皮颜色包含黄色和绿色。若A为“黄色种皮”，B为“绿色种皮”，则$A+B$为“大豆种皮或者为黄色或者为绿色”。

和事件的定义可以扩展到多个事件：事件A_1，A_2，…，A_n至少有一个发生而构成的新事

①1 亩≈666.7m^2

件称为事件 A_1，A_2，…，A_n 的和事件，记为 $A_1+A_2+\cdots+A_n=\sum_{i=1}^{n}A_i$ 。

（2）积事件：事件 A 和 B 同时发生而构成事件 C，则事件 C 称为事件 A 和 B 的积事件，记作 $C=AB$。例如，A 为“高产大豆品种”，B 为“高蛋白质含量大豆品种”，则 AB 为“高产高蛋白质大豆品种”。积事件的定义也可以拓展到多个事件：事件 A_1，A_2，…，A_n 同时发生所构成的新事件称为这 n 个事件的积事件，记作 $A_1A_2\cdots A_n=\prod_{i=1}^{n}A_i$ 。

（3）互斥事件：如果事件 A 和 B 不可能同时发生，即 AB 为不可能事件，称事件 A 和 B 互斥。例如，大豆种皮颜色包含黄色和绿色。若记 A 为“取到黄色”，B 为“取到绿色”，取一粒种子不可能既为黄色又为绿色，即事件 A 和 B 互斥。这一定义也可以推广到 n 个事件。

（4）对立事件：事件 A 和 B 必发生其一，但不可能同时发生，即 $A+B$ 为必然事件，AB 为不可能事件，则称事件 B 为事件 A 的对立事件，并记 $B=\overline{A}$。例如，事件 A 为“感染灰斑病”，B 为“未感染灰斑病”，在田间任意抽取一株大豆，其植株不是感染灰斑病就是未感染灰斑病，此时，A 和 B 互为对立事件。

（5）独立事件：若事件 A 发生与否不影响事件 B 发生的可能性，则称事件 A 和事件 B 相互独立。例如，大豆每穴播种子 3 粒，每粒种子是否出苗不影响其他种子的出苗情况。

（6）完全事件系：若事件 A_1，A_2，…，A_n 两两互斥，且每次试验结果必发生其一，则称 A_1，A_2，…，A_n 为完全事件系。例如，每穴播玉米种子 3 粒，每穴出苗数为 0、1、2、3，则实际生产田中，“每穴出苗数 0 株”“每穴出苗数 1 株”“每穴出苗数 2 株”“每穴出苗数 3 株”就构成完全事件系。

二、概率

由于随机事件在一次试验中能否出现具有偶然性，要研究其发生规律，必须进行多次重复试验。在相同条件下进行 n 次重复试验，如果事件 A 发生 m 次，则 m/n 称为事件 A 的频率（frequency）。当试验次数较小时，频率波动较大，随着试验次数的增加，频率波动逐渐减小，趋于稳定。

【例 3-1】 为调查在常温下贮藏一年的某大豆品种的发芽率，分别取不同种子粒数的样品进行试验，发芽率情况列于表 3-1。从表 3-1 中可看出，随着种子粒数的增加，发芽率稳定在 0.67 左右。

表 3-1　大豆种子的发芽率

种子粒数（n）	50	100	150	200	250	300	400	500	600	800	1000
发芽粒数（m）	36	61	104	125	167	197	265	341	403	539	675
发芽频率（m/n）	0.720	0.610	0.693	0.625	0.668	0.657	0.663	0.682	0.672	0.674	0.675

设事件 A 在 n 次试验中出现了 m 次，随着试验次数 n 的增加，事件 A 发生的频率 m/n 所稳定趋近的常数 p，称为事件 A 的概率。

$$P(A)=p \tag{3.1}$$

在一般情况下，p 是不可能准确获得的，通常以试验次数 n 充分大时的事件 A 的频率 m/n 估计事件 A 的概率。

$$\hat{p}=\frac{m}{n} \tag{3.2}$$

"^"表示由样本统计数对总体参数的估计，这种通过频率计算得到的概率，称为统计概率（statistical probability）。

根据统计概率的定义可知，$0\leqslant p\leqslant 1$。在 $p=0$ 时为不可能事件，在 $p=1$ 时为必然事件，在 $0<p<1$ 时为随机事件。

三、概率的计算法则

（一）互斥事件的加法

假定两互斥事件 A 和 B 的概率分别为 $P(A)$ 和 $P(B)$。则事件 A 与 B 的和事件的概率等于事件 A 的概率与事件 B 的概率之和，即

$$P(A+B)=P(A)+P(B) \tag{3.3}$$

【例 3-2】 某玉米品种不结穗、结单穗和双穗的概率分别为 0.1、0.7 和 0.2，则随机抽取一株结穗玉米的概率为 $0.7+0.2=0.9$。

加法定理可以扩展到多个两两互斥的事件：假定 A_1，A_2，…，A_n 等 n 个事件彼此间均是两两互斥的事件，其概率依次为 $P(A_1)$，$P(A_2)$，…，$P(A_n)$，则 A_1，A_2，…，A_n 和事件的概率 $P(A_1+A_2+\cdots+A_n)$ 等于 $P(A_1)$，$P(A_2)$，…，$P(A_n)$ 之和，即

$$P(A_1+A_2+\cdots+A_n)=P(A_1)+P(A_2)+\cdots+P(A_n) \tag{3.4}$$

对于完全事件系 A_1，A_2，…，A_n，其概率 $P(A_1+A_2+\cdots+A_n)$ 为 1。

（二）对立事件的概率

若事件 A 的概率为 $P(A)$，那么其对立事件的概率为

$$P(\bar{A})=1-P(A) \tag{3.5}$$

【例 3-3】 假定有两批小麦种子，第一批种子发芽率为 0.85，即 $P(A)=0.85$，第二批种子发芽率为 0.65，即 $P(B)=0.65$，现在从两批种子中各取 1 粒做发芽试验。分别求每粒种子不发芽的概率。

第一粒种子不发芽率的概率为 $P(\bar{A})=1-P(A)=1-0.85=0.15$。

第二粒种子不发芽率的概率为 $P(\bar{B})=1-P(B)=1-0.65=0.35$。

（三）独立事件的乘法

假定 $P(A)$ 和 $P(B)$ 是两个独立事件 A 与 B 各自出现的概率，则事件 A 与 B 同时出现的概率等于两独立事件出现概率 $P(A)$ 与 $P(B)$ 的乘积，即

$$P(AB)=P(A)P(B) \tag{3.6}$$

【例 3-4】 对于**【例 3-3】**，试计算：①两粒种子全发芽的概率；②一粒种子发芽的概率；③两粒种子都不发芽的概率。

（1）两粒种子全发芽的概率。

$$P(AB)=P(A)P(B)=0.85\times 0.65=0.5525$$

（2）一粒种子发芽的概率。一粒种子发芽包括第一批种子发芽而第二批种子不发芽（$A\bar{B}$）和第二批种子发芽而第一批种子不发芽（$\bar{A}B$）两种情况。具体概率计算如下。

$$P(A\bar{B}+\bar{A}B)=P(A\bar{B})+P(\bar{A}B)=0.85\times0.35+0.15\times0.65=0.3950$$

（3）两粒种子都不发芽的概率。

$$P(\bar{A}\bar{B})=P(\bar{A})P(\bar{B})=0.15\times0.35=0.0525$$

也可以用对立事件的方法计算，即

$$P(\bar{A}\bar{B})=1-P(AB)-P(\bar{A}B)-P(A\bar{B})=1-0.5525-0.3950=0.0525$$

独立事件乘法定理对于 n 个相互独立的事件也成立。假定 $P(A_1)$，$P(A_2)$，…，$P(A_n)$ 是 n 个相互独立事件各自出现的概率，则该 n 个事件同时出现的概率 $P(A_1A_2\cdots A_n)$ 等于各自出现概率的乘积，即

$$P(A_1A_2\cdots A_n)=P(A_1)P(A_2)\cdots P(A_n) \tag{3.7}$$

第二节　概率分布与抽样分布

一、随机变量的概率分布及特征数

（一）概率分布

随机变量可能的取值或取值区间的概率称为概率分布（probability distribution），它反映了随机变量的统计规律性。

间断性随机变量可用列表来给出概率分布。设随机变量 X 可能的取值为 x_1，x_2，…，x_k，每个取值对应的概率 $P(X=x_i)$ 为 p_1，p_2，…，p_k，其概率分布见表 3-2。其中 $F(x_i)=P(X\leqslant x_i)$ 称为间断性随机变量的概率累积函数。

表 3-2　间断性随机变量的概率分布列

x_i	x_1	x_2	…	x_k
$P(X=x_i)$	p_1	p_2	…	p_k
$F(x_i)$	p_1	p_1+p_2	…	1

连续性随机变量用和概率累积函数 $F(x)$ 来表示其概率分布规律，可在 $(-\infty, x)$ 范围内对概率密度函数 $f(x)$ 积分获得，即

$$F(x)=\int_{-\infty}^{x} f(x)\mathrm{d}x \tag{3.8}$$

无论间断性变量还是连续性变量，它们的概率累积函数都具有如下性质。

（1）非降性：如果 $x_1<x_2$，则

$$F(x_1)\leqslant F(x_2) \tag{3.9}$$

（2）因为 x 不可能小于 $-\infty$，所以

$$F(-\infty)=0 \tag{3.10}$$

（3）因为 x 必然小于 ∞，所以

$$F(\infty)=1 \tag{3.11}$$

（二）随机变量的特征数

在前面章节中，我们根据样本观察值来计算的统计数，所需的观察值要在试验之后才能获得。如果我们知道某一随机变量的概率分布，就不需要进行试验，可根据概率分布计算出

来随机变量分布特征数的理论值。反映随机变量分布特点的特征数主要包括数学期望（expectation）和方差。

1. 数学期望 随机变量的数学期望就是它的总体平均数，记为 $\mu=E(X)$。

对于间断性随机变量，

$$\mu=\sum p_i x_i \tag{3.12}$$

对于连续性随机变量，

$$\mu=\int x f(x)\,\mathrm{d}x \tag{3.13}$$

随机变量的数学期望具有下列性质。

（1）常数的数学期望等于常数本身，即

$$E(C)=C \tag{3.14}$$

（2）常数与随机变量乘积的数学期望为该常数与该随机变量数学期望的乘积。

$$E(CX)=CE(X) \tag{3.15}$$

（3）随机变量之和的数学期望等于各自的数学期望之和，即

$$E(X+Y)=E(X)+E(Y) \tag{3.16}$$

（4）独立随机变量之积的数学期望等于各自的数学期望之积，即

$$E(XY)=E(X)E(Y) \tag{3.17}$$

（5）离均差的数学期望值为零，即

$$E(X-\mu)=0 \tag{3.18}$$

2. 方差 随机变量的方差记为 $\sigma^2=D(X)=E[(X-\mu)^2]$。

对于间断性随机变量，

$$\sigma^2=\sum p_i(x_i-\mu)^2 \tag{3.19}$$

对于连续性随机变量，

$$\sigma^2=\int (x-\mu)^2 f(x)\mathrm{d}x \tag{3.20}$$

随机变量的方差具有如下性质。

（1）常数的方差为零，即

$$D(C)=0 \tag{3.21}$$

（2）常数与随机变量之积的方差见式（3.22）。

$$D(CX)=C^2D(X) \tag{3.22}$$

（3）独立随机变量之和或者差的方差等于各自的方差之和，即

$$D(X\pm Y)=D(X)+D(Y) \tag{3.23}$$

【例 3-5】 有甲、乙两批种子，取 10 粒做发芽试验，不发芽粒数（x_i）的概率分布见表 3-3。如果在相同的播种量下，哪批种子的出苗质量好？

表 3-3 甲、乙两批种子不发芽粒数（x_i）的概率分布列

	种子批次							
	甲				乙			
x_i	0	1	2	3	0	1	2	3
$P(X=x_i)$	0.4	0.3	0.2	0.1	0.3	0.5	0.2	0

种子的出苗质量可通过不发芽粒数的数学期望和方差来反映。

根据公式（3.12）和（3.19），对于甲和乙分别有

$$E（甲）=0.4\times0+0.3\times1+0.2\times2+0.1\times3=1$$

$$D（甲）=0.4\times（0-1）^2+0.3\times（1-1）^2+0.2\times（2-1）^2+0.1\times（3-1）^2=1$$

$$E（乙）=0.3\times0+0.5\times1+0.2\times2+0\times3=0.9$$

$$D（乙）=0.3\times（0-0.9）^2+0.5\times（1-0.9）^2+0.2\times（2-0.9）^2=0.49$$

据此得出的结论是乙种子的发芽数较多且稳定，种子的出苗质量好。

二、抽样分布

统计学主要研究总体和从总体中抽出样本间的关系。这种关系包括两方面，一方面是从总体到样本，即抽样分布问题；另一方面是从样本到总体，即统计推断问题。前者在这里讨论，后者在下一章介绍。

从总体中抽出若干个样本，由样本算出的一群统计数所形成的分布，称为抽样分布。在统计学中常用的抽样分布包括平均数的抽样分布和两样本均数差数的抽样分布。

（一）抽样分布实验

为了从感性上了解平均数的抽样分布、两样本均数差数的抽样分布，先介绍抽样分布实验。

在总体中进行随机抽样的方法可分为放回抽样和不放回抽样，前者指每次抽出一个个体后，再将这个个体放回原总体；后者指每次抽出的个体不放回原总体。对于无限总体，无论被抽个体是否放回原总体，其被抽到的机会相等，而对于有限总体，只有采取放回抽样，才能保证各个体有相等的被抽到的机会。通常所说的抽样分布都是指无限总体和放回抽样而言的。对于有限总体或不放回抽样，只要组成总体的个体足够多或抽样分数（n/N）足够小，都可以与无限总体和放回抽样一样看待。

【例 3-6】　设有一个 $N=4$ 的有限总体，具体观察值为 1，2，2，3，由式（2.4）和式（2.11）可算得该总体的参数。

$$\mu=\frac{\sum x_i}{N}=\frac{1}{4}(1+2+2+3)=2$$

$$\sigma^2=\frac{\sum(x_i-\mu)^2}{N}=\frac{1}{4}\left[(1-2)^2+(2-2)^2+(2-2)^2+(3-2)^2\right]=\frac{1}{2}$$

若以 $n=2$ 做独立的随机抽样实验，采用放回抽样，如果第一次抽得 1，第二次可能抽得 1，2，2，3；第一次抽得 2 或 3，第二次也可能抽得 1，2，2，3。所有可能的样本数为 $N^n=4^2=16$ 个，其结果见表 3-4。

表 3-4　总体 $N=4$，样本容量 $n=2$ 时所有样本的平均数和方差

第一个观察值	第二个观察值	样本观察值		平均数（$\bar{x}$）	方差（s^2）
1	1	1	1	1	0
	2	1	2	1.5	0.5
	2	1	2	1.5	0.5
	3	1	3	2	2

续表

第一个观察值	第二个观察值	样本观察值		平均数（$\bar{x}$）	方差（s^2）
2	1	2	1	1.5	0.5
	2	2	2	2	0
	2	2	2	2	0
	3	2	3	2.5	0.5
2	1	2	1	1.5	0.5
	2	2	2	2	0
	2	2	2	2	0
	3	2	3	2.5	0.5
3	1	3	1	2	2
	2	3	2	2.5	0.5
	2	3	2	2.5	0.5
	3	3	3	3	0
总和				32	8

根据表 3-4 的各个总和数可以计算样本平均数和方差的平均数。

$$\mu_{\bar{x}}=\frac{32}{16}=2=\mu$$

$$\mu_{s^2}=\frac{8}{16}=\frac{1}{2}=\sigma^2$$

在统计上，如果所有可能样本的某一统计数的平均数等于该总体的相应参数，则称该统计数为总体参数的无偏估计值（unbiased estimate）。上述结果表明以下两点。

（1）$\bar{x}$ 是 μ 的无偏估计值。

（2）s^2 是 σ^2 的无偏估计值。

（二）样本平均数分布

【例 3-7】 在【例 3-6】中，抽样试验所得 16 个样本平均数，整理成次数分布表，列于表 3-5 的 $n=2$ 栏；若再对该总体做 $n=4$ 的抽样试验，共得 $N^n=4^4=256$ 个样本，其平均数的次数分布表列于表 3-5 的 $n=4$ 栏。

表 3-5 样本平均数的抽样分布

$n=2$					$n=4$				
$\bar{x}$	f	$f\bar{x}$	$\bar{x}^2$	$f\bar{x}^2$	$\bar{x}$	f	$f\bar{x}$	$\bar{x}^2$	$f\bar{x}^2$
1.0	1	1	1.00	1	1.00	1	1	1.0000	1.0
1.5	4	6	2.25	9	1.25	8	10	1.5625	12.5
2.0	6	12	4.00	24	1.50	28	42	2.2500	63.0
2.5	4	10	6.25	25	1.75	56	98	3.0625	171.5
3.0	1	3	9.00	9	2.00	70	140	4.0000	280.0
					2.25	56	126	5.0625	283.5

续表

n=2					n=4				
$\bar{x}$	f	$f\bar{x}$	$\bar{x}^2$	$f\bar{x}^2$	$\bar{x}$	f	$f\bar{x}$	$\bar{x}^2$	$f\bar{x}^2$
					2.50	28	70	6.2500	175.0
					2.75	8	22	7.5625	60.5
					3.00	1	3	9.0000	9.0
总和	16	32	22.50	68	总和	256	512	39.7500	1056

由表 3-5 可算得 $n=2$ 样本平均数的平均数。

$$\mu_{\bar{x}}=\frac{\sum f\bar{x}}{N^n}=\frac{32}{4^2}=2=\mu$$

样本平均数的方差为

$$\sigma_{\bar{x}}^2=\frac{\sum f(\bar{x}-\mu_{\bar{x}})^2}{N^n}=\frac{\sum f\bar{x}^2-\frac{\left(\sum f\bar{x}\right)^2}{N^n}}{N^n}=\frac{68-\frac{32^2}{4^2}}{4^2}=\frac{4}{16}=\frac{1}{4}=\frac{\frac{1}{2}}{2}=\frac{\sigma^2}{n}$$

同理，在 $n=4$ 时，则样本平均数的平均数为

$$\mu_{\bar{x}}=\frac{\sum f\bar{x}}{N^n}=\frac{512}{4^4}=2=\mu$$

样本平均数的方差为

$$\sigma_{\bar{x}}^2=\frac{\sum f(\bar{x}-\mu_{\bar{x}})^2}{N^n}=\frac{\sum f\bar{x}^2-\frac{\left(\sum f\bar{x}\right)^2}{N^n}}{N^n}=\frac{1056-\frac{512^2}{4^4}}{4^4}=\frac{32}{256}=\frac{1}{8}=\frac{\frac{1}{2}}{4}=\frac{\sigma^2}{n}$$

上述结果证明了样本平均数具有以下性质。

（1）样本平均数分布的平均数等于总体平均数，即

$$\mu_{\bar{x}}=\mu \tag{3.24}$$

（2）样本平均数分布的方差等于总体方差除以样本容量，即

$$\sigma_{\bar{x}}^2=\frac{\sigma^2}{n} \tag{3.25}$$

因此有

$$\sigma_{\bar{x}}=\frac{\sigma}{\sqrt{n}} \tag{3.26}$$

式中，$\sigma_{\bar{x}}$ 为样本平均数分布的标准差，通常称为均数标准误（standard error of mean）。

（三）两样本平均数差数的分布

【例 3-8】 如果有两个总体，第一个总体 $N_1=4$，观察值为 1，2，2，3，则 $\mu_1=2$，$\sigma_1^2=0.5$，若以样本容量 $n_1=2$ 进行独立随机抽样，则所有可能的样本数为 $N^n=4^2=16$ 个；第二个总体 $N_2=3$，观察值为 0，1，2，则 $\mu_2=1$，$\sigma_2^2=0.67$，若以样本容量 $n_2=2$ 进行独立随机抽样，则所有可能的样本数为 $N^n=3^2=9$ 个，这两个总体抽样平均数次数分布列于表 3-6。

表 3-6　样本平均数的次数分布

$\bar{x}_1$	f_1	$\bar{x}_2$	f_2
1.0	1	0	1
1.5	4	0.5	2
2.0	6	1.0	3
2.5	4	1.5	2
3.0	1	2.0	1
总和	16		9

为研究两个样本平均数差数的分布，用第一个总体抽样得到的平均数减去第二个总体抽样得到的平均数（$\bar{x}_1-\bar{x}_2$），全部比较的个数为 16×9=144，将其结果列于表 3-7。

表 3-7　样本平均数差数分布的平均数和方差的计算

$\bar{x}_1-\bar{x}_2$	f	$f(\bar{x}_1-\bar{x}_2)$	$[(\bar{x}_1-\bar{x}_2)-(\mu_1-\mu_2)]^2$	$f[(\bar{x}_1-\bar{x}_2)-(\mu_1-\mu_2)]^2$
−1.0	1	−1.0	4.00	4.0
−0.5	6	−3.0	2.25	13.5
0.0	17	0.0	1.00	17.0
0.5	30	15.0	0.25	7.5
1.0	36	36.0	0.00	0.0
1.5	30	45.0	0.25	7.5
2.0	17	34.0	1.00	17.0
2.5	6	15.0	2.25	13.5
3.0	1	3.0	4.00	4.0
总和	144	144.0	15.00	84.0

由表 3-7 可算得两个样本平均数差数的均数和方差。

（1）两个样本平均数差数的均数为

$$\mu_{\bar{x}_1-\bar{x}_2}=\frac{\sum f(\bar{x}_1-\bar{x}_2)}{N_1^{n_1}N_2^{n_2}}=\frac{144}{144}=1=\mu_1-\mu_2$$

（2）两个样本平均数差数的方差为

$$\sigma^2_{\bar{x}_1-\bar{x}_2}=\frac{\sum f[(\bar{x}_1-\bar{x}_2)-(\mu_1-\mu_2)]^2}{N_1^{n_1}N_2^{n_2}}=\frac{\sum f(\bar{x}_1-\bar{x}_2)^2-\frac{\left[\sum f(\bar{x}_1-\bar{x}_2)^2\right]}{N_1^{n_1}N_2^{n_2}}}{N_1^{n_1}N_2^{n_2}}=\frac{228-\frac{144^2}{144}}{144}=\frac{84}{144}=\frac{7}{12}$$

而

$$\frac{\sigma_1^2}{n_1}+\frac{\sigma_2^2}{n_2}=\frac{\frac{1}{2}}{2}+\frac{\frac{2}{3}}{2}=\frac{1}{4}+\frac{2}{6}=\frac{7}{12}$$

根据上述结果，可以得出两个样本平均数差数分布具有以下性质。

（1）两个样本平均数差数的平均数等于两个样本总体平均数的差数。

$$\mu_{\bar{x}_1-\bar{x}_2}=\mu_1-\mu_2 \tag{3.27}$$

（2）两个样本平均数差数的方差等于两个样本总体平均数方差的和。

$$\sigma_{\bar{x}_1-\bar{x}_2}^2=\sigma_{\bar{x}_1}^2+\sigma_{\bar{x}_2}^2=\frac{\sigma_1^2}{n_1}+\frac{\sigma_2^2}{n_2} \tag{3.28}$$

因此有

$$\sigma_{\bar{x}_1-\bar{x}_2}=\sqrt{\frac{\sigma_1^2}{n_1}+\frac{\sigma_2^2}{n_2}} \tag{3.29}$$

式中，$\sigma_{\bar{x}_1-\bar{x}_2}$ 为样本平均数差数分布的标准差，通常称为均数差数标准误（standard error of mean difference）。

第三节　二项分布及其抽样分布

二项分布是最常见的一种间断性随机变量的概率分布。

一、二项总体分布

在生物科学研究中，很多属性表现为非此即彼、二者必居其一，如种子有芒或无芒、害虫性别雌或雄、品种抗病或感病、突变型或野生型等，据此属性的表现可将总体的全部个体分成两类，这种由非此即彼的对立事件构成的总体称为二项总体（binary population）。

在二项总体中，如果一个事件的概率为 p，与其对立事件的概率就是 $q=1-p$。这种概率分布称为二项总体分布。如果将试验结果数量化，设一个事件为 1，另一个事件为 0，此时随机变数 X 只有 1 和 0 两个可能的取值，二项总体分布也称（0，1）两点分布。二项总体分布可用表 3-8 的概率分布列来表示。

表 3-8　二项总体的概率分布列

x	$P(X=x)$	$P(X\leqslant x)$
0	$q=1-p$	q
1	p	$p+q=1$

二项总体分布的平均数和方差可计算如下。

设总体里有 N 个个体，p 为 $x=1$ 的概率，q 为 $x=0$ 的概率，那么 $x=1$ 组的理论发生次数应为 pN，$x=0$ 组的理论发生次数应为 qN。因此，

$$\mu_p=\frac{pN}{N}=p \tag{3.30}$$

$$\sigma_p^2=\frac{pN(1-p)^2+qN(0-p)^2}{N}=pq \tag{3.31}$$

因为 $q=1-p$，所以 p 是二项总体分布唯一的参数。

【例 3-9】　以某试验地的 5 株玉米为总体调查大斑病的感病情况。令 $x=1$ 代表感病，$x=0$ 代表未感病，5 株的观察结果为 0，1，0，1，0。试求玉米大斑病感病率的总体平均数和方差。

$$\mu_p=\frac{0+1+0+1+0}{5}=0.4$$

$$\sigma_p^2=\frac{(0-0.4)^2+(1-0.4)^2+(0-0.4)^2+(1-0.4)^2+(0-0.4)^2}{5}=0.24$$

说明该试验地大斑病感病率的平均数为 0.4，大斑病感病率的方差为 0.24。

该例也说明了二项总体的平均数为 $\mu_p=p$，方差为 $\sigma_p^2=pq$，标准差为 $\sigma_p=\sqrt{pq}$。

二、二项分布的概率函数及计算

当从二项总体中随机抽取 n 个个体，如果某一事件发生的个体数为 x，其取值范围为 0，1，2，…，n，即 $n+1$ 种事件，这 $n+1$ 种事件取值各有其概率，这些概率的分布称为二项式分布，也称为二项分布（binomial distribution）。

如果以 p 代表事件 A 发生的概率，以 $q=1-p$ 代表其对立事件 $\overline{A}$ 发生的概率，那么在 n 次重复试验中，事件 A 出现 x 次（$x=0，1，2，…，n$）的概率表达为概率函数的形式为

$$f(x)=P(X=x)=C_n^x p^x q^{n-x} \tag{3.32}$$

该式称为二项分布的概率函数，其中 C_n^x 是组合数，$C_n^x=\dfrac{n!}{x!(n-x)!}$。

【例 3-10】 从一批发芽率为 0.8 的种子里取 5 粒进行发芽试验。以 x 为发芽粒数，试作出试验结果 x 的概率分布列。

已知 $n=5$，$p=0.8$，$q=1-0.8=0.2$。根据式（3.32）得到如表 3-9 所示的概率分布列。

表 3-9　种子发芽试验的概率分布列

x	$C_n^x p^x q^{n-x}$	$P(X=x)$	$P(X\leq x)$
0	$1\times0.8^0\times0.2^5$	0.00032	0.00032
1	$5\times0.8^1\times0.2^4$	0.00640	0.00672
2	$10\times0.8^2\times0.2^3$	0.05120	0.05792
3	$10\times0.8^3\times0.2^2$	0.20480	0.26272
4	$5\times0.8^4\times0.2^1$	0.40960	0.67232
5	$1\times0.8^5\times0.2^0$	0.32768	1.00000

概率分布列也可以用图来表示。图 3-1 和图 3-2 列出了 $p=0.8$，$q=0.2$，$n=5$ 和 $p=q=0.5$，$n=5$ 的二项分布。从图中可以看出，当 p 和 q 差异大时，二项分布呈偏态，而 p 和 q 接近时，二项分布是对称的。理论分析和实践结果都表明当 n 很大时，即使 $p\neq q$ 的二项分布，其图形也接近对称，如图 3-3 所示。

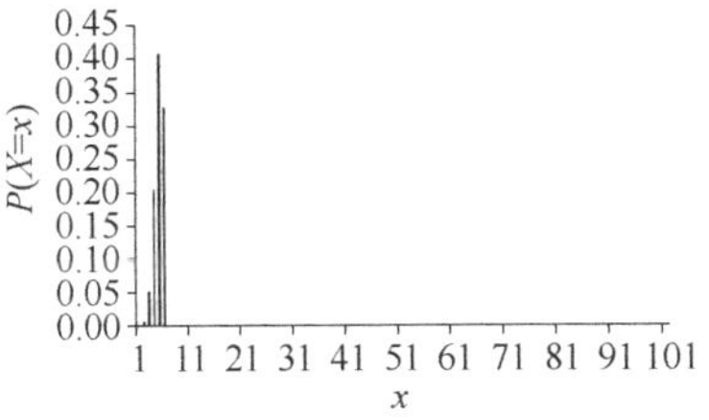

图 3-1　$p=0.8$，$q-0.2$，$n=5$ 的二项分布

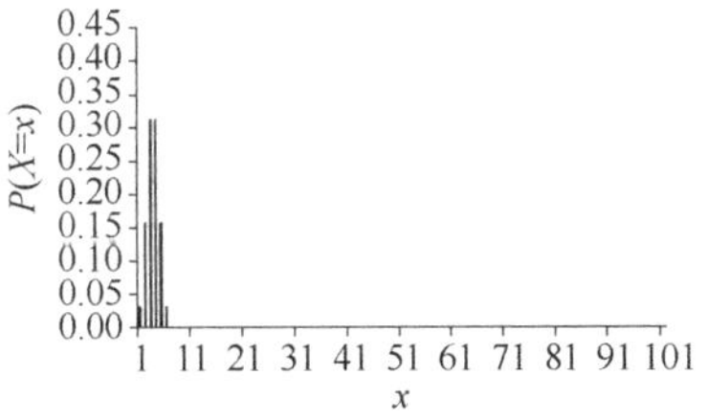

图 3-2　$p=q=0.5$，$n=5$ 的二项分布

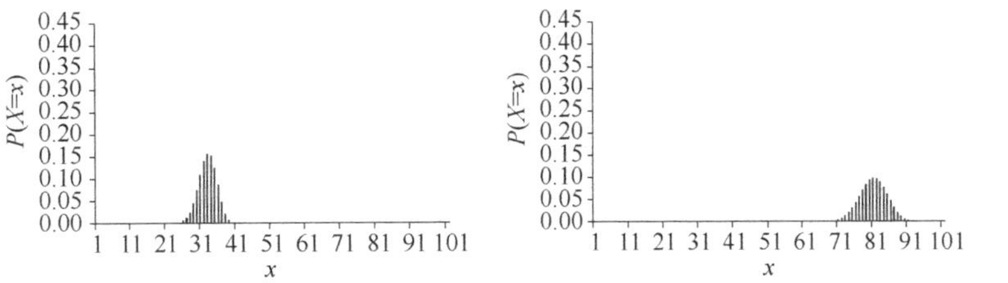

（1）$p=0.8$，$q=0.2$，$n=40$ 的二项分布　（2）$p=0.8$，$q=0.2$，$n=100$ 的二项分布

图 3-3　n 很大时的二项分布

【例 3-11】 某大豆种子发芽率为 0.65，今按设计株行距穴播。①若每穴播 4 粒，试预测田间保苗率（至少有 1 粒出苗）；②如果达到 95%的出苗率（即 95%的概率获得至少 1 株出苗），则至少应播种多少粒？

（1）田间保苗率实际上是每穴有种子发芽的概率，可用和事件方法计算。

$$P（一穴中有种子发芽）=f（1）+f（2）+f（3）+f（4）$$

也可以利用完全事件系概率总和等于 1 的规律简化计算。

$$1-f(0)=1-C_4^0\times 0.65^0\times 0.35^4=0.984994$$

可知此时，田间预计保苗率为 98.4994%。

（2）播种的粒数 n 需要满足 $f（0）=1-0.95=0.05$，既满足 $q^n=0.05$，所以有

$$n=\frac{\lg 0.05}{\lg q}=\frac{\lg 0.05}{\lg 0.35}=\frac{-1.3010}{-0.4559}=2.85\approx 3（粒）$$

即要获得 95%的田间保苗率，每穴需要播种 3 粒。

三、二项总体的抽样分布

研究总体与样本关系的方法有两种，一种是从总体到样本的方向，即从一般到特殊的方向，主要研究从总体中抽取随机样本统计数的概率分布；另一种是从样本到总体的方向，即从特殊到一般的方向，也是从一个样本或一系列样本试验结果的统计数去推断其原总体的参数，即统计推断问题。

从已知分布的总体中随机地抽取所有可能的样本，其样本统计数的概率分布即为抽样分布。在样本容量为 n 的样本里，对每一个个体的抽样都可看作一次独立的试验，其结果是 n 个相互独立但服从同一分布的随机变量。样本统计数都是这些随机变量的函数，仍然是随机变量，因此抽样分布也是随机变量的概率分布。抽样分布一般是在无限总体中通过放回抽样进行。当组成总体的个体足够多或抽样分数足够小（n/N 小于 5%）时，有限总体或不放回抽样都可以看作对无限总体进行放回抽样。

（一）样本总和数（次数）的抽样分布

在一个二项总体中，假定某事件出现的概率为 p，其对立事件出现的概率为 q。从中随机地抽取容量为 n 的样本，其中该事件出现的次数 x 称为样本总和数。样本总和数服从二项分布，其总体平均数（μ_x）和方差（σ_x^2）分别为

$$\mu_x=np，\quad \sigma_x^2=npq \tag{3.33}$$

（二）样本平均数（成数）的抽样分布

在上述二项总体中随机地抽样，某事件出现的频率 x/n 称为样本平均数。若重复进行抽样，则样本平均数分布的总体平均数（$\mu_{\hat{p}}$）和方差（$\mu_{\hat{p}}^2$）分别为

$$\mu_{\hat{p}}=p，\quad \sigma_{\hat{p}}^2=\frac{pq}{n} \tag{3.34}$$

【例 3-12】 已知某种杀虫剂的杀虫率为 80%，现在处理成虫 400 头，试预期该杀虫剂的杀虫头数和百分数及它们的标准差。

已知该杀虫剂的杀虫率 $p=0.8$，存活率 $q=1-0.8=0.2$，$n=400$。根据式（3.33）可得杀虫剂杀虫头数的平均数和标准差。

$$\mu_x=np=400\times 0.8=320（头）$$

$$\sigma_x=\sqrt{npq}=\sqrt{400\times 0.8\times 0.2}=8（头）$$

根据式（3.34）可得该杀虫剂的杀虫百分数（杀虫率）和标准差。

$$\mu_{\hat{p}}=p=0.8=80\%$$

$$\sigma_{\hat{p}}=\sqrt{\frac{pq}{n}}=\sqrt{\frac{0.8\times0.2}{400}}=0.02=2\%$$

第四节 正态分布及其抽样分布

一、正态总体分布

正态分布（normal distribution）是连续性随机变量的一种概率分布。受众多因素影响的农业和生物科学中绝大多数现象都服从正态分布。理论研究还表明，当样本容量足够大时，间断性随机变量的样本统计数也趋于正态分布。因此，正态分布在理论和实践问题上都具有非常重要意义。

正态分布的概率密度函数如下。

$$f(x)=\frac{1}{\sigma\sqrt{2\pi}}\mathrm{e}^{-\frac{1}{2}\left(\frac{x-\mu}{\sigma}\right)^2} \tag{3.35}$$

式中，μ 是正态分布的总体平均数；σ^2 是正态分布的方差；它们都是正态分布的参数。随机变量 X 服从正态分布，记为 $X\sim N(\mu,\sigma^2)$。其图形称为正态分布曲线，见图 3-4。

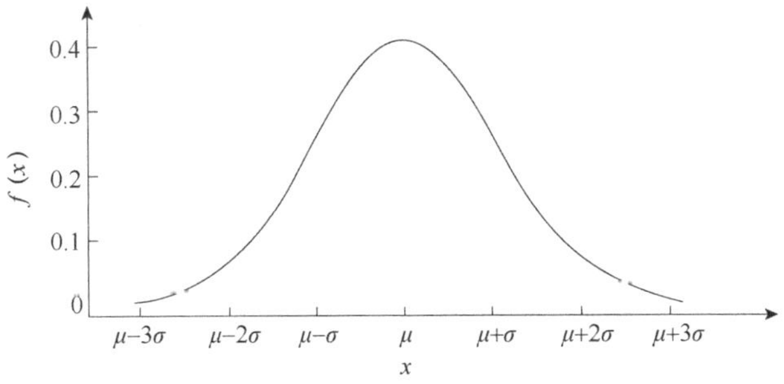

图 3-4 正态分布曲线

正态分布曲线有如下特性。

（1）正态分布曲线是以总体平均数 μ 为中心，左右对称的分布。

（2）正态分布曲线是一条单峰曲线，总体平均数 μ 对应的概率密度最大，左右两侧离 μ 越远对应的概率密度越小。

（3）正态分布曲线是随参数 μ 和 σ 的不同而变化的曲线系统。总体平均数 μ 决定曲线的中心位置，标准差 σ 决定曲线的变化率，σ 大时，曲线显得矮而宽，σ 小时，曲线显得高而窄。

（4）正态分布曲线在 $\mu\pm\sigma$ 处有拐点，两尾向左右无限延伸，以横轴为渐近线，全距为 $-\infty\sim\infty$。

（5）无论 μ 和 σ 为多少，正态分布曲线与横轴间的总面积都等于 1，意为随机变量 X 的取值位于 $-\infty\sim\infty$ 的概率为 1，即

$$P(-\infty<X<\infty)=1 \tag{3.36}$$

（6）无论 μ 和 σ 为多少，随机变量的取值落在任意区间（a，b）的概率为直线 $x=a$ 和 $x=b$ 与正态分布曲线和横轴间的面积，即

$$P(a<X<b)=P(X<b)-P(X<a)=\int_a^b f(x)\mathrm{d}x=F(b)-F(a) \tag{3.37}$$

式（3.37）取开区间是因为连续性随机变量的概率分布中取定值的概率为 0。

二、正态分布的标准化

总体平均数 μ 为 0，方差 σ^2 为 1 的正态分布称为标准正态分布。如果 u 服从标准正态分布，记为 $u \sim N(0, 1)$。其概率密度函数如下。

$$f(u)=\frac{1}{\sqrt{2\pi}}\mathrm{e}^{-\frac{1}{2}u^2} \tag{3.38}$$

概率累积函数如下。

$$F(u)=\frac{1}{\sqrt{2\pi}}\int_{-\infty}^{u}\mathrm{e}^{-\frac{1}{2}u^2}\mathrm{d}u \tag{3.39}$$

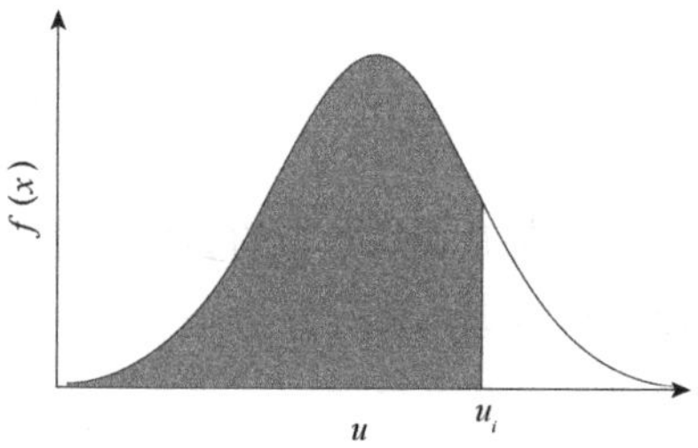

图 3-5　正态累积函数的图示

$F(u)$ 的定义参见图 3-5，具体数值可以从附表 3 中查得。

如果随机变量 X 服从正态分布 $N(\mu, \sigma^2)$，可进行标准化，即

$$u=\frac{X-\mu}{\sigma} \tag{3.40}$$

u 称为正态离差，是一个服从标准正态分布的随机变量。

三、正态分布的概率计算

（一）标准正态分布的计算

附表 3 列出了标准正态分布函数 $F(u)$ 在区间（$-\infty$，u）内取值的概率，要计算标准正态分布某区间的概率，可直接查附表 3 获得。

【例 3-13】　已知 $u \sim N(0, 1)$，试求 $P(u<-1.96)$、$P(-1.96<u<1.96)$、$P(u>1.96)$、$P(|u|<2.58)$、$P(-1<u<1)$、$P(-2<u<2)$、$P(-3<u<3)$ 的概率。

查附表 3，得

$P(u<-1.96)=0.0250$

$P(-1.96<u<1.96)=P(u<1.96)-P(u<-1.96)=F(1.96)-F(-1.96)$
$=0.9750-0.0250=0.9500$

$P(u>1.96)=1-P(u<1.96)=1-0.9750=0.0250$

$P(|u|<2.58)=P(-2.58<u<2.58)=F(2.58)-F(-2.58)=0.9951-0.0049=0.9902$

$P(-1<u<1)=P(u<1)-P(u<-1)=F(1)-F(-1)=0.8413-0.1587=0.6826$

$P(-2<u<2)=P(u<2)-P(u<-2)=F(2)-F(-2)=0.9773-0.0228=0.9545$

$P(-3<u<3)=P(u<3)-P(u<-3)=F(3)-F(-3)=0.9987-0.0013=0.9974$

参见图 3-6。

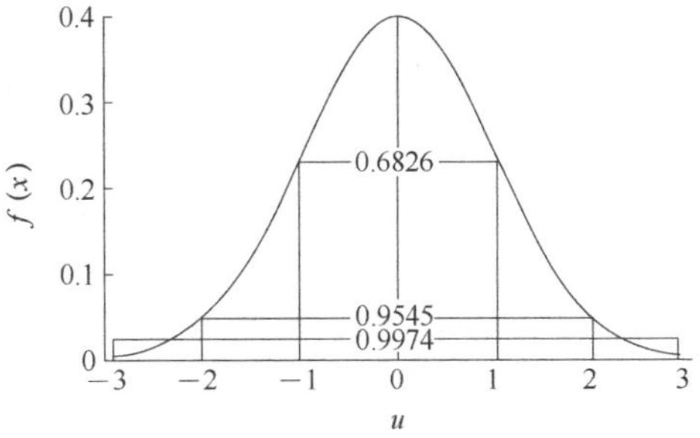

图 3-6　区间（−1，1）、（−2，2）和（−3，3）的概率图示

（二）普遍正态分布的概率计算

1. 计算任意区间的概率　服从正态分布的随机变量 X 可通过标准化变换为正态离差 u 来计算其落于任意区间的概率。

【例 3-14】　某小麦品种的株高服从正态分布，其平均数 $\mu=65$cm，标准差 $\sigma=4$cm。试求 $X<55$cm，55cm$<X<$70cm，$X>70$cm 的概率。

由于是普通正态分布，须经标准化后才能求出落于各区间的概率。

$$P(X<55)=P\left(\frac{X-65}{4}<\frac{55-65}{4}\right)=P(u<-2.5)=F(-2.5)=0.0062$$

$$P(55<X<70)=P\left(\frac{55-65}{4}<\frac{X-65}{4}<\frac{70-65}{4}\right)=P(-2.5<u<1.25)$$
$$=F(1.25)-F(-2.5)=0.8944-0.0062=0.8882$$

$$P(X>70)=P\left(\frac{X-65}{4}>\frac{70-65}{4}\right)=P(u>1.25)=1-P(u<1.25)=1-F(1.25)$$
$$=1-0.8944=0.1056$$

以上计算参见图 3-7。

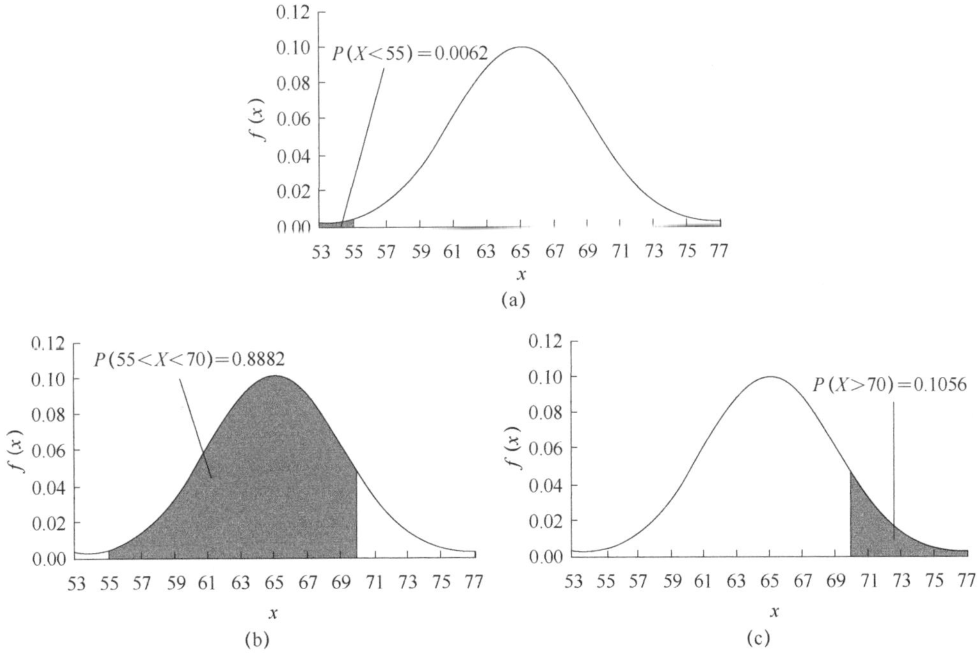

图 3-7　**【例 3-14】**的区间图示

2. 一定的概率所对应的随机变量的取值区间　如果计算一定的概率所对应的随机变量的取值区间，可在随机变量标准化变换后，通过累积概率函数求出。

【例 3-15】　若随机变量 X 服从正态分布 $N(\mu,\ \sigma^2)$，试求正态分布曲线对应中间概率为 0.95 和两尾概率为 0.01 时随机变量 X 的取值区间（x_1，x_2）。

（1）对应中间概率为 0.95 的取值区间为（x_1，x_2），即 $P(x_1<X<x_2)=0.95$，进行标准化，得

$$P\left(\frac{x_1-\mu}{\sigma}<\frac{X-\mu}{\sigma}<\frac{x_2-\mu}{\sigma}\right)=P(u_1<u<u_2)=P(u_2)-P(u_1)=0.95$$

由于正态分布曲线左右对称，因此

$$P(u<u_1)=\frac{1-0.95}{2}=0.025,\quad P(u<u_2)=0.95+0.025=0.975$$

查附表 3，$F(-1.96)=0.025$，$F(1.96)=0.025$，于是有 $u_1=-1.96$，$u_2=1.96$，即 $P(-1.96<u<1.96)=0.95$，或 $P(|u|<1.96)=0.95$。即 $P(\mu-1.96\sigma<X<\mu+1.96\sigma)=0.95$，或 $P(|X-\mu|<1.96\sigma)=0.95$，所以，$x_1=\mu-1.96\sigma$，$x_2=\mu+1.96\sigma$。

（2）当中间概率为 0.99 时，同理可得 $F(-2.58)=0.005$，$F(2.58)=0.9951$，于是有 $u_1=-2.58$，$u_2=2.58$，即 $P(u<-2.58)+P(u>2.58)=0.01$，或 $P(|u|>2.58)=0.01$。即 $P(X<\mu-2.58\sigma)+P(X>\mu+2.58\sigma)=0.01$，或 $P(|X-\mu|>2.58\sigma)=0.01$，所以有 $x_1=\mu-2.58\sigma$，$x_2=\mu+2.58\sigma$。参见图 3-8。

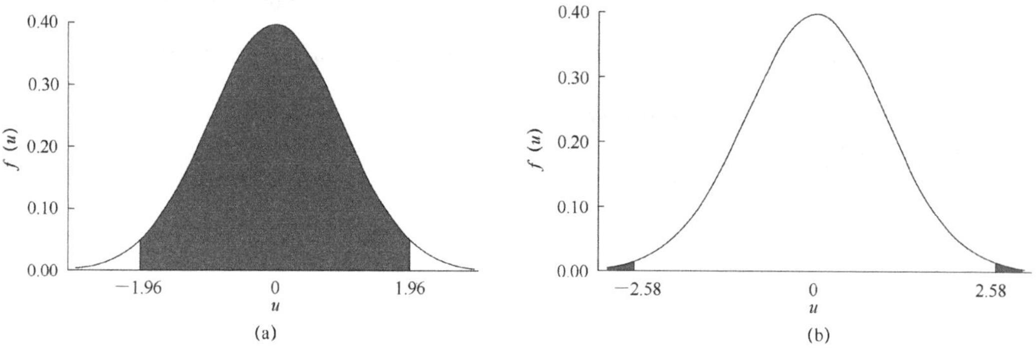

图 3-8 中间概率和两尾概率的图示

（a）中间概率 $P(-1.96<u<1.96)=0.95$；（b）两尾概率 $P(|u|>2.58)=0.01$

图 3-8（b）中左侧（$u<-2.58$）的阴影面积称为左尾概率，右侧（$u>2.58$）的阴影面积称为右尾概率，其和概率称为两尾概率值。附表 4 列出了两尾概率 α 取某一值时的临界 u_α 值（正态离差 u 值），可供直接查用。例如，查附表 4，当 α 为 0.05 时，$u_{0.05}=1.959964$，即表示 $P(|u|<1.959964)=0.95$ 和 $P(|u|>1.959964)=0.05$；当 α 为 0.01 时，$u_{0.01}=2.575829$，表示 $P(|u|<2.575829)=0.99$ 和 $P(|u|>2.575829)=0.01$。

当计算一尾概率左尾 $P(u<-u_\alpha)$ 或右尾 $P(u>u_\alpha)$ 的临界值 u_α 时，也可利用附表 4 来查。由于正态分布是左右对称的，因此一尾的 u_α 值等于附表 4 中两尾的 $u_{2\alpha}$ 值。例如，一尾的 $u_{0.05}$ 等于附表 4 中两尾的 $u_{0.10}=1.644854$；一尾的 $u_{0.01}$ 等于附表 4 中两尾的 $u_{0.02}=2.326348$。

四、正态总体的抽样分布

（一）样本平均数的分布

从一个总体平均数为 μ、方差为 σ^2 的正态总体中随机地抽取 k 个容量为 n 的样本，样本平

均数$\bar{x}_1$，$\bar{x}_2$，…，$\bar{x}_i$，…，$\bar{x}_k$仍服从正态分布，即$\bar{x}\sim N(\mu_{\bar{x}}, \sigma_{\bar{x}}^2)$，其总体平均数（$\mu_{\bar{x}}$）和方差（$\sigma_{\bar{x}}^2$）分别如下。

$$\mu_{\bar{x}}=\frac{1}{n}\sum_{i=1}^{n}\mu_i=\frac{n\mu}{n}=\mu$$

$$\sigma_{\bar{x}}^2=\frac{1}{n^2}\sum_{i=1}^{n}\sigma_i^2=\frac{n\sigma^2}{n^2}=\frac{\sigma^2}{n}$$

为了求出抽到一个样本其平均数$\bar{x}$大于或小于某一定值μ_0的概率，可对$\bar{x}$的分布进行标准化。

$$u=\frac{\bar{x}-\mu_{\bar{x}}}{\sigma_{\bar{x}}} \tag{3.41}$$

式中，$\sigma_{\bar{x}}$为均数标准误。

$$\sigma_{\bar{x}}=\frac{\sigma}{\sqrt{n}}$$

【例 3-16】 某小麦品种的株高服从正态分布，其平均数$\mu=65\text{cm}$，方差$\sigma^2=16$，从这一品种的群体中随机地抽取 4 株，求$\bar{x}<61\text{ cm}$的概率。

$\bar{x}$服从正态总体$\bar{x}\sim N(\mu_{\bar{x}}, \sigma_{\bar{x}}^2)$，其总体平均数和方差分别为

$$\mu_{\bar{x}}=\mu=65$$

$$\sigma_{\bar{x}}^2=\frac{\sigma^2}{n}=\frac{16}{4}=4$$

$$P(\bar{x}<61)=P\left(\frac{\bar{x}-\mu_{\bar{x}}}{\sigma_{\bar{x}}}<\frac{61-65}{2}\right)=P(u<-2)=0.0228$$

（二）样本平均数差数的分布

假定有两个正态总体，分别具有总体平均数μ_1、μ_2和方差σ_1^2、σ_2^2。如果从第一个总体中随机地抽取容量为n_1的样本，其样本平均数为$\bar{x}_1$，从第二个总体中随机地抽取容量为n_2的样本，其样本平均数为$\bar{x}_2$。则样本平均数的差数$\bar{x}_1-\bar{x}_2$仍服从正态分布，即$\bar{x}_1-\bar{x}_2\sim N(\mu_{\bar{x}_1-\bar{x}_2}, \sigma_{\bar{x}_1-\bar{x}_2}^2)$，其总体平均数和方差分别为

$$\mu_{\bar{x}_1-\bar{x}_2}=\mu_1-\mu_2$$

$$\sigma_{\bar{x}_1-\bar{x}_2}^2=\frac{\sigma_1^2}{n_1}+\frac{\sigma_2^2}{n_2}$$

也可以对这个正态分布进行标准化。

$$u=\frac{(\bar{x}_1-\bar{x}_2)-(\mu_1-\mu_2)}{\sigma_{\bar{x}_1-\bar{x}_2}} \tag{3.42}$$

式中，$\sigma_{\bar{x}_1-\bar{x}_2}$为均数差异标准误。

$$\sigma_{\bar{x}_1-\bar{x}_2}=\sqrt{\frac{\sigma_1^2}{n_1}+\frac{\sigma_2^2}{n_2}}$$

【例 3-17】 有两个大豆品种，其株高分别服从正分布总体$N(100, 25)$和$N(90, 16)$，从两个总体中分别抽出 5 株和 4 株，求$\bar{x}_1-\bar{x}_2<8$的概率。

样本平均数的差数 $\bar{x}_1-\bar{x}_2$ 服从正态分布，其总体平均数和方差分别为

$$\mu_{\bar{x}_1-\bar{x}_2}=\mu_1-\mu_2=100-90=10$$

$$\sigma^2_{\bar{x}_1-\bar{x}_2}=\frac{\sigma_1^2}{n_1}+\frac{\sigma_2^2}{n_2}=\frac{25}{5}+\frac{16}{4}=9$$

$$P(\bar{x}_1-\bar{x}_2<8)=P\left(\frac{(\bar{x}_1-\bar{x}_2)-(\mu_1-\mu_2)}{\sigma_{\bar{x}_1-\bar{x}_2}}<\frac{8-10}{\sqrt{9}}\right)=P(u<-0.6667)=0.2525$$

（三）χ^2 分布

从总体方差已知的正态总体中随机地抽取容量为 n 的样本，个体观察值为 x_1，x_2，…，x_n，其标准正态离差为 u_1，u_2，…，u_n，定义标准正态离差平方值的总和为 χ^2，即

$$\chi^2=u_1^2+u_2^2+\cdots+u_n^2=\sum_{i=1}^{n}u_i^2 \tag{3.43}$$

服从自由度为 n 的 χ^2 分布，其图形见图 3-9。

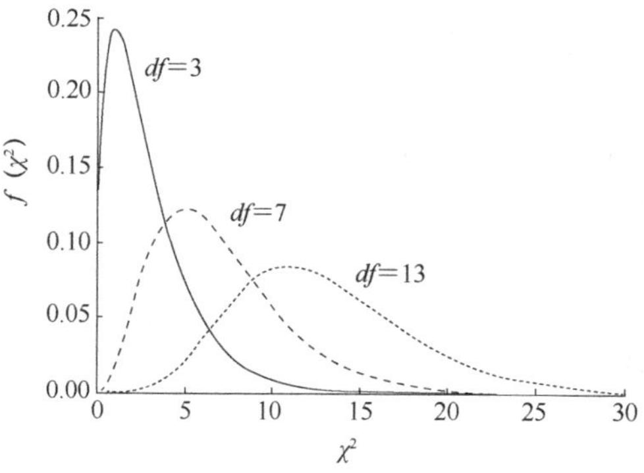

图 3-9　不同自由度（df）下的 χ^2 分布曲线

由图 3-9 可见，χ^2 分布有如下特性。

（1）χ^2 分布为连续性随机变量分布。

（2）χ^2 的取值范围是 $[0, +\infty)$。

（3）χ^2 分布为正偏态分布，偏斜度随自由度不同而变化，随着自由度的增加，曲线由偏斜变为对称，在自由度大于 30 时，χ^2 分布接近正态分布。

（4）由于 χ^2 分布的曲线形状受自由度的制约，因此在自由度不同时，同样的右尾概率值 α 对应的临界值 χ^2_α 是不相同的。附表 7 列出了各种自由度下 χ^2 分布的右尾概率为 α 时的临界值 χ^2_α。

当用样本平均数 $\bar{x}$ 代替总体平均数 μ 时，有

$$\chi^2=\sum_{i=1}^{n}u_i^2=\sum_{i=1}^{n}\frac{(x_i-\bar{x})^2}{\sigma^2}=\frac{(n-1)s^2}{\sigma^2}=\frac{dfs^2}{\sigma^2} \tag{3.44}$$

因此样本方差服从自由度为 $n-1$ 的 χ^2 分布。

（四）t 分布

从一个总体平均数 μ 已知、总体方差 σ^2 未知的正态总体中随机地抽取容量为 n 的样本（$n<30$），在对其 $\bar{x}$ 进行标准化时，由于总体方差未知而只能用自由度 $df=n-1$ 的样本方差 s^2 来估计。于是有

$$t=\frac{\bar{x}-\mu}{s_{\bar{x}}} \tag{3.45}$$

服从自由度为 $df=n-1$ 的 t 分布，其中 $s_{\bar{x}}$ 称为样本均数标准误。

t 分布曲线是以 $\mu_t=0$ 为中心的对称单峰曲线，其形状受自由度制约。当自由度较小时，t 分布与标准正态分布相比峰顶要矮一些，两侧的尾部要高一些；随着自由度增加，

t 分布与标准正态分布逐渐接近；当自由度趋于 $+\infty$ 时，t 分布就与标准正态分布完全重合了，见图 3-10。

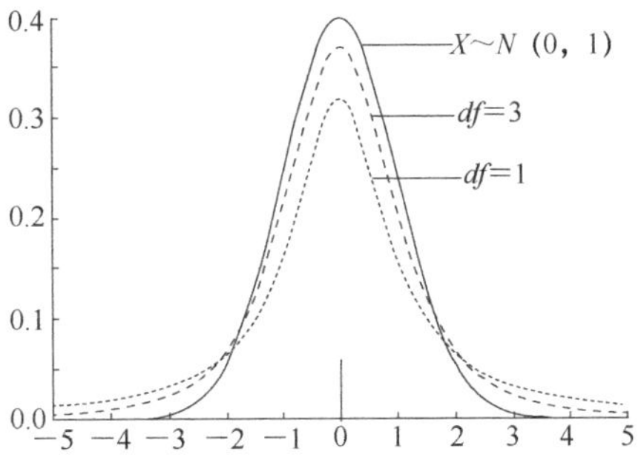

图 3-10 不同自由度（df）下的 t 分布曲线与标准正态分布曲线

t 分布的概率累积函数为

$$F(t_i)=P(t<t_i)=\int_{-\infty}^{t_i} f(t)\mathrm{d}t \tag{3.46}$$

因而 t 分布右尾从 t_i 到∞的概率为

$$P(t>t_i)=\int_{t_i}^{\infty} f(t)\mathrm{d}t=1-F(t_i) \tag{3.47}$$

由于 t 分布的对称性，故相应的两尾概率为

$$P(|t|>t_i)=2[1-F(t_i)] \tag{3.48}$$

由于 t 分布受自由度的制约，自由度不同时曲线形状也不同，t_{df} 也随之变化。附表 5 列出了各种自由度下 t 分布两尾概率为 α 时的临界值 t_α。由于 t 分布是对称的，因此附表 5 中的临界值为绝对值，不加正负号。例如，查附表 5，当 $\alpha=0.05$ 和 $df=10$ 时，$t_{0.05,10}=2.228$，即表明 $P(|t|>2.228)=0.05$，参见图 3-11。

一尾概率也可以从附表 5 中查出。由于 t 分布是左右对称的，一尾概率为 α 的 t_α 可查两尾概率为 2α 的 $t_{2\alpha}$。例如，当 $df=10$ 时，右尾概率为 0.05 的临界值 $t_{0.05,10}$ 等于两尾概率为 0.10 时的临界值 $t_{0.10,10}=1.812$，即 $P(t>1.812)=0.05$。同理，左尾的 $t_{0.05}=-1.812$，意为 $P(t<-1.812)=0.05$，参见图 3-12。

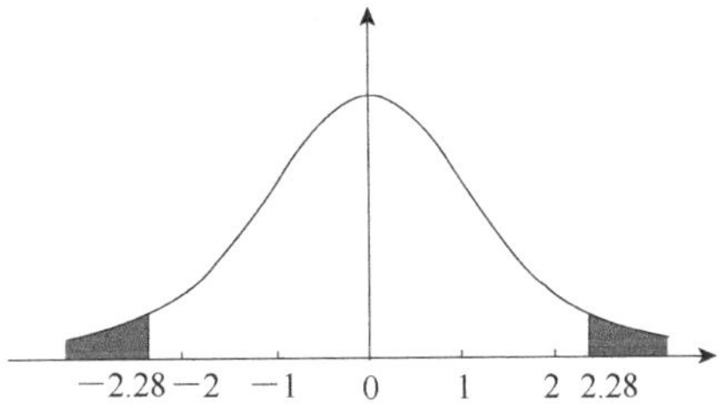

图 3-11 $df=10$ 时 t 分布两尾概率为 0.05 的图示

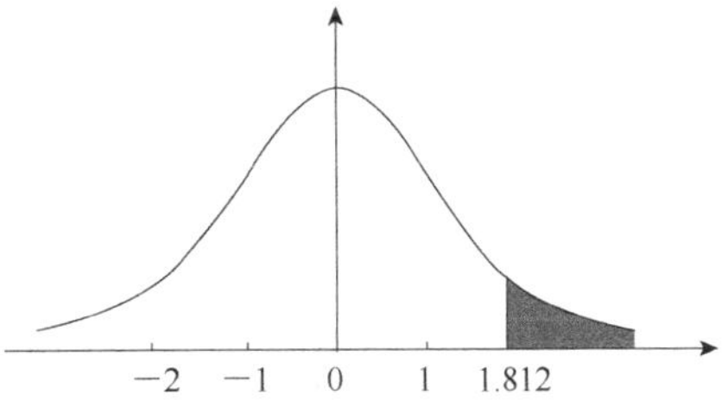

图 3-12 $df=10$ 时 t 分布右尾概率为 0.05 的图示

（五）F 分布

如果从一个正态总体中独立、随机地抽取两个样本，其样本方差和自由度分别为 s_1^2、s_2^2 和 df_1、df_2，则

$$F=\frac{s_1^2}{s_2^2} \tag{3.49}$$

经统计理论证明，样本方差的比值服从第一自由度为 df_1，第二自由度为 df_2 的 F 分布。其概率密度分布参见图 3-13。

由图 3-13 可看出 F 分布有如下特性：①F 分布的取值区间为 [0，∞)；②F 分布的曲线形状由第一自由度 df_1 和第二自由度 df_2 共同决定，当 df_1 和 df_2 都较小时，曲线严重不对称；随着 df_1 和 df_2 增大，曲线由偏态逐渐变为对称。

F 分布的概率累积函数为

$$F(F_i)=P(F<F_i)=\int_0^{F_i} f(F)\mathrm{d}F \tag{3.50}$$

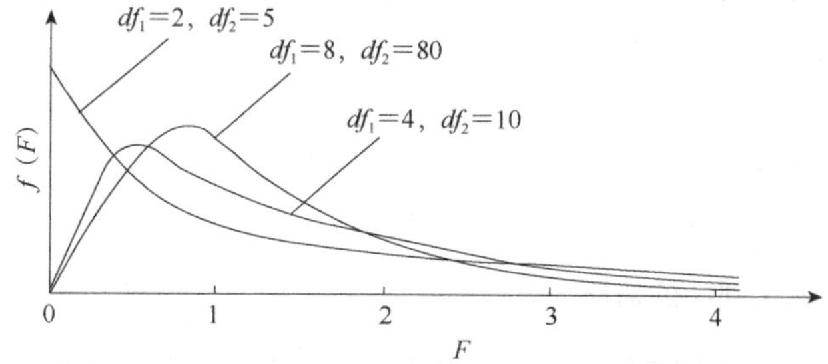

图 3-13 不同 df_1 和 df_2 下的 F 分布曲线

其中 $f(F)$ 为 F 分布的概率密度函数。因而右尾从 F_i 到 $+\infty$ 的概率为

$$P(F>F_i)=\int_{F_i}^{+\infty} f(F)\,\mathrm{d}F=1-F(F_i) \tag{3.51}$$

由于 F 分布的曲线形状是由第一自由度 df_1 和第二自由度 df_2 共同决定的，因此当 df_1 和 df_2 不同时，同样的右尾概率值 α 所对应的临界值 F_α 是不同的。附表 6 列出了当 $\alpha=0.05$ 和 $\alpha=0.01$ 时不同的 df_1 和 df_2 所对应的临界值 F_α。例如，查附表 6，当 $df_1=8$，$df_2=20$ 和 $\alpha=0.05$ 时，$F_{0.05,8,20}=2.45$，即表示 $P(F>2.45)=0.05$。

五、中心极限定理

中心极限定理（central limit theorem）用于研究标准化统计数 X 在 $n\to\infty$ 时的极限分布和分布函数的近似计算问题，对于非正态总体抽样的区间估计和假设测验问题，它是大样本方法的理论依据。

设 X_1，X_2，…，X_n 为相互独立的同分布随机变量，无论其属于哪种分布，只要 $E(X)=\mu$ 和 $D(X)=\sigma^2$，则对于任意 x 有

$$\lim_{n\to\infty} P\left(\frac{\sum X-n\mu}{\sqrt{n}\sigma}\leqslant x\right)=\frac{1}{\sqrt{2\pi}}\int_{-\infty}^{x} e^{-\frac{1}{2}\left(\frac{\sum X-n\mu}{\sqrt{n}\sigma}\right)^2} \tag{3.52}$$

成立，称为中心极限定理。它说明只要 n 足够大，随机变量

$$u=\frac{\sum X-n\mu}{\sqrt{n}\sigma} \tag{3.53}$$

就近似地服从标准正态分布。u 也可以改写为

$$u=\frac{\bar{x}-\mu}{\sigma/\sqrt{n}} \tag{3.54}$$

这说明只要 n 足够大，样本平均数就近似地服从正态分布，而不管其总体的分布如何。

例如，在 $\mu=p$，$\sigma^2=pq$ 的二项总体中随机抽样，只要符合表 3-10 中的条件，其样本平均数 p 就近似地服从正态分布 $N\left(p,\ \frac{pq}{n}\right)$，因此可按正态分布来处理。

表 3-10 二项总体近似正态分布的抽样条件

样本平均数（p）	0.5	0.4	0.3	0.2	0.1	0.05
样本容量（n）	30	50	80	200	600	1400
样本总和数（np）	15	20	24	40	60	70

中心极限定理奠定了正态分布及其抽样分布在生物统计学中的地位，绝大多数农业和生物科学试验都采用基于正态分布理论的方法来设计和分析的原因即在于此。

习　　题

3.1　什么是随机事件、必然事件和不可能事件？什么是互斥事件、对立事件和独立事件？

3.2　什么是统计概率？随机事件发生的频率与概率之间有什么关系？

3.3　设有一个 $N=5$ 的总体，$\mu=4$，$\sigma^2=2$，具体观察值为 2，3，4，5，6。①以 $n=2$ 做独立的随机抽样试验，列出所有可能的样本 $\bar{x}$，并求出 $\mu_{\bar{x}}$、$\sigma_{\bar{x}}^2$ 和 μ_{s^2}；②将 $n=2$ 的所有的随机抽样做成所有可能比较的（$\bar{x}_1-\bar{x}_2$）的次数分布，并求 $\mu_{\bar{x}_1-\bar{x}_2}$、$\sigma_{\bar{x}_1-\bar{x}_2}^2$ 及 $P[(\bar{x}_1-\bar{x}_2)<-1.75]$ 和 $P[(\bar{x}_1-\bar{x}_2)>2.25]$。

3.4　什么是二项总体、二项分布和二项总体的抽样分布？

3.5　有甲、乙两批种子，发芽率分别为 0.8 和 0.7。现从两批种子中各取一粒，试求：①两粒都能发芽的概率；②至少有一粒能发芽的概率；③恰好有一粒能发芽的概率；④两粒都不能发芽的概率。

3.6　某农药的杀虫率为 0.7。现以 5 头害虫为样本，试写出死虫头数 X 的概率分布列。

3.7　在一个大豆的 F_2 遗传群体中，两个分子标记位点的非交换类型个体的比率为 0.95，交换类型的比率为 0.05。①如果从该群体中随机选 100 株，可检测到交换型基因型的概率是多少？②如希望有 95%的概率检测到至少一个交换型基因型，则需要多少株？

3.8　水稻非糯性和糯性由一对等位基因控制，糯性是隐性，两个纯合亲本杂交 F_2 代非糯性和糯性的分离比例为 3∶1。现从 F_2 代中随机抽取 50 株，试预期：①非糯性和糯性各有多少株及方差；②非糯性和糯性各自所占的比例及方差。

3.9　什么是正态分布？正态分布有哪些重要特性？

3.10　什么是标准正态分布？如何将任意正态分布转换为标准正态分布？

3.11　正态离差 u 服从标准正态分布。试计算以下概率：$P(u<1.17)$，$P(u>1.17)$，$P(0.42<u<1.61)$，$P(-1.61<u<-0.42)$，$P(|u|<1.05)$，$P(|u|>1.05)$。

3.12　假定随机变量 X 服从正态分布，其总体平均数和方差分别为 16 和 4。试求：①落于 10～20 的观察值的百分数；②小于 10 的观察值的百分数和大于 20 的观察值的百分数；③分布中间有 95%观察值的区间；④分布两侧有 1%观察值的取值范围。

3.13　样本平均数 $\bar{x}$ 和样本平均数的差数 $\bar{x}_1-\bar{x}_2$ 服从何种分布？χ^2 分布、t 分布和 F 分布各有什么特点？

习题答案

第四章　统 计 推 断

【内容提要】 研究由样本的统计数对其相应的总体参数做出推断的问题时，多采用统计推断的方法。本章的主要内容包括统计假设测验和参数估计两个方面。假设测验被用来解决两个事物相比较的问题，根据涉及的统计数不同可分为平均数的假设测验、方差的假设测验和二项百分数（次数）的假设测验；根据研究目的和所做假设不同可分为两尾测验与一尾测验。参数估计就是用样本统计数来估计总体参数，有点估计和区间估计之分。

【学习重点】 统计假设测验的基本原理和方法，重点掌握 t 测验法；区间估计的方法。

【学习难点】 一尾测验无效假设的设立；统计假设测验的两类错误；成组数据与配对数据的区别；二项资料的百分数的假设测验。

【要求掌握的基本技能】 统计假设测验和参数区间估计的方法。

前一章讲述了样本统计数抽样分布的问题，即对于一个已知的总体，可获知该总体中一定样本容量 n 的所有样本的不同统计数（包括样本平均数、百分数和次数等）的分布规律，也就是从总体到样本的方向进行了研究。然而，在实践中，我们通过试验或调查的方法所能获得的通常都是样本资料，而希望了解的却是样本所属总体的特征。因此，我们需要逆过来，即从样本到总体的方向进行研究，也就是所谓的统计推断（statistical inference），即通过从所研究的总体中随机抽出的一个或一系列样本，计算样本的统计数，去推断其所属总体参数。统计推断包括统计假设测验（hypothesis testing）和参数估计（parameter estimation）两个方面。

第一节　统计假设测验的原理与步骤

一、统计假设测验的意义和原理

首先通过一个实例来说明假设测验的原理，即如何通过抽样分布概率原理解决实际科研与生产问题的统计方法思想。

【例 4-1】 在某水稻的育种工作中，新育成一个品种，测定在单一环境下种植的植株株高，从中随机选取 100 株植株，样本平均数 $\bar{x}=82.5$cm，标准差 $s=9.875$cm。我们需要比较这个水稻新品种的株高 μ 与当地主栽品种 $\mu_0=80$cm 的育种目标有无显著差异。

按照遗传育种学原理，品种的表现型（x）由基因型（μ）和误差（ε）两部分决定，用数学模型表述为 $x=\mu+\varepsilon$。在这个问题中，新品种的株高实测数据的平均值与目标值之间存在着差值 $\Delta=82.5-80=2.5$cm，我们要确定这个差值是来源于基因型（即品种间的真实差异），还是来源于误差。为此，我们可做两种假设，一种假设是这种差异来自于误差（即品种间无差异），另一种假设是这种差异来自于品种间的真实差异。这两种假设互为对立事件，只能有一种假设可用于解释表型差异的来源。在统计上，对用于解释表型差异产生原因的假设选择是基于第一种假设进行的，即表型差异来自于误差，此时可认为样本是来自于当地品种总体的一个抽样样本。在此基础上，根据平均数的抽样分布，以及样本与总体的关系，计算出抽得样本平均数 $\bar{x}=82.5\text{cm}$ 时这个假设成立的概率。如果这个概率较大，如大于 0.05（由人为确定的），就可以接受这个假设，推断新品种的株高与当地主栽品种的株高相同，表型差异来自于误差；如果其概率较小，如小于 0.05，我们就可以否定这个假设，推断新品种的株高与当地主栽品种的株高不同。

综上所述，统计假设测验（test of significance）就是运用抽样分布等概率原理，利用样本资料测验这些样本所在总体（即处理）的参数有无差异，并对测验的可靠程度做出度量的过程。

统计假设测验是农业科学研究中一种非常重要的统计分析方法。例如，比较两个品种的产量有无差异，一个新选育出的棉花品种的纤维长度是否达到相应的国家标准，两种农药对某种虫害的防治效果是否一样，都需要通过统计假设测验来获得可靠的结论。

二、统计假设测验的基本步骤

以【例 4-1】说明假设测验的基本步骤。

1．对未知的总体参数提出统计假设，即无效假设 H_0 和备择假设 H_A 假设测验首先要根据研究目的对所研究的总体提出一个统计假设（statistical hypothesis）。统计假设包括无效假设（null hypothesis）H_0 和备择假设（alternative hypothesis）H_A。无效假设就是假设总体参数与某一定值相等或假设两个总体参数相等，即无差别或无效应的假设，其间的差异是随机误差。和无效假设相对应的另一统计假设，称为备择假设或对应假设，它是无效假设被否定后必定要接受的假设。无效假设与备择假设是一对对立事件。因此，备择假设是一系列与无效假设相对立假设的集合，而不是一个单独的假设。

统计假设依其涉及的样本个数和统计数（包括平均数和百分数等）的不同，有多种不同的形式和内容。例如，测验两个小麦新品系的产量有无显著差异，可以提出 H_0: $\mu_1=\mu_2$，对 H_A: $\mu_1\neq\mu_2$；测验甲品种的蛋白质含量是否高于乙品种，可以提出 H_0: $\mu_1\leqslant\mu_2$，对 H_A: $\mu_1>\mu_2$；测验某批种子发芽率是否达到 90%合格标准，可以提出 H_0: $p\geqslant 0.9$，对 H_A: $p<0.9$；测验药剂浸种是否有利于提高种子的发芽率，可以提出 H_0: $p_1\leqslant p_2$，对 H_A: $p_1>p_2$；等等。无论上述哪种统计假设，均应在试验前按照研究目的提出。

对于本例，提出无效假设 H_0: $\mu=\mu_0=80\text{cm}$；备择假设 H_A: $\mu\neq\mu_0$，包含 $\mu<\mu_0$ 和 $\mu>\mu_0$ 两个假设。

2．确定一个否定 H_0 的概率标准，即显著水平 在测验过程中，根据假设总体推论的抽样分布，算出某一样本特征数出现的概率，作为假设测验的依据，此时，需要一个概率标准，用于推断无效假设发生的可能性的大小。

显著水平（significance level）是人为规定的、用于接受或否定无效假设的概率标准，常用 α 表示。在生物学研究中常取 $\alpha=0.05$ 或 $\alpha=0.01$ 两个等级（水平）。显著水平确定后，通过与无效假设 H_0 真实的概率进行比较，确定 H_0 是否为小概率事件，根据“小概率实际不可能性原理”，推断否定或者接受 H_0。“小概率实际不可能性原理”是指概率很小的事件，在一次试验中几乎不可能发生或可以认为不可能发生。

如果选择 0.05 的显著水平，当无效假设 H_0 真实的概率 >0.05，则可认为 H_0 不是小概率事件，就要接受 H_0；如果无效假设 H_0 真实的概率 <0.05，可认为 H_0 是小概率事件，即可以否定 H_0，接受备择假设 H_A。同理，如果选用 0.01 的显著水平，当无效假设 H_0 真实的概率 >0.01，则可认为 H_0 不是小概率事件，就要接受无效假设 H_0；如果无效假设 H_0 真实的概率 <0.01，可认为 H_0 是小概率事件，就要否定无效假设 H_0，接受备择假设 H_A。若无效假设 H_0 在 0.05 水平上被否定，则称样本估计值与假设参数间差异"显著"，若无效假设在 0.01 水平上被否定，则称样本估计值与假设参数间差异"极显著"。

在统计假设测验中，显著水平是指根据无效假设在曲线横轴上求得某一临界值，对应此临界值所求的概率面积，因此，显著水平也确定了无效假设的接受区域（acceptance region）与否定区域（rejection region）。接受区域是指在一个假设总体的概率分布中，可能接受假设时所能取的一切可能值所在的范围，即接受区域就是接受 H_0 的区间。在这个范围内的任何一个数值和假设数值的差异都属于随机误差。处在接受区域以外的任何一个数值和假设数值的差异，不作为随机误差，而是在本质上不同于假设的数值，因此，把这一部分数值所在的区域称为否定区域。若实得的结果落在接受区域，就接受 H_0；落在否定区域，就否定 H_0，而接受 H_A。如对于标准正态分布，依据规定的显著水平 α，查附表 4，可获得临界值 u_α，当 $|u| \geqslant u_\alpha$，即 u 值落在两尾时，其对应的两尾概率 P 必然小于显著水平 α，必然否定无效假设，可将此两尾区域划为否定区域，包括左尾区域（$-\infty$，$-u_\alpha$）及右尾区域（u_α，∞）；而中间区域（$-u_\alpha$，u_α）为接受区域，如图 4-1 所示。相应地，对于样本平均数 $\bar{x}$ 分布，否定区域为左尾区域（$-\infty$，$\mu_0-u_\alpha s_{\bar{x}}$）及右尾区域（$\mu_0+u_\alpha s_{\bar{x}}$，$\infty$），接受区域为中间区域（$\mu_0-u_\alpha s_{\bar{x}}$，$\mu_0+u_\alpha s_{\bar{x}}$）。

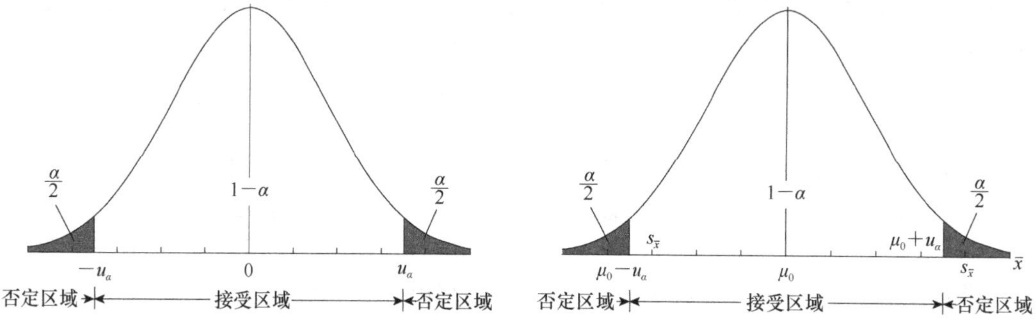

图 4-1　在 α 显著水平上接受或否定 H_0：$\mu=\mu_0$ 的几何意义

3. 计算统计量和无效假设真实的概率，或划出接受和否定区域　在无效假设 H_0 正确的假定下，可以根据假设总体的抽样分布、样本与总体的关系和已确定的假设测验方法，用样本平均数或其他适当的统计数计算出统计量，进而估算无效假设 H_0 是真实的概率；或者根据显著水平和样本的统计数划出接受区域和否定区域。通过以上分析，为是否接受无效假设 H_0 提供依据。

对【**例 4-1**】，在 H_0：$\mu=\mu_0$ 的假设下可算得统计量 u。

$$u=\frac{\bar{x}-\mu_0}{s_{\bar{x}}}=\frac{\bar{x}-\mu_0}{s/\sqrt{n}}=\frac{82.5-80}{9.875/\sqrt{100}}=\frac{2.5}{0.9875}=2.53$$

1）方法一：计算概率　要获得 $\bar{x}-\mu_0=2.5$（cm）由随机误差造成的概率，就是求概率 $P(|u| \geqslant 2.53)$，即 u 值对应的两尾概率。查附表 3，$P(|u| \geqslant 2.53)=2\times 0.005703=0.0114$。

表明在 $\mu_0=80$cm 的总体中，如果以 $n=100$ 做随机抽样，抽得一个与 80cm 相差达 2.5cm 以上的 $\bar{x}$ 的概率为 0.0114，即 $\bar{x}-\mu_0=2.5$（cm）由随机误差造成的概率为 0.0114。在实际工作过程中，该概率可通过统计软件（SAS 或 Excel）给出。

2）*方法二：划出接受与否定区域*　根据 $\alpha=0.05$ 查附表 4 可知，$u_{0.05}=1.96$。由此可见，u 分布 0.05 显著水平的否定区域为（$-\infty$，-1.96）和（1.96，∞），接受区域为（-1.96，1.96）。如果取 $\alpha=0.01$，则 $u_{0.01}=2.58$，可得 0.01 显著水平的否定区域为（$-\infty$，-2.58）和（2.58，∞），接受区域为（-2.58，2.58）。

4. 对是否接受无效假设做出统计推断，并给出所研究问题的结论

1）*方法一：将求得的概率 P 和 α 相比较*　本例 $P=0.0114<\alpha=0.05$，则否定无效假设 H_0：$\mu=\mu_0=80$cm。

结论：该新品系的株高 μ 与株高 $\mu_0=80$cm 的育种目标在 0.05 水平上差异显著。

2）*方法二：将试验结果和临界值相比较，确定是否落在否定区域*　根据 $|u|=2.53\geqslant u_{0.05}=1.96$，落在 0.05 水平的否定区域，同样需否定无效假设 H_0：$\mu=\mu_0=80$cm。

结论：该新品系的株高 μ 与株高 $\mu_0=80$cm 的育种目标在 0.05 水平上差异显著。

可见，上述两种方法的结论是完全一致的。

综上所述，统计假设测验的步骤可总结如下。

（1）提出无效假设 H_0 和备择假设 H_A。

（2）确定显著水平 α。

（3）在 H_0 为正确的假定下，根据统计数的抽样分布规律，算出实际差异由误差造成的概率；或划出否定区域。

（4）将求得的概率和 α 相比较，或者将试验结果和临界值相比较，从而做出接受或否定假设的推断。

三、两尾测验与一尾测验

根据假设测验的备择假设不同，又分为两尾测验（two-tailed test）和一尾测验（one-tailed test）。

1. 两尾测验　两尾测验是指概率分布下，显著水平按左侧和右侧两尾概率之和进行测验。此时假设测验有两个否定区域，分别位于分布两尾，两尾测验考虑到 $\mu>\mu_\alpha$ 和 $\mu<\mu_\alpha$ 两种可能性。

例如，**【例 4-1】**中无效假设为 H_0：$\mu=\mu_0=80$cm，即假设新品系株高 $\mu=80$cm。在假设测验过程中，依据抽得样本 $\bar{x}$ 的取值进行推断时，所得样本 $\bar{x}$ 显著小于 80cm（落在左尾）或显著大于 80cm（落在右尾），都要否定无效假设，即否定区域在两尾（左尾和右尾），因而称为两尾测验。此时，显著水平 α 为左右两尾面积的和，每一尾为 $\frac{\alpha}{2}$。

2. 一尾测验　一尾测验是指在概率分布下，显著水平按左侧或右侧单尾的概率进行测验。假设测验只有一个否定区域，位于分布的左侧或右侧单尾，一尾测验只考虑 $\mu>\mu_\alpha$ 或 $\mu<\mu_\alpha$ 一种可能性。

例如，研究施氮肥对增产的效应时，只有在施氮肥使产量显著增加，即 $\bar{x}$ 显著大于 μ_0 而落在右尾时，我们才接受施氮肥对增产有效的预期（即 $\mu>\mu_0$）。而右尾又是统计意义上否定无效假设的区间，因而只有提出一个与预期相反的假设（本例即施氮肥对增产无效）H_0：$\mu \leqslant \mu_0$。这样，在 $\bar{x}$ 显著大于 μ_0 而落在右尾时，才会否定无效假设 H_0：$\mu \leqslant \mu_0$，而接受备择假设 H_A：$\mu > \mu_0$，最终推断施氮肥对增产有效。

因而，当研究 μ 是否显著大于 μ_0 时，应首先提出与之相反的无效假设 H_0：$\mu \leqslant \mu_0$；备择假设 H_A：$\mu > \mu_0$。这样，只有当 $\bar{x}$ 落在右尾时，才会否定无效假设 H_0：$\mu \leqslant \mu_0$，故该类假设的否定区域就只在右尾，因而称为右尾测验。例如，对于标准正态分布，取显著水平 $\alpha = 0.05$ 时表明此时否定区域面积（即右尾的概率）为 0.05，由于 $P(u > 1.645) = 0.05$，则 u 分布的否定区域为（1.645，∞），相应地，$\bar{x}$ 的否定区域为（$\mu_0 + 1.645\sigma_{\bar{x}}$，∞），如图 4-2 所示。

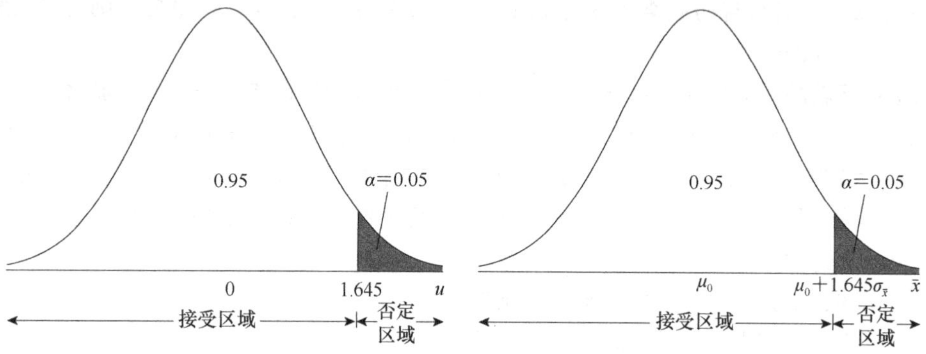

图 4-2　在 0.05 显著水平上接受或否定 H_0：$\mu \leqslant \mu_0$ 的几何意义

反之，在研究作物喷施矮壮素对株高的影响，也就是研究 μ_1 是否显著小于 μ_2 的问题时，应首先提出与之相反的无效假设 H_0：$\mu_1 \geqslant \mu_2$，备择假设为 H_A：$\mu_1 < \mu_2$。这样，只有当 $\bar{x}_1 - \bar{x}_2$ 显著小于 0，即落在左尾时，才会否定无效假设 H_0：$\mu_1 \geqslant \mu_2$，故该类假设的否定区域就只在左尾，称为左尾测验。例如，规定的显著水平 $\alpha = 0.05$，表明此时否定区域（即左尾的概率）为 0.05，由于 $P(u < -1.645) = 0.05$，则 u 分布的否定区域为（$-\infty$，-1.645），$\bar{x}_1 - \bar{x}_2$ 的否定区域为（$-\infty$，$(\mu_1 - \mu_2) - 1.645\sigma_{\bar{x}_1 - \bar{x}_2}$），如图 4-3 所示。

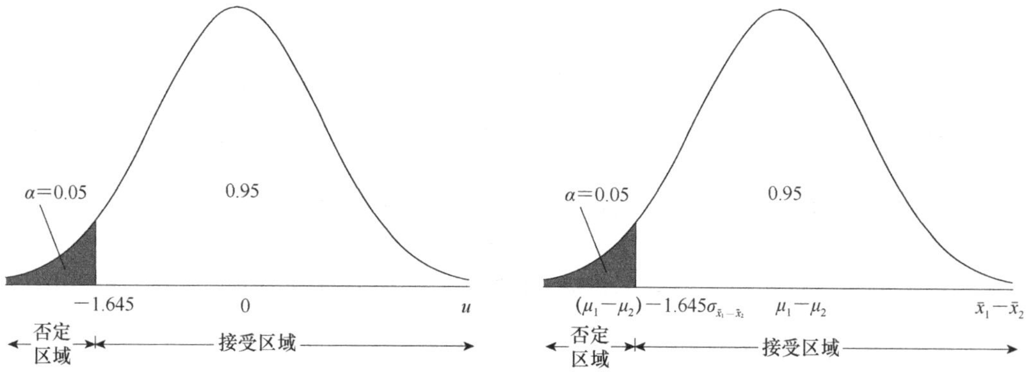

图 4-3　在 0.05 显著水平上接受或否定 H_0：$\mu_1 \geqslant \mu_2$ 的几何意义

综上所述，当研究 A 是否优于 B 时，则提出与预期相反的假设 H_0：$\mu_A \leqslant \mu_B$（即 A 劣于 B），这样，只有当 μ_A 远远大于 μ_B 而落在右尾时，才会否定假设，则该类假设的否定区域就只在右尾；相反，当研究 A 是否劣于 B 时，提出的与预期相反的假设为 H_0：$\mu_A \geqslant \mu_B$（即 A 优于 B），只有当 μ_A 远远小于 μ_B 而落在左尾时，才会否定假设，则该类假设的否定区域就只在左尾。

在 0.05 显著水平上进行假设测验，一尾 $u_{0.05}$=1.645 小于两尾 $u_{0.05}$=1.96（附表 4），而实得 u 值是一样的，所以一尾测验容易否定无效假设。选用一尾测验还是两尾测验应根据专业知识及问题的要求在试验设计时就确定。若测验的目的是推断两个处理效果有无差异，则选用两尾测验；若根据理论知识或实践经验已判断出 A 处理的效果优（或劣）于 B 处理，则测验的目的转为推断 A 处理是否劣（或优）于 B 处理，则用一尾测验。

u 测验、t 测验都有两尾测验和一尾测验，而有关统计用表（附表 4，附表 5）一般只有两尾表。因为标准正态分布和 t 分布都是对称分布，用于一尾测验时，需将显著水平 α 乘以 2 后再查表。相反，F 分布和 χ^2 分布的统计用表（附表 6，附表 7）只有一尾表，由于 F 分布和 χ^2 分布不是对称分布，若确需进行两尾 F 测验或两尾 χ^2 测验，则显著水平 α 除以 2 后再查表。

四、统计假设测验的两类错误

根据假设测验的结果所做出的推断，我们并没有 100% 的把握保证其是正确的，必然要发生一定概率的错误。假设测验有两类错误（表 4-1）。

表 4-1 假设测验的两类错误

	如果 H_0 是正确的	如果 H_0 是错误的
如果 H_0 被否定	第一类错误	没有错误
如果 H_0 被接受	没有错误	第二类错误

如果 H_0 是真实的，我们通过测验却否定了它，就犯了一个否定真实假设的错误，这叫第一类错误（first type error），它只有在否定 H_0 时才会发生。由于规定了显著水平为 α，因此 H_0 为真而被否定的概率最大为 α，因而这类错误又叫 α 错误。如果 H_0 是不真实的，我们通过测验却不能发现其不真实而接受了它，即犯了一个接受不真实的 H_0 的错误，这叫第二类错误（second type error），它只有在接受 H_0 时才会发生。通常把犯第二类错误的概率记为 β，所以这类错误又称为 β 错误。

1．计算犯两类错误概率的方法 犯第一类错误的概率就是显著水平 α，可人为确定；犯第二类错误的概率 β 的计算方法，可用**【例 4-1】**新品系株高为例说明如下。

（1）对于已知 $\mu_0=80$cm 的总体，可求出以样本容量 $n=100$ 抽自其中的样本平均数 $\bar{x}$ 在 $\alpha=0.05$ 显著水平下的接受区域。

接受区域下限为 $\mu_0-1.96s_{\bar{x}}=80-1.96\times0.9875=78.06$（kg），上限为 $\mu_0+1.96s_{\bar{x}}=80+1.96\times0.9875=81.94$（kg）。

根据假设测验的方法可知：只要新品系的样本 $\bar{x}$ 落在［78.06，81.94］的区域内，我们必然要接受 H_0：$\mu=\mu_0=80$cm。

（2）现假设新品系是一个 $\mu=80.5$cm 的总体，则 H_0：$\mu=\mu_0$ 显然是错误的，但是 μ 总体的样本 $\bar{x}$ 有相当一部分落在 μ_0 分布的接受区域内（图 4-4），其概率 β 可估计为

$$u_1=\frac{78.06-80.5}{0.9875}=-2.47,\quad u_2=\frac{81.94-80.5}{0.9875}=1.46$$

$$\beta=F(1.46)-F(-2.47)=0.9279-0.0068=0.9211$$

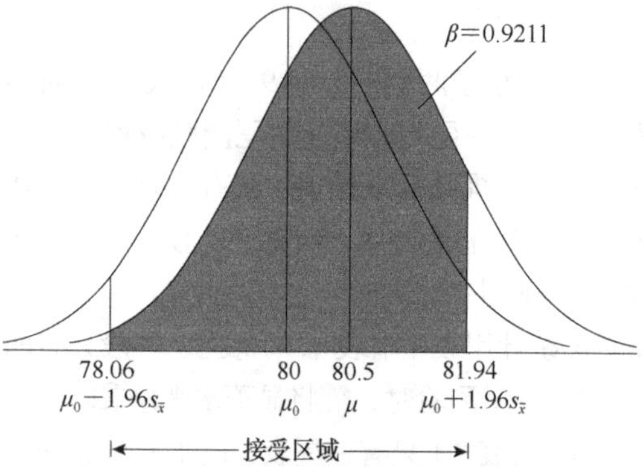

图 4-4　β 值示意图

表明该新品系的样本（$n=100$）中有 92.11%会落在 H_0：$\mu=\mu_0$ 的接受区域内，换言之，有 0.9211 的概率不能识别 H_0：$\mu=\mu_0=80\text{cm}$ 为不真实的，导致产生第二类错误，即犯第二类错误的概率 $\beta=0.9211$。

需要重点说明的是：实际分析中，β 值是一个黑洞，是无法计算得到的。上例中计算得到发生第二类错误的概率$\beta=92.11\%$，只是由于我们假定了一个与指定平均数非常接近的真实平均数。而现实中总体参数即真实平均数是永不可知的，因而上例中犯如此大的第二类错误的概率并不是一种真实的存在。

2．影响犯两类错误概率的因素

1）*显著水平 α*　将显著水平提高到 $\alpha=0.01$，则由于 μ_0 分布接受区域的扩大，μ 分布的 $\bar{x}$ 落入该接受区域的概率将更大，因而更易接受 H_0，即犯 β 错误的概率更大。所以如果显著水平定得过高，虽然在否定 H_0 时减少了 α 错误，但在接受 H_0 时却可能增大 β 错误。

2）*总体的真实参数 μ 与假设参数 μ_0 相差的程度*　总体的真实参数与假设参数相差越大，发生第二类错误的概率 β 就越小。但 μ 和 μ_0 相差的程度不是主观能改变的客观存在。

3）*减小 $\sigma_{\bar{x}}$ 是减少两类错误的关键*　因为 $\sigma_{\bar{x}}$ 变小后，曲线尖峭，接受区域变得十分狭窄，μ 和 μ_0 的较小差异也易于被发现。由于 $\sigma_{\bar{x}}=\dfrac{\sigma}{\sqrt{n}}$，因而可通过精密的试验设计和改进试验技术，获得一个较小且无偏的误差方差估计 σ，并增大样本容量 n 来减小 $\sigma_{\bar{x}}$。

第二节　平均数的假设测验

平均数的假设测验，按所涉及平均数的个数分为单个样本平均数的假设测验和两个样本平均数相比较的假设测验。

一、单个样本平均数的假设测验

这是根据已知的单个样本的数据信息，去测验样本所属的未知总体参数 μ 与某一定值 C 或某一特定总体参数 μ_0 之间有无差异。

在 σ^2 已知时，可用 u 测验：

$$u=\frac{\bar{x}-\mu_0}{\sigma_{\bar{x}}}=\frac{\bar{x}-\mu_0}{\sigma/\sqrt{n}}$$

在 σ^2 未知但 $n\geqslant30$ 时，可用 u 测验：

$$u=\frac{\bar{x}-\mu_0}{s_{\bar{x}}}=\frac{\bar{x}-\mu_0}{s/\sqrt{n}} \tag{4.1}$$

在 σ^2 未知且 $n<30$ 时，可用 t 测验：

$$t=\frac{\bar{x}-\mu_0}{s_{\bar{x}}}=\frac{\bar{x}-\mu_0}{s/\sqrt{n}} \tag{4.2}$$

服从自由度 $df=n-1$ 的 t 分布。

【例 4-2】 某当地大豆品种百粒重 $\mu_0=23$g，现有一新品种，在 10 个小区种植，得百粒重（g）为：25.5，24.6，21.9，23.7，26.3，25.8，24.9，25.6，23.5，22.5。问：新品种的百粒重与原当地品种百粒重有无显著差异？

本例要求测验新品种的百粒重与原当地品种百粒重有无显著差异，则属两尾测验；$n=10$，属小样本，所以应采用 t 测验。

（1）H_0：$\mu=\mu_0=23$（g），对 H_A：$\mu\neq\mu_0$。

（2）$\alpha=0.05$，α为两尾概率。

（3）计算。

$$\bar{x}=\frac{\sum x}{n}=\frac{25.5+24.6+\cdots+22.5}{10}=24.43$$

$$s=\sqrt{\frac{\sum x^2-\frac{\left(\sum x\right)^2}{n}}{n-1}}=\sqrt{\frac{25.5^2+24.6^2+\cdots+22.5^2-\frac{244.3^2}{10}}{10-1}}=1.478$$

$$s_{\bar{x}}=\frac{s}{\sqrt{n}}=\frac{1.478}{\sqrt{10}}=0.467$$

$$t=\frac{\bar{x}-\mu_0}{s_{\bar{x}}}=\frac{24.43-23}{0.467}=3.06$$

（4）推断：按 $df=n-1=10-1=9$，查 t 分布两尾临界值表（附表 5），得 $t_{0.05,9}=2.262$，因实得 $|t|=3.06>t_{0.05}$，落在否定区间；即 $P(H_0:\mu=\mu_0=23)<0.05$（实际两尾概率 $P=0.0136$），故否定 H_0。

结论：新品种的百粒重与原当地品种百粒重在 0.05 水平上存在显著差异。

二、两个样本平均数相比较的假设测验

这是根据已知的两个样本的数据信息，测验样本各自所属总体参数 μ_1 和 μ_2 之间的大小关系，即解决的是两个新事物相比较的问题。测验方法因试验设计的不同而分为成组数据的比较和成对数据的比较。

（一）成组数据

如果两个处理为完全随机设计，而处理间（组间）的试验单元彼此独立，则无论两个处理的样本容量是否相同，所得数据皆称为成组数据。成组数据平均数的比较，在两个样本所属的总体方差 σ_1^2 和 σ_2^2 已知或 σ_1^2 和 σ_2^2 未知但为大样本（$n\geqslant30$）时，采用 μ 测验；而在 σ_1^2 和 σ_2^2 未知为小样本（$n<30$）时，采用 t 测验。因为在实际的科研工作中遇到的多是总体方差未知又是小样本的情况，所以下面重点就 t 测验进行介绍。

t 测验根据总体方差是否同质（相等和不相等）分为两种不同的情况。因此，在进行 t 测验之前需要先进行方差同质性测验。

1. 两个独立样本的方差同质性测验　方差同质性测验可以采用 F 测验进行，$F=\frac{s_1^2}{s_2^2}$。计算 F 值时，习惯将大的 s^2 作分子，小的 s^2 作分母，这样 F 值只可能落在右尾的否定

区间，只需与右尾临界值比较即可。

需注意，附表 6 的 F 值是右尾概率为 α 的临界值，是专为测验事先规划好的 σ_1^2 是否显著大于 σ_2^2 （即 H_0：$\sigma_1^2 \leqslant \sigma_2^2$，对 H_A：$\sigma_1^2 > \sigma_2^2$）而设计的。如果测验 H_0：$\sigma_1^2=\sigma_2^2$，对 H_A：$\sigma_1^2 \neq \sigma_2^2$，则为两尾测验，表中列出的 F 值应变为 $F_{\alpha/2}$。这样，当实得 $F<1-F_{\alpha/2}$ 或 $F>F_{\alpha/2}$ 时，表明该 F 在 α 水平上显著，即方差不同质；反之，表明方差同质。

【例 4-3】　测定大豆甲品种蛋白质含量（%）10 次得 $\bar{x}_1=42.96$，$s_1^2=1.462$；测定乙品种蛋白质含量（%）8 次，得 $\bar{x}_2=40.28$，$s_2^2=0.6457$。测验品种方差是否同质？

（1）H_0：$\sigma_1^2=\sigma_2^2$，即两个总体方差同质；对 H_A：$\sigma_1^2 \neq \sigma_2^2$。

（2）$\alpha=0.05$，α 为两尾概率，则右尾概率 $\dfrac{\alpha}{2}=0.025$。

（3）计算。

$$F=\frac{s_1^2}{s_2^2}=\frac{1.462}{0.6457}=2.26$$

（4）推断：按自由度 $df_1=n_1-1=10-1=9$，$df_2=n_2-1=8-1=7$，查 F 分布右尾临界值表（附表 6），得 $F_{0.025,9,7}=4.82$，因 $F<F_{0.025}$，落在接受区间；即 P（H_0：$\sigma_1^2=\sigma_2^2$）>0.05（实际右尾概率 $P=0.147$），故应接受 H_0：$\sigma_1^2=\sigma_2^2$。

结论：这两个大豆品种蛋白质含量的方差在 0.05 水平上差异不显著，即方差同质。

2. 两个独立样本方差同质的 t 测验　如果 F 测验表明：方差同质，即 $\sigma_1^2=\sigma_2^2=\sigma^2$，则需要求得一个合并均方 s_e^2 作为对 σ^2 的估计。合并均方 s_e^2 应为两样本均方 s_1^2 和 s_2^2 的加权平均值，即

$$s_e^2=\frac{SS_1+SS_2}{(n_1-1)+(n_2-1)}=\frac{s_1^2df_1+s_2^2df_2}{df_1+df_2} \tag{4.3}$$

式中，$df_1=n_1-1$、$df_2=n_2-1$ 分别为两个样本的自由度；s_1^2、s_2^2 分别为两个样本的均方；$SS_1=\sum(x_1-\bar{x}_1)^2$、$SS_2=\sum(x_2-\bar{x}_2)^2$ 分别为两个样本的平方和。

求得合并均方 s_e^2 后，两个样本平均数的差数标准误为

$$s_{\bar{x}_1-\bar{x}_2}=\sqrt{\frac{s_e^2}{n_1}+\frac{s_e^2}{n_2}}=\sqrt{s_e^2\left(\frac{1}{n_1}+\frac{1}{n_2}\right)} \tag{4.4}$$

于是有

$$t=\frac{(\bar{x}_1-\bar{x}_2)-(\mu_1-\mu_2)}{s_{\bar{x}_1-\bar{x}_2}} \tag{4.5}$$

当假设 H_0：$\mu_1=\mu_2$，式（4.5）为

$$t=\frac{\bar{x}_1-\bar{x}_2}{s_{\bar{x}_1-\bar{x}_2}} \tag{4.6}$$

服从自由度 $df=n_1+n_2-2$ 的 t 分布，据之可测验 H_0：$\mu_1=\mu_2$，H_0：$\mu_1 \geqslant \mu_2$，或 H_0：$\mu_1 \leqslant \mu_2$。

【例 4-4】　对【例 4-3】，试测验甲品种蛋白质含量是否高于乙品种？

测验甲品种蛋白质含量是否高于乙品种，需提出无效假设 H_0：$\mu_甲 \leqslant \mu_乙$，这样只有 $\mu_甲$ 显著高于 $\mu_乙$，即落在右尾否定区间时，才否定 H_0，所以属于一尾测验。由于 n_1、$n_2<30$，

属小样本，则为 t 测验；并且方差同质，需先求合并均方 s_e^2 。

（1）H_0：$\mu_{甲} \leqslant \mu_{乙}$ ，即甲品种蛋白质含量低于乙品种；对 H_A：$\mu_{甲} > \mu_{乙}$ 。

（2）$\alpha=0.05$。否定区域在右尾，α为右尾概率。

（3）计算。

$$s_e^2=\frac{(n_1-1)s_1^2+(n_2-1)s_2^2}{n_1+n_2-2}=\frac{(10-1)\times1.462+(8-1)\times0.6457}{10+8-2}=1.105$$

$$s_{\bar{x}_1-\bar{x}_2}=\sqrt{s_e^2\left(\frac{1}{n_1}+\frac{1}{n_2}\right)}=\sqrt{1.105\times\left(\frac{1}{10}+\frac{1}{8}\right)}=0.4986$$

$$t=\frac{\bar{x}_1-\bar{x}_2}{s_{\bar{x}_1-\bar{x}_2}}=\frac{42.96-40.28}{0.4986}=5.38$$

（4）推断：按 $df=n_1+n_2-2=10+8-2=16$，查附表 5，得一尾 $t_{0.05,16}=t_{0.10,16}=1.746$，因实得 $t=5.38>1.746$，落在右尾否定区间；即 P（H_0：$\mu_{甲} \leqslant \mu_{乙}$ ）<0.05（实际右尾概率 $P=3.09\times10^{-5}$），故否定 H_0。

结论：甲品种蛋白质含量在 0.05 水平上显著高于乙品种。

3. 两个独立样本方差不同质的近似 t 测验 如果 F 测验表明：方差不同质，即$\sigma_1^2 \neq \sigma_2^2$，故只能用两个样本的均方 s_1^2 和 s_2^2 分别估计 σ_1^2 和 σ_2^2 ，则有差数标准误为

$$s_{\bar{x}_1-\bar{x}_2}=\sqrt{\frac{s_1^2}{n_1}+\frac{s_2^2}{n_2}} \tag{4.7}$$

但是，将式（4.7）代入式（4.6）时，所得 t 值不再做准确的 t 分布，因而仅能进行近似的 t 测验。在做 t 测验时，需计算有效自由度 df' 。

$$k=\frac{s_{\bar{x}_1}^2}{s_{\bar{x}_1}^2+s_{\bar{x}_2}^2}$$

$$df'=\frac{1}{\dfrac{k^2}{df_1}+\dfrac{(1-k)^2}{df_2}} \tag{4.8}$$

然后有

$$t=\frac{x_1-\bar{x}_2}{s_{\bar{x}_1-\bar{x}_2}}=\frac{\bar{x}_1-\bar{x}_2}{\sqrt{\dfrac{s_1^2}{n_1}+\dfrac{s_2^2}{n_2}}} \tag{4.9}$$

式中，t 近似服从有效自由度 df' 的 t 分布。

【例 4-5】 测定大豆甲品种株高（cm）11 次，得 $\bar{x}_1=79.6$，$s_1^2=73.45$；测定乙品种株高（cm）11 次，得 $\bar{x}_2=119.5$，$s_2^2=11.87$。试测验甲品种的株高是否低于乙品种？

1）方差的同质性测验

（1）H_0：$\sigma_1^2=\sigma_2^2$，即两个总体方差同质；对 H_A：$\sigma_1^2 \neq \sigma_2^2$。

（2）$\alpha=0.05$，α为两尾概率，则右尾概率 $\dfrac{\alpha}{2}=0.025$。

（3）计算。

$$F=\frac{s_1^2}{s_2^2}=\frac{73.45}{11.87}=6.19$$

（4）推断：查附表 6，得 $F_{0.025,10,10}=3.72$，因 $F>F_{0.025}$，落在右尾否定区间；即 P（H_0：$\sigma_1^2=\sigma_2^2$）<0.05（实际右尾概率 $P=0.004$），故应否定 H_0：$\sigma_1^2=\sigma_2^2$。

结论：这两个大豆品种株高的方差在 0.05 水平上差异显著，即方差不同质。

2）株高平均值的假设测验　本例要求测验甲品种的株高是否低于乙品种，需提出无效假设 H_0：$\mu_1 \geqslant \mu_2$，这样只有 μ_1 显著低于 μ_2，即落在左尾否定区间时，才否定 H_0，所以属于一尾测验。本例中两个品种均为小样本且总体方差不同质，所以应进行近似的 t 测验，并要计算有效自由度 df'。

（1）H_0：$\mu_1 \geqslant \mu_2$，对 H_A：$\mu_1<\mu_2$。

（2）$\alpha=0.01$。否定区域在左尾，α为左尾概率。

（3）计算 t 值。

$$s_{\bar{x}_1-\bar{x}_2}=\sqrt{\frac{s_1^2}{n_1}+\frac{s_2^2}{n_2}}=\sqrt{\frac{73.45}{11}+\frac{11.87}{11}}=2.785$$

$$t=\frac{\bar{x}_1-\bar{x}_2}{s_{\bar{x}_1-\bar{x}_2}}=\frac{79.6-119.5}{2.785}=-14.33$$

$$k=\frac{s_{\bar{x}_1}^2}{s_{\bar{x}_1}^2+s_{\bar{x}_2}^2}=\frac{\frac{73.45}{11}}{\frac{73.45}{11}+\frac{11.87}{11}}=0.8609$$

$$df'=\frac{1}{\frac{k^2}{df_1}+\frac{(1-k)^2}{df_2}}=\frac{1}{\frac{0.8609^2}{11-1}+\frac{(1-0.8609)^2}{11-1}}\approx 13$$

（4）推断：按 $df'=13$，查附表 5，得一尾 $t_{0.01,13}=t_{0.02,13}=2.65$，因实得 $t=-14.33<-2.65$，落在左尾否定区间，即 P（H_0：$\mu_1 \geqslant \mu_2$）<0.01（实际左尾概率 $P=1.21\times10^{-9}$），故应否定 H_0：$\mu_1 \geqslant \mu_2$。

结论：甲品种株高在 0.01 水平上显著低于乙品种，即甲品种株高极显著低于乙品种。

（二）成对数据

若试验设计是将性质相同或相近的两个试验单元配成一对，并设有多个配对，然后对每一配对的两个试验单元分别随机地给予不同处理，则所得数据为成对数据。例如，在条件最为近似的两个小区或盆钵中进行两种不同处理；在同一植株（或某器官）的对称部位上进行两种不同处理；或在同一供试单位上进行处理前和处理后的对比等，都将获得成对比较的数据。它的特点是由于同一个对子中的两个试验单元的性质和试验条件相同或相近，则同一配对内的差值受误差的影响小，精确度更高。

成对数据在分析试验结果时，只要假设两个样本的总体差数的平均数 $\mu_d=\mu_1-\mu_2=0$，而不必假定两样本的总体方差 σ_1^2 和 σ_2^2 相等。

设两个样本的观察值分别为 x_{1i} 和 x_{2i}，共配成 n 对，各个对子的差数 $d_i=x_{1i}-x_{2i}$，差数的平均数 $\bar{d}=\bar{x}_1-\bar{x}_2$，差数样本的标准差 s_d 为

$$s_d=\sqrt{\frac{\sum(d-\bar{d})^2}{n-1}}=\sqrt{\frac{\sum d^2-\frac{\left(\sum d\right)^2}{n}}{n-1}} \tag{4.10}$$

则差数平均数的标准误 $s_{\bar{d}}$ 为

$$s_{\bar{d}}=\frac{s_d}{\sqrt{n}} \tag{4.11}$$

因而，

$$t=\frac{\bar{d}-\mu_d}{s_{\bar{d}}} \tag{4.12}$$

若假设 H_0：$\mu_d=0$，则式（4.12）改为

$$t=\frac{\bar{d}}{s_{\bar{d}}} \tag{4.13}$$

服从自由度 $df=n-1$ 的 t 分布，据之可测验 H_0：$\mu_d=0$，H_0：$\mu_d\geqslant 0$ 或 H_0：$\mu_d\leqslant 0$。

【例 4-6】 为了研究某植物激素对水稻增产的效果，选取 8 个水稻品种各种植一个小区，在灌浆期（开花后 10 天）将每个品种小区分成面积相等的两部分，其中一区喷激素，另一区喷水作为对照。结果如表 4-2 所示，单位为 kg/小区，试测验喷洒激素是否使产量提高?

表 4-2　8 个小区有无激素处理的产量

区号	1	2	3	4	5	6	7	8
喷激素（x_{1i}）	46.4	65.2	50.3	62.5	48.5	52.1	56.5	59.8
喷水（x_{2i}）	45.2	63.3	51.8	59.8	47.0	50.3	57.7	57.6
$d_i=x_{1i}-x_{2i}$	1.2	1.9	−1.5	2.7	1.5	1.8	−1.2	2.2

本例要求测验喷洒激素是否使产量提高，需提出无效假设 H_0：$\mu_d\leqslant 0$，这样只有 μ_d 显著高于 0，即落在右尾否定区间时，才否定 H_0，所以属于一尾测验。

（1）H_0：$\mu_d\leqslant 0$，即喷洒激素可使产量降低；对 H_A：$\mu_d>0$。

（2）$\alpha=0.05$，否定区域在右尾，α为右尾概率。

（3）计算 t 值。

$$\sum d_i=1.2+1.9+\cdots+2.2=8.6$$

$$\sum d_i^2=1.2^2+1.9^2+\cdots+2.2^2=26.36$$

$$s_d=\sqrt{\frac{\sum d_i^2-\frac{\left(\sum d_i\right)^2}{n}}{n-1}}=\sqrt{\frac{26.36-\frac{8.6^2}{8}}{8-1}}=1.5637$$

$$s_{\bar{d}}=\frac{s_d}{\sqrt{n}}=\frac{1.5637}{\sqrt{8}}=0.5529$$

$$t=\frac{\bar{d}}{s_{\bar{d}}}=\frac{1.075}{0.5529}=1.944$$

（4）推断：按 $df=n-1=8-1=7$，查附表 5，得一尾 $t_{0.05,7}=t_{0.1,7}=1.895$，因实得 $t=1.944>1.895$，落在右尾否定区间；即 P（H_0：$\mu_d\leqslant 0$）<0.05（实际右尾概率 $P=0.0465$），故应否定 H_0：$\mu_d\leqslant 0$。

结论：喷洒激素可使产量在 0.05 水平上显著提高。

成对数据和成组数据的比较所依据的条件是不同的。前者是假定各个成对的差数来自差数的分布为正态的总体；每对数据的两个供试单位彼此相关。后者则是假定两个样本来自具有共同或不同方差的两个正态总体，两个样本的各供试单位彼此独立。

成对数据的差数平均数标准差 $s_{\bar{d}}$ 一般小于成组数据的平均数差数标准误 $s_{\bar{x}_1-\bar{x}_2}$ ，因而，成对数据比较的 t 值大于成组数据比较的 t 值。但由于成对数据比较的自由度 $df=n-1$ 小于成组数据比较的自由度 $df=n_1+n_2-2$，因此，在同样的显著水平上，成对数据比较达到显著水平的临界 t 值也要大于成组数据比较达到显著水平的临界 t 值；即实得 t 值与临界 t 值的增减方向相同。所以就测验方法本身来讲，难以肯定哪一种精度高。但从试验设计上看，成对比较由于通过配对试验对试验条件实现了局部控制，降低了试验误差，因此其灵敏度应高于成组比较。所以，若条件许可，试验应当尽量采用配对试验。

第三节　二项分布资料百分数的假设测验

在农业科学研究中，许多生物试验结果是用百分数或成数表示的，如结实率、发芽率、杀虫率、病株率及杂种后代分离比例等均为不同类型的百分数。这些百分数都是由计数二项总体的样本中某一属性的个体数目求得，属间断性的计数资料，服从二项分布，故称为二项资料百分数。

二项资料百分数的假设测验应按二项分布进行，尤其在 np 或 $nq<5$ 时，宜用二项分布的概率函数直接计算其发生的概率，并与显著水平 α 相比较，做出统计推断。但是，当样本容量 n 较大，p 不过小，且 np 和 nq 均 >5 时，二项分布趋近正态，所以上述推断可以近似地用 u 测验，即自由度为无穷大（$df=\infty$）时的 t 测验做出，但需要应用连续性矫正常数 0.5；当 np 和 $nq>30$ 时，则可不做连续性矫正。适用于近似地采用 u 测验所需的二项分布百分数资料的样本含量 n 见表 4-3。

表 4-3　适用于近似地采用 u 测验所需要的二项分布百分数资料的样本含量 n

$\hat{p}$（样本百分数）	$n\hat{p}$（较小百分数的次数）	n（样本含量）
0.5	15	30
0.4	20	50
0.3	24	80
0.2	40	200
0.1	60	600
0.05	70	1400

与平均数的假设测验类似，百分数的假设测验也分为单个样本百分数和两个样本百分数相比较的假设测验，单个样本百分数的假设测验既可用百分数也可用次数进行。

一、单个样本百分数的假设测验

单个样本百分数的假设测验是测验该样本某种属性出现的百分数 $\hat{p}$（或次数 $n\hat{p}$）与其理论百分数 p（理论次数 np）或既定百分率 p_0（既定次数 np_0）有无显著差异。依据理论百分数是否已知，理论次数（np 和 nq）或实际次数（$n\hat{p}$ 和 $n\hat{q}$）的大小和样本容量的不同在测验方法上略有不同。

（1）若理论（总体）百分数已知，则

$$\sigma_{\hat{p}}=\sqrt{\frac{pq}{n}} \text{或} \sigma_{n\hat{p}}=\sqrt{npq} \tag{4.14}$$

若理论次数 $np \geqslant 0$ 和 $nq \geqslant 30$，采用 u 测验。

$$u=\frac{\hat{p}-p}{\sigma_{\hat{p}}} \text{或} u=\frac{n\hat{p}-np}{\sigma_{n\hat{p}}} \tag{4.15}$$

若理论次数 np 和 nq 大于 5 而小于 30，需采用连续性矫正的 t 测验（$n<30$）或 u 测验（$n \geqslant 30$）。

$$u_C(t_C)=\frac{|\hat{p}-p|-\frac{1}{2n}}{\sigma_{\hat{p}}} \text{或} u_C(t_C)=\frac{|n\hat{p}-np|-0.5}{\sigma_{n\hat{p}}} \tag{4.16}$$

从式（4.16）可以看出：无论采用 t 测验还是 u 测验，公式计算得到的数值结果并不发生改变，差别在于推断时适用的分布不同。前面已讲过 t 分布和 u 分布的联系，其中 t 分布受自由度 df 的影响，且当为大样本（$n \geqslant 30$ 或 $df \geqslant 30$）时，t 分布和 u 分布就接近重合，所以可以用 u 分布近似地模拟 t 分布。由此可见，对于该类问题 t 测验是广泛适用的；但当 $df \geqslant 30$ 时，可以近似地用 u 测验。

（2）若理论百分数未知，则用 $s_{\hat{p}}$ 估计 $\sigma_{\hat{p}}$，或用 $s_{n\hat{p}}$ 估计 $\sigma_{n\hat{p}}$。

$$s_{\hat{p}}=\sqrt{\frac{\hat{p}\hat{q}}{n}} \text{或} s_{n\hat{p}}=\sqrt{n\hat{p}\hat{q}} \tag{4.17}$$

若实际次数 $n\hat{p} \geqslant 30$ 和 $n\hat{q} \geqslant 30$，则采用 u 测验。

$$u=\frac{\hat{p}-p_0}{s_{\hat{p}}} \text{或} u=\frac{n\hat{p}-np_0}{s_{n\hat{p}}} \tag{4.18}$$

若实际次数 $n\hat{p}$ 和 $n\hat{q}$ 大于 5 而小于 30，需采用连续性矫正的 t 测验或 u 测验。t 测验广泛适用；当 $df \geqslant 30$ 时，通常近似地用 u 测验。

$$u_C(t_C)=\frac{|\ddot{p}-p|-\frac{1}{2n}}{s_{\hat{p}}} \text{或} u_C(t_C)=\frac{|n\hat{p}-np|-0.5}{s_{n\hat{p}}} \tag{4.19}$$

若服从 t 分布，具有 $df=n-1$。

在科研实践中，单个样本百分数的假设测验通常仅涉及理论（总体）百分数已知的情况：要么是理论百分数 p（理论次数 np）直接已知；要么可以通过无效假设 H_0: $p=p_0$ 假定总体百分数为 p_0（理论次数 np_0）已知，则

$$\sigma_{\hat{p}}=\sqrt{\frac{p_0q_0}{n}} \text{或} \sigma_{n\hat{p}}=\sqrt{np_0q_0} \tag{4.20}$$

有的书中给出 $s_{\hat{p}}=\sqrt{\frac{p_0q_0}{n}}$，二者的选择并不影响计算和推断结果，本书采用前者。

【例 4-7】 对一批玉米种子做发芽试验，抽样 1000 粒，得发芽种子 887 粒，若规定发芽率达 90%为合格，试求这批种子的测验结果是否达到发芽率 90%的合格标准。

本例要求测验是否达到发芽率 90%的合格标准，只有显著小于 90%时，才会否定达到合

格标准（即 $p \geqslant 0.9$）。所以，应使用一尾测验，并且否定区间在左尾。总体百分数在提出无效假设后成为已知；且理论次数 $np_0=900$ 和 $nq_0=100>30$，则应采用 u 测验。

（1）H_0：$p \geqslant 0.9$，即这批种子的测验结果达到发芽率90%的合格标准；对 H_A：$p<0.9$。

（2）$\alpha=0.05$，α 指左尾概率。

（3）计算。

$$\hat{p}=\frac{887}{1000}=0.887$$

$$\hat{q}=1-\hat{p}=1-0.887=0.113$$

$$\sigma_{\hat{p}}=\sqrt{\frac{p_0q_0}{n}}=\sqrt{\frac{p_0(1-p_0)}{n}}=\sqrt{\frac{0.9\times0.1}{1000}}=0.00949$$

$$u=\frac{\hat{p}-p_0}{\sigma_{\hat{p}}}=\frac{0.887-0.9}{0.00949}=-1.37$$

也可按次数计算。

$$\sigma_{n\hat{p}}=\sqrt{np_0q_0}=\sqrt{1000\times0.9\times0.1}=9.49$$

$$u=\frac{n\hat{p}-np_0}{\sigma_{n\hat{p}}}=\frac{887-1000\times0.9}{9.49}=-1.37$$

二者结果完全一样。

（4）推断：查附表4，得一尾 $u_{0.05}=1.64$，因实得 $u=-1.37>-1.64$，落在接受区间，故应在0.05水平上接受 H_0：$p \geqslant 0.90$。

结论：这批玉米种子的发芽率在0.05水平上达到90%的合格标准。

注：测验是否能达到某个标准（如 $p \geqslant p_0$）的问题，应该提出与预期一致的无效假设（H_0：$p \geqslant p_0$）。这是由于实践中认为：只有显著小于该标准，即落在左尾，才会否定预期，而左尾又是统计意义上否定无效假设的区间，因而提出的无效假设应与预期一致，这样在否定无效假设的同时就否定了预期。测验是否高于某个标准的问题（如 $p>p_0$）却需提出与预期相反的无效假设 H_0：$p \leqslant p_0$。因为只有显著大于该标准，即落在右尾，才会接受预期，而右尾是否定无效假设的区间，所以所提出的无效假设必须与预期相反，这样才可在否定无效假设的同时接受预期。

【例 4-8】 用糯性和非糯性玉米杂交，按遗传学原理，F_1 植株的糯性和非糯性花粉粒应各占一半，现通过显微镜检测花粉粒，在一个视野中有25粒花粉，其中非糯性花粉有10粒，问此结果与理论比率是否相符。

本例要求测验试验结果是否符合理论比率，所以用两尾测验。因理论次数 $np=nq=12.5$ 均大于5而小于30，又因为 $n=25<30$，所以需用连续性矫正 t 测验。

（1）设置 H_0：$p=0.5$，即糯性和非糯性花粉粒应各占0.5；对 H_A：$p\neq0.5$。

（2）$\alpha=0.05$，α 指两尾概率。

（3）计算。

$$\hat{p}=\frac{10}{25}=0.4$$

$$\sigma_{\hat{p}}=\sqrt{\frac{pq}{n}}=\sqrt{\frac{0.5\times0.5}{25}}=0.1$$

$$t_C=\frac{|\hat{p}-p|-\frac{1}{2n}}{\sigma_{\hat{p}}}=\frac{|0.4-0.5|-\frac{1}{2\times 25}}{0.1}=0.8$$

也可按次数计算。

$$\sigma_{n\hat{p}}=\sqrt{npq}=\sqrt{25\times 0.5\times 0.5}=2.5$$

$$t_C=\frac{|n\hat{p}-np|-0.5}{\sigma_{n\hat{p}}}=\frac{|10-25\times 0.5|-0.5}{2.5}=0.8$$

二者结果完全一样。

（4）推断：按 $df=n-1=25-1=24$，查附表 5，得 $t_{0.05,24}=2.064$；因实得 $t_C=0.8<2.064$，落在接受区间，故应在 0.05 水平上接受 H_0：$p=0.5$。

结论：视野中糯性和非糯性花粉粒应各占 50%。

二、两个样本百分数相比较的假设测验

这是根据两个样本某种属性发生的百分数 $\hat{p}_1$ 和 $\hat{p}_2$ 来测验二者各自所属的总体百分数间有无显著差异。

而在 H_0：$p_1=p_2$ 的假设下，两个样本百分数差数的标准误可估计为

$$s_{\hat{p}_1-\hat{p}_2}=\sqrt{\bar{p}\bar{q}\left(\frac{1}{n_1}+\frac{1}{n_2}\right)} \quad (4.21)$$

式中，$\bar{p}$ 为两个样本百分数的加权平均值，即

$$\bar{p}=\frac{n_1\hat{p}_1+n_2\hat{p}_2}{n_1+n_2}=\frac{x_1+x_2}{n_1+n_2}$$

$$\bar{q}=1-\bar{p} \quad (4.22)$$

这就相当于假定两个样本百分数 $\hat{p}_1$ 和 $\hat{p}_2$ 都抽自总体百分数为 $\bar{p}$ 的总体。

如果各性状的 $n_1\bar{p}$ 、$n_2\bar{p}$ 、$n_1\bar{q}$ 和 $n_2\bar{q}$ 都大于 30，则采用 u 测验。

$$u=\frac{\hat{p}_1-\hat{p}_2}{s_{\hat{p}_1-\hat{p}_2}} \quad (4.23)$$

如果各性状的 $n_1\bar{p}$ 、$n_2\bar{p}$ 、$n_1\bar{q}$ 和 $n_2\bar{q}$ 都大于 5 而小于 30，则需采用连续性矫正的 t 测验或 u 测验。将 $\frac{x}{n}$ 较大的样本作为样本 1，而将 $\frac{x}{n}$ 较小的样本作为样本 2，得

$$u_C(t_C)=\frac{\frac{x_1-0.5}{n_1}-\frac{x_2+0.5}{n_2}}{s_{\hat{p}_1-\hat{p}_2}} \quad (4.24)$$

若服从 t 分布，具有 $df=n_1+n_2-2$。

【例 4-9】 为了测验药剂浸种对提高水稻种子发芽率的效应，取浸种的水稻种子 500 粒和未浸种的水稻种子 500 粒，进行发芽试验，结果前者的发芽率为 95.5%，后者的发芽率为 89.5%，试测验药剂浸种是否有利于提高水稻种子的发芽率?

本例要测验药剂浸种是否有利于提高水稻种子的发芽率，只有在药剂浸种后发芽率显著提高，才能否定药剂浸种无效（即 $p_1\leqslant p_2$），所以为否定区域在右尾的一尾测验。又因 $n_1=n_2=n$ ，$n\bar{p}=462.5$ 和 $n\bar{q}=37.5$ 均大于 30，所以用 u 测验。

（1）H_0：$p_1 \leqslant p_2$，即药剂浸种无效；对 H_A：$p_1 > p_2$。

（2）$\alpha=0.05$ 或 0.01，α 指右尾概率。

（3）计算 u 值。

$$\bar{p}=\frac{x_1+x_2}{n_1+n_2}=\frac{500\times 0.955+500\times 0.895}{500+500}=0.925$$

$$\bar{q}=1-\bar{p}=1-0.925=0.075$$

$$s_{\hat{p}_1-\hat{p}_2}=\sqrt{\bar{p}\,\bar{q}\left(\frac{1}{n_1}+\frac{1}{n_2}\right)}=\sqrt{0.925\times 0.075\times\left(\frac{1}{500}+\frac{1}{500}\right)}=0.01666$$

$$u=\frac{\hat{p}_1-\hat{p}_2}{s_{\hat{p}_1-\hat{p}_2}}=\frac{0.955-0.895}{0.01666}=3.60$$

（4）推断：查附表 4，得一尾 $u_{0.05}=1.645$，一尾 $u_{0.01}=2.326$，因实得 $u=3.60>$ 一尾 $u_{0.01}=2.326$，落在右尾否定区间，故应在 0.01 水平上否定 H_0：$p_1 \leqslant p_2$。

结论：药剂浸种后种子的发芽率在 0.01 水平上显著高于未浸种的，即浸种能极显著地提高种子的发芽率。

上例采用了按照试验结果来确定显著水平的方法。

【例 4-10】　用甲种杀虫剂处理蚜虫 28 头，死亡 15 头；用乙种杀虫剂处理 25 头，死亡 11 头。问甲、乙两种杀虫剂杀虫效果有无显著差异？

本例仅要求测验杀虫效果有无差异，所以用两尾测验。因 $n_1\bar{p}$ 、$n_1\bar{q}$ 、$n_2\bar{p}$ 和 $n_2\bar{q}$ 均小于 30，且 $df=n_1+n_2-2=28+25-2=51$，所以既可采用连续性矫正 t 测验，也可采用 u 测验。

（1）H_0：$p_1=p_2$，对 H_A：$p_1 \neq p_2$。

（2）$\alpha=0.05$，α 指两尾概率。

（3）计算 t 值。

$$\bar{p}=\frac{x_1+x_2}{n_1+n_2}=\frac{15+11}{28+25}=0.4906$$

$$\bar{q}=1-\bar{p}=1-0.4906=0.5094$$

$$s_{\hat{p}_1-\hat{p}_2}=\sqrt{\bar{p}\,\bar{q}\left(\frac{1}{n_1}+\frac{1}{n_2}\right)}=\sqrt{0.4906\times 0.5094\times\left(\frac{1}{28}+\frac{1}{25}\right)}=0.1376$$

$$u_C\,(t_C)=\frac{\dfrac{x_1-0.5}{n_1}-\dfrac{x_2+0.5}{n_2}}{s_{\hat{p}_1-\hat{p}_2}}=\frac{\dfrac{15-0.5}{28}-\dfrac{11+0.5}{25}}{0.1376}=0.42$$

（4）推断：查附表 4，得 $u_{0.05}=1.96$，因实得 $|u_C|<u_{0.05}=1.96$，落在接受区间，故应在 0.05 水平上接受 H_0：$p_1=p_2$。

结论：两种杀虫剂杀虫效果在 0.05 水平上没有显著差异。

t 测验推断：$df=n_1+n_2-2=28+25-2=51$，查附表 5，得 $t_{0.05,51}=2.01$，由于实得 $|t_C|<t_{0.05,51}=2.01$，落在接受区间，故应在 0.05 水平上接受 H_0：$p_1=p_2$。

上例中 t 测验和 u 测验的结论一致，正如先前所做分析，由于 $df \geqslant 30$ 时，t 分布和 u 分布的临界值相近，因此对推断结果的影响不大。并且 u 测验较为简单，大自由度时推荐采用 u 测验。

第四节　参数的区间估计

参数估计是统计推断的另一重要内容。所谓参数估计就是用样本统计数来估计总体参数，有点估计（point estimation）和区间估计（interval estimation）之分。将样本统计数直接作为总体相应参数的估计值叫点估计，如用样本平均数$\bar{x}$估计总体平均数μ，但点估计只给出了未知参数估计值的大小。

区间估计是在一定概率保证下用样本统计数估算出总体参数的可能范围，即$P(L_1 \leqslant \theta \leqslant L_2)=1-\alpha$，所给出的可能范围$[L_1, L_2]$叫置信区间（confidence interval），给出的概率保证$1-\alpha$称为置信度或置信概率（confidence probability）。本节重点介绍正态总体平均数μ和二项总体百分数P的区间估计。

一、正态总体平均数μ的区间估计

在本章第一节已经讨论了接受区域和否定区域的划分。若从一个正态总体中抽样，或从一个分布形式未知的总体中抽出大样本（$n \geqslant 30$），则$\bar{x}$落入$[\mu-u_\alpha\sigma_{\bar{x}}, \mu+u_\alpha\sigma_{\bar{x}}]$范围内的概率为$1-\alpha$，即

$$P(\mu-u_\alpha\sigma_{\bar{x}} \leqslant \bar{x} \leqslant \mu+u_\alpha\sigma_{\bar{x}})=1-\alpha \tag{4.25}$$

现在要对μ进行区间估计，因此要对式（4.25）进行变形，得

$$P(\bar{x}-u_\alpha\sigma_{\bar{x}} \leqslant \mu \leqslant \bar{x}+u_\alpha\sigma_{\bar{x}})=1-\alpha \tag{4.26}$$

式（4.26）表明，以特定的样本平均数$\bar{x}$为中心的区间$[\bar{x}-u_\alpha\sigma_{\bar{x}}, \bar{x}+u_\alpha\sigma_{\bar{x}}]$包含$\mu$在内的置信程度（可靠程度）为$1-\alpha$，因此，置信度$P=1-\alpha$时，$\mu$的$1-\alpha$置信区间为$[\bar{x}-u_\alpha\sigma_{\bar{x}}, \bar{x}+u_\alpha\sigma_{\bar{x}}]$，置信区间的下限$L_1$和上限$L_2$分别为

$$\begin{aligned} L_1&=\bar{x}-u_\alpha\sigma_{\bar{x}} \\ L_2&=\bar{x}+u_\alpha\sigma_{\bar{x}} \end{aligned} \tag{4.27}$$

根据抽样分布的理论可知，从一个总体里抽样，可以得到任何一种$\bar{x}$值的样本（因理论上样本平均数$\bar{x}$的取值区间是从负无穷到正无穷），相应地，现有一个特定的样本$\bar{x}$，其就可能抽自于任何一种μ值的总体，而在所有可能的总体里，有$1-\alpha$的总体的μ值落在以$\bar{x}$为中心、以$u_\alpha\sigma_{\bar{x}}$为半个区间长度的区间之内，即$P(\bar{x}-u_\alpha\sigma_{\bar{x}} \leqslant \mu \leqslant \bar{x}+u_\alpha\sigma_{\bar{x}})=1-\alpha$，而仅有$\alpha$的总体的$\mu$值会落在该区间之外。这表明我们有$1-\alpha$的把握来保证该总体平均数$\mu$的取值在$[\bar{x}-u_\alpha\sigma_{\bar{x}}, \bar{x}+u_\alpha\sigma_{\bar{x}}]$；或解释为我们可估计出该总体平均数$\mu$的取值在$[\bar{x}-u_\alpha\sigma_{\bar{x}}, \bar{x}+u_\alpha\sigma_{\bar{x}}]$，并且这种估计的可靠度为$1-\alpha$。

总体平均数μ估计的步骤如下。

（1）计算$\bar{x}$、$\sigma_{\bar{x}}=\frac{\sigma}{\sqrt{n}}$或$s_{\bar{x}}=\frac{s}{\sqrt{n}}$。

（2）计算抽样误差：①总体方差σ^2已知，抽样误差为$u_\alpha\sigma_{\bar{x}}$；②σ^2未知为大样本，抽样误差为$u_\alpha s_{\bar{x}}$；③σ^2未知为小样本，先按$df=n-1$查附表5获得t_α值，再计算抽样误差$t_\alpha s_{\bar{x}}$。

（3）计算置信区间的下限和上限。

$$\begin{aligned} L_1&=\bar{x}-u_\alpha\sigma_{\bar{x}} \text{或} L_1=\bar{x}-u_\alpha s_{\bar{x}} \\ L_2&=\bar{x}+u_\alpha\sigma_{\bar{x}} \text{或} L_2=\bar{x}+u_\alpha s_{\bar{x}} \end{aligned} \tag{4.28}$$

$$L_1=\bar{x}-t_\alpha s_{\bar{x}}$$
$$L_2=\bar{x}+t_\alpha s_{\bar{x}} \tag{4.29}$$

用区间或不等式表示置信区间为

$$[\bar{x}-u_\alpha\sigma_{\bar{x}},\ \bar{x}+u_\alpha\sigma_{\bar{x}}] \text{ 或 } \bar{x}-u_\alpha\sigma_{\bar{x}}\leqslant\mu\leqslant\bar{x}+u_\alpha\sigma_{\bar{x}}$$
$$[\bar{x}-u_\alpha s_{\bar{x}},\ \bar{x}+u_\alpha s_{\bar{x}}] \text{ 或 } \bar{x}-u_\alpha s_{\bar{x}}\leqslant\mu\leqslant\bar{x}+u_\alpha s_{\bar{x}}$$
$$[\bar{x}-t_\alpha s_{\bar{x}},\ \bar{x}+t_\alpha s_{\bar{x}}] \text{ 或 } \bar{x}-t_\alpha s_{\bar{x}}\leqslant\mu\leqslant\bar{x}+t_\alpha s_{\bar{x}}$$

也可用点估计表示为：$\mu=\bar{x}\pm u_\alpha\sigma_{\bar{x}}$，$\mu=\bar{x}\pm u_\alpha s_{\bar{x}}$，$\mu=\bar{x}\pm t_\alpha s_{\bar{x}}$。

【例 4-11】 试估计**【例 4-1】**资料中新品系株高 μ 在 0.95 置信概率下的置信区间。

（1）已知 $\bar{x}=82.5$（cm），$s_{\bar{x}}=\dfrac{s}{\sqrt{n}}=\dfrac{9.875}{\sqrt{100}}=0.9875$（cm）。

（2）计算抽样误差：因 σ^2 未知且为大样本，$u_{0.05}=1.96$，则

$$u_\alpha s_{\bar{x}}=1.96\times0.9875=1.936$$

（3）计算置信区间的下限和上限：由式（4.28）得

$$L_1=\bar{x}-u_\alpha s_{\bar{x}}=82.5-1.936=80.564\ (\text{cm})$$
$$L_2=\bar{x}+u_\alpha s_{\bar{x}}=82.5+1.936=84.436\ (\text{cm})$$

即该新品系株高 μ 在 0.95 置信概率下的置信区间为[80.564，84.436]，表明有 95% 的把握保证该新品系株高为 80.564～84.436cm。或我们可估计该新品系株高为 80.564～84.436cm，此估计的可靠度为 95%。由于这一区间并不包括育种目标 $\mu_0=80$cm，因此**【例 4-1】**否定 H_0：$\mu=\mu_0$。

【例 4-12】 试估计**【例 4-2】**资料中大豆新品种百粒重 μ 在 0.95 置信概率下的置信区间。

（1）已知 $\bar{x}=24.43$（g），$s_{\bar{x}}=0.467$（g）。

（2）计算抽样估计误差：因 σ^2 未知又为小样本，查表得 $t_{0.05,9}=2.262$，则

$$t_\alpha s_{\bar{x}}=2.262\times0.467=1.056\ (\text{g})$$

（3）计算置信区间的下限和上限：由式（4.28）得

$$L_1=\bar{x}-t_\alpha s_{\bar{x}}=24.43-1.056=23.37(\text{g})$$
$$L_2=\bar{x}+t_\alpha s_{\bar{x}}=24.43+1.056=25.49(\text{g})$$

即该大豆新品种百粒重在 0.95 置信概率下的置信区间为[23.37，25.49]，表明我们有 95% 的把握保证该大豆新品种百粒重为 23.37～25.49g。或我们可估计该大豆新品种百粒重为 23.37～25.49g，此估计的可靠度为 95%。由于这一区间并不包括原当地品种的百粒重 $\mu_0=23$g，因此**【例 4-2】**否定 H_0：$\mu=\mu_0$。

二、二项总体百分数 p 的区间估计

如前所述，二项总体百分数 p 近似服从正态分布，所以二项总体百分数的区间估计也可按正态分布进行，依照总体平均数估计的推理思想和方法步骤可得到不同条件下二项总体百分数的置信概率为 $1-\alpha$ 时的估计。

二项总体百分数 p 估计的步骤如下。

（1）计算 $\hat{p}$、$\sigma_{\hat{p}}=\sqrt{\dfrac{pq}{n}}$（或 $=\sqrt{\dfrac{p_0q_0}{n}}$），若 p、q 未知，可用 $s_{\hat{p}}=\sqrt{\dfrac{\hat{p}\hat{q}}{n}}$ 估计 $\sigma_{\hat{p}}$。

（2）计算抽样估计误差 $u_\alpha\sigma_{\hat{p}}$ 或 $u_\alpha s_{\hat{p}}$。

（3）计算置信区间的下限和上限。

若 p、q 已知，则

$$L_1=\hat{p}-u_\alpha\sigma_{\hat{p}}$$
$$L_2=\hat{p}+u_\alpha\sigma_{\hat{p}} \tag{4.30}$$

若 p、q 未知，则

$$L_1=\hat{p}-u_\alpha s_{\hat{p}}$$
$$L_2=\hat{p}+u_\alpha s_{\hat{p}} \tag{4.31}$$

【例 4-13】 试估计**【例 4-7】**资料中该批玉米种子发芽率在 0.95 置信度下的置信区间。

由于**【例 4-7】**资料中做出了接受无效假设 H_0：$p\geqslant 0.90$ 的结论，则可认定总体百分数已知。因而采用如下公式进行计算。

（1）已知 $\hat{p}=0.887$ 和 $\sigma_{\hat{p}}=0.00949$。

（2）计算抽样估计误差：$u_{0.05}=1.96$，则

$$u_\alpha\sigma_{\hat{p}}=1.96\times 0.00949=0.0186$$

（3）计算置信区间的下限和上限：由式（4.30）得

$$L_1=\hat{p}-u_\alpha\sigma_{\hat{p}}=0.887-0.0186=0.8684=86.84\%$$
$$L_2=\hat{p}+u_\alpha\sigma_{\hat{p}}=0.887+0.0186=0.9056=90.56\%$$

即这批玉米种子发芽率的 95%置信区间为［86.84%，90.56%］，表明有 95%的把握保证这批玉米种子发芽率在 86.84%～90.56%；或可估计这批玉米种子发芽率在 86.84%～90.56%，此估计的可靠度为 95%。

应用 u 分布和 t 分布也可对两正态总体平均数差数和二项总体百分数差数进行区间估计。

习 题

4.1 统计假设有哪几种？各有何含义？假设测验时能否将无效假设 H_0 与备择假设 H_A 的内容颠倒，为什么？

4.2 假设测验的基本步骤是什么？什么是显著水平？

4.3 什么是统计推断？为什么统计推断的结论有可能发生错误？有哪两类错误？如何减少这两类错误？

4.4 什么是“小概率实际不可能性原理”？

4.5 一尾测验与两尾测验的区别是什么？

4.6 成组数据和成对数据在试验设计和假设测验上有何区别？

4.7 对某大豆品种的蛋白质含量（%）测定 11 次，得结果为 44.1，40.2，43.4，43.1，43.2，41.8，42.8，39.5，40.4，41.1，40.6，试测验：①H_0：μ=43；②在 0.95 置信度下估计该大豆品种蛋白质含量的置信区间。

4.8 测定水稻品种‘秋光’的穗长（cm）13 次，得 $\bar{x}_1=18.49$，$s_1^2=2.694$；测定‘辽粳 5’的穗长（cm）14 次，得 $\bar{x}_2=15.81$，$s_2^2=2.163$。试测验：①两个品种穗长的方差是否同质？②‘秋光’的穗长是否高于‘辽粳 5’？

4.9 为研究喷施某种微肥对大豆的增产效果，选用 7 个大豆品种，每个品种的一半喷施这种微肥，

另一半同时喷等量的清水，结果如表 4-4 所示。

表 4-4　有无喷施微肥处理下各大豆品种的产量　（单位：kg/m^2）

处理	V_1	V_2	V_3	V_4	V_5	V_6	V_7	平均数	方差
喷施微肥	0.40	0.31	0.21	0.42	0.37	0.44	0.38	0.3614	0.00618
喷清水	0.33	0.26	0.16	0.30	0.31	0.40	0.28	0.2914	0.00515
d	0.07	0.05	0.05	0.12	0.06	0.04	0.10	0.0700	0.02944

（1）用成对比较法测验 H_0：$\mu_d \leqslant 0$ 的假设，即测验这种微肥有无增产作用。

（2）试按成组平均数比较法测验 H_0：$\mu_1 \leqslant \mu_2$ 的假设。

4.10　某种业公司调入一批玉米种子，随机抽取 50 粒在培养皿中进行发芽试验，结果发芽 38 粒。①试测验这批玉米种子是否达到 85%的国标发芽率；②在 95%置信概率下，估计这批玉米种子发芽率的置信区间？

4.11　一种新杀虫剂 A 在 500 头虫子中杀死 398 头，与之对照的原杀虫剂 B 在 500 头虫子中杀死 357 头，问新杀虫剂 A 的杀虫率是否高于原杀虫剂 B？

4.12　检查水稻品种甲 29 穗中有虫穗 12 个，品种乙 26 穗中有虫穗 11 个，试问：两品种的抗虫性是否有显著差异？

习题答案

第五章　χ^2　测　验

【内容提要】　χ^2 测验广泛应用于计数资料和连续性变量资料中。本章在概述次数资料分析的 χ^2 计算公式和连续性矫正 χ^2 计算公式的基础上，介绍了遗传分离比例的适合性测验、次数资料两个变数间的相关性的独立性测验、单个样本方差的测验、多个样本间方差的同质性测验。

【学习重点】　重点掌握次数资料分析的适合性测验、独立性测验、多个方差的同质性测验的基本原理和方法。

【学习难点】　理论次数的确定，方差的同质性测验方法的选择。

【要求掌握的基本技能】　适合性测验、独立性测验、多个方差的同质性测验的方法。

χ^2 测验广泛应用于农业和生物学的各种资料假设测验中，对于计数资料，χ^2 测验常应用于遗传学中所得实际结果是否与孟德尔遗传的分离比例相符（适合性测验），试验数据的次数分布是否和某种理论分布（如二项分布、正态分布等）相符（拟合优度测验），也用于探求两个变量间是否相互独立，分析次数资料的相关性（独立性测验）；在连续性变量资料的分析中常用于单个样本所属总体方差与某已知方差的比较，多个样本间方差的同质性测验。

第一节　χ^2 测验概述

一、χ^2 的定义

在农业科学试验中，有些质量性状、数量性状，以次数表示方便而合理，如种子发芽数、植株抗病与感病株数、嫁接成活数等。这种试验结果用出现多少次或多少个来表示的资料，称为次数资料或计数资料。次数资料差异显著性可采用百分数测验，也可用 χ^2 测验。

次数资料分析的 χ^2 公式为

$$\chi^2=\sum_{i}^{k}\frac{(O_i-E_i)^2}{E_i} \tag{5.1}$$

式中，O_i 为观察次数；E_i 为理论次数；$i=1，2，\cdots，k$，k 为计数资料的分组数。

χ^2 可用于度量实际观察次数与理论次数的符合程度。χ^2 值越大，表明观察次数与理论次数之间相差越大，二者越不符合；反之，χ^2 值越小，观察次数与理论次数越接近，二者越符合；当 $\chi^2=0$ 时，观察次数与理论次数完全符合。因此，次数资料的 χ^2 测验是一尾测验，其否定区间在 χ^2 分布曲线的右尾。在实际应用中，常根据 df 查表（附表 7）得到 χ^2 临界值 $\chi^2_{\alpha,df}$。

二、χ^2的连续性矫正

χ^2是连续性分布，而次数资料是间断性的，因而用χ^2测验基本公式计算的χ^2值均有不同程度偏大的趋势，尤其在$df=1$时偏差较大，需对χ^2进行连续性矫正（adjustment of continuity），使之符合χ^2的理论分布，这种矫正称为连续性矫正。矫正后的χ^2用χ_c^2表示。

$$\chi_c^2=\sum\frac{(|O_i-E_i|-0.5)^2}{E_i} \tag{5.2}$$

当$df=1$时，需用χ_c^2；当$df>1$时，可不作连续性矫正，但要求任何一组性状的理论次数都必须大于5。

第二节　适合性测验

适合性测验（test for goodness-of-fit）即根据χ^2分布的概率值来推断实际次数与预期理论次数是否符合的假设测验。

一、$k=2$的次数资料的适合性测验

【例 5-1】 为研究大豆茸毛颜色是否符合一对等位基因的完全显性遗传，以棕色茸毛大豆品种和灰色茸毛大豆品种杂交，调查F_2代植株622株，其中棕色茸毛483株，灰色茸毛139株。问这一资料的实际观察比例是否符合3∶1的理论比值。

由于该资料只有$k=2$组（棕色茸毛和灰色茸毛），$df=k-1=2-1=1$，故在计算χ^2值时需作连续性矫正。测验步骤如下。

（1）H_0：大豆茸毛颜色在F_2代的分离符合3∶1，即茸毛颜色符合一对等位基因的完全显性遗传；H_A：大豆茸毛颜色在F_2代的分离不符合3∶1，即茸毛颜色不符合一对等位基因的完全显性遗传。

（2）显著水平$\alpha=0.05$。

（3）计算。

首先在无效假设成立的条件下计算理论次数，计算值见表5-1。

表 5-1　理论次数的计算

茸毛颜色	实际观察次数（O_i）	理论次数（E_i）
棕色	483	466.5
灰色	139	155.5
总和	622	622

$$\chi_c^2=\sum\frac{(|O_i-E_i|-0.5)^2}{E}=\frac{(|483-466.5|-0.5)^2}{466.5}+\frac{(|139-155.5|-0.5)^2}{155.5}$$
$$=0.5488+1.6463=2.1951$$

（4）根据$df=1$查χ^2右尾测验临界值表（附表7），得$\chi_{0.05,1}^2=3.84$，由于$\chi_c^2=2.1951<\chi_{0.05,1}^2=3.84$，则$P(H_0)>0.05$，故应接受$H_0$。

结论：说明大豆茸毛颜色在 F_2 代分离符合 3∶1，即茸毛颜色符合一对等位基因的完全显性遗传。

二、$k \geqslant 3$ 的次数资料的适合性测验

由于 $k \geqslant 3$，则 $df=k-1 \geqslant 2$，故用式（5.1）计算 χ^2 值。

【例 5-2】 调查某水稻品种 F_2 代群体的米粒特性，有红色非糯性米粒 500 粒，红色糯性米粒 172 粒，白色非糯性米粒 190 粒，白色糯性米粒 55 粒，试测验这一资料中红色非糯性、红色糯性、白色非糯性、白色糯性 4 种米粒数量的实际观察比例是否符合 9∶3∶3∶1 的理论比值。

（1）H_0：在 F_2 代中水稻米粒性状分离符合 9∶3∶3∶1；H_A：在 F_2 代中水稻米粒性状分离不符合 9∶3∶3∶1。

（2）显著水平 $\alpha=0.05$。

（3）计算 χ^2。

在无效假设成立的条件下计算理论次数，计算值见表 5-2。

表 5-2 理论次数的计算

米粒特性	实际观察次数（O_i）	理论次数（E_i）
红色非糯	500	515.8125
红色糯性	172	171.9375
白色非糯	190	171.9375
白色糯性	55	57.3125
总和	917	917

$$\chi^2=\sum\frac{(O_i-E_i)^2}{E_i}=\frac{(500-515.8125)^2}{515.8125}+\frac{(172-171.9375)^2}{171.9375}+\cdots+\frac{(55-57.3125)^2}{57.3125}=2.4756$$

（4）按 $df=k-1=4-1=3$，查附表 7 得，$\chi^2_{0.05,3}=7.81$，因 $\chi^2=2.4756<\chi^2_{0.05,3}=7.81$，则 $P(H_0)>0.05$（实际 $P=0.4797$），故接受 H_0。

结论：在 F_2 代中水稻米粒性状分离符合 9∶3∶3∶1。

第三节 独立性测验

χ^2 独立性测验（test for independence）用于判断两组或多组计数资料是否相互独立，也称列联表分析，是次数资料的一种相关研究方法。

独立性测验资料的数据一般整理成两向联列表，如表 5-3 所示。表中行因素分类 $i=1, 2, \cdots, r$；列因素分类 $j=1, 2, \cdots, c$；实测值记为 O_{ij}。第 i 行的总和 $R_i=\sum_{j=1}^{c}O_{ij}$；第 j 列的总和 $C_j=\sum_{i=1}^{r}O_{ij}$；总观测数 $n=\sum_{i=1}^{r}\sum_{j=1}^{c}O_{ij}$。

表 5-3　两向联列表

行因素	列因素				行合计
	1	2	…	c	
1	O_{11}	O_{12}	…	O_{1c}	R_1
2	O_{21}	O_{22}	…	O_{2c}	R_2
⋮	⋮	⋮		⋮	⋮
r	O_{r1}	O_{r2}	…	O_{rc}	R_c
列合计	C_1	C_2	…	C_c	n

自由度随两类因素各自分组数而不同，由于每一行的各理论数受该行总数的约束，每一列的各理论数受该列总数的约束，故自由度 $df=(r-1)(c-1)$。当 $df=1$ 时，须用 χ^2 的矫正公式。式（5.2）中与实际值 O_{ij} 相应的理论值为 E_{ij}，根据两变量相互独立的假定，按独立事件概率的乘法原理先算出各个理论次数。

$$E_{ij}=np_{ij}=n\times\frac{R_i}{n}\times\frac{C_j}{n}=\frac{R_iC_j}{n} \tag{5.3}$$

将各 O_{ij} 和相应的 E_{ij} 代入式（5.1）或式（5.2），求出 χ^2 值。

一、2×2 列联表的测验

这种资料的两类因素皆分为 2 组，其自由度为 $df=(r-1)(c-1)=(2-1)(2-1)=1$，在测验时需用连续性矫正的 χ_c^2 计算公式［式（5.2）］。

【例 5-3】 为研究追施氮肥与水稻倒伏性的关系，进行水稻灌浆期追施氮肥的试验，获得不同施肥处理下的倒伏株数的数据，列于表 5-4，试分析水稻植株倒伏与追施氮肥是否有关。

表 5-4　水稻植株倒伏的观察结果

处理项目	倒伏株数	未倒伏株数	总数
施氮肥	132（91.851）	106（146.149）	238
不施氮肥	49（89.149）	182（141.851）	231
总数	181	288	469

（1）H_0：水稻植株倒伏与追施氮肥无关；H_A：水稻植株倒伏与追施氮肥有关。

（2）显著水平 $\alpha=0.05$。

（3）计算 χ^2。

先用式（5.3）算出各个理论次数。

$$E_{11}=\frac{R_1C_1}{n}=\frac{238\times181}{469}=91.851$$

$$E_{12}=\frac{R_1C_2}{n}=\frac{238\times288}{469}=146.149$$

$$E_{21}=\frac{R_2C_1}{n}=\frac{231\times181}{469}=89.149$$

$$E_{22}=\frac{R_2C_2}{n}=\frac{231\times288}{469}=141.851$$

将各实测值及相应理论值代入矫正公式，有

$$\chi_c^2=\sum_{ij}\frac{(|O-E|-0.5)^2}{E}$$

$$=\frac{(|132-91.851|-0.5)^2}{91.851}+\frac{(|106-146.149|-0.5)^2}{146.149}+\cdots+\frac{(|182-141.851|-0.5)^2}{141.851}=56.5885$$

（4）这里 $df=(2-1)(2-1)=1$，查附表 7，$\chi_{0.05}^2=3.84$，实得 $\chi_c^2=56.5885>3.84$，则 $P(H_0)<0.05$，故否定 H_0，接受 H_A。

结论：水稻植株倒伏与追施氮肥有关。

二、$r\times c$ 列联表的测验

这种资料自由度 $df=(r-1)(c-1)\geqslant 2$，故不需要进行连续性矫正。

【例 5-4】 多小叶大豆突变系‘牡 5796-3’的叶片均有 5 片复叶率，以其作为父本分别与小叶正常的栽培大豆品种‘垦丰 16’‘合丰 50’‘垦鉴 43’‘绥农 28’杂交，配制组合，在田间种植 F_2 代，在整个生育期观察各组合的不同小叶数目类型叶片的数目，结果如表 5-5 所示。试测验不同杂交组合与单株小叶数目类型是否有关。

表 5-5 不同组合的单株小叶数目类型的次数

杂交组合	单株小叶数目类型				总和
	3	3+4	3+5	3+4+5	
‘绥农 28’×‘牡 5796-3’	63（61.494）	41（14.169）	23（14.651）	73（109.687）	200
‘垦丰 16’×‘牡 5796-3’	79（91.933）	48（21.182）	28（21.903）	144（163.982）	299
‘垦鉴 43’×‘牡 5796-3’	235（258.275）	17（59.508）	46（61.533）	542（460.684）	840
‘合丰 50’×‘牡 5796-3’	261（226.298）	41（52.141）	55（53.914）	379（403.647）	736
总和	638	147	152	1138	2 075

（1）H_0：不同杂交组合与单株小叶数目类型无关，即二者相互独立；H_A：不同杂交组合与单株小叶数日类型有关，二者不独立。

（2）显著水平 $\alpha=0.05$。

（3）计算。

先算出各观察值的理论值

$$E_{11}=\frac{R_1C_1}{n}=\frac{200\times 638}{2075}=61.494，\quad E_{12}=\frac{R_1C_2}{n}=\frac{200\times 147}{2075}=14.169$$

同理算出各观察值相应的理论值填于表 5-5 的括号中。

$$\chi^2=\sum\frac{(O-E)^2}{E}=\frac{(63-61.494)^2}{61.494}+\frac{(41-14.169)^2}{14.169}+\cdots+\frac{(379-403.647)^2}{403.647}=167.746$$

（4）按 $df=(4-1)(4-1)=9$，查附表 7，$\chi_{0.05}^2=16.92$，现实 $\chi^2=167.746>16.92$，则 $P(H_0)<0.05$（实际 $P=1.81851\times 10^{-31}$），所以否定 H_0，接受 H_A。

结论：不同杂交组合与单株小叶数目类型有关，说明不同组合 3 片叶、3+4 片叶、3+5 片叶、3+4+5 片叶类型组成遗传分离模式存在显著差异。

第四节　方差同质性测验

在农业试验研究工作中，有时也需要对总体方差做假设测验。

一、单个样本方差的假设测验

（一）小样本（n≤30）单个方差的假设测验

单个样本方差的假设测验是测验一个样本方差s^2所属的总体方差σ^2和某一指定值c是否有显著差异，用 χ^2 测验。可根据实际需要采用一尾测验或两尾测验。需要注意的是：附表 7 中所给数值为右尾概率为α的临界 χ^2 值，记为χ^2_α，它直接适用于 H_0：$\sigma^2 \leqslant c$；如果要测验 H_0：$\sigma^2 \geqslant c$，则否定 H_0 需要$\chi^2 < \chi^2_{1-\alpha}$；如果测验 H_0：$\sigma^2 = c$，则否定 H_0 需要$\chi^2 < \chi^2_{1-\alpha/2}$和$\chi^2 > \chi^2_{\alpha/2}$，参见图 5-1～图 5-3。

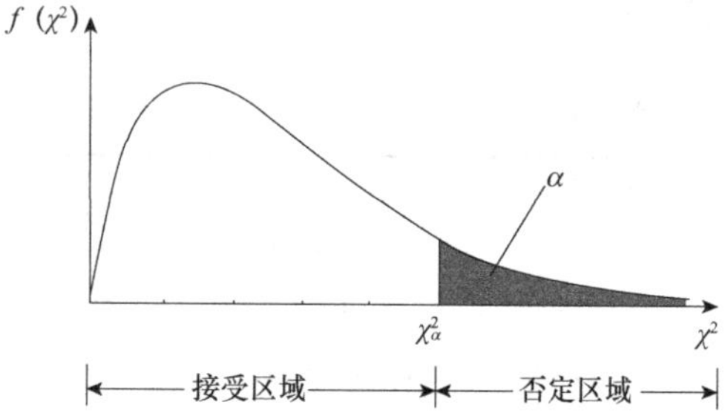

图 5-1　在α水平上接受或否定 H_0：$\sigma^2 \leqslant c$ 的几何意义

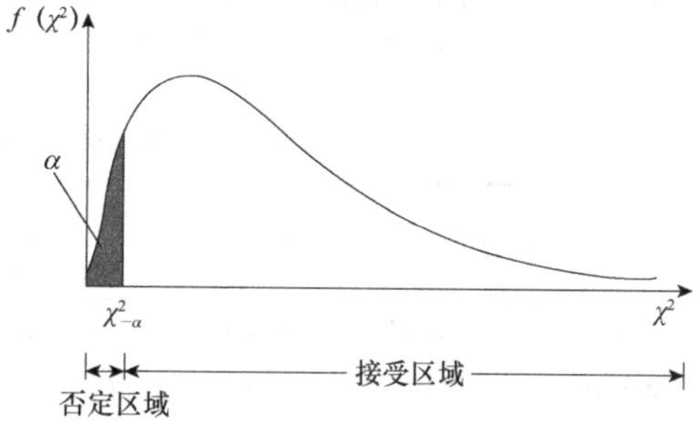

图 5-2　在α水平上接受或否定 H_0：$\sigma^2 \geqslant c$ 的几何意义

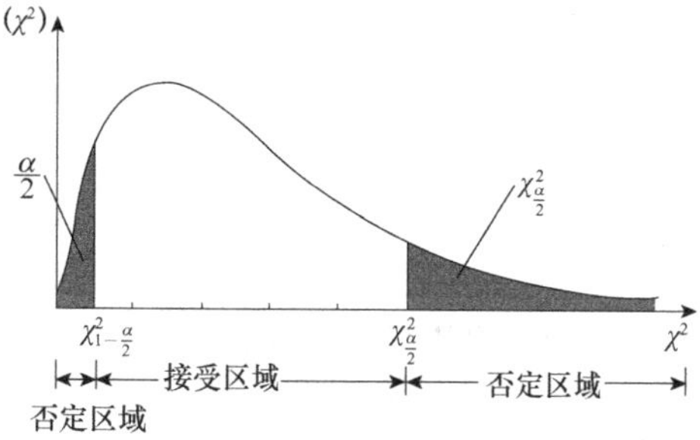

图 5-3　在α水平上接受或否定

【例 5-5】 有一新育成的玉米选系，经大群体测定得到其株高方差 σ^2=20.5cm²，在下一年种植的小区中随机取 15 株，测定株高，得到 s^2=165.6cm²，试问该玉米选系的株高在遗传上是否已经稳定？

（1）H_0：σ^2=20.5cm²，即 s^2=165.6cm² 是 $\sigma^2=c$=20.5cm² 总体的一个随机样本，即该玉米选系的株高在遗传上已经稳定；H_A：$\sigma^2 \neq$20.5cm²，即该玉米选系的株高在遗传上还未稳定。

（2）α=0.05，进行两尾测验，显著所需的临界值为 $\chi^2_{0.975,14}$=5.63 和 $\chi^2_{0.025,14}$=26.12。

（3）测验计算。

$$\chi^2=\frac{(n-1)\ s^2}{\sigma^2}=\frac{(15-1)\times 165.6}{20.5}=113.0927$$

（4）推断：实得 $\chi^2 > \chi^2_{0.025,14}$，即在区间［5.63，26.12］以外，故否定 H_0，接受 H_A。

结论：该玉米选系的株高在遗传上还未稳定。

【例 5-6】 **【例 5-5】**试验结果的 $s^2=165.6\text{cm}^2$，试测验 s^2 的总体方差 σ^2 是否显著大于 $c=20.5\text{cm}^2$？

（1）H_0：$\sigma^2\leqslant 20.5\text{cm}^2$，即总体方差不大于 20.5cm^2，样本的方差 s^2 大于 20.5cm^2 是由随机误差造成的；H_A：$\sigma^2>20.5\text{cm}^2$。

（2）$\alpha=0.05$，一尾测验，否定区间在右尾。

（3）测验计算，χ^2 的计算同**【例 5-5】**。

（4）推断：查附表 7，一尾测验的 χ^2 临界值为 $\chi^2_{0.05,14}=23.68$，而计算的 $\chi^2=113.0927\geqslant\chi^2_{0.05,14}$，所以 H_0 被否定。

结论：总体方差显著地大于 20.5cm^2。

（二）大样本（$n\geqslant 30$）单个方差的假设测验

当 $n\geqslant 30$ 时，因 $\sqrt{2\chi^2}$ 服从 $N(\sqrt{2df-1},1)$ 的正态分布，可用 u 测验。

$$u=\sqrt{2\chi^2}-\sqrt{2df-1} \tag{5.4}$$

【例 5-7】 测定 125 株某棉花品种的纤维，得样本方差 $s^2=3.20\text{mm}^2$，试问该品种纤维整齐度是否优于纺织工艺上要求的 $\sigma^2=2.25\text{mm}^2$？

（1）H_0：$\sigma^2\leqslant 2.25$；H_A：$\sigma^2>2.25$。该测验为否定区间在右尾的一尾测验。

（2）$\alpha=0.05$。

（3）测验计算。

$$\chi^2=\frac{(125-1)\times 3.20}{2.25}=176.3556$$

因 $n>30$，根据式（5.4）可得

$$u=\sqrt{2\chi^2}-\sqrt{2df-1}=\sqrt{2\times 176.3556}-\sqrt{2\times 124-1}=3.06$$

（4）推断：查附表 4，实得 $u=3.06>u_{0.05}$（一尾）$=1.64$，否定 H_0，接受 H_A。

结论：该品种纤维长度的整齐度显著高于工艺规定的标准。

二、多个样本方差的假设测验

设从一个正态总体中抽取 k 个（$k\geqslant 3$）独立样本，其均方分别为 s_1^2，s_2^2，…，s_k^2，则

$$\chi^2=\left(\sum_{i=1}^{k}df_i\right)\ln s_e^2-\sum_{i=1}^{k}df_i\ln s_i^2 \tag{5.5}$$

近似于 $df=k-1$ 的 χ^2 分布，而

$$\chi_c^2=\frac{1}{K}\chi^2=\frac{1}{K}\left[\left(\sum_{i=1}^{k}df_i\right)\ln s_e^2-\sum_{i=1}^{k}df_i\ln s_i^2\right] \tag{5.6}$$

或

$$\chi_c^2=\frac{2.306}{K}\left[\left(\sum_{i=1}^{k}df_i\right)\lg s_e^2-\sum_{i=1}^{k}df_i\lg s_i^2\right]$$

则遵循 $df=k-1$ 的 χ^2 分布。

式中，df_i 为各样本的自由度 $df_i=n_i-1$；n_i 为样本 i 的容量；K 为矫正数。

$$K=1+\frac{1}{3(k-1)}\left(\sum_{i=1}^{k}\frac{1}{df_i}-\frac{1}{\sum_{i=1}^{k}df_i}\right) \tag{5.7}$$

式（5.5）~（5.7）中，ln 为自然对数；lg 为常用对数；s_e^2 为各样本的合并方差值。

$$s_e^2=\frac{SS_1+SS_2+\cdots+SS_k}{df_1+df_2+\cdots+df_k}=\frac{df_1s_1^2+df_2s_2^2+\cdots+df_ks_k^2}{df_1+df_2+\cdots+df_k}=\frac{1}{\sum_{i=1}^{k}df_i}\sum_{i=1}^{k}df_is_i^2 \tag{5.8}$$

因此，由式（5.5）或式（5.6）可测验各样本均方是否同质，即是否来自具有同一方差 σ^2 的总体，即测验假设 H_0：$\sigma_1^2=\sigma_2^2=\cdots=\sigma_k^2$；$H_A$：$\sigma_1^2$，$\sigma_2^2$，…，$\sigma_k^2$ 不相同。这一测验方法由 Bartlett（1937）提出，故也称为 Bartlett 测验法。

在实际计算时，宜先由式（5.5）算出 χ^2 值。如算得的 $\chi^2<\chi_\alpha^2$，则不必再算 χ_c^2，而直接接受 H_0，因为式（5.6）的 χ_c^2 值一定小于式（5.5）的 χ^2 值；如果 $\chi^2>\chi_\alpha^2$，则再由式（5.6）算出 χ_c^2 值，当得到 $\chi_c^2>\chi_\alpha^2$ 时，则否定 H_0。

【例 5-8】 某大豆品种做区域试验，有 3 个地点，各地点的误差方差分别为 $s_1^2=5.6$，$s_2^2=8.3$，$s_3^2=4.5$，各具有自由度 $df_1=7$，$df_2=8$，$df_3=12$，为进行多点联合方差分析，试进行同质性测验。

（1）H_0: $\sigma_1^2=\sigma_2^2=\sigma_3^2$；对 H_A: σ_1^2，σ_2^2，σ_3^2 不相等（这里的 H_A 不能写成 H_A: $\sigma_1^2\neq\sigma_2^2\neq\sigma_3^2$，因为如 H_0 被否定，仍然不能推断属于 $\sigma_1^2=\sigma_2^2\neq\sigma_3^2$、$\sigma_1^2\neq\sigma_2^2=\sigma_3^2$、$\sigma_1^2\neq\sigma_2^2\neq\sigma_3^2$ 等情况的哪一种）。

（2）$\alpha=0.05$。

（3）测验计算：由表 5-6 可得。

$$s_e^2=\frac{1}{\sum_{i=1}^{k}df_i}\sum_{i=1}^{k}df_is_i^2=\frac{159.6}{27}=5.9111$$

$$\left(\sum_{i=1}^{k}df_i\right)\ln s_e^2=27\times\ln 5.9111=47.9745$$

$$\chi^2=\left(\sum_{i=1}^{k}df_i\right)\ln s_e^2-\sum_{i=1}^{k}df_i\ln s_i^2=47.9745-47.0383=0.9362$$

表 5-6　三个方差同质性测验的计算

i	s_i^2	df_i	$df_i s_i^2$	$\ln s_i^2$	$df_i \ln s_i^2$
1	5.6	7	39.2	1.7228	12.0594
2	8.3	8	66.4	2.1163	16.9300
3	4.5	12	54.0	1.5041	18.0489
总和		27	159.6	5.3432	47.0383

查附表 7，当 $df=k-1=3-1=2$ 时，$\chi_{0.05,2}^2=5.99$。

（4）推断：实得 $\chi^2 < \chi^2_{0.05,2}$，因此，接受 H_0：$\sigma_1^2 = \sigma_2^2 = \sigma_3^2$。

结论：三个地点的误差方差是同质的。

习　题

5.1　什么是连续性矫正？

5.2　什么是适合性测验？什么是独立性测验？

5.3　水稻紫柱头品种与黄柱头品种杂交，F_2 代 660 株中有 478 株紫柱头，182 株黄柱头。试测验 F_2 代中紫柱头与黄柱头的比例是否为 3∶1。

5.4　某杂交组合 F_2 代有 4 种表现型：A_B_、A_bb、aaB_和 aabb，其实际观察次数分别为 265、81、77、31。试测验该结果是否符合 9∶3∶3∶1 的理论比例。

5.5　调查不同大豆杂交组合豆荚构成情况（表 5-7），试测验大豆植株豆荚分布与杂交组合是否有关。

表 5-7　不同大豆杂交组合豆荚分布

品种	一粒荚	二粒荚	三粒荚	四粒荚
‘绥农 14’×‘北丰 9’	2	43	29	21
‘绥农 14’×‘黑农 37’	15	51	21	5
‘绥农 14’×‘东农 42’	10	33	38	25
‘绥农 14’×‘垦农 19’	15	56	51	32

5.6　今调查了 4 个小麦品系的株高，结果列于表 5-8，试测验各小麦品系株高的方差是否同质。

表 5-8　小麦品系的株高

品系	株高/cm				
Ⅰ	64.6	65.3	64.8	66.0	65.8
Ⅱ	64.5	65.3	64.6	63.7	63.9
Ⅲ	67.8	66.3	67.1	66.8	68.5
Ⅳ	71.8	72.1	70.0	69.1	71.0

习题答案

第六章　方 差 分 析

【内容提要】　方差分析是将全部试验处理看作一个整体，将总变异分解为来源于各个因素的相应变异，并做出其数量估计，明确各个因素在变异中的重要程度，用减去可控因素所致变异后的剩余变异来估计试验误差，作为统计假设测验的依据，通过显著性测验，对各样本的总体平均数是否相等做出统计推断。方差分析的步骤包括自由度与平方和的分解、F测验、多重比较等，方差分析的合理性和所得结果的可靠性是建立在效应的“可加性”、误差的“正态性”、误差方差的“同质性”三个基本假定之上的，对于一些不符合方差分析基本假设的试验资料可采用剔除某些表现“特殊”的观察值、分解总的试验方差为几个较为同质的试验误差的方差、采用几个观察值的平均数进行方差分析和用转换后的数据进行方差分析等处理方法，其中数据转换包括对数转换、反正弦转换、平方根转换等类型。方差分析以线性数学模型为理论基础，因试验效应的不同分为固定模型、随机模型和混合模型。

【学习重点】　重点掌握自由度与平方和分解、显著性测验、多重比较等方差分析的步骤，不符合方差分析基本假设的试验资料的处理方法。

【学习难点】　方差分析原理的理解、多重比较方法的选择、字母标记法、方差分析的基本假定、数据转换方法适用的条件、方差分析数学模型的理解。

【要求掌握的基本技能】　方差分析的各步骤，各种类型数据转换的方法。

方差分析（analysis of variance）是最常用的一种统计分析方法，在农业等许多领域的试验资料的统计分析中，方差分析占有十分重要的地位。本章在介绍了方差分析意义的基础上，阐述了方差分析的步骤、方差分析的基本假定与数据转换，以及方差分析的数学模型与期望均方。

第一节　方差分析的意义与步骤

一、方差分析的意义

前面学习中，我们知道当进行两个样本平均数间的差异显著性测验时，可用 t 测验法，但在生产和科学研究中常需进行多个样本平均数间的差异显著性测验，如果仍采用 t 测验法就不适宜了，原因有以下三方面。第一，测验过程烦琐。当有 k 个处理比较时，需进行 C_k^2 次两两平均数间的 t 测验，当 $k \geqslant 5$ 时，测验过程将非常烦琐。第二，无统一的试验误差标准，误差估计的精确性和测验的灵敏性低。当用 t 测验法进行两两平均数比较时，每次两两平均数测验所需的均数差数标准误 $s_{\bar{x}_1-\bar{x}_2}$ 仅涉及被比较的两个处理的观察值，导致各次比较误差的估计不统一，并且忽略其他处理的观察值，而使误差估计的精确性降低，使测验的灵敏性降低，掩盖差异的显著性。例如，试验有 5 个处理（$k=5$），4 次重复（$n=4$），共有 20 个观测值，采用 t 测验时，每次仅能利用 2 个处理的 8 个观测值估计试验误差，误差自由度为 2（$n-1$）$=2\times$（$4-1$）$=6$；若利用整个试验的 20 个观测值估计试验误差，误差自由度则为 k（$n-1$）$=5\times$（$4-1$）$=15$，显然估计的精确性高。第三，随着 k 的增大，犯第一类错误的概率也将增加。例如，对 5 个处理进行 t 测验，假定显著水平 $\alpha=0.05$，共有 10 次两两比较，若处理间总体上无差异，每一比较误判为有差异的概率为 0.05，则 10 个比较中至少有 1 个被误判的概率为 $\alpha=1-0.95^{10}=0.4013$。若处理数 $k=10$，共有 45 次两两比较，则 $\alpha=1-0.95^{45}=0.9006$，因此尽管单个比较的显著水平 $\alpha=0.05$，但从试验总体上 α（至少有 1 个误判的概率）远远超过 0.05。基于以上原因，多个处理（$k\geq3$）平均数的差异显著性测验不宜用 t 测验，须采用方差分析法。方差分析克服了 t 测验的不足，避免多个处理进行两两比较的局限性，统一试验误差并降低误判的概率，因此在多个试验处理平均数的显著性测验中得到广泛应用。

方差分析的基本原理是将 k 个处理看作一个整体，将总变异分解为各个因素的相应变异，并做出其数量估计，从而发现各个因素在变异中的重要程度；除去可控因素所引起的变异外，用其他剩余变异来准确而无偏地估计试验误差，作为统计假设测验的依据；再通过显著性测验——F 测验，发现各个因素在变异中所占的重要程度，进而对无效假设 H_0: $\mu_1=\mu_2=\cdots=\mu_k$（各样本的总体平均数相等）或 $\sigma_t^2\leqslant\sigma_e^2$（处理间方差小于等于误差方差）做出统计推断。

二、方差分析的步骤

（一）自由度和平方和的分解

要将一个试验资料的总变异分解成各个不同来源的相应变异，首先将总的自由度与总平方和分解为各个变异来源的相应部分。

设有 k 个处理，每个处理具有 n 个重复观察值的完全随机试验资料，共有 kn 个观察值，其数据结构见表 6-1。

表 6-1 k 个处理，每处理 n 个重复观察值的完全随机试验数据符号表

处理	重复观察值（x_{ij}，$i=1, 2, \cdots, k$；$j=1, 2, \cdots, n$）						总和（$T_{i\cdot}$）	平均数（$\bar{x}_i$）
1	x_{11}	x_{12}	$\cdots$	x_{1j}	$\cdots$	x_{1n}	T_1	$\bar{x}_1$
2	x_{21}	x_{22}	$\cdots$	x_{2j}	$\cdots$	x_{2n}	T_2	$\bar{x}_2$
$\vdots$	$\vdots$	$\vdots$		$\vdots$		$\vdots$	$\vdots$	$\vdots$
i	x_{i1}	x_{i2}	$\cdots$	x_{ij}	$\cdots$	x_{in}	T_i	$\bar{x}_i$
$\vdots$	$\vdots$	$\vdots$		$\vdots$		$\vdots$	$\vdots$	$\vdots$
k	x_{k1}	x_{k2}	$\cdots$	x_{kj}	$\cdots$	x_{kn}	T_k	$\bar{x}_k$
							$T_{\cdot\cdot}=\sum x_{ij}=\sum x$	$\bar{x}_{\cdot\cdot}$

表 6-1 中 x_{ij} 表示第 i 个处理的第 j 个观测值（$i=1, 2, \cdots, k$；$j=1, 2, \cdots, n$）；$T_{i\cdot}=\sum\limits_{j=1}^{n}x_{ij}$ 表示第 i 个处理 n 个观测值的和；$T_{\cdot\cdot}=\sum\limits_{i=1}^{k}\sum\limits_{j=1}^{n}x_{ij}=\sum\limits_{i=1}^{k}x_{i\cdot}$ 表示全部观测值的总和；$\bar{x}_i=\sum\limits_{j=1}^{n}x_{ij}/n=T_{i\cdot}/n$ 表示第 i 个处理的平均数；$\bar{x}_{\cdot\cdot}=\sum\limits_{i=1}^{k}\sum\limits_{j=1}^{n}x_{ij}/kn=T_{\cdot\cdot}/kn$ 表示全部观测值的总平均数。

表 6-1 中 kn 个观测值的变异是总变异。

总变异自由度 df_T 为

$$df_T=nk-1 \tag{6.1}$$

总变异平方和 SS_T 为

$$SS_T=\sum_{1}^{nk}(x_{ij}-\bar{x})^2=\sum_{1}^{nk}x_{ij}^2-C \tag{6.2}$$

式中，C 称为矫正数。

$$C=\frac{\left(\sum x\right)^2}{nk}=\frac{T_{..}^2}{nk} \tag{6.3}$$

将总变异平方和两边分别取平方并累加，即可得到如下变换。

$$\begin{aligned}\sum_{i=1}^{k}\sum_{j=1}^{n}(x_{ij}-\bar{x}_{..})^2&=\sum_{i=1}^{k}\sum_{j=1}^{n}[(\bar{x}_{i.}-\bar{x}_{..})+(x_{ij}-\bar{x}_{i.})]^2\\&=\sum_{i=1}^{k}\sum_{j=1}^{n}[(\bar{x}_{i.}-\bar{x}_{..})^2+2(\bar{x}_{i.}-\bar{x}_{..})(x_{ij}-\bar{x}_{i.})+(x_{ij}-\bar{x}_{i.})^2]\\&=n\sum_{i=1}^{k}(\bar{x}_{i.}-\bar{x}_{..})^2+2\sum_{i=1}^{k}[(\bar{x}_{i.}-\bar{x}_{..})\sum_{j=1}^{n}(x_{ij}-\bar{x}_{i.})]+\sum_{i=1}^{k}\sum_{j=1}^{n}(x_{ij}-\bar{x}_{i.})^2\end{aligned}$$

其中 $\sum_{j=1}^{n}(x_{ij}-\bar{x}_{i.})=0$，所以右侧等式中间项为 0。

所以

$$\sum_{i=1}^{k}\sum_{j=1}^{n}(x_{ij}-\bar{x}_{..})^2=n\sum_{i=1}^{k}(\bar{x}_{i.}-\bar{x}_{..})^2+\sum_{i=1}^{k}\sum_{j=1}^{n}(x_{ij}-\bar{x}_{i.})^2 \tag{6.4}$$

因此在表 6-1 中，自由度与平方和可分解如下。

总平方和 SS_T=处理平方和 SS_t+处理内（误差）平方和 SS_e

总自由度 df_T=处理间自由度 df_t+处理内（误差）自由度 df_e

各项自由度与平方和计算如下。

处理间变异自由度为

$$df_t=k-1 \tag{6.5}$$

处理间平方和 SS_t 为

$$SS_t=n\sum_{1}^{k}(\bar{x}_i-\bar{x})^2=\frac{1}{n}\sum_{1}^{k}T_i^2-C \tag{6.6}$$

处理内（即误差）自由度为

$$df_e=k(n-1) \tag{6.7}$$

处理内平方和 SS_e 为

$$SS_e=\sum_{1}^{k}\sum_{1}^{n}(x_{ij}-\bar{x}_i)^2=SS_T-SS_t \tag{6.8}$$

进而可求得总变异的均方（s_T^2）、处理间的均方（s_t^2）和处理内（误差）均方（s_e^2），分别为

$$s_T^2=\frac{SS_T}{df_T} \tag{6.9}$$

$$s_t^2=\frac{SS_t}{df_t} \tag{6.10}$$

$$s_e^2=\frac{SS_e}{df_e} \tag{6.11}$$

以上均方一般用 s^2 表示，也可用 MS 表示，两者可以互换。其中，处理内均方 s_e^2 也称误差均方，是多个处理内变异（或误差）的平均值。

【例 6-1】 以 A、B、C、D、E、F 6 种种衣剂处理玉米品种‘东农 253’种子各 50 粒，田间播种，出苗 25 天后每处理随机选 5 株测定苗高（cm），其结果列于表 6-2，其中 A 为对照，试进行自由度和平方和分解。

表 6-2 不同种衣剂处理玉米的苗高 （单位：cm）

药剂	A	B	C	D	E	F	
	22.2	19.7	27.5	24.4	20.7	19.9	
	24.3	20.6	29.3	25.2	22.2	21.6	
	21.6	21.4	28.6	26.2	23.3	20.8	
	23.3	20.9	28.2	24.9	21.9	21.8	
	22.4	18.6	28.9	25.8	22.3	22.3	
总和 $T_{i\cdot}$	113.8	101.2	142.5	126.5	110.4	106.4	$T_{\cdot\cdot}=700.8$
平均 $\bar{x}_{i\cdot}$	22.76	20.24	28.50	25.30	22.08	21.28	

已知 $k=6$，$n=5$，$T_{\cdot\cdot}=700.8$，则总变异平方和与总自由度为

$$df_T=nk-1=6\times5-1=29$$

$$SS_T=\sum x^2-C=22.2^2+19.7^2+\cdots+22.3^2-16370.69=251.532$$

$$C=\frac{T_{\cdot\cdot}^2}{nk}=\frac{700.8^2}{6\times5}=16370.69$$

处理间平方和与自由度为

$$df_t-k-1-6-1-5$$

$$SS_t=\frac{\sum T_{i\cdot}^2}{n}-C=\frac{113.8^2+101.2^2+\cdots+106.4^2}{5}-16370.69=231.212$$

误差平方和与自由度为

$$df_e=k(n-1)=6\times(5-1)=24$$

$$SS_e=SS_T-SS_t=251.532-231.212=20.320$$

各变异来源的方差

总变异 $$s_T^2=\frac{SS_T}{df_T}=\frac{251.532}{29}=8.674$$

处理间 $$s_t^2=\frac{SS_t}{df_t}=\frac{231.212}{5}=46.242$$

误差 $$s_e^2=\frac{SS_e}{df_e}=\frac{20.320}{24}=0.847$$

以上种衣剂内方差 $s_e^2=0.847$ 是 6 种种衣剂内变异的合并方差，它是表 6-2 资料的试验误

差的估计；而种衣剂间方差 s_t^2=46.242 则是试验误差加上不同种衣剂对高苗的效应。

（二）F 测验

方差分析中的 F 测验主要用于测验某项变异因素的效应或方差是否真实存在，所测验的统计假设 H_0：$\sigma_t^2 \leqslant \sigma_e^2$；$H_A$：$\sigma_t^2 > \sigma_e^2$。在计算 F 值时，必须以要测验变异项因素的均方作分子，以另一项变异（如试验误差项）的均方作分母。若实得 $F \geqslant F_{0.05}$ 或 $F_{0.01}$，则推断否定 H_0，接受 H_A；若实得 $F < F_{0.05}$，则推断接受 H_0。如果作分子的均方小于作分母的均方，则 $F<1$，可以不必查 F 表即可确定 $P>0.05$，接受 H_0。

【例 6-2】 试测验种衣剂间玉米的苗高差异是否显著？

$$F=\frac{s_t^2}{s_e^2}=\frac{46.242}{0.847}=54.62$$

查 F 分布右尾临界值表（附表 6）：当 $df_1=5$，$df_2=24$ 时，$F_{0.05,5,24}=2.62$，$F_{0.01,5,24}=3.90$，实得 $F>F_{0.01,5,24}>F_{0.05,5,24}$。

推断：否定 H_0：$\sigma_t^2 \leqslant \sigma_e^2$，接受 H_A：$\sigma_t^2 > \sigma_e^2$，即种衣剂间玉米苗高差异极显著。

在统计分析过程中，一般将自由度（DF）和平方和（SS）、均方（MS）及 F 测验结果，归纳整理成方差分析表，如表 6-3 所示。并在 F 值右上角用“*”“**”分别标注 $\alpha=0.05$ 和 $\alpha=0.01$ 的显著性。

表 6-3　不同种衣剂处理玉米苗高的方差分析表

变异来源	DF	SS	MS	F	$F_{0.05}$	$F_{0.01}$
种衣剂间	5	231.212	46.242	54.62**	2.62	3.90
误差	24	20.320	0.847			
总变异	29	251.532				

（三）多重比较

F 测验是一个整体概念，F 测验不显著表明各处理间不存在显著差异，方差分析结束；F 测验结果显著或极显著仅表明各处理间存在显著的差异，但无法具体说明哪些处理间差异达到显著、极显著或不显著。例如，**【例 6-2】**，F 测验结果达到显著，仅说明 6 种种衣剂处理后玉米苗高差异显著，但在这 6 种种衣剂之间，究竟哪两个处理差异显著，哪两个处理差异不显著，F 测验没有提供任何信息。这些问题可通过多重比较得到解决。多重比较的方法有多种，在此仅介绍其中应用较广的 4 种。

1. Fisher 保护下的最小显著差数法（PLSD 法）　这种测验的实质是 t 测验。对两个样本平均数进行差异显著性测验时，是用计算得到的 t 值与 t_α 临界值相比较，从而推断其差异显著性。

$$t=\frac{\bar{x}_i-\bar{x}_j}{s_{\bar{x}_i-\bar{x}_j}}$$

而 PLSD 法是将 $|\bar{x}-\bar{x}_j|$ 与 $t_\alpha \cdot s_{\bar{x}_i-\bar{x}_j}$ 相比较，而做出 $\bar{x}_i$ 与 $\bar{x}_j$ 之间差异显著性的推断。这

里 $t_\alpha \cdot s_{\bar{x}_i-\bar{x}_j}$ 称为最小显著差数，记为 $PLSD_\alpha$，即

$$PLSD_\alpha = t_\alpha \cdot s_{\bar{x}_i-\bar{x}_j} \qquad (6.12)$$

在【例 6-1】中误差自由度 df_e=24，查 t_α 临界值表（附表 5）$t_{0.05,24}$=2.064 和 $t_{0.01,24}$=2.797，则

$$s_{\bar{x}_i-\bar{x}_j}=\sqrt{\frac{2s_e^2}{n}}=\sqrt{\frac{2\times0.847}{5}}=0.582\ (\text{cm})$$

进而得

$$PLSD_{0.05}=t_{0.05}\cdot s_{\bar{x}_i-\bar{x}_j}=2.064\times0.582=1.201\ (\text{cm})$$

$$PLSD_{0.01}=t_{0.01}\cdot s_{\bar{x}_i-\bar{x}_j}=2.797\times0.582=1.628\ (\text{cm})$$

用任两个平均数的差数绝对值 $|\bar{x}_i-\bar{x}_j|$ 与 $PLSD_{0.05}$ 和 $PLSD_{0.01}$ 进行比较，如果 $PLSD_{0.05} \leqslant |\bar{x}_i-\bar{x}_j| < PLSD_{0.01}$，说明两个样本平均数之间差异显著，则在差数的右上角加一个“*”；如果 $|\bar{x}_i-\bar{x}_j| \geqslant PLSD_{0.01}$，说明两个样本平均数之间差异极显著，则在差数的右上角加两个“*”；如果 $|\bar{x}_i-\bar{x}_j| < PLSD_{0.05}$，说明两个样本平均数差异不显著，则不标记。【例 6-1】的 6 种种衣剂处理玉米苗高试验的多重比较结果列于表 6-4。

表 6-4 6 种种衣剂处理玉米苗高的多重比较（列梯形表法）

种衣剂	玉米苗高（$\bar{x}_i$）	差异				
		$\bar{x}_i$ −20.24	$\bar{x}_i$ −21.28	$\bar{x}_i$ −22.08	$\bar{x}_i$ −22.76	$\bar{x}_i$ −25.30
C	28.50	8.26**	7.22**	6.42**	5.74**	3.20**
D	25.30	5.06**	4.02**	3.22**	2.54**	
A	22.76	2.52**	1.48*	0.68		
E	22.08	1.84**	0.80			
F	21.28	1.04				
B	20.24					

由表 6-4 可得出结论：应用 6 种种衣剂后，玉米苗高由高至低依次为 *C*、*D*、*A*、*E*、*F*、*B*，其中，*C* 极显著高于 *D*、*A*、*E*、*F*、*B*；*D* 极显著高于 *A*、*E*、*F*、*B*；*A* 极显著高于 *B*，显著高于 *F*；*E* 极显著高于 *B*，其他种衣剂间玉米苗高差异未达显著水平。

2. 最小显著差数法（DLSD 法） 在试验中若设有指定对照，则参试处理就有一个共同的比较标准。在这一方法中，任一处理平均数都与对照平均数相比较，其临界值为

$$DLSD_\alpha=Dt_\alpha\cdot s_{\bar{x}_i-\bar{x}_j} \qquad (6.13)$$

式中，Dt_α 为 Dunnett 两尾显著临界值（附表 9），查表时参照误差项自由度 df_e 和处理数 k（不包括对照），当各处理观察值数目相等时，$s_{\bar{x}_i-\bar{x}_j}$ 为

$$s_{\bar{x}_i-\bar{x}_j}=\sqrt{\frac{2s_e^2}{n}} \qquad (6.14)$$

【例 6-3】 在【例 6-1】中，设 *A* 种衣剂为对照，则有

$$s_{\bar{x}_i-\bar{x}_j}=\sqrt{\frac{2s_e^2}{n}}=\sqrt{\frac{2\times0.847}{5}}=0.582\ (\text{cm})$$

在误差项自由度 $df_e=24$，$k=5$ 时，查附表 9，$Dt_{0.05}=2.76$，$Dt_{0.01}=3.45$，进而得到

$$DLSD_{0.05}=2.76\times0.582=1.606\ (\text{cm})$$

$$DLSD_{0.01}=3.45\times0.582=2.008\ (\text{cm})$$

凡是与对照比较差数的绝对值大于 1.606（cm）而小于 2.008（cm）的为差异显著，在差数的右上角加一个“*”；如大于 2.008（cm）为差异极显著，在差数的右上角加两个“*”号；如小于 1.606（cm）为差异不显著，不标记。

【例 6-1】中 6 种种衣剂处理玉米苗高的 DLSD 法多重比较结果列于表 6-5。

表 6-5　6 种种衣剂处理玉米苗高的多重比较

种衣剂	玉米苗高（$\bar{x}_i$）	与对照比较的差数及显著性
C	28.50	5.74**
D	25.30	2.54**
A（CK）	22.76	—
E	22.08	−0.68
F	21.28	−1.48
B	20.24	−2.52**

从而得出结论：*C* 和 *D* 两种种衣剂处理的玉米苗高极显著高于对照种衣剂 *A*，*B* 种衣剂处理的玉米苗高极显著低于对照种衣剂 *A*。

3. 新复极差法（SSR 法）　新复极差法又称为最小显著极差法。用于各处理间的平均数的差异显著性比较。最小显著极差（least significant ranges）临界值为

$$LSR_\alpha=SE\cdot SSR_\alpha \tag{6.15}$$

式中，$SE=\sqrt{\dfrac{s_e^2}{n}}$ 为平均数标准误；s_e^2 为误差项方差；SSR_α 为在误差自由度 df_e 下对于不同 p 值的 SSR_α 值（附表 8），这里的 p 为秩次距，是所有比较的平均数由大到小排列所计算出的两极差范围内所包含的平均数个数。平均数比较时，尺度值因秩次距 p 的不同而异。

【例 6-4】　在**【例 6-2】**中，均数标准误 $SE=\sqrt{\dfrac{s_e^2}{n}}=\sqrt{\dfrac{0.847}{5}}=0.412$（cm），在误差自由度 $df_e=24$ 下，查附表 8 得 $p=2，3，4，5，6$ 的 $SSR_{0.05}$ 和 $SSR_{0.01}$ 值，并进一步计算 $LSR_{0.05}$ 和 $LSR_{0.01}$ 值（表 6-6）。计算出 LSR_α 后，用标记字母将各处理平均数间的差异显著性表示出来（表 6-7）。

表 6-6　6 种种衣剂处理玉米苗高的 *LSR* 值

p	2	3	4	5	6
$SSR_{0.05}$	2.92	3.07	3.15	3.22	3.28
$SSR_{0.01}$	3.96	4.14	4.24	4.33	4.39
$LSR_{0.05}$	1.20	1.26	1.30	1.33	1.35
$LSR_{0.01}$	1.63	1.71	1.75	1.78	1.81

表 6-7 6种种衣剂处理玉米苗高的多重比较（标记字母法）

种衣剂	玉米苗高（$\bar{x}_i$）	差异显著性	
		0.05	0.01
C	28.50	a	A
D	25.30	b	B
A	22.76	c	C
E	22.08	cd	C
F	21.28	de	CD
B	20.24	e	D

标记字母法的操作为先将全部平均数按从大到小依次排序，在α=0.05 显著水平比较时，先在最大的平均数后面标小写字母 a，并将该平均数与以下各平均数逐个相比，凡差数小于等于 $LSR_{0.05}$ 值的（与相应 p 值下的 $LSR_{0.05}$ 值相比）为差异不显著，均标字母 a，直到某一个差数大于 $LSR_{0.05}$ 值时则标以字母 b。再以标有字母 b 的这个平均数与其上方各平均数依次相比，凡差数不显著的标以字母 b；显著的则不标记。然后以标有字母 b 的最大平均数为标准，与以下未标记的平均数相比，凡不显著的也标以字母 b，直至与某一个平均数相差显著时标以字母 c。如此往复进行下去，按英文字母表顺序标记字母，直到所有平均数都标上字母为止。显著水平α=0.01 的标记方法同α=0.05 的标记方法，只是均用大写字母标记。这样，各平均数后面凡有一个或一个以上相同字母的为差异不显著；凡是没有相同字母的为差异显著或极显著。

从表 6-7 可得到【例 6-2】多重比较的结论为：*C* 与 *D*、*A*、*E*、*F*、*B* 差异极显著，*D* 与 *A*、*E*、*F*、*B* 差异极显著，*A* 与 *B* 差异极显著、与 *F* 差异极显著；其他种衣剂间的玉米苗高无显著差异。

4. q 法　q 法由 Student-Newman-Keul 于 1952 年提出，一般称为复极差测验法，有时又称 SNK 测验法或 NK 测验法。该方法是将一组 k 个平均数由大到小排列后，根据所比较的两个处理平均数的差数是几个平均数间的极差分别确定最小显著极差 LSR_α值。q 测验是根据极差抽样分布原理，其各个比较都可保证同一个α 显著水平。其最小显著极差为

$$LSR_\alpha = SE \cdot q_{\alpha,df_e,p} \tag{6.16}$$

式中，SE 为平均数的标准误。

$$SE=\sqrt{\frac{s_e^2}{n}} \tag{6.17}$$

式中，α 为显著水平；df_e 为误差项自由度；p 为秩次距，是所有比较的平均数按从大到小排列所计算出的两极差范围内所包含的平均数个数。$q_{\alpha,df_e,p}$ 即在显著水平为α、误差项自由度为 df_e、秩次距为 p（$2 \leqslant p \leqslant k$）时的 q 临界值，可通过附表 10 查得。因此，在每一显著水平下该法有 $k-1$ 个尺度值。平均数比较时，尺度值因秩次距 p 的不同而异。当要测验的两个平均数的差数绝对值$\geqslant LSR_\alpha$时，则在α 水平上显著；反之，在α 水平上不显著。

在【例 6-2】中，平均数标准误 $SE=\sqrt{\frac{s_e^2}{n}}=\sqrt{\frac{0.847}{5}}=0.412$（cm），在误差自由度 $df_e=24$

下，查 p=2，3，4，5，6 的 $q_{0.05}$ 和 $q_{0.01}$ 值，并进一步计算 $LSR_{0.05}$ 和 $LSR_{0.01}$ 值（表 6-8）。计算出 LSR_α 后，用标记字母将各处理平均数间的差异显著性表示出来（图 6-1）。

表 6-8　6 种种衣剂处理玉米苗高的 *LSR* 值

p	2	3	4	5	6
$q_{0.05}$	2.92	3.53	3.90	4.17	4.37
$q_{0.01}$	3.96	4.55	4.91	5.17	5.37
$LSR_{0.05}$	1.20	1.45	1.61	1.72	1.80
$LSR_{0.01}$	1.63	1.87	2.02	2.13	2.21

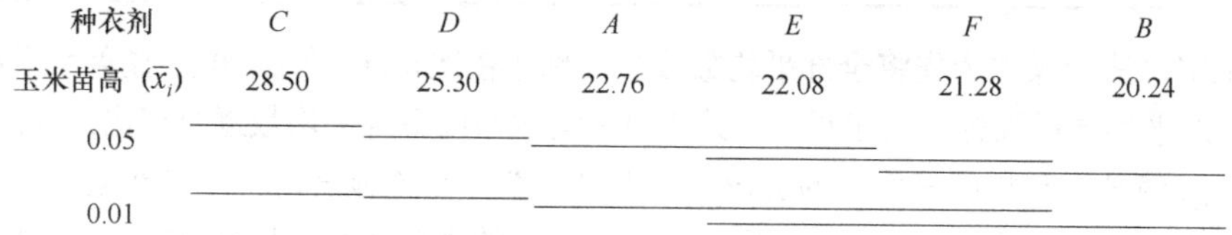

图 6-1　6 种种衣剂处理玉米苗高的多重比较（划线法）

从图 6-1 可得到【**例 6-1**】多重比较的结论为：玉米种衣剂 C 的苗高极显著高于 D，D 极显著高于 A，A 极显著高于 B、显著高于 F；其他种衣剂间的玉米苗高无显著差异。

C 极显著高于 D、A、E、F、B；D 极显著高于 A、E、F、B；A 极显著高于 B，显著高于 F；E 极显著高于 B；其他种衣剂间玉米苗高差异未达显著水平。

在 PLSD 法、DLSD 法、SSR 法和 q 法 4 种多重比较方法中，DLSD 法仅能测验若干个处理平均数与预先设置的对照平均数的差异显著性，因此其应用受到一定限制。因为许多试验不仅需要了解各处理与对照的差异，还要考察各个处理间的差异显著性，这就必须借助其他多重比较方法。

PLSD 法利用了 F 测验中的误差自由度 df_e 查 t 临界值，采用误差均方 s_e^2 计算平均数的差数标准误 $s_{\bar{x}_i-\bar{x}_j}$，因而该法不同于多个平均数两两比较的 t 测验法，从而解决了测验过程烦琐、估计误差精确度和测验灵敏性低的问题；加之该法计算简单，曾得到广泛应用。但由于其本质仍然是 t 测验，因此存在犯第一类错误的风险。也有统计学家认为 PLSD 法已由 F 测验保护，可以用于多个平均数间的多重比较，而不必采用复杂的 q 法或 SSR 法。总之，统计学界倾向于当试验事先确定了比较的标准，其余处理都只与对照比较，或只与预定要比较的对象比较时可选用此法。

根据抽样分布理论，当 k=2 时与 k>2 时，其随机极差是不同的，随着 k 的增大而增大，因而用 k=2 时的 t 测验有可能夸大 k>2（如 k=8）时最大与最小两个样本平均数差数的显著性。因此，PLSD 法存在推断可靠性低、犯第一类错误概率大的潜在危险性。在同一误差自由度 df_e 下，k=2 时，PLSD 法、q 法和 SSR 法的显著尺度相同；k≥3 时，3 种方法的显著尺度各不相同，PLSD 法最低，SSR 法次之，q 法最高；并且，q 法不同秩次距 p 下的最小显著极差变幅最大。依据否定一个正确的 H_0 和接受一个错误的 H_0 的相对重要性来讲，q 法在统计推断时犯第一类错误的可能性最小。因此，对于结论事关重大或有严格要求的试验，宜用 q 法测验；一般试验可采用 SSR 法测验。

第二节　方差分析的统计模型与期望均方

一、统计模型

在表 6-1 中，任意一个观察值的统计模型均可表示为

$$x_{ij}=\mu+\tau_i+\varepsilon_{ij} \tag{6.18}$$

式中，μ 是全部试验观测值的总体平均数；τ_i 是第 i 个处理的效应，表示处理 i 对试验结果产生的影响 ε_{ij} 为试验误差，相互独立且服从正态分布 N（0，σ^2）。

在满足处理效应与误差效应是可加性（见本章第三节）的基础上，上述模型可转化为

$$x_{ij}-\mu=\tau_i+\varepsilon_{ij}$$

为获得变异的量化值，上式两边各取平方，求总和，则得

$$\sum(x_{ij}-\mu)^2=\sum(\tau_i+\varepsilon_{ij})^2$$

上式展开后，则得平方和公式

$$\sum(x_{ij}-\mu)^2=\sum\tau_i^2+2\sum\tau_i\varepsilon_{ij}+\sum\varepsilon_{ij}^2$$

因各自独立，上式中 $\sum\tau_i\varepsilon_{ij}$ 乘积和等于 0。化简上式得

$$\sum(x_{ij}-\mu)^2=\sum\tau_i^2+\sum\varepsilon_{ij}^2$$

即总平方和等于处理效应平方和加上试验误差平方和，这是方差分析的基础和理论依据。以上各参数的相应样本估计值分别为

$$\hat{\mu}=\bar{x}_{..}\,,\quad \hat{\tau}_i=(\bar{x}_{i.}-\bar{x}_{..})\,,\quad \hat{\varepsilon}_{ij}=(x_{ij}-\bar{x}_{i.})$$

因此，上述平方和公式的样本估计表达式为

$$\sum_i\sum_j(x_{ij}-\bar{x}_{..})^2=n\sum_i(\bar{x}_i-\bar{x}_{..})^2+\sum_i\sum_j(x_{ij}-\bar{x}_i)^2$$

可简写为

$$SS_T=SS_t+SS_e$$

以上是样本平方和的可加性。

二、期望均方

因 τ_i 的性质不同，统计模型可分为固定模型、随机模型和混合模型。不同模型的期望均方（EMS）有差别。

（一）固定模型

固定模型（fixed model）是指各处理都抽自特定的总体，且服从 $N(\mu_i,\sigma_e^2)$，效应值 τ_i 是固定的。不同处理的各水平是根据试验目的预先设定而不是随机选择，即除去随机误差之后每个处理产生的效应是固定的，因此 τ_i 为一个常量，且满足 $\sum\tau_i=0$。方差分析时要测验的假设为 H_0：$\tau_i=0$。固定模型主要用于试验中比较不同处理的效应，其结论仅适合各处理的不同水平。

【例 6-5】 比较某个玉米品种 4 种不同种植密度下的产量，4 次重复，方差分析结果见表 6-9。

表 6-9　4 种不同种植密度下玉米产量的方差分析和期望均方表

变异来源	DF	MS	期望均方（EMS）：固定模型
密度间	3	6386.73	$\sigma^2+\frac{n}{k-1}\sum_{i=1}^{k}\tau_i^2$
密度内（试验误差）	12	121.06	σ^2

【例 6-5】中试验属固定模型，不同的种植密度是人为设定的，不同密度下该玉米品种的产量均是固定的，即 τ_i 是固定的常数，$\sum\tau_i=\sum\mu_i-k\mu=0$，即 $\sum\tau_i=0$。此时统计假设为 H_0：$\tau_i=0$，$i=1$，2，…，k；H_A：$\tau_i\neq0$，至少某一处理 i 不等于 0。令 $s_e^2=\frac{SS_e}{k(n-1)}$，称为随机误差 ε 的方差，是随机误差的一个估计量，数学期望是 σ^2；$s_t^2=\frac{SS_t}{k-1}$，称为处理间均方；s_t^2 数学期望是 $\sigma^2+\frac{n}{k-1}\sum_{i=1}^{k}\tau_i^2$，由代表随机误差的 σ^2 和各处理效应的平方和构成。

若 H_0 成立，则有：$\tau_i=0$，$i=1$，2，…，k；此时 $E(MS_t)=\sigma^2$；若 H_0 不成立，则 $E(MS_t)>\sigma^2$，则各处理间效应存在显著的差异性，需进一步进行多重比较。

（二）随机模型

随机模型（random model）是指各处理是从 $N(0,\sigma_\tau^2)$ 总体中得到的随机样本，处理效应 τ_i 是随机的。当某些试验条件不能人为控制或通过样本对所属总体做出推断时属于随机模型。方差分析时要测验的假设是 H_0：$\sigma_\tau^2=0$。随机模型主要用于推断试验中不同处理所属总体的效应，其结论仅适于总体变异情况。

【例 6-6】 从某一大豆杂交组合后代的 F_6 代中随机抽取 45 个株系，每系各取 3 个单株，测定其单株粒重（g），获得方差分析结果，如表 6-10 所示。

表 6-10　大豆杂交组合的 F_6 代株系单株粒重方差分析和期望均方表

变异来源	DF	MS	期望均方（EMS）：随机模型
株系间	44	145.56	$\sigma^2+n\sigma_\tau^2$
系内（试验误差）	90	50.34	σ^2

【例 6-6】是随机模型，因为随机选择的大豆株系是无法控制和重复的，所以无法预料各株系的单株粒重，可推断 F_6 代群体内的株系间单株粒重的变异情况，重新试验时各处理的效应不能复制。此时 τ_i 不再是常数，而是随机变量，$\sum\tau_i=0$ 不再成立。

随机模型中统计假设变为：H_0：$\sigma_\tau^2=0$；H_A：$\sigma_\tau^2>0$。

当 H_0 成立时，即 $\sigma_\tau^2=0$，$E(MS_t)=\sigma^2$，则有 $\tau_i=0$，$i=1$，2，…，k，各总体间无显著差异；若否定 H_0，则作为从 $N(0,\sigma_\tau^2)$ 中抽取的样本，各 τ_i 不可能都相同，当然也不可能均为 0，$\sum\tau_i\neq0$，则 $E(MS_t)>\sigma^2$，即总体间的变异是存在的，无须进行多重比较。

（三）混合模型

当试验因素大于或等于 2 个时，在固定模型和随机模型的基础上产生了第三种模型——

混合模型（mixed model），即试验效应既包括固定因素，又包括随机因素。例如，进行多年多点的品种区域试验时，品种因素、地点因素是固定的，而年份因素则是随机的，所以试验效应既有固定效应又有随机效应，统计推断则按两种模型分别处理。

尽管三种模型的理论基础和期望均方有差异，但三种模型的统计分析过程差别不大，关键是明确试验处理的性质，确定所属效应类别，才能做出正确的统计推断。

第三节 方差分析的基本假定和数据转换

一、方差分析的基本假定

方差分析的合理性和所得结果的可靠性是建立在以下三个基本假定之上的。

1. 效应的可加性 对试验所考察性状有影响的各变异来源的效应（如环境效应）应具有"可加性"（additivity）。

这一基本假定已在本章第二节由方差分析的统计模型（6.18）说明。

这种可加性实际上是自由度与平方和分解的数学依据。

2. 误差的正态性 试验误差 ε_{ij} 应该是随机的、彼此独立的，具有平均数为零且作正态分布，即"正态性"（normality）。方差分析是在各项被测验的效应方差都是随机抽自同一正态总体的无效假设前提下进行的。按照无效假设的定义，这一正态总体的方差仍以误差方差来估计，且误差 ε_{ij} 服从 N（0，σ^2）。又因为样本是从总体中独立随机抽取的，所以试验误差 ε_{ij} 就一定具有随机性和彼此独立性。至于试验误差是否符合"正态性"，一般用 χ^2 法进行测验，具体方法已在第五章中介绍了。

3. 误差方差的同质性 按照方差分析的无效假设，各处理间的误差都来自于假设总体 $N(0,\sigma_e^2)$，总体方差 σ_e^2 是由各处理内误差合并方差 s_e^2 来估计的。若各处理内误差方差不同质，则方差分析就失去了其所依据的假设总体的存在基础。各处理误差方差的同质性测验的无效假设 H_0：$\sigma_1^2=\sigma_2^2=\cdots=\sigma_k^2$ 用 Bartlett 测验法进行，具体方法已在第五章中介绍了。

二、方差分析的数据转换

在进行科学研究的过程中，试验数据不易于完全符合上述三个假定，以此数据进行方差分析，只能获得近似的结果。为使方差分析时获得更可靠的结论，在设计试验和收集资料的过程中，要充分考虑这些假定，对于一些不符合方差分析基本假设的试验资料，在进行分析之前，一般可采用以下数据处理方法。

（1）剔除某些表现"特殊"的观察值、处理或重复。

（2）将总的试验方差分解为几个较为同质的试验误差的方差。

（3）采用几个观察值的平均数进行方差分析，因为平均数比单个观察值更易正态分布，故如抽取小样本求得其平均数，再以这些平均数进行方差分析，可减小各种不符合基本假定的因素的影响。

（4）针对数据的主要缺陷，采用相应的数据转换，用转换后的数据进行方差分析。

常用的转换方法有以下几种。

1）对数转换 如果数据表现的效应为非可加性，而是倍加性或可乘性，同时样本平均数与其极差或标准差成比例关系，采用对数转换可获得一个同质的方差。对于改进非可加性影响，这一转换比平方根转换更为有效。一般将 x 转换为 $\lg x$；如果观察值中有零，且各数值皆不大于 10，则可用 $\lg(x+1)$ 转换。

下面以一组假设数字（表 6-11）为例说明表现为可加性效应模型和非可加性（如倍加性）效应模型的差异。在表 6-11 可加性模型中，无论处理 *A* 或处理 *B*，从组Ⅰ到组Ⅱ、从组Ⅱ到组Ⅲ都增加 3；同样，无论组Ⅰ、组Ⅱ或组Ⅲ，从处理 *A* 到处理 *B* 都增加 2。而在倍加性模型中，从组Ⅰ到组Ⅱ、从组Ⅱ到组Ⅲ，处理 *A* 和处理 *B* 都增加 2 倍；另外，组Ⅰ从处理 *A* 到处理 *B* 增加 2，组Ⅱ从处理 *A* 到处理 *B* 却增加 4，组Ⅲ从处理 *A* 到处理 *B* 却增加 8。

表 6-11　可加性模型与倍加性模型的比较及其对数转换

处理	可加性			倍加性			倍加性的 $\lg x$		
	组Ⅰ	组Ⅱ	组Ⅲ	组Ⅰ	组Ⅱ	组Ⅲ	组Ⅰ	组Ⅱ	组Ⅲ
A	3	6	9	3	6	12	0.477	0.778	1.079
B	5	8	11	5	10	20	0.699	1.000	1.301

为使非可加性资料的效应变为可加性，一般需进行对数转换或其他数据转换。如表 6-11 中，将倍加性数据用 $\lg x$ 转换后就表现为可加性模型了。

2）*反正弦转换*　如果资料为成数或百分数，则它将作二项分布。已知这一分布的方差是取决于其平均数 p 的，因此，在理论上如果 $p<0.3$ 或 $p>0.7$ 皆需进行反正弦转换，以获得一个比较一致的方差。反正弦转换是将百分数的平方根值取反正弦值，即将 p 转换成 $\sin^{-1}\sqrt{P}$，从而成为角度。附表 11 为百分数的反正弦转换表，查附表 11 可直接得到 p 的反正弦值。

3）*平方根转换*　如果样本平均数与其方差有比例关系，采用平方根转换可获得一个同质的方差，同时也可减小非可加性的影响。一般将原观察值 x 转换成 $\sqrt{x}$。这种转换常用于稀有现象的计数资料，如 1m^2 面积上某种昆虫的头数或某种杂草的株数等。如果有些观察值太小，甚至有零出现，则可用 $\sqrt{x+1}$ 进行转换。

下面以一个百分数的反正弦转换为例，说明观察值经转换后的方差分析方法。

【例 6-7】 在大白菜蔬菜品种比较试验中，鉴定了不同品种软腐病的发病率，试验中共有 8 个品系，并设置一个对照品种，每处理随机抽样 4 次。每点鉴定了 25 株，以（发病株数×100/总株数）获得软腐病发病率，得到软腐病发病率的结果（表 6-12）。试进行方差分析。

表 6-12　不同大白菜品种软腐病发病率（p）

处理	发病率/%			
A（CK）	16	44	28	36
B	80	52	76	68
C	48	76	52	88
D	88	52	52	72
E	76	64	44	80
F	60	48	64	76
G	40	44	76	68
H	60	52	48	76

表 6-12 中有不少 p 值大于 70%，故需进行反正弦转换。由附表 11 查得表 6-12 中各个 p 的反正弦角度值列于表 6-13。表 6-13 是 n 相等的单向分组资料，对其进行方差分析可得表 6-14。在多平均数比较时，因有共同的对照，故用 *DLSD* 法。多重比较结果列于表 6-15。测验结果表明，供试品系的软腐病发病率均高于对照品种。

表 6-13 软腐病发病率的反正弦值（$\sin^{-1}\sqrt{p}$）

处理	发病率			
A（CK）	23.58	41.55	31.95	36.87
B	63.43	46.15	60.67	55.55
C	43.85	60.67	46.15	69.73
D	69.73	46.15	46.15	58.05
E	60.67	53.13	41.55	63.43
F	50.77	43.85	53.13	60.67
G	39.23	41.55	60.67	55.55
H	50.77	46.15	43.85	60.67

表 6-14 方差分析表

变异来源	*DF*	*SS*	*MS*	*F*	$F_{0.05}$
处理间	7	1549.61	221.37	2.51*	2.42
误差	24	2112.95	88.04		
总变异	31	3662.56			

表 6-15 不同大白菜品种软腐病发病率比较

品种	平均数	与对照的差异	反转换为百分数/%	品种	平均数	与对照的差异	反转换为百分数/%
B	56.4	23.0*	69.4	*F*	52.1	18.6	62.3
C	55.1	21.6*	67.3	*H*	50.4	16.9	59.4
D	55.0	21.5*	67.1	*G*	49.3	15.8	57.5
E	54.7	21.2*	66.6	*A*	33.5	—	30.5

习 题

6.1 方差分析的基本原理是什么？如何进行自由度与平方和的分解？如何进行 *F* 测验和多重比较？数据的线性模型对于方差分析有何意义？

6.2 方差分析有哪些基本假定？为什么有效数据需经过转换才能进行方差分析？有哪几种转换方法？

6.3 测定 4 个玉米品种的千粒重（g）各 4 次，得结果如表 6-16 所示。试对 4 个玉米品种的千粒重进行方差分析。

表 6-16 4 个玉米品种的千粒重 （单位：g）

品种			
A	*B*	*C*	*D*
247	238	214	210
258	244	227	204
256	246	221	200
251	236	218	210

6.4　对 4 个小麦品系各抽取 5 个样本，调查其黑穗病率得表 6-17 结果，试对该资料进行方差分析。再将该资料进行反正弦转换，然后进行方差分析，并比较这两个分析的差别，以明了数据转换的作用。

表 6-17　小麦品系的黑穗病率　（%）

A	*B*	*C*	*D*
0.8	4.0	9.8	6.0
3.8	1.9	56.2	29.8
0.0	0.7	66.0	7.0
6.0	3.5	10.3	84.6
1.7	3.2	92.0	2.8

习题答案

第七章　单因素试验资料的统计分析

【内容提要】　单因素试验是针对一个因素不同水平的分析。本章的主要内容有间比法试验、对比法试验、单因素完全随机试验、单因素随机区组试验、单一自由度比较试验结果统计分析。

【学习重点】　单因素随机区组试验结果的方差分析。

【学习难点】　单一自由度比较分析。

【要求掌握的基本技能】　掌握单因素随机区组试验结果方差分析中自由度与平方和分析的基本原理，以及 F 测验与多重比较的基本过程和方法。

第一节　顺序排列试验资料的统计分析

对比法和间比法试验，处理进行顺序排列，而且每个处理都有邻近对照小区，可以用各处理的产量（或其他性状）与邻近对照相比较，因此一般采用百分比法分析其试验结果。也就是设对照（CK）产量（或其他性状）为 100，然后将各处理产量与对照相比较，求出其百分数。因处理作顺序排列，不能无偏估计试验误差，所以不能进行假设测验和统计推断。

一、对比法试验资料的统计分析

为了说明对比法试验结果的统计分析方法，现以大豆品种比较试验的产量结果为例，介绍百分比法的分析方法。

【例 7-1】　参加大豆品种比较的试验品种有 6 个（不包括对照），重复 3 次，小区计产面积 16.25m^2，对比法设计，其田间排列和小区产量（kg）如图 7-1 所示。

Ⅰ	1 4.94	CK 4.55	2 5.45	3 4.97	CK 5.15	4 4.95	5 4.73	CK 4.36	6 4.82
Ⅱ	3 4.61	CK 5.17	4 4.75	5 4.27	CK 4.12	6 4.95	1 4.52	CK 5.48	2 5.06
Ⅲ	5 4.77	CK 4.17	6 5.93	1 4.21	CK 4.11	2 5.85	3 4.86	CK 4.07	4 4.98

图 7-1　大豆品种比较试验（对比法）田间排列及小区产量（kg）结果

设对照的产量为 100，用处理的产量与邻近对照的产量相比较，计算各处理产量与邻近对照的百分比（相对生产力），用以评定品种的优劣，具体分析步骤和方法如下。

（1）编制产量结果表：将各重复的试验品种和对照的产量数据列于表 7-1，并计算其产量总和（T_i）和平均产量（$\bar{x}_i$）。

表 7-1 大豆品种比较试验产量结果及分析表

品种名称	各重复小区产量/（kg/16.25m²）			T_i	$\bar{x}_i$	与邻近对照产量的百分比/%	理论产量/（kg/hm²）	位次
	Ⅰ	Ⅱ	Ⅲ					
1	4.94	4.52	4.21	13.6700	4.5567	96.68	2722.13	7
CK	4.55	5.48	4.11	14.1400	4.7133	100.00	2815.73	6
2	5.45	5.06	5.85	16.3600	5.4533	115.70	3257.80	2
3	4.97	4.61	4.86	14.4400	4.8133	100.35	2825.51	5
CK	5.15	5.17	4.07	14.3900	4.7967	100.00	2815.73	6
4	4.95	4.75	4.98	14.6800	4.8933	102.02	2872.47	4
5	4.73	4.27	4.77	13.7700	4.5900	108.85	3065.02	3
CK	4.36	4.12	4.17	12.6500	4.2167	100.00	2815.73	6
6	4.82	4.95	4.93	14.7000	4.9000	116.21	3272.03	1

（2）计算各品种与邻近对照产量的百分比。

$$\text{某品种与邻近对照产量的百分比（\%）}=\frac{\text{该品种产量总和}}{\text{邻近对照产量总和}}\times 100 \tag{7.1}$$

或

$$\text{某品种与邻近对照产量的百分比（\%）}=\frac{\text{该品种平均产量}}{\text{邻近对照平均产量}}\times 100 \tag{7.2}$$

例如，品种 1 与邻近对照产量的百分比为$\frac{13.6700}{14.1400}=96.68\%$或$\frac{4.5567}{4.7133}=96.68\%$，其余品种采用相同方法计算，将各品种与邻近对照产量的百分比（相对生产力）列于表 7-1。

（3）计算各品种的理论产量：对照区在试验田中分布比较普遍，其平均产量能代表试验田一般条件下对照品种的产量水平。计算各品种与邻近对照产量的百分比后，可以对照的平均产量为标准，计算各品种的理论产量。计算步骤如下。

计算对照区的平均产量：

$$\text{对照区平均产量}=\frac{\text{全试验区的对照区产量总和}}{\text{对照区总数}}=\frac{4.55+5.48+\cdots+4.17}{9}=4.5756\text{（kg）}$$

计算对照品种的每公顷产量：

$$\text{对照品种的每公顷产量}=\frac{\text{对照区平均产量}}{\text{小区收获面积}}\times 10000=\frac{4.5756}{16.25}\times 10000=2815.7265\text{（kg/hm}^2\text{）}$$

计算各品种理论产量：

某品种理论产量＝对照品种的每公顷产量×该品种与邻近对照产量的百分比

例如，品种 1 的理论产量＝2815.7265×96.68%＝2722.13（kg/hm²），将各品种及对照品种理论产量计算结果列于表 7-1。

（4）确定各品种（包括对照）的产量位次：按各品种（包括对照）理论产量高低排列位次，其结果列于表 7-1。

（5）试验结论：根据品种的相对生产力和理论产量，做出评价。本例中，品种 6 产量最高，比对照品种增产 16.21%，居首位，单产水平达 3272.03kg/hm²，品种 2 居第 2 位，品种

5 居第 3 位，分别比对照增产 15.70%和 8.85%，单产水平分别为 3257.80kg/hm^2 和 3065.02kg/hm^2。品种 3 和品种 4 比对照增产不到 5%，品种 1 比对照减产。

处理与相邻对照小区的比较，只是减少了试验误差，并不排除试验误差。由于误差的存在，一般田间试验难以察觉处理间差异在 5% 以下的显著性。因此对于对比法和间比法试验结果，要判断某品种的生产力确实优于对照，要求相对生产力高于对照 10%以上。而对于那些增产 5%～10%的处理，一般应继续试验，再作结论。

二、间比法试验资料的统计分析

间比法设计不同于对比法的是相邻两个对照小区之间不是间隔两个处理小区，而是相隔 4 个、9 个或更多处理小区。因此各处理的产量不能与邻近对照直接比较，经常采用与两个邻近对照的平均产量比较的方法。

【例 7-2】 小麦品系鉴定试验，参试品系有 *A*、*B*、*C*、*D*、*E*、*F*、*G*、*H* 8 个，另加一个对照，间比法设计，重复 3 次，小区计产面积 40m^2，田间排列和产量（kg/40m^2）结果如图 7-2 所示。

Ⅰ	CK 9.5	*A* 10.7	*B* 11.6	*C* 12.3	*D* 9.7	CK 10.2	*E* 9.6	*F* 9.8	*G* 10.3	*H* 10.4	CK 9.9
Ⅱ	CK 10.1	*H* 11.8	*G* 11.6	*F* 9.1	*E* 9.4	CK 10.9	*D* 10.4	*C* 12.1	*B* 11.0	*A* 10.2	CK 9.7
Ⅲ	CK 9.5	*A* 11.0	*B* 11.3	*C* 12.1	*D* 9.8	CK 10.4	*E* 9.8	*F* 9.2	*G* 10.1	*H* 10.2	CK 9.5

图 7-2　小麦品系鉴定试验的田间排列和产量（kg/40m^2）结果

（1）列制小区产量结果表（表 7-2）。

表 7-2　小麦品系鉴定产量结果与分析

品系	各重复小区产量/（kg/40m^2）			T_i /kg	$\bar{x}_i$ /kg	对照（$\overline{\text{CK}}$）/kg	与 $\overline{\text{CK}}$ 的百分比/%
	Ⅰ	Ⅱ	Ⅲ				
CK	9.5	9.7	9.5	28.7	9.6		
A	10.7	10.2	11.0	31.9	10.6	10.1	105.0
B	11.6	11.0	11.3	33.9	11.3	10.1	111.9
C	12.3	12.1	12.1	36.5	12.2	10.1	120.8
D	9.7	10.4	9.8	29.9	10.0	10.1	99.0
CK	10.2	10.9	10.4	31.5	10.5		
E	9.6	9.4	9.8	28.8	9.6	10.2	94.1
F	9.8	9.1	9.2	28.1	9.4	10.2	92.2
G	10.3	11.6	10.1	32.0	10.7	10.2	104.9
H	10.4	11.8	10.2	32.4	10.8	10.2	105.9
CK	9.9	10.1	9.5	29.5	9.8		

（2）计算各品系及对照小区的产量总和（T_i）及平均产量（$\bar{x}_i$），将计算结果填入表 7-2。

（3）计算各品系的理论对照标准（$\overline{\mathrm{CK}}$），即前后两个对照产量的平均数，如 A、B、C、D 4 个品系的 $\overline{\mathrm{CK}}=(9.6+10.5)/2=10.1$。

（4）计算各品系与 $\overline{\mathrm{CK}}$ 的百分比，即相对生产力，计算公式如下。

$$\text{品系与}\overline{\mathrm{CK}}\text{的百分比}(\%)=\frac{\bar{X}_i}{\overline{\mathrm{CK}}}\times 100 \tag{7.3}$$

例如，品系 A 与 $\overline{\mathrm{CK}}$ 百分比 $=\frac{10.6}{10.0}=106.0\%$，其他品系用同样方法计算，将计算结果填入表 7-2。

（5）试验结论：根据相对生产力的高低评判优劣。相对生产力超过对照 10%的品系有 B 和 C，分别增产 11.9%和 20.8%，品系 A 和 H 比对照增产 5%以上，品系 G 比对照增产不到 5%，品系 D、E、F 比对照减产。

第二节　观察值数目不等的单向分组资料的方差分析

单因素完全随机试验设计是指在固定其他因素水平不变的情况下，只考虑某一因素水平变化对试验指标影响的完全随机试验设计。这种试验设计观察值是按一个方向分组的，属于单向分组资料的方差分析，根据各处理内观察值数目是否相等，可分为观察值数目相等的单向分组资料的方差分析和观察值数目不等的单向分组资料方差分析两种方法。因观察值数目相等的单向分组资料的方差分析在第六章方差分析的基本原理中已经介绍，本节主要介绍观察值数目不等的单向分组资料的方差分析。

一、单因素完全随机试验的统计模型

完全随机试验中，统计模型可表示为

$$x_{ij}=\mu+\tau_i+\varepsilon_{ij} \tag{7.4}$$

式中，x_{ij} 为第 i 个处理第 j 次重复的观察值；μ 为总体平均数；τ_i 为试验处理效应；ε_{ij} 为随机误差，服从分布 $N(0,\sigma^2)$。完全随机试验每一观测值都由总体平均数 μ、处理效应 τ_i 和随机误差 ε_{ij} 三个部分相加而成。

在以样本符号表示时，样本的线性组成为

$$x_{ij}=\bar{x}+t_i+e_{ij} \tag{7.5}$$

式中，$\bar{x}$ 是 μ 的无偏估计量；$t_i=\bar{x}_i-\bar{x}$，表示第 i 个处理的效应，它是 τ_i 的无偏估计值；$e_{ij}=x_{ij}-\bar{x}_i$，表示第 i 个处理第 j 个观测值的随机误差，它是 ε_{ij} 的估计值。

二、自由度与平方和的分解

假定某个试验中有 k 个处理，每个处理分别有 $n_1, n_2, \cdots, n_k$ 个观察值，观察值数为 $\sum n_i$，平方和与自由度的分解如表 7-3 所示。

表 7-3　观察值数目不等的单向分组资料的方差分析

变异来源	自由度（DF）	平方和（SS）	均方（MS）	F	EMS	
					固定模型	随机模型
处理间	$df_t=k-1$	$SS_t=\sum(T_i^2/n_i)-C$	$MS_t=SS_t/df_t$	MS_t/MS_e	$\sigma^2+n_0\kappa_\tau^2$	$\sigma^2+n_0\sigma_\tau^2$
误差	$df_e=df_T-df_t$	$SS_e=SS_T-SS_t$	$MS_e=SS_e/df_e$		σ^2	σ^2
总变异	$df_T=\sum n_i-1$	$SS_T=\sum x^2-C\left(C=\frac{\sum x}{N}\right)$				

注：κ_τ^2 为固定效应方差，σ_τ^2 为随机效应方差

三、多重比较

多重比较时，因各处理观察值数目不等，应先计算出各 n_i 的平均数 n_0。

$$n_0=\frac{\left(\sum n_i\right)^2-\sum n_i^2}{\left(\sum n_i\right)(k-1)} \tag{7.6}$$

然后再计算平均数的标准误或平均数差数的标准误。

$$SE=\sqrt{\frac{MS_e}{n_0}} \tag{7.7}$$

$$S_{\bar{x}_i-\bar{x}_j}=\sqrt{\frac{2MS_e}{n_0}} \tag{7.8}$$

【例 7-3】 测定 6 个大豆品种的百粒重（g），得到资料如表 7-4 所示，其中 A_1 为‘吉林 30’，A_2 为‘吉林 38’，A_3 为‘吉林 47’，A_4 为‘吉农 18’（对照），A_5 为‘吉农 26’，A_6 为‘吉农 28’，测验品种间百粒重有无显著差异。

表 7-4　6 个大豆品种的百粒重

品种	百粒重/g						n_i	T_i /g	$\bar{x}_i$ /g
A_1	19.2	21.6	18.8	21.0	18.6		5	99.2	19.8
A_2	18.9	17.6	18.1	15.6	16.5	16.3	6	103.0	17.2
A_3	22.8	22.3	21.8	24.4			4	91.3	22.8
A_4	17.2	17.9	17.4	18.1	18.5		5	89.1	17.8
A_5	19.1	18.5	18.8	19.6	19.4	19.2	6	114.6	19.1
A_6	21.2	21.5	20.7	20.6			4	84.0	21.0
合计							$\sum n_i=30$	$T=581.2$	

（1）资料整理：根据表 7-4，计算出各品种的观察值总数 n_i、所有品种的观察值总数 $\sum n_i$、各品种和 T_i、全部观察值总和 T 和处理平均数 $\bar{x}_i$。

（2）自由度与平方和的分解。

$$\sum n_i=5+6+4+5+6+4=30$$

总变异自由度　　$df_T=\sum n_i-1=30-1=29$

大豆品种间自由度　　$df_t=k-1=6\quad 1=5$

误差自由度　　$df_e=\sum n_i-k=30-6=24$

$$C=T^2/\sum n_i=(581.2)^2/30=11259.78$$

$$SS_T=\sum x^2-C=19.2^2+21.6^2+\cdots+20.6^2-C=11382.28-11259.78=122.50$$

$$SS_t=\sum(T_i^2/n_i)-C=99.2^2/5+103.0^2/6+91.3^2/4+\cdots+84.0^2/4-C=101.06$$

$$SS_e=SS_T-SS_t=21.44$$

（3）方差分析及 F 测验。6 个大豆品种百粒重的方差分析见表 7-5。

表 7-5　6 个大豆品种百粒重的方差分析表

变异来源	*DF*	*SS*	*MS*	*F*	$F_{0.05}$	$F_{0.01}$
处理间	5	101.06	20.21	22.71**	2.62	3.90
试验误差	24	21.44	0.89			
总变异	29	122.50				

根据 $df_1=5$，$df_2=24$，查附表 6，得 $F_{0.01,5,24}=3.90$，而处理间的 $F=22.71>F_{0.01,5,24}$，$P<0.01$，说明品种间百粒重有极显著差异。

（4）多重比较。

a．Dunnett 最小显著差数（DLSD）法，具体步骤如下。

由于各处理观察值数目不等，先由式（7.6）计算出各个 n_i 的平均数 n_0。

$$n_0=\frac{\left(\sum n_i\right)^2-\sum n_i^2}{\left(\sum n_i\right)(k-1)}=\frac{30^2-(5^2+6^2+\cdots+4^2)}{30\times5}=4.97$$

平均数差数的标准误为

$$s_{\bar{x}_i-\bar{x}_j}=\sqrt{\frac{2MS_e}{n_0}}=\sqrt{\frac{2\times0.89}{4.97}}=0.599$$

根据误差自由度 $df_e=24$，$k=5$（不包括对照平均数的个数），从 Dt 值表（附表 9）查 $Dt_{0.05,24,5}=2.76$，$Dt_{0.01,24,5}=3.45$，然后计算最小显著差数 $DLSD_{0.05}$ 和 $DLSD_{0.01}$。

$$DLSD_{0.05,24,5}=Dt_{0.05,24,5}\times s_{\bar{x}_i-\bar{x}_j}=2.76\times0.599=1.65$$

$$DLSD_{0.01,24,5}=Dt_{0.01,24,5}\times s_{\bar{x}_i-\bar{x}_j}=3.45\times0.599=2.07$$

对照与各品种百粒重的差异显著性列于表 7-6。

表 7-6　各大豆品种百粒重和对照相比的差异显著性

品种	平均数（$\bar{x}_i$）	差异（$\bar{x}_i-\overline{CK}$）
A_3	22.8	5.0**
A_6	21.0	3.2**
A_1	19.8	2.0*
A_5	19.1	1.3
A_4（CK）	17.8	—
A_2	17.2	−0.6

结论：A_3、A_6 品种的百粒重与对照差异极显著，A_1 品种与对照差异显著，A_2 和 A_5 品种

与对照无显著差异。

b. 新复极差法（SSR 法），具体步骤如下。

首先，应计算平均数的标准误 SE。

$$SE=\sqrt{\frac{MS_e}{n_0}}=\sqrt{\frac{0.89}{4.97}}=0.423$$

然后，根据 $df_e=24$，秩次距 $p=2\sim6$，从附表 8 中查出 $\alpha=0.05$ 和 $\alpha=0.01$ 的 SSR 值，乘以 SE，算得 $LSR_{0.05}$ 和 $LSR_{0.01}$ 值，结果列于表 7-7。品种平均数差异显著性采用标记字母法表示，比较结果见表 7-8。

表 7-7　新复极差测验的最小显著极差

p	$SSR_{0.05}$	$SSR_{0.01}$	$LSR_{0.05}$	$LSR_{0.01}$
2	2.92	3.96	1.24	1.68
3	3.07	4.14	1.30	1.75
4	3.15	4.24	1.33	1.79
5	3.22	4.33	1.36	1.83
6	3.28	4.39	1.39	1.86

表 7-8　6 个大豆品种百粒重的新复极差测验结果

品种	产量（$\bar{y}_t$）	差异显著性	
		0.05	0.01
A_3	22.8	a	A
A_6	21.0	b	B
A_1	19.8	bc	BC
A_5	19.1	c	CD
A_4（CK）	17.8	d	DE
A_2	17.2	d	E

结论：A_4 与 A_5 大豆品种差异显著；A_3 与 A_6、A_1、A_5、A_4、A_2 5 个品种，A_6 与 A_5、A_4、A_2 3 个品种，A_1 与 A_4、A_2 两个品种，A_5 与 A_2 品种的百粒重差异极显著；其余各品种之间差异不显著。

第三节　单因素随机区组试验的统计分析

一、单因素随机区组试验的统计模型

单因素随机区组试验设计中，A 因素第 i 个水平在第 j 区组的观测值 x_{ij} 的统计模型为

$$x_{ij}=\mu+\tau_i+\beta_j+\varepsilon_{ij} \tag{7.9}$$

式中，μ 为总体平均数；τ_i 为处理效应；β_j 为区组效应；ε_{ij} 为相互独立的随机误差，服从 $N(0,\ \sigma^2)$。

二、自由度与平方和的分解

随机区组试验结果的统计分析，可将处理看作 A 因素，区组看作 B 因素，其剩余部分则为试验误差。试验有 k 个处理，n 个区组，则其自由度分解式如下。

总自由度=处理自由度+区组自由度+误差自由度

平方和分解式如下。

总平方和=处理平方和+区组平方和+试验误差平方和

具体的自由度与平方和分解见表 7-9。

表 7-9　单因素随机区组试验自由度与平方和的分解

变异来源	*DF*	*SS*	*MS*
区组间	$df_r=n-1$	$SS_r=\dfrac{\sum T_r^2}{k}-C$	MS_r
处理间	$df_t=k-1$	$SS_t=\dfrac{\sum T_t^2}{n}-C$	MS_t
试验误差	$df_e=df_T-df_t-df_r=(k-1)(n-1)$	$SS_e=SS_T-SS_t-SS_r$	MS_e
总变异	$df_T=nk-1$	$SS_T=\sum x^2-C\left(C=\dfrac{T^2}{nk}\right)$	

变异来源	*EMS*			
	固定模型	随机模型	混合模型（区组随机，处理固定）	混合模型（区组固定，处理随机）
区组间	$\sigma^2+k\kappa_\beta^2$	$\sigma^2+k\sigma_\beta^2$	$\sigma^2+k\sigma_\beta^2$	$\sigma^2+k\kappa_\beta^2$
处理间	$\sigma^2+n\kappa_\tau^2$	$\sigma^2+n\sigma_\tau^2$	$\sigma^2+n\kappa_\tau^2$	$\sigma^2+n\sigma_\tau^2$
试验误差	σ^2	σ^2	σ^2	σ^2

三、实例分析

【例 7-4】 有一春玉米新品种比较试验，有 *A*、*B*、*C*、*D*、*E*、*F* 6 个品种（$k=6$），其中 *D* 为对照品种，随机区组设计，重复 4 次（$n=4$），小区计产面积 19.5m²，其田间排列和产量（kg/19.5m²）结果列于图 7-3，试进行方差分析。

C 20.4	*E* 17.2	*B* 19.7	*F* 18.9	*D* 17.8	*A* 18.2	Ⅰ
F 19.1	*E* 18.4	*C* 21.6	*B* 20.8	*A* 19.9	*D* 19.5	Ⅱ
D 17.3	*B* 18.1	*E* 16.5	*A* 18.0	*F* 17.4	*C* 19.2	Ⅲ
F 19.3	*A* 21.5	*E* 19.8	*C* 22.1	*D* 20.5	*B* 21.6	Ⅳ

图 7-3　春玉米品种比较试验的田间排列和产量（kg/19.5m²）

（1）资料整理：将图 7-3 资料整理成区组与处理两向表，并计算出各处理产量总和 T_i、产量平均数 $\bar{x}_t$、各区组产量总和 T_r、试验的总和 T 与总平均值 $\bar{x}$，列于表 7-10。

表 7-10　春玉米品种、区组两向表　（单位：kg/19.5m²）

品种	区组				T_i	$\bar{x}_t$
	Ⅰ	Ⅱ	Ⅲ	Ⅳ		
A	18.2	19.9	18.0	21.5	77.6	19.4
B	19.7	20.8	18.1	21.6	80.2	20.1
C	20.4	21.6	19.2	22.1	83.3	20.8
D（CK）	17.8	19.5	17.3	20.5	75.1	18.8
E	17.2	18.4	16.5	19.8	71.9	18.0
F	18.9	19.1	17.4	19.3	74.7	18.7
T_r	112.2	119.3	106.5	124.8	T=462.8	$\bar{x}$ =19.3

（2）平方和与自由度的分解。

总自由度　$df_T=nk-1=4\times6-1=23$

处理自由度　$df_t=k-1=6-1=5$

区组自由度　$df_r=n-1=4-1=3$

误差自由度　$df_e=(k-1)(n-1)=(6-1)(4-1)=15$

矫正数　$C=\dfrac{T^2}{nk}=\dfrac{462.8^2}{4\times6}=8924.33$

总平方和　$SS_T=\sum x^2-C=18.2^2+19.9^2+\cdots+19.3^2-8924.33=56.43$

处理平方和　$SS_t=\dfrac{\sum T_t^2}{n}-C=\dfrac{77.6^2+80.2^2+\cdots+74.7^2}{4}-8924.33=21.27$

区组平方和　$SS_r=\dfrac{\sum T_r^2}{k}-C=\dfrac{112.2^2+119.3^2+106.5^2+124.8^2}{6}-8924.33=32.11$

误差平方和　$SS_e=SS_T-SS_t-SS_r=56.43-21.27-32.11=3.05$

（3）*F* 测验：*F* 测验结果（表 7-11）表明，6 个品种平均产量间存在极显著差异，需进一步进行品种平均产量间的多重比较。

表 7-11　方差分析表

变异来源	*DF*	*SS*	*MS*	*F*	$F_{0.05}$	$F_{0.01}$
区组间	3	32.11	10.70	53.50**	3.29	5.42
品种间	5	21.27	4.25	21.25**	2.90	4.56
误差	15	3.05	0.20			
总变异	23	56.43				

F 测验表明，区组间的差异也达到了极显著水平，说明本试验中，区组作为局部控制的一种手段，对减少试验误差是有效的。而一般区组间的 *F* 测验可不必进行，只需将其从误差中分离出来即可。

（4）多重比较：采用新复极差法（SSR 法），先计算平均数的标准误 SE。

$$SE=\sqrt{\frac{MS_e}{n}}=\sqrt{\frac{0.20}{4}}=0.22$$

然后，根据 $df_e=15$，秩次距 $p=2\sim6$，从附表 8 中查出 $\alpha=0.05$ 和 $\alpha=0.01$ 的 SSR 值，乘以 SE，算得 $LSR_{0.05}$ 和 $LSR_{0.01}$ 值，结果列于表 7-12。品种平均数差异显著性采用标记字母法表示，比较结果见表 7-13。

表 7-12　新复极差测验的最小显著极差

p	$SSR_{0.05}$	$SSR_{0.01}$	$LSR_{0.05}$	$LSR_{0.01}$
2	3.01	4.17	0.66	0.92
3	3.16	4.37	0.70	0.96
4	3.25	4.50	0.72	0.99
5	3.31	4.58	0.73	1.01
6	3.36	4.64	0.74	1.02

表 7-13　6 个春玉米品种产量的新复极差测验结果

品种	产量（$\bar{y}_t$）	差异显著性	
		0.05	0.01
C	20.8	a	A
B	20.1	b	AB
A	19.4	c	BC
D（CK）	18.8	cd	CD
F	18.7	d	CD
E	18.0	e	D

结论：在 6 个春玉米品种中，C 品种表现最好，小区产量达到了 20.8kg；C 品种与 B 品种，A 品种与 F 品种，D 品种与 E 品种的产量差异显著；C 品种与 A、D、F、E 品种，B 品种与 D、F、E 品种，A 品种与 E 品种的产量差异极显著；其余各品种之间没有显著差异。

单因素随机区组设计是单个方向控制环境因素对试验指标的影响，拉丁方设计可从纵横两个方向进行环境因素的控制，在统计分析时需要分析两个区组效应。

第四节　单一自由度比较

一、单一自由度比较的概念及特点

单一自由度比较是一种处理比较设计，通过这种设计，使每一比较都彼此独立，且各具有一个自由度。因而对于推断试验前提出的一些特定比较效应，非常有效。农业试验资料的处理数多为 $k\geq3$，如果我们事先按照研究的目的和一定原则，设计好（$k-1$）个独立比较，使每一比较都具有一个自由度，则多重比较就可由 F 测验取代，而 F 测验与多重比较不一致的情况也就不复存在了，这是单一自由度比较的基本特点。

正交系数分组比较法可增加处理间显著的机会，常常可以从误差较大的试验资料中得到有用的信息。对一些总体 F 测验不显著的试验资料用该法分析常可出现 F 测验显著的比较组合，使得用常规分析方法本应报废的资料得到有效利用，这点对于农业试验显得尤为重要。

这种方法是在对试验资料方差分析的基础上，对处理间平方和及自由度，按试验中需要了解的问题再进行分解，用正交系数求出自由度皆为 1 的有关问题的平方和，再测验各部分方差的显著性，计算简便。

二、单一自由度比较设计的原则

单一自由度比较必须按一定的原则设计，设计的关键是恰当地确定比较的内容与写出比较的正交系数。一个正确的单一自由度的独立比较，必须同时满足以下三个条件。

（1）对于具有 k 个处理的试验，独立比较的数目必须为（$k-1$），以使每一比较占有而且仅占有一个自由度。

（2）每一比较（第 i 比较）的正交系数之和必须为 0，即 $\sum c_i=0$，以使每一比较是均衡的。

（3）任意两个比较（第 i 和第 j 比较）的相应正交系数乘积之和必须为 0，即 $\sum c_i c_j=0$。

在书写各个独立比较的正交系数时，可按以下规则进行。

规则 1：若被比较的两个组（每组可包含一个或几个处理）的处理数目相等，则给一个组的各处理以系数＋1，另一个组的各处理以系数－1。哪个组取＋1 哪个组取－1 可随便，但一般以“在前”组取＋号。

规则 2：若被比较的两个组的处理数目不相等，则第一组的系数为第二组的处理数，第二组的系数为第一组的处理数。

规则 3：如果一个比较的 c_i 有公约数，则应将其约为最小的整数。

规则 4：如果某一处理已与其余处理作过一次比较，则该处理不能再参加其余比较。否则一定破坏了 $\sum c_i c_j=0$。

三、实例分析

【例 7-5】 有一花生施肥试验，共 5 个处理：A 为施氮肥，每公顷施纯氮 300kg；B 为施磷肥，每公顷施 P_2O_5 150kg；C 为施钾肥，每公顷施 K_2O 300kg；D 为施钙肥，每公顷施 CaO 300kg；E 为不施肥。每个处理随机测量 4 个点，共 20 点。其花生籽仁产量（kg/hm^2）列于表 7-14，试进行单一自由度比较分析。

表 7-14　花生施肥田间试验产量　（单位：kg/hm^2）

处理	观察值（x_{ij}）			
A（N）	2300	2959	2965	2964
B（P）	3100	3094	3090	3044
C（K）	3280	3308	3276	3252
D（Ca）	3208	3248	3215	3181
E（不施）	2704	2730	2680	2670

（1）常规方差分析。按常规单因素完全随机试验设计方差分析结果如下。

由表 7-15 可知，处理间差异达到极显著水平，可进一步进行多重比较。

表 7-15　表 7-14 资料方差分析

变异来源	DF	SS	MS	F	$F_{0.01}$
处理间	4	1050644.80	262661.20	11.68**	4.89
误差	15	337352.00	22490.13		
总变异	19	1387996.80			

（2）单一自由度比较分析。假定该试验事先已确定研究下列比较的差异显著性：①施肥对不施肥（$A+B+C+D$ 对 E）；②施钾钙肥对施氮磷肥（$C+D$ 对 $A+B$）；③施钙肥对施钾肥（D 对 C）；④施氮肥对施磷肥（A 对 B）。则可做成 4 个单一自由度的独立比较。

首先，根据表 7-14 计算各处理的产量总和 T_i 列于表 7-16。其次，写出各个比较预定的正交系数 c_i，它是第 i 个比较得以均衡的因素。例如，①是 $A+B+C+D$ 与 E 比较，要使这一比较达到均衡，必须是 $T_A+T_B+T_C+T_D$ 和 $4T_E$ 比，故其 c_1 依次为 1、1、1、1、−4；同理，②是 $C+D$ 与 $A+B$ 比较，则 c_2 为 1、1、−1、−1，而 E 与此比较无关，故其 c_2 为 0；其他两组比较的系数见表 7-16。然后根据 T_i 和对应的 c_i，可计算各个比较的差数 D_i，其通式为

$$D_i=\sum c_iT_i$$

例如，对于比较①，有

$$D_1=1\times11188+1\times12328+1\times13116+1\times12852-4\times10784=6348$$

这表明施肥的产量比不施的增加 6348kg/16 点。

对于比较②，有

$$D_2=1\times13116+1\times12852-1\times11188-1\times12328=2452$$

这表明施钾钙肥的产量比施氮磷肥的增加 2452kg/8 点，同理可计算出 D_3 和 D_4。

最后，根据 D_i 计算出每一比较的 SS（因为每一比较的自由度为 1，故这些 SS 即 MS）。

$$SS_D=MS_D=\frac{D_i^2}{n\sum c_i^2}$$

例如，比较①的 SS_{D_1} 为

$$SS_{D_1}=\frac{6348^2}{4[1^2+1^2+1^2+1^2+(-4)^2]}=\frac{6348^2}{80}=503713.80$$

同理，

$$SS_{D_2}=\frac{2452^2}{4[(-1)^2+(-1)^2+1^2+1^2]}=\frac{2452^2}{16}=375769.00$$

$$SS_{D_3}=\frac{(-264)^2}{4[(-1)^2+1^2]}=\frac{(-264)^2}{8}=8712.00$$

$$SS_{D_4}=\frac{(-1140)^2}{4[1^2+(-1)^2]}=\frac{(-1140)^2}{8}=162450.00$$

上述结果全部列于表 7-16。

表 7-16　资料单一自由度比较的正交系数和计算

处理	A	B	C	D	E	D_i	$n\sum c_i^2$	SS_D（MS_D）
T_i	11188	12328	13116	12852	10784			
比较组			c_i					
①$A+B+C+D$ 对 E	1	1	1	1	−4	6348	80	503713.80
②$C+D$ 对 $A+B$	−1	−1	1	1	0	2452	16	375769.00
③D 对 C	0	0	−1	1	0	−264	8	8712.00
④A 对 B	1	−1	0	0	0	−1140	8	162450.00
总和								1050644.80

由表 7-16 可知，$SS_{D_1}+SS_{D_2}+SS_{D_3}+SS_{D_4}=1050644.80$，正是表 7-15 的处理平方和 SS_t。这说明，我们已将表 7-15 的具有 4 个自由度的处理间平方和再分解为属于 4 个独立比较的平方和，各具 $df=1$，因此可得到单个自由度比较的方差分析表（表 7-17）。

表 7-17　表 7-14 资料单一自由度方差分析

变异来源	DF	SS	MS	F	$F_{0.05}$	$F_{0.01}$
①$A+B+C+D$ 对 E	1	503713.80	503713.80	22.40**	4.49	8.83
②$C+D$ 对 $A+B$	1	375769.00	375769.00	16.71**		
③D 对 C	1	8712.00	8712.00	0.39		
④A 对 B	1	162450.00	162450.00	7.22*		
误差	15	337352.00	22490.13			

由表 7-17 的 F 测验表明，处理间的变异大部分由施肥与不施肥的差异引起，其次为施钾钙肥与施氮磷肥的差异，再次为施氮磷肥的差异，钾钙肥之间差异不显著。

习惯上以平均差数 $\bar{D}_i$ 表示一个比较的效应。$\bar{D}_i$ 的定义为

$$\bar{D}_i=\frac{D_i}{n\sum c_+}$$

式中，c_+ 为第 i 比较中取正值的正交系数。本例中各 $\bar{D}_i$ 为

$$\bar{D}_1=\frac{6348}{4\times(1+1+1+1)}=396.75\ (\text{kg})$$

$$\bar{D}_2=\frac{2452}{4\times(1+1)}=306.50\ (\text{kg})$$

$$\bar{D}_3=\frac{-264}{4\times1}=-66\ (\text{kg})$$

$$\bar{D}_4=\frac{-1140}{4\times1}=-285\ (\text{kg})$$

平均差数 $\bar{D}_1$ 表示施肥比不施氮肥平均每点增产 396.75kg，$\bar{D}_2$ 表示施钾钙肥比施氮磷肥平均每点增产 306.50kg，这两组为极显著，$\bar{D}_4$ 表示施氮肥比施磷肥平均每点减产 285kg，此组为显著，其余一组不显著。

习　题

7.1　对比法与间比法试验设计资料统计分析方法的相同点和不同点是什么？

7.2　试比较完全随机试验、随机区组试验结果分析有什么相同和不同点？

7.3　有一小麦品种比较试验，对比法设计，3 次重复，小区田间排列与产量（kg/30m^2）如图 7-4 所示，试进行分析。

Ⅰ	*A* 8.0	CK 7.1	*B* 8.7	*C* 9.2	CK 7.7	*D* 7.4	*E* 7.7	CK 7.4	*F* 7.8
Ⅱ	*C* 9.1	CK 7.3	*D* 6.8	*E* 8.7	CK 8.2	*F* 7.7	*A* 8.3	CK 7.6	*B* 7.1
Ⅲ	*E* 7.6	CK 7.1	*F* 8.3	*A* 8.5	CK 7.8	*B* 9.1	*C* 6.9	CK 7.1	*D* 7.3

图 7-4　小麦品种比较试验的田间排列及产量（kg/30m^2）

7.4　某大豆科研课题组测量大豆‘吉农 18’在不同地点的脂肪含量，取样点 18 个，结果如表 7-18 所示，试问不同地点大豆脂肪含量有无显著差异，采用 SSR 法进行多重比较。

表 7-18　不同地点大豆脂肪含量　　（单位：g/kg）

地点	脂肪含量					
A	220.6	222.3	225.4			
B	233.6	238.5	234.7	234.1		
C	220.9	221.8	223.9	220.7	224.6	225.8
D	230.6	233.7	231.3	233.2	229.8	

7.5　有一水稻品种比较试验，其中 *B* 为对照，$k=6$，随机区组设计，3 次重复，小区计产面积为 20m^2，结果如表 7-19 所示，试进行方差分析。

表 7-19　不同水稻品种的产量

品种	Ⅰ	Ⅱ	Ⅲ
A	16.7	15.3	16.7
B（CK）	14.7	15.3	13.3
C	13.1	15.3	13.3
D	17.4	18.2	16.5
E	15.3	15.3	17.3
F	18.7	19.2	18.2

7.6　有一小麦肥料试验，处理为 *A*（基施氮肥）、*B*（有机肥）、*C*（追施氮磷肥）、*D*（基施磷肥），每个处理栽 5 盆，完全随机设计，其小麦产量见表 7-20，试采用单一自由度比较进行分析。

表 7-20　盆栽小麦产量　（单位：g）

处理	观察值（x_{ij}）				
A（基施氮肥）	44.0	41.0	42.0	34.0	42.0
B（有机肥）	35.5	39.0	37.0	38.5	36.5
C（追施氮磷肥）	31.0	40.0	38.0	37.0	30.0
D（基施磷肥）	41.0	36.0	40.0	39.0	40.0

7.7　有一大豆密度试验，小区计算面积为 16.25m^2，采用 5×5 拉丁方设计，其小区田间排列和产量（kg/16.25m^2）结果如图 7-5 所示。试进行方差分析。

A　5.2	*C*　5.0	*B*　4.7	*E*　4.5	*D*　5.1
C　4.9	*B*　4.4	*E*　4.3	*D*　5.0	*A*　5.0
B　4.4	*E*　4.2	*D*　5.4	*A*　5.3	*C*　5.1
E　4.5	*D*　4.9	*A*　5.9	*C*　5.1	*B*　4.5
D　5.3	*A*　5.4	*C*　5.0	*B*　4.3	*E*　4.1

图 7-5　大豆密度试验的田间排列及产量（kg/16.25m^2）

【参考答案：F=30.51**，SE=0.08】

习题答案

第八章　多因素试验资料的方差分析

【内容提要】　多因素试验的方差分析是根据线性可加模型，将涉及两个或两个以上因素的试验设计的数据进行平方和与自由度的分解，进而评价各处理平均数间的差异显著性。本章的主要内容有二因素完全随机试验的方差分析，在变异来源上，总变异分解为 A 因素、B 因素、$A \times B$ 互作和误差 4 项。二因素随机区组设计试验的方差分析中，总变异分解在上述变异来源的基础上增加了区组项。二因素裂区设计试验的方差分析中，在变异来源上，首先将总变异分为主区部分和副区部分。主区部分包括区组、A 因素和主区误差 E_a 等 3 项，副区部分包括 B 因素、$A \times B$ 互作和副区误差 E_b 等 3 项，其中，处理项包括 A 因素、B 因素和 $A \times B$ 互作。正确分解变异来源是多因素试验方差分析的基本要求。

【学习重点】　掌握 3 个主要的田间试验设计数据的方差分析方法，比较 3 种试验设计资料方差分析的异同。

【学习难点】　3 种试验设计资料的方差分析原理的异同；裂区设计总变异的分解和变异来源显著性测验。

【要求掌握的基本技能】　熟练应用 3 种二因素试验设计的方差分析方法，能够结合专业，正确理解和解释方差分析结果。

单因素试验只能了解一个因素中不同水平间的差异，即因素的简单效应。但是在农业生产中，两个以上因素的试验可以综合分析，不仅得到各因素的主效应，还能得到因素间的互作效应。例如，在小麦品种比较试验中，将配套栽培技术中的肥料因素加入，在其他条件尽可能一致的试验环境下实施，最终可以分析出品种因素和肥料因素的简单效应的大小及二者之间互作效应的大小。但是，在一个试验中，试验因素一般安排 2 或 3 个，因为在没有前期试验基础的前提下，加入因素越多，因素间的互作效应越复杂，所以往往难以获得清晰可靠的结论。

本章以二因素试验为主介绍完全随机设计、随机区组设计和裂区设计资料的统计方法。对于三因素完全随机和随机区组设计资料也可应用相似原理进行分析。

第一节　二因素完全随机试验资料的方差分析

一、无重复观察值的二因素完全随机试验资料的方差分析

（一）数学模型

如果试验考察 A、B 两个因素，A 因素分 a 个水平，B 因素分 b 个水平，形成 ab 个处理组合，试验数据为两向分组。这种试验以各处理组合有无重复观察值分为两种类型。

对于 A、B 两个试验因素的全部 ab 个处理组合，每个处理组合只有一个观察值，全试验共有 ab 个观察值，其数据模式如表 8-1 所示。

表 8-1　二因素无重复观察值试验数据

A 因素	B 因素						合计（T_{A_i}）	平均（$\bar{x}_{A_i}$）
	B_1	B_2	…	B_j	…	B_b		
A_1	x_{11}	x_{12}	…	x_{1j}	…	x_{1b}	T_{A_1}	$\bar{x}_{A_1}$
A_2	x_{21}	x_{22}	…	x_{2j}	…	x_{2b}	T_{A_2}	$\bar{x}_{A_2}$
⋮	⋮	⋮		⋮		⋮	⋮	⋮
A_i	x_{i1}	x_{i2}	…	x_{ij}	…	x_{ib}	T_{A_i}	$\bar{x}_{A_i}$
⋮	⋮	⋮		⋮		⋮	⋮	⋮
A_a	x_{a1}	x_{a2}	…	x_{aj}	…	x_{ab}	T_{A_a}	$\bar{x}_{A_a}$
合计（T_{B_j}）	T_{B_1}	T_{B_2}	…	T_{B_j}	…	T_{B_b}	T	
平均（$\bar{x}_{B_j}$）	$\bar{x}_{B_1}$	$\bar{x}_{B_2}$	…	$\bar{x}_{B_j}$	…	$\bar{x}_{B_b}$		$\bar{x}$

表 8-1 中：

$$T_{A_i}=\sum_{j=1}^{b}x_{ij}\ ,\quad \bar{x}_{A_i}=\frac{1}{b}\sum_{j=1}^{b}x_{ij}\ ,\quad T_{B_j}=\sum_{i=1}^{a}x_{ij}\ ,\quad \bar{x}_{B_j}=\frac{1}{a}\sum_{i=1}^{a}x_{ij}\ ,\quad T=\sum_{i=1}^{a}\sum_{j=1}^{b}x_{ij}\ ,\quad \bar{x}=\frac{1}{ab}\sum_{i=1}^{a}\sum_{j=1}^{b}x_{ij}$$

二因素无重复观察值试验的数学模型为

$$x_{ij}=\mu+\alpha_i+\beta_j+\varepsilon_{ij} \qquad (8.1)$$

$$(i=1,\ 2,\cdots,a;\ j=1,2,\cdots,b)$$

式中，μ 为总体平均数；α_i、β_j 分别为 A_i、B_j 的效应，$\alpha_i=\mu_i-\mu$，$\beta_j=\mu_j-\mu$，μ_i、μ_j 分别为 A_i、B_j 观察值的总体平均数，且 $\sum\alpha_i=0$，$\sum\beta_j=0$；ε_{ij} 为随机误差，相互独立，且服从 $N(0,\ \sigma^2)$。

（二）自由度与平方和的分解

二因素无重复观察值的试验，全部 ab 个观察值的总变异可以分解为 A 因素水平间变异、B 因素水平间变异及试验误差 3 部分；自由度也相应分解。自由度与平方和的分解式如下。

$$df_T=df_A+df_B+df_e \qquad (8.2)$$

$$SS_T=SS_A+SS_B+SS_e \qquad (8.3)$$

各项自由度与平方和的计算公式见表 8-2。各变异来源的期望均方组成分量在不同模型下是相同的。因此，对 A 因素效应、B 因素效应进行 F 测验时均以误差的均方作分母（表 8-3）。

表 8-2　二因素无重复观察值试验的方差分析

变异来源	DF	SS	MS
A 因素	$df_A=a-1$	$SS_A=b\sum_{i=1}^{a}(\bar{x}_{A_i}-\bar{x})^2=\frac{1}{b}\sum_{i=1}^{a}T_{A_i}^2-C\left(C=\frac{T^2}{ab}\right)$	$MS_A=\frac{SS_A}{df_A}$
B 因素	$df_B=b-1$	$SS_B=a\sum_{j=1}^{b}(\bar{x}_{B_j}-\bar{x})^2=\frac{1}{a}\sum_{j=1}^{b}T_{B_j}^2-C$	$MS_B=\frac{SS_B}{df_B}$
误差	$df_e=df_T-df_A-df_B$	$SS_e=SS_T-SS_A-SS_B$	$MS_e=\frac{SS_e}{df_e}$
总变异	$df_T=ab-1$	$SS_T=\sum_{i=1}^{a}\sum_{j=1}^{b}(x_{ij}-\bar{x})^2=\sum_{i=1}^{a}\sum_{j=1}^{b}x_{ij}^2-C$	

表 8-3　二因素无重复观察值试验的期望均方（*EMS*）

变异来源	固定模型 *EMS*	随机模型 *EMS*	混合模型 *EMS*（*A* 固定，*B* 随机）	混合模型 *EMS*（*A* 随机，*B* 固定）
A 因素	$\sigma^2+b\kappa_A^2$	$\sigma^2+b\sigma_A^2$	$\sigma^2+b\kappa_A^2$	$\sigma^2+b\sigma_A^2$
B 因素	$\sigma^2+a\kappa_B^2$	$\sigma^2+a\sigma_B^2$	$\sigma^2+a\sigma_B^2$	$\sigma^2+a\kappa_B^2$
误差	σ^2	σ^2	σ^2	σ^2

（三）分析实例

【例 8-1】 为研究赤霉素的浓度和处理时间对小麦幼苗生长势的影响，将赤霉素（*A* 因素）原液稀释成 4 个浓度：10%、20%、40%、80%，对某小麦品种的种子浸泡时间（*B* 因素）分别为 12h、24h 和 48h，即 $a=4$，$b=3$。出苗 20 天后，测小麦幼苗干物质重量（g），列于表 8-4。试进行方差分析。

表 8-4　不同赤霉素浓度和处理时间下小麦幼苗干重的原始数据　　（单位：g）

浓度（*A* 因素）	处理时间（*B* 因素）			合计	平均
	B_1	B_2	B_3	（T_{A_i}）	（$\bar{x}_{A_i}$）
A_1	13	14	14	41	13.67
A_2	10	9	10	29	9.67
A_3	3	4	3	10	3.33
A_4	2	5	4	11	3.67
合计（T_{B_j}）	28	32	31	91	
平均（$\bar{x}_{B_j}$）	7	8	7.75		7.58

1. 自由度与平方和的分解

总自由度　$df_T=ab-1=4\times3-1=11$

A 因素自由度　$df_A=a-1=4-1=3$

B 因素自由度　$df_B=b-1=3-1=2$

误差自由度　$df_e=df_T-df_A-df_B=11-3-2=6$

矫正数　$C=\dfrac{T^2}{ab}=\dfrac{91^2}{4\times3}=690.0833$

总平方和　$SS_T=\sum_{i=1}^{a}\sum_{j=1}^{b}x_{ij}^2-C=13^2+14^2+\cdots+4^2-690.0833=230.9167$

A 因素平方和　$SS_A=\dfrac{1}{b}\sum_{i=1}^{a}T_{A_i}^2-C=\dfrac{1}{3}(41^2+29^2+10^2+11^2)-690.0833=224.2500$

B 因素平方和　$SS_B=\dfrac{1}{a}\sum_{j=1}^{b}T_{B_j}^2-C=\dfrac{1}{4}(28^2+32^2+31^2)-690.0833=2.1667$

误差平方和　$SS_e=SS_T-SS_A-SS_B=230.9167-224.2500-2.1667=4.5000$

然后，计算各个变异来源的均方，写入方差分析表（表 8-5）。

表 8-5　方差分析表

变异来源	DF	SS	MS	F	$F_{0.05}$	$F_{0.01}$
A 因素（浓度）	3	224.2500	74.7500	99.67**	4.76	9.78
B 因素（时间）	2	2.1667	1.0834	1.44	5.14	10.92
误差	6	4.5000	0.7500			
总变异	11	230.9167				

2. F 测验　F 测验结果表明，赤霉素处理浓度间的 F 值大于 $F_{0.01}$。所以，不同赤霉素浓度间小麦幼苗干物质重量差异极显著。赤霉素处理时间的 F 值小于 $F_{0.05}$，说明不同处理时间对小麦幼苗的影响没有显著差异。

3. 多重比较（SSR 法）　经 F 测验表明，赤霉素浓度间的效应存在极显著差异，需要进一步了解不同浓度处理后的小麦幼苗的长势，即了解幼苗干重平均数的差异显著性的详细信息。

平均数标准误为

$$SE=\sqrt{\frac{MS_e}{b}}=\sqrt{\frac{0.7500}{3}}=0.5000\text{（g）}$$

查附表 8，将当 $df_e=6$，$p=2\sim4$ 时的 SSR，以及由此计算的 LSR 值列于表 8-6。多重比较结果以标记字母法列入表 8-7。

表 8-6　多重比较的 *SSR* 值和 *LSR* 值

p	$SSR_{0.05}$	$SSR_{0.01}$	$LSR_{0.05}$	$LSR_{0.01}$
2	3.46	5.24	1.73	2.62
3	3.58	5.51	1.79	2.76
4	3.64	5.65	1.82	2.83

表 8-7　不同赤霉素浓度下小麦幼苗干重差异显著性

处理浓度	平均数（$\bar{x}_{A_i}$）	差异显著性	
		0.05	0.01
A_1（10%）	13.67	a	A
A_2（20%）	9.67	b	B
A_4（80%）	3.67	c	C
A_3（40%）	3.33	c	C

结论：除 A_3、A_4 浓度的幼苗干重的平均数之间差异不显著，其他浓度间差异极显著。说明使用过高的赤霉素浓度（40%和 80%）浸泡小麦种子，不利于小麦幼苗快速生长。然而用适宜浓度的赤霉素浸泡种子有利于小麦幼苗的快速生长和干物质的积累。

二、有重复观察值的二因素完全随机试验资料的方差分析

（一）数学模型

设 A 与 B 二因素分别具有 a 与 b 个水平，共有 ab 个处理组合，每个处理组合有 n 次重复，则全试验共有 abn 个观察值。这类试验结果方差分析的数据模式如表 8-8 所示。

表 8-8　二因素有重复观察值试验数据模式

A 因素		B 因素				T_{A_i}	A_i 平均（$\bar{x}_{A_i}$）
		B_1	B_2	…	B_b		
A_1	x_{1jk}	x_{111}	x_{121}	…	x_{1b1}	T_{A_1}	$\bar{x}_{A_1}$
		x_{112}	x_{122}	…	x_{1b2}		
		⋮	⋮		⋮		
		x_{11n}	x_{12n}	…	x_{1bn}		
	T_{AB}	$T_{A_1B_1}$	$T_{A_1B_2}$	…	$T_{A_1B_b}$		
	$\bar{x}_{AB}$	$\bar{x}_{A_1B_1}$	$\bar{x}_{A_1B_2}$	…	$\bar{x}_{A_1B_b}$		
A_2	x_{2jk}	x_{211}	x_{221}	…	x_{2b1}	T_{A_2}	$\bar{x}_{A_2}$
		x_{212}	x_{222}	…	x_{2b2}		
		⋮	⋮		⋮		
		x_{21n}	x_{22n}	…	x_{2bn}		
	T_{AB}	$T_{A_2B_1}$	$T_{A_2B_2}$	…	$T_{A_2B_b}$		
	$\bar{x}_{AB}$	$\bar{x}_{A_2B_1}$	$\bar{x}_{A_2B_2}$	…	$\bar{x}_{A_2B_b}$		
⋮	⋮	⋮	⋮		⋮	⋮	⋮
A_a	x_{ajk}	x_{a11}	x_{a21}	…	x_{ab1}	T_{A_a}	$\bar{x}_{A_a}$
		x_{a12}	x_{a22}	…	x_{ab2}		
		⋮	⋮		⋮		
		x_{a1n}	x_{a2n}	…	x_{abn}		
	T_{AB}	$T_{A_aB_1}$	$T_{A_aB_2}$	…	$T_{A_aB_b}$		
	$\bar{x}_{AB}$	$\bar{x}_{A_aB_1}$	$\bar{x}_{A_aB_2}$	…	$\bar{x}_{A_aB_b}$		
T_B		T_{B_1}	T_{B_2}	…	T_{B_b}	T	
$\bar{x}_B$		$\bar{x}_{B_1}$	$\bar{x}_{B_2}$	…	$\bar{x}_{B_b}$		$\bar{x}$

表 8-8 中存在以下关系。

$$T_{AB}=\sum_{k=1}^{n}x_{ijk} \qquad \bar{x}_{AB}=\frac{\sum_{k=1}^{n}x_{ijk}}{n}$$

$$T_{A_i}=\sum_{j=1}^{b}\sum_{k=1}^{n} \qquad x_{ijk}\bar{x}_{A_i}=\frac{\sum_{j=1}^{b}\sum_{k=1}^{n}x_{ijk}}{bn}$$

$$T_{B_j}=\sum_{i=1}^{a}\sum_{k=1}^{n}x_{ijk} \qquad \bar{x}_{B_j}=\frac{\sum_{i=1}^{a}\sum_{k=1}^{n}x_{ijk}}{an}$$

$$T=\sum_{i=1}^{a}\sum_{j=1}^{b}\sum_{k=1}^{n}x_{ijk} \qquad \bar{x}=\frac{\sum_{i=1}^{a}\sum_{j=1}^{b}\sum_{k=1}^{n}x_{ijk}}{abn}$$

二因素有重复观察值试验的数学模型为

$$x_{ijk}=\mu+\alpha_i+\beta_j+(\alpha\beta)_{ij}+\varepsilon_{ijk} \tag{8.4}$$
$$(i=1, 2, \cdots, a;\ j=1, 2, \cdots, b;\ k=1, 2, \cdots, n)$$

式中，μ 为总体平均数；α_i 为 A_i 的效应；β_j 为 B_j 的效应；$(\alpha\beta)_{ij}$ 为 A_i 与 B_j 的互作效应，$\alpha_i=\mu_{i.}-\mu$，$\beta_j=\mu_{.j}-\mu$，$(\alpha\beta)_{ij}=\mu_{ij}-\mu_{i.}-\mu_{.j}+\mu$，$\mu_{i.}$、$\mu_{.j}$、$\mu_{ij}$ 分别为 A_i、B_j、A_iB_j 观察值总体平均数，且 $\sum\limits_{i=1}^{a}\alpha_i=0$，$\sum\limits_{j=1}^{b}\beta_j=0$，$\sum\limits_{i=1}^{a}(\alpha\beta)_{ij}=\sum\limits_{j=1}^{b}(\alpha\beta)_{ij}=\sum\limits_{i=1}^{a}\sum\limits_{j=1}^{b}(\alpha\beta)_{ij}=0$；$\varepsilon_{ijl}$ 为随机误差，相互独立，且服从 $N(0, \sigma^2)$。

（二）自由度与平方和的分解

二因素有重复观察值试验结果方差分析的平方和与自由度的分解式为

$$df_T=df_A+df_B+df_{A\times B}+df_e \tag{8.5}$$
$$SS_T=SS_A+SS_B+SS_{A\times B}+SS_e \tag{8.6}$$

式中，$df_{A\times B}$、$SS_{A\times B}$ 分别为 A 因素与 B 因素交互作用的自由度与平方和。

若用 df_t、SS_t 表示 A、B 处理组合间的自由度与平方和，即处理间自由度与平方和，则处理变异可剖分为 A 因素、B 因素及 A、B 二因素交互作用变异 3 部分，于是 df_t、SS_t 可分解为

$$df_t=df_A+df_B+df_{A\times B} \tag{8.7}$$
$$SS_t=SS_A+SS_B+SS_{A\times B} \tag{8.8}$$

各项自由度、平方和及均方的计算公式如表 8-9 所示。

表 8-9　二因素有重复观察值试验的方差分析

变异来源	DF	SS	MS
处理	$df_t=ab-1$	$SS_t=\sum\limits_{i=1}^{a}\sum\limits_{j=1}^{b}(\bar{x}_{A_iB_j}-\bar{x})^2=\frac{1}{n}\sum\limits_{i=1}^{a}\sum\limits_{j=1}^{b}T_{A_iB_j}^2-C\left(C=\frac{T^2}{abn}\right)$	
A 因素	$df_A=a-1$	$SS_A=bn\sum\limits_{i=1}^{a}(\bar{x}_{A_i}-\bar{x})^2=\frac{1}{bn}\sum\limits_{i=1}^{a}T_{A_i}^2-C$	$MS_A=\frac{SS_A}{df_A}$
B 因素	$df_B=b-1$	$SS_B=an\sum\limits_{j=1}^{b}(\bar{x}_{B_j}-\bar{x})^2=\frac{1}{an}\sum\limits_{j=1}^{b}T_{B_j}^2-C$	$MS_B=\frac{SS_B}{df_B}$
$A\times B$ 互作	$df_{AB}=(a-1)(b-1)$ $=df_t-df_A-df_B$	$SS_{A\times B}=SS_t-SS_A-SS_B$	$MS_{A\times B}=\frac{SS_{A\times B}}{df_{A\times B}}$
误差	$df_e=df_T-df_t$	$SS_e=SS_T-SS_t$	$MS_e=\frac{SS_e}{df_e}$
总变异	$df_T=abn-1$	$SS_T=\sum\limits_{i=1}^{a}\sum\limits_{j=1}^{b}\sum\limits_{k=1}^{n}(x_{ijk}-\bar{x})^2=\sum\limits_{i=1}^{a}\sum\limits_{j=1}^{b}\sum\limits_{k=1}^{n}x_{ijk}^2-C$	

在进行 F 测验时，根据表 8-10 二因素有重复观察值试验的期望均方，模型不同，期望均方的组成分量就不同，情况比较复杂。固定模型中，均以误差均方（MS_e）为分母。随机模型中，互作效应的测验以 MS_e 为分母，但 A 因素和 B 因素的效应测验应以互作项的均方 $MS_{A\times B}$ 为分母。混合模型中，如果 A 随机，B 固定，A 因素和 $A\times B$ 互作效应的 F 测验均以 MS_e 为分母，B 效应的测验则以 $MS_{A\times B}$ 为分母。

表 8-10　二因素有重复观察值试验的期望均方

变异来源	固定模型 EMS	随机模型 EMS	混合模型 EMS（A 随机，B 固定）
A 因素	$\sigma^2+bn\kappa_A^2$	$\sigma^2+bn\sigma_A^2+n\sigma_{A\times B}^2$	$\sigma^2+bn\sigma_A^2$
B 因素	$\sigma^2+an\kappa_B^2$	$\sigma^2+an\sigma_B^2+n\sigma_{A\times B}^2$	$\sigma^2+an\kappa_B^2+n\sigma_{A\times B}^2$
A×B 互作	$\sigma^2+n\kappa_{A\times B}^2$	$\sigma^2+n\sigma_{A\times B}^2$	$\sigma^2+n\sigma_{A\times B}^2$
误差	σ^2	σ^2	σ^2
总变异			

（三）分析实例

【例 8-2】 研究 3 种新型肥料（A 因素）对 3 个油用亚麻品种（B 因素）产量的影响。利用温室盆钵做完全随机试验设计。将 3 种新型肥料分别拌入土中，以相同密度和播量点播油用亚麻种子。每一处理组合种 3 盆，以每盆收获的种子重量（g）作为评价指标。产量结果见表 8-11，试进行方差分析。

表 8-11　肥料与油用亚麻品种的二因素试验的种子产量

肥料种类（A）		品种（B）			T_{A_i}	A_i平均（$\bar{x}_{A_i}$）
		B_1	B_2	B_3		
A_1	1	11	9	6	76	8.44
	2	12	8	7		
	3	10	6	7		
	T_{AB}	33	23	20		
	$\bar{x}_{AB}$	11.00	7.67	6.67		
A_2	1	4	5	5	47	5.22
	2	5	6	6		
	3	4	5	7		
	T_{AB}	13	16	18		
	$\bar{x}_{AB}$	4.33	5.33	6.00		
A_3	1	6	7	5	60	6.67
	2	7	6	8		
	3	8	6	7		
	T_{AB}	21	19	20		
	$\bar{x}_{AB}$	7.00	6.33	6.67		
	T_B	67	58	58	183	
	$\bar{x}_B$	7.44	6.44	6.44		6.78

本例是一个二因素的完全随机设计的试验资料。A 因素（肥料）有 3 个水平（$a=3$），B 因素（品种）有 3 个水平（$b=3$），每个处理组合重复 3 次（$n=3$）。研究目的是了解肥料效应、品种效应及肥料与品种的互作效应。方差分析如下。

1. 自由度与平方和的分解

$$df_T=abn-1=3\times3\times3-1=26$$

$$df_t=ab-1=3\times3-1=8$$

$$df_A=a-1=3-1=2$$

$$df_B=b-1=3-1=2$$

$$df_{A\times B}=df_t-df_A-df_B=8-2-2=4$$

$$df_e=df_T-df_t=26-8=18$$

$$C=\frac{T^2}{abn}=\frac{183^2}{3\times3\times3}=1240.3333$$

$$SS_T=\sum_{i=1}^{a}\sum_{j=1}^{b}\sum_{k=1}^{n}x_{ijk}^2-C=11^2+9^2+\cdots+7^2-1240.3333=100.6667$$

$$SS_t=\frac{1}{n}\sum_{i=1}^{a}\sum_{j=1}^{b}T_{A_iB_j}^2-C=\frac{1}{3}(33^2+23^2+\cdots+20^2)-1240.3333=82.6667$$

$$SS_A=\frac{1}{bn}\sum_{i=1}^{a}T_{A_i}^2-C=\frac{1}{9}(76^2+47^2+60^2)-1240.3333=46.8889$$

$$SS_B=\frac{1}{an}\sum_{j=1}^{b}T_{B_j}^2-C=\frac{1}{9}(67^2+58^2+58^2)-1240.3333=6.0000$$

$$SS_{A\times B}=SS_t-SS_A-SS_B=82.6667-46.8889-6.0000=29.7778$$

$$SS_e=SS_T-SS_t=100.6667-82.6667=18.0000$$

2. *F* 测验　不同肥料下亚麻种子产量的方差分析见表 8-12。

表 8-12　不同肥料下亚麻种子产量的方差分析表

变异来源	*DF*	*SS*	*MS*	*F*	$F_{0.05}$	$F_{0.01}$
A 因素（肥料）	2	46.8889	23.4445	23.44**	3.55	6.01
B 因素（品种）	2	6.0000	3.0000	3.00	3.55	6.01
A×*B* 互作	4	29.7778	7.4445	7.44**	2.93	4.58
误差	18	18.0000	1.0000			
总变异	26	100.6667				

F 测验结果表明，肥料因素及肥料与品种的互作效应对种子产量的影响存在极显著的差异。需要进一步进行多重比较，以了解肥料水平间的差异和处理组合间互作等的详细信息。

3. 多重比较（SSR 法）

1）肥料（*A* 因素）间的比较　因为每种肥料处理下有 *bn* 个观察值，所以 *A* 因素的均数标准误为

$$SE=\sqrt{\frac{MS_e}{bn}}=\sqrt{\frac{1.0000}{3\times3}}=0.3333\text{（g/盆）}$$

查附表 8，得到当 $df_e=18$，$p=2\sim3$ 时的 *SSR*，根据 $LSR_\alpha=SE\cdot SSR_\alpha$，计算 *LSR* 值并将其列于表 8-13。

表 8-13　表 8-11 资料多重比较的 *SSR* 值和 *LSR* 值

p	$SSR_{0.05}$	$SSR_{0.01}$	$LSR_{0.05}$	$LSR_{0.01}$
2	2.97	4.07	0.99	1.36
3	3.12	4.27	1.04	1.42

肥料因素的各处理平均数采用标记字母法进行多重比较，结果见表 8-14。3 种肥料的产量差异都达到极显著，即 $A_1>A_3>A_2$。

表 8-14　不同肥料间油用亚麻种子产量的差异显著性

肥料（A 因素）	平均数（$\bar{x}_{A_i}$）	差异显著性	
		0.05	0.01
A_1	8.44	a	A
A_3	6.67	b	B
A_2	5.22	c	C

2）肥料品种处理组合平均数间的比较　　肥料品种处理组合的平均数有 3 个重复观察值（n=3），故处理组合的平均数标准误为

$$SE=\sqrt{\frac{MS_e}{n}}=\sqrt{\frac{1.0000}{3}}=0.5774\text{（g/盆）}$$

查附表 8，得到当 $df_e=18$，$p=2\sim9$ 时的 SSR，以及根据 $LSR_\alpha=SE\cdot SSR_\alpha$ 计算的 LSR 值，列于表 8-15。以此为标准，利用标记字母法比较 9 个处理组合平均数间的差异显著性，结果见表 8-16。

表 8-15　多重比较的 *SSR* 值和 *LSR* 值

p	$SSR_{0.05}$	$SSR_{0.01}$	$LSR_{0.05}$	$LSR_{0.01}$
2	2.97	4.07	1.71	2.35
3	3.12	4.27	1.80	2.47
4	3.21	4.38	1.85	2.53
5	3.27	4.46	1.89	2.58
6	3.33	4.53	1.92	2.62
7	3.35	4.59	1.93	2.65
8	3.37	4.64	1.95	2.68
9	3.39	4.68	1.96	2.70

表 8-16　不同处理组合间油用亚麻种子产量的差异显著性

处理组合	平均数（$\bar{x}_{AB}$）	差异显著性	
		0.05	0.01
A_1B_1	11.00	a	A
A_1B_2	7.67	b	B
A_3B_1	7.00	bc	B

续表

处理组合	平均数（$\bar{x}_{AB}$）	差异显著性	
		0.05	0.01
A_1B_3	6.67	bc	BC
A_3B_3	6.67	bc	BC
A_3B_2	6.33	bc	BC
A_2B_3	6.00	bcd	BC
A_2B_2	5.33	cd	BC
A_2B_1	4.33	d	C

结论：A_1B_1 组合的平均产量极显著地高于其他组合；A_1B_2 组合的平均产量极显著高于 A_2B_1 组合，显著地高于 A_2B_2 组合，与其他组合间的差异不显著。

第二节　二因素随机区组试验资料的方差分析

一、数学模型

设二因素随机区组试验有 A 和 B 两个试验因素，分别有 a 和 b 个水平，共有 ab 个处理组合，r 次重复，则该试验有 abr 个观察值。

二因素随机区组试验的线性模型为

$$x_{ijk}=\mu+\beta_k+A_i+B_j+(AB)_{ij}+\varepsilon_{ijk}$$
$$(i=1,\ 2,\ \cdots,\ a;\ j=1,\ 2,\ \cdots,\ b;\ k=1,\ 2,\ \cdots,\ r) \tag{8.9}$$

式中，μ 为总体平均数；β_k 为区组的效应；A_i、B_j、$(AB)_{ij}$ 分别为 A 因素的主效应、B 因素的主效应及 A 与 B 的互作效应；ε_{ijk} 为随机误差，相互独立，且都服从 $N(0,\sigma^2)$。

二、自由度与平方和的分解

二因素随机区组试验的处理项分解为 A 因素水平间、B 因素水平间和 $A\times B$ 互作间 3 个部分，因此，二因素随机区组试验结果方差分析的自由度与平方和的分解式为

$$df_T=df_R+df_A+df_B+df_{A\times B}+df_e \tag{8.10}$$

$$SS_T=SS_R+SS_A+SS_B+SS_{A\times B}+SS_e \tag{8.11}$$

式中，$SS_{A\times B}$、$df_{A\times B}$ 分别为 A 因素与 B 因素交互作用的平方和与自由度。

若用 df_t、SS_t 表示 A、B 处理组合间的自由度与平方和，即处理组合间自由度与平方和，则处理组合变异可剖分为 A 因素、B 因素及 A、B 交互作用变异三部分，于是 df_t、SS_t 可分解为

$$df_t=df_A+df_B+df_{A\times B} \tag{8.12}$$

$$SS_t=SS_A+SS_B+SS_{A\times B} \tag{8.13}$$

各项自由度、平方和及均方的计算公式见表 8-17。

表 8-17　二因素随机区组试验的方差分析

变异来源	DF	SS	MS
区组	$df_R=r-1$	$SS_R=\frac{1}{ab}\sum T_R^2-C\left(C=\frac{T^2}{abr}\right)$	$MS_R=\frac{SS_R}{df_R}$

续表

变异来源	DF	SS	MS
处理	$df_t=ab-1$	$SS_t=\frac{1}{r}\sum_{i=1}^{a}\sum_{j=1}^{b}T_{A_iB_j}^2-C$	
A 因素	$df_A=a-1$	$SS_A=\frac{1}{br}\sum_{i=1}^{a}T_{A_i}^2-C$	$MS_A=\frac{SS_A}{df_A}$
B 因素	$df_B=b-1$	$SS_B=\frac{1}{ar}\sum_{j=1}^{b}T_{B_j}^2-C$	$MS_B=\frac{SS_B}{df_B}$
$A\times B$ 互作	$df_{AB}=df_t-df_A-df_B$	$SS_{A\times B}=SS_t-SS_A-SS_B$	$MS_{A\times B}=\frac{SS_{A\times B}}{df_{A\times B}}$
误差	$df_e=df_T-df_R-df_t$	$SS_e=SS_T-SS_R-SS_t$	$MS_e=\frac{SS_e}{df_e}$
总变异	$df_T=abr-1$	$SS_T=\sum_{i=1}^{a}\sum_{j=1}^{b}\sum_{k=1}^{r}x_{ijk}^2-C$	

二因素随机区组试验的期望均方见表 8-18。三种模型的期望均方不同，F 测验也不同。当选用固定模型时，其 F 值均以误差均方为分母。当选用随机模型时，测验区组效应和 $A\times B$ 互作效应时，应以误差项均方为分母；而测验 A 因素和 B 因素效应时，以 $A\times B$ 互作项均方为分母。在混合模型中，如果 A 因素随机，B 因素固定，测验区组效应、A 因素效应和 $A\times B$ 互作效应时，应以误差项均方为分母；而测验 B 因素效应时，以 $A\times B$ 互作项均方为分母。总之，在进行 F 测验时，以期望均方的组成为依据，分子项比分母项仅多一项，才能测验多出的待测验因素方差的效应。**【例 8-3】**中的数据资料的方差分析是按照固定模型进行的。

表 8-18　二因素随机区组试验的期望均方

变异来源	固定模型 EMS	随机模型 EMS	混合模型 EMS（A 随机，B 固定）
区组	$\sigma^2+ab\kappa_\beta^2$	$\sigma^2+ab\sigma_\beta^2$	$\sigma^2+ab\kappa_\beta^2$ 或 $\sigma^2+ab\sigma_\beta^2$
A 因素	$\sigma^2+rb\kappa_A^2$	$\sigma^2+r\sigma_{AB}^2+rb\sigma_A^2$	$\sigma^2+rb\sigma_A^2$
B 因素	$\sigma^2+ra\kappa_B^2$	$\sigma^2+r\sigma_{AB}^2+ra\sigma_B^2$	$\sigma^2+r\sigma_{AB}^2+ra\kappa_B^2$
$A\times B$ 互作	$\sigma^2+r\kappa_{AB}^2$	$\sigma^2+r\sigma_{AB}^2$	$\sigma^2+r\sigma_{AB}^2$
误差	σ^2	σ^2	σ^2

三、实例分析

【例 8-3】 为了研究春玉米品种在我国北方某地区的适宜种植密度，进行了春玉米品种（A_1 为‘内单 205’、A_2 为‘京单 28’、A_3 为‘良玉 59’）与种植密度（B_1 为行距×株距=0.5m×0.2m、B_2 为行距×株距=0.5m×0.3m、B_3 为行距×株距=0.5m×0.4m）的二因素随机区组试验。A 因素（品种）有 3 个水平（$a=3$），B 因素（种植密度）有 3 个水平（$b=3$），A、B 二因素形成 9 个处理组合（$ab=9$）。重复 3 次（$r=3$），小区计产面积为 20m²。其田间排列和小区产量（kg/20m²）列于图 8-1，试进行方差分析。

区组Ⅰ	A_2B_2 25.3	A_3B_3 19.0	A_1B_2 30.2	A_1B_1 20.2	A_3B_2 16.5	A_3B_1 17.0	A_1B_3 23.8	A_2B_1 20.6	A_2B_3 23.5
区组Ⅱ	A_1B_1 21.5	A_2B_2 26.0	A_3B_3 14.7	A_2B_3 24.2	A_3B_2 12.0	A_1B_3 25.7	A_3B_1 16.2	A_1B_2 32.8	A_2B_1 22.3
区组Ⅲ	A_3B_3 17.0	A_3B_1 18.3	A_1B_3 24.2	A_2B_1 20.0	A_1B_2 28.5	A_2B_2 24.0	A_2B_3 22.3	A_1B_1 23.0	A_3B_2 14.0

图 8-1　春玉米品种和种植密度二因素随机区组试验的田间排列和产量（kg/20m^2）

1. 结果整理　将试验结果按处理和区组进行两向分组整理，形成表 8-19；按品种和种植密度进行两向分组整理，形成表 8-20。

表 8-19　图 8-1 资料的区组和处理产量两向表

处理组合	区组Ⅰ	区组Ⅱ	区组Ⅲ	总和（T_t）
A_1B_1	20.2	21.5	23.0	64.7
A_1B_2	30.2	32.8	28.5	91.5
A_1B_3	23.8	25.7	24.2	73.7
A_2B_1	20.6	22.3	20.0	62.9
A_2B_2	25.3	26.0	24.0	75.3
A_2B_3	23.5	24.2	22.3	70.0
A_3B_1	17.0	16.2	18.3	51.5
A_3B_2	16.5	12.0	14.0	42.5
A_3B_3	19.0	14.7	17.0	50.7
总和（T_R）	196.1	195.4	191.3	582.8

表 8-20　图 8-1 资料的品种（A）和种植密度（B）两向表

品种	种植密度			T_A
	B_1	B_2	B_3	
A_1	64.7	91.5	73.7	229.9
A_2	62.9	75.3	70.0	208.2
A_3	51.5	42.5	50.7	144.7
T_B	179.1	209.3	194.4	582.8

2. 自由度与平方和的分解　自由度的分解可根据表 8-17 直接得出，平方和的分解如下。

$$C=\frac{T^2}{abr}=\frac{582.8^2}{3\times3\times3}=12579.8459$$

$$SS_T=\sum_{i=1}^{a}\sum_{j=1}^{b}\sum_{k=1}^{r}x^2-C=(20.2^2+21.5^2+\cdots+17^2)-12579.8459=645.7341$$

$$SS_R=\frac{1}{ab}\sum T_R^2-C=\frac{1}{9}(196.1^2+195.4^2+191.3^2)-12579.8459=1.4941$$

$$SS_t=\frac{1}{r}\sum\sum T_{AB}^2-C=\frac{1}{3}(64.7^2+91.5^2+\cdots+50.7^2)-12579.8459=601.9941$$

$$SS_e=SS_T-SS_R-SS_t=645.7341-1.4941-601.9941=42.2459$$

$$SS_A=\frac{1}{br}\sum T_A^2-C=\frac{1}{9}(229.9^2+208.2^2+144.7^2)-12579.8459=435.6363$$

$$SS_B=\frac{1}{ar}\sum T_B^2-C=\frac{1}{9}(179.1^2+209.3^2+194.4^2)-12579.8459=50.6719$$

$$SS_{A\times B}=SS_t-SS_A-SS_B=601.9941-435.6363-50.6719=115.6859$$

3. *F* 测验　将上述计算结果列于表 8-21。

表 8-21　方差分析表

变异来源	*DF*	*SS*	*MS*	*F*	$F_{0.05}$	$F_{0.01}$
区组	2	1.4941	0.7470	0.2829	3.63	6.23
处理（组合）	8	601.9941	75.2493	28.4995**	2.59	3.89
A 因素（品种）	2	435.6363	217.8181	82.4953**	3.63	6.23
B 因素（种植密度）	2	50.6719	25.3359	9.5956**	3.63	6.23
A×*B* 互作	4	115.6859	28.9215	10.9536**	3.01	4.77
误差	16	42.2459	2.6404			
总变异	26	645.7341				

结果说明，区组间产量差异不显著，而品种间、种植密度间及品种×种植密度互作间的产量差异都极显著。说明不同春玉米品种的产量不同，而且不同品种与不同种植密度组合有不同的产量效应。

4. 多重比较

1）品种间比较　对 3 个品种（*A* 因素）的平均产量进行新复极差测验，因为每品种处理下有 *br* 个观察值，所以 *A* 因素的平均数标准误为

$$SE=\sqrt{\frac{MS_e}{br}}=\sqrt{\frac{2.6404}{9}}=0.5416\ (\text{kg})$$

查附表 8，得到当 $df_e=16$，$p=2\sim3$ 时的 *SSR*，以及根据 $LSR_\alpha=SE\cdot SSR_\alpha$ 计算的 *LSR* 值，列于表 8-22。测验结果列于表 8-23。结果表明，3 个春玉米品种间产量差异极显著，$A_1>A_2>A_3$。

表 8-22　多重比较的 *SSR* 值和 *LSR* 值

p	$SSR_{0.05}$	$SSR_{0.01}$	$LSR_{0.05}$	$LSR_{0.01}$
2	3.00	4.13	1.62	2.24
3	3.15	4.34	1.71	2.35

表 8-23　春玉米品种间产量平均数的差异显著性

品种（*A* 因素）	平均数（$\bar{x}_{A_i}$）	差异显著性	
		0.05	0.01
A_1	25.54	a	A
A_2	23.13	b	B
A_3	16.08	c	C

2）种植密度间比较　对 3 种种植密度（B 因素）的平均产量进行新复极差测验。因为每个种植密度处理下有 ar 个观察值，所以 B 因素的均数标准误为

$$SE=\sqrt{\frac{MS_e}{ar}}=\sqrt{\frac{2.6404}{3\times 3}}=0.5416\text{（kg）}$$

因为 B 因素的处理数与 A 因素相同，所以表 8-22 的 LSR 值同样适于 B 因素的测验。测验结果列于表 8-24。结果表明，3 种种植密度间产量差异极显著，$B_2>B_3>B_1$。

表 8-24　密度间产量的差异显著性

密度（B 因素）	平均数（$\bar{x}_{B_j}$）	差异显著性	
		0.05	0.01
B_2	23.26	a	A
B_3	21.60	b	B
B_1	19.90	c	C

3）品种×种植密度的互作比较　F 测验结果表明，品种×种植密度的互作是极显著的，说明不同品种所要求的种植密度可能不同。因此，分别计算各个品种与种植密度组合的简单效应，以此来分析互作的具体情形。将表 8-19 的 T_t 值除以 $r=3$，即得各品种在不同种植密度下的小区产量（kg），列于表 8-25。

表 8-25　各个春玉米品种不同种植密度间的产量平均数及差异显著性

A_1 品种				A_2 品种				A_3 品种			
种植密度	平均产量/kg	差异显著性		种植密度	平均产量/kg	差异显著性		种植密度	平均产量/kg	差异显著性	
		0.05	0.01			0.05	0.01			0.05	0.01
B_2	30.50	a	A	B_2	25.10	a	A	B_1	17.17	a	A
B_3	24.57	b	B	B_3	23.33	ab	AB	B_3	16.90	ab	A
B_1	21.57	c	B	B_1	20.97	b	B	B_2	14.17	b	A

对表 8-25 各处理组合平均数进行 SSR 测验，得

$$SE=\sqrt{\frac{MS_e}{r}}=\sqrt{\frac{2.6404}{3}}=0.9381\text{（kg）}$$

根据 $LSR_\alpha=SE\cdot SSR_\alpha$，查附表 8，得当 $df_e=16$，$p=2$ 时的 $LSR_{0.05}=2.8144$、$LSR_{0.01}=3.8746$，$p=3$ 时的 $LSR_{0.05}=2.9552$、$LSR_{0.01}=4.0716$，用此尺度测验表 8-25 中的各个处理组合平均数。结果表明：A_1、A_2 品种都以 B_2 为优；A_1 品种的 3 种种植密度间平均产量差异显著，即 $B_2>B_3>B_1$；A_2 品种的 B_2 与 B_1 种植密度间平均产量差异极显著；A_3 品种的 B_1 与 B_2 种植密度间平均产量差异显著；其余密度间平均产量差异不显著。结果建议：选 A_1 品种与 B_2 种植密度可获最高产量，A_2 品种选 B_2 种植密度达到最高产量，A_3 品种选 B_1 种植密度达到最高产量。

如果比较品种与种植密度的 9 个处理组合之间差异显著性，也可以将其平均数进行 SSR 测验。测验标准见表 8-26，测验结果见表 8-27。

表 8-26　处理组合间多重比较的 *SSR* 值和 *LSR* 值

p	$SSR_{0.05}$	$SSR_{0.01}$	$LSR_{0.05}$	$LSR_{0.01}$
2	3.00	4.13	2.81	3.88
3	3.15	4.34	2.96	4.07
4	3.23	4.45	3.03	4.17
5	3.30	4.54	3.10	4.26
6	3.34	4.6	3.13	4.32
7	3.37	4.67	3.16	4.38
8	3.39	4.72	3.18	4.43
9	3.41	4.76	3.20	4.47

表 8-27　玉米品种与种植密度组合间的产量差异显著性

处理组合	平均数（$\bar{x}_{AB}$）	差异显著性	
		0.05	0.01
A_1B_2	30.50	a	A
A_2B_2	25.10	b	B
A_1B_3	24.57	b	B
A_2B_3	23.33	bc	B
A_1B_1	21.57	c	B
A_2B_1	20.97	c	BC
A_3B_1	17.17	d	CD
A_3B_3	16.90	de	D
A_3B_2	14.17	e	D

结果表明：A_1B_2 与其他组合差异极显著；A_2B_2、A_1B_3、A_2B_3、A_1B_1 极显著高于 A_3B_1、A_3B_3、A_3B_2；A_2B_1 极显著高于 A_3B_3、A_3B_2；A_2B_2、A_1B_3 显著高于 A_1B_1、A_2B_1；A_2B_1 显著高于 A_3B_1；A_3B_1 显著高于 A_3B_2；其他处理组合之间差异不显著。

前后两种表格所显示的结论是相同的。前者是将 3 个品种分别比较其密度的差异显著性，结论简洁明确。后者的比较信息更为全面，在以获得优势组合为目的的试验中，可以提供直接的指导性信息。

第三节　裂区设计试验资料的方差分析

一、数学模型

在裂区试验中，设主处理 A 有 a 个水平，副处理 B 有 b 个水平，有 r 个重复（区组）。该试验有 abr 个观察值。每个观察值的数学模型可表示为

$$x_{ijk}=\mu+A_i+\beta_k+\delta_{ij}+B_j+(AB)_{ij}+\varepsilon_{ijk}$$
$$(i=1,\ 2,\ \cdots,\ a;\ j=1,\ 2,\ \cdots,\ b;\ k=1,\ 2,\ \cdots,\ r) \tag{8.14}$$

式中，δ_{ij} 和 ε_{ijk} 分别为主区误差和副区误差，分别服从 $N(0,\sigma_{e_A}^2)$ 和 $N(0,\sigma_{e_B}^2)$；β_k 为区组效应；A_i、B_j 和（AB）$_{ij}$ 分别为主处理、副处理和主×副互作效应。

二、自由度与平方和的分解

二因素裂区试验的变异来源可分解成主区和副区两个部分。主区部分进一步分解为区组间变异、A 因素间变异和主区误差 E_a。副区部分进一步分解为 B 因素间变异、$A \times B$ 互作变异和副区误差 E_b。这样，要分别对这两项误差来源进行自由度和平方和的分解。它们分别用于测验主处理、副处理，以及主、副处理互作的差异显著性。而处理项包含 A 因素、B 因素和 $A \times B$ 互作。此项没有单独列出，它包含在主区部分和副区部分中。二因素裂区试验的自由度和平方和的分解见表 8-28。

表 8-28　二因素裂区试验的方差分析

变异来源		DF	SS	MS	F
主区部分	区组	$r-1$	$SS_R=\frac{1}{ab}\sum T_R^2-C\left(C=\frac{T^2}{abr}\right)$	$MS_R=\frac{SS_R}{df_R}$	$F_R=\frac{MS_R}{MS_{E_a}}$
	A	$a-1$	$SS_A=\frac{1}{br}\sum T_A^2-C$	$MS_A=\frac{SS_A}{df_A}$	$F_A=\frac{MS_A}{MS_{E_a}}$
	误差 a	$(r-1)(a-1)$	$SS_{E_a}=SS_M-SS_R-SS_A$	$MS_{E_a}=\frac{SS_{E_a}}{df_{E_a}}$	
	主区总变异	$ar-1$	$SS_M=\frac{1}{b}\sum T_M^2-C$		
副区部分	B	$b-1$	$SS_B=\frac{1}{ar}\sum T_B^2-C$	$MS_B=\frac{SS_B}{df_B}$	$F_B=\frac{MS_B}{MS_{E_b}}$
	$A \times B$	$(a-1)(b-1)$	$SS_{A\times B}=SS_t-SS_A-SS_B$ $\left(SS_t=\frac{1}{r}\sum_{i=1}^{a}\sum_{j=1}^{b}T_t^2-C\right)$	$MS_{A\times B}=\frac{SS_{A\times B}}{df_{A\times B}}$	$F_{A\times B}=\frac{MS_{A\times B}}{MS_{E_b}}$
	误差 b	$a(r-1)(b-1)$	$SS_{E_b}=SS_T-SS_M-SS_B-SS_{A\times B}$	$MS_{E_b}=\frac{SS_{E_b}}{df_{E_b}}$	
总变异		$abr-1$	$SS_T=\sum_{i=1}^{a}\sum_{j=1}^{b}\sum_{k=1}^{r}x_{ijk}^2-C$		

根据二因素裂区试验的期望均方（表 8-29），按照 F 值的分子、分母只能相差一个分量的原则，当对主区 A 因素进行 F 测验时，固定模型中，测验区组变异和 A 因素变异时，其 F 值以主区误差的均方为分母；测验 B 因素变异和 $A \times B$ 互作变异时，其 F 值以副区误差的均方为分母。如果 F 测验显著，则对差异显著的因素进行多重比较。

表 8-29　二因素裂区试验的期望均方

变异来源		固定模型 EMS	随机模型 EMS	混合模型 EMS（A 固定，B 随机）
主区部分	区组	$\sigma_\varepsilon^2+b\sigma_\delta^2+ab\sigma_\beta^2$	$\sigma_\varepsilon^2+b\sigma_\delta^2+ab\sigma_\beta^2$	$\sigma_\varepsilon^2+b\sigma_\delta^2+ab\sigma_\beta^2$
	A	$\sigma_\varepsilon^2+b\sigma_\delta^2+rb\kappa_A^2$	$\sigma_\varepsilon^2+b\sigma_\delta^2+r\sigma_{AB}^2+rb\sigma_A^2$	$\sigma_\varepsilon^2+b\sigma_\delta^2+r\sigma_{AB}^2+rb\kappa_A^2$
	误差 a	$\sigma_\varepsilon^2+b\sigma_\delta^2$	$\sigma_\varepsilon^2+b\sigma_\delta^2$	$\sigma_\varepsilon^2+b\sigma_\delta^2$

续表

变异来源		固定模型 EMS	随机模型 EMS	混合模型 EMS（A 固定，B 随机）
副区部分	B	$\sigma_\varepsilon^2+ra\kappa_B^2$	$\sigma_\varepsilon^2+r\sigma_{AB}^2+ra\sigma_B^2$	$\sigma_\varepsilon^2+ra\sigma_B^2$
	$A\times B$	$\sigma_\varepsilon^2+r\kappa_{AB}^2$	$\sigma_\varepsilon^2+r\sigma_{AB}^2$	$\sigma_\varepsilon^2+r\sigma_{AB}^2$
	误差 b	σ_ε^2	σ_ε^2	σ_ε^2

三、多重比较

在固定模型下，主区因素各个水平间比较应该用主区误差均方 MS_{E_a} 及其自由度；副区各水平间比较及互作项比较应该用副区误差均方 MS_{E_b} 及其自由度；在进行处理组合间比较时，则用两种误差均方及其自由度，具体公式列于表 8-30。

表 8-30　裂区设计资料多重比较的均数标准误和差数标准误

比较类别	SE	$s_{\bar{x}_i-\bar{x}_j}$
$\bar{x}_A$ 间	$\sqrt{\dfrac{MS_{E_a}}{br}}$	$\sqrt{\dfrac{2MS_{E_a}}{br}}$
$\bar{x}_B$ 间	$\sqrt{\dfrac{MS_{E_b}}{ar}}$	$\sqrt{\dfrac{2MS_{E_b}}{ar}}$
$\bar{x}_{A_i}$ 间	$\sqrt{\dfrac{MS_{E_b}}{r}}$	$\sqrt{\dfrac{2MS_{E_b}}{r}}$
$\bar{x}_{B_j}$ 间 $\bar{x}_{AB}$ 间	$\sqrt{\dfrac{(b-1)MS_{E_b}+MS_{E_a}}{rb}}$	$\sqrt{\dfrac{2[(b-1)MS_{E_b}+MS_{E_a}]}{rb}}$

$\bar{x}_A$ 为主区因素 A 各个水平的平均数；$\bar{x}_B$ 为副区因素 B 各个水平的平均数；$\bar{x}_{A_i}$ 为同一副处理下的主处理的平均数；$\bar{x}_{B_j}$ 为同一主处理下的副处理的平均数；$\bar{x}_{AB}$ 为各处理组合的平均数。

在 $A\times B$ 互作效应达到显著时，为筛选二因素的最优水平组合，在获得标准误后，再按式（8.15）计算 SSR'_α，进而计算最小显著极差。

$$SSR'_{\alpha(p)}=\frac{(b-1)MS_{E_b}SSR_{\alpha,\ df_{E_b},p}+MS_{E_a}SSR_{\alpha,\ df_{E_a},p}}{(b-1)MS_{E_b}+MS_{E_a}} \tag{8.15}$$

四、实例分析

【例 8-4】 为研究‘中双 9 号’油菜冻害的防御措施，本试验对冻害后油菜进行补施肥料和喷施外源激素处理。采用二因素裂区试验设计，补施氮肥（尿素）为主处理，设 3 个水平（$a=3$），A_1 为 20kg/hm^2，A_2 为 60kg/hm^2，A_3 为 120kg/hm^2，喷施外源激素为副处理，使用 3 种处理（$b=3$），B_1 为芸薹素内酯、B_2 为脱落酸、B_3 为清水（作为对照）。措施为每小区喷 1.5L，连续喷 3 天。3 个重复区（$r=3$），以油菜的种子产量（kg）为评价指标，副区计产面积为 20m^2。其田间排列和产量见图 8-2，试进行方差分析。

区组Ⅰ			区组Ⅱ			区组Ⅲ		
A_1	A_3	A_2	A_3	A_2	A_1	A_2	A_1	A_3
B_2 5.2	B_3 5.6	B_1 6.0	B_1 6.0	B_3 4.2	B_2 5.0	B_3 4.8	B_2 5.1	B_1 6.2
B_1 4.5	B_2 7.0	B_3 4.0	B_2 6.4	B_1 5.7	B_3 3.0	B_1 6.5	B_3 4.0	B_2 6.4
B_3 3.5	B_1 6.2	B_2 6.5	B_3 5.2	B_2 6.4	B_1 4.2	B_2 7.0	B_1 5.0	B_3 4.5

图 8-2　冻害后油菜补施肥料和喷施外源激素的裂区试验田间排列和产量（kg/20m^2）

1. 结果整理　将试验结果按处理和区组进行两向分组整理，形成表 8-31；按施氮肥（A 因素）和激素（B 因素）进行两向分组整理，形成表 8-32。

表 8-31　图 8-2 资料的区组和处理两向表

主处理（A）	副处理（B）	区组 Ⅰ	区组 Ⅱ	区组 Ⅲ	T_t	T_A
A_1	B_1	4.5	4.2	5.0	13.7	
	B_2	5.2	5.0	5.1	15.3	
	B_3	3.5	3.0	4.0	10.5	
	T_m	13.2	12.2	14.1		39.5
A_2	B_1	6.0	5.7	6.5	18.2	
	B_2	6.5	6.4	7.0	19.9	
	B_3	4.0	4.2	4.8	13.0	
	T_m	16.5	16.3	18.3		51.1
A_3	B_1	6.2	6.0	6.2	18.4	
	B_2	7.0	6.4	6.4	19.8	
	B_3	5.6	5.2	4.5	15.3	
	T_m	18.8	17.6	17.1		53.5
T_r		48.5	46.1	49.5		144.1

表 8-32　图 8-2 资料的施氮肥（A）和激素（B）两向表

氮肥	激素 B_1	激素 B_2	激素 B_3	T_A
A_1	13.7	15.3	10.5	39.5
A_2	18.2	19.9	13.0	51.1
A_3	18.4	19.8	15.3	53.5
T_B	50.3	55.0	38.8	

2. 自由度和平方和的分解　自由度的分解可根据表 8-28 的公式直接得出，平方和的分解如下。

$$C=\frac{T^2}{abr}=\frac{144.1^2}{3\times3\times3}=769.0670$$

$$SS_T=\sum_{i=1}^{a}\sum_{j=1}^{b}\sum_{k=1}^{r}x_{ijk}^2-C=(4.5^2+4.2^2+\cdots+4.5^2)-769.0670=31.2030$$

$$SS_M=\frac{1}{b}\sum T_{AR}^2-C=\frac{1}{3}(13.2^2+12.2^2+\cdots+17.1^2)-769.0670=14.3763$$

$$SS_R=\frac{1}{ab}\sum T_R^2-C=\frac{1}{9}(48.5^2+46.1^2+49.5^2)-769.0670=0.6785$$

$$SS_A=\frac{1}{br}\sum T_A^2-C=\frac{1}{9}(39.5^2+51.1^2+53.5^2)-769.0670=12.4563$$

$$SS_{E_a}=SS_M-SS_R-SS_A=14.3763-0.6785-12.4563=1.2415$$

$$SS_t=\frac{1}{r}\sum\sum T_{AB}^2-C=\frac{1}{3}(13.7^2+15.3^2+\cdots+15.3^2)-769.0670=28.5896$$

$$SS_B=\frac{1}{ar}\sum T_B^2-C=\frac{1}{9}(50.3^2+55.0^2+38.8^2)-769.0670=15.4363$$

$$SS_{A\times B}=SS_t-SS_A-SS_B=28.5896-12.4563-15.4363=0.6970$$

$$SS_{E_b}=SS_T-SS_M-SS_B-SS_{A\times B}=31.2030-14.3763-15.4363-0.6970=0.6933$$

3. *F* 测验　将计算结果填入方差分析表（表 8-33）。

表 8-33　方差分析表

变异来源		*DF*	*SS*	*MS*	*F*	$F_{0.05}$	$F_{0.01}$
主区部分	区组	2	0.6785	0.3393	1.09	6.94	18.00
	A	2	12.4563	6.2282	20.07**	6.94	18.00
	误差 *A*	4	1.2415	0.3104			
	主区总变异	8	14.3763				
副区部分	*B*	2	15.4363	7.7182	133.53**	3.89	6.93
	A×*B*	4	0.6970	0.1743	3.02	3.26	5.41
	误差 *B*	12	0.6933	0.0578			
总变异		26	31.2030				

F 测验结果表明，*A* 因素和 *B* 因素处理间差异极显著，其他变异来源的差异均不显著。说明施氮肥和喷激素在油菜抗冻增产上均有显著效果，但是，氮肥和激素间的互作效应不显著。

4. 多重比较

1）氮肥（*A* 因素）水平间的比较（SSR 法）　因为 T_A 值是 $rb=3\times3=9$ 个小区的产量之和，故在比较时先计算出均数标准误。

$$SE_A=\sqrt{\frac{MS_{E_a}}{br}}=\sqrt{\frac{0.3104}{9}}=0.1857$$

查附表 8，$df_{E_a}=4$，$p=2$ 时，$SSR_{0.05}=3.93$，$SSR_{0.01}=6.51$；$p=3$ 时，$SSR_{0.05}=4.01$，$SSR_{0.01}=6.80$。根据 $LSR_\alpha=SE\cdot SSR_\alpha$，得到 $p=2$ 时，$LSR_{0.05}=0.73$，$LSR_{0.01}=1.21$；$p=3$ 时，$LSR_{0.05}=0.74$，$LSR_{0.01}=1.26$。新复极差测验结果（表 8-34）表明，A_3、A_2 两种施氮肥水平的小区平均产量极显著高于 A_1，而 A_3、A_2 之间产量差异不显著。所以对受冻后的油菜补给 60kg/hm² 以上的尿素有利于油菜从冻害中恢复，并提高产量。

表 8-34　3 种氮肥水平的产量差异显著性

氮肥（A 因素）	平均数（$\bar{x}_{A_i}$）	差异显著性	
		0.05	0.01
A_3	5.94	a	A
A_2	5.68	a	A
A_1	4.39	b	B

2）喷施激素（B 因素）水平间的比较　因为 T_B 值是 $ra=3\times3=9$ 个小区的产量之和，故在比较时先计算出均数标准误。

$$SE_B=\sqrt{\frac{MS_{E_b}}{ar}}=\sqrt{\frac{0.0578}{9}}=0.0801$$

查附表 8，$df_{E_b}=12$，$p=2$ 时，$SSR_{0.05}=3.08$，$SSR_{0.01}=4.32$；$p=3$ 时，$SSR_{0.05}=3.23$，$SSR_{0.01}=4.55$。根据 $LSR_\alpha=SE\cdot SSR_\alpha$，得到 $p=2$ 时，$LSR_{0.05}=0.25$，$LSR_{0.01}=0.35$；$p=3$ 时，$LSR_{0.05}=0.26$，$LSR_{0.01}=0.36$。新复极差测验结果（表 8-35）表明，3 种激素对小区产量的效应存在极显著的差异，即 $B_2>B_1>B_3$，喷脱落酸对受冻油菜的恢复生长效果最好，其次是芸薹素内酯，它们的作用都优于清水（对照）。

表 8-35　3 种激素处理的产量差异显著性

激素（B 因素）	平均数（$\bar{x}_{B_j}$）	差异显著性	
		0.05	0.01
B_2	6.11	a	A
B_1	5.59	b	B
B_3	4.31	c	C

习　题

8.1　试比较二因素的完全随机设计、随机区组设计和裂区设计试验方差分析变异来源的异同。

8.2　试比较二因素随机区组设计和裂区设计试验方差分析方法的异同。

8.3　二因素随机区组试验与单因素随机区组试验在统计分析上有什么区别？

8.4　为研究湿度和温度对黏虫卵发育历期的影响，用 3 种湿度、4 种温度处理黏虫卵，采用完全随机设计，测定 4 次，结果见表 8-36，试进行方差分析。

表 8-36　不同温度和湿度下黏虫卵发育历期的数据

相对湿度（A）/%	温度（B）/℃	历期/天				T_{AB}
		1	2	3	4	
100（A_1）	26（B_1）	93.2	91.2	90.7	92.2	367.3
	28（B_2）	87.6	85.7	84.2	82.4	339.9
	30（B_3）	79.2	74.5	79.3	70.4	303.4
	32（B_4）	67.7	69.3	67.6	68.1	272.7
70（A_2）	26（B_1）	89.4	88.7	86.3	88.5	352.9
	28（B_2）	86.4	85.3	86.7	84.2	342.6
	30（B_3）	77.2	76.3	74.5	75.7	303.7
	32（B_4）	70.1	72.1	70.3	69.5	282.0

续表

相对湿度（A）/%	温度（B）/℃	历期/天				T_{AB}
		1	2	3	4	
40（A_3）	26（B_1）	99.9	99.2	93.3	94.5	386.9
	28（B_2）	91.3	94.6	92.3	91.1	369.3
	30（B_3）	82.7	81.3	84.5	86.8	335.3
	32（B_4）	75.3	74.1	72.3	71.4	293.1

8.5 玉米品种（A 因素）与施肥（B 因素）二因素试验，A 因素有 4 个水平，B 因素有 2 个水平，重复 3 次，随机区组设计，小区计产面积 $20m^2$，产量（$kg/20m^2$）结果见表 8-37，试进行方差分析。

表 8-37 玉米品种与施肥二因素试验的产量结果

品种（A）	施肥（B）	区组			T_{AB}
		Ⅰ	Ⅱ	Ⅲ	
A_1	B_1	12	13	13	38
	B_2	11	10	13	34
A_2	B_1	19	16	12	47
	B_2	20	19	17	56
A_3	B_1	19	18	16	53
	B_2	10	8	7	25
A_4	B_1	17	16	15	48
	B_2	11	9	8	28
T_r		119	109	101	329

8.6 以 4 个甘薯品种做翻蔓试验。品种编号为 A_1、A_2、A_3、A_4，翻蔓次数编号为 B_1（不翻蔓）、B_2（翻蔓 3 次）、B_3（翻蔓 6 次），现以品种为主区试验因素，翻蔓次数为副区试验因素，采用裂区设计，重复 3 次，各区产量如表 8-38 所示，试进行统计分析。

表 8-38 甘薯品种翻蔓试验的产量结果

品种（A）		Ⅰ				Ⅱ				Ⅲ			
		A_1	A_2	A_3	A_4	A_1	A_2	A_3	A_4	A_1	A_2	A_3	A_4
翻蔓次数（B）	B_1	24	24	18	21	23	26	20	20	24	25	18	22
	B_2	22	24	20	22	20	22	20	19	24	22	18	19
	B_3	20	20	18	18	21	22	19	16	23	23	18	18

8.7 在温室内以 2 种培养液培养 2 个玉米品种，设置 3 个培养液浓度水平，每盆测定 4 株，一个月后测定其株高（cm），品种为 A 因素（$a=2$），培养液类型为 B 因素（$b=2$），浓度水平为 C 因素（$c=3$），重复观察值 $n=4$，得结果如表 8-39 所示，试进行方差分析。

表 8-39　2 个玉米品种在培养液处理下的株高数据　（单位：cm）

品种	培养液类型	浓度	重复观察值			
A_1	B_1	C_1	52	55	43	46
		C_2	35	38	33	40
		C_3	45	40	43	49
	B_2	C_1	48	45	50	45
		C_2	56	60	53	50
		C_3	57	48	65	55
A_2	B_1	C_1	85	83	88	85
		C_2	67	70	75	65
		C_3	70	72	73	75
	B_2	C_1	60	55	65	58
		C_2	63	70	65	75
		C_3	65	66	70	62

【参考答案：A 因素、$A\times B$ 互作、$B\times C$ 互作的 F 测验显著，F 值分别为 276.91、60.56 和 22.72。此结果为 SAS 软件矫正运算结果】

8.8　有一水稻栽培试验，设 A、B、C 3 个因素，分别有 $a=2$，$b=4$，$c=3$ 个水平（A 为品种；B 为追氮方式；C 为密度），重复 3 次，其三因素随机区组设计的数据整理结果如表 8-40 所示。

表 8-40　三因素随机区组设计的水稻栽培试验数据整理结果　（单位：kg/hm^2）

品种（A）	追氮方式（B）	密度（C）	区组		
			Ⅰ	Ⅱ	Ⅲ
A_1	B_1	C_1	616.7	455.6	599.7
		C_2	520.2	457.1	614.3
		C_3	556.1	401.7	505.5
	B_2	C_1	612.1	561.2	528.7
		C_2	508.3	531.7	537.8
		C_3	561.6	499.7	479.0
	B_3	C_1	542.9	504.3	581.6
		C_2	479.5	530.5	570.6
		C_3	474.4	440.1	495.0
	B_4	C_1	680.8	572.0	693.0
		C_2	563.6	490.0	521.2
		C_3	528.1	401.7	517.2
A_2	B_1	C_1	524.6	614.4	522.2
		C_2	443.3	529.8	463.9
		C_3	426.3	523.8	415.4

续表

品种（A）	追氮方式（B）	密度（C）	区组		
			Ⅰ	Ⅱ	Ⅲ
A_2	B_2	C_1	558.9	639.5	474.3
		C_2	543.7	525.6	479.9
		C_3	540.4	556.3	437.1
	B_3	C_1	485.9	535.9	415.4
		C_2	532.1	476.7	470.0
		C_3	429.4	456.2	487.9
	B_4	C_1	547.6	697.4	517.3
		C_2	539.0	539.0	542.1
		C_3	455.2	524.3	456.5

【参考答案：A 因素、B 因素的 F 测验显著。】

第九章 品种区域试验资料的统计分析

【内容提要】 品种区域试验是指将新育成（引进）的品种在某一种植区域内有代表性的地点按照完全随机区组试验设计进行种植，并将各试验点的产量结果进行联合方差分析。品种区域试验数据的分析步骤与多因素方差分析不同，应首先分别对各试验点进行方差分析，测验各试验点的误差方差是否同质，若具有同质性，则进行各点的联合方差分析；若不具有同质性，则需要对数据转换后，再进行联合方差分析。本章介绍了一年多点区域试验和多年多点区域试验的联合方差分析步骤。

【学习重点】 一年多点区域试验和多年多点区域试验的联合方差分析步骤。

【学习难点】 各试验点间的方差同质性测验，多年多点试验的 F 测验，多重比较结果的解释。

【要求掌握的基本技能】 一年多点区域试验和多年多点区域试验的联合方差分析步骤，试验结果的解释。

作物的生长发育通常受地域和气象等自然生态条件的影响，为评价新育成品种及新引进品种的平均表现（即生产潜力）和稳产性，在某一种植区域内选定有代表性的若干地点，按照同一试验设计和相同管理措施进行布置与实施，并将各试验点的结果联合分析，这种试验称为品种区域试验。品种区域试验常采用随机区组设计，若进行一年，则称为一年多点区域试验，若连续几年做这样的试验，则称为多年多点区域试验。

品种区域试验在设计和实施过程中应注意以下几点：各试验点在本区域内应有代表性；各试验点采用一致的试验设计方案和栽培管理措施，要求处理相同，重复次数相同，各重复中处理的排列顺序可以相同也可以不同，但田间观测、记载、测产、考种等标准应尽可能一致，操作者应具备良好的技术素质；各试验点应设统一的对照品种，一般应是该区域内当前主要推广的品种。

品种区域试验数据的分析步骤与多因素方差分析不同，应首先分别对各试验点进行方差分析，测验各试验点的误差方差是否同质，若具有同质性，则进行各点的联合方差分析；若不具有同质性，则不能直接进行联合方差分析，需要对数据进行转换后再进行联合方差分析。

第一节 一年多点区域试验的联合分析

一、统计方法

设有 v 个品种同时在 l 个地点进行比较试验，每一地点皆设 r 次重复，随机区组设计，则第 i 个品种在第 j 个地点第 k 个区组观察值的线性模型可表示为

$$x_{ijk}=\mu+\nu_i+\iota_j+(\nu\iota)_{ij}+\rho_{(j)k}+\varepsilon_{i(j)k} \tag{9.1}$$

$$(i=1, 2, \cdots, v;\ j=1, 2, \cdots, l;\ k=1, 2, \cdots, r)$$

式中，μ 为全部观察值所在总体的平均数；v_i 为第 i 个品种的效应；l_j 为第 j 个地点的效应；$(vl)_{ij}$ 为第 i 个品种第 j 个地点的互作效应；$\rho_{(j)k}$ 为第 j 个地点内第 k 个区组的效应；$\varepsilon_{i(j)k}$ 为第 j 个地点内的第 i 个品种在第 k 个区组的随机误差，相互独立，且都服从 $N(0, \sigma^2)$。

根据一年多点品种区域试验资料的线性模型，可把试验结果的总变异分解成品种间变异、地点间变异、品种与地点的互作及地点内区组变异和试验误差 5 个部分。因此有

$$\begin{aligned}SS_T&=SS_V+SS_L+SS_{V\times L}+SS_{(L)B}+SS_{(L)e}\\ df_T&=df_V+df_L+df_{V\times L}+df_{(L)B}+df_{(L)e}\end{aligned}\tag{9.2}$$

在区域试验中，各变异来源的自由度、平方和、均方、F 值列于表 9-1，对应的期望均方列于表 9-2。

表 9-1　一年多点品种区域试验数据方差分析计算公式

变异来源	DF	SS	MS	F 固定模型	F 随机模型	F 混合模型（品种固定地点随机）
地点内区组间	$l(r-1)$	$SS_B=\frac{\sum T_B^2}{v}-C-SS_L$	s_B^2	$\frac{s_B^2}{s_e^2}$	$\frac{s_B^2}{s_e^2}$	$\frac{s_B^2}{s_e^2}$
品种间（V）	$v-1$	$SS_V=\frac{\sum T_V^2}{rl}-C$	s_V^2	$\frac{s_V^2}{s_e^2}$	$\frac{s_V^2}{s_{V\times L}^2}$	$\frac{s_V^2}{s_{V\times L}^2}$
地点间（L）	$l-1$	$SS_L=\frac{\sum T_L^2}{rv}-C$	s_L^2	$\frac{s_L^2}{s_e^2}$	$\frac{s_L^2}{s_{V\times L}^2}$	$\frac{s_L^2}{s_e^2}$
品种×地点（$V\times L$）	$(v-1)(l-1)$	$SS_{V\times L}=\frac{\sum T_{VL}^2}{r}-C-SS_V-SS_L$	$s_{V\times L}^2$	$\frac{s_{V\times L}^2}{s_e^2}$	$\frac{s_{V\times L}^2}{s_e^2}$	$\frac{s_{V\times L}^2}{s_e^2}$
试验误差	$l(v-1)(n-1)$	$SS_e=SS_T-SS_V-SS_L-SS_{V\times L}-SS_B$	s_e^2			
总变异	$rvl-1$	$SS_T=\sum x_{ijk}^2-C\left(C=\frac{T^2}{rvl}\right)$				

表 9-2　一年多点品种区域试验设计的期望均方

变异来源	EMS 固定模型	EMS 随机模型	EMS 混合模型（品种固定地点随机）
地点内区组间	$\sigma^2+v\kappa_B^2$	$\sigma^2+v\kappa_B^2$	$\sigma^2+v\kappa_B^2$
品种间（V）	$\sigma^2+rl\kappa_v^2$	$\sigma^2+r\sigma_{vl}^2+rl\sigma_v^2$	$\sigma^2+r\sigma_{vl}^2+rl\kappa_v^2$
地点间（L）	$\sigma^2+vr\kappa_l^2$	$\sigma^2+r\sigma_{vl}^2+rv\sigma_l^2$	$\sigma^2+rv\sigma_l^2$
品种×地点（$V\times L$）	$\sigma^2+r\kappa_{vl}^2$	$\sigma^2+r\sigma_{vl}^2$	$\sigma^2+r\sigma_{vl}^2$
试验误差	σ^2	σ^2	σ^2

二、实例分析

下面通过一个小麦品种区域试验资料介绍一年多点品种区域试验的联合分析。

【例 9-1】 有一小麦品种一年区域试验汇总资料，共有 5 个品种 V_1、V_2、V_3、V_4和 V_5，其中 V_1 为对照品种，共布置 3 个试验点，随机区组设计，3 次重复，单位为 kg，汇总资料整理见表 9-3。

表 9-3　小麦品种一年三点区域试验资料整理

品种	地点 L_1				地点 L_2				地点 L_3				T_V
	Ⅰ	Ⅱ	Ⅲ	T_{VL}	Ⅰ	Ⅱ	Ⅲ	T_{VL}	Ⅰ	Ⅱ	Ⅲ	T_{VL}	
V_1（CK）	6.0	6.8	5.4	18.2	6.1	6.1	6.4	18.6	7.4	5.4	6.3	19.1	55.9
V_2	5.9	5.9	7.0	18.8	7.7	7.2	6.8	21.7	7.9	6.2	6.7	20.8	61.3
V_3	7.2	7.8	7.7	22.7	7.7	7.5	8.0	23.2	6.4	7.4	8.2	22.0	67.9
V_4	4.8	5.4	4.6	14.8	6.1	5.9	5.6	17.6	6.3	5.7	6.4	18.4	50.8
V_5	5.4	5.5	6.7	17.6	6.0	5.9	5.5	17.4	6.0	5.5	5.8	17.3	52.3
T_B	29.3	31.4	31.4	T_L=92.1	33.6	32.6	32.3	T_L=98.5	34.0	30.2	33.4	T_L=97.6	T=288.2

1. 原始资料的整理　将原始资料整理为表 9-3，整理后得到 T_V、T_L、T_B、T_{VL}和全部资料总和 T。

2. 试验误差的方差同质性测验　首先对各试验点按随机区组设计分别进行平方和分解，求出各点的误差平方和。计算各点的误差自由度，均为（v－1）（r－1）＝（5－1）（3－1）＝8，进而求出各点的误差方差 s_i^2，填入表 9-4 中。

表 9-4　误差方差同质性测验计算表

试验点	df_i	SS_e	s_i^2	$\lg s_i^2$	$df_i \lg s_i^2$
地点 L_1	8	2.805	0.351	−0.455	−3.638
地点 L_2	8	0.675	0.084	−1.076	−8.606
地点 L_3	8	3.904	0.488	−0.312	−2.493
合计				−1.842	−14.736

表 9-4 中 3 个误差方差的同质性测验应用 Bartlett 测验法（详见第五章），其过程如下。

$$K=1+\frac{1}{3(l-1)}\left(\sum_{i=1}^{k}\frac{1}{df_i}-\frac{1}{\sum_{i=1}^{k}df_i}\right)=1+\frac{1}{3(3-1)}\left(\sum_{i=1}^{3}\frac{1}{8}-\frac{1}{24}\right)=1.056$$

$$s_e^2=\frac{SS_1+SS_2+\cdots+SS_k}{df_1+df_2+\cdots+df_k}=\frac{2.805+0.675+3.904}{8+8+8}=0.308$$

$$\lg s_e^2=\lg 0.308=-0.512$$

$$\chi_c^2=\frac{2.306}{K}\left[\left(\sum_{i=1}^{k}df_i\right)\cdot\lg s_e^2-\sum_{i=1}^{k}df_i\cdot\lg s_i^2\right]=\frac{2.306}{1.056}\times[24\times(-0.512)-(-14.736)]=5.346$$

用自由度 $df=l-1=3-1=2$ 查 χ^2 表，可得 $\chi^2_{0.05,2}=5.99$，实得 $\chi^2<\chi^2_{0.05,2}$，$p>0.05$，故应接受 H_0：$\sigma_1^2=\sigma_2^2=\sigma_3^2$，即 3 个试验点的误差方差具有同质性，可以用合并误差方差 $s_e^2=0.308$ 作为各试验点的公共误差方差。

3. 进行联合方差分析

1）资料整理　将原始资料按地点、品种与重复整理成表9-3，并分别计算地点内区组总和与地点内品种总和，以此表可计算点内区组间变异平方和。再按品种与地点两向分组整理成表9-5，以此可计算品种间变异及地点间变异的平方和。

表9-5　品种与地点两向表

	V_1	V_2	V_3	V_4	V_5	地点总和（T_L）
L_1	18.2	18.8	22.7	14.8	17.6	92.1
L_2	18.6	21.7	23.2	17.6	17.4	98.5
L_3	19.1	20.8	22.0	18.4	17.3	97.6
品种总和（T_V）	55.9	61.3	67.9	50.8	52.3	T=288.2

2）自由度与平方和的分解

矫正数

$$C=\frac{T^2}{rvl}=\frac{288.2^2}{3\times5\times3}=1845.761$$

总变异

$$df_T=rvl-1=3\times5\times3-1=44$$

$$SS_T=\sum x_{ijk}^2-C=6.0^2+6.8^2+\cdots+5.8^2-1845.761=35.959$$

地点间变异

$$df_L=l-1=3-1=2$$

$$SS_L=\frac{\sum T_L^2}{rv}-C=\frac{92.1^2+98.5^2+97.6^2}{3\times5}-1845.761=1.600$$

地点内区组间变异

$$df_B=l(r-1)=3\times(3-1)=6$$

$$SS_B=\frac{\sum T_B^2}{v}-C-SS_L=\frac{29.3^2+31.4^2+\cdots+33.4^2}{5}-1845.761-1.600=2.443$$

品种间变异

$$df_V=v-1=5-1=4$$

$$SS_V=\frac{\sum T_V^2}{rl}-C=\frac{55.9^2+61.3^2+\cdots+52.3^2}{3\times3}-1845.76=21.888$$

品种×地点互作

$$df_{V\times L}=(v-1)(l-1)=(5-1)(3-1)=8$$

$$SS_{V\times L}=\frac{\sum T_{VL}^2}{r}-C-SS_V-SS_L=\frac{18.2^2+18.8^2+\cdots+17.3^2}{3}-1845.761-21.888-1.600=2.644$$

试验误差

$$df_e=l(v-1)(r-1)=3(5-1)(3-1)=24$$

或者

$$df_e=df_T-df_B-df_V-df_L-df_{V\times L}=44-6-4-2-8=24$$

$$SS_e=SS_T-SS_B-SS_V-SS_L-SS_{V\times L}=35.959-2.443-21.888-1.600-2.644=7.384$$

3）F 测验　将上述各项变异分解计算的平方和与自由度填入方差分析表（表 9-6），并计算均方。本试验为固定模型，故各项变异的 F 值计算均以误差项均方作为分母。

表 9-6　5 个小麦品种 3 个地点试验产量结果方差分析表

变异来源	DF	SS	MS	F	$F_{0.05}$	$F_{0.01}$
点内区组间	6	2.443	0.407	1.32		
品种间	4	21.888	5.472	17.77**	2.78	4.22
地点间	2	1.600	0.800	2.60	3.40	5.61
品种×地点	8	2.644	0.331	1.07	2.36	3.36
试验误差	24	7.384	0.308			
总变异	44	35.959				

F 测验表明，品种间存在极显著差异，说明在几个参试品种中可选出适于各地区的最佳品种；地点间差异不显著，说明各品种对本区域内的几个地点的环境变化有较稳定一致的适应性；品种×地点互作差异不显著，说明各品种产量并未因种植地点的不同而改变。

4）多重比较

（1）品种间比较（SSR 法）。品种间的平均数标准误为

$$SE_V=\sqrt{\frac{s_e^2}{rl}}=\sqrt{\frac{0.308}{3\times3}}=0.185(\text{kg})$$

按试验误差自由度 $df_e=24$ 查附表 8，得 SSR，计算出不同秩次距下的最小显著极差 LSR_α（表 9-7），以此为标准，对 5 个供试品种进行多重比较，结果见表 9-8。5 个品种中，以 V_3 产量最高，显著高于其他品种，V_2 次之，V_1、V_5、V_4 产量相当，无显著差异。

表 9-7　品种间产量的最小显著极差值

p	2	3	4	5
$SSR_{0.05}$	2.92	3.07	3.15	3.22
$SSR_{0.01}$	3.96	4.14	4.24	4.33
$LSR_{0.05}$	0.54	0.57	0.58	0.60
$LSR_{0.01}$	0.73	0.77	0.78	0.80

表 9-8　品种间小区平均产量差异显著性

品种	平均产量/kg	显著性	
		0.05	0.01
V_3	7.54	a	A
V_2	6.81	b	AB
V_1	6.21	c	BC
V_5	5.81	c	C
V_4	5.64	c	C

（2）各品种与对照比较（DLSD 法）。品种间平均数差数标准误为

$$s_{\overline{x}_1-\overline{x}_2}=\sqrt{\frac{2s_e^2}{rl}}=\sqrt{\frac{2\times0.308}{3\times3}}=0.262\text{（kg）}$$

按试验误差自由度 $df_e=24$ 查附表 9，得 $Dt_{0.05}=2.66$，$Dt_{0.01}=3.36$，由此算得最小显著差异值为

$$DLSD_{0.05}=2.66\times0.262=0.697，DLSD_{0.01}=3.36\times0.262=0.880$$

以此为标准，对 4 个供试品种与对照品种进行多重比较，结果见表 9-9。4 个品种中，以 V_3 产量最高，极显著高于对照品种，V_2、V_5、V_4 品种与对照产量无显著差异。

表 9-9　各品种与对照产量差异显著性

品种	平均产量/kg	差异显著性
V_3	7.54	1.33**
V_2	6.81	0.60
V_1（CK）	6.21	—
V_5	5.81	−0.40
V_4	5.64	−0.57

4. 品种稳产性及其评价　对一年品种区域试验参试各品种的综合评价，除了在各试验点的产量水平外，品种对地点的适应性（或称稳产性）也是育种工作者所关注的目标。对一年试验，某一品种对地域的稳定性可用该品种在各地点的产量平均值 $\overline{x}_{i1}$，$\overline{x}_{i2}$，…，$\overline{x}_{ij}$ 间的变异系数来表达。例如，对品种 V_1，其在各地点产量平均值分别为 6.07、6.20、6.37（表 9-10），则各地点产量的平均数、标准差和变异系数为

$$\overline{x}=\frac{\sum_{i=1}^{n}x_i}{n}=\frac{6.07+6.20+6.37}{3}=6.21$$

$$s=\sqrt{\frac{\sum x^2-\frac{\left(\sum x\right)^2}{n}}{n-1}}=\sqrt{\frac{(6.07^2+6.20^2+6.37^2)-\frac{(6.07+6.20+6.37)^2}{3}}{3-1}}=0.15$$

$$CV=\frac{s}{\overline{x}}\times100\%=\frac{0.15}{6.21}\times100\%=2.42\%$$

表 9-10　参试品种在试验中的综合表现

品种	地点			$\overline{x}_i$	s	CV/%
	L_1	L_2	L_3			
V_1	6.07	6.20	6.37	6.21	0.15	2.42
V_2	6.27	7.23	6.93	6.81	0.49	7.20
V_3	7.57	7.73	7.33	7.54	0.20	2.65
V_4	4.93	5.87	6.13	5.64	0.63	11.17
V_5	5.87	5.80	5.77	5.81	0.05	0.86

各品种在区域试验中的产量水平对各地点表现的稳定性列于表 9-10。

综合上述分析结果，可知 V_3 品种在各试验点的产量均列第一位，并且对不同地区有

较强的稳定性（变异系数为 2.65%），可在试验区域范围内推广；V_2 品种的产量水平高于对照，但其稳定性不如对照品种，可供某些地区作为替代对照的备选品种；V_4 品种产量水平及稳产性较差；V_5 品种稳定性较好，但产量较低，可作为今后育种中选育抗逆性状的原始材料。由于上述分析是在一年试验的基础上做出的，因此所得结论还需在后续试验中验证。

第二节　多年多点区域试验的联合分析

品种区域试验一般均需进行多年，以便为品种的利用提供更可靠的信息。

一、统计方法

设有 v 个品种同时在 l 个地点连续进行 y 年的比较试验，且每年每地皆设 r 次重复，随机区组设计，则第 i 个品种在第 j 个地点、第 m 年份、第 k 个区组的观察值的线性模型可表示为

$$x_{ijmk}=\mu+\nu_i+\iota_j+\gamma_m+(\nu\iota)_{ij}+(\nu\gamma)_{im}+(\iota\gamma)_{jm}+(\nu\iota\gamma)_{ijm}+\rho_{(jm)k}+\varepsilon_{i(jm)k} \quad (9.3)$$

$$(i=1, 2, \cdots, v;\ j=1, 2, \cdots, l;\ m=1, 2, \cdots, y;\ k=1, 2, \cdots, r)$$

式中，μ 为全部观察值所在总体的平均数；ν_i 为第 i 个品种效应；ι_j 为第 j 个地点效应；γ_m 为第 m 年效应；$(\nu\iota)_{ij}$、$(\nu\gamma)_{im}$、$(\iota\gamma)_{jm}$、$(\nu\iota\gamma)_{ijm}$ 分别为品种×地点、品种×年份、地点×年份、品种×地点×年份的互作效应；$\rho_{(jm)k}$ 为第 j 个地点、第 m 个年份内第 k 个区组效应；$\varepsilon_{i(jm)k}$ 为第 j 个地点、第 m 个年份内第 i 个品种在 k 个区组的随机误差。

根据多年多点品种区域试验资料的线性模型，可把试验结果的总变异分解成品种间变异、地点间变异、年份间变异、品种×地点、品种×年份、地点×年份及品种×地点×年份的互作变异、地点与年份内的区组变异和试验误差几个部分。因此有

$$\begin{aligned}SS_T&=SS_V+SS_L+SS_Y+SS_{V\times L}+SS_{V\times Y}+SS_{L\times Y}+SS_{V\times L\times Y}+SS_B+SS_e\\ df_T&=df_V+df_L+df_Y+df_{V\times L}+df_{V\times Y}+df_{L\times Y}+df_{V\times L\times Y}+df_B+df_e\end{aligned} \quad (9.4)$$

多年多点品种区域试验的方差分析计算公式见表 9-11，对应的期望均方见表 9-12。

表 9-11　多年多点品种区域试验数据方差分析计算公式

变异来源	DF	SS	MS
年内地点内区组间	$yl(r-1)$	$SS_B=\frac{\sum T_B^2}{v}-C-SS_L-SS_Y-SS_{L\times Y}$	s_B^2
品种间（V）	$v-1$	$SS_V=\frac{\sum T_V^2}{rly}-C$	s_V^2
地点间（L）	$l-1$	$SS_L=\frac{\sum T_L^2}{rvy}-C$	s_L^2
年份间（Y）	$y-1$	$SS_Y=\frac{\sum T_Y^2}{rvl}-C$	s_Y^2
品种×地点（$V\times L$）	$(v-1)(l-1)$	$SS_{V\times L}=\frac{\sum T_{VL}^2}{ry}-C-SS_V-SS_L$	$s_{V\times L}^2$

续表

变异来源	DF	SS	MS
品种×年份（V×Y）	$(v-1)(y-1)$	$SS_{V\times Y}=\frac{\sum T_{VY}^2}{rl}-C-SS_V-SS_Y$	$s_{V\times Y}^2$
地点×年份（L×Y）	$(y-1)(l-1)$	$SS_{L\times Y}=\frac{\sum T_{LY}^2}{rv}-C-SS_L-SS_Y$	$s_{Y\times L}^2$
品种×地点×年份（V×L×Y）	$(v-1)(l-1)(y-1)$	$SS_{V\times L\times Y}=\frac{\sum T_{VLY}^2}{r}-C-SS_V-SS_L-SS_Y-SS_{V\times L}-SS_{V\times Y}-SS_{L\times Y}$	$s_{V\times L\times Y}^2$
试验误差	$yl(v-1)(r-1)$	$SS_e=SS_T-SS_V-SS_L-SS_Y-SS_{V\times L}-SS_{V\times Y}-SS_{L\times Y}-SS_{V\times L\times Y}-SS_B$	s_e^2
总变异	$rvly-1$	$SS_T=\sum x_{ijmk}^2-C \quad \left(C=\frac{T^2}{rvly}\right)$	

表 9-12　多年多点品种区域试验设计的 *F* 值与期望均方

变异来源	固定模型		随机模型		混合模型（品种、地点固定，年份随机）	
	F	期望均方	F	期望均方	F	期望均方
年内地点内区组间	$\frac{s_B^2}{s_e^2}$		$\frac{s_B^2}{s_e^2}$		$\frac{s_B^2}{s_e^2}$	
品种间（V）	$\frac{s_V^2}{s_e^2}$	$\sigma^2+rly\kappa_v^2$	$\frac{s_V^2}{s_{V\times L}^2+s_{V\times Y}^2-s_{V\times L\times Y}^2}$	$\sigma^2+r\sigma_{vly}^2+ry\sigma_{vl}^2+rl\sigma_{vy}^2+rly\sigma_v^2$	$\frac{s_V^2}{s_{V\times Y}^2}$	$\sigma^2+rl\sigma_{vy}^2+rly\kappa_v^2$
地点间（L）	$\frac{s_L^2}{s_e^2}$	$\sigma^2+rvy\kappa_l^2$	$\frac{s_L^2}{s_{L\times V}^2+s_{L\times Y}^2-s_{V\times L\times Y}^2}$	$\sigma^2+r\sigma_{vly}^2+ry\sigma_{vl}^2+rv\sigma_{ly}^2+rvy\sigma_l^2$	$\frac{s_L^2}{s_{Y\times L}^2}$	$\sigma^2+rv\sigma_{ly}^2+rvy\kappa_l^2$
年份间（Y）	$\frac{s_Y^2}{s_e^2}$	$\sigma^2+rvl\kappa_y^2$	$\frac{s_y^2}{s_{Y\times L}^2+s_{Y\times V}^2-s_{V\times L\times Y}^2}$	$\sigma^2+r\sigma_{vly}^2+rl\sigma_{vy}^2+rv\sigma_{ly}^2+rvl\sigma_y^2$	$\frac{s_Y^2}{s_e^2}$	$\sigma^2+rvl\sigma_y^2$
品种×地点（V×L）	$\frac{s_{V\times L}^2}{s_e^2}$	$\sigma^2+ry\kappa_{vl}^2$	$\frac{s_{V\times L}^2}{s_{V\times L\times Y}^2}$	$\sigma^2+r\sigma_{vly}^2+ry\sigma_{vl}^2$	$\frac{s_{V\times L}^2}{s_{V\times L\times Y}^2}$	$\sigma^2+r\sigma_{vly}^2+ry\kappa_{vl}^2$
品种×年份（V×Y）	$\frac{s_{V\times Y}^2}{s_e^2}$	$\sigma^2+rl\kappa_{vy}^2$	$\frac{s_{V\times Y}^2}{s_{V\times L\times Y}^2}$	$\sigma^2+r\sigma_{vly}^2+rl\sigma_{vy}^2$	$\frac{s_{V\times Y}^2}{s_e^2}$	$\sigma^2+rl\sigma_{vy}^2$
地点×年份（L×Y）	$\frac{s_{Y\times L}^2}{s_e^2}$	$\sigma^2+rv\kappa_{ly}^2$	$\frac{s_{Y\times L}^2}{s_{V\times L\times Y}^2}$	$\sigma^2+r\sigma_{vly}^2+rv\sigma_{ly}^2$	$\frac{s_{Y\times L}^2}{s_e^2}$	$\sigma^2+rv\sigma_{ly}^2$
品种×地点×年份（V×L×Y）	$\frac{s_{V\times L\times Y}^2}{s_e^2}$	$\sigma^2+r\kappa_{vly}^2$	$\frac{s_{V\times L\times Y}^2}{s_e^2}$	$\sigma^2+r\sigma_{vly}^2$	$\frac{s_{V\times L\times Y}^2}{s_e^2}$	$\sigma^2+r\sigma_{vly}^2$
试验误差		σ^2		σ^2		σ^2

二、实例分析

【例 9-2】 有一玉米品系的异地鉴定试验，试验品系有 5 个，V_1、V_2、V_3、V_4、V_5，其中 V_2 为对照，试验设置 3 个地点，随机区组设计，重复 3 次，试验进行了 3 年，小区产量（kg）结果整理如表 9-13 所示，试进行统计分析。

表 9-13　多年多点玉米品种区域试验资料

年份	品种	哈尔滨（L_1）				肇东（L_2）				宾县（L_3）				T_Y
		Ⅰ	Ⅱ	Ⅲ	T_{VLY}	Ⅰ	Ⅱ	Ⅲ	T_{VLY}	Ⅰ	Ⅱ	Ⅲ	T_{VLY}	
2007（Y_1）	V_1	15.53	13.15	13.04	41.72	18.27	16.17	17.22	51.66	20.53	17.50	16.15	54.18	
	V_2	11.99	14.97	13.22	40.18	14.63	15.23	14.40	44.26	19.22	16.43	14.06	49.71	
	V_3	16.99	17.27	16.02	50.28	18.42	18.99	17.78	55.19	16.72	21.15	19.22	57.09	
	V_4	10.28	11.92	10.67	32.87	14.40	13.31	13.99	41.70	16.35	16.72	14.84	47.91	
	V_5	14.93	12.06	11.89	38.88	14.36	13.08	13.95	41.39	15.49	15.16	14.18	44.83	
	T_{VLB}	69.72	69.37	64.84		80.08	76.78	77.34		88.31	86.96	78.45		
	T_{LB}				203.93				234.20				253.72	691.85
2008（Y_2）	V_1	16.11	18.77	19.10	53.98	19.05	16.80	20.02	55.87	22.13	22.35	18.75	63.23	
	V_2	14.99	14.17	15.85	45.01	19.70	16.20	20.14	56.04	20.64	22.00	20.29	62.93	
	V_3	15.33	15.07	16.90	47.30	20.22	19.14	20.62	59.98	22.22	22.74	21.82	66.78	
	V_4	11.18	13.98	11.74	36.90	17.29	13.23	15.03	45.55	17.13	18.49	16.83	52.45	
	V_5	13.35	15.07	15.33	43.75	15.16	15.76	12.86	43.78	17.61	18.01	16.87	52.49	
	T_{VLB}	70.96	77.06	78.92		91.42	81.13	88.67		99.73	103.59	94.56		
	T_{LB}				226.94				261.22				297.88	786.04
2009（Y_3）	V_1	14.21	17.62	14.36	46.19	16.21	15.09	17.83	49.13	12.46	16.70	17.75	46.91	
	V_2	13.25	14.11	12.46	39.82	15.40	14.40	12.82	42.62	16.74	16.03	19.93	52.70	
	V_3	12.67	13.50	13.21	39.38	16.05	16.52	14.17	46.74	16.91	16.45	14.02	47.38	
	V_4	10.03	10.92	12.28	33.23	11.97	11.05	11.70	34.72	13.51	12.51	12.63	38.65	
	V_5	14.36	14.00	11.71	40.07	15.09	15.17	14.90	45.16	15.69	16.28	12.88	44.85	
	T_{VLB}	64.52	70.15	64.02		74.72	72.23	71.42		75.31	77.97	77.21		
	T_{LB}				198.69				218.37				230.49	647.55
T_L					629.56				713.79				782.09	T=2125.44

1. 原始资料整理　首先将原始资料整理成品种、地点两向表（表 9-14），整理得到 T_{VL}、T_V、T_L 及全部数据总和 T；再整理成品种、年份两向表（表 9-15），得到 T_{VY}、T_V、T_Y。

表 9-14　品种、地点两向表

地点	品种					T_L
	V_1	V_2	V_3	V_4	V_5	
L_1	141.89	125.01	136.96	103.00	122.70	629.56
L_2	156.66	142.92	161.91	121.97	130.33	713.79
L_3	164.32	165.34	171.25	139.01	142.17	782.09
T_V	462.87	433.27	470.12	363.98	395.20	2125.44

表 9-15　品种、年份两向表

年份	品种					T_Y
	V_1	V_2	V_3	V_4	V_5	
Y_1	147.56	134.15	162.56	122.48	125.10	691.85
Y_2	173.08	163.98	174.06	134.90	140.02	786.04
Y_3	142.23	135.14	133.50	106.60	130.08	647.55
T_V	462.87	433.27	470.12	363.98	395.20	2125.44

2. 试验误差的方差同质性测验　试验误差的方差同质性测验采用 Bartlett 测验法，首先对各试验点按随机区组设计分别进行平方和与自由度分解，求出各点的误差平方和；然后计算各点误差自由度，均为（$v-1$）（$r-1$）=（5−1）（3−1）=8；进而求出各点的误差方差 s_i^2，计算结果见表 9-16。

表 9-16　误差方差同质性测验计算表

试点及年份	df_i	SS_e	s_i^2	$\lg s_i^2$	$df_i \lg s_i^2$
第一年地点 L_1	8	13.645	1.706	0.232	1.856
第一年地点 L_2	8	3.518	0.440	−0.357	−2.852
第一年地点 L_3	8	24.753	3.094	0.491	3.924
第二年地点 L_1	8	8.517	1.065	0.027	0.219
第二年地点 L_2	8	17.562	2.195	0.341	2.731
第二年地点 L_3	8	4.225	0.528	−0.277	−2.219
第三年地点 L_1	8	11.208	1.401	0.146	1.172
第三年地点 L_2	8	9.575	1.197	0.078	0.625
第三年地点 L_3	8	35.588	4.448	0.648	5.185
合计	72	128.591	16.074	1.329	10.639

$$C=1+\frac{1}{3(ly-1)}\left(\sum_{i=1}^{k}\frac{1}{df_i}-\frac{1}{\sum_{i=1}^{k}df_i}\right)=1+\frac{1}{3(9-1)}\left(9\times\frac{1}{8}-\frac{1}{9\times 8}\right)=1.046$$

$$s_e^2=\frac{SS_1+SS_2+\cdots+SS_k}{df_1+df_2+\cdots+df_k}=\frac{13.645+3.518+\cdots+35.588}{8+8+\cdots+8}=1.786$$

$$\lg s_e^2=\lg 1.786=0.252$$

$$\chi^2=\frac{2.306}{C}\left[\left(\sum_{i=1}^{k}df_i\right)\cdot\lg s_e^2-\sum_{i=1}^{k}df_i\cdot\lg s_i^2\right]=\frac{2.306}{1.046}\times[72\times 0.252-10.639]=16.545$$

用自由度为 $df=ly-1=9-1=8$ 查附表 7，得 $\chi^2_{0.05,8}=20.01$，实得 $\chi^2<\chi^2_{0.05,8}$，$p>0.05$，故应接受 H_0：$\sigma_1^2=\sigma_2^2=\cdots=\sigma_9^2$，说明 9 个误差方差同质，可用 $s_e^2=1.786$ 作为本例的公共误差方差，对表 9-13 资料进行联合方差分析。

3. 方差分析

1）平方和与自由度的分解

矫正数

$$C=\frac{T^2}{rvly}=\frac{2125.44^2}{3\times5\times3\times3}=33462.927$$

总变异

$$df_T=rvly-1=3\times5\times3\times3-1=134$$

$$SS_T=\sum x_{ijmk}^2-C=15.53^2+13.15^2+\cdots+12.88^2-33462.927=1103.387$$

品种间

$$df_V=v-1=5-1=4$$

$$SS_V=\frac{\sum T_V^2}{rly}-C=\frac{462.87^2+433.27^2+\cdots+395.2^2}{3\times3\times3}-33462.927=301.844$$

地点间

$$df_L=l-1=3-1=2$$

$$SS_L=\frac{\sum T_L^2}{rvy}-C=\frac{629.56^2+713.79^2+782.09^2}{3\times5\times3}-33462.927=259.444$$

年份间

$$df_Y=y-1=3-1=2$$

$$SS_Y=\frac{\sum T_Y^2}{rvl}-C=\frac{691.85^2+786.04^2+647.55^2}{3\times5\times3}-33462.927=222.324$$

品种×地点互作

$$df_{V\times L}=(v-1)(l-1)=(5-1)\times(3-1)=8$$

$$SS_{V\times L}=\frac{\sum T_{VL}^2}{ry}-C-SS_V-SS_L=\frac{141.89^2+125.01^2+\cdots+142.17^2}{3\times3}$$
$$-33462.927-301.844-259.444=23.513$$

品种×年份互作

$$df_{V\times Y}=(v-1)(y-1)=(5-1)\times(3-1)=8$$

$$SS_{V\times Y}=\frac{\sum T_{VY}^2}{rl}-C-SS_V-SS_Y=\frac{147.56^2+134.15^2+\cdots+130.08^2}{3\times3}$$
$$-33462.927-301.844-222.324=56.540$$

地点×年份互作

$$df_{L\times Y}=(l-1)(y-1)=(3-1)\times(3-1)=4$$

$$SS_{L\times Y}=\frac{\sum T_{LY}^2}{rv}-C-SS_L-SS_Y=\frac{203.93^2+234.20^2+\cdots+230.49^2}{3\times5}$$
$$-33462.927-259.444-222.324=26.630$$

品种×地点×年份互作

$$df_{V\times Y\times L}=(v-1)(l-1)(y-1)=(5-1)\times(3-1)\times(3-1)=16$$

$$SS_{V\times Y\times L}=\frac{\sum T_{VYL}^2}{n}-C-SS_V-SS_Y-SS_L-SS_{V\times L}-SS_{V\times Y}-SS_{L\times Y}$$

$$=\frac{41.72^2+40.18^2+\cdots+44.85^2}{3}-33462.927-301.844-222.324$$

$$-259.444-23.513-56.540-26.634=35.875$$

年内地点内区组间

$$df_r=ly(r-1)=3\times3\times(3-1)=18$$

$$SS_B=\frac{\sum T_B^2}{v}-C-SS_L-SS_Y-SS_{L\times Y}$$

$$=\frac{69.72^2+69.37^2+\cdots+77.21^2}{5}-33462.927-259.444$$

$$-222.324-26.634=48.707$$

试验误差

$$df_e=ly(v-1)(n-1)=3\times3\times(5-1)\times(3-1)=72$$

$$SS_e=SS_T-SS_B-SS_V-SS_L-SS_Y-SS_{V\times L}-SS_{V\times Y}-SS_{L\times Y}-SS_{V\times L\times Y}=128.591$$

2）*F* 测验　本试验为混合模型，其中品种、地点为固定效应，年份为随机效应。因此，品种×地点×年份互作、品种×年份互作、地点×年份互作及年份间的 *F* 值计算均以试验误差方差为分母；地点间的 *F* 值计算以年份×地点互作方差为分母；品种间的 *F* 值计算以品种×年份互作方差为分母；品种×地点的 *F* 值计算以地点×年份×品种互作方差为分母。表 9-13 资料的方差分析结果列于表 9-17。

表 9-17　玉米品系多年多点区域试验方差分析

变异来源	*DF*	*SS*	*MS*	*F*	$F_{0.05}$	$F_{0.01}$
年份内地点内区组	18	48.707	2.706	1.52		
年份间	2	222.324	111.162	62.28**	3.13	4.92
地点间	2	259.444	129.722	19.48**	6.94	18.00
年份×地点	4	26.634	6.659	3.73**	2.50	3.60
品种间	4	301.844	75.461	10.68**	3.84	7.01
品种×年份	8	56.540	7.068	3.96**	2.07	2.77
品种×地点	8	23.513	2.939	1.31	6.04	14.80
品种×地点×年份	16	35.875	2.242	1.26	1.79	2.28
试验误差	72	128.506	1.785			
总变异	134	1103.387				

F 测验结果表明：年份间、地点间、年份×地点互作、品种间及品种×年份互作均达到极显著差异，而其他互作项均未显著。这说明参试的品种间产量水平存在极显著差异，而且这种差异并不因种植地点的不同有较大的改变，但各地点间气候环境条件的变化会使参试品种的产量水平有较明显的变化。当主要目的是为各地点选择适合的品种时，只需对品种间的差异显著性进行多重比较。

4. 多重比较　品种间比较的均数标准误为

$$SE=\sqrt{\frac{MS_{vy}}{lyr}}=\sqrt{\frac{7.068}{3\times3\times3}}=0.512\ (\text{kg})$$

以 $df_{V\times Y}=8$ 查附表 8，得出 $SSR_{0.05}$ 和 $SSR_{0.01}$，算出 $LSR_{0.05}$ 和 $LSR_{0.01}$，列于表 9-18。

表 9-18　品种间多重比较的 *SSR* 值和 *LSR* 值

p	2	3	4	5
$SSR_{0.05}$	3.26	3.39	3.47	3.52
$SSR_{0.05}$	4.74	5.00	5.14	5.23
$LSR_{0.05}$	1.67	1.74	1.78	1.80
$LSR_{0.01}$	2.43	2.56	2.63	2.68

由表 9-19 可知，各地区均适宜推广 V_3 品种，其次为 V_1 品种，二者间差异不显著，它们与对照品种 V_2 差异也不显著；但与 V_5 和 V_4 品种间差异显著或极显著。所以，V_3 和 V_1 品种从产量上已具备了替代 V_2 的条件，但是否可以确定用它们代替 V_2 品种，还需进一步通过比较它们之间的稳产性、抗逆性、品质等性状，从而做出综合评判。

表 9-19　品种间产量差异显著性

品种	平均产量（$\bar{x}_{V_i}$）	差异显著	
		0.05	0.01
V_3	17.41	a	A
V_1	17.14	a	AB
V_2	16.05	ab	ABC
V_5	14.64	bc	BC
V_4	13.48	c	C

5. 综合分析及品种评价　由 F 测验可知，品种×年份互作极显著，说明不同品种对气候因素变化的敏感程度显著不同。品种对地域变化的稳定性和对气候变化的稳定性可通过该品种在几个地域（年份）组合的平均值得到。

例如，对品种 V_1，其在各地点的产量平均值分别为 15.77kg、17.41kg、18.26kg（表 9-20），则各地点产量的平均数、标准差和变异系数分别为

$$\bar{x}=\frac{\sum_{i=1}^{n}x_i}{r}=\frac{15.77+17.41+18.26}{3}=17.15\ (\text{kg})$$

$$s=\sqrt{\frac{\sum x^2-\frac{\left(\sum x\right)^2}{r}}{r-1}}=\sqrt{\frac{(15.77^2+17.41^2+18.26^2)-\frac{(15.77+17.41+18.26)^2}{3}}{3-1}}=1.27$$

$$CV=\frac{s}{\bar{x}}\times100\%=\frac{1.27}{17.15}\times100\%=7.40\%$$

玉米品种产量对地域变化的稳定性和对年份变化的稳定性分析结果分别列于表 9-20 和表 9-21。

表 9-20 玉米品种产量对地域变化的稳定性

品种	试验地点			$\bar{x}_i$	s	CV/%
	L_1	L_2	L_3			
V_1	15.77	17.41	18.26	17.15	1.27	7.40
V_2	13.89	15.88	18.37	16.05	2.24	13.96
V_3	15.22	17.99	19.03	17.41	1.97	11.32
V_4	11.44	13.55	15.45	13.48	2.01	14.91
V_5	13.63	14.48	15.80	14.64	1.09	7.45

表 9-21 玉米品种产量对年份变化的稳定性

品种	试验年份			$\bar{x}_i$	s	CV/%
	Y_1	Y_2	Y_3			
V_1	16.40	19.23	15.80	17.14	1.83	10.69
V_2	14.91	18.22	15.02	16.05	1.88	11.71
V_3	18.06	19.34	14.83	17.41	2.32	13.35
V_4	13.61	14.99	11.84	13.48	1.58	11.71
V_5	13.90	15.56	14.45	14.64	0.84	5.78

本例中因为品种与地点间互作不显著，所以品种对地域的稳定性可以不必计算，但这里为了讲解，一并列出。从表 9-20 和表 9-21 可以看出，V_1品种产量排列第二位，而且对地域和年份变异系数均较小，表现稳定，可优先考虑作为对照 V_2 品种的替代品种；V_3 品种有最高的平均产量，但其对年度间不同气候条件的变化反应比较敏感，可具体分析区域试验几年的气候特点，并结合长期天气预报作为某些气候类型年份的应用品种；V_4品种产量最低，且不稳定，无应用价值；V_5品种产量较低，生产上难以直接应用，但其对地域和气候变化均表现较强适应性，可考虑作为选育综合抗逆性的原始材料加以应用。

习 题

9.1 品种区域试验设计上应该注意几方面的问题?

9.2 表 9-22 是大豆区域试验资料，品种 V_2 为对照，测定指标为株高（cm），①用 2010 年数据进行一年多点数据分析；②用两年数据进行多年多点数据联合分析。

表 9-22 多年多点大豆区域试验资料 （单位：cm）

试验地点	品种	2010 年			2011 年		
		区组Ⅰ	区组Ⅱ	区组Ⅲ	区组Ⅰ	区组Ⅱ	区组Ⅲ
桦南	V_1	52	45	55	50	52	58
	V_2	44	32	30	39	43	44
	V_3	59	44	35	41	58	63
	V_4	76	80	73	78	96	87

续表

试验地点	品种	2010 年			2011 年		
		区组 I	区组 II	区组 III	区组 I	区组 II	区组 III
汤原	V_1	40	58	42	64	37	45
	V_2	30	43	29	35	44	40
	V_3	71	67	55	56	61	58
	V_4	78	76	71	87	70	65
富锦	V_1	80	76	61	72	82	76
	V_2	48	49	64	65	75	68
	V_3	88	65	70	85	90	53
	V_4	107	122	110	114	125	115

【参考答案：①$\chi^2=4.137$，$F_B=1.27$，$F_V=50.64^{**}$，$F_L=36.38^{**}$，$F_{L\times V}=2.27$；②$\chi^2=4.605$，$F_B=1.77$，$F_Y=5.60^{*}$，$F_L=81.13^{**}$，$F_{Y\times L}=1.30$，$F_V=94.74^{**}$，$F_{Y\times V}=0.80$，$F_{V\times L}=3.21$，$F_{Y\times V\times L}=0.41$】

第十章　正交设计资料的统计分析

【内容提要】 正交试验能以较少的试验处理获得较多的试验信息。本章的主要内容有正交试验设计的步骤、类型及资料分析。正交试验设计的步骤包括确定试验因素与水平、正交表的选择、表头设计、列出试验方案。正交试验设计的类型有相同水平无交互作用正交试验设计、混合水平无交互作用正交试验设计、有交互作用正交试验设计，以及无重复正交试验设计与有重复正交试验设计。正交试验设计的资料的分析包括直观分析和方差分析。

【学习重点】 正交试验方案的设计；正交试验设计资料的直观分析和方差分析，分析结果的解释。

【学习难点】 正交试验方案的设计中正交表的选择和表头设计，分析结果的解释。

【要求掌握的基本技能】 正交试验方案的设计；正交试验设计资料的直观分析和方差分析，分析结果的解释。

在多因素试验中，如果因素和水平都较多，全面实施的试验方案包括的处理组合就会很多，给试验的实施和统计分析都带来不便。正交设计（orthogonal design）是利用正交表安排多因素试验、分析试验结果的一种设计方法，是从多因素的全部处理组合中挑选部分有代表性的处理组合进行试验，通过对这部分试验结果的分析来了解全面试验的情况，找出最优组合。因此，正交试验能以较少的试验工作量获得较多的试验信息。

第一节　正交试验方案

一、正交表及其特性

（一）正交表

正交试验的设计和统计分析依靠正交表(orthogonal table)进行。正交表一般记为 $L_k(m^n)$。其中 k 为行数，即试验处理（组合）数，每一行构成一个试验处理（试验点）；m 为每个因素的水平数；n 为列数，即最多可容纳的效应数，包括因素的主效和因素之间的交互作用。表中的自然数代表各因素的水平，与因素和水平的具体内容无关。例如，正交表 $L_4(2^3)$ 和 $L_9(3^4)$ 见表 10-1。常用的正交表列于附表 14。

（二）正交表的特性

任何一张正交表都有如下特性。

（1）任一列中，不同数字出现的次数相同。例如，$L_4(2^3)$ 的任何一列中不同数字只有 1 和 2，这些数字各出现 2 次；$L_9(3^4)$ 的任何一列中不同数字只有 1、2 和 3，这些数字各出现 3 次。

表 10-1　正交表 $L_4(2^3)$ 和 $L_9(3^4)$

$L_4(2^3)$

处理	列号		
	1	2	3
1	1	1	1
2	1	2	2
3	2	1	2
4	2	2	1

注：任意两列的交互作用为另外一列

$L_9(3^4)$

处理	列号			
	1	2	3	4
1	1	1	1	1
2	1	2	2	2
3	1	3	3	3
4	2	1	2	3
5	2	2	3	1
6	2	3	1	2
7	3	1	3	2
8	3	2	1	3
9	3	3	2	1

注：任意两列的交互作用为另外两列

（2）任两列中，同一横行所组成的数字对出现的次数相同。每个因素的一个水平与另一个因素的各个水平搭配次数相等。例如，$L_4(2^3)$ 的任意两列中（1，1）、（1，2）、（2，1）、（2，2）各出现 1 次；$L_9(3^4)$ 的任意两列中（1，1）、（1，2）、（1，3）、（2，1）、（2，2）、（2，3）、（3，1）、（3，2）、（3，3）各出现 1 次。

（3）效应数目可伸缩。正交表中 n 为最多可以分析的效应数，利用正交表安排试验，效应数小于等于正交表的列数，可根据试验所要求分析的效应来调整效应数目。若各因子只分析主效应，则可以安排 n 个因子。例如，$L_9(3^4)$ 最多可安排 4 个因子，这时供试处理组合仅为全面设施的 9/81＝1/9。$L_9(3^4)$ 中任两列的交互作用为另外两列，若要考察交互作用就只能安排 A、B 两个因子，其余两列留作在分析时估计 $A\times B$ 互作，这时实际上就是一个全面试验。

（三）正交表的类型

（1）相同水平的正交表。各试验因素具有相同的水平数，即各列中最大数字数相同的正交表称为相同水平的正交表。例如，$L_4(2^3)$ 各列中最大数字为 2，$L_9(3^4)$ 各列中最大数字为 3。

（2）混合水平的正交表。各试验因素水平不同，即各列中出现的最大数字数不完全相同的正交表称为混合水平的正交表。例如，$L_8(4\times2^4)$ 中第一列最大数字为 4，第 2～5 列的最大数字为 2；$L_{16}(4^4\times2^3)$ 有 4 列最大数字为 4，有 3 列最大数字为 2。

二、正交试验方案的设计

1. 确定试验因素与水平　正交试验主要是研究对试验指标有较大影响、有生产实践意义、目前不甚了解的因素。各因素的水平数可以相等，也可以不等，对于需要做深入研究的因素或本身变化幅度大的因素，需要多设置水平，而对于作用较明确的因素，可少设置一些水平。为使各因素的水平数有科研和生产实践意义，各水平的数量级别划分可不按由小到大或由大到小的数量级进行排列。

2. 正交表的选择 正交表的选择主要是根据试验因素、水平、互作的数目来确定的。正交表选择的原则是既要能够排下试验的全部因素（包括需要研究的主效应和交互作用），又要使部分处理组合数（处理数）尽可能地少。一般来说，试验因素的水平数应等于正交表记号中括号内的底数；各因素水平相同选相同水平正交表；各因素水平不同选混合水平正交表。选用相同水平正交表时，因素的个数（包括需要研究的主效应和交互作用）应不大于正交表记号中括号内的指数，选用混合水平正交表时，因素的个数应小于或等于正交表记号中括号内的指数之和。各因素及交互作用的自由度之和要小于所选正交表的总自由度，以能够估计试验误差。若各因素及交互作用的自由度之和等于所选正交表的自由度，试验中应设置重复以估计试验误差。例如，田间试验中处理太多，区组太大，影响局部控制的效果，一般处理数目最多不宜超过 20 个。

3. 表头设计 表头设计就是把试验因素和要考察的交互作用分别安排在正交表的适当列上。如果不研究交互作用，任何因素的主效可随意安排在任何一列。

在研究交互作用时，按照该正交表的交互作用列表安排各因素及交互作用，或者从每个正交表下附的说明或表头设计中查出。表头设计时应保证因素的主效应和要研究的交互作用位于不同的列上，如果位于同一列就将产生混杂而无法研究了。

4. 列出试验方案 将安排因素主效的列取出就构成了正交设计的试验方案，每个处理的具体内容根据这些列中的数字来确定。

【例 10-1】 为优化某地区大豆超高产栽培技术方案，采用正交试验方案设计，3 个大豆品种分别为‘黑农 48’‘东农 53’‘绥农 28’，栽培密度为 20 万株/hm^2、25 万株/hm^2、30 万株/hm^2，施氮量为 45kg/hm^2、75kg/hm^2、105kg/hm^2，各因素和水平列于表 10-2。试选择合适的正交表，并列出不研究交互作用时的表头设计及试验方案。

表 10-2 大豆试验因素和水平表

水平	因素		
	品种（A）	密度（B）/（万株/hm^2）	施氮量（C）/（kg/hm^2）
1	‘黑农 48’（A_1）	20（B_1）	45（C_1）
2	‘东农 53’（A_2）	25（B_2）	75（C_2）
3	‘绥农 28’（A_3）	30（B_3）	105（C_3）

本试验中有 3 个三水平因素，如果不研究交互作用，则各因素自由度之和为因素个数×（水平数−1）=3×（3−1）=6，小于 L_9（3^4）表的总自由度 9−1=8，因此可以选用 L_9（3^4）正交表来安排试验方案；如果研究交互作用，应该选用 L_{27}（3^{13}）正交表来安排试验方案，此时所安排的试验方案实际上是全面试验方案。

若不研究交互作用，可将大豆品种（A）、密度（B）和施氮量（C）依次安排在 L_9（3^4）的第 1～3 列上，第 4 列为空列，表头设计见表 10-3。正交方案列于表 10-4。

表 10-3 大豆栽培试验的表头设计

列号	1	2	3	4
因素	A	B	C	空

表 10-4　大豆栽培试验的正交试验方案

处理	因素		
	A	B	C
1	1（'黑农 48'）	1（20）	1（45）
2	1（'黑农 48'）	2（25）	2（75）
3	1（'黑农 48'）	3（30）	3（105）
4	2（'东农 53'）	1（20）	2（75）
5	2（'东农 53'）	2（25）	3（105）
6	2（'东农 53'）	3（30）	1（45）
7	3（'绥农 28'）	1（20）	3（105）
8	3（'绥农 28'）	2（25）	1（45）
9	3（'绥农 28'）	3（30）	2（75）

【例 10-2】　研制某一水稻专用复合肥时考虑添加速效氮肥（A）、磷酸二氢钾（B）、生长调节剂（C）3 种成分对水稻产量的影响，3 种成分均设添加和不添加 2 个水平，试验需要研究 A、B、C 3 个因素的主效应和 A 与 B、A 与 C 交互作用。试列出正交试验的表头设计。

本试验预研究 3 个两水平因素和 2 个交互作用，各项自由度之和为 $3\times(2-1)+2\times(2-1)\times(2-1)=5$，可选用 $L_8(2^7)$ 正交表来安排试验方案。

正交表 $L_8(2^7)$ 中有基本列和交互作用列之分，基本列是指各因素所占的列，交互作用列为两因素交互作用所占的列。可以通过 $L_8(2^7)$ 二列间交互作用列表（表 10-5）来安排各因素和交互作用。

表 10-5　$L_8(2^7)$ 二列间交互作用列表

序号	1	2	3	4	5	6	7
1	（1）	3	2	5	4	7	6
2		（2）	1	6	7	4	5
3			（3）	7	6	5	4
4				（4）	1	2	3
5					（5）	3	2
6						（6）	1

首先将 A 因素放在第 1 列，B 因素放在第 2 列，查表 10-5，第 1 列（A 因素所在列）与第 2 列（B 因素所在列）的交互作用列是第 3 列，于是将 A 与 B 的交互作用 $A\times B$ 放在第 3 列。第 3 列不能再安排其他因素，以免出现效应混杂。然后将 C 因素放在第 4 列。查表 10-5，第 2 列（B 因素所在列）与第 4 列（C 因素所在列）的交互作用列是第 6 列，于是将 B 与 C 的交互作用 $B\times C$ 放在第 6 列。余下列为空列，如此得表头设计，见表 10-6。正交方案列于表 10-7。

表 10-6　水稻复合肥正交试验的表头设计

列号	1	2	3	4	5	6	7
因素	A	B	$A\times B$	C	空	$B\times C$	空

表 10-7　水稻专用复合肥试验的正交试验方案

处理	因素		
	A	*B*	*C*
1	1（添加氮肥）	1（添加磷酸二氢钾）	1（添加生长调节剂）
2	1（添加氮肥）	1（添加磷酸二氢钾）	2（未添加生长调节剂）
3	1（添加氮肥）	2（未添加磷酸二氢钾）	1（添加生长调节剂）
4	1（添加氮肥）	2（未添加磷酸二氢钾）	2（未添加生长调节剂）
5	2（未添加氮肥）	1（添加磷酸二氢钾）	1（添加生长调节剂）
6	2（未添加氮肥）	1（添加磷酸二氢钾）	2（未添加生长调节剂）
7	2（未添加氮肥）	2（未添加磷酸二氢钾）	1（添加生长调节剂）
8	2（未添加氮肥）	2（未添加磷酸二氢钾）	2（未添加生长调节剂）

第二节　正交试验资料的直观分析

一、无交互作用正交试验资料的直观分析

（一）相同水平正交试验资料的直观分析

首先抄下正交表中与各种效应有关的列，在其右边列上试验观察值或各次重复观察值的平均数。然后在各列 j 的下面求出各个水平 i 的总和 T_{ij}、平均值 $\bar{x}_{ij}$ 、不同水平平均值间的极差 R_j。

$$T_{ij}=\sum x_{ij} \tag{10.1}$$

$$\bar{x}_{ij}=\frac{T_{ij}}{k/m_j} \tag{10.2}$$

式中，x_{ij} 为第 j 列因素的第 i 个水平对应的观察值；k 为行数，即试验处理（组合）数，每一行构成一个试验处理（试验点）；m 为每个因素的水平数。

$$R_j=\max(\bar{x}_{ij})-\min(\bar{x}_{ij}) \tag{10.3}$$

根据极差的大小可分析各因素效应的主次，极差越大说明该因素的效应越大；将各因素最好的处理组合在一起，即可获得可能的最优处理组合。

【例 10-3】　**【例 10-1】**的大豆正交试验结果列于表 10-8，试进行直观分析。

表 10-8　大豆栽培试验结果分析及直观分析

处理	因素			产量/（$kg/666.7m^2$）
	A	*B*	*C*	
1	1	1	1	1890
2	1	2	2	2200
3	1	3	3	2350
4	2	1	2	2796
5	2	2	3	2158
6	2	3	1	2682
7	3	1	3	2100

续表

处理	因素			产量/（kg/666.7m^2）
	A	B	C	
8	3	2	1	2530
9	3	3	2	1748
T_{1j}	6440	6786	7102	
T_{2j}	7636	6888	6744	
T_{3j}	6378	6780	6608	
$\bar{x}_{1j}$	2146.67	2262.00	2367.33	
$\bar{x}_{2j}$	2545.33	2296.00	2248.00	
$\bar{x}_{3j}$	2126.00	2260.00	2202.67	
R_j	419.33	36.00	164.66	

第 1 列的 T_j、$\bar{x}_{ij}$ 、R_j 计算如下。

$$T_{1j}=1890+2200+2350=6440$$
$$T_{2j}=2796+2158+2682=7636$$
$$T_{3j}=2100+2530+1748=6378$$
$$\bar{x}_{1j}=\frac{6440}{3}=2146.67$$
$$\bar{x}_{2j}=\frac{7636}{3}=2545.33$$
$$\bar{x}_{3j}=\frac{6378}{3}=2126.00$$
$$R_j=2545.33-2126.00=419.33$$

其余以此类推，结果见表 10-8。

本试验各因素的极差表明各因素主效的大小为品种（A）>施氮量（C）>密度（B）；各因素 $\bar{x}_{ij}$ 数值最大的处理为该因素最好的处理，将各因素最好的处理组合在一起，最优处理组合应为 $A_2B_2C_1$，即品种‘东农 53’、密度 25 万株/hm^2、氮肥 45kg/hm^2。但试验中没有这个处理组合，需通过进一步的试验来验证。

（二）混合水平正交试验资料的直观分析

混合水平正交表中各列的水平数 m_j 不等，需将各列的极差调整后才可以相互比较。调整极差 R'_j 的计算方法为

$$R'_j=dR_j\sqrt{k/m_j} \tag{10.4}$$

式中，d 为调整系数，可由表 10-9 中查得；k 为行数，即试验处理（组合）数，每一行构成一个试验处理（试验点）；m 为每个因素的水平数。

表 10-9　极差调整系数

水平数	2	3	4	5	6	7	8	9	10
d	0.71	0.52	0.45	0.40	0.37	0.35	0.34	0.32	0.31

【例 10-4】　有一玉米品种（A）、覆膜（B）、密度（C）和施肥量（D）等高产栽培技术

组合试验，玉米品种有 4 个，覆膜、密度和施肥量各有 2 个水平，用正交表 $L_8(4\times2^4)$ 安排试验方案，A、B、C、D 依次安排在 1、2、3、4 列上。试验方案及结果列于表 10-10，试对该资料进行直观分析。

表 10-10　$L_8(4\times2^4)$ 正交试验数据

试验号	因素				产量/（kg/小区）
	A	B	C	D	
1	1（‘郑单 958’）	1（覆膜）	1（45000）	1（300）	27.00
2	1（‘郑单 958’）	2（不覆膜）	2（67500）	2（500）	30.50
3	2（‘先育 335’）	1（覆膜）	1（45000）	2（500）	38.35
4	2（‘先育 335’）	2（不覆膜）	2（67500）	1（300）	41.95
5	3（‘东农 253’）	1（覆膜）	2（67500）	1（300）	45.00
6	3（‘东农 253’）	2（不覆膜）	1（45000）	2（500）	42.00
7	4（‘金玉 1 号’）	1（覆膜）	2（67500）	2（500）	36.30
8	4（‘金玉 1 号’）	2（不覆膜）	1（45000）	1（300）	27.80
T_{1j}	57.50	146.65	135.15	141.75	288.90
T_{2j}	80.30	142.25	153.75	147.15	
T_{3j}	87.00				
T_{4j}	64.10				
$\bar{x}_{1j}$	28.75	36.66	33.79	35.44	
$\bar{x}_{2j}$	40.15	35.56	38.44	36.79	
$\bar{x}_{3j}$	43.50				
$\bar{x}_{4j}$	32.05				
R_j	14.75	1.10	4.65	1.35	
R'_j	9.387	1.562	6.603	1.917	

第 1 列的 T_j、$\bar{x}_{ij}$、R_j 计算如下。

$$T_{11}=27.00+30.50=57.50 \qquad T_{21}=38.35+41.95=80.30$$

$$T_{31}=45.00+42.00=87.00 \qquad T_{41}=36.30+27.80=64.10$$

$$\bar{x}_{11}=\frac{57.50}{2}=28.75 \qquad \bar{x}_{21}=\frac{80.30}{2}=40.15$$

$$\bar{x}_{31}=\frac{87.00}{2}=43.50 \qquad \bar{x}_{41}=\frac{64.10}{2}=32.05$$

$$R_1=43.50-28.75=14.75$$

由表 10-5 查得，$m=4$ 时，$d=0.45$。

$$R'_1=0.45\times14.75\times\sqrt{8/4}=9.387$$

同样方法，对第 2～4 列进行分析，结果见表 10-10。

本试验各因素的极差表明，各因素主效的大小为品种＞密度＞施肥量＞覆膜，将各因素最好的处理组合在一起，最优处理组合应为 $A_3B_1C_2D_2$，即品种‘东农 253’、覆膜、种植密度 67500 株/hm^2、施肥量 500kg/hm^2。但试验中没有这个处理组合，需通过进一步的试验来验证。

二、有交互作用正交试验资料的直观分析

有交互作用正交试验资料的计算方法与无交互作用正交试验资料相同。而对于寻找最优

处理组合的依据不同，无交互作用正交试验最优处理组合的确定只考虑主效应，有交互作用正交试验最优处理组合的确定还需要明确与此交互作用有关的各处理组合的平均表现。

【例 10-5】　**【例 10-2】**的水稻专用复合肥试验结果列于表 10-11，试进行直观分析。

表 10-11　水稻专用复合肥试验结果

处理	因素					产量/（kg/小区）
	A	B	$A\times B$	C	$B\times C$	
1	1	1	1	1	1	93.5
2	1	1	1	2	2	64.6
3	1	2	2	1	2	164.9
4	1	2	2	2	1	151.3
5	2	1	2	1	1	207.4
6	2	1	2	2	2	210.8
7	2	2	1	1	2	134.3
8	2	2	1	2	1	103.7
T_1	474.30	576.30	396.10	600.10	555.90	1130.5
T_2	656.20	554.20	734.40	530.40	574.60	
$\bar{x}_1$	118.58	144.08	99.03	150.03	138.98	
$\bar{x}_2$	164.05	138.55	183.60	132.60	143.65	
R	45.47	5.53	84.58	17.43	4.68	

根据表 10-11 中极差的大小可知，本试验各种效应的大小顺序为 $A\times B>A>C>B>B\times C$，$B$ 和 $B\times C$ 效应的绝对值较小，在以后的分析中可以不考虑。

最优处理组合的确定。不参与交互作用的因素可根据其主效应列确定最优水平，参与主要交互作用的因素应根据不同水平的搭配结果来确定最优的处理组合。本例中 $A\times B$ 交互作用是最大的，因此对有关处理组合的平均数进行比较，见表 10-12。由表可知道，A_2B_1 组合的平均数最大，故 A 因素应取 A_2 水平，B 因素应取 B_1 水平。再看 C 主效应，其主效应列有 $\bar{x}_1>\bar{x}_2$，故 C 因素应取 C_1 水平。综合以上分析，本试验的最优处理组合为 $A_2B_1C_1$。在本例实际数据中，$A_2B_1C_2$ 的结果高于 $A_2B_1C_1$，应该再做一次验证性试验。

表 10-12　$A\times B$ 组合平均数计算

组合	平均数/kg
A_1B_1	（93.5＋64.6）/2＝79.05
A_1B_2	（164.9＋151.3）/2＝158.10
A_2B_1	（207.4＋210.8）/2＝209.10
A_2B_2	（134.3＋103.7）/2＝119.00

第三节　正交试验资料的方差分析

一、无重复正交试验资料的方差分析

无重复正交试验资料的方差分析数据的整理与直观分析相同，但不需要计算极差。然后用各列的水平和求各列的平方和。

$$SS_j=\frac{\sum T_{ij}^2}{k/m_j}-C \tag{10.5}$$

各列的自由度为 m_j-1。如果有因素的均方小于误差均方，可将其自由度及平方和与误差的自由度及平方和合并来估计误差方差再进行 F 测验和多重比较。

【例 10-6】 有一水稻栽培试验，设置品种、秧龄、密度和施肥量 4 个因素，每个因素 4 个水平，选用 $L_{16}(4^5)$ 表进行正交设计，不设置重复。正交表和试验结果见表 10-13，试进行方差分析。

表 10-13　水稻栽培试验正交设计与试验结果

处理	因素					产量/（kg/小区）
	A	B	C	D	空	
1	1	1	1	1	1	82.42
2	1	2	2	2	2	82.42
3	1	3	3	3	3	78.91
4	1	4	4	4	4	72.28
5	2	1	2	3	4	84.37
6	2	2	1	4	3	82.42
7	2	3	4	1	2	75.53
8	2	4	3	2	1	80.60
9	3	1	3	4	2	82.42
10	3	2	4	3	1	77.09
11	3	3	1	2	4	90.61
12	3	4	2	1	3	90.61
13	4	1	4	2	3	80.60
14	4	2	3	1	4	84.37
15	4	3	2	4	1	84.37
16	4	4	1	3	2	90.61
T_1	316.03	329.81	346.06	332.93	324.48	1319.63
T_2	322.92	326.30	341.77	334.23	330.98	
T_3	340.73	329.42	326.30	330.98	332.54	
T_4	339.95	334.10	305.50	321.49	331.63	

（1）自由度与平方和分解。整理数据，算出各列各水平的 T_{ij}。

各列的自由度为 $df=4-1=3$。

$$C=\frac{T^2}{k}=\frac{1319.63^2}{16}=108838.9586$$

$$SS_T=\sum x^2-C=82.42^2+82.42^2+\cdots+90.61^2-108838.9586=410.2295$$

$$SS_A=\frac{\sum T_A^2}{k/m_A}-C=\frac{316.03^2+322.92^2+\cdots+339.95^2}{16/4}-108838.9586=114.8471$$

$$SS_B=\frac{\sum T_B^2}{k/m_B}-C=\frac{329.81^2+326.30^2+\cdots+334.10^2}{16/4}-108838.9586=7.7100$$

$$SS_C=\frac{\sum T_C^2}{k/m_C}-C=\frac{346.06^2+341.77^2+\cdots+305.50^2}{16/4}-108838.9586=252.5906$$

$$SS_D=\frac{\sum T_D^2}{k/m_D}-C=\frac{332.93^2+334.23^2+\cdots+321.49^2}{16/4}-108838.9586=24.9560$$

$$SS_e=\frac{\sum T_e^2}{k/m_e}-C=\frac{324.48^2+330.98^2+\cdots+331.63^2}{16/4}-108838.9586=10.1263$$

空白列平方和即误差平方和，或 $SS_e=SS_T-SS_A-SS_B-SS_C-SS_D=10.1263$。

（2）F 测验。方差分析见表 10-14。

表 10-14　水稻栽培试验正交设计方差分析表

变异来源	DF	SS	MS	F	$F_{0.05}$	$F_{0.01}$
A	3	114.8471	38.2824	11.34*	9.28	29.46
B	3	7.7096	2.5699	0.76	9.28	29.46
C	3	252.5906	84.1969	24.94**	9.28	29.46
D	3	24.9560	8.3187	2.46	9.28	29.46
误差	3	10.1263	3.3754			
总变异	15	410.2295				

由于 B 因素的 F 值<1，将它与误差合并为新的误差估计，以提高分析的精确度，重新估计误差后的方差分析见表 10-15。

表 10-15　水稻栽培试验正交设计方差分析表（重新估计误差）

变异来源	DF	SS	MS	F	$F_{0.05}$	$F_{0.01}$
A	3	114.8471	38.2824	12.88**	4.76	9.78
C	3	252.5906	84.1969	28.32**	4.76	9.78
D	3	24.9560	8.3187	2.80	4.76	9.78
误差	6	17.8359	2.9727			
总变异	15	410.2295				

结果表明：A 因素和 C 因素的主效应都达到极显著；D 因素和 B 因素的主效应不显著。

（3）多重比较。需要对 A 因素和 C 因素的各水平进行多重比较，以明确各因素的最好水平和最优处理组合。最小显著极差和比较的结果分别列于表 10-16～表 10-18。其中

$$SE=\sqrt{\frac{S_e^2}{k/m}}=\sqrt{\frac{2.9727}{16/4}}=0.8621$$

表 10-16　A 因素和 C 因素多重比较的 SSR 值和 LSR 值

p	2	3	4
$SSR_{0.05}$	3.46	3.58	3.64
$SSR_{0.01}$	5.24	5.51	5.65
$LSR_{0.05}$	2.98	3.09	3.14
$LSR_{0.01}$	4.52	4.75	4.87

表 10-17　A 因素各水平平均数的多重比较

水平	$\bar{x}_i$	差异显著性	
		0.05	0.01
A_3	85.183	a	A
A_4	84.988	a	A
A_2	80.730	b	AB
A_1	79.008	b	B

表 10-18　C 因素各水平平均数的多重比较

水平	$\bar{x}_i$	差异显著性	
		0.05	0.01
C_1	86.515	a	A
C_2	85.443	a	AB
C_3	81.575	b	B
C_4	76.375	c	C

结论：本试验以 C 因素的主效应最为显著；A 因素的主效应次之（由方差确定）；D 因素和 B 因素的主效应不显著。A 因素以 A_3 水平最好，但与 A_4 水平差异不显著；C 因素以 C_1 水平最好，但与 C_2 水平差异不显著；最优处理组合为含 A_3、A_4、C_1、C_2 的处理组合。

这里选择含 A_3C_1 的处理组合为最优是假定因素间不存在交互作用的，如果因素间存在交互作用，所选的最优组合可能是错误的。如果试验中未做这个处理组合，就只能将它与试验中表现最好的处理组合做进一步的比较来验证；如果试验中包括了这个组合，那么对各处理组合进行多重比较可确定其最优性。本例中包含了 A_3C_1 的处理组合。由于 B 和 D 两个因素不显著可不必考虑，只对 A 和 C 两个因素的组合进行多重比较。其中

$$SE=\sqrt{S_e^2}=\sqrt{2.9727}=1.7242$$

最小显著极差和多重比较的结果见表 10-19 和表 10-20。

表 10-19　A 因素和 C 因素组合间多重比较的 SSR 值和 LSR 值

p	2	3	4	5	6	7	8	9	10
$SSR_{0.05}$	3.46	3.58	3.64	3.68	3.68	3.68	3.68	3.68	3.68
$SSR_{0.01}$	5.24	5.51	5.65	5.73	5.81	5.88	5.95	6.00	6.00
$LSR_{0.05}$	5.97	6.17	6.28	6.35	6.35	6.35	6.35	6.35	6.35
$LSR_{0.01}$	9.03	9.50	9.74	9.88	10.02	10.14	10.26	10.35	10.35

表 10-20　A 和 C 两个因素组合间平均数比较

处理组合	$\bar{x}_i$	差异显著性		处理组合	$\bar{x}_i$	差异显著性	
		0.05	0.01			0.05	0.01
A_4C_1	90.61	a	A	A_2C_2	84.37	b	AB
A_3C_2	90.61	a	A	A_3C_3	82.42	bc	AB
A_3C_1	90.61	a	A	A_2C_1	82.42	bc	AB
A_4C_3	84.37	b	AB	A_1C_2	82.42	bc	AB
A_4C_2	84.37	b	AB	A_1C_1	82.42	bc	AB

续表

处理组合	$\bar{x}_i$	差异显著性		处理组合	$\bar{x}_i$	差异显著性	
		0.05	0.01			0.05	0.01
A_4C_4	80.60	bcd	BC	A_3C_4	77.09	cde	BC
A_2C_3	80.60	bcd	BC	A_2C_4	75.53	de	BC
A_1C_3	78.91	bcd	BC	A_1C_4	72.28	e	C

结果表明：处理组合 A_3C_1 确实最优，但与 A_3C_2 和 A_4C_1 两个处理组合差异不显著。不考虑交互作用的正交试验要特别注意处理组合间的比较。

二、有重复正交试验资料的方差分析

无重复正交试验资料的方差分析，其误差是由“空列”估计得到的，空列包含了试验中未分析的试验因素间的交互作用，称为模型误差，也称失拟误差。如果试验因素间的交互作用不存在，用模型误差估计试验误差是可行的；但如果试验因素间存在交互作用，模型误差会夸大试验误差，有可能掩盖所研究因素的显著性。这时试验误差可通过重复试验值来估计。正交试验的重复，可采用完全随机设计或随机区组设计。

设每个处理有 r 次重复观察值，数据的整理同直观分析，只是用各处理 r 次重复的总和计算 T_{ij}。然后用各列的 T_{ij} 求各列的平方和。

$$SS_j=\frac{\sum T_{ij}^2}{kr/m_j}-C \tag{10.6}$$

各列的自由度仍为 m_j-1。用空白列的自由度和平方和来估计误差 1（模型误差、失拟误差），用随机区组或其他设计的误差（误差 2）来进行 F 测验和多重比较。

【例 10-7】　一个小麦栽培试验，有品种（A）、密度（B）和氮肥（C）3 个因素，每个因素有 3 个水平，品种（A）包括‘东农 120’（A_1）、‘龙麦 13’（A_2）、‘克旱 9 号’（A_3），密度（B）包括 375 万/hm^2（B_1）、300 万/hm^2（B_2）、225 万/hm^2（B_3），氮肥（C）包括 75kg/hm^2（C_1）、150kg/hm^2（C_2）、225kg/hm^2（C_3）。试用正交表 $L_9(3^4)$ 进行正交试验方案设计。田间试验采用随机区组设计，3 次重复，测定各小区产量（kg），试验结果列于表 10-21，试进行方差分析。

表 10-21　小麦栽培试验的试验结果及其计算

处理	A	B	C	空白	产量				
					Ⅰ	Ⅱ	Ⅲ	总和	平均
1	1	1	1	1	350	354	361	1065	355
2	1	2	2	2	400	400	409	1209	403
3	1	3	3	3	411	417	417	1245	415
4	2	1	2	3	385	391	394	1170	390
5	2	2	3	1	440	444	430	1314	438
6	2	3	1	2	335	344	350	1029	343
7	3	1	3	2	470	475	480	1425	475
8	3	2	1	3	383	393	397	1173	391
9	3	3	2	1	450	445	455	1350	450

续表

处理	A	B	C	空白	产量				
					Ⅰ	Ⅱ	Ⅲ	总和	平均
T_{1j}	3519	3660	3267	3729					
T_{2j}	3513	3696	3729	3663					
T_{3j}	3948	3624	3984	3588					
T_r					3624	3663	3693	10980	

（1）自由度与平方和的分解。先将各处理 3 次重复的观察值求和，然后求各列的水平和，并据此计算各列的平方和。

各列的自由度为 $df=m-1=3-1=2$。

$$C=\frac{T^2}{kr}=\frac{10980^2}{9\times3}=4465200$$

$$SS_T=\sum x^2-C=350^2+400^2+\cdots+455^2-4465200=45178$$

$$SS_r=\frac{\sum T_r^2}{k}-C=\frac{3624^2+3663^2+3693^2}{9}-4465200=266$$

$$SS_A=\frac{\sum T_A^2}{kr/m_A}-C=\frac{3519^2+3513^2+3948^2}{3\times3}-4465200=13826$$

$$SS_B=\frac{\sum T_B^2}{kr/m_B}-C=\frac{3660^2+3696^2+3624^2}{3\times3}-4465200=288$$

$$SS_C=\frac{\sum T_C^2}{kr/m_C}-C=\frac{3267^2+3729^2+3984^2}{3\times3}-4465200=29354$$

$$SS_{e_1}=\frac{\sum T_{e_1}^2}{kr/m_{e_1}}-C=\frac{3729^2+3663^2+3588^2}{3\times3}-4465200=1106$$

$$SS_{e_2}=SS_T-SS_r-SS_A-SS_B-SS_C-SS_{e_1}$$
$$=45178-266-13826-288-29354-1106=338$$

（2）F 测验。将各列的自由度与平方和列成方差分析表进行 F 测验，见表 10-22。

表 10-22　小麦栽培试验的方差分析表

变异来源	DF	SS	MS	F	$F_{0.05}$	$F_{0.01}$
区组	2	266.000				
A	2	13826.000	6913.000	327.24**	3.63	6.23
B	2	288.000	144.000	6.82**	3.63	6.23
C	2	29354.000	14677.000	694.77**	3.63	6.23
模型误差	2	1106.000	553.000	26.18**	3.63	6.23
试验误差	16	338.000	21.125			
总变异	26	45178.000				

测验表明：A、B 和 C 3 个因素的主效应误差达到极显著水平，效应大小顺序为 $C>A>B$，模型误差达到极显著，说明空白列的效应也显著，在本例中可能是品种与氮肥互作显著，

也可能是品种与密度、密度与氮肥甚至 3 个因素间的二级互作显著，但无法明确到底是其中的哪一个。

（3）多重比较。接下来寻找最优组合，各因素均数标准误为

$$SE=\sqrt{\frac{S_e^2}{kr/m}}=\sqrt{\frac{21.125}{(9\times3)/3}}=1.5321$$

最小显著极差和比较的结果分别列于表 10-23～表 10-26。

表 10-23　各因素多重比较的 *SSR* 值和 *LSR* 值

p	2	3
$SSR_{0.05}$	3.00	3.15
$SSR_{0.01}$	4.13	4.34
$LSR_{0.05}$	4.60	4.83
$LSR_{0.01}$	6.33	6.65

表 10-24　*A* 因素平均数比较

水平	$\bar{x}_i$	差异显著性	
		0.05	0.01
A_3	438.667	a	A
A_1	391.000	b	B
A_2	390.333	b	B

表 10-25　*B* 因素平均数比较

水平	$\bar{x}_i$	差异显著性	
		0.05	0.01
B_2	410.667	a	A
B_1	406.667	ab	AB
B_3	402.667	b	B

表 10-26　*C* 因素平均数比较

水平	$\bar{x}_i$	差异显著性	
		0.05	0.01
C_3	442.667	a	A
C_2	414.333	b	B
C_1	363.000	c	C

多重比较结果表明：A 因素、B 因素和 C 因素各水平平均产量差异显著或极显著。各因素最优水平为 A_3、B_2、C_3。由于存在交互作用，各因素最优水平为 A_3、B_2、C_3，不能代表最优组合。需对各处理组合进行比较，筛选最优组合。各处理组合的平均数标准误为

$$SE=\sqrt{\frac{S_e^2}{r}}=\sqrt{\frac{21.125}{3}}=2.6535$$

最小显著极差和比较的结果分别列于表 10-27 和表 10-28。

表 10-27　组合间多重比较的 *SSR* 值和 *LSR* 值

p	2	3	4	5	6	7	8	9
$SSR_{0.05}$	3.00	3.15	3.23	3.30	3.34	3.37	3.39	3.41
$SSR_{0.01}$	4.13	4.34	4.45	4.54	4.60	4.67	4.72	4.76
$LSR_{0.05}$	7.96	8.36	8.57	8.76	8.86	8.94	9.00	9.05
$LSR_{0.01}$	10.96	11.52	11.81	12.05	12.21	12.39	12.52	12.63

表 10-28　三因素组合间平均数多重比较

处理组合	平均数	差异显著性		处理组合	平均数	差异显著性		处理组合	平均数	差异显著性	
		0.05	0.01			0.05	0.01			0.05	0.01
$A_3B_1C_3$	475	a	A	$A_1B_3C_3$	415	d	D	$A_2B_1C_2$	390	f	F
$A_3B_3C_2$	450	b	B	$A_1B_2C_2$	403	e	E	$A_1B_1C_1$	355	g	G
$A_2B_2C_3$	438	c	C	$A_3B_2C_1$	391	f	F	$A_2B_3C_1$	343	h	H

结论：除处理组合 $A_3B_2C_1$ 和 $A_2B_1C_2$ 间差异不显著外，其余各试验处理平均产量差异极显著，最优处理组合为 $A_3B_1C_3$，即小麦品种‘克旱 9 号’、种植密度 375 万/hm^2、施用氮肥 225kg/hm^2。

本例中各因素的最优水平组合 $A_3B_2C_3$ 不在试验中，而最优处理组合为 $A_3B_1C_3$，由于 B_1 和 B_2 差异不显著，应根据实际选择两个组合。

三、混合水平正交试验资料的方差分析

在混合水平正交设计试验中，各因素水平重复数不完全相同，它们的均数标准误要分别计算。

【例 10-8】　对【例 10-4】资料进行方差分析。

（1）自由度与平方和的分解。各因素的 T_j 整理如表 10-29 所示。

表 10-29　L_8（4×2^4）正交试验数据

试验	因素					产量/（kg/小区）
	A	B	C	D	空	
1	1（‘郑单 958’）	1（覆膜）	1（45000）	1（300）	1	27.00
2	1（‘郑单 958’）	2（不覆膜）	2（67500）	2（500）	2	30.50
3	2（‘先育 335’）	1（覆膜）	1（45000）	2（500）	2	38.35
4	2（‘先育 335’）	2（不覆膜）	2（67500）	1（300）	1	41.95
5	3（‘东农 253’）	1（覆膜）	2（67500）	1（300）	2	45.00
6	3（‘东农 253’）	2（不覆膜）	1（45000）	2（500）	1	42.00
7	4（‘金玉 1 号’）	1（覆膜）	2（67500）	2（500）	1	36.30
8	4（‘金玉 1 号’）	2（不覆膜）	1（45000）	1（300）	2	27.80
T_{1j}	57.50	146.65	135.15	141.75	147.25	288.9
T_{2j}	80.30	142.25	153.75	147.15	141.65	
T_{3j}	87.00					
T_{4j}	64.10					

$$df_T=k-1=8-1=7$$
$$df_A=m_A-1=4-1=3$$
$$df_B=m_B-1=2-1=1$$
$$df_C=m_C-1=2-1=1$$
$$df_D=m_D-1=2-1=1$$
$$df_e=m_e-1=2-1=1$$
$$C=\frac{T^2}{k}=\frac{288.9^2}{8}=10432.9$$
$$SS_T=\sum x^2-C=27.00^2+30.50^2+\cdots+27.80^2-10432.9=336.405$$
$$SS_A=\frac{\sum T_A^2}{k/m_A}-C=\frac{57.5^2+80.30^2+\cdots+64.10^2}{8/4}-10432.9=283.175$$
$$SS_B=\frac{\sum T_B^2}{k/m_B}-C=\frac{146.65^2+142.25^2}{8/2}-10432.9=2.42125$$
$$SS_C=\frac{\sum T_C^2}{k/m_C}-C=\frac{135.15^2+153.75^2}{8/2}-10432.9=43.24625$$
$$SS_D=\frac{\sum T_D^2}{k/m_D}-C=\frac{141.75^2+147.15^2}{8/2}-10432.9=3.64625$$
$$SS_e=\frac{\sum T_e^2}{k/m_e}-C=\frac{147.25^2+141.65^2}{8/2}-10432.9=3.92125$$

（2）F 测验。将各列的自由度与平方和列成方差分析表进行 F 测验，见表 10-30。

表 10-30　L_8（4×2^4）正交试验方差分析表

变异来源	DF	SS	MS	F	$Pr>F$	$F_{0.05,3,1}$	$F_{0.05,1,1}$
A	3	283.17500	94.39170	24.08	0.1484	215.71	
B	1	2.42125	2.42125	0.62	0.5760		161.45
C	1	43.24625	43.24625	11.03	0.1862		
D	1	3.64625	3.64625	0.93	0.5116		
误差	1	3.92125	3.92125				
总变异	7	336.405					

F 测验结果表明，4 个因素对产量的影响都不显著。

由于各因素对产量的影响都不显著，不必进行各因素水平间的比较。可将表 10-29 各因素最好的处理组合成最优处理组合 $A_3B_1C_2D_2$，即品种‘东农 253’、覆膜、种植密度 4500 株/666.7m^2、施肥量 500kg/hm^2。但试验中没有这个处理组合，应将最优处理组合 $A_3B_1C_2D_2$ 与试验方案中产量最高的组合 $A_3B_1C_2D_1$ 再做一次验证试验。

若 F 测验结果表明 4 个因素对试验指标的影响达到显著或极显著水平，应进行各因素水平间的多重比较，常用 SSR 法。对于混合水平正交设计试验，各因素水平的重复数不完全相同，各因素的均数标准误需要分别计算。本例中，A 因素的均数标准误计算公式为

$$SE=\sqrt{\frac{s_e^2}{k/m_A}}=\sqrt{\frac{s_e^2}{2}}$$

而 B 因素、C 因素、D 因素的均数标准误计算公式为

$$SE=\sqrt{\frac{s_e^2}{k/m_j}}=\sqrt{\frac{s_e^2}{4}}$$

四、因素间有交互作用的正交试验资料的方差分析

【例 10-9】 对**【例 10-5】**的试验资料（表 10-11）进行方差分析。

（1）自由度与平方和的分解。

$$df_T=k-1=8-1=7$$

$$df_A=df_B=df_{A\times B}=df_C=df_{B\times C}=m-1=2-1=1$$

$$df_e=df_T-df_A-df_B-df_{A\times B}-df_C-df_{B\times C}=2$$

$$C=\frac{T^2}{k}=\frac{1130.50^2}{8}=159753.8$$

$$SS_T=\sum x^2-C=93.5^2+64.6^2+\cdots+103.7^2-159753.8=19486.9088$$

$$SS_A=\frac{\sum T_A^2}{k/m_A}-C=\frac{474.30^2+656.20^2}{8/2}-159753.8=4135.9513$$

$$SS_B=\frac{\sum T_B^2}{k/m_B}-C=\frac{576.30^2+554.20^2}{8/2}-159753.8=61.0513$$

$$SS_{A\times B}=\frac{\sum T_{A\times B}^2}{k/m_{A\times B}}-C=\frac{396.10^2+734.40^2}{8/2}-159753.8=14305.8613$$

$$SS_C=\frac{\sum T_C^2}{k/m_C}-C=\frac{600.10^2+530.40^2}{8/2}-159753.8=607.2613$$

$$SS_{B\times C}=\frac{\sum T_{B\times C}^2}{k/m_{B\times C}}-C=\frac{555.90^2+574.60^2}{8/2}-159753.8=43.7113$$

$$SS_e=SS_T-SS_A-SS_B-SS_{A\times B}-SS_C-SS_{B\times C}=333.0726$$

（2）F 测验。将各列的自由度与平方和列成方差分析表进行 F 测验，见表 10-31。

表 10-31　水稻专用复合肥正交试验方差分析表

变异来源	DF	SS	MS	F	$F_{0.05}$	$F_{0.01}$
A	1	4135.9513	4135.9513	24.84*	18.51	98.49
B	1	61.0513	61.0513	0.37		
$A\times B$	1	14305.8613	14305.8613	85.90*		
C	1	607.2613	607.2613	3.65		
$B\times C$	1	43.7113	43.7113	0.26		
误差	2	333.0723	166.5363			
总变异	7	19486.9088				

F 测验结果表明：A 因素主效应和 $A\times B$ 交互作用达到显著水平，B 因素、C 因素主效应及 $B\times C$ 交互作用不显著。由于 B 因素主效应和 $B\times C$ 交互作用的方差小于误差项方差，因

此将 B 因素主效应、$B\times C$ 交互作用的误差合并，获得合并的误差方差估计，再用合并的误差方差进行 F 测验与多重比较。合并后的方差分析表见表 10-32。

表 10-32　水稻专用复合肥正交试验方差分析表（合并误差）

变异来源	DF	SS	MS	F	$F_{0.05}$	$F_{0.01}$
A	1	4135.9513	4135.9513	37.79**	7.71	21.20
$A\times B$	1	14305.8613	14305.8613	130.70**		
C	1	607.2613	607.2613	5.55		
误差	4	437.8350	109.4588			
总变异	7	19486.9088				

经合并后的误差方差测验表明：A 因素的主效应和 $A\times B$ 交互作用均达到极显著水平。

（3）多重比较。因 $A\times B$ 交互作用达到极显著水平，应对 A 与 B 的处理组合进行多重比较，以选出 A 与 B 的最优处理组合。组合水平间平均产量比较的均数标准误为

$$SE=\sqrt{\frac{S_e^2}{2}}=\sqrt{\frac{109.4588}{2}}=7.3979$$

最小显著极差 LSR 值和不同组合的多重比较结果见表 10-33 和表 10-34。

表 10-33　组合间多重比较的 *SSR* 值和 *LSR* 值

p	2	3	4
$SSR_{0.05}$	3.93	4.01	4.02
$SSR_{0.01}$	6.51	6.80	6.90
$LSR_{0.05}$	29.07	29.67	29.74
$LSR_{0.01}$	48.16	50.31	51.05

表 10-34　*A* 因素与 *B* 因素的处理组合平均值的多重比较

处理组合	平均数	差异显著性	
		0.05	0.01
A_2B_1	（207.4+210.8）/2=209.10	a	A
A_1B_2	（164.9+151.3）/2=158.10	b	B
A_2B_2	（134.3+103.7）/2=119.00	c	BC
A_1B_1	（93.5+64.6）/2=79.05	d	C

由多重比较结果可看出，A_2B_1 极显著高于 A_1B_2、A_2B_2、A_1B_1，为最优处理组合。C 因素影响不显著，可根据实际选取适合的水平。

习　题

10.1　如何应用正交表进行正交设计？

10.2　一个三因素三水平正交试验的设计和试验结果（随机区组设计重复 3 次）如表 10-35 所示。①利用区组 I 的数据进行直观分析；②利用区组 I 进行方差分析；③对 3 次重复进行方差分析。

表 10-35　三因素三水平正交试验的设计和试验结果

处理	*A*	*B*	*C*	空白	区组			
					Ⅰ	Ⅱ	Ⅲ	平均
1	1	1	1	1	340	354	361	351.67
2	1	2	2	2	400	400	409	403.00
3	1	3	3	3	401	417	417	411.67
4	2	1	2	3	375	391	397	387.67
5	2	2	3	1	420	444	430	431.33
6	2	3	1	2	315	344	350	336.33
7	3	1	3	2	460	475	485	473.33
8	3	2	1	3	373	393	397	387.67
9	3	3	2	1	450	445	455	450.00

10.3　一个三因素二水平完全混杂试验的设计和试验结果（随机区组设计重复 3 次）如表 10-36 所示，①试进行直观分析；②试进行方差分析。

表 10-36　三因素二水平完全混杂试验的设计和试验结果

处理	*A*	*B*	*A*×*B*	*C*	*A*×*C*	*B*×*C*	空白	产量
1	1	1	1	1	1	1	1	11.33
2	1	1	1	2	2	2	2	9.67
3	1	2	2	1	1	2	2	31.67
4	1	2	2	2	2	1	1	35.67
5	2	1	2	1	2	1	2	27.67
6	2	1	2	2	1	2	1	29.00
7	2	2	1	1	2	2	1	41.67
8	2	2	1	2	1	1	2	44.67

习题答案

第十一章 直线相关和回归分析

【内容提要】 变量之间的统计关系包括因果关系和相关关系两种。本章在介绍相关模型与回归模型的基础上，首先讲述了一元相关分析的相关系数计算公式和显著性测验的方法，然后论述了回归分析的统计方法，包括回归方程的建立、回归估计标准误、显著性测验、回归截距与系数的区间估计、回归预测等，最后介绍了直线回归和相关的应用要点。

【学习重点】 理解相关模型和回归模型，掌握相关系数和决定系数的统计学意义，对相关系数进行假设测验；掌握直线回归方程的建立、直线回归关系的假设测验和参数区间估计方法，了解回归分析应用中应注意的要点及局限等。

【学习难点】 回归参数的统计学意义，各参数的区间估计，直线回归和相关的应用要点。

【要求掌握的基本技能】 相关系数的计算，直线回归方程建立及回归方程的假设测验，对回归参数进行区间估计。

前述各章所述的统计方法都只涉及一个变量，对一个变量间的差异进行显著性测验，对不同处理试验结果进行比较。而实际科学研究和生产实践中所要研究的变量通常不止一个。例如，研究降雨量和作物产量高低的关系，就有降雨量和作物产量两个变量；研究单位面积的施肥量、播种量和产量三者之间的关系，就有单位面积的施肥量、播种量和产量 3 个变量；在研究大豆单株荚数、每荚粒数、百粒重与单株产量的关系中，就有单株荚数、每荚粒数、百粒重与单株产量 4 个变量。本章阐述两个变量间统计关系的分析方法，关于两个以上变量的统计分析方法将在第十二章介绍。

第一节 变量间的统计关系

一、函数关系和统计关系

两个或两个以上变量之间的关系可以分为两类：一类是函数关系，另一类是统计关系。

函数关系是一种确定性的关系，即一个变量的任一数值必与另一变量的一个确定的数值相对应。函数关系不包含误差的干扰，常见于物理学、化学等理论科学。例如，物体的移动距离 D 与速度 v 和时间 t 的关系为 $D=vt$，距离 D 与速度 v 两者之间的关系是一一对应的。

统计关系是一种非确定性的关系，在全部变量中有一个或多个变量受到误差的干扰，变量间互相影响，表现为既有关系，但又不存在完全确定关系的函数关系。这种变量间因受误差的干扰而表现为不确定量化的关系即统计关系，在农学和生物学中较为常见。例如，作物的产量和种植密度的关系，适宜范围内作物的产量随着种植密度的增加而增加，但这种关系不是确定的，即使种植密度完全相同，两块同样面积土地上的作物产量也不会相等。

二、因果关系和相关关系

对具有统计关系的两个变量，可分别用变量符号 Y 和 X 表示，根据两个变量的作用特点，统计关系又可分为因果关系和相关关系两种。

两个变量间的关系若具有原因和结果的性质，则称这两个变量间存在因果关系，并定义原因变量为自变量（independent variable），以 X 表示；定义结果变量为依变量（dependent variable），以 Y 表示。例如，一定范围内施肥量（x）与产量（y）的关系，温度（x）与病虫害发生时期（y）的关系等都属于因果关系。

如果两个变量并不是原因和结果的关系，而是呈现一种共同变化的特点，则称这两个变量间存在相关关系。相关关系中并没有自变量和依变量之分。X 和 Y 可分别用于表示任一变量。例如，玉米的穗长与穗重之间，既不能说穗长决定穗重，也不能说穗重决定穗长，两者之间是同步增长、相互影响的关系。

三、回归模型和相关模型

根据两个变量的作用、特点及关系，变量间的统计模型可分为两种理论模型，一种为相关模型，另一种为回归模型。

在相关模型中，X 和 Y 是平行变化的关系，二者都具有随机误差，不能区别哪一个是自变量，哪一个是依变量。例如，玉米穗长和穗重两个变量中，x 和 y 可代表两个变量中任意一个，应根据实际情况而定。因此相关模型没有自变量和依变量之分，也不具备预测功能，仅能表示两个变量的共同变异程度和相关性质（方向）。

在回归模型中，两个变量 X 和 Y 是因果关系，X 是固定的，这是试验预先指定的，没有误差或误差很小，而 Y 则随着 X 的变化而变化，并且有随机误差。例如，播种期和产量两个变量，播种期是预先设定的，它是固定的而且没有误差，为 X 变量；产量是随机的，一方面产量受播种期的影响，另一方面产量受随机误差的影响，为 Y 变量。回归模型中除有自变量和依变量之分外，还具有预测特征，即在一定范围之内能够根据 X 的变化预测 Y 的变化。对两个变量进行回归分析就是定量地研究 X 和 Y 数值的变化规律，根据这种规律可由一个变量的变化来估计另一个变量的变化。

四、变量的散点图

对具有统计关系的两个变量的资料进行初步考察的简便而有效的方法，是将这两个变量的 n 对观察值（x_1，y_1），（x_2，y_2），…，（x_n，y_n）分别以坐标点的形式标记于同一直角坐标平面上，获得散点图（scatter diagram）。根据散点图可初步判定双变量 x 和 y 间的关系，包括：①x 和 y 相关的性质（正或负）和密切程度；②x 和 y 的关系是直线型的还是非直线型的；③是否有一些特殊的点表示着其他因素的干扰等。例如，图 11-1 是玉米产量相关性状的 3 幅散点图，图 11-1（a）是玉米品种的千粒重（x）和小区产量（y）的散点图；图 11-1（b）是玉米种植密度（x）和千粒重（y）的散点图；图 11-1（c）是玉米轴粗（x）和千粒重（y）的散点图。

从图 11-1 中可以看出：①图 11-1（a）和图 11-1（b）都是直线型的，但方向相反；前者 y 随 x 的增大而增大，表示两个变量之间的关系是正的，后者 y 随 x 的增大而减小，表示两

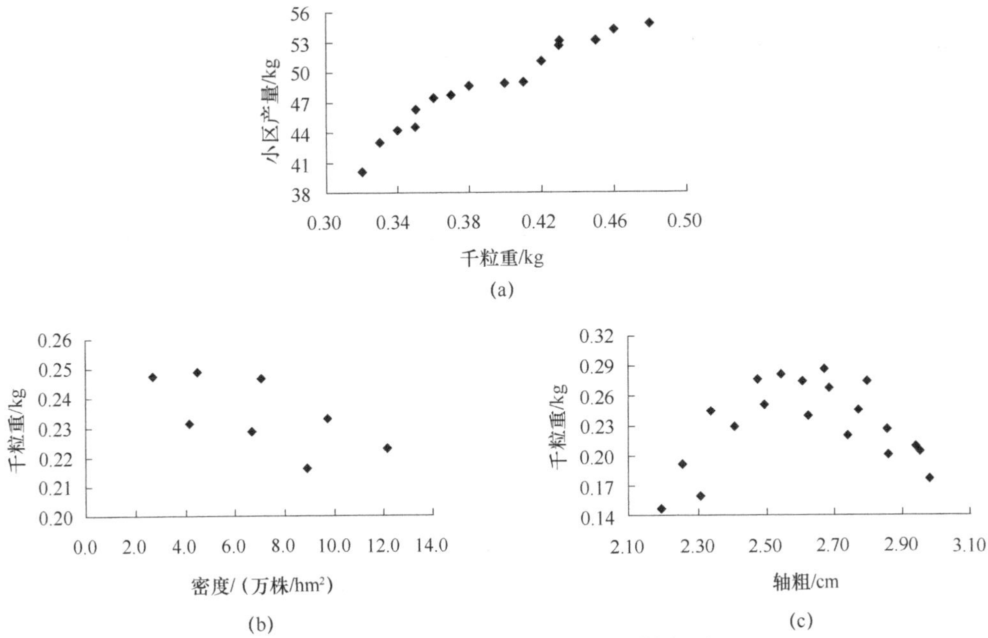

图 11-1　玉米产量相关性状间的散点图

个变量之间的关系是负的；②图 11-1（a）的各个点几乎都落在一条直线上，图 11-1（b）则较为分散，因此，图 11-1（a）中 x 和 y 相关的密切程度必然高于图 11-1（b）；③图 11-1（c）中 x 和 y 的关系是非直线型的。

第二节　直线相关分析

对两个变量进行相关分析的目的是研究 X 和 Y 之间有无相关及相关程度和相关性质（正相关或负相关）。用来表示 X 和 Y 之间相关程度和性质的统计数，在两个变量为直线相关时称为相关系数（correlation coefficient），记为 r。

一、相关系数和决定系数

（一）相关系数公式

设有一 X、Y 均为随机变量的双变量总体，具有 N 对观测值（X, Y）。若在标有这 N 个（X, Y）坐标点的直角坐标平面上移动坐标轴，将 X 轴和 Y 轴分别平移到 μ_X 和 μ_Y 上，则各个点的位置不变，而所取坐标变为（$X-\mu_X$，$Y-\mu_Y$）。并且在象限Ⅰ内，$X-\mu_X>0$，$Y-\mu_Y>0$；在象限Ⅱ内，$X-\mu_X<0$，$Y-\mu_Y>0$；在象限Ⅲ内，$X-\mu_X<0$，$Y-\mu_Y<0$；在象限Ⅳ内，$X-\mu_X>0$，$Y-\mu_Y<0$。因而，凡落在象限Ⅰ、Ⅲ内的点，两个变量的离均差相乘 $(X-\mu_X)(Y-\mu_Y)>0$；凡落在象限Ⅱ、Ⅳ内的点，$(X-\mu_X)(Y-\mu_Y)<0$。如果把象限内点的离均差乘积求和，即 $\sum_1^N(X-\mu_X)(Y-\mu_Y)$，则象限Ⅰ、Ⅲ内点的乘积和为正值，即 $\sum_1^N(X-\mu_X)(Y-\mu_Y)>0$；象限Ⅱ、Ⅳ内点的乘积和为负值，即 $\sum_1^N(X-\mu_X)(Y-\mu_Y)<0$。如果落在象限Ⅰ、

Ⅲ内的点多于象限Ⅱ、Ⅳ内的点，正负相消后，其$\sum_{1}^{N}(X-\mu_X)(Y-\mu_Y)$必为正值，即两个变量为正相关；如果落在Ⅱ、Ⅳ内的点超过Ⅰ、Ⅲ内的点，正负相消后，其$\sum_{1}^{N}(X-\mu_X)(Y-\mu_Y)$必为负值，即为负相关，此数值的绝对值大小，显示负相关密切程度的大小；如果点均匀分布在4个象限，正负相消后，其$\sum_{1}^{N}(X-\mu_X)(Y-\mu_Y)=0$或接近0，为无相关。参见图11-2。

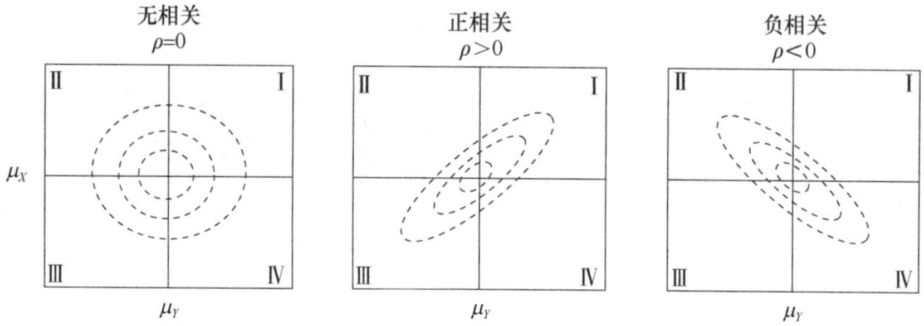

图 11-2　3 种不同的总体相关散点图

由此可见，乘积和$\sum_{1}^{N}(X-\mu_X)(Y-\mu_Y)$的值，可用来表示相关的密切程度及其性质。但是乘积和的大小受两个变量的变异程度、样本容量和度量单位的影响，为便于应用，应消去这些因素的影响。消去的方法是将离均差转换成以各自的标准差为单位，使其成为标准化离差，再以N除之。因而，可定义双变量总体的相关系数ρ为

$$\rho=\frac{1}{N}\sum_{1}^{N}\left[\left(\frac{X-\mu_X}{\sigma_X}\right)\left(\frac{Y-\mu_Y}{\sigma_Y}\right)\right]=\frac{\sum(X-\mu_X)(Y-\mu_Y)}{\sqrt{\sum(X-\mu_X)^2\cdot\sum(Y-\mu_Y)^2}} \tag{11.1}$$

式（11.1）的ρ与两个变量的变异程度、样本容量和单位都没有关系，是一个不带单位的纯数，因而可以用来比较不同双变量总体的相关程度和性质。式（11.1）也说明，相关系数是两个变量标准化离差的乘积之和的平均数。

当计算样本相关系数r时，$\sum(X-\mu_X)(Y-\mu_Y)$、$\sum(X-\mu_X)^2$和$\sum(Y-\mu_Y)^2$便分别以$\sum(x-\bar{x})(y-\bar{y})$、$\sum(x-\bar{x})^2$和$\sum(y-\bar{y})^2$取代，因而

$$r=\frac{\sum(x-\bar{x})(y-\bar{y})}{\sqrt{\sum(x-\bar{x})^2\cdot\sum(y-\bar{y})^2}}=\frac{SP}{\sqrt{SS_x\cdot SS_y}}$$

$$=\frac{\sum xy-\frac{\sum x\sum y}{n}}{\sqrt{\left(\sum x^2-\frac{\left(\sum x\right)^2}{n}\right)\cdot\left(\sum y^2-\frac{\left(\sum y\right)^2}{n}\right)}} \tag{11.2}$$

式中，分子$\sum(x-\bar{x})(y-\bar{y})$是$x$的离均差和$y$的离均差的乘积之和，简称乘积和（sum of products），记作SP；分母SS_x是x的离均差平方和；SS_y是y的离均差平方和。

相关系数r可正可负，它取决于SP的正负，其取值范围是$-1\leqslant r\leqslant 1$。当r的绝对值等于1时，x和y完全相关，$r=1$时，称为完全正相关；$r=-1$时，称为完全负相关。完全相

关的散点图，所有的点必然在一条直线上，两个变量间实际上存在着直线函数关系。在科学研究中，相关系数不易达到 1 和−1。当 $r=0$ 时，所有的点均匀地分布在 4 个象限内，没有直线的趋势。另外，r 的显著与否还和自由度有关，自由度越大，受抽样误差的影响越小，r 达到显著水平的 α 值就越小。r 的正负，表示相关性质，正的 r 值表示正相关，即 y 随 x 的增大而增大，减小而减小；负的 r 值，表示负相关，即 y 随 x 的增大而减小。

（二）决定系数

决定系数（determination coefficient）定义为由 X 不同而引起的 Y 平方和 $U=\sum(\hat{y}-\bar{y})^2$ 占 y 总平方和 $SS_y=\sum(y-\hat{y})^2$ 的比率；也可定义为由 Y 不同而引起的 X 的平方和 $\sum(\hat{x}-\bar{x})^2$ 占 x 总平方和 $SS_x=\sum(x-\bar{x})^2$ 的比率，其值为

$$r^2=\frac{U}{SS_y}=\frac{SP^2/SS_x}{SS_y}=\frac{SP^2/SS_y}{SS_x}=\frac{SP^2}{SS_x\cdot SS_y} \tag{11.3}$$

所以决定系数即相关系数 r 的平方。

决定系数和相关系数的区别在于：①除掉 $|r|$ 为 1 和 0 的情况外，r^2 总是小于 $|r|$，这就可以防止对相关系数所表示的相关程度作夸张的解释；② r 是可正可负的，而 r^2 则一律取正值，其取值区间为 [0，1]。因此，在相关分析中将两者结合起来是可取的，即由 r 的正或负表示相关的性质，由 r^2 的大小表示相关的程度。

【例 11-1】 某地区进行玉米品种区域试验，得到 16 个品种穗粗（x，cm）和小区产量（y，kg）的测量数据如表 11-1 所示，试求其样本相关系数和决定系数。

表 11-1　玉米品种的穗粗和小区产量

序号	1	2	3	4	5	6	7	8
穗粗/cm	5.04	5.08	5.49	5.25	5.08	5.34	5.05	4.75
小区产量/kg	51.10	44.57	53.05	53.16	54.22	52.68	49.01	47.76
序号	9	10	11	12	13	14	15	16
穗粗/cm	4.96	5.08	5.09	4.99	5.04	5.56	4.85	4.74
小区产量/kg	48.94	40.16	48.64	44.24	47.47	54.85	46.33	43.02

$$n=16$$

$$\sum x=5.04+5.08+\cdots+4.74=81.3900$$

$$\sum x^2=5.04^2+5.08^2+\cdots+4.74^2=414.8191$$

$$\sum y=51.10+44.57+\cdots+43.02=779.2000$$

$$\sum y^2=51.10^2+44.57^2+\cdots+43.02^2=38226.0606$$

$$\sum xy=5.04\times51.10+5.08\times44.57+\cdots+4.74\times43.02=3973.3239$$

$$SS_x=\sum x^2-\frac{\left(\sum x\right)^2}{n}=414.8191-\frac{81.3900^2}{16}=0.7983$$

$$SS_y=\sum y^2-\frac{\left(\sum y\right)^2}{n}=38226.0606-\frac{779.2000^2}{16}=279.0206$$

$$SP=\sum xy-\frac{\sum x\sum y}{n}=3973.3239-\frac{81.3900\times 779.2000}{16}=9.6309$$

$$r=\frac{SP}{\sqrt{SS_x\cdot SS_y}}=\frac{9.6309}{\sqrt{0.7983\times 279.0206}}=0.6453$$

$$r^2=0.4164$$

计算结果 $r=0.6453$，说明玉米穗粗与小区产量呈正相关，即玉米穗粗越大小区产量越高。由穗粗 x 引起小区产量 y 变异平方和仅占 y 总变异平方和的 41.64%，而不是 64.53%。

二、相关系数的假设测验

上述相关系数计算是以样本资料为基础进行的，故称为样本相关系数，样本相关系数 r 是总体相关系数 ρ 的估计值，由于抽样误差的存在，$r\neq 0$ 并不一定 $\rho\neq 0$，为了测定 r 所代表的总体是否有真实相关关系，即 r 是否来自于 $\rho=0$ 的总体的样本，必须对实得 r 值进行显著性测验，即相关系数的假设测验。测验采用 t 测验。

在 $\rho=0$ 的总体中抽样，r 本身并不服从某个已知的理论分布，但是，当 $n\geqslant 5$，$\rho=0$ 时，如取

$$t=\frac{r}{s_r} \tag{11.4}$$

则此 t 值服从 $df=n-2$ 的 t 分布，由此可测验 H_0：$\rho=0$，其中 r 的抽样标准误为

$$s_r=\sqrt{\frac{1-r^2}{n-2}} \tag{11.5}$$

【例 11-2】　试对**【例 11-1】**资料的相关系数 $r=0.6453$ 进行显著性测验。

H_0：$\rho=0$，对 H_A：$\rho\neq 0$

$$s_r=\sqrt{\frac{1-r^2}{n-2}}=\sqrt{\frac{1-0.6453^2}{16-2}}=0.2042$$

$$t=\frac{r}{s_r}=\frac{0.6453}{0.2042}=3.1601$$

查 t 值表，当 $df=n-2=16-2=14$ 时，$t_{0.05,14}=2.145$，$t_{0.01,14}=2.977$，实得 $|t|>t_{0.01}$，故否定 H_0：$\rho=0$，接受 H_A：$\rho\neq 0$，推断玉米品种穗粗与小区产量存在极显著正相关。

由于相关系数的标准误只取决于相关系数和自由度，因而将式（11.2）移项得式（11.5）。

$$t=\frac{r}{s_r}=\frac{r}{\sqrt{(1-r^2)/df}} \tag{11.6}$$

$$r_\alpha=\sqrt{\frac{t_\alpha^2}{df+t_\alpha^2}} \tag{11.7}$$

这样可以直接利用相关系数 r 值表（附表 12）来判断相关系数的显著性，r 值表列出了不同自由度下样本的相关系数达到显著（$\alpha=0.05$）和极显著（$\alpha=0.01$）时的临界值。将样本相关系数 r 与 $r_{0.05}$ 和 $r_{0.01}$ 相比较，即可确定相关系数 r 是否显著。当 $|r|<r_{0.05}$ 时为不显著；当 $r_{0.01}>|r|\geqslant r_{0.05}$ 时为显著，$|r|\geqslant r_{0.01}$ 时为极显著。

如本例 $r=0.6453$，查 r 值表，当 $df=n-2=16-2=14$ 时，$r_{0.05}=0.497$，$r_{0.01}=0.623$，实

得$|r|=0.6453>r_{0.01}$，故$P<0.01$，应否定H_0：$\rho=0$，接受H_A：$\rho\neq0$，相关系数极显著，表明x和y相关达极显著水平。

实际对r进行测验中，一般都通过查表来推断其显著性，而不再计算t值。

第三节　直线回归分析

回归分析就是对具有因果关系的多个变量，用试验或调查得到的样本数据，建立回归方程并对其进行显著性测验，应用该方程对相应参数进行估计，从而达到预测（报）目的的一种统计分析方法。

一、直线回归方程

对具有因果关系的两个变量，统计分析的任务是由试验数据推算一个表示Y随X的改变而改变的方程，这种用来描述X和Y之间数值变化关系的方程称为回归方程（regression equation）。

（一）直线回归方程的计算

对于在散点图上呈直线趋势的两个变量，如果要根据X的数量变化来预测或估计Y的数量变化，则要采用直线回归方程（linear regression equation）来描述。此方程的通式为

$$\hat{y}=a+bx \tag{11.8}$$

式（11.8）读作"y依x的直线回归方程"，其中x是自变量，$\hat{y}$是和x的量相对应的依变量的点估计值；a是$x=0$时的$\hat{y}$值，即回归直线在y轴上的截距，称为回归截距（regression intercept）；b是x每增加一个单位数时，$\hat{y}$平均地将要增加（$b>0$时）或减少（$b<0$时）的单位数，称为回归系数（regression coefficient）。

如果两个变量在散点图上呈线性关系，就可用直线回归方程来进行描述。为了使$\hat{y}=a+bx$能较好地反映Y和X两变量间的数量关系，或者说用回归方程估计的$\hat{y}$应与实际观察值y较为接近，通常用$\hat{y}$与y的离差平方和来反映它们之间的差异。

$$Q=\sum_{1}^{n}(y-\hat{y})^2=\sum_{1}^{n}(y-a-bx)^2 \tag{11.9}$$

显然Q越小越好。使Q最小的数学方法叫最小二乘法（method of least square）。根据最小二乘法，必须使Q值最小，因此，分别对a和b求偏导数并令其为0，得

$$\frac{\partial Q}{\partial a}=-2\sum(y-a-bx)=0$$

$$\frac{\partial Q}{\partial b}=-2\sum(y-a-bx)x=0$$

整理得正规方程组（normal equation group）

$$\begin{cases}an+b\sum x=\sum y\\ a\sum x+b\sum x^2=\sum xy\end{cases}$$

解方程组，得

$$a=\bar{y}-b\bar{x} \tag{11.10}$$

$$b=\frac{\sum(x-\overline{x})(y-\overline{y})}{\sum(x-\overline{x})^2}=\frac{\sum xy-\frac{1}{n}\sum x\sum y}{\sum x^2-\frac{1}{n}\left(\sum x\right)^2}=\frac{SP}{SS_x} \qquad (11.11)$$

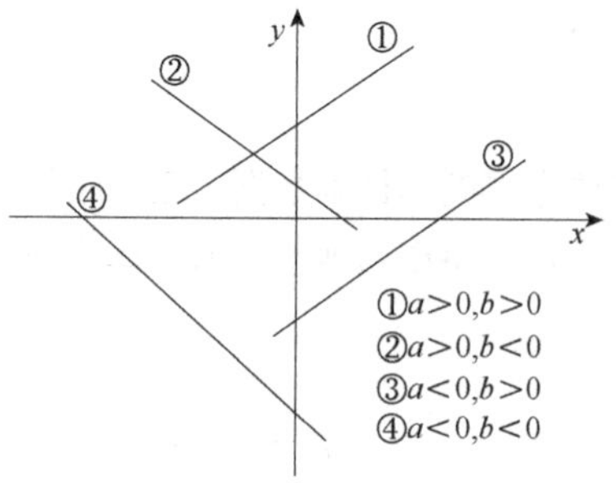

图 11-3　直线回归方程 $\hat{y}=a+bx$ 的图像

a 值和 b 值皆可正可负，因具体资料而异。当 $a>0$ 时表示回归直线在Ⅰ、Ⅱ象限交于 y 轴；当 $a<0$ 时，表示回归直线在Ⅲ、Ⅳ象限交于 y 轴；当 $b>0$ 时，表示 y 随 x 的增大而增大，呈正相关；当 $b<0$ 时，表示 y 随 x 的增大而减小，呈负相关；参见图 11-3。若 $b=0$ 或和 0 的差异不显著，则表明 y 的变异与 x 的取值大小无关，直线回归关系不能成立。

以上是 a 值和 b 值的统计学解释。在具体问题中，a 值和 b 值将有专业上的实际意义。

以一个实例来说明回归方程统计数计算的过程。

【例 11-3】　在**【例 11-1】**中，得到 16 个玉米品种穗粗（x，cm）和小区产量（y，kg）的测量数据，在育种过程中，经常通过玉米品种穗粗的选择进行产量的间接改良，因此，可认为两个变量间存在因果关系。试利用**【例 11-1】**资料建立直线回归方程。

由**【例 11-1】**算得回归分析所需的数据如下。

$$n=16$$

$$\sum x=5.04+5.08+\cdots+4.74=81.3900$$

$$\sum x^2=5.04^2+5.08^2+\cdots+4.74^2=414.8191$$

$$\sum y=51.10+44.57+\cdots+43.02=779.2000$$

$$\sum y^2=51.10^2+44.57^2+\cdots+43.02^2=38226.0606$$

$$\sum xy=5.04\times51.10+5.08\times44.57+\cdots+4.74\times47.76=3973.3239$$

$$SS_x=\sum x^2-\frac{\left(\sum x\right)^2}{n}=414.8191-\frac{81.3900^2}{16}=0.7983$$

$$SS_y=\sum y^2-\frac{\left(\sum y\right)^2}{n}=38226.0606-\frac{779.2000^2}{16}=279.0206$$

$$SP=\sum xy-\frac{\sum x\sum y}{n}=3973.3239-\frac{81.3900\times779.2000}{16}=9.6309$$

$$\overline{x}=\frac{\sum x}{n}=\frac{81.3900}{16}=5.0869$$

$$\overline{y}=\frac{\sum y}{n}=\frac{779.2000}{16}=48.7000$$

根据式（11.10）和式（11.11）算得

$$b=\frac{SP}{SS_x}=\frac{9.6309}{0.7983}=12.0643$$

$$a=\overline{y}-b\overline{x}=48.7000-12.0643\times5.0869=-12.6699$$

故得直线回归方程

$$\hat{y}=-12.6699+12.0643x$$

化简得

$$\hat{y}=-12.67+12.06x$$

上述方程中 a 和 b 的意义为：当穗粗 x 每增加 1cm，小区产量便提高 12.06kg；若穗粗为零，小区则没有产量，并且达到一定的穗粗才有产量。但在实际工作中，$x=0$ 的取值不可能出现，即不在取值范围内，所以这里的回归截距没有意义，只用于回归关系的调整。此规律只适于 x 变量的实际区间［4.74，5.56］，当 $x<4.74$ 或 $x>5.56$ 时，y 的变化是否符合 $\hat{y}=-12.67+12.06x$，没有得到任何信息。因此，在应用 $\hat{y}=-12.67+12.06x$ 进行预测时，需限定 x 的区间为［4.74，5.56］，不能外延。

（二）直线回归方程的图示

直线回归图示包括回归直线的图像和散点图。利用图像表示资料，简单明了，一目了然，比较形象直观地表示出 x 和 y 的数量关系，并便于预测。此直线必然通过点（$\bar{x}$, $\bar{y}$），这可作为判断直线图是否正确的标准。最后，将实测的各对（x，y）数值标到图 11-4 中。

如图 11-4 所示，回归直线是 16 个坐标点的代表，它表示了表 11-1 资料的基本趋势。例如，某玉米品种穗粗为 5.40cm，则在图 11-4 上可查到小区产量与把这个值代入直线回归方程得到的结果基本上是一致的。这是因为回归直线是综合多个品种的产量而得出的一般趋势，所以其代表性比任何一个实际的坐标点都好。当然这种估计仍然存在随机误差，下文再进行讨论。

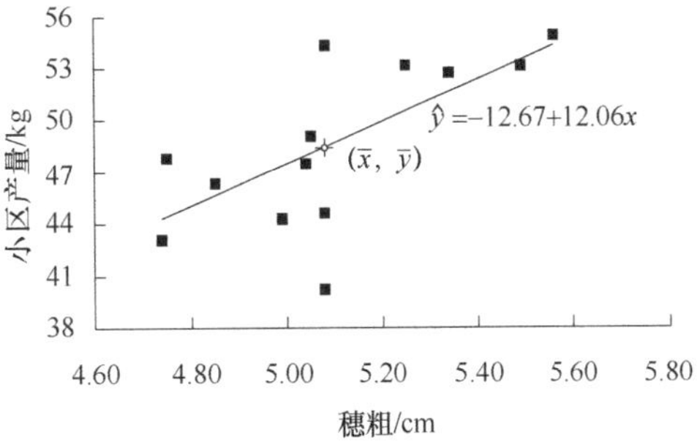

图 11-4　玉米品种穗粗和小区产量的关系

（三）直线回归的变异来源与回归估计标准误

当仅以 $\bar{y}$ 表示 y 资料时（不考虑 x 的影响），y 变量具有平方和 $SS_y=\sum(y-\bar{y})^2$ 和自由度 $df=n-1$。当以 $\hat{y}=a+bx$ 表示 y 资料时（考虑 x 的影响），$(y_i-\bar{y})=(\hat{y}_i-\bar{y})+(y_i-\hat{y}_i)$（图 11-5），则 SS_y 将分解成两个部分，即

$$\sum(y-\bar{y})^2=\sum(y-\hat{y}+\hat{y}-\bar{y})^2=\sum(y-\hat{y})^2+\sum(\hat{y}-\bar{y})^2+2\sum(y-\hat{y})(\hat{y}-\bar{y})$$

因为

$$\sum(y-\hat{y})(\hat{y}-\bar{y})=0$$

故

$$\sum(y-\bar{y})^2=\sum(y-\hat{y})^2+\sum(\hat{y}-\bar{y})^2$$

即

总平方和（SS_y）=离回归平方和（Q）+回归平方和（U）

其中 Q 就是误差的一种度量，称为离回归平方和或剩余平方和（sun of squares due to deviation from regression）。因为在建立回归方程时用了 a 和 b 两个统计数，故 Q 的自由度 $df=n-2$。因而，可定义回归方程的估计标准误 $s_{y/x}$ 为

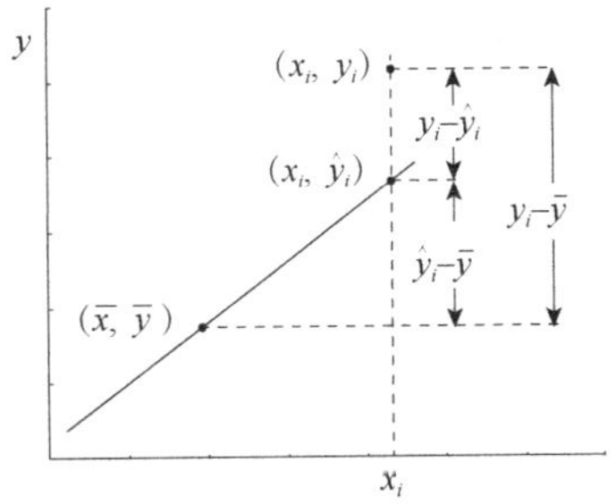

图 11-5　$(y_i-\bar{y})=(\hat{y}_i-\bar{y})+(y_i-\hat{y}_i)$ 图示

$$s_{y/x}=\sqrt{\frac{Q}{n-2}}=\sqrt{\frac{\sum(y-\hat{y})^2}{n-2}} \tag{11.12}$$

若各个观察点愈靠近回归线，则 $s_{y/x}$ 将愈小（极端地说，当各观察点都落在回归线上时，$s_{y/x}=0$）；若各观察点在回归线上下分散得愈远，则 $s_{y/x}$ 愈大。故样本的 $s_{y/x}$ 是回归方程精确度的度量，$s_{y/x}$ 愈小，由回归方程估计 y 的精确性愈高。

计算 $s_{y/x}$ 的主要步骤在于求 Q，其计算公式为

$$Q=\sum(y-\hat{y})^2=SS_y-\frac{SP^2}{SS_x} \tag{11.13}$$

【例 11-4】　试计算由表 11-1 资料所获得的回归方程的估计标准误。

据式（11.13）由**【例 11-1】**计算的有关数据可直接得到

$$Q=SS_y-\frac{SP^2}{SS_x}=279.0206-\frac{9.6309^2}{0.7983}=162.8309$$

将算得的 Q 代入式（11.11）有

$$s_{y/x}=\sqrt{\frac{Q}{n-2}}=\sqrt{\frac{162.8309}{16-2}}=3.4104$$

上述计算表明，当通过回归方程 $\hat{y}=-12.67+12.06x$ 用穗粗预测小区产量时，估计标准误为 3.4104kg。

（四）直线回归的数学模型和基本假定

1. 直线回归的数学模型　回归分析的依据是直线回归模型。在这一模型中，Y 总体的每一个值由以下三部分组成：①回归截距 α，②回归系数 β，③Y 变数的随机误差 ε。因此，总体直线回归的数学模型可表示为

$$Y_j=\alpha+\beta X_j+\varepsilon_j \tag{11.14}$$

式中，$\varepsilon_j \sim N(0,\ \sigma_\varepsilon^2)$。相应的样本线性组成为

$$y_j=a+bx_j+e_j \tag{11.15}$$

2. 直线回归的基本假定　按上述直线回归模型进行回归分析，应符合以下基本假定。

（1）Y 变量是随机变量，且具有随机误差，而 X 变量则是没有误差的固定变量，至少和 Y 变量比较起来 X 的误差小到可以忽略。

（2）在任一 X 上都存在着一个 Y 总体（可称为条件总体），它是作正态分布的，其平均数 $\mu_{Y/X}$ 是 X 的线性函数。

$$\mu_{Y/X}=\alpha+\beta X$$

$\mu_{Y/X}$ 的样本估计值是 $\hat{y}$，$\hat{y}$ 与 x 的关系就是线性回归方程，即式（11.8）。

（3）所有的 Y 总体都具有共同的方差 σ_ε^2，它不因 X 的不同而不同，而直线回归总体具有 $N(\alpha+\beta X,\ \sigma_\varepsilon^2)$。试验所得的一组观察值（$x_i$，$y_i$）只是 $N(\alpha+\beta X,\ \sigma_\varepsilon^2)$ 中的一个随机样本。

（4）随机误差 ε 相互独立，并作正态分布，具有 $N(0,\ \sigma_\varepsilon^2)$。因此，模型中的参数 α 即直线的截距；β 即直线的斜率；σ_ε^2 即误差的方差。其样本的相应估计值为 a、b 和 $s_{y/x}^2$。

直线回归分析建立在以上这些基本假定之上，如果试验资料不满足这些假定，就不能进

行直线回归分析，但有些资料可做适当处理后再进行分析。

二、直线回归的假设测验

如果 X 和 Y 变量总体并不存在直线回归关系，但从中随机抽取的一个样本也能用上述方法建立一个直线回归方程 $\hat{y}=a+bx$，这样的回归方程是不可靠的。所以对于样本的回归方程，除了用专业知识提供理论基础外，还需要统计测验提供概率保证，即必须测定其来自无直线回归关系的总体概率的大小，只有当这个概率小于 0.05 或小于 0.01 时，我们才能冒较小的风险来检测其所代表的总体是否存在着直线回归关系，即 $b\neq0$ 来自于 $\beta=0$ 的概率大小，这就是回归方程的假设测验，其检测方法通常采用 t 测验或者 F 测验。

1. t 测验 若总体不存在直线回归关系，则总体回归系数 $\beta=0$ 。

故 H_0：$\beta=0$，对 H_A：$\beta\neq0$。

由式（11.12）可推得回归系数 b 的标准误 s_b 为

$$s_b=\sqrt{\frac{s_{y/x}^2}{\sum(x-\bar{x})^2}}=\frac{s_{y/x}}{\sqrt{SS_x}} \tag{11.16}$$

$$t=\frac{b-\beta}{s_b} \tag{11.17}$$

t 遵循 $df=n-2$ 的 t 分布，根据所得 t 值进行统计推断，当 $|t|<t_\alpha$ 时为不显著，当 $|t|>t_\alpha$ 时为显著。

【例 11-5】 试测验**【例 11-3】**资料回归关系的显著性。

在**【例 11-3】**和**【例 11-4】**已算得 $b=12.0643$，$SS_x=0.7983$，$s_{y/x}=3.4104$，故有

$$s_b=\frac{s_{y/x}}{\sqrt{SS_x}}=\frac{3.4104}{\sqrt{0.7983}}=\frac{3.4104}{0.8935}=3.8169$$

$$t=\frac{b-\beta}{s_b}=\frac{12.0643}{3.8169}=3.1601$$

查附表 5 可知，$t_{0.05,14}=2.145$，$t_{0.01,14}=2.977$。现实得$|t|=3.1601>t_{0.01,14}$，表明在 $\beta=0$ 的总体中因抽样误差而获得现有样本的概率小于 0.01。所以应否定 H_0：$\beta=0$，接受 H_A：$\beta\neq0$，即认为玉米品种穗粗与小区产量有真实的直线回归关系，或者说此 $b=12.0643$ 是极显著的。

2. F 测验 在回归分析中，SS_y 将分解成离回归平方和 Q 和回归平方和 U 两个部分。回归平方和是由 x 的不同引起的，具有 $df=(n-1)-(n-2)=1$ 。在计算 U 值时可应用式（11.18）。

$$U=\sum(\hat{y}-\bar{y})^2=SS_y-Q=\frac{SP^2}{SS_x} \tag{11.18}$$

故有

$$F=\frac{U/1}{Q/(n-2)} \tag{11.19}$$

由于回归和离回归的方差比遵循 $df_1=1$、$df_2=n-2$ 的 F 分布，即可测定回归关系的显著性。

【例 11-6】 试用 F 测验法检测**【例 11-1】**资料回归关系的显著性。

在【例 11-1】和【例 11-4】已算得 $SS_y=\sum y^2-\frac{\left(\sum y\right)^2}{n}=279.0206$；$Q=162.8309$；$U=SS_y-Q=279.0206-162.8309=116.1897$，并将方差分析列于表 11-2。

表 11-2 【例 11-1】资料回归关系的方差分析

变异来源	DF	SS	MS	F	$F_{0.01}$
回归	1	116.1897	116.1897	9.99**	8.86
离回归	14	162.8309	11.6308		
总变异	15	279.0206			

得到 $F=9.99>F_{0.01,14}$，表明玉米穗粗和小区产量是有真实直线回归关系的，即 $\beta\neq0$（准确地说，在 $\beta=0$ 的总体中获得现有回归样本的概率小于 0.01）。

凡符合回归分析的资料都符合相关分析的要求，这样回归分析中也可计算相关系数。对于直线回归而言，相关系数即标准化的回归系数。因此，同一资料的回归关系与相关关系的显著与否是一致的，由于相关系数的计算和测验都比较容易，因此在实践中常采用计算相关系数假设测验来完成对回归关系的假设测验。

因为相关系数的测验就是用的 t 测验，而在同一概率值下，$df_1=1$、$df_2=n-2$ 的一尾 F 值正好是 $df=n-2$ 的两尾 t 值的平方，即 $F=t^2$。事实上，将式（11.19）做恒等变换，可得

$$F=\frac{SP^2/SS_x}{s_{y/x}^2}=\frac{(SP/SS_x)^2}{s_{y/x}^2/SS_x}=\frac{b^2}{s_b^2}=t^2 \quad (11.20)$$

所以，对直线回归做假设测验，只需选择上述测验方法之一即可。

三、回归参数的置信区间

经假设测验显著的回归方程可用来进行预测，由于回归方程的建立是用的样本数据，它与相应的回归总体有误差，如进行点的预测往往与实际有较大差异，因此，比较科学的办法应是考虑到误差的大小和坐标点的离散程度，做出区间预测。

根据公式 $a=\bar{y}-b\bar{x}$，得到回归截距 a 的方差。

$$s_a^2=s_{y/x}^2\left(\frac{1}{n}+\frac{\bar{x}^2}{SS_x}\right) \quad (11.21)$$

因而回归截距 a 的标准误 s_a 和 t 值为

$$s_a=s_{y/x}\sqrt{\frac{1}{n}+\frac{\bar{x}^2}{SS_x}} \quad (11.22)$$

$$t=\frac{a-\alpha}{s_a} \quad (11.23)$$

式（11.23）服从 $df=n-2$ 的 t 分布，所以总体回归截距 α 的置信区间为

$$\left.\begin{aligned}L_1=a-t_\alpha s_a\\L_2=a+t_\alpha s_a\end{aligned}\right\} \quad (11.24)$$

由于 $(b-\beta)/s_b$ 服从 $df=n-2$ 的 t 分布，故总体回归系数 β 的置信区间为

$$\left.\begin{aligned}L_1=b-t_\alpha s_b\\L_2=b+t_\alpha s_b\end{aligned}\right\}\qquad(11.25)$$

【例 11-7】 试计算**【例 11-1】**资料的回归截距和回归系数 95%的置信区间。

由式（11.22），求得

$$s_a=s_{y/x}\sqrt{\frac{1}{n}+\frac{\overline{x}^2}{SS_x}}=3.4104\sqrt{\frac{1}{16}+\frac{5.0869^2}{0.7983}}=3.4104\times\sqrt{32.4771}=19.4355$$

查附表 5 得，$t_{0.05,14}=2.145$，根据式（11.24），得回归截距 95%的置信区间为

$$L_1=a-t_{0.05}s_a=-12.6699-2.145\times19.4355=-54.3590$$
$$L_2=a+t_{0.05}s_a=-12.6699+2.145\times19.4355=29.0192$$

表明研究玉米品种群体的小区产量将有 95%的置信概率分布在［−54.3590，29.0192］这一区间。

同理，根据式（11.25），所求回归系数 95%的置信区间为

$$L_1=b-t_{0.05}s_b=12.0643-2.145\times3.8169=3.8770$$
$$L_2=b+t_{0.05}s_b=12.0643+2.145\times3.8169=20.2552$$

该区间说明在试验玉米品种总体中，穗粗每增加一个单位与小区产量可提高的量在区间［3.8770，20.2552］的置信度为 95%。

四、线性回归的区间预测

（一）$\mu_{y/x}$ 的预测区间和单个 y 的预测区间

由 x 的任一值对应 y 总体的平均数 $\mu_{y/x}$ 的样本估计值为 $\hat{y}=\overline{y}+b(x-\overline{x})$，它不包含随机误差。由于 a 和 b 皆有误差，因此由回归方程给出的 $\mu_{y/x}$ 的估计值也必然有误差，如果由回归方程去预测 x 的某一值时 y 的观测值所在区间，则 y 观测值不仅受到 $\overline{y}$ 和 b 的影响，还受到随机误差的影响（图 11-6）。

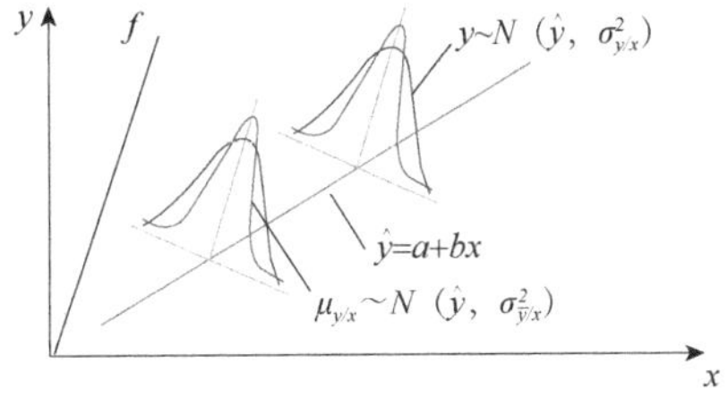

图 11-6　$\mu_{y/x}$ 和单个 y 条件分布图示

对于给定的 x，预测总体平均数 $\mu_{y/x}$ 时 $\hat{y}$ 的方差为

$$s_{\hat{y}}^2=s_{y/x}^2\left[\frac{1}{n}+\frac{(x-\overline{x})^2}{SS_x}\right]\qquad(11.26)$$

于是，$\hat{y}$ 的估计标准误为

$$s_{\hat{y}}=s_{y/x}\sqrt{\frac{1}{n}+\frac{(x-\overline{x})^2}{SS_x}}\qquad(11.27)$$

而且 $\dfrac{\hat{y}-\mu_{y/x}}{s_{\hat{y}}}$ 服从 $df=n-2$ 的 t 分布，所以 $\mu_{y/x}$ 的预测区间为

$$\left.\begin{aligned}L_1=\hat{y}-t_\alpha s_{\hat{y}}\\L_2=\hat{y}+t_\alpha s_{\hat{y}}\end{aligned}\right\}\qquad(11.28)$$

预测单个 y 观测值的方差为

$$s_y^2=s_{y/x}^2\left[1+\frac{1}{n}+\frac{(x-\bar{x})^2}{SS_x}\right] \tag{11.29}$$

单个 y 值的标准误为

$$s_y=s_{y/x}\sqrt{1+\frac{1}{n}+\frac{(x-\bar{x})^2}{SS_x}} \tag{11.30}$$

而且 $\frac{y-\hat{y}}{s_y}$ 近似服从 $df=n-2$ 的 t 分布，所以某一 x 值对应 y 观测值的预测区间为

$$\left.\begin{aligned}L_1=\hat{y}-t_\alpha s_y\\L_2=\hat{y}+t_\alpha s_y\end{aligned}\right\} \tag{11.31}$$

由式（11.27）和式（11.30）可见：①y 估计值的标准误是随 x 的取值不同而不同的，在 $x=\bar{x}$ 时，$s_{\hat{y}}$ 和 s_y 皆为最小，x 和 $\bar{x}$ 相差的绝对值愈大，$s_{\hat{y}}$ 和 s_y 愈大。这是 a 和 b 的抽样误差使样本回归线离点（$\bar{x}$，$\hat{y}$）愈远就愈加发散之故。所以，x 的取值离 $\bar{x}$ 愈远，其 y 估计值的准确度愈差。② $s_{\hat{y}}$ 和 s_y 的值随 n 和 SS_x 的增大而减小。所以，除掉要严格控制非研究因素的均匀性外，增多 n 和扩大 x 变数的取值范围也是提高回归估计准确度的主要手段。

【例 11-8】　试根据**【例 11-1】**资料预测：当玉米品种的穗粗是 5.0cm 时，单个玉米品种小区产量的 95%置信度的预测区间。

将 $x=5.0$ 代入方程 $\hat{y}=-12.67+12.06\times5.0=47.63$，再将前已算得的有关数据代入式（11.27）和式（11.28），得

$$s_{\hat{y}}=3.4104\times\sqrt{\frac{1}{16}+\frac{(5.0-5.0869)^2}{0.7893}}=0.9148$$

$$L_1=47.63-2.145\times0.9148=45.67$$

$$L_2=47.63+2.145\times0.9148=49.59$$

即玉米品种穗粗为 5.0cm 时，多个品种小区产量的 95%预测区间为［45.67，49.59］。这种预报在 100 次中将有 95 次是对的。这一结果若写成 $\hat{y}\pm t_{0.05}s_{\hat{y}}$ 的形式，即当 $x=5.0$ 时，包括 y 在内的 95%置信区间为 47.63±1.96 。

【例 11-9】　试根据**【例 11-1】**资料预测：当玉米品种的穗粗是 5.0cm 时，某个玉米品种小区产量是多少（取 95%置信度）？

由**【例 11-8】**可知，当 $x=5.0$cm 时，$\hat{y}=47.63$，再由式（11.30）和式（11.31）可得

$$s_y=3.4104\times\sqrt{1+\frac{1}{16}+\frac{(5.0-5.0869)^2}{0.7983}}=3.5310$$

因此

$$L_1=47.63-2.145\times3.5310=40.06$$

$$L_2=47.63+2.145\times3.5310=55.20$$

即玉米品种穗粗为 5.0cm 时，某一品种小区产量的 95%预测区间为［40.06，55.20］。这种预报在 100 次中将有 95 次是对的。这一结果若写成 $\hat{y}\pm t_{0.05}s_y$ 的形式，即当 $x=5.0$ 时，包括 y 在内的 95%预测区间为 47.63±7.57。

（二）预测区间的图示

由于$s_{\hat{y}}$和s_y的算式中包含$(x-\bar{x})^2$项，因此$s_{\hat{y}}$和s_y的值随x的不同而不同（表11-3）。当实践中经常需要由x来推断$\mu_{Y/X}$或预测y时，将相应的预测区间制成图，以便从图上直接读出所需的值。

在作图时，首先可取若干个等距的x值（x取值愈密，作图愈准确），算得与其相应的$\hat{y}$、$s_{\hat{y}}$、s_y和$t_{0.05}s_{\hat{y}}$、$t_{0.05}s_y$的值；然后再由$\hat{y}\pm t_{0.05}s_{\hat{y}}$和$\hat{y}\pm t_{0.05}s_y$算得各$x$上的$L_1$和$L_2$，并标于图上；最后将各个$L_1$和$L_2$分别连成曲线即可。

表11-3　【例11-1】资料$\mu_{Y/X}$的预测区间和y的预测区间的计算

x	$\hat{y}$	$\mu_{Y/X}$的95%预测区间计算			y的95%预测区间计算		
		$s_{\hat{y}}$	$t_{0.05}s_{\hat{y}}$	[L_1，L_2]	s_y	$t_{0.05}s_y$	[L_1，L_2]
4.7	44.01	1.71	3.67	[40.34，47.68]	3.81	8.17	[35.84，52.18]
4.8	45.22	1.39	2.98	[42.24，48.20]	3.68	7.89	[37.33，53.11]
4.9	46.42	1.11	2.38	[44.04，48.80]	3.59	7.70	[38.72，54.12]
5.0	47.63	0.91	1.95	[45.68，49.58]	3.53	7.57	[40.06，55.20]
5.1	48.84	0.85	1.82	[47.02，50.66]	3.52	7.55	[41.29，56.39]
5.2	50.04	0.96	2.06	[47.98，52.10]	3.54	7.59	[42.45，57.63]
5.3	51.25	1.18	2.53	[48.72，53.78]	3.61	7.74	[43.51，58.99]
5.4	52.45	1.47	3.15	[49.30，55.60]	3.71	7.96	[44.49，60.41]
5.5	53.66	1.79	3.84	[49.82，57.50]	3.85	8.26	[45.40，62.92]
5.6	54.87	2.14	4.59	[50.28，59.46]	4.02	8.62	[46.25，63.49]

制作【例11-1】资料的包括$\mu_{Y/X}$和$Y_{(p)}$在内有95%可靠度的预测区间图（图11-7）。直线1为x取值范围内$\hat{y}$的估计值；曲线2和3为$\mu_{Y/X}$ 95%预测区间的上限和下限；曲线4和5为y的95%预测区间的上限和下限。根据图11-7就可做出由玉米穗粗估计小区产量的各种预报。

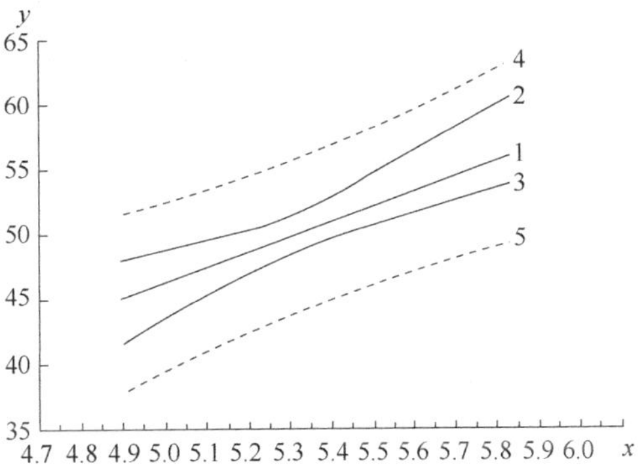

图11-7　**【例11-1】**资料的Y预测值及其95%的置信区间

第四节　直线回归和相关的应用要点

直线回归和相关分析由于方法简单、结果直观，在科学研究乃至社会生活的各个方面都得到了广泛的应用，是普及和应用最广的统计方法之一。但实践中也出现了不少误用，或者对结果不恰当的解释和推断。为了正确应用这一工具，特提出以下应用要点。

（1）回归和相关分析要有学科专业知识作为指导。变量间是否存在相关及在什么条件下会发生相关等问题，都必须由各具体学科本身来决定。客观规律要由各具体学科根据自己的理论和实践去发现，回归和相关分析只是作为一种工具，帮助完成有关的认识和解释。

（2）要严格控制研究对象（X 和 Y）以外的有关因素，即在试验的过程中应遵循“唯一差异”原则。例如，研究种植密度和产量的关系，由于品种、播期和肥水条件等的不同也影响产量，这些条件必须尽可能地控制一致，才能比较真实地反映出密度和产量的关系。

（3）直线回归和相关分析结果不显著，并不意味着 X 和 Y 没有关系，而只说明 X 和 Y 没有显著的线性关系，它并不能排除两变量间存在曲线关系的可能性（见第十章）。

（4）一个显著的 r 或 b 并不代表 X 和 Y 的关系就一定是线性的，因为它并不排斥能够更好地描述 X 和 Y 的各种曲线的存在。

（5）虽然显著的线性相关和回归并不意味着 X 和 Y 的真实关系就是线性，但是在农学和生物学研究中要发现 X 和 Y 的真实的曲线关系又是相当困难的。因此，在 X 和 Y 的一定区间内，用线性关系做近似描述是允许的，它的精确度至少比仅用 $\bar{y}$ 描述 y 变量有显著提高。但是，研究结果的适用范围应加以限制，一般应以观察区间为准。例如，**【例 11-1】**资料，玉米穗粗的观察区间是［4.74，5.56］，用线性方程 $\hat{y}=-12.67+12.06x$ 预测玉米品种一定小区的产量，必须限制 x 的取值区间为［4.74，5.56］。外推到这一区间之外是危险的，因为该区间外的 X 和 Y 的关系是否仍然是线性的，试验未给出任何信息。

（6）一个显著的相关或回归并不一定具有实践上的预测意义。例如，由附表 12 可知，当 $df=80$ 时，$|r|=0.217$ 即显著，但这表明 X 和 Y 可用线性关系说明的部分仅占总变异的 4.7%，未被说明的部分高达 96.3%，显然由 X 预测 Y 并不可靠。一般而言，当需要由 X 预测 Y 时，$|r|$ 必须在 0.7 以上，此时 Y 的变异将有 49%以上可认为是由 X 的变异引起的。

（7）为了提高回归和相关分析的准确性，两个变量的样本容量 n（观察值的对数）要尽可能大一些，至少应有 5 对。同时，X 变量的取值范围也应尽可能宽一些，这样一方面可降低回归方程的误差，另一方面也能及时发现 X 和 Y 间可能存在的曲线关系。

习　　题

11.1　什么叫相关分析？相关系数和决定系数各有什么具体意义？如何计算？如何对相关系数进行假设测验？

11.2　什么叫回归分析？回归截距和回归系数的统计意义是什么？如何计算？如何对直线回归进行假设测验？

11.3　s_b、s_r、$s_{y/x}$ 的统计意义是什么？如何计算？

11.4　测得 20 个不同玉米群体的穗行数（x，行）和群体单株产量（y，kg）如表 11-4，试计算：①二者之间的相关系数 r；②对其相关系数进行假设测验。

表 11-4　玉米群体的穗行数和群体单株产量

群体个数	1	2	3	4	5	6	7	8	9	10
x	14	12	16	16	16	16	14	16	12	14
y	0.095	0.076	0.097	0.081	0.093	0.106	0.087	0.092	0.074	0.081
群体个数	11	12	13	14	15	16	17	18	19	20
x	16	16	14	16	14	14	14	14	14	12
y	0.100	0.109	0.092	0.103	0.084	0.081	0.075	0.082	0.080	0.080

11.5　某玉米研究所进行玉米品种生育期（x，天）与产量（y，kg/20m^2）试验，其部分品种产量结果列于表 11-5，试计算：①直线回归方程 $\hat{y}=a+bx$ ，并作图；②对该回归方程进行假设测验；③测得某品种的生育期为 106 天，试估计该品种 95%置信区间的公顷产量。

表 11-5　生育期与产量

品种号	1	2	3	4	5	6	7	8	9	10
x/天	103	104	101	104	103	104	104	107	99	99
y/（kg/20m^2）	9.41	7.53	9.61	8.02	9.21	10.41	8.62	9.11	7.33	8.02
品种号	11	12	13	14	15	16	17	18	19	20
x/天	105	105	101	102	99	101	100	98	98	98
y/（kg/20m^2）	9.90	10.80	9.11	10.20	8.32	8.02	7.43	8.12	7.92	7.92

习题答案

第十二章　协方差分析

【内容提要】 协方差分析是将回归分析与方差分析相结合的、用于分析两个变量协同变化的一种统计分析法。本章首先介绍了协方差的概念及其在回归模型与相关模型中的功用，进而针对单因素完全随机试验资料和随机区组试验资料介绍了协方差分析的步骤。

【学习重点】 掌握协方差分析的概念及其在回归模型与相关模型中的功用和统计方法。

【学习难点】 理解协方差分析的概念，回归模型中完全随机和随机区组等不同设计中不同变异来源的协方差分解，相关模型中协方差分量的估计。

【要求掌握的基本技能】 掌握不同试验设计下进行回归控制和协方差分量估计的协方差分析方法。

第一节　协方差分析的意义和功用

一、协方差分析的意义

协方差（covariance）是两个变量的协变异数。对于一个具有 N 对（X，Y）观察值的有限总体，其定义为

$$C=\frac{1}{N}\sum(X-\mu_X)(Y-\mu_Y) \tag{12.1}$$

而对于由 n 对（x，y）观察值组成的样本，则可定义为

$$\hat{C}=\frac{1}{n-1}\sum(x-\bar{x})(y-\bar{y}) \tag{12.2}$$

用文字来描述，即总体协方差是指双变量离均差乘积和的平均数；样本协方差则是指乘积和与自由度的商。由于样本协方差是总体协方差的估值，一般也称为均积（mean of product，MP），或简称协方。

方差是用来度量单个变量“自身变异”大小的统计量，方差越大，则该变量的变异越大；协方差是用来度量两个变量之间“协变异”大小的统计量，即一个变量受到另一个变量影响的大小，协方差的绝对值越大，则一个变量受到另一个变量的影响越大。

对于仅涉及单个变量的试验资料，由于其总变异仅为“自身变异”（如单因素完全随机试验资料，“自身变异”是指由处理和随机误差所引起的变异），因此可以用方差分析的方法进行分析；而对于涉及两个（或两个以上）变量的试验资料，由于每个变量的总变异既包含了“自身变异”又包含了“协变异”（是指由另一个变量所引起的变异），因此需采用协方差分析（analysis of covariance，ACOV）的方法来进行分析，才能得到比较可靠的结论。

协方差分析过程中，由于要同时将自由度、平方和、乘积和按变异来源进行分解，结合了方差分析和回归（相关）分析中的基本统计量，因此通常认为协方差分析是将方

差分析和回归（相关）分析综合起来的一种统计方法。

协方差分析的意义，一方面在于通过对“自身变异”的分析来提高双变量试验结果分析的准确性；另一方面在于通过对“协变异”的分析来了解双变量之间各个变异原因的相关性。

二、协方差分析的功用

由于研究的目的不同，协方差分析有两种不同的做法：一种是利用自变量 x 与依变量 y 之间的回归关系来消除 x 的变异对 y 的影响，然后对变量 y 的“自身变异”进行方差分析，这种做法称为回归模型的协方差分析（ACOV of regression model）；另一种是将两个变量 x 和 y 的方差与协方差按变异来源同时进行分解，然后得到两个变量之间各个变异原因的相关系数，这种做法称为相关模型的协方差分析（ACOV of correlation model）。这两种不同的做法各具有不同的功用。

（一）对试验结果进行统计控制

当双变量（x，y）为因果关系的回归模型时，协方差分析的功用在于对试验结果进行统计控制。在前面有关田间试验的章节中曾反复指出，要提高试验结果的可靠性，必须严格控制试验条件的均匀性，使各处理处于尽可能一致的试验条件下，这一做法在统计上称为试验控制。然而，试验控制在某些情况下难以实施。例如，研究棉花的蕾铃脱落率要求各处理的单株有相同的蕾铃数，这种要求是不易达到的。如果那些不能很好地进行试验控制的因素 x（如上述棉花的单株蕾铃数等）是可以量测的，且又和试验结果 y 之间存在着回归关系，那么就可以利用这种回归关系将各处理 y 的观察值都矫正到 x 相同时的结果，使处理间 y 的比较能够在相同的基础上进行，从而得出正确的结论，这一做法统计上称为统计控制。回归模型协方差分析的功用就是对试验结果进行统计控制。该方法已经广泛应用于遗传育种、生理生态的研究。

（二）估计方差和协方差分量

在前面有关方差分析的章节中，如果按照随机模型分析，可根据均方 MS 和期望均方 EMS 的关系，估计不同变异体来源的方差分量。同样，当双变量（x，y）为平行关系的相关模型时，可根据协方差 MP 和期望均方 EMP 的关系，估计不同变异体来源的方差分量，进而可根据两个变量的方差分量和协方差分量估计各种变异来源的相关系数。这种分析在遗传育种、生态和环保等领域的研究中有广泛的应用。

第二节　回归模型统计控制

一、单因素完全随机试验资料的协方差分析

（一）试验资料的线性模型

单因素试验中每一个 y 观察值不仅具有处理效应和随机误差，还受到变量 x 的影响。

因此，对于单因素完全随机试验资料，变量 y 的线性组成可表达为

$$y_{ij}=\bar{y}+t_i+b_e(x_{ij}-\bar{x})+e_{ij} \quad (12.3)$$

式中，$\bar{y}$ 和 $\bar{x}$ 分别是 y 和 x 的平均数；t_i 为第 i 个处理效应；b_e 为各组 y 依 x 回归系数的加权平均值(即由误差变异项内估算的 y 依 x 的回归系数)；$b_e(x_{ij}-\bar{x})$ 为由于 x 偏离 $\bar{x}$ 所引起的 y 的变异部分；e_{ij} 为随机误差。

协方差分析实质上就是在 y 的总量中剔除由 x 引起的变异部分 $b_e(x_{ij}-\bar{x})$，然后再将与 x 变异无关的剩余部分 $b_e(x_{ij}-\bar{x})$ 作为新变量进行方差分析，其线性模型可由上式移项得到。

$$y_{ij}-b_e(x_{ij}-\bar{x}_{..})=\bar{y}_{..}+t_{i\cdot}+e_{ij} \quad (12.4)$$

式中，$y_{ij}-b_e(x_{ij}-\bar{x}_{..})$ 通常被称为 y 的回归矫正值，其含义是将 y 的观察值都矫正到 x 相同(如 $x_{ij}=\bar{x}_{..}$)时的结果，这样，y 的回归矫正值就仅受到处理效应和随机误差的影响，而与 x 值的变异无关。

(二) 估算回归系数 b_e 并进行显著性测验

协方差分析首先是要对变量 y 进行回归矫正，为此需估算出 y 依 x 的回归系数。鉴于每个处理内均可估得一个回归系数，因而需用它们的加权平均值作为代表值，通常由误差变异项内的统计量估得，记作 b_e。在第六章中我们已经学习了完全随机设计的平方和的分解公式，这里先介绍乘积和的分解。

总变异乘积和

$$SP_T=\sum xy-\frac{T_xT_y}{nk} \quad (12.5)$$

处理间乘积和

$$SP_t=\frac{\sum T_{tx}T_{ty}}{n}-\frac{T_xT_y}{nk} \quad (12.6)$$

误差乘积和

$$SP_e=SP_T-SP_t \quad (12.7)$$

于是可算得误差项内的回归系数为

$$b_e=\frac{SP_e}{SS_{ex}} \quad (12.8)$$

式中，SS_{ex} 为 x 的误差平方和。

对误差项的回归关系进行显著性测验，测验的假设为

$$H_0:\ \beta_e=0;\ H_A:\ \beta_e\neq 0$$

回归平方和

$$U=\frac{SP_e^2}{SS_{ex}} \quad (12.9)$$

离回归平方和

$$Q=SS_{ey}-U \quad (12.10)$$

则

$$F=\frac{U}{Q/df} \quad (12.11)$$

式中，df 为离回归自由度，$df=k(n-1)-1$。如果 $F>F_{\alpha,1,df}$，否定 H_0。

(三) 对变量 y 进行回归矫正

鉴于变量 x 和 y 之间存在着极显著的直线回归关系，表明 x 取值不同的确会导致 y

的不同，因而需对变量 y 进行回归矫正，公式为

$$y'_{ij}=y_{ij}-b_e(x_{ij}-\bar{x}_{..}) \tag{12.12}$$

（四）对矫正后的变量 y 进行方差分析

由于矫正后的变量 y 的观察值不受 x 大小变异的影响，其变异来源仅仅是处理效应和随机误差，因此对该资料进行方差分析可以测验出处理间的变异是否显著大于处理内的变异。有关的方差分析的公式已经在第六章第二节论述。由于变量 y 矫正时受到回归系数 b_e 的限制，因此总变异和处理内变异的自由度均比矫正前少 1。

如果变量 Y 矫正后处理间的变异与处理内的变异有显著的差异，需对变量 y 矫正后的平均数进行多重比较，可采用 LSD 法或 LSR 法，相应的尺度值构成如下。

$$LSD_\alpha=t_\alpha s_{\bar{x}_1-\bar{x}_2}\text{，}\quad LSR_\alpha=SSR_\alpha SE \text{ 或 } LSR_\alpha=q_\alpha SE$$

式中，t_α、SSR_α 和 q_α 可根据处理内自由度分别查有关表格获得；$s_{\bar{x}_1-\bar{x}_2}$ 和 SE 分别称为矫正平均数的差数标准误和极差标准误，统计上已证明它们可近似按式（12.13）和式（12.14）计算。

$$s_{\bar{x}_1-\bar{x}_2}=\sqrt{\frac{2MS_e}{n}\left[1+\frac{SS_{tx}}{(k-1)\ SS_{ex}}\right]} \tag{12.13}$$

$$SE=\sqrt{\frac{MS_e}{n}\left[1+\frac{SS_{tx}}{(k-1)\ SS_{ex}}\right]} \tag{12.14}$$

【例 12-1】 为研究 A、B、C 三种肥料对于苹果树的增产效果，选了 24 株同龄苹果树，第一年记下各树的产量（x，kg），第二年将每种肥料随机施于 24 株苹果树上，再记下其产量（y，kg）。得结果见表 12-1，试进行协方差分析。

表 12-1　3 种肥料的苹果产量　（单位：kg/株）

肥料		观察值（x_{ij}，y_{ij}）								总和（T_x，T_y）	平均（$\bar{x}_{i.}$，$\bar{y}_{i.}$）
A	x_{1j}	47	58	53	46	49	56	54	44	407	50.9
	y_{1j}	54	66	63	51	56	66	61	50	467	58.4
B	x_{2j}	52	53	64	58	59	61	63	66	476	59.5
	y_{2j}	54	53	67	62	62	63	64	69	494	61.8
C	x_{3j}	44	48	46	50	59	57	58	53	415	51.9
	y_{3j}	52	58	54	61	70	64	69	66	494	61.8
										T_x=1298	$\bar{x}$= 54.083
										T_y=1455	$\bar{y}$= 60.667

该试验用 3 种肥料分别施于 8 株苹果树上，如果各组之间苹果树的第一年产量（x）无显著差异，那么就可以直接对变量 y 进行方差分析来测验 3 种肥料对苹果的增产效果是否有显著差异。但如果各组之间苹果树的第一年产量（x）有显著差异，则势必会造成苹果树第二年产量（y）的差异，换句话说，各组之间变量 y 的试验结果既包含了不同肥料引起的"自身变异"，也包含了由不同变量 x 引起的"协变异"，因此必须采用协方差分析法将"协变异"从 y 的总变异中剔除，获得 y 的"自身变异"，然后对其

进行方差分析才能比较准确地测验 3 种肥料对苹果树第二年的产量（y）是否有显著差异。

1. 估算回归系数 b_e 并进行显著性测验　　根据表 12-1 资料可算得变量 x 和 y 各变异来源的乘积和、自由度与平方和。

有关的乘积和计算如下。

总变异乘积和 $SP_T=\sum xy-\dfrac{T_xT_y}{nk}$

$$=47\times54+58\times66+\cdots+53\times66-\frac{1298\times1455}{8\times3}=765.750$$

处理间乘积和 $SP_t=\dfrac{\sum T_{tx}T_{ty}}{n}-\dfrac{T_xT_y}{nk}$

$$=\frac{407\times467+476\times494+415\times494}{8}-\frac{1298\times1455}{8\times3}=86.625$$

误差乘积和　　$SP_e=SP_T-SP_t=765.750-86.625=679.125$

关于变量 x 和 y 各变异来源的自由度与平方和可按照第六章的公式计算，将变量 x 和 y 各变异来源的自由度、平方和与乘积和列于表 12-2。

表 12-2　表 12-1 资料变量 x 和 y 各变异来源的自由度、平方和与乘积和

变异来源	DF	SS_x	SS_y	SP
肥料间	2	356.083	60.750	86.625
误差	21	589.750	830.875	679.125
总变异	23	945.833	891.625	765.750

于是可算得误差项内的回归系数为

$$b_e=\frac{SP_e}{SS_{ex}}=\frac{679.125}{589.750}=1.1515$$

对其进行显著性测验，有

回归平方和　　$U=\dfrac{SP_e^2}{SS_{ex}}=\dfrac{679.125^2}{589.750}=782.045$

离回归平方和　　$Q=SS_{ey}-U=830.875-782.045=48.830$

则　　$F=\dfrac{U}{Q/df}=\dfrac{782.045}{48.830/20}=320.31$

离回归自由度 $df=k(n-1)-1=3\times(8-1)-1=2$，查附表 6 可得 $F_{0.01,1,20}=8.10$，实得 $F>F_{0.01,1,20}$，否定 H_0，说明 y 依 x 有极显著的直线回归关系。

2. 对变量 y 进行回归矫正　　鉴于变量 x 和 y 之间存在着极显著的直线回归关系，表明 x 取值不同的确会导致 y 的不同，因而需对变量 y 进行回归矫正。根据式（12.12）得

$$y'_{ij}=y_{ij}-b_e(x_{ij}-\bar{x}_{..})=y_{ij}-1.1515(x_{ij}-54.083)$$

可对表 12-1 资料变量 y 的观察值进行回归矫正，结果归于表 12-3。

表 12-3　变量 y 的回归矫正值

肥料	观察值								$\bar{y}$
A	62.16	61.49	64.25	60.31	61.85	63.79	61.10	61.61	62.07
B	56.40	54.25	55.58	57.49	56.34	55.04	53.73	55.28	55.51
C	63.61	65.00	63.31	65.70	64.34	60.64	64.49	67.25	64.29

3. 对矫正后的变量 y 进行方差分析　由于表 12-3 资料不受 x 大小变异的影响，其变异来源仅仅是处理效应和随机误差，因此对该资料进行方差分析可以测验出肥料间的变异是否显著大于肥料内的变异。有关的方差分析结果列于表 12-4。

表 12-4　表 12-3 资料的方差分析

变异来源	*DF*	*SS*	*MS*	*F*
肥料间	2	333.402	166.701	68.277**
肥料内	20	48.830	2.442	
总变异	22	382.232		

分析结果表明，变量 y 矫正后肥料间有极显著的差异，即 3 种肥料对苹果树的增产效果是有极显著差异的。为此需对变量 y 矫正后的平均数进行多重比较，采用 LSD 法对变量 y 矫正后的平均数进行多重比较，则有关结果如下。

$$t_{0.05,20}=2.086,\ t_{0.01,20}=2.845$$

$$s_{\bar{x}_1-\bar{x}_2}=\sqrt{\frac{2\times 2.442}{8}\left[1+\frac{356.083}{(3-1)\times 589.750}\right]}=0.892$$

$$LSD_{0.05}=2.086\times 0.892=1.861$$

$$LSD_{0.01}=2.845\times 0.892=2.538$$

三个平均数的多重比较列于表 12-5。

表 12-5　3 种肥料效应的差异显著性

肥料	矫正后的平均产量	差异显著性	
		0.05	0.01
C	64.29	a	A
A	62.07	b	A
B	55.51	c	B

结果表明，肥料 *C*、*A*、*B* 之间的苹果产量均达到显著差异；肥料 *C*、*A* 和 *B* 之间的苹果产量则达到极显著差异。

把变量 y 矫正前与矫正后的平均数进行对比发现，矫正前平均数的大小顺序是 $\bar{y}_B=\bar{y}_C>\bar{y}_A$，矫正后平均数的大小顺序则变为 $\bar{y}_C>\bar{y}_A>\bar{y}_B$。由此可见对回归模型进行协方差分析的必要性。这个肥料试验，如果没有苹果树第一年产量（x）的记录和借助于协方差分析对变量 y 的回归矫正，而直接对变量 y 的观察结果进行方差分析，其结论必然是不正确的；如今正是依赖于统计控制手段，才获得了正确的结论。

二、单因素随机区组试验资料的协方差分析

（一）试验资料的线性模型

与完全随机试验资料相比，随机区组试验资料变量 y 的观察值受到区组效应的影响，因此，单因素随机区组试验资料变量 y 的线性组成可表达为

$$y_{ij}=\bar{y}_{..}+t_{i\cdot}+r_{\cdot j}+b_e(x_{ij}-\bar{x}_{..})+e_{ij} \tag{12.15}$$

式中，$r_{\cdot j}$ 为区组效应。将式（12.15）移项后可得到

$$y_{ij}-b_e(x_{ij}-\bar{x}_{..})=\bar{y}_{..}+t_{i\cdot}+r_{\cdot j}+e_{ij} \tag{12.16}$$

由此可见，单因素随机区组试验资料的协方差分析就是对变量 y 进行回归矫正后的方差分析。

（二）估算回归系数 b_e 并进行显著性测验

各项乘积和计算如下。

总变异
$$SP_T=\sum xy-\frac{T_xT_y}{rk} \tag{12.17}$$

区组间
$$SP_r=\frac{\sum(T_{rx}T_{ry})}{k}-\frac{T_xT_y}{rk} \tag{12.18}$$

处理间
$$SP_t=\frac{\sum(T_{tx}T_{ty})}{r}-\frac{T_xT_y}{rk} \tag{12.19}$$

误差
$$SP_e=SP_T-SP_r-SP_t \tag{12.20}$$

因此，由误差项的可估得 y 依 x 的回归系数为

$$b_e=\frac{SP_e}{SS_{ex}} \tag{12.21}$$

式中，SS_{ex} 为 x 的误差平方和（计算过程见第七章第三节）。

对回归关系可通过 F 测验进行显著性测验，测验假设为

$$H_0\text{：}\beta_e=0\text{；}H_A\text{：}\beta_e\neq 0$$

回归平方和
$$U=\frac{SP_e^2}{SS_{ex}} \tag{12.22}$$

离回归平方和
$$Q=SS_{ey}-U \tag{12.23}$$

回归自由度
$$df_U=1 \tag{12.24}$$

离回归自由度
$$df_e=(r-1)(k-1)-1 \tag{12.25}$$

则得 F 值为

$$F=\frac{U/df_U}{Q/df_e} \tag{12.26}$$

如果显著则否定 H_0，接受 H_A：$\beta_e\neq 0$，结果表明 y 依 x 有极显著的直线回归关系。

（三）对变量 y 进行回归矫正

根据式（12.12）对变量 y 所有观察值进行回归矫正。

（四）对矫正后的变量 y 进行方差分析

有关的方差分析的公式已经在第七章第三节论述。

【例 12-2】 研究施肥期和施肥量对杂交水稻‘南优 3 号’结实率的影响，共 14 个处理，2 个区组，随机区组设计。由于在试验过程中发现单位面积上的颖花数（x，万/m^2）对结实率（y，%）似有明显的回归关系，因此将颖花数和结实率一起测定，结果列于表 12-6（注：表中 y 的数值为结实率的反正弦 $\sin^{-1}\sqrt{y}$ 转换值）。试进行协方差分析。

表 12-6 ‘南优 3 号’的颖花数（x）和结实率（y）资料

处理	区组Ⅰ		区组Ⅱ		合计		平均	
	x_{i1}	y_{i1}	x_{i2}	y_{i2}	T_{tx}	T_{ty}	$\bar{x}_t$	$\bar{y}_t$
1	4.59	58	4.32	61	8.91	119	4.455	59.5
2	4.09	65	4.11	62	8.20	127	4.100	63.5
3	3.94	64	4.11	64	8.05	128	4.025	64.0
4	3.90	66	3.57	69	7.47	135	3.735	67.5
5	3.45	71	3.79	67	7.24	138	3.620	69.0
6	3.48	71	3.38	72	6.86	143	3.430	71.5
7	3.39	71	3.03	74	6.42	145	3.210	72.5
8	3.14	72	3.24	69	6.38	141	3.190	70.5
9	3.34	69	3.04	69	6.38	138	3.190	69.0
10	4.12	61	4.76	54	8.88	115	4.440	57.5
11	4.12	63	4.75	56	8.87	119	4.435	59.5
12	3.84	67	3.60	62	7.44	129	3.720	64.5
13	3.96	64	4.50	60	8.46	124	4.230	62.0
14	3.03	75	3.01	71	6.04	146	3.020	73.0
T_{xr}	52.39		53.21		T_x=105.60		$\bar{x}$=3.771	
T_{yr}		937		910		T_y=1847		$\bar{y}$=66.0

（1）估算回归系数 b_e 并进行显著性测验。

各项乘积和计算如下。

总变异 $SP_T=\sum xy-\dfrac{T_xT_y}{rk}$

$$=(4.59\times58)+(4.09\times65)+\cdots+(3.01\times71)-\frac{105.60\times1847}{2\times14}=-73.60$$

区组间 $SP_r=\dfrac{\sum(T_{rx}T_{ry})}{k}-\dfrac{T_xT_y}{rk}$

$$=\frac{(52.39\times937)+(53.21\times910)}{14}-\frac{105.6\times1847}{2\times14}=-0.79$$

处理间 $SP_t=\dfrac{\sum(T_{tx}T_{ty})}{r}-\dfrac{T_xT_y}{rk}$

$$=\frac{(8.91\times119)+(8.20\times127)+\cdots+(6.04\times146)}{2}-\frac{105.6\times1847}{2\times14}=-66.37$$

误差 $SP_e=SP_T-SP_r-SP_t=-73.60-(-0.79)-(-66.37)=-6.44$

根据第七章第三节的公式可计算表 12-6 资料中变量 x 和 y 各项自由度和平方和，将变量 x 和 y 各项自由度、平方和与乘积和列于表 12-7。

表 12-7　表 12-6 资料的自由度、平方和与乘积和

变异来源	DF	SS_x	SS_y	SP
总变异	27	7.7344	802.96	−73.60
区组间	1	0.0240	26.03	−0.79
处理间	13	6.8732	694.46	−66.37
误差	13	0.8372	82.47	−6.44

因此，由误差项内可估得 y 依 x 的回归系数为

$$b_e=\frac{SP_e}{SS_{ex}}=\frac{-6.44}{0.8372}=-7.6923$$

对其进行显著性测验如下。

$$H_0: \beta_e=0;\ H_A: \beta_e\neq 0$$

回归平方和　$$U=\frac{SP_e^2}{SS_{ex}}=\frac{(-6.44)^2}{0.8372}=49.54$$

离回归平方和　$$Q=SS_{ey}-U=82.47-49.54=32.93$$

离回归自由度　$$df=(r-1)(k-1)-1=(2-1)(14-1)-1=12$$

$$F=\frac{U}{Q/df}=\frac{49.54}{32.93/12}=18.05>F_{0.01,1,13}=9.07$$

所以否定 H_0，接受 H_A：$\beta_e\neq 0$，结果表明 y 依 x 有极显著的直线回归关系。

（2）对变量 y 进行回归矫正。

根据式（12.12）有

$$y'_{ij}=y_{ij}-b_e(x_{ij}-\bar{x}_{..})=y_{ij}+7.6923(x_{ij}-3.771)$$

对变量 y 所有观察值进行回归矫正，结果归于表 12-8。

表 12-8　变量 y 的回归矫正值

处理	Ⅰ	Ⅱ	T_{ty}	$\bar{y}_t$
1	64.31	65.23	129.54	64.77
2	67.46	64.62	132.08	66.04
3	65.31	66.62	131.92	65.96
4	67.00	67.46	134.46	67.23
5	68.54	67.15	135.69	67.85
6	68.77	69.00	137.77	68.88
7	68.08	68.31	136.38	68.19
8	67.15	64.92	132.08	66.04
9	65.69	63.38	129.08	64.54
10	63.69	61.62	125.31	62.65

续表

处理	Ⅰ	Ⅱ	T_{ty}	$\bar{y}_t$
11	65.69	63.54	129.23	64.62
12	67.54	60.69	128.23	64.12
13	65.46	65.62	131.08	65.54
14	69.31	65.15	134.46	67.23
T_{ry}	934.00	913.31	T_y=1847.31	$\bar{y}$=65.98

（3）对矫正后的变量 y 进行方差分析。

根据表 12-8 的结果，可得到方差分析表（表 12-9）。

表 12-9　表 12-8 资料的方差分析

变异来源	DF	SS	MS	F	$F_{0.05}$
区组间	1	15.29	15.29		
处理间	13	80.18	6.17	2.25	2.65
误差	12	32.86	2.74		
总变异	26	128.33			

结果表明，如果将各处理的颖花数都矫正到同一水平，则它们之间的结实率没有显著差异。

第三节　相关模型的协方差分量估计

在第六章曾讨论过，方差分析可根据均方 MS 和期望均方 EMS 间的关系获得不同变异来源的方差分量估值，从而进行有关遗传参数的分析等；在协方差分析中，除可获得方差分量的估值外，还可根据协方 MP 和期望协方 EMP 间的关系获得不同变异来源的协方差分量估值，并可进一步估算出两个变量之间各个变异来源的相关系数，做出相应的相关分析。由此可见，相关模型协方差分析的功用就是估计方差和协方差分量。

一、单因素完全随机试验设计的协方差分量的估计

单因素完全随机试验设计协方差分量的估计公式见表 12-10。

表 12-10　单因素完全随机试验设计的协方差分析

变异来源	自由度（DF）	乘积和（SP）	协方（MP）	期望协方（EMP）
组间	$k-1$	$SP_t=n\sum(\bar{x}_t-\bar{x})(\bar{y}_t-\bar{y})$ $=\frac{1}{n}\sum T_{tx}T_{ty}-\frac{T_xT_y}{n}$	MP_t	$\sigma_{exy}+n\sigma_{\tau xy}$
组内（误差）	$k(n-1)$	$SP_e=\sum\sum(x-\bar{x}_i)(y-\bar{y}_i)$ $=SP_T-SP_t$	MP_e	σ_{exy}
总变异	$nk-1$	$SP_T=\sum\sum(x-\bar{x})(y-\bar{y})$ $=\sum xy-\frac{T_xT_y}{n}$		

根据表 12-10 可估计出各变异来源的协方差分量。

误差协方差 $$\hat{\sigma}_{exy}=MP_e \tag{12.27}$$

组间协方差 $$\hat{\sigma}_{\tau xy}=(MP_t-MP_e)/n \tag{12.28}$$

表现型协方差 $$\hat{\sigma}_{Pxy}=\hat{\sigma}_{exy}+\hat{\sigma}_{\tau xy} \tag{12.29}$$

结合各方差分量估值，可进一步估算出各变异来源的相关系数。

误差相关系数 $$\rho_{exy}=\frac{\sigma_{exy}}{\sigma_{ex}\sigma_{ey}} \tag{12.30}$$

组间相关系数 $$\rho_{\tau xy}=\frac{\sigma_{\tau xy}}{\sigma_{\tau x}\sigma_{\tau y}} \tag{12.31}$$

表现型相关系数 $$\rho_{P(XY)}=\frac{\sigma_{P(XY)}}{\sigma_{P(X)}\sigma_{\tau(Y)}} \tag{12.32}$$

【例 12-3】 为研究水稻品种经济性状的数量遗传，随机抽取 4 个品种进行试验，采用完全随机试验设计，每品种种 4 个小区，得到穗数（x）和千粒重（y，g）的方差和协方差分析结果于表 12-11。试分析两性状之间的相关关系。

表 12-11　4 个水稻品种的穗数（x）和千粒重（y）的方差和协方差分析

变异来源	x 变量		y 变量		(x, y)	
	MS	EMS	MS	EMS	MP	EMP
品种间	6.8264	$\sigma_{ex}^2+4\sigma_{\tau x}^2$	1.2368	$\sigma_{ey}^2+4\sigma_{\tau y}^2$	−1.5546	$\sigma_{exy}+4\sigma_{\tau xy}$
品种内	0.5060	σ_{ex}^2	0.0405	σ_{ey}^2	0.0412	σ_{exy}

根据表 12-11 的结果，由 MS 和 EMS 的关系可得

$$\sigma_{ex}^2=0.5060$$

$$\sigma_{\tau x}^2=(6.8264-0.5060)/4=1.5801$$

$$\sigma_{ey}^2=0.0405$$

$$\sigma_{\tau y}^2=(1.2368-0.0405)/4=0.2991$$

$$\sigma_{exy}=0.0412$$

$$\sigma_{\tau xy}=(-1.5546-0.0412)/4=-0.3990$$

因而可以估得穗数和千粒重两个性状之间各变异来源的相关系数如下。

误差相关系数为

$$\rho_e=\frac{\sigma_{exy}}{\sigma_{ex}\sigma_{ey}}=\frac{0.0412}{\sqrt{0.5060\times0.0405}}=0.2878$$

品种间相关系数为

$$\rho_t=\frac{\sigma_{\tau xy}}{\sigma_{\tau x}\sigma_{\tau y}}=\frac{-0.3990}{\sqrt{1.5801\times0.2991}}=-0.5804$$

表型相关系数为

$$\rho_p=\frac{\sigma_{exy}+\sigma_{\tau xy}}{\sqrt{(\sigma_{ex}^2+\sigma_{\tau x}^2)(\sigma_{ey}^2+\sigma_{\tau y}^2)}}$$

$$=\frac{0.0412+(-0.3990)}{\sqrt{(0.5060+1.5801)(0.405+0.2991)}}=-0.4251$$

由相关分析结果可以看出，穗数和千粒重、品种间的相关系数为负相关，误差相关系数为正，干扰了品种间的负相关，使表型相关系数的绝对值低于品种间相关系数，也说明进行协方差分析的必要性。

二、二因素完全随机试验设计的协方差分量的估计

二因素完全随机试验设计协方差分量的估计公式见表 12-12。

表 12-12　二因素完全随机试验设计的协方差分析

变异来源	自由度（DF）	乘积和（SP）	协方（MP）	期望协方（EMP）
处理	$df_t=ab-1$	$SP_t=\sum_{r=1}^{ab}(\bar{x}_{AB}-\bar{x})(\bar{y}_{AB}-\bar{y})$ $=\frac{1}{n}\sum_{i=1}^{a}\sum_{j=1}^{b}T_{ABx}T_{ABy}-\frac{T_xT_y}{abn}$		
A 因素	$df_A=a-1$	$SP_A=bn\sum_{i=1}^{a}(\bar{x}_A-\bar{x})(\bar{y}_A-\bar{y})$ $=\frac{1}{bn}\sum_{i=1}^{a}T_{Ax}T_{Ay}-\frac{T_xT_y}{abn}$	$MP_A=\frac{SP_A}{df_A}$	$\sigma_{exy}+bn\sigma_{Axy}+n\sigma_{A\times Bxy}$
B 因素	$df_B=b-1$	$SP_B=an\sum_{j=1}^{b}(\bar{x}_B-\bar{x})(\bar{y}_B-\bar{y})$ $=\frac{1}{an}\sum_{j=1}^{b}T_{Bx}T_{By}-\frac{T_xT_y}{abn}$	$MP_B=\frac{SP_B}{df_B}$	$\sigma_{exy}+an\sigma_{Bxy}+n\sigma_{A\times Bxy}$
A×B 互作	$df_{AB}=df_t-df_A-df_B$	$SP_{A\times B}=SP_t-SP_A-SP_B$	$MP_{A\times B}=\frac{SP_{A\times B}}{df_{A\times B}}$	$\sigma_{exy}+n\sigma_{A\times Bxy}$
误差	$df_e=df_T-df_t$	$SP_e=SP_T-SP_t$	$MP_e=\frac{SP_e}{df_e}$	σ_{exy}
总变异	$df_T=abn-1$	$SP_T=\sum_{i=1}^{a}\sum_{j=1}^{b}\sum_{k=1}^{n}x_{ijk}y_{ijk}-\frac{T_xT_y}{abn}$		

根据表 12-12 可估计出各变异来源的协方差分量。

误差协方差　$$\hat{\sigma}_{exy}=MP_e \tag{12.33}$$

A×B 互作协方差　$$\hat{\sigma}_{A\times Bxy}=(MP_{A\times B}-MP_e)/n \tag{12.34}$$

A 因素协方差　$$\hat{\sigma}_{Axy}=(MP_A-MP_{A\times B})/bn \tag{12.35}$$

B 因素协方差　$$\hat{\sigma}_{Bxy}=(MP_B-MP_{A\times B})/an \tag{12.36}$$

表现型协方差　$$\hat{\sigma}_{Pxy}=\hat{\sigma}_{exy}+\hat{\sigma}_{Axy}+\hat{\sigma}_{Bxy}+\hat{\sigma}_{A\times Bxy} \tag{12.37}$$

结合各方差分量估值，可进一步估算出各变异来源的相关系数。

误差相关系数　$$\rho_{exy}=\frac{\sigma_{exy}}{\sigma_{ex}\sigma_{ey}} \tag{12.38}$$

A 因素相关系数
$$\rho_{Axy}=\frac{\sigma_{Axy}}{\sigma_{Ax}\sigma_{Ay}} \tag{12.39}$$

B 因素相关系数
$$\rho_{Bxy}=\frac{\sigma_{Bxy}}{\sigma_{Bx}\sigma_{By}} \tag{12.40}$$

A×B 互作相关系数
$$\rho_{A\times Bxy}=\frac{\sigma_{A\times Bxy}}{\sigma_{A\times Bx}\sigma_{A\times By}} \tag{12.41}$$

表现型相关系数
$$\rho_{Pxy}=\frac{\sigma_{Pxy}}{\sigma_{Px}\sigma_{Py}} \tag{12.42}$$

【例 12-4】 为研究遗传和环境对大豆蛋白质和油分含量关系的影响差异，应用 6 个蛋白质和油分含量差异较大的大豆品种在 5 个地点进行试验，采用完全随机试验设计，每品种种 3 次，得到蛋白质含量（x，%）和油分含量（y，%）的结果于表 12-13。试分析两性状之间的相关关系。

表 12-13　6 个大豆品种在 5 个地点的蛋白质含量（x，%）和油分含量（y，%）

品种	地点 1		地点 2		地点 3		地点 4		地点 5	
	x	y	x	y	x	y	x	y	x	y
V_1	36.5	20.3	37.7	20.2	39.8	19.7	36.1	21.9	39.3	19.3
	37.2	20.2	38.5	19.5	40.5	19.2	36.8	21.2	40.4	19.2
	36.8	19.7	38.1	19.4	40.4	19.6	36.2	20.7	39.4	18.5
V_2	41.5	19.3	42.6	19.2	44.5	18.6	40.9	20.3	44.4	17.9
	40.2	20.4	41.4	19.9	43.7	19.6	39.8	21.7	42.9	18.9
	41.8	18.9	42.9	18.4	44.1	18.4	41.4	20.4	44.4	17.5
V_3	42.5	19.3	44.1	19.1	43.2	18.3	42.4	20.3	43.4	18.1
	43.2	20.3	44.5	19.7	43.3	19.4	42.7	21.4	43.3	19.1
	42.8	18.9	44.2	18.7	44.2	18.4	42.2	20.5	43.7	17.8
V_4	44.5	17.3	45.9	16.9	45.3	16.7	43.8	18.7	43.2	15.9
	45.2	17.4	46.6	17.6	44.8	16.6	44.7	18.5	43.2	16.2
	44.8	16.9	45.8	16.6	45.1	16.2	44.5	18.1	42.6	15.5
V_5	39.5	21.7	40.6	21.3	42.6	20.8	39.6	22.8	42.3	20.6
	38.2	22.2	39.4	21.9	43.2	21.6	37.7	23.2	41.3	21.4
	39.7	21.8	41.2	21.5	43.3	21.1	39.3	23.2	42.6	20.9
V_6	42.4	20.7	43.5	20.5	44.4	20.1	41.7	22.3	44.1	19.3
	43.3	20.1	44.4	19.6	44.5	19.3	43.2	21.8	44.3	18.7
	43.2	20.8	44.3	20.3	44.1	19.9	42.6	22.3	44.9	19.8

对各品种在各地点的数据按两向表进行整理，结果列于表 12-14。

表 12-14　表 12-13 资料的两向表

品种	地点 1		地点 2		地点 3		地点 4		地点 5		T_A	
	x	y	x	y	x	y	x	y	x	y	x	y
V_1	110.5	60.2	114.3	59.1	120.7	58.5	109.1	63.8	119.1	57.0	573.7	298.6
V_2	123.5	58.6	126.9	57.5	132.3	56.6	122.1	62.4	131.7	54.3	636.5	289.4
V_3	128.5	58.5	132.8	57.5	130.7	56.1	127.3	62.2	130.4	55.0	649.7	289.3

续表

品种	地点 1		地点 2		地点 3		地点 4		地点 5		T_A	
	x	y	x	y	x	y	x	y	x	y	x	y
V_4	134.5	51.6	138.3	51.1	135.2	49.5	133.0	55.3	129.0	47.6	670.0	255.1
V_5	117.4	65.7	121.2	64.7	129.1	63.5	116.6	69.2	126.2	62.9	610.5	326.0
V_6	128.9	61.6	132.2	60.4	133.0	59.3	127.5	66.4	133.3	57.8	654.9	305.5
T_B	743.3	356.2	765.7	350.3	781.0	343.5	735.6	379.3	769.7	334.6	T_x=3795.3	T_y=1763.9

（1）平方和与乘积和的计算

总变异

$$SS_{Tx}=\sum_{i=1}^{a}\sum_{j=1}^{b}\sum_{k=1}^{n}x_{ijk}^2-\frac{T_x^2}{abn}=(36.5^2+37.2^2+\cdots+44.9^2)-\frac{3795.3^2}{6\times5\times3}=563.63$$

$$SS_{Ty}=\sum_{i=1}^{a}\sum_{j=1}^{b}\sum_{k=1}^{n}y_{ijk}^2-\frac{T_y^2}{abn}=(20.3^2+20.2^2+\cdots+19.8^2)-\frac{1763.9^2}{6\times5\times3}=261.81$$

$$SP_T=\sum_{i=1}^{a}\sum_{j=1}^{b}\sum_{k=1}^{n}x_{ijk}y_{ijk}-\frac{T_xT_y}{abn}=74167.44-\frac{3795.3\times1763.9}{6\times5\times3}=-216.22$$

处理间

$$\begin{aligned}SS_{tx}&=\frac{1}{n}\sum_{i=1}^{a}\sum_{j=1}^{b}T_{ABx}^2-\frac{T_x^2}{abn}\\&=\frac{1}{3}(110.5^2+123.5^2+\cdots+133.3^2)-\frac{3795.3^2}{6\times5\times3}\\&=544.44\end{aligned}$$

$$\begin{aligned}SS_{ty}&=\frac{1}{n}\sum_{i=1}^{a}\sum_{j=1}^{b}T_{ABy}^2-\frac{T_y^2}{abn}\\&=\frac{1}{3}(60.2^2+58.6^2+\cdots+57.8^2)-\frac{1763.9^2}{6\times5\times3}=246.48\end{aligned}$$

$$\begin{aligned}SP_t&=\frac{1}{n}\sum_{i=1}^{a}\sum_{j=1}^{b}T_{ABx}T_{ABy}-\frac{T_xT_y}{abn}\\&=\frac{1}{3}(110.5\times60.2+123.5\times58.6+\cdots+133.3\times57.8)\\&\quad-\frac{3795.3\times1763.9}{6\times5\times3}=-209.47\end{aligned}$$

品种间

$$\begin{aligned}SS_{Ax}&=\frac{1}{bn}\sum_{i=1}^{a}T_{Ax}^2-\frac{T_x^2}{abn}\\&=\frac{1}{5\times3}(573.7^2+636.5^2+\cdots+654.9^2)-\frac{3795.3^2}{6\times5\times3}=410.75\end{aligned}$$

$$\begin{aligned}SS_{Ay}&=\frac{1}{bn}\sum_{i=1}^{a}T_{Ay}^2-\frac{T_y^2}{abn}\\&=\frac{1}{5\times3}(298.6^2+289.4^2+\cdots+305.5^2)-\frac{1763.9^2}{6\times5\times3}=182.26\end{aligned}$$

$$SP_A=\frac{1}{bn}\sum_{i=1}^{a}T_{Ax}T_{Ay}-\frac{T_xT_y}{abn}$$
$$=\frac{1}{5\times3}(573.7\times298.6+636.5\times289.4+\cdots+654.9\times305.5)$$
$$-\frac{3795.3\times1763.9}{6\times5\times3}=-151.66$$

地点间

$$SS_{Bx}=\frac{1}{an}\sum_{j=1}^{b}T_{Bx}^2-\frac{T_x^2}{abn}$$
$$=\frac{1}{6\times3}(743.3^2+765.7^2+\cdots+769.7^2)-\frac{3795.3^2}{6\times5\times3}=79.86$$
$$SS_{By}=\frac{1}{an}\sum_{j=1}^{b}T_{By}^2-\frac{T_y^2}{abn}$$
$$=\frac{1}{6\times3}(356.2^2+350.3^2+\cdots+334.6^2)-\frac{1763.9^2}{6\times5\times3}=63.21$$
$$SP_B=\frac{1}{an}\sum_{j=1}^{b}T_{Bx}T_{By}-\frac{T_xT_y}{abn}$$
$$=\frac{1}{6\times3}(743.3\times356.2+765.7\times350.3+\cdots+769.7\times334.6)$$
$$-\frac{3795.3\times1763.9}{6\times5\times3}=-60.53$$

品种×地点互作

$$SS_{A\times Bx}=SS_{tx}-SS_{Ax}-SS_{Bx}=544.44-410.75-79.86=53.83$$
$$SS_{A\times By}=SS_{ty}-SS_{Ay}-SS_{By}=246.48-182.26-63.21=1.01$$
$$SP_{A\times B}=SP_t-SP_A-SP_B=-209.47-(-151.66)-(-60.53)=2.72$$

误差

$$SS_{ex}=SS_{Tx}-SS_{tx}=563.63-544.44=19.19$$
$$SS_{ey}=SS_{Ty}-SS_{ty}=261.81-246.48=15.33$$
$$SP_e=SP_T-SP_t=-216.22-(-209.47)=-6.75$$

（2）方差分量的估计。将以上各变异来源的平方和与自由度整理于表 12-15，并计算均方。

表 12-15　6 个大豆品种的蛋白质含量（x，%）和油分含量（y，%）的方差和协方差分析

变异来源	DF	x		y		（x，y）	
		SS	MS	SS	MS	SP	MP
品种间（A）	5	410.75	82.15	182.26	36.45	−151.66	−30.33
地点间（B）	4	79.86	19.97	63.21	15.80	−60.53	−15.13
$A\times B$ 互作	20	53.83	2.69	1.01	0.05	2.72	0.14
误差	60	19.19	0.32	15.33	0.26	−6.75	−0.11
总变异	89	563.63		261.81		−216.22	

误差协方差分量为

$$\hat{\sigma}_{exy}=MP_e=-0.11$$

$$\hat{\sigma}_{ex}^2=MS_{ex}=0.32$$

$$\hat{\sigma}_{ey}^2=MS_{ey}=0.26$$

品种×地点（$A\times B$）互作效应协方差分量为

$$\hat{\sigma}_{A\times Bxy}=(MP_{A\times B}-MP_e)/n=[0.14-(-0.11)]/3=0.08$$

$$\hat{\sigma}_{A\times Bx}^2=(MS_{A\times Bx}-MS_{ex})/n=(2.69-0.32)/3=0.79$$

$$\hat{\sigma}_{A\times By}^2=(MS_{A\times By}-MS_{ey})/n=(0.05-0.26)/3<0$$

品种（A）效应协方差分量为

$$\hat{\sigma}_{Axy}=(MP_A-MP_{A\times B})/bn=(-30.33-0.14)/(5\times3)=-2.03$$

$$\hat{\sigma}_{Ax}^2=(MS_{Ax}-MS_{A\times Bx})/bn=(82.15-2.69)/(5\times3)=5.30$$

$$\hat{\sigma}_{Ay}^2=(MS_{Ay}-MS_{A\times By})/bn=(36.45-0.05)/(5\times3)=2.43$$

地点（B）效应协方差分量为

$$\hat{\sigma}_{Bxy}=(MP_B-MP_{A\times B})/an=(-15.13-0.14)/(6\times3)=-0.85$$

$$\hat{\sigma}_{Bx}^2=(MS_{Bx}-MS_{A\times Bx})/an=(19.97-2.69)/(6\times3)=0.96$$

$$\hat{\sigma}_{By}^2=(MS_{By}-MS_{A\times By})/an=(15.80-0.05)/(6\times3)=0.88$$

表现型协方差分量为

$$\hat{\sigma}_{Pxy}=\hat{\sigma}_{exy}+\hat{\sigma}_{Axy}+\hat{\sigma}_{Bxy}+\hat{\sigma}_{A\times Bxy}$$
$$=-0.11+(-2.03)+(-0.85)+0.08=-2.91$$

$$\hat{\sigma}_{Px}^2=\hat{\sigma}_{ex}^2+\hat{\sigma}_{Ax}^2+\hat{\sigma}_{Bx}^2+\hat{\sigma}_{A\times Bx}^2$$
$$=0.32+5.30+0.96+0.79=7.37$$

$$\hat{\sigma}_{Py}^2=\hat{\sigma}_{ey}^2+\hat{\sigma}_{Ay}^2+\hat{\sigma}_{By}^2+\hat{\sigma}_{A\times By}^2$$
$$=0.26+2.43+0.88+0=3.57$$

（3）遗传相关系数的计算。

误差相关系数为

$$\rho_{exy}=\frac{\sigma_{exy}}{\sigma_{ex}\sigma_{ey}}=\frac{-0.11}{\sqrt{0.32\times0.26}}=-0.3814$$

品种（A）效应相关系数为

$$\rho_{Axy}=\frac{\sigma_{Axy}}{\sigma_{Ax}\sigma_{Ay}}=\frac{-2.03}{\sqrt{5.30\times2.43}}=-0.5657$$

地点（B）效应相关系数为

$$\rho_{Bxy}=\frac{\sigma_{Bxy}}{\sigma_{Bx}\sigma_{By}}=\frac{-0.85}{\sqrt{0.96\times0.88}}=-0.9248$$

表现型相关系数为

$$\rho_{Pxy}=\frac{\sigma_{Pxy}}{\sigma_{Px}\sigma_{Py}}=\frac{-2.91}{\sqrt{7.37\times3.57}}=-0.5673$$

由 $\rho_{Pxy}=-0.5673$ 可以看出，蛋白质含量和油分含量间呈极显著负相关，品种和地点都可引起蛋白质含量和油分含量间的负相关，从相关程度来看，地点的效应要大于品种的效应。从 $\rho_{exy}=-0.3814$ 可以看出，除品种和地点外，还有其他因素影响蛋白质含量和油分含量间相互制约关系。

习　题

12.1　什么叫协方差？协方差的大小有什么含义？

12.2　什么叫协方差分析？为什么要进行协方差分析？

12.3　回归模型和相关模型的协方差分析各有什么功用？如何进行协方差分析？

12.4　为研究 A、B、C 3 种生长调节剂对玉米株高的调节效果，选择 3 个地块 30 株玉米做生长试验，先记下各供试植株的初始高度（x，cm）；然后将每种生长调节剂喷施 10 株供试材料，15 天后测定其株高（y，cm）。试验结果列于表 12-16。试测验 3 种生长调节剂对玉米株高的生长量是否有显著差异。

表 12-16　3 种生长调节剂对玉米株高的作用数据

调节剂	变量	观察值									
A	x	33	27	29	27	25	27	25	25	27	23
	y	84	75	69	75	80	63	68	63	75	53
B	x	24	23	23	22	24	21	21	18	20	18
	y	59	76	68	62	72	62	59	60	54	52
C	x	20	22	18	16	16	18	20	18	16	14
	y	50	57	53	53	61	50	55	66	50	43

12.5　对 6 个菜豆品种（$k=6$）进行维生素 C 含量（y，mg/100g）的比较试验，4 次重复（$n=4$），随机区组设计。根据前人的研究，菜豆维生素 C 含量不仅与品种有关，还与豆荚的成熟度有关。但在试验中又无法使所有小区的豆荚都同时成熟，所以同时测定了 100g 所采豆荚干物重百分率 x，作为豆荚成熟度指标。测定结果列于表 12-17。试进行协方差分析，并分析两性状间的相关关系。

表 12-17　6 个菜豆品种维生素 C 含量（mg/100g）试验结果

品种	区组Ⅰ		区组Ⅱ		区组Ⅲ		区组Ⅳ	
	x_{i1}	y_{i1}	x_{i2}	y_{i2}	x_{i3}	y_{i3}	x_{i4}	y_{i4}
A_1	34.0	93.0	33.4	94.8	34.7	91.7	38.9	80.8
A_2	39.6	47.3	39.8	51.5	51.2	33.3	52.0	27.2
A_3	31.7	81.4	30.1	109.0	33.8	71.6	39.6	57.5
A_4	37.7	66.9	38.2	74.1	40.3	64.7	39.4	69.3
A_5	24.9	119.5	24.0	128.5	24.9	125.6	23.5	129.0
A_6	30.3	106.6	29.1	111.4	31.7	99.0	28.3	126.1

第十三章　多元线性回归与相关分析

【内容提要】 研究多个自变量与一个依变量的关系通常采用多元线性回归和相关分析的方法。本章的主要内容有多元线性回归分析，建立多元线性回归方程，确定各个自变量综合起来对依变量的总效应和每个自变量对依变量影响的单独效应，对自变量的总效应和单独效应进行显著性测验，剔除不显著的自变量，用逐步回归的方法建立最优线性回归方程；通径分析，计算直接通径系数和间接通径系数，确立各自变量对依变量的相对重要性；多元相关分析，计算多元相关系数与偏相关系数，理解偏相关与简单相关的含义。

【学习重点】 掌握多变量资料分析的基本方法，建立多元线性回归方程和最优线性回归方程、通径分析和多元相关分析的方法。

【学习难点】 理解多元线性回归分析、多元相关分析及通径分析的基本原理，掌握偏回归系数、直接通径系数、间接通径系数及偏相关系数的内在关系及含义。

【要求掌握的基本技能】 掌握多元线性回归分析的方法步骤，能够用逐步回归的方法建立最优线性回归方程；掌握通径分析的方法；计算多元相关系数及偏相关系数，并对其进行显著性测验。

前面讨论了依变量 Y 与一个自变量 X 的关系。然而，在生产实践和科学研究中，影响依变量的因素通常不是一个，而是多个。例如，作物产量的高低要受到光照、气温和降水量等多个气候因素的影响；小麦产量取决于穗数、穗粒数和千粒重 3 个要素；影响平菇产量的因素有培养基成分、温度、pH 和光照等；这些都涉及多个自变量与依变量的关系。研究多个自变量与一个依变量的关系通常采用多元线性回归（multiple linear regression）、多元相关（multiple correlation）及偏相关（partial correlation）等分析方法。在统计学上多元线性回归也称复回归，多元相关也称复相关。

第一节　多元线性回归分析

多个自变量与一个依变量的关系有多种形式，但通常表现为线性形式。因而，通常用多元线性回归方程来描述多个自变量与一个依变量的定量关系，进而分析多个自变量对一个依变量的共同作用和各个自变量对依变量影响的大小。多元线性回归方程依自变量的个数进行称谓，有两个自变量的多元线性回归方程称为二元线性回归方程，有 m 个自变量的多元线性回归方程称为 m 元线性回归方程。

一、多元线性回归方程的建立

（一）多元线性回归的数学模型

若依变量 Y 受到 m 个自变量 X_1，X_2，…，X_m 的影响，且这些自变量都与 Y 呈线性关系，

则这 m 个自变量与依变量 Y 的线性回归关系的数学模型为

$$Y_j=\beta_0+\beta_1X_{1j}+\beta_2X_{2j}+\cdots+\beta_mX_{mj}+\varepsilon_j\ (j=1, 2, \cdots, N) \tag{13.1}$$

式中，自变量 X_1，X_2，…，X_m 是固定变量，没有误差或者与 Y 比较起来误差可以小到忽略不计；β_0 为回归常数，是 X_1，X_2，…，X_m 皆取 0 时 Y 的理论值；β_i（$i=1, 2, \cdots, m$）为偏回归系数，表示当其他自变量固定不变时，自变量 x_i 每变化一个单位，依变量 Y 变化的相应单位数；ε_j 为独立的随机变量，服从 $N(0, \sigma^2)$。

对于 m 元线性回归的样本数据，其线性回归资料样本的观察值构成为

$$y_j=b_0+b_1x_{1j}+b_2x_{2j}+\cdots+b_mx_{mj}+e_j\ (j=1, 2, \cdots, n) \tag{13.2}$$

式中，b_0，b_1，…，b_m，e_j 分别是总体参数 β_0，β_1，…，β_m，ε_j 的估计值。其中，b_0 指 x_1，x_2，…，x_m 都为 0 时 y 的点估计值，一般很难确定其专业意义，它仅是调节回归响应的一个统计数，为了表达方便，b_0 也可称为回归系数；b_i（$i=1, 2, \cdots, m$）表示各自变量 x_i 对 y 的单独效应，b_1 为 x_2，x_3，…，x_m 都固定时，x_1 每增加一个单位对 y 的平均效应，即 x_1 对 y 的偏回归系数；b_2 是 x_1，x_3，…，x_m 都固定时，x_2 每增加一个单位对 y 的平均效应，即 x_2 对 y 的偏回归系数；同理，b_m 是 x_1，x_2，…，x_{m-1} 都固定时，x_m 每增加一个单位对 y 的平均效应，即 x_m 对 y 的偏回归系数。

例如，小麦产量（y）受到穗数（x_1）、穗粒数（x_2）和千粒重（x_3）的直接影响，如要确定穗数（x_1）对产量（y）的直接影响，就需要求出当穗粒数（x_2）和千粒重（x_3）保持不变时，穗数（x_1）对产量 y 的偏回归系数 b_1，这种回归已经把其他自变量的影响排除在外，所以偏回归又称为净回归。

（二）建立多元线性回归方程

依据多元线性回归的数学模型，x_1，x_2，…，x_m 对 y 的 m 元线性回归方程为

$$\hat{y}=b_0+b_1x_1+b_2x_2+\cdots+b_mx_m \tag{13.3}$$

b_0，b_1，b_2，…，b_m 可以用最小二乘法求其点估计值，这需要满足 $Q_{y/12\cdots m}=\sum(y_j-\hat{y}_j)^2=\sum(y_j-b_0-b_1x_1-b_2x_2-\cdots-b_mx_m)^2$ 值为最小，这里 $Q_{y/12\cdots m}$ 表示离回归平方和，指依变量 y 实际观察值与理论值的偏差平方和，为满足 $Q_{y/12\cdots m}$ 为最小，就必须使 $Q_{y/12\cdots m}$ 对 b_0，b_1，b_2，…，b_m 的一阶偏导数等于 0，即

$$\frac{\partial Q_{y/12\cdots m}}{\partial b_0}=-2\sum(y_j-b_0-b_1x_1-b_2x_2-\cdots-b_mx_m)=0$$

$$\frac{\partial Q_{y/12\cdots m}}{\partial b_1}=-2\sum(y_j-b_0-b_1x_1-b_2x_2-\cdots-b_mx_m)x_1=0$$

$$\cdots$$

$$\frac{\partial Q_{y/12\cdots m}}{\partial b_m}=-2\sum(y_j-b_0-b_1x_1-b_2x_2-\cdots-b_mx_m)x_m=0$$

整理以上各式，可得 m 元线性回归的正规方程组为

$$\begin{cases} nb_0+b_1\sum x_1+b_2\sum x_2+\cdots+b_m\sum x_m=\sum y \\ b_0\sum x_1+b_1\sum x_1^2+b_2\sum x_1x_2+\cdots+b_m\sum x_1x_m=\sum x_1y \\ b_0\sum x_2+b_1\sum x_1x_2+b_2\sum x_2^2+\cdots+b_m\sum x_2x_m=\sum x_2y \\ \cdots \\ b_0\sum x_m+b_1\sum x_1x_m+b_2\sum x_2x_m+\cdots+b_m\sum x_m^2=\sum x_my \end{cases} \tag{13.4}$$

解正规方程组的方法有多种，在此介绍矩阵求解的方法，式（13.4）中的正规方程组可以用矩阵表示为

$$\begin{bmatrix} n & \sum x_1 & \sum x_2 & \cdots & \sum x_m \\ \sum x_1 & \sum x_1^2 & \sum x_1x_2 & \cdots & \sum x_1x_m \\ \sum x_2 & \sum x_2x_1 & \sum x_2^2 & \cdots & \sum x_2x_m \\ \vdots & \vdots & \vdots & & \vdots \\ \sum x_m & \sum x_mx_1 & \sum x_mx_2 & \cdots & \sum x_m^2 \end{bmatrix}\begin{bmatrix} b_0 \\ b_1 \\ b_2 \\ \vdots \\ b_m \end{bmatrix}=\begin{bmatrix} \sum y \\ \sum x_1y \\ \sum x_2y \\ \vdots \\ \sum x_my \end{bmatrix} \tag{13.5}$$

若定义：

$$\boldsymbol{A}=\begin{bmatrix} n & \sum x_1 & \sum x_2 & \cdots & \sum x_m \\ \sum x_1 & \sum x_1^2 & \sum x_1x_2 & \cdots & \sum x_1x_m \\ \sum x_2 & \sum x_2x_1 & \sum x_2^2 & \cdots & \sum x_2x_m \\ \vdots & \vdots & \vdots & & \vdots \\ \sum x_m & \sum x_mx_1 & \sum x_mx_2 & \cdots & \sum x_m^2 \end{bmatrix},\quad \boldsymbol{b}=\begin{bmatrix} b_0 \\ b_1 \\ b_2 \\ \vdots \\ b_m \end{bmatrix},\quad \boldsymbol{B}=\begin{bmatrix} \sum y \\ \sum x_1y \\ \sum x_2y \\ \vdots \\ \sum x_my \end{bmatrix}$$

则正规方程组可以表示为

$$\boldsymbol{Ab}=\boldsymbol{B} \tag{13.6}$$

式中，$\boldsymbol{A}$ 是正规方程组的系数矩阵，是 $m+1$ 阶的对称矩阵；$\boldsymbol{b}$ 是由 b_0 和偏回归系数 $b_1, b_2, \cdots, b_m$ 组成的偏回归系数矩阵，是 $m+1$ 阶列向量；$\boldsymbol{B}$ 称为常数项矩阵，是 $m+1$ 阶列向量。

令
$$\boldsymbol{X}=\begin{bmatrix} 1 & x_{11} & \cdots & x_{m1} \\ 1 & x_{12} & \cdots & x_{m2} \\ \vdots & \vdots & & \vdots \\ 1 & x_{1n} & \cdots & x_{mn} \end{bmatrix}$$

$\boldsymbol{X}$ 阵为观察值矩阵，也称为系数矩阵；x_{ij} 为第 i 个自变量的第 j 个观察值。

$\boldsymbol{X}$ 阵的转置阵

$$\boldsymbol{X'}=\begin{bmatrix} 1 & 1 & \cdots & 1 \\ x_{11} & x_{12} & \cdots & x_{1n} \\ \vdots & \vdots & & \vdots \\ x_{m1} & x_{m2} & \cdots & x_{mn} \end{bmatrix} \tag{13.7}$$

由矩阵相乘的方法可以算得 $\boldsymbol{XX'}=\boldsymbol{A}$，即

$$A=X'X=\begin{bmatrix} n & \sum x_1 & \sum x_2 & \cdots & \sum x_m \\ \sum x_1 & \sum x_1^2 & \sum x_1x_2 & \cdots & \sum x_1x_m \\ \sum x_2 & \sum x_2x_1 & \sum x_2^2 & \cdots & \sum x_2x_m \\ \vdots & \vdots & \vdots & & \vdots \\ \sum x_m & \sum x_mx_1 & \sum x_mx_2 & \cdots & \sum x_m^2 \end{bmatrix} \tag{13.8}$$

令 $\boldsymbol{A}$ 阵的逆矩阵为 $\boldsymbol{C}$ 阵，则

$$C=A^{-1}=\begin{bmatrix} c_{00} & c_{01} & \cdots & c_{0m} \\ c_{10} & c_{11} & \cdots & c_{1m} \\ \vdots & \vdots & & \vdots \\ c_{m0} & c_{m1} & \cdots & c_{mm} \end{bmatrix} \tag{13.9}$$

$\boldsymbol{C}$ 阵中的元素 c_{ij}（i，$j=0$，1，2，…，m）称为高斯系数（Gauss coefficient），是多元线性回归中偏回归系数假设测验所需要的元素。

常数项 $\boldsymbol{B}$ 向量：$X'Y=B$，即

$$B=X'Y=\begin{bmatrix} 1 & 1 & \cdots & 1 \\ x_{11} & x_{12} & \cdots & x_{1n} \\ \vdots & \vdots & & \vdots \\ x_{m1} & x_{m2} & \cdots & x_{mn} \end{bmatrix}\begin{bmatrix} y_1 \\ y_2 \\ \vdots \\ y_n \end{bmatrix}=\begin{bmatrix} \sum y \\ \sum x_1y \\ \vdots \\ \sum x_my \end{bmatrix} \tag{13.10}$$

由以上矩阵之间的关系可知，正规方程组也可以表示为

$$(X'X)\ b=X'Y \tag{13.11}$$

可以求得偏回归系数 $\boldsymbol{b}$ 为

$$b=(X'X)^{-1}(X'Y)=A^{-1}B=CB \tag{13.12}$$

（三）多元线性回归方程的回归估计标准误

根据上面方法计算的多元线性回归方程可以满足 $Q_{y/12\cdots m}=\sum(y-\hat{y})^2$ 为最小，显然生产实践和科学研究中多元线性回归方程的点估计值 $\hat{y}$ 与实际观测值 y 之间是有偏差的，线性回归方程误差即偏差的大小可以用回归估计标准误来衡量，多元线性回归方程的估计标准误可记作 $s_{y/12\cdots m}$。$s_{y/12\cdots m}$ 表示回归方程估计时的精确性，也衡量了回归方程的偏离度。$s_{y/12\cdots m}$ 越大，表示回归方程的偏离度越大，回归方程估计的精确度越差；$s_{y/12\cdots m}$ 越小，表示回归方程偏离度越小，回归方程估计的精确度越高。所以 $s_{y/12\cdots m}$ 是回归方程的一个重要的统计数。

$$s_{y/12\cdots m}=\sqrt{\frac{Q_{y/12\cdots m}}{n-m-1}} \tag{13.13}$$

式中，$Q_{y/12\cdots m}$ 为多元线性回归的离回归平方和，具有自由度 $df_Q=n-m-1$。可以借助矩阵计算 $Q_{y/12\cdots m}$。

$$Q_{y/12\cdots m}=\sum(y-\hat{y})^2=Y'Y-b'(X'Y) \tag{13.14}$$

【例 13-1】　测定 12 块小麦品种‘豫农 202’高产田的穗数（x_1，万穗/666.7m^2）、每穗粒数（x_2，粒）、千粒重（x_3，g）、株高（x_4，cm）和产量（y，kg/666.7m^2），结果列于表 13-1。试建立产量 y 依自变量 x_i 的最优线性回归方程。

表 13-1　小麦品种‘豫农 202’的调查数据

穗数（x_1）	每穗粒数（x_2）	千粒重（x_3）	株高（x_4）	产量（y）
36.2	39.1	49.7	76	572.2
36.3	37.9	47.9	72	555.8
37.7	37.1	47.8	78	562.5
39.1	36.0	46.2	74	552.7
33.3	37.2	49.1	79	526.4
35.7	36.7	48.3	73	540.3
36.7	37.4	48.2	76	554.2
37.4	34.8	48.0	75	529.2
31.4	39.5	48.4	73	506.8
33.2	38.9	47.2	74	527.8
34.5	37.3	47.2	78	526.4
35.3	35.6	48.6	82	519.5

采用矩阵法建立多元线性回归方程，过程如下。

（1）根据调查数据写出系数阵 $\boldsymbol{X}$ 和依变量列向量 $\boldsymbol{Y}$。

$$\boldsymbol{X}=\begin{bmatrix}1 & 36.2 & 39.1 & 49.7 & 76\\ 1 & 36.3 & 37.9 & 47.9 & 72\\ \vdots & \vdots & \vdots & \vdots & \vdots\\ 1 & 35.3 & 35.6 & 48.6 & 82\end{bmatrix},\quad \boldsymbol{Y}=\begin{bmatrix}572.2\\ 555.8\\ \vdots\\ 519.5\end{bmatrix}$$

（2）列出 $\boldsymbol{X}$ 阵的转置阵 $\boldsymbol{X}'$，进而计算 $\boldsymbol{A}=\boldsymbol{X}'\boldsymbol{X}$ 和 $\boldsymbol{B}=\boldsymbol{X}'\boldsymbol{Y}$。

$$\boldsymbol{A}=\boldsymbol{X}'\boldsymbol{X}=\begin{bmatrix}12.00 & 426.80 & 447.50 & 576.60 & 910.00\\ 426.80 & 15231.80 & 15895.82 & 20500.65 & 32364.40\\ 447.50 & 15895.82 & 16710.27 & 21506.07 & 33919.20\\ 576.60 & 20500.65 & 21506.07 & 27714.92 & 43734.00\\ 910.00 & 32364.40 & 33919.20 & 43734.00 & 69104.00\end{bmatrix}$$

$$\boldsymbol{B}-\boldsymbol{X}'\boldsymbol{Y}=\begin{bmatrix}6473.80\\ 230590.68\\ 241437.06\\ 311075.23\\ 490828.10\end{bmatrix}$$

（3）计算 $\boldsymbol{A}$ 阵的逆矩阵 $\boldsymbol{C}$。

$$\boldsymbol{C}=\boldsymbol{A}^{-1}=\begin{bmatrix}601.93169291 & -3.17301219 & -4.68874481 & -4.61301547 & -1.21962713\\ -3.17301219 & 0.03324951 & 0.03298531 & 0.00733344 & 0.00538007\\ -4.68874481 & 0.03298531 & 0.09366273 & -0.02939557 & 0.01892552\\ -4.61301547 & 0.00733344 & -0.02939557 & 0.14085202 & -0.01740054\\ -1.21962713 & 0.00538007 & 0.01892552 & -0.01740054 & 0.01527834\end{bmatrix}$$

（4）计算偏回归系数矩阵 $\boldsymbol{b}$。

$$b=(X'X)^{-1}(X'Y)=CB=\begin{bmatrix} -540.52302817 \\ 11.40029375 \\ 10.70542795 \\ 5.00804926 \\ 0.45726456 \end{bmatrix}$$

（5）根据 **b** 阵写出线性回归方程。

$$\hat{y}=-540.52302817+11.40029375x_1+10.70542795x_2+5.00804926x_3+0.45726456x_4$$

可以简写为

$$\hat{y}=-540.52+11.40x_1+10.71x_2+5.01x_3+0.46x_4$$

该回归方程的意义为：当每穗粒数 x_2、千粒重 x_3、株高 x_4 保持不变时，穗数 x_1 每增加一个单位（万穗/666.7m²），产量将增加 11.40kg/666.7m²；当穗数 x_1、千粒重 x_3、株高 x_4 保持不变时，每穗粒数 x_2 每增加一个单位（粒），产量将增加 10.71kg/666.7m²；当穗数 x_1、每穗粒数 x_2、株高 x_4 保持不变时，千粒重 x_3 每增加一个单位（g），产量将增加 5.01kg/666.7m²；当穗数 x_1、每穗粒数 x_2、千粒重 x_3 保持不变时，株高 x_4 每增加一个单位（cm），产量将增加 0.46kg/666.7m²。

（6）计算回归估计标准误。

$$Q_{y/1234}=\sum(y-\hat{y})^2=\boldsymbol{Y'Y}-\boldsymbol{b}'(\boldsymbol{X'Y})=[572.2\quad 555.8\quad \cdots\quad 519.5]\begin{bmatrix} 572.2 \\ 555.8 \\ \vdots \\ 519.5 \end{bmatrix}$$

$$-[-540.52302817\quad 11.40029375\quad \cdots\quad 0.45726456]\begin{bmatrix} 6473.80 \\ 230590.68 \\ \vdots \\ 490828.10 \end{bmatrix}$$

$$=3496817.6400-3496568.9318=248.7082$$

则

$$s_{y/1234}=\sqrt{\frac{Q_{y/1234}}{n-m-1}}=\sqrt{\frac{248.7082}{12-4-1}}=5.9607\ (\text{kg}/666.7\text{m}^2)$$

这说明，用该四元线性回归方程估计产量，其回归估计标准误为 5.9607kg/666.7m²。

二、多元线性回归的显著性测验

【例 13-1】建立的产量 y 依穗数 x_1、每穗粒数 x_2、千粒重 x_3 和株高 x_4 的四元线性回归方程是否真实，需要进行显著性测验。多元线性回归的显著性测验主要包含两方面内容：一是多元线性回归方程的假设测验，检验 m 个自变量综合起来对 y 的效应是否显著；二是偏回归系数 b_i 的假设测验，检验每个自变量对依变量 y 的单独效应是否显著。

（一）多元线性回归方程的假设测验

多元线性回归方程的假设测验是检验 m 个自变量对 y 的综合效应，实际上是计算多元样本来自多元线性回归关系总体的概率，这需要进行统计推断，其原理和方法与一元线性回归方程的假设测验类似，可以通过 F 测验来完成。

在多元线性回归分析中 y 变量的总平方和 SS_y 仍然可分解为离回归平方和 $Q_{y/12\cdots m}$ 和回归平方和 $U_{y/12\cdots m}$ 两部分，即

$$\begin{aligned}SS_y&=\sum(y-\bar{y})^2=\sum(y-\hat{y}+\hat{y}-\bar{y})^2=\sum[(y-\hat{y})+(\hat{y}-\bar{y})]^2\\&=\sum(y-\hat{y})^2+\sum(\hat{y}-\bar{y})^2\\&=Q_{y/12\cdots m}+U_{y/12\cdots m}\end{aligned} \tag{13.15}$$

依变量 y 的总自由度（df_y）可以分解为回归自由度（df_U）和离回归自由度（df_Q）两部分，即

$$\begin{aligned}df_y&=n-1=n-m+m-1\\&=(n-m-1)+m\\&=df_Q+df_U\end{aligned}$$

SS_y 是依变量 y 的总变异，其自由度为 $n-1$，即 $df_y=n-1$；$U_{y/12\cdots m}$ 是回归平方和，由 m 个自变量的不同导致 y 的变异，其自由度等于自变量的个数，即 $df_U=m$；$Q_{y/12\cdots m}$ 是离回归平方和，与自变量的差异无关，是除了线性关系以外的其他因素（试验误差）导致 y 的变异，其自由度 $df_Q=n-m-1$。

可以用矩阵法计算相应各项的平方和，其计算公式分别为

$$SS_y=\sum(y-\bar{y})^2=\boldsymbol{Y'Y}-(\boldsymbol{1'Y})^2/n \tag{13.16}$$

$$U_{y/12\cdots m}=\sum(\hat{y}-\bar{y})^2=b'(\boldsymbol{X'Y})-(\boldsymbol{1'Y})^2/n \tag{13.17}$$

也可以用扣除法计算回归平方和。

$$U_{y/12\cdots m}=SS_y-Q_{y/12\cdots m}$$

若依变量 y 与各自变量间均无线性回归关系，则回归模型中的偏回归系数 β_1，β_2，…，β_m 均为 0，根据 F 测验可以检测 m 个自变量对依变量 y 的综合效应。

无效假设为 H_0：$\beta_1=\beta_2=\cdots=\beta_m=0$；备择假设为 H_A：β_i 不全等于 0（$i=1, 2, \cdots, m$）。

$$F=\frac{MS_U}{MS_Q}=\frac{U_{y/12\cdots m}/m}{Q_{y/12\cdots m}/(n-m-1)},\quad df_1=m,\quad df_2=n-m-1 \tag{13.18}$$

将 F 值与 $F_{\alpha,m,n-m-1}$ 相比较，可测验多元线性回归方程的显著性。

（二）偏回归系数的假设测验

多元线性回归方程的假设测验是综合效应的测验，多元线性回归方程显著，表明所有自变量综合起来与依变量存在着回归关系，但并不意味着每一个自变量都与依变量存在着显著的线性回归关系，正如方差分析中 F 测验显著，并不意味着各处理间差异都显著一样。事实上，在多元回归方程的所有自变量中，有些自变量可能是显著的，而有些自变量则不显著。因此，要判断各个自变量与依变量的显著性，需要对每一个自变量分别进行假设测验。

偏回归系数的假设测验是分别计算每一个偏回归系数 b_i 来自总体 $\beta_i=0$（$i=1, 2, \cdots, m$）的概率，可以用 F 测验的方法，也可以用 t 测验的方法，无论采用哪种方法，所作的统计假设相同，无效假设为 H_0：$\beta_i=0$；备择假设 H_A：$\beta_i\neq 0$（$i=1, 2, \cdots, m$）。

1. 偏回归系数的 F 测验　在 m 元回归方程中，自变量越多，回归平方和必然越大，即 $U_{y/12\cdots m}$ 总是随着自变量个数 m 的增多而增大。如果取消其中的一个自变量 x_i，回归平方

和将减少U_{p_i}，U_{p_i}为自变量x_i对依变量y贡献的偏回归平方和。

$$U_{p_i}=\frac{b_i^2}{c_{ii}} \tag{13.19}$$

式中，c_{ii}为高斯系数，是C阵中对角线上的值；U_{p_i}是y的总变异中由于其中的一个自变量x_i的变异所占的一部分，只受到一个自变量的影响，具有自由度df=1。因此，可以求得

$$F_{b_i}=\frac{U_{p_i}/1}{Q_{y/12\cdots m}/(n-m-1)}=\frac{U_{p_i}}{Q_{y/12\cdots m}}(n-m-1)，\ df_1=1，\ df_2=n-m-1 \tag{13.20}$$

通过F测验可推断b_i来自总体$\beta_i=0$（i=1, 2, …, m）的概率。

2. 偏回归系数的t测验　偏回归系数b_i的标准误为

$$s_{b_i}=s_{y/12\cdots m}\sqrt{c_{ii}} \tag{13.21}$$

$$t_{b_i}=\frac{b_i-\beta_i}{s_{b_i}}，\ df=n-m-1 \tag{13.22}$$

偏回归系数b_i服从$df=n-m-1$的t分布，通过t测验也可以测验b_i来自总体$\beta_i=0$（i=1, 2, …, m）的概率。

在偏回归系数的假设测验中，t测验和F测验是完全一致的，可以从以下公式中得到证明。

$$F_{b_i}=\frac{U_{p_i}}{Q_{y/12\cdots m}/(n-m-1)}=\frac{b_i^2/c_{ii}}{s_{y/12\cdots m}^2}=\frac{b_i^2}{s_{y/12\cdots m}^2c_{ii}}=\frac{b_i^2}{s_{b_i}^2}=t_{b_i}^2$$

因此，在对偏回归系数进行假设测验时，t测验和F测验任选一种测验方法即可。

【例 13-2】　试测验表 13-1 资料建立的四元线性回归方程的显著性，并对四元回归方程中的两个偏回归系数做显著性测验。

1）四元线性回归方程的假设测验　无效假设H_0：$\beta_1=\beta_2=\beta_3=\beta_4=0$；$H_A$：$\beta_1$、$\beta_2$、$\beta_3$、$\beta_4$不全等于0。

$$SS_y=\sum(y-\bar{y})^2=\boldsymbol{Y'Y}-(\boldsymbol{1'Y})^2/n$$

$$=[572.2\quad 558.8\quad \cdots\quad 519.5]\begin{bmatrix}572.2\\558.8\\\vdots\\519.5\end{bmatrix}-\frac{(6473.8)^2}{12}$$

$$=3496817.6400-3492507.2033$$

$$=4310.4367$$

【例 13-1】已计算得$Q_{y/1234}$=248.7082，则

$$U_{y/1234}=\sum(\hat{y}-\bar{y})^2=\boldsymbol{b'}(\boldsymbol{X'Y})-(\boldsymbol{1'Y})^2/n$$

$$=3496568.9318-(6473.8)^2/12$$

$$=4061.7285$$

$$df_y=n-1=11，\ df_U=m=4，\ df_Q=n-m-1=12-4-1=7$$

则

$$F=\frac{U_{y/1234}/m}{Q_{y/1234}/(n-m-1)}=\frac{4061.7285/4}{248.7082/7}=28.58$$

将以上分析结果列于方差分析表（表 13-2）中。

表 13-2　【例 13-1】资料四元线性回归方差分析表

变异来源	*df*	*SS*	*MS*	*F*	$F_{0.05}$	$F_{0.01}$
回归	4	4061.7258	1015.4315	28.58**	4.12	7.85
离回归	7	248.7082	35.5297			
总变异	11	4310.4367				

由于 $F>F_{0.01}$，所以应拒绝 H_0，接受 H_A，推断【例 13-1】资料中穗数 x_1、每穗粒数 x_2、千粒重 x_3 和株高 x_4 与产量 y 之间存在极显著的回归关系，该四元线性回归关系是真实的。

2）偏回归系数的假设测验　无效假设 H_0：$\beta_i=0$，对 H_A：$\beta_i\neq 0$（i=1, 2, 3, 4）。

（1）F 测验。

因 x_1 的偏回归平方和为　$U_{p_1}=\frac{b_1^2}{c_{11}}=\frac{11.40029375^2}{0.03324951}=3908.8305$

因 x_2 的偏回归平方和为　$U_{p_2}=\frac{b_2^2}{c_{22}}=\frac{10.70542795^2}{0.09366273}=1223.6050$

因 x_3 的偏回归平方和为　$U_{p_3}=\frac{b_3^2}{c_{33}}=\frac{5.00804926^2}{0.14085202}=178.0632$

因 x_4 的偏回归平方和为　$U_{p_4}=\frac{b_4^2}{c_{44}}=\frac{0.45726456^2}{0.01527834}=13.6854$

每个自变量的偏回归自由度为　$df_1=df_2=df_3=df_4=1$。

则可计算对应项的 F 值分别为

$$F_{b_1}=\frac{U_{p_1}/df_1}{Q_{y/1234}/df_Q}=\frac{3908.8305/1}{248.7082/7}=110.02$$

$$F_{b_2}=\frac{U_{p_2}/df_2}{Q_{y/1234}/df_Q}=\frac{1223.6050/1}{248.7082/7}=34.44$$

$$F_{b_3}=\frac{U_{p_3}/df_3}{Q_{y/1234}/df_Q}=\frac{178.0632/1}{248.7082/7}=5.01$$

$$F_{b_4}=\frac{U_{p_4}/df_4}{Q_{y/1234}/df_Q}=\frac{13.6854/1}{248.7082/7}=0.39$$

将结果列于方差分析表（表 13-3）中。

表 13-3　表 13-1 资料四元线性回归方差分析表

变异来源	*DF*	*SS*	*MS*	*F*	$F_{0.05}$	$F_{0.01}$
四元回归	4	4061.7285	1015.4321	28.58**	4.12	7.85
因 x_1 的偏回归	1	3908.8305	3908.8305	110.02**	5.59	12.25

续表

变异来源	DF	SS	MS	F	$F_{0.05}$	$F_{0.01}$
因 x_2 的偏回归	1	1223.6050	1223.6050	34.44**	5.59	12.25
因 x_3 的偏回归	1	178.0632	178.0632	5.01	5.59	12.25
因 x_4 的偏回归	1	13.6854	13.6854	0.39	5.59	12.25
离回归	7	248.7082	35.5297			
总变异	11	4310.4367				

查 F 值表，可得 $F_{0.05,1,7}=5.59$，F_{b_1}、F_{b_2} 都大于 $F_{0.05,1,7}$，推断自变量 x_1、x_2 的偏回归系数都是显著的；而 F_{b_3}、F_{b_4} 都小于 $F_{0.05,1,7}$，推断自变量 x_3、x_4 的偏回归系数不显著。

因 x_1 的偏回归项和因 x_2 的偏回归项的 F 值均大于 $F_{0.01}$，故应否定 H_0，接受 H_A，推断穗数 x_1 和每穗粒数 x_2 对产量 y 的偏回归都达到极显著水平。

注意：从表 13-3 可以看出，四元回归的总平方和 $U_{y/1234}=4061.7285$，因 x_1、x_2、x_3、x_4 的偏回归平方和之和为

$$U_{p_1}+U_{p_2}+U_{p_3}+U_{p_4}=3908.8305+1223.6050+178.0632+13.6854$$

$$=5324.1841$$

$$U_{y/1234}\neq U_{p_1}+U_{p_2}+U_{p_3}+U_{p_4}$$

这反映了自变量 x_1、x_2、x_3 和 x_4 间存在着相关关系。在多元线性回归分析中如果各自变量间互相独立，完全无关时，多元回归的总平方和等于各偏回归平方和之和，即

$$U_{y/12\cdots m}=\sum U_{p_i}$$

当各自变量间存在相关关系时，则二者不相等，即

$$U_{y/12\cdots m}\neq\sum U_{p_i}$$

这是由于各变量间的相关对 y 的效应产生了混淆。

（2）t 测验。

【例 13-1】中已经算得 $s_{y/1234}=\sqrt{\dfrac{Q_{y/1234}}{n-m-1}}=\sqrt{\dfrac{248.7082}{12-4-1}}=5.9607$

由 C 阵可知：$c_{11}=0.03324951$，$c_{22}=0.09366273$，$c_{33}=0.14085202$，$c_{44}=0.01527834$

$$s_{b_1}=s_{y/1234}\sqrt{c_{11}}=5.9607\times\sqrt{0.03324951}=1.0869$$

$$s_{b_2}=s_{y/1234}\sqrt{c_{22}}=5.9607\times\sqrt{0.09366273}=1.8242$$

$$s_{b_3}=s_{y/1234}\sqrt{c_{33}}=5.9607\times\sqrt{0.14085202}=2.2371$$

$$s_{b_4}=s_{y/1234}\sqrt{c_{44}}=5.9607\times\sqrt{0.01527834}=0.7368$$

则对 b_1 有

$$t_{b_1}=\frac{b_1}{s_{b_1}}=\frac{11.4003}{1.0869}=10.4888$$

对 b_2 有

$$t_{b_2}=\frac{b_2}{s_{b_2}}=\frac{10.7054}{1.8242}=5.8685$$

对b_3有

$$t_{b_3}=\frac{b_3}{s_{b_3}}=\frac{5.0080}{2.2371}=2.2387$$

对b_4有

$$t_{b_4}=\frac{b_4}{s_{b_4}}=\frac{0.4573}{0.7368}=0.6206$$

查 t 值表可得，$t_{0.05,7}=2.365$，由于t_{b_1}和t_{b_2}均大于$t_{0.25,7}$，因此自变量x_1、x_2的偏回归系数显著；而t_{b_3}和t_{b_4}均小于$t_{0.05,7}$，则自变量x_3、x_4的偏回归系数不显著。

三、剔除不显著的自变量

在建立多元线性回归方程时，通常有些自变量与依变量存在着显著的回归关系，而另一些自变量其偏回归平方和很小，对依变量的影响很小，与依变量不存在显著的回归关系，这些不显著的自变量在回归方程中是不重要的，应进行剔除，使建立的多元线性回归方程中仅包含与依变量存在显著回归关系的自变量，此时建立的多元线性回归方程称为最优多元线性回归方程（best multiple linear regression equation）。最优多元线性回归方程可以简单而又准确地分析和预测 y 的效应。

当有多个自变量不显著时，应当把不显著的自变量剔除。在剔除的过程中，只能逐一进行剔除，即一次只能剔除一个自变量，应对偏回归平方和最小且经显著性测验不显著的那个自变量进行剔除。一般地讲，偏回归平方和最小的那个自变量，在显著性测验时，无论 F 测验或是 t 测验，其统计量 F 值或是 t 值也必然是最小的。因此，被剔除的这个自变量应该是偏回归平方和或 F 值或 t 值最小，且经显著性测验不显著。当这个不显著的自变量被剔除后，由于变量间常常存在相关关系，剔除的自变量的效应值会转移到其他自变量上，自变量对依变量的效应会发生改变，因此应重新进行多元线性回归方程和偏回归系数的假设测验，直到所有与依变量不存在显著关系的自变量都被剔除，多元回归方程中所有自变量的偏回归系数都是显著的为止，这种逐步剔除不显著自变量的过程称为逐步回归（stepwise regression）。具体步骤如下。

（1）m 元线性回归方程分析：对 m 元线性回归方程和偏回归系数进行显著性测验时，如果每个自变量的偏回归系数都显著，则分析结束，建立的线性回归方程就是最优线性回归方程；如果有 1 个或者 1 个以上自变量的偏回归系数不显著，则剔除偏回归平方和最小的那个自变量。进入第二步分析。

（2）$m-1$ 元线性回归分析：将偏回归平方和最小的自变量对应的数据删除后，重新进行 $m-1$ 元线性回归分析，对 $m-1$ 元线性回归方程和偏回归系数进行显著性测验，如果还存在不显著的自变量，再剔除偏回归平方和最小的那个自变量。进入第三步分析。

（3）$m-2$ 元线性回归分析：同上一步类似，进行 $m-2$ 元线性回归方程和偏回归系数的显著性测验。

（4）如此反复进行，直到所有的自变量都显著为止，所得到的回归方程就是最优多元线性回归方程。

在剔除自变量的过程中，每剔除 1 个自变量，则回归项自由度 df_U 减少 1，离回归项自

由度 df_Q 增加 1。

【例 13-3】 对**【例 13-2】**数据建立产量 y 依自变量 x_i 的最优线性回归方程。

在**【例 13-2】**中，已经建立了四元线性回归方程，经偏回归系数的假设测验已知自变量 x_3 、x_4 的偏回归系数不显著。对于这两个不显著的自变量 x_3 和 x_4 ，在建立最优线性回归方程时需剔除。但是由于自变量间存在相关性，只能逐一剔除。先将偏回归平方和最小（实际上 F 值或 t 值也是最小的）的自变量 x_4 剔除，在剔除自变量 x_4 后，重新进行下一轮的分析。因此，这里在上例的基础上，直接进行第二步分析，即剔除 x_4 后，进行三元线性回归分析。

（1）用矩阵法建立三元线性回归方程。

根据表 13-3 的数据可得系数矩阵 $\boldsymbol{X}$ 和 $\boldsymbol{Y}$ 如下。

$$\boldsymbol{X}=\begin{bmatrix}1 & 36.2 & 39.1 & 49.7\\ 1 & 36.3 & 37.9 & 47.9\\ \vdots & \vdots & \vdots & \vdots\\ 1 & 35.3 & 35.6 & 48.6\end{bmatrix},\quad \boldsymbol{Y}=\begin{bmatrix}572.2\\ 555.8\\ \vdots\\ 519.5\end{bmatrix}$$

则可计算得到

$$\boldsymbol{A}=\boldsymbol{X}'\boldsymbol{X}=\begin{bmatrix}12.00 & 426.80 & 447.50 & 576.60\\ 426.80 & 15231.80 & 15895.82 & 20500.65\\ 447.50 & 15895.82 & 16710.27 & 21506.07\\ 576.60 & 20500.65 & 21506.07 & 27714.92\end{bmatrix}$$

$$\boldsymbol{B}=\boldsymbol{X}'\boldsymbol{Y}=\begin{bmatrix}6473.80\\ 230590.68\\ 241437.06\\ 311075.23\end{bmatrix}$$

$$\boldsymbol{C}=\boldsymbol{A}^{-1}=\begin{bmatrix}504.57228774 & -2.74353617 & -3.17797407 & -6.00205137\\ -2.74353617 & 0.03135499 & 0.02632093 & 0.01346082\\ -3.17797407 & 0.02632093 & 0.07021941 & -0.00784126\\ -6.00205137 & 0.01346082 & -0.00784126 & 0.12103452\end{bmatrix}$$

由此可得

$$\boldsymbol{b}=\boldsymbol{A}^{-1}\boldsymbol{B}=\begin{bmatrix}504.57228774 & -2.74353617 & -3.17797407 & -6.00205137\\ -2.74353617 & 0.03135499 & 0.02632093 & 0.01346082\\ -3.17797407 & 0.02632093 & 0.07021941 & -0.00784126\\ -6.00205137 & 0.01346082 & -0.00784126 & 0.12103452\end{bmatrix}\begin{bmatrix}6473.80\\ 230590.68\\ 241437.06\\ 311075.23\end{bmatrix}$$

$$=\begin{bmatrix}-504.02088350\\ 11.23927391\\ 10.13900736\\ 5.52882883\end{bmatrix}$$

剔除自变量 x_4 后所得的三元线性回归方程为

$$\hat{y}=-504.02088350+11.23927391x_1+10.13900736x_2+5.52882883x_3$$

可以简写为

$$\hat{y}=-504.02+11.24x_1+10.14x_2+5.53x_3$$

（2）对三元线性回归方程进行假设测验。

无效假设 H_0：$\beta_1=\beta_2=\beta_3=0$；对 H_A：β_1、β_2、β_3 不全等于 0。

$$SS_y=\sum(y-\bar{y})^2=\boldsymbol{Y'Y}-(\boldsymbol{1'Y})^2/n=4310.4367$$

$$Q_{y/123}=\sum(y-\hat{y})^2=\boldsymbol{Y'Y}-\boldsymbol{b}'(\boldsymbol{X'Y})=[572.2\quad 555.8\quad \cdots\quad 519.5]\begin{bmatrix}572.2\\555.8\\\vdots\\519.5\end{bmatrix}$$

$$-[-504.02088353\quad 11.23927391\quad \cdots\quad 5.52882883]\begin{bmatrix}6473.80\\230590.68\\\vdots\\311075.23\end{bmatrix}$$

$$=3496817.6400-3496555.2464=262.3936$$

$$U_{y/123}=\sum(\hat{y}-\bar{y})^2=SS_y-Q_{y/123}=4310.4367-262.3936=4048.0431$$

$$df_y=n-1=11,\quad df_U=m=3,\quad df_Q=n-m-1=8$$

则
$$F=\frac{U_{y/123}/m}{Q_{y/123}/(n-m-1)}=\frac{4048.0431/3}{262.3936/8}=41.14$$

查 F 值表可得 $F_{0.05,3,8}=4.07$，$F>F_{0.05,3,8}$，应否定 H_0，接受 H_A，推断三元线性回归方程成立。

（3）偏回归系数的假设测验。可以用 F 测验，无效假设 H_0：$\beta_i=0$，对 H_A：$\beta_i\neq 0$（i=1, 2, 3）。

因 x_1 的偏回归平方和为
$$U_{p_1}=\frac{b_1^2}{c_{11}}=\frac{11.23927391^2}{0.03135499}=4028.7460$$

因 x_2 的偏回归平方和为
$$U_{p_2}=\frac{b_2^2}{c_{22}}=\frac{10.13900736^2}{0.07021941}=1463.9752$$

因 x_3 的偏回归平方和为
$$U_{p_3}=\frac{b_3^2}{c_{33}}=\frac{5.52882883^2}{0.12103452}=252.5556$$

每个自变量的偏回归自由度为

$$df_1=df_2=df_3=1$$

则可计算对应项的 F 值。

$$F_{b_1}=\frac{U_{p_1}/df_1}{Q_{y/123}/df_Q}=\frac{4028.7460/1}{262.3936/8}=122.83$$

$$F_{b_2}=\frac{U_{p_2}/df_2}{Q_{y/123}/df_Q}=\frac{1463.9752/1}{262.3936/8}=44.63$$

$$F_{b_3}=\frac{U_{p_3}/df_3}{Q_{y/123}/df_Q}=\frac{252.5556/1}{262.3936/8}=7.70$$

查 F 值表，可得 $F_{0.05,1,8}=5.32$，F_{b_1}、F_{b_2} 和 F_{b_3} 都大于 $F_{0.05,1,8}$，推断 x_1、x_2 和 x_3 的偏回归均显著，对三元线性回归方程和偏回归系数的假设测验结果列于方差分析表（表 13-4）中。

表 13-4　三元线性回归的方差分析表

变异来源	DF	SS	MS	F	$F_{0.05}$	$F_{0.01}$
三元回归	3	4048.0431	1349.3477	41.14**	4.07	7.59
因 x_1 的偏回归	1	4028.7460	4028.7460	122.83**	5.32	11.26
因 x_2 的偏回归	1	1463.9752	1463.9752	44.63**	5.32	11.26
因 x_3 的偏回归	1	252.5556	252.5556	7.70*	5.32	11.26
离回归	8	262.3936	32.7992			
总变异	11	4310.4367				

本例也可以采用 t 测验的方法来测验偏回归系数的显著性，t 测验如下。

无效假设 H_0：$\beta_i=0$，对 H_A：$\beta_i\neq 0$（$i=1$，2，3）。

$$s_{y/123}=\sqrt{\frac{Q_{y/123}}{n-m-1}}=\sqrt{\frac{262.3936}{12-3-1}}=5.7271$$

由 $\boldsymbol{C}$ 矩阵可知：

$$c_{11}=0.03135499，c_{22}=0.07021941，c_{33}=0.12103452$$

$$s_{b_1}=s_{y/123}\sqrt{c_{11}}=5.7271\times\sqrt{0.03135499}=1.0141$$

$$s_{b_2}=s_{y/123}\sqrt{c_{22}}=5.7271\times\sqrt{0.07021941}=1.5176$$

$$s_{b_3}=s_{y/123}\sqrt{c_{33}}=5.7271\times\sqrt{0.12103452}=1.9924$$

则

$$t_{b_1}=\frac{b_1}{s_{b_1}}=\frac{11.2393}{1.0141}=11.0829$$

$$t_{b_2}=\frac{b_2}{s_{b_2}}=\frac{10.1390}{1.5176}=6.6809$$

$$t_{b_3}=\frac{b_3}{s_{b_3}}=\frac{5.5288}{1.9924}=2.7749$$

查 t 值表可得，$t_{0.05,8}=2.306$，$t_{0.01,8}=3.355$。由于 t_{b_1}、t_{b_2} 和 t_{b_3} 均大于 $t_{0.05,8}$，因此自变量 x_1、x_2 和 x_3 的偏回归均显著，至此逐步回归的过程结束。

这里可以看到，偏回归系数 b_3 和 b_4 在第一步假设测验中是不显著的，而剔除了不显著的自变量 x_4 后，b_3 就达到了显著水平，因此在剔除不显著的自变量时，不能把偏回归系数不显著的自变量同时剔除掉，应该逐步剔除。

综上所述：由【例13-3】资料所得到的最优线性回归方程为 $\hat{y}=-504.02+11.24x_1+10.14x_2+5.53x_3$，回归估计标准误为 $s_{y/123}=5.73$kg。

这表明，对于小麦品种‘豫农 202’而言，当每穗粒数 x_2 和千粒重 x_3 固定时，穗数 x_1 每增加一个单位（万穗/666.7m^2），产量将增加 11.24kg/666.7m^2；当穗数 x_1 和千粒重 x_3 固定时，每穗粒数 x_2 每增加一个单位（粒），产量将增加 10.14kg/666.7m^2；当穗数 x_1 和每穗粒数 x_2 固定时，千粒重 x_3 每增加一个单位（g），产量将增加 5.53kg/666.7m^2。

第二节　通 径 分 析

在多元线性回归中，一般地讲，偏回归系数 b_i 的绝对值越大，自变量 x_i 对依变量 y 的影响也越大，但是受度量单位和变异程度的影响，无法通过比较不同自变量的偏回归系数，确定各自变量 x_i 对依变量 y 影响的大小，即相对重要性。如果将各自变量和依变量进行标准化处理，就可建立标准化的多元线性回归方程，在标准化的多元线性回归方程中，各自变量的标准偏回归系数无量纲，可依其绝对值大小，比较各自变量的相对重要性。标准偏回归系数通常不通过标准化多元线性回归计算，一般通过多元线性回归的偏回归系数 b_i 间接计算。通径分析（path analysis）中的通径系数（path coefficient）就是标准偏回归系数。通径分析能够借助图表简明而精确地描述各变量间的关系，既可以反映自变量对依变量的直接效应，同时也可根据自变量间的关系，计算某一个自变量通过其他自变量对依变量的间接效应。

在因果关系中，一个结果往往是由几种原因产生的，在这些原因中，有的是彼此独立的，没有相互关系，有的是彼此相关的，互相影响。假设依变量 Y 受到两个自变量 X_1 和 X_2 的影响，这两个自变量的关系有两种可能：一种是两个自变量 X_1 和 X_2 彼此独立无关，$r_{12}=0$，如图 13-1 所示；另一种是两个自变量 X_1 和 X_2 彼此相关，$r_{12}\neq 0$，如图 13-2 所示。

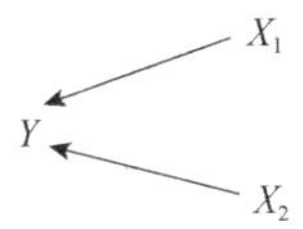

图 13-1　独立通径图

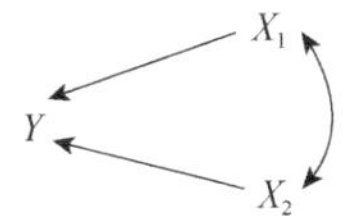

图 13-2　相关通径图

图 13-1 中单向箭头“→”表示自变量和依变量间存在因果关系，箭头所指的方向称为通径（path），表明从原因到结果，通径 $X_1\to Y$ 和 $X_2\to Y$ 是彼此独立的，称为直接通径。如果性状间相互独立，则 X_1 和 X_2 不以任何线条相连。图 13-2 除了单向箭头外，又增加了双向箭头“↔”，称为相关线（correlation line），表示变量间存在平行关系，即相关关系。一条相关线相当于两条尾端相连的通径，由于 $r_{12}\neq 0$，除了 $X_1\to Y$ 和 $X_2\to Y$ 这两条直接通径外，又产生了两条间接通径：一条是 X_1 通过 X_2 作用于 Y 的通径，记作 $X_1\to X_2\to Y$；另一条是 X_2 通过 X_1 作用于 Y 的通径，记作 $X_2\to X_1\to Y$。这种用来表示各变量间通径与相关关系的图称为通径图（path chart），通径系数表示各条通径对 Y 的反应量。

以上通径可以推广到多个自变量，当 $i=j$ 时为直接通径系数（i，$j=1$，2，…，m），用 p_{iy} 或 p_i 表示，它是反映自变量对依变量直接效应的统计量，即 X_i 对依变量 Y 的直接效应；当 $i\neq j$ 时为间接通径系数，用 $p_{i\to j\to y}$ 表示，是反映自变量对依变量间接效应的统计量，即 X_i 通过 X_j 对依变量 Y 的间接效应。

通径分析在研究多个变量的关系中具有直观、精确的优点，应用广泛。在农业科学研究中，应用通径分析可以在影响目标性状的多个要素中抓住关键因素，具有重要的实用价值。

一、通径分析的基本原理

通径分析可以将各自变量与依变量的简单相关系数分解为各自变量对依变量的直接效应和通过其他自变量的间接效应。可见，通径系数就是自变量 x 和依变量 y 的简单相关系数的线性分解，当自变量间彼此独立无关时，相关系数绝对值的大小能够反映该自变量对依变量的重要性。当自变量间存在相关时，任一自变量 x 和依变量 y 的简单相关系数 r 等于该自变量 x 的直接通径系数 p_{iy} 和间接通径系数 $p_{i\to j\to y}$ 之和。

（一）直接通径系数的计算

在具有因果关系的多个变量中，将原因与结果给以明确定义，就能用通径图的形式表示全部变量体系。

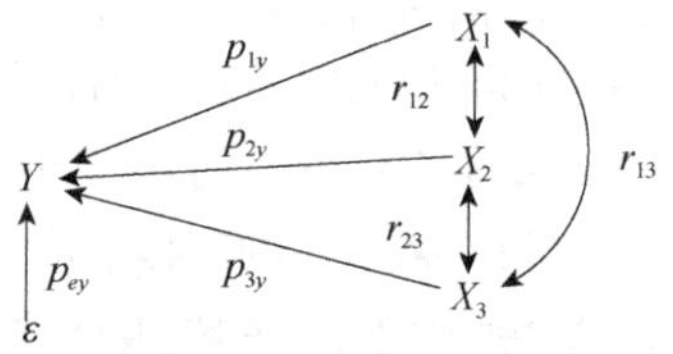

图 13-3　3 个自变量与 1 个依变量的通径关系

图 13-3 是 3 个自变量与 1 个依变量的通径关系，可以用一个多元线性回归方程表示为

$$y=b_0+b_1x_1+b_2x_2+b_3x_3$$

该方程中各个偏回归系数由于受度量单位的影响，不便于彼此间比较，且由于自变量本身变异程度不同，偏回归系数的绝对值不能准确反映各自变量对依变量相对贡献的大小。为消除这两方面的影响，可用相应自变量的标准差和依变量的标准差去乘偏回归系数，从而得到标准偏回归系数，即通径系数。

$$p_{iy}=b_i\frac{s_i}{s_y} \tag{13.23}$$

y 与 x_1 的相关系数为

$$\begin{aligned}
r_{1y}&=\frac{C_{x_1y}}{s_1s_y}=\frac{C_{b_0x_1+b_1x_1x_1+b_2x_1x_2+b_3x_1x_3}}{s_1s_y}\\
&=\frac{b_1C_{x_1x_1}+b_2C_{x_1x_2}+b_3C_{x_1x_3}}{s_1s_y}\\
&=\frac{b_1s_1^2}{s_1s_y}+\frac{b_2r_{12}s_1s_2}{s_1s_y}+\frac{b_3r_{13}s_1s_3}{s_1s_y}\\
&=b_1\frac{s_1}{s_y}+r_{12}b_2\frac{s_2}{s_y}+r_{13}b_3\frac{s_3}{s_y}\\
&=p_{1y}+r_{12}p_{2y}+r_{13}p_{3y}
\end{aligned}$$

同理可得

$$r_{2y}=r_{21}p_{1y}+p_{2y}+r_{23}p_{3y}$$
$$r_{3y}=r_{31}p_{1y}+r_{32}p_{2y}+p_{3y}$$

如果推广到 m 个自变量，可得

$$\begin{cases}
p_{1y}+r_{12}p_{2y}+\cdots+r_{1m}p_{my}=r_{1y}\\
r_{21}p_{1y}+p_{2y}+\cdots+r_{2m}p_{my}=r_{2y}\\
\cdots\\
r_{m1}p_{1y}+r_{m2}p_{2y}+\cdots+p_{my}=r_{my}
\end{cases} \tag{13.24}$$

令

$$\boldsymbol{R}=\begin{bmatrix} r_{11} & r_{12} & \cdots & r_{1m}\\ r_{21} & r_{22} & \cdots & r_{2m}\\ \vdots & \vdots & & \vdots\\ r_{m1} & r_{m2} & \cdots & r_{mm}\end{bmatrix},\quad \boldsymbol{p}=\begin{bmatrix} p_{1y}\\ p_{2y}\\ \vdots\\ p_{3y}\end{bmatrix},\quad \boldsymbol{c}=\begin{bmatrix} r_{1y}\\ r_{2y}\\ \vdots\\ r_{3y}\end{bmatrix}$$

那么

$$\boldsymbol{Rp}=\boldsymbol{c}$$

$$p=R^{-1}c \tag{13.25}$$

通径系数的计算也可以在多元线性回归分析的基础上，由偏回归系数间接计算。

$$p_{iy}=b_i\sqrt{\frac{\sum(x-\bar{x})^2}{\sum(y-\bar{y})^2}}=b_i\frac{s_i}{s_y} \tag{13.26}$$

p_{iy} 的统计含义是：若 x_i 增加一个标准差单位，y 将变化 p_{iy} 个（$p_{iy}>0$ 时 y 增加，$p_{iy}<0$ 时 y 减少）标准差单位。通径系数不带具体单位，它的大小可反映自变量对依变量的影响力。通常根据各个自变量通径系数的大小进行比较，来判断各自变量对依变量的相对重要性。

（二）间接通径系数的计算

间接通径系数的公式为

$$p_{i\to j\to y}=r_{ij}p_{jy} \tag{13.27}$$

它表示第 i 个自变量通过第 j 个自变量对依变量的间接效应。综合以上公式可知，每个自变量 x_i 与依变量 y 的简单相关系数 r_{iy} 都包含着该自变量与依变量的直接通径系数及该自变量通过其他自变量对依变量 y 的间接通径系数。

（三）剩余通径系数

除研究中考虑的自变量外，还有其他因素影响到依变量，这个效应称为剩余效应，也称为剩余通径系数，剩余通径系数用 p_{ey} 表示，其计算公式如下。

根据

$$y=b_0+b_1x_1+b_2x_2+b_3x_3+b_ee$$

$$s_y^2=b_1^2s_1^2+b_2^2s_2^2+b_3^2s_3^2+b_e^2s_e^2+2b_1b_2C_{x_1x_2}+2b_1b_3C_{x_1x_3}+2b_2b_3C_{x_2x_3}$$

$$1=\frac{b_1^2s_1^2}{s_y^2}+\frac{b_2^2s_2^2}{s_y^2}+\frac{b_3^2s_3^2}{s_y^2}+\frac{b_e^2s_e^2}{s_y^2}+\frac{2r_{12}b_1b_2s_1s_2}{s_y^2}+\frac{2r_{13}b_1b_3s_1s_3}{s_y^2}+\frac{2r_{23}b_2b_3s_2s_3}{s_y^2}$$

$$=p_{1y}^2+p_{2y}^2+p_{3y}^2+p_{ey}^2+2r_{12}p_{1y}p_{2y}+2r_{13}p_{1y}p_{3y}+2r_{23}p_{2y}p_{3y}$$

$$p_{ey}^2=1-\sum p_{iy}^2-2\sum\sum r_{ij}p_{iy}p_{jy}\quad(i<j) \tag{13.28}$$

p_{ey}^2 为剩余决定系数，其值小，说明通径分析中主要的相关性状已包含在内；其值大，说明通径分析中可能遗漏了主要相关性状，需要进一步寻找其他的性状进行分析。一般而言，如果 $p_{ey}^2>0.5$，说明还有重要的自变量未考虑进来，可能还有对 y 影响较大的性状或因素。如果试验误差较大，也可能导致 p_{ey}^2 较大，这就需要减少试验误差，提高试验的精确度和准确度。

剩余通径系数 p_{ey} 为剩余决定系数的算术平方根，则

$$p_{ey}=\sqrt{p_{ey}^2} \tag{13.29}$$

（四）通径系数的显著性测验

通径分析中通径系数就是多元线性回归分析中的标准偏回归系数，通径系数的显著性测验实际上就是多元线性回归分析中标准化变量的显著性测验，因此通径系数的假设测验和偏回归系数的假设测验等价，也可用 F 测验或 t 测验进行，二者任选其一即可。

通径系数的假设测验就是测验直接通径系数 P_{iy} 来自所属总体通径系数 $\beta_i'=0$ 的概率。

二、通径分析的基本步骤

通径分析就是计算出直接通径系数和间接通径系数，并对通径系数做显著性测验。其基本步骤如下。

（1）计算各变量间的简单相关系数 r_{ij}（i，$j=1$，2，…，m），由简单相关系数组成简单相关系数矩阵 $\boldsymbol{R}$。

$$\boldsymbol{R}=(r_{ij})_{m\times m}=\begin{bmatrix} 1 & r_{12} & \cdots & r_{1m} \\ r_{21} & 1 & \cdots & r_{2m} \\ \vdots & \vdots & & \vdots \\ r_{m1} & r_{m2} & \cdots & 1 \end{bmatrix} \tag{13.30}$$

（2）求 $\boldsymbol{R}$ 阵的逆矩阵。

$$\boldsymbol{R}^{-1}=(c_{ij}')_{m\times m}=\begin{bmatrix} c_{11}' & c_{12}' & \cdots & c_{1m}' \\ c_{21}' & c_{22}' & \cdots & c_{2m}' \\ \vdots & \vdots & & \vdots \\ c_{m1}' & c_{m2}' & \cdots & c_{mm}' \end{bmatrix} \tag{13.31}$$

（3）计算直接通径系数。

$$\begin{bmatrix} p_{1y} \\ p_{2y} \\ \vdots \\ p_{my} \end{bmatrix}=\begin{bmatrix} c_{11}' & c_{12}' & \cdots & c_{1m}' \\ c_{21}' & c_{22}' & \cdots & c_{2m}' \\ \vdots & \vdots & & \vdots \\ c_{m1}' & c_{m2}' & \cdots & c_{mm}' \end{bmatrix}\begin{bmatrix} r_{1y} \\ r_{2y} \\ \vdots \\ r_{my} \end{bmatrix} \tag{13.32}$$

（4）根据公式 $p_{i\to j\to y}=r_{ij}p_{jy}$ 可算得间接通径系数。

（5）根据 $p_{ey}^2=1-\sum p_{iy}^2-2\sum\sum r_{ij}p_{iy}p_{jy}(i<j)$ 计算剩余通径系数。

（6）对通径系数做显著性测验。

无效假设 H_0：$\beta_i'=0$；备择假设 H_A：$\beta_i'\neq 0$（$i=1$，2，…，m）。

a. F 测验。

$$F_{pi}=\frac{U_{pi}'/1}{p_{ey}^2/(n-m-1)}，\ df_1=1，\ df_2=n-m-1 \tag{13.33}$$

式中，分子项 U_{pi}' 称为标准偏回归平方和，自由度为 1；分母项 p_{ey}^2 为剩余决定系数，自由度为 $n-m-1$。

$$U_{pi}'=\frac{p_{iy}^2}{c_{ii}'} \tag{13.34}$$

式中，c_{ii}' 为相关系数矩阵 $\boldsymbol{R}$ 的逆矩阵 $\boldsymbol{R}^{-1}$ 阵中主对角线上的元素。

如果 $F>F_{0.05,1,n-m-1}$，则拒绝 H_0，接受 H_A，推断通径系数显著。如果 $F<F_{0.05,1,n-m-1}$，则接受 H_0，推断通径系数不显著。

b. t 测验。计算通径系数标准误。

$$s_{pi}=\sqrt{\frac{p_{ey}^2 c'_{ii}}{n-m-1}} \tag{13.35}$$

$$t_{pi}=\frac{p_{iy}}{s_{pi}} \tag{13.36}$$

p_{iy} 服从 $df=n-m-1$ 的 t 分布，据此可以测验 p_{iy} 来自 $\beta'_i=0$ 总体的概率。

【例 13-4】 对【例 13-3】获得的最优回归方程中的穗数（x_1）、每穗粒数（x_2）、千粒重（x_3）对产量（y）进行通径分析。

（1）计算直接通径系数。

计算各自变量 x_1、x_2、x_3 与 y 间的简单相关系数。

$$r_{1y}=0.71681623,\quad r_{2y}=0.05899041,\quad r_{3y}=0.04567491$$

同理可算得 x_1 与 x_2、x_1 与 x_2、x_2 与 x_3 的简单相关系数 r_{12}、r_{13} 和 r_{23}。

$$r_{12}=-0.59603968,\quad r_{13}=-0.32274501,\quad r_{23}=0.25700982$$

由自变量的简单相关系数构成 $\boldsymbol{R}$ 阵。

$$\boldsymbol{R}=\begin{bmatrix}1 & -0.59603968 & -0.32274501\\ -0.59603968 & 1 & 0.25700982\\ -0.32274501 & 0.25700982 & 1\end{bmatrix}$$

$\boldsymbol{R}$ 阵的逆矩阵为

$$\boldsymbol{R}^{-1}=\begin{bmatrix}1.62878705 & 0.89482271 & 0.29570467\\ 0.89482271 & 1.56232329 & -0.11273287\\ 0.29570467 & -0.11273287 & 1.12441066\end{bmatrix}$$

则直接通径系数为

$$\begin{bmatrix}p_{1y}\\ p_{2y}\\ p_{3y}\end{bmatrix}=\begin{bmatrix}1.62878705 & 0.89482271 & 0.29570467\\ 0.89482271 & 1.56232329 & -0.11273287\\ 0.29570467 & -0.11273287 & 1.12441066\end{bmatrix}\begin{bmatrix}0.71681623\\ 0.05899041\\ 0.04567491\end{bmatrix}$$

$$=\begin{bmatrix}1.23383324\\ 0.72843647\\ 0.25667310\end{bmatrix}$$

即 $$p_{1y}=1.2338,\quad p_{2y}=0.7284,\quad p_{3y}=0.2567$$

这说明 x_1（穗数）对 y（产量）的直接效应为 1.2338，x_2（每穗粒数）对 y（产量）的直接效应为 0.7284，x_3（千粒重）对 y（产量）的直接效应为 0.2567。

（2）计算间接通径系数。

$$p_{1\to 2\to y}=r_{21}p_{1y}=-0.5960\times 1.2338=-0.7354$$

$$p_{2\to 1\to y}=r_{12}p_{2y}=-0.5960\times 0.7284=-0.4342$$

依据此法可计算各变量（直接变量）通过另一变量（间接变量）对 y（产量）的间接通径系数，见表 13-5。表中的对角线为直接通径系数。

表 13-5 通径系数表

直接变量	间接变量		
	x_1	x_2	x_3
x_1	1.2338	−0.7354	−0.3982
x_2	−0.4342	0.7284	0.1872
x_3	−0.0828	0.0660	0.2567

（3）计算剩余通径系数。

$$\begin{aligned}p_{ey}^2&=1-(p_{1y}^2+p_{2y}^2+p_{3y}^2)-2r_{12}p_{1y}p_{2y}-2r_{13}p_{1y}p_{3y}-2r_{23}p_{2y}p_{3y}\\&=1-(1.2338^2+0.7284^2+0.2567^2)\\&\quad-2\times(-0.59603968)\times1.2338\times0.7284\\&\quad-2\times(-0.32274501)\times1.2338\times0.2567\\&\quad-2\times0.25700982\times0.7284\times0.2567\\&=0.0609\end{aligned}$$

$$p_{ey}=\sqrt{p_{ey}^2}=\sqrt{0.0609}=0.2468$$

（4）通径系数的假设测验。

无效假设 H_0：$\beta_i'=0$；备择假设 H_A：$\beta_i'\neq0$（$i=1,2,3$）。

a. F 测验。

$$U'_{p_1}=\frac{p_{1y}^2}{c'_{11}}=\frac{1.2338^2}{1.62878705}=0.9346$$

$$U'_{p_2}=\frac{p_{2y}^2}{c'_{22}}=\frac{0.7284^2}{1.56232329}=0.3396$$

$$U'_{p_3}=\frac{p_{3y}^2}{c'_{33}}=\frac{0.2567^2}{1.12441066}=0.0586$$

$$F_{p_1}=\frac{U'_{p_1}/1}{p_{ey}^2/(n-m-1)}=\frac{0.9346}{0.0609/(12-3-1)}=122.77$$

$$F_{p_2}=\frac{U'_{p_2}/1}{p_{ey}^2/(n-m-1)}=\frac{0.3396}{0.0609/(12-3-1)}=44.61$$

$$F_{p_3}=\frac{U'_{p_3}/1}{p_{ey}^2/(n-m-1)}=\frac{0.0586}{0.0609/(12-3-1)}=7.70$$

查 F 值表得，$F_{0.05,1,8}=5.32$，F_{b_1}、F_{b_2} 和 F_{b_3} 都大于 $F_{0.05,1,8}$，则接受备择假设 H_A，推断通径系数 p_{1y}、p_{2y} 和 p_{3y} 达显著水平。

注意：在此可以看出，3 个通径系数的 F 测验结果与【例 13-3】中偏回归系数的 F 测验结果完全一致，说明通径系数的假设测验与偏回归系数的假设测验等价。

b. t 测验。

$$s_{p_1}=\sqrt{\frac{p_{ey}^2c'_{11}}{n-m-1}}=\sqrt{\frac{0.0609\times1.62878705}{12-3-1}}=0.1113$$

$$s_{p_2}=\sqrt{\frac{p_{ey}^2 c'_{22}}{n-m-1}}=\sqrt{\frac{0.0609\times1.56232329}{12-3-1}}=0.1091$$

$$s_{p_3}=\sqrt{\frac{p_{ey}^2 c'_{33}}{n-m-1}}=\sqrt{\frac{0.0609\times1.12441066}{12-3-1}}=0.0925$$

$$t_{p_1}=\frac{p_{1y}}{s_{p_1}}=\frac{1.2338}{0.1114}=11.0754$$

$$t_{p_2}=\frac{p_{2y}}{s_{p_2}}=\frac{0.7284}{0.1091}=6.6764$$

$$t_{p_3}=\frac{p_{3y}}{s_{p_3}}=\frac{0.2567}{0.0925}=2.7751$$

查附表 4 得，$t_{0.05,8}$=2.306，$t_{0.01,8}$=3.355，由于 t_{b_1}、t_{b_2}和 t_{b_3}均大于$t_{0.05,\ 8}$，接受备择假设 H_A，推断通径系数 p_{1y}、p_{2y}和 p_{3y}是显著的。

注意：此处$t_{pi}^2=F_{pi}$，对通径系数进行 t 测验的结果与 F 测验的结果是一致的，同时通径系数的假设测验也与偏回归系数的测验结果完全相等，假设测验是等价的。

三、通径分析的应用要点

如果通径分析把依变量作为一方，把其他性状作为另一方，将两者之间的相关分解为直接效应和间接效应，解释这一通径分析的原则主要有以下几方面。

（1）如果一个自变量和依变量的相关系数（r_{ij}）几乎等于它的直接通径系数（p_{iy}），则该相关反映了两者间的真实关系，并且通过这个自变量的直接选择将是有效的。如果相关系数是正值，但直接通径系数是负值或很小的数值，则间接效应是相关的主要原因，对间接的自变量也要同时考虑。如果相关系数是负值，但直接通径系数是正值并且较大，则要对直接效应施加一些限制，使不合要求的间接效应无效。

（2）参与通径分析的变量应尽可能组成一个封闭系统，这样才能把对依变量有影响的所有自变量都包含在内。

（3）多元线性回归方程显著是进行通径分析的前提，如果回归方程不显著，则不必进行通径分析。通径分析是在自变量与依变量确实存在相关关系的前提下进行的，应尽量把没有真实相关的自变量剔除。

（4）通径系数的计算是在依变量与自变量有线性关系的基础上进行的，若存在非线性关系，应先进行线性转换，然后进行通径分析。

（5）在进行显著性测验时，当通径系数中有 1 个以上的 p_{iy}不显著时，要把不显著的 p_{iy}剔除，但每次只能剔除一个 p_{iy}，只能认为t_{pi}值或者 F_{pi}值最小的那个 p_{iy}是不显著的，应先行剔除，剔除的方法与逐步回归类似。

（6）通径分析的结果受到环境条件和供试材料的限制，在应用时不可任意外推。

第三节　多元相关分析

在简单相关分析中，涉及的变量只有两个，即自变量 X 和依变量 Y，可以用简单相关系

数 r 和决定系数 r^2 来表示它们之间的相关性质和密切程度。在多元线性回归分析中，有 $M=m+1$（$m>2$）个变量，m 个自变量与一个依变量的总相关，称为复相关或者多元相关（multiple correlation）。固定其他的变量不变，任两个变量之间的相关称为偏相关（partial correlation）。

一、复相关分析

复相关分析的重点是计算复相关系数并测验其显著性。从相关分析的性质上说，各个变量都是平行的关系，复相关并没有自变量和依变量之分，但是在实际应用时，复相关分析往往与多元线性回归分析联系在一起，并作为回归显著性的一个指标。

（一）复相关系数

在 $m+1$ 个变量的复相关分析中，由于 m 个自变量对依变量 y 的回归平方和 $U_{y/12\cdots m}$ 占 y 的总平方和 SS_y 的比率越大，则表明 y 与 m 个变量的线性关系越密切，因此有

$$R^2_{y\cdot 12\cdots m}=\frac{U_{y/12\cdots m}}{SS_y} \qquad (13.37)$$

$R^2_{y\cdot 12\cdots m}$ 称为决定系数，它表示多元线性回归方程的拟合度，即用回归方程进行预测的可靠程度。$R^2_{y\cdot 12\cdots m}$ 的取值区间为［0，1］。

$$R_{y\cdot 12\cdots m}=\sqrt{\frac{U_{y/12\cdots m}}{SS_y}}=\sqrt{\frac{SS_y-Q_{y/12\cdots m}}{SS_y}} \qquad (13.38)$$

$R_{y\cdot 12\cdots m}$ 称为复相关系数（multiple correlation coefficient），为多元回归平方和与 y 总变异平方和比值的算术平方根，取值区间为［0，1］，表示 y 与 x_1，x_2，…，x_m 线性关系的密切程度。当自由度一定时，$R_{y\cdot 12\cdots m}$ 越接近 0，复相关越不密切；$R_{y\cdot 12\cdots m}$ 越接近 1，复相关越密切。由于 $U_{y/12\cdots m}$ 总是随着变量个数 m 的增多而增大，因此复相关系数总是比任一自变量 x 和依变量 y 的简单相关系数的绝对值大。

（二）复相关系数的假设测验

复相关系数的假设测验即依变量 y 与 m 个自变量线性关系的综合测验，测验复相关系数 $R_{y\cdot 12\cdots m}$ 来自总体参数 $\rho=0$ 的概率。复相关系数的假设测验使用 F 测验。

无效假设 H_0：$\rho=0$；备择假设 H_A：$\rho\neq 0$。

可由 F 测验进行，则

$$F_R=\frac{R^2_{y\cdot 12\cdots m}/m}{(1-R^2_{y\cdot 12\cdots m})/(n-m-1)} \qquad (13.39)$$

式中，$df_1=m$，$df_2=n-m-1$。

如果 $F_R>F_{\alpha,m,n-m-1}$，则拒绝 H_0，接受 H_A，推断 y 与 x_1，x_2，…，x_m 的复相关系数达到 α 显著水平；反之，如果 $F_R<F_{\alpha,\ m,\ n-m-1}$，则接受 H_0，推断 y 与 x_1，x_2，…，x_m 的复相关不显著。

在此，将 $R^2_{y\cdot 12\cdots m}=\dfrac{U_{y/12\cdots m}}{SS_y}$ 代入式（13.39），则可得

$$F_R=\frac{R_{y\cdot12\cdots m}^2/m}{(1-R_{y\cdot12\cdots m}^2)/(n-m-1)}=\frac{U_{y/12\cdots m}/m}{SS_y\left(1-\frac{U_{y/12\cdots m}}{SS_y}\right)/(n-m-1)}=\frac{U_{y/12\cdots m}/m}{Q_{y/12\cdots m}/(n-m-1)}$$

这也证实了复相关系数的假设测验与多元线性回归的假设测验是完全一致的，二者的显著性测验完全等价。

当 df_1、df_2 固定不变时，$F_{\alpha,m,n-m-1}$ 是固定值，因此将式（13.39）移项，可得到显著水平 α 一定时的临界值 R_α。

$$R_\alpha=\sqrt{\frac{df_1F_\alpha}{df_1F_\alpha+df_2}}\qquad(13.40)$$

式中，$df_1=m$，$df_2=n-m-1$。

当 $R_{y\cdot12\cdots m}>R_\alpha$ 时，则拒绝 H_0，接受 H_A，推断 y 与 x_1，x_2，…，x_m 的复相关系数达到 α 显著水平；反之，如果 $R_{y\cdot12\cdots m}<R_\alpha$ 时，则接受 H_0，推断 y 与 x_1，x_2，…，x_m 的复相关不显著。

不同自由度下，根据变量个数的不同所计算的临界 R_α 值列于附表 10，这样就可以根据变量的总个数 $M=m+1$ 和自由度 $df_2=n-m-1$ 直接查表，确定复相关系数 $R_{y\cdot12\cdots m}$ 的显著性。

【例 13-5】　计算**【例 13-3】**资料的复相关系数并进行显著性测验。

（1）**【例 13-3】**已算得 $SS_y=4310.4367$，$U_{y/123}=4048.0431$。因此，复决定系数为

$$R_{y\cdot123}^2=\frac{U_{y/123}}{SS_y}=\frac{4048.0431}{4310.4367}=0.9391$$

表明建立的复回归方程的拟合度为 93.91%。

（2）复相关系数为

$$R_{y\cdot123}=\sqrt{\frac{U_{y/123}}{SS_y}}=\sqrt{\frac{4048.0431}{4310.4367}}=0.9691$$

根据表 13-1 资料可算得依变量 y 与自变量 x_1、x_2 和 x_3 的简单相关系数分别为

$$r_{1y}=\frac{SP_{1y}}{\sqrt{SS_{x_1}\cdot SS_y}}=\frac{339.1933}{\sqrt{51.9467\times4310.4367}}=0.7168$$

$$r_{2y}=\frac{SP_{2y}}{\sqrt{SS_{x_2}\cdot SS_y}}=\frac{18.2683}{\sqrt{22.2492\times4310.4367}}=0.0590$$

$$r_{3y}=\frac{SP_{3y}}{\sqrt{SS_{x_3}\cdot SS_y}}=\frac{9.14}{\sqrt{9.2900\times4310.4367}}=0.0457$$

可见，复相关系数 $R_{y\cdot123}$ 比简单相关系数 r_{1y}、r_{2y} 和 r_{3y} 都要大。

（3）复相关系数的假设测验。

F 测验：根据公式可得

$$F_R=\frac{R_{y\cdot123}^2/m}{(1-R_{y\cdot123}^2)/(n-m-1)}=\frac{0.9391/3}{(1-0.9391)/(12-3-1)}=41.14$$

查 F 值表可得，当 $df_1=3$，$df_2=8$ 时，$F_{0.05,3,8}=4.07$，$F_{0.01,3,8}=7.59$，则 $F_R>F_{0.01,3,8}$，

则拒绝 H_0，接受 H_A，推断 y 与 x_1 、x_2 、x_3 的复相关系数达极显著水平。

如果用相关系数表法，可查附表 10，当自由度 $df=n-m-1=8$，变量的个数 $M=m+1=4$ 时，$R_{0.05}=0.777$，$R_{0.01}=0.860$，因为 $R_{y\cdot 123}>R_{0.01}$，所以复相关系数极显著。与计算结果完全一致。

二、偏相关分析

（一）偏相关系数的意义

在研究多个变量之间的相关关系时，由于变量之间往往是相互影响的，两个变量之间的简单相关系数通常不能正确反映两个变量间的真实关系。只有在排除其他变量影响的前提下，计算两个变量之间的偏相关系数，才能真正反映两个变量之间的内在联系。

偏相关系数和偏回归系数的含义相似：偏回归系数是在其他 $m-1$ 个变量保持不变时，指定的某一个自变量对依变量的影响；偏相关系数是指在其他 $M-2$ 个变量保持不变时，指定的两个变量间的相关程度。

若有 M 个变量，则有 $M(M-1)/2$ 个偏相关系数，偏相关系数一般用 r 加下标表示，以示与简单相关系数的不同，如 $r_{1y\cdot 23\cdots m}$ 表示 x_2，x_3，…，x_m 保持不变，x_1 与 y 的偏相关系数；$r_{12\cdot 34\cdots y}$ 表示 x_3，x_4，…，y 保持不变，x_1 与 x_2 的偏相关系数。偏相关系数也可将下标点后面被固定的变量符号略去，简记作 $r_{ij\cdot}$（i，$j=1, 2, \cdots, M$；$i\neq j$）。偏相关系数与简单相关系数一样，取值区间为 [−1，1]。

在偏相关分析中，只有一个变量保持不变称为一级偏相关，若有两个变量保持不变称为二级偏相关，余类推。

（二）偏相关系数的计算

偏相关系数一般采用矩阵法进行计算，首先由简单相关系数组成相关系数 **R** 阵，M 个变量的简单相关系数矩阵如下。

$$\boldsymbol{R}=(r_{ij})_{M\times M}=\begin{bmatrix} 1 & r_{12} & \cdots & r_{1M} \\ r_{21} & 1 & \cdots & r_{2M} \\ \vdots & \vdots & & \vdots \\ r_{M1} & r_{M2} & \cdots & 1 \end{bmatrix} \tag{13.41}$$

求得 **R** 阵的逆矩阵。

$$\boldsymbol{R}^{-1}=(c'_{ij})_{M\times M}=\begin{bmatrix} c'_{11} & c'_{12} & \cdots & c'_{1M} \\ c'_{21} & c'_{22} & \cdots & c'_{2M} \\ \vdots & \vdots & & \vdots \\ c'_{M1} & c'_{M2} & \cdots & c'_{MM} \end{bmatrix} \tag{13.42}$$

可以由式（13.43）计算 x_i 与 x_j 的偏相关系数 $r_{ij\cdot}$。

$$r_{ij\cdot}=\frac{-c'_{ij}}{\sqrt{c'_{ii}c'_{jj}}}\quad (i,\ j=1, 2, \cdots, M) \tag{13.43}$$

（三）偏相关系数的假设测验

偏相关系数的假设测验原理与简单相关系数的假设测验类似，是测验变量 x_i 与 x_j 的偏相关系数 $r_{ij\cdot}$ 来自于总体偏相关系数 $\rho_{ij}=0$ 的概率，$r_{ij\cdot}$ 分布服从 t 分布。

无效假设为 H_0：$\rho_{ij}=0$，对应的备择假设为 H_A：$\rho_{ij}\neq 0$。

$$t_{ij\cdot}=\frac{r_{ij\cdot}}{s_{r_{ij\cdot}}}=\frac{r_{ij\cdot}}{\sqrt{(1-r_{ij\cdot}^2)/(n-M)}} \tag{13.44}$$

式中，$s_{r_{ij\cdot}}$ 称为偏相关系数的标准误，$df=n-M$。

在自由度和变量个数一定时，将 $df=n-M$ 代入式（13.44）中并移项，可以计算给定显著水平时的临界 $r_{ij\cdot}$ 的值，即

$$r_{ij\cdot}=\sqrt{\frac{t_\alpha^2}{df+t_\alpha^2}} \tag{13.45}$$

临界 $r_{ij\cdot}$ 的值列于附表 10 中，因此可以将计算得到的偏相关系数 $r_{ij\cdot}$ 取绝对值与附表 10 中的 $r_{0.05}$ 和 $r_{0.01}$ 相比较，从而做出统计推断。

如果 $|r_{ij\cdot}|>r_\alpha$，则接受备择假设 H_A，推断偏相关系数 $r_{ij\cdot}$ 在 α 水平上显著；反之，如果 $|r_{ij\cdot}|<r_\alpha$，则接受无效假设 H_0，推断偏相关系数在 α 水平上不显著。

【例 13-6】 计算【例 13-3】资料中的偏相关系数，并进行显著性测验。

（1）计算偏相关系数。前面已算得各变量间的简单相关系数，分别为

$$r_{1y}=0.71681623,\quad r_{2y}=0.05899041,\quad r_{3y}=0.04567491$$

同理可算得 x_1 与 x_2、x_1 与 x_3、x_2 与 x_3 的简单相关系数分别为

$$r_{12}=-0.59603968,\quad r_{13}=-0.32274501,\quad r_{23}=0.25700982$$

建立简单相关系数的矩阵 $\boldsymbol{R}$ 阵

$$\boldsymbol{R}=(r_{ij})_{3\times 3}=\begin{bmatrix} 1 & -0.59603968 & -0.32274501 & 0.71681623 \\ -0.59603968 & 1 & 0.25700982 & 0.05899041 \\ -0.32274501 & 0.25700982 & 1 & 0.04567491 \\ 0.71681623 & 0.05899041 & 0.04567491 & 1 \end{bmatrix}$$

可得其逆矩阵

$$\boldsymbol{R}^{-1}=(c'_{ij})=\begin{bmatrix} 26.63689811 & 15.65923299 & 5.49811721 & -20.26863146 \\ 15.65923299 & 10.27900767 & 2.95869276 & -11.96629326 \\ 5.49811721 & 2.95869276 & 2.20666338 & -4.21646330 \\ -20.26863146 & -11.96629326 & -4.21646330 & 16.42736712 \end{bmatrix}$$

则各偏相关系数为

$$r_{12\cdot 3y}=\frac{-c'_{12}}{\sqrt{c'_{11}c'_{22}}}=\frac{-15.65923299}{\sqrt{26.63689811\times 10.27900767}}=-0.9464$$

$$r_{13\cdot 2y}=\frac{-c'_{13}}{\sqrt{c'_{11}c'_{33}}}=\frac{-5.49811721}{\sqrt{26.63689811\times 2.20666338}}=-0.7171$$

$$r_{1y\cdot23}=\frac{-c'_{1y}}{\sqrt{c'_{11}c'_{yy}}}=\frac{-(-20.26863146)}{\sqrt{26.63689811\times16.42736712}}=0.9689$$

$$r_{23\cdot1y}=\frac{-c'_{23}}{\sqrt{c'_{22}c'_{33}}}=\frac{-2.95869276}{\sqrt{10.27900767\times2.20666338}}=-0.6212$$

$$r_{2y\cdot13}=\frac{-c'_{2y}}{\sqrt{c'_{22}c'_{yy}}}=\frac{-(-11.96629326)}{\sqrt{10.27900767\times16.42736712}}=-0.9209$$

$$r_{3y\cdot12}=\frac{-c'_{3y}}{\sqrt{c'_{33}c'_{yy}}}=\frac{-(-4.21646330)}{\sqrt{2.20666338\times16.42736712}}=0.7003$$

（2）偏相关系数的假设测验。

无效假设为 H_0：$\rho_{ij}=0$，对应的备择假设为 H_A：$\rho_{ij}\neq0$。

$$t_{12\cdot3y}=\frac{r_{12\cdot3y}}{\sqrt{(1-r^2_{12\cdot3y})/(n-M)}}=\frac{-0.9464}{\sqrt{[1-(-0.9464)^2]/(12-4)}}=-8.2874$$

$$t_{13\cdot2y}=\frac{r_{13\cdot2y}}{\sqrt{(1-r^2_{13\cdot2y})/(n-M)}}=\frac{-0.7171}{\sqrt{[1-(-0.7171)^2]/(12-4)}}=-2.9101$$

$$t_{1y\cdot23}=\frac{r_{1y\cdot23}}{\sqrt{(1-r^2_{1y\cdot23})/(n-M)}}=\frac{0.9689}{\sqrt{(1-0.9689^2)/(12-4)}}=11.0747$$

$$t_{23\cdot1y}=\frac{r_{23\cdot1y}}{\sqrt{(1-r^2_{23\cdot1y})/(n-M)}}=\frac{-0.6212}{\sqrt{[1-(-0.6212)^2]/(12-4)}}=-2.2421$$

$$t_{2y\cdot13}=\frac{r_{2y\cdot13}}{\sqrt{(1-r^2_{2y\cdot13})/(n-M)}}=\frac{0.9209}{\sqrt{(1-0.9209^2)/(12-4)}}=6.6822$$

$$t_{3y\cdot12}=\frac{r_{3y\cdot12}}{\sqrt{(1-r^2_{3y\cdot12})/(n-M)}}=\frac{0.7003}{\sqrt{(1-0.7003^2)/(12-4)}}=2.7747$$

查 t 值表可得，$t_{0.05,8}=2.306$，$t_{0.01,8}=3.355$，所得到的 $t_{12\cdot3y}$、$t_{1y\cdot23}$、$t_{2y\cdot13}$ 3 个值的绝对值均大于 $t_{0.01,8}$，$t_{13\cdot2y}$、$t_{3y\cdot12}$ 的绝对值均大于 $t_{0.05,8}$，$t_{23\cdot1y}$ 的绝对值小于 $t_{0.05,8}$，所以 $r_{12\cdot3y}$、$r_{1y\cdot23}$、$r_{2y\cdot13}$ 达到极显著水平，$r_{13\cdot2y}$、$r_{3y\cdot12}$ 达到显著水平。

（四）偏相关与简单相关的关系

简单相关系数和偏相关系数从不同的侧面描述了变量间的相关关系，为了便于比较，将【例 13-6】中求得的简单相关系数和偏相关系数列于表 13-6 中，对角线下方为简单相关系数，对角线上方为偏相关系数。

表 13-6　x_1，x_2，x_3，y 的简单相关系数与偏相关系数

性状	x_1	x_2	x_3	y
x_1	1	−0.9464**	−0.7171*	0.9689**
x_2	−0.5960*	1	−0.6212	0.9209**
x_3	−0.3227	0.2570	1	0.7003*
y	0.7168**	0.0590	0.0457	1

从表 13-6 中可以看出，简单相关系数只有 r_{1y} 达到了极显著水平，r_{12} 达到显著水平，其他 4 个简单相关系数没有达到显著水平。但是如果用偏相关系数来表示两个变量间的相关关系，则有 5 个偏相关系数都达到了显著水平。

造成简单相关系数与偏相关系数在数值和相关程度上差异的原因在于变量之间存在直接或间接的相关。除非变量是相互独立的，否则偏相关系数不会等于简单相关系数。

【例 13-6】中 $r_{12}=-0.5960$，即单位面积穗数 x_1 和每穗粒数 x_2 呈显著的负相关，x_1 的大值对应着 x_2 的小值，反之，x_1 的小值对应着 x_2 的大值，即对于这个小麦品种而言，单位面积穗数 x_1 增多则每穗粒数 x_2 减少，单位面积穗数 x_1 减少则每穗粒数 x_2 增多，在进行简单相关分析中，x_1 的效应中混杂有 x_2 的负效应，同样 x_2 的效应中混杂有 x_1 的负效应，这样计算得到的简单相关系数就比相应的偏相关系数小。同理，如果 x_1 和 x_2 呈显著的正相关，则 x_1 的效应中混杂有 x_2 的正效应，x_2 的效应中混杂有 x_1 的正效应，这样得到的简单相关系数就比相应的偏相关系数大。

从上面的分析可以看出，对于一个多变量资料，由于各变量间存在着不同程度的相关，在研究两个变量间的相关关系时，只有应用偏相关分析才能消除其他变量的影响，真实地反映两个变量间的关系。但是如果要综合考虑某个变量间的实际关系，则可采用简单相关系数。简单相关和偏相关研究目的不同，其含义也不相同，研究工作者应根据研究目的正确选用适当的统计指标。

习　题

13.1　多元线性回归与一元线性回归有何异同？

13.2　偏回归系数的含义是什么？

13.3　如何建立多元线性回归方程？

13.4　多元线性回归的假设测验包括哪些内容？如何进行？

13.5　在多元线性回归分析中如何剔除不显著的自变量，建立最优多元线性回归方程？

13.6　什么是通径系数？通径分析有何意义？通径系数与相关系数的关系如何？

13.7　通径分析的步骤有哪些？

13.8　什么是多元相关系数和偏相关系数？两者有何区别？

13.9　简单相关和偏相关的含义有何不同？

13.10　河南省小麦区域试验中，调查了 18 个小麦品种（系）的单位面积穗数（x_1，万穗/666.7m^2）、每穗粒数（x_2，粒）、千粒重（x_3，g）、株高（x_4，cm）和单位面积产量（y，kg/666.7m^2），调查结果列于表 13-7。试建立产量 y 依自变量的最优线性回归方程并估算该方程的回归估计标准误。

表 13-7　小麦品种的农艺性状

品种	穗数/（万穗/666.7m^2）	每穗粒数/粒	千粒重/g	株高/cm	产量/（kg/666.7m^2）	品种	穗数/（万穗/666.7m^2）	每穗粒数/粒	千粒重/g	株高/cm	产量/（kg/666.7m^2）
1	40.33	32.30	49.39	69	545	5	43.57	31.15	41.73	78	488
2	42.05	32.09	41.39	80	480	6	39.29	29.68	50.79	80	489
3	38.90	32.35	45.30	75	485	7	38.71	31.35	45.99	76	476
4	40.90	30.45	44.47	76	469	8	41.10	31.08	48.48	72	529

续表

品种	穗数/（万穗/666.7m²）	每穗粒数/粒	千粒重/g	株高/cm	产量/（kg/666.7m²）	品种	穗数/（万穗/666.7m²）	每穗粒数/粒	千粒重/g	株高/cm	产量/（kg/666.7m²）
9	40.71	26.77	54.33	79	509	14	38.33	30.88	49.78	85	501
10	42.81	31.93	46.29	88	539	15	40.57	32.90	46.16	75	529
11	43.43	32.02	45.08	76	534	16	37.00	30.93	51.08	77	503
12	45.81	30.00	41.43	74	512	17	42.57	29.30	48.03	72	520
13	49.90	37.80	41.47	78	545	18	46.62	32.17	48.64	70	555

【参考答案：最优线性回归方程为 $\hat{y}=-187.8988+6.2093x_1+5.5267x_2+5.7078x_3$，回归估计标准误为 $s_{y/123}=16.4880$】

13.11　表 13-8 为小麦品种‘周麦 18’的部分调查性状，x_1 为每穗粒数（粒），x_2 为千粒重（g），y 为单位面积产量（kg/666.7m²），试进行下列分析：①建立二元线性回归方程；②对回归方程和偏回归系数进行假设测验；③计算直接通径系数和间接通径系数，并进行假设测验；④计算多元相关系数和偏相关系数，并和简单相关系数进行比较，分析不同的原因。

表 13-8　小麦品种‘周麦 18’的每穗粒数、千粒重和产量

每穗粒数/粒	千粒重/g	产量/（kg/666.7m²）	每穗粒数/粒	千粒重/g	产量/（kg/666.7m²）
34.2	50.6	525	38.1	49.6	601
34.4	44.4	519	30.6	51.5	530
34.7	54.5	623	33.3	48.2	543
24.8	49.1	498	28.9	53.5	526
35.4	49.1	582	32.9	48.5	531

【参考答案：①二元线性回归方程：$\hat{y}=-87.3028+8.3488x_1+7.2515x_2$；②$F=10.50$，回归方程显著，$F_{b_1}=16.63$，$F_{b_2}=7.26$，或者 $t_{b_1}=4.078$, $t_{b_2}=2.695$，x_1 和 x_2 均显著；③直接通径系数 $p_{1y}=0.7799$, $p_{2y}=0.5153$，均显著，间接通径系数 $p_{1\to2\to y}=-0.0793$, $p_{2\to1\to y}=-0.1200$；④多元相关系数 $R=0.8661$，偏相关系数 $r_{12\cdot y}=-0.6573$，$r_{1y\cdot2}=0.8389$，$r_{2y\cdot1}=0.7136$，简单相关系数 $r_{12}=-0.1539$，$r_{1y}=0.7006$，$r_{2y}=0.3953$】

第十四章　非线性回归

【内容提要】 在农学和生物学研究中，当变量的取值范围增大时，变量间的关系不一定是直线关系，而可能是各种各样的曲线关系，这种曲线关系的回归称为曲线回归或非线性回归，变量间的回归分析采用曲线回归分析方法。本章的主要内容有曲线回归分析，是对常用的指数函数曲线、幂函数曲线、S形曲线等通过适当的变量转换转化为直线形式，建立直线回归方程并进行回归关系的显著性测验，之后再反转换为曲线回归方程；多项式回归分析，是用多元线性回归的方法求解多项式回归方程；作物密度与产量关系的回归分析，是用变量转换的方法将方程线性化，再利用直线回归的方法拟合方程。

【学习重点】 可直线化的非线性回归类型及其分析方法，多项式回归方程的建立及多项式回归的假设测验，密度与产量关系的回归分析等。

【学习难点】 两变量间适宜的非线性方程的确定、非线性回归方程的直线化、多项式回归方程的次数确定及多项式回归的假设测验。

【要求掌握的基本技能】 可直线化的非线性回归的分析方法、多项式回归的分析方法。

直线关系是两变量间最简单的一种关系。但在实际研究工作中，真正属于线性关系的变量很少，大多数变量间表现出各种各样的非线性关系。例如，种植密度与作物产量之间的关系，细菌的繁殖速率和温度之间的关系，水果、蔬菜的腐败速度和温度的关系等。这种类型的资料当变量 X 在一有限范围内取值时，X 与 Y 的关系可能近似于直线，但当 X 的取值范围较宽或 X 在整个定义区间内取值时，变量间就会有明显的非线性关系出现，需要用某种曲线来拟合。本章将介绍一些在农学和生物学研究中常用的非线性回归（non-linear regression）分析方法。

第一节　曲 线 回 归

一、指数曲线回归

指数函数（exponential function）的一般形式为

$$y=\alpha e^{\beta x} \tag{14.1}$$

式中，x 是作为指数出现的，所以称为指数函数。当 $\alpha>0$，$\beta>0$ 时，y 随 x 的增大而增大，曲线凹向上，常用来描述动植物生长、细菌繁殖和经济增长的规律，又称生长曲线；β 称为相对生长率，是生长的加速度。当 $\alpha>0$，$\beta<0$ 时，y 随 x 的增大而减小，曲线也凹向上，并以 x 轴为渐进线，常用来描述放射性元素的衰变和生物的衰老死亡过程，又称衰减曲线；β 称为相对衰减率，是衰减的加速度。见图 14-1。

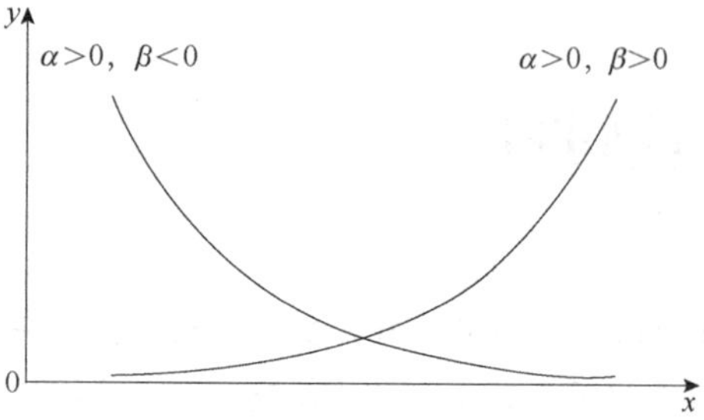

图 14-1　指数函数曲线

指数曲线回归的数学模型为

$$y=\alpha e^{\beta x}\varepsilon \tag{14.2}$$

式中，ε 为偶然性因素影响的随机误差，相互独立并服从同一对数正态分布。对式（14.2）两边取自然对数，得

$$\ln y=\ln\alpha+\beta x+\ln\varepsilon \tag{14.3}$$

令

$$y'=\ln y,\quad \alpha'=\ln\alpha,\quad \varepsilon'=\ln\varepsilon \tag{14.4}$$

则有

$$y'=\alpha'+\beta x+\varepsilon' \tag{14.5}$$

这样就将指数曲线回归的数学模型转换为直线回归的数学模型，即可用直线回归分析的方法求得β和α'的估计值 b 与 a'，并可由 a' 估计 a。

$$b=\frac{SP_{xy'}}{SS_x},\quad a'=\bar{y}'-b\bar{x},\quad a=e^{a'} \tag{14.6}$$

建立指数曲线回归方程

$$\hat{y}=ae^{bx} \tag{14.7}$$

【例 14-1】　测定果园中夏季绿肥的生长天数（x，天）与生长量（y，kg/134m^2）的关系，播种 15 天后开始测定，每隔 5 天测定一次，结果如表 14-1 所示，试进行回归分析。

表 14-1　果园夏季绿肥生长量与生长天数的测定结果

	生长天数（x）	生长量（y）	$y'=\ln y$	x^2	xy'	y'^2	$\hat{y}$
	15	58	4.0604	225	60.906	16.4868	47.43
	20	67	4.2047	400	84.094	17.6795	68.77
	25	79	4.3694	625	109.235	19.0917	99.70
	30	140	4.9416	900	148.248	24.4194	144.56
	35	200	5.2983	1225	185.4405	28.0720	209.60
	40	320	5.7683	1600	230.732	33.2733	303.90
	45	480	6.1738	2025	277.821	38.1158	440.63
总计	210	1344	34.8165	7000	1096.4765	177.1385	**1314.59**

用表 14-1 资料作（x，y）散点图（图 14-2）。可以看出，该散点图与 $b>0$ 时的指数曲线相似，y'与 x 的散点图（图 14-3）则呈明显的直线趋势。因此采用方程 $\hat{y}=ae^{bx}$ 进行曲线拟合。

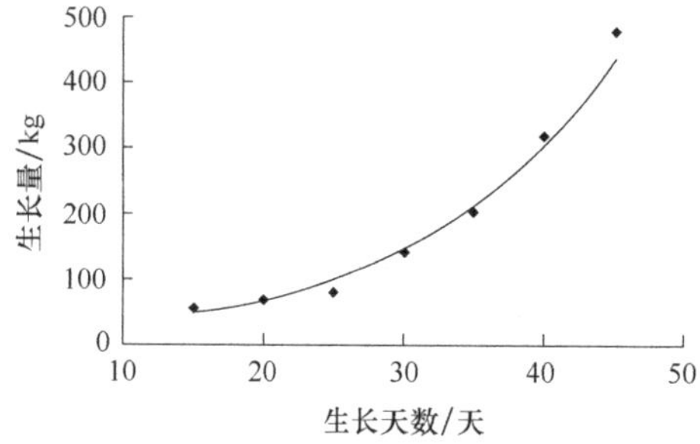

图 14-2　绿肥生长量与生长天数的关系

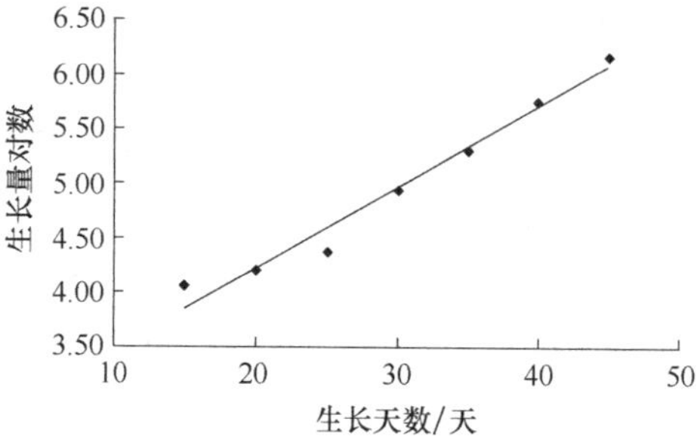

图 14-3　绿肥生长量的对数与生长天数的关系

根据表 14-1 中的 x 与 y' 算得

$$SS_x=\sum x^2-\frac{\left(\sum x\right)^2}{n}=7000-\frac{210^2}{7}=700.0000$$

$$SS_{y'}=\sum y'^2-\frac{\left(\sum y'\right)^2}{n}=177.1385-\frac{34.8165^2}{7}=3.9687$$

$$SP_{xy'}=\sum xy'-\frac{\sum x\sum y'}{n}=1096.4765-\frac{210\times 34.8165}{7}=51.9815$$

$$\overline{y}'=\frac{\sum y'}{n}=\frac{34.8165}{7}=4.9738\text{，}\quad \overline{x}=\frac{\sum x}{n}=\frac{210}{7}=30.0000$$

$$b=\frac{SP_{xy'}}{SS_x}=\frac{51.9815}{700.0000}=0.0743$$

$$a'=\overline{y}'-b\overline{x}=4.9738-0.0743\times 30.0000=2.7448$$

$$a=\mathrm{e}^{a'}=\mathrm{e}^{2.7448}=15.5615$$

据此得绿肥生长量的自然对数值 y' 与生长天数 x 的线性回归方程为

$$\hat{y}'=2.7448+0.0743x$$

绿肥生长量 y 与生长天数 x 的指数曲线回归方程为

$$\hat{y}=15.56\mathrm{e}^{0.0743x}$$

根据以上数据作直线回归方程的显著性测验。

$$U=\frac{SP_{xy'}^2}{SS_x}=bSP_{xy'}=0.0743\times 51.9815=3.8622$$

$$Q=SS_{y'}-\frac{SP_{xy'}^2}{SS_x}=SS_{y'}-U=3.9687-3.8622=0.1085$$

$$F=\frac{U/1}{Q/(n-2)}=\frac{3.8622}{0.1085/5}=177.9816$$

查附表 6 可知，$F>F_{0.01,5}$（$P=4.2322\times 10^{-5}$），回归关系极显著，表明该资料适宜配合指数曲线方程，回归关系极显著，绿肥生长量与生长天数的关系用指数曲线方程 $\hat{y}=15.56\mathrm{e}^{0.0743x}$ 来拟合是适宜的。将各 x 值代入回归方程求得相应的 y 估计值 $\hat{y}$ 列入表 14-1 最后一列，可以看出 $\hat{y}$ 与 y 很接近，拟合效果较好。

二、幂函数曲线回归

幂函数（power function）曲线是指 y 为 x 某次幂的函数曲线。幂函数曲线当 $a>0$，$b>1$ 时，y 随 x 的增大而增大，曲线凹向上；当 $a>0$，$0<b<1$ 时，y 也随 x 的增大而增大，但变化较缓，曲线凸向上；当 $a>0$，$b<0$ 时，y 随 x 的增大而减小，曲线凹向上，且以 x 轴和 y 轴为渐近线（图 14-4）。幂函数曲线常用来描述体积、重量等倍数性资料的变化规律。其回归模型为

$$y=\alpha x^{\beta}\varepsilon \tag{14.8}$$

对式（14.8）两边取自然对数，得

$$\ln y=\ln\alpha+\beta\ln x+\ln\varepsilon \tag{14.9}$$

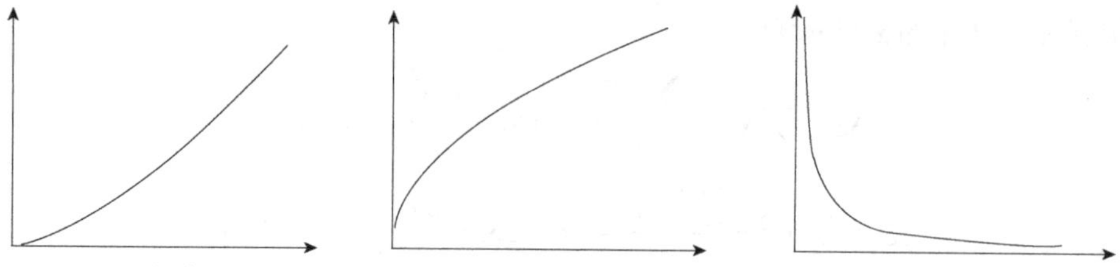

图 14-4　幂函数曲线 $\hat{y}=ax^b$ 的图像

令

$$y'=\ln y，\alpha'=\ln \alpha，x'=\ln x，\varepsilon'=\ln \varepsilon \tag{14.10}$$

即将幂函数曲线回归模型线性化为

$$y'=\alpha'+\beta x'+\varepsilon' \tag{14.11}$$

用直线回归的分析方法求得α'与β的估计值 a'和 b 后，再用 a'求出 a

$$a=\mathrm{e}^{a'} \tag{14.12}$$

即可建立幂函数曲线回归方程

$$\hat{y}=ax^b \tag{14.13}$$

【例 14-2】　研究玉米杂交种‘四单 19’的果穗直径（x，cm）与穗粒重（y，g）的关系，得结果如表 14-2 所示，试进行回归分析。

表 14-2　玉米果穗直径（cm）与穗粒重（g）的关系

	果穗直径（x）/cm	穗粒重（y）/g	$x'=\ln x$	$y'=\ln y$	x'^2	y'^2	$x'y'$	$\hat{y}$
	4.6	120	1.5260	4.7875	2.3288	22.9198	7.3059	113.29
	4.7	128	1.5476	4.8520	2.3949	23.5419	7.5087	128.06
	4.8	141	1.5686	4.9487	2.4605	24.4899	7.7626	144.39
	4.9	158	1.5892	5.0626	2.5256	25.6295	8.0455	162.40
	5.0	175	1.6094	5.1648	2.5903	26.6747	8.3123	182.22
	5.1	202	1.6292	5.3082	2.6544	28.1773	8.6483	203.99
	5.2	230	1.6486	5.4380	2.7180	29.5723	8.9654	227.87
	5.3	267	1.6677	5.5872	2.7812	31.2169	9.3178	254.00
总计	39.6	1421	12.7864	41.1490	20.4538	212.2223	65.8665	1416.22

由（x，y）的散点图（图 14-5）可以看出，y 随 x 的增大而增大，曲线凹向上，而（x'，y'）的散点图（图 14-6）有明显的直线趋势。故采用幂函数曲线拟合。由表 14-2 中的 x'与 y'算得

$$SS_{x'}=\sum x'^2-\frac{\left(\sum x'\right)^2}{n}=20.4538-\frac{12.7864^2}{8}=0.0173$$

$$SS_{y'}=\sum y'^2-\frac{\left(\sum y'\right)^2}{n}=212.2223-\frac{41.1490^2}{8}=0.5673$$

$$SP_{x'y'}=\sum x'y'-\frac{\sum x'\sum y'}{n}=65.8665-\frac{12.7864\times 41.1490}{8}=0.0981$$

$$\overline{x'}=\frac{\sum x'}{n}=1.5983\,,\quad \overline{y'}=\frac{\sum y'}{n}=5.1436$$

$$b=\frac{SP_{x'y'}}{SS_{x'}}=\frac{0.0981}{0.0173}=5.6705$$

$$a'=\overline{y'}-b\overline{x'}=5.1436-5.6705\times1.5983=-3.9196$$

$$a=\mathrm{e}^{-3.9196}=0.0198$$

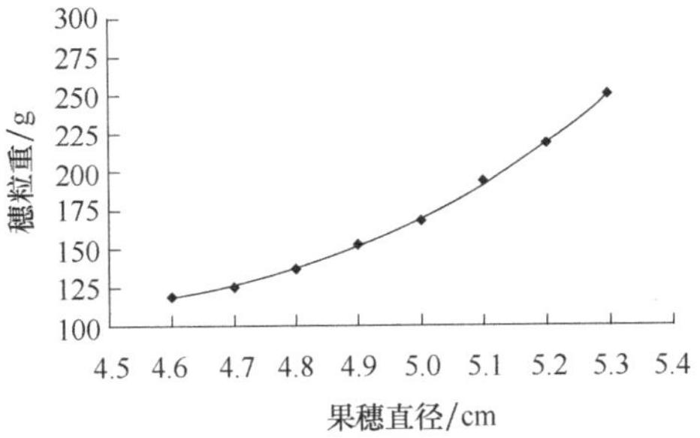

图 14-5　玉米果穗直径与穗粒重的关系

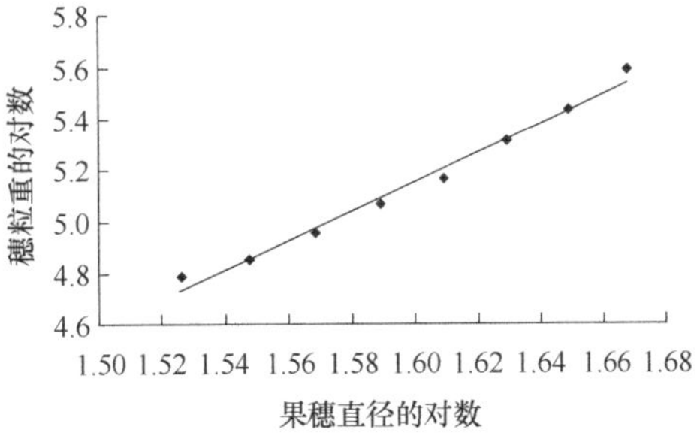

图 14-6　玉米果穗直径的对数与穗粒重的对数的关系

根据以上数据作直线回归的显著性测验。

$$U=\frac{SP_{x'y'}^2}{SS_{x'}}=bSP_{x'y'}=5.6705\times0.0981=0.5563$$

$$Q=SS_{y'}-\frac{SP_{x'y'}^2}{SS_{x'}}=SS_{y'}-U=0.5673-0.5563=0.011$$

$$F=\frac{U/1}{Q/(n-2)}=\frac{0.5563}{0.011/6}=303.4364$$

查附表 6 可知，$F>F_{0.01,6}$（$P=13.75$），回归关系极显著，表明该资料适宜配合幂函数曲线方程。表 14-2 资料 y'依 x'的线性回归方程为

$$\hat{y}'=-3.9196+5.6705x'$$

根据式（14.12）可得

$$a=\mathrm{e}^{a'}=\mathrm{e}^{-3.9196}=0.0198$$

y 依 x 的幂函数曲线回归方程为

$$\hat{y}=0.0198x^{5.6705}$$

结果表明，玉米杂交种‘四单 19’的果穗直径为 1cm 时，穗粒重估计为 0.0198g，随着果穗直径的增加，穗粒重也在增加。果穗直径每增加 1 个对数单位，穗粒重平均增加 5.6705 个对数单位。

三、对称 S 形曲线回归

生物学中，作物器官的生长量、害虫的发生量大多在盛发期之前逐日增加，过了盛发期又逐日减少，其分布往往近于正态分布。因而这些器官的累积生长量或害虫的累积发生量曲线就成为上下对称的 S 形曲线（图 14-7）。Y 为累积生长量或累积发生量（累积概率），X 为日期，Y 与 X 的关系呈对称 S 形曲线，通过将累积函数 Y 转换为正态标准离差 u 的方法可使正态累积函数直线化。

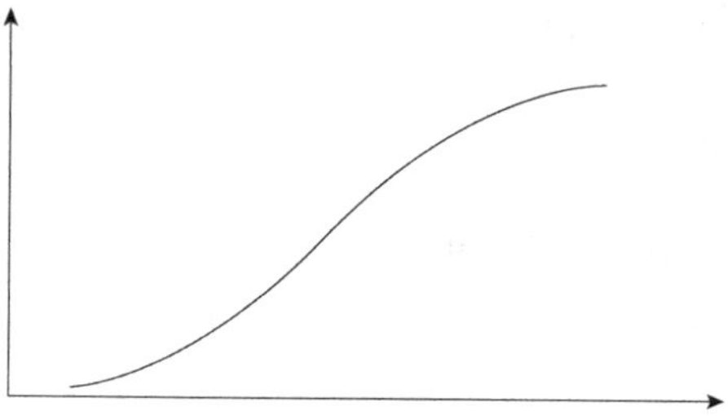

图 14-7　对称 S 形曲线

$$u=\frac{y-\mu_y}{\sigma_y}=\left(\frac{1}{\sigma_y}\right)y-\frac{\mu_y}{\sigma_y} \tag{14.14}$$

式中，μ_y 为 Y 变量的总体平均数；σ_y 为 Y 变量的总体标准差。

由于累积概率<0.5的 u 值为负数，故取 $P=u+5$，消去负号以方便计算。因为 P 和 u 只差一个常数 5，所以 P 与 X 也为直线关系。P 与 X 的线性回归方程为

$$P=\alpha+\beta X \quad \left(\alpha=5-\frac{\mu_x}{\sigma_x},\ \beta=\frac{1}{\sigma_x}\right) \tag{14.15}$$

式中，P 称为概率单位（probit），注意此时的 P 不表示概率。相应的样本回归方程为直线回归方程

$$\hat{P}=a+bx \tag{14.16}$$

累积概率 Y 和与之相对应的概率单位 P 可在概率单位转换表（附表 13）中互查。因 $P=4$、$P=5$、$P=6$ 分别对应于累积概率 $Y=15.9\%$、$Y=50\%$和 $Y=84.1\%$，所以 $P=4$、5、6 分别代表着生长过程或害虫发生过程的始盛期、高峰期和盛末期。

【例 14-3】　测定水稻‘农垦 46’米粒干重的增长过程，X 为开花后天数（以开花日为 0），Y 为米粒干重的累积百分比［干重/最终干重×100（%），最终干重=22.0mg］，结果列于表 14-3，试进行回归分析。

表 14-3　‘农垦 46’开花后天数与米粒干重增长过程的关系

	x	y	P	x^2	xP	P^2	$\hat{P}$	$\hat{y}$
	5	6.8	3.5091	25	17.5455	12.3138	3.5094	6.9
	10	18.6	4.1073	100	41.0730	16.8699	4.1041	18.5
	15	35.9	4.6389	225	69.5835	21.5194	4.6988	38.2
	20	61.8	5.3002	400	106.0040	28.0921	5.2935	61.5
	25	82.7	5.9424	625	148.5600	35.3121	2.9147	81.3
	30	93.1	6.4833	900	194.4990	42.0332	6.4830	93.1
	35	98.5	7.1701	1225	250.9535	51.4103	7.0777	98.1
	40	99.5	7.5758	1600	303.0320	57.3927	7.6724	99.6
总计	180	496.9	44.7271	5100	1131.2505	264.9435	41.7535	497.2

由表 14-3 资料（x，y）的散点图（图 14-8）可以看出，x 与 y 为对称的 S 形曲线关系，x 与 P 则呈明显的直线关系（图 14-9），因此作 x 与 P 的直线回归分析。

$$SS_x=\sum x^2-\frac{\left(\sum x\right)^2}{n}=5100-\frac{180^2}{8}=1050.0000$$

$$SS_P=\sum P^2-\frac{\left(\sum P\right)^2}{n}=264.9435-\frac{44.7271^2}{8}=14.8793$$

$$SP_{xP}=\sum xP-\frac{\sum x\sum P}{n}=1131.2505-\frac{180\times 44.7271}{8}=124.8908$$

$$\bar{x}=\frac{\sum x}{n}=22.5000，\ \bar{P}=\frac{\sum P}{n}=5.5909$$

$$b=\frac{SP_{xP}}{SS_x}=\frac{124.8908}{1050.00}=0.1189$$

$$a=\bar{P}-b\bar{x}=5.5909-0.1189\times22.5000=2.9157$$

故累积成数的概率单位与开花后天数的直线回归方程为

$$\hat{P}=2.9157+0.1189x$$

此方程表明，开花日（$x=0$）的米粒干重为 2.9157 个概率单位，以后每增加 1 天，米粒干重的累积成数将平均增加 0.1189 个概率单位。

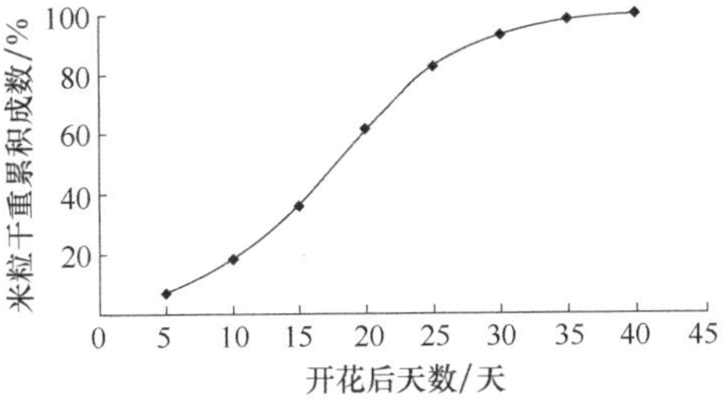

图 14-8　开花后天数与米粒干重累积成数的关系

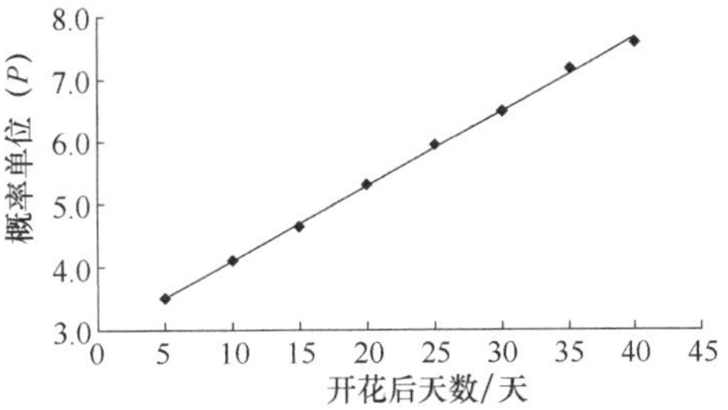

图 14-9　开花后天数与累积成数概率单位的关系

用以上数据进行显著性测验。

$$U=\frac{SP_{xP}^2}{SS_x}=bSP_{xP}=0.1189\times124.8908=14.8495$$

$$Q=SS_P-\frac{SP_{xP}^2}{SS_x}=SS_P-U=14.8793-14.8495=0.0298$$

$$F=\frac{U/1}{Q/(n-2)}=\frac{14.8495}{0.0298/6}=2989.83$$

查附表 6 可知，$F>F_{0.01,6}$（$P=13.75$），表明 x 与 P 存在极显著的线性关系，该资料用对称 S 形曲线描述是适合的。将各 x 值代入直线回归方程求出 $\hat{P}$ 并由概率单位表中反查出相应的 $\hat{y}$ 值列于表 14-3 的最后两列，可见 $\hat{P}$ 与 P 和 $\hat{y}$ 与 y 的差异都很小。【**例 14-3**】中 $P=4$、5、6 时，对应的 x 值分别为

$$x_1=(P-a)/b=(4-2.9157)/0.1189=9.12$$

$$x_2=(P-a)/b=(5-2.9157)/0.1189=17.53$$

$$x_3=(P-a)/b=(6-2.9157)/0.1189=25.94$$

即米粒干重的主要增长期在开花后第 9～26 天，增长高峰期在开花后第 18 天。

四、不对称 S 形曲线回归

作物日生长量或害虫日发生量的变化趋势并不都是正态的，实际中比较常见的非正态分布是左偏分布，其累积生长量呈不对称的 S 形曲线。有许多描述不对称 S 形曲线的方程，这里主要介绍以 y 的概率单位 P 对 x 的对数进行线性回归的方法和 Logistic 曲线回归两种方法。

（一）概率单位对数曲线回归

概率单位对数曲线回归是将累积概率 Y 转换为概率单位 P，将 X 转换为 $\ln X$，转换后 Y 和 $\ln X$ 的关系转化为对称 S 形曲线，P 和 $\ln X$ 的关系则成为直线关系。描述这一关系的线性方程为

$$\hat{P}=a+b\ln x \tag{14.17}$$

令

$$x'=\ln x$$

则得直线回归方程

$$\hat{P}=a+bx' \tag{14.18}$$

【例 14-4】 每隔 5 天（x）观察‘蒙 87’甜荞的开花数，共观察 30 天（7 月 27 日～8 月 25 日），得单株平均开花数（y）的结果如表 14-4 所示（以 7 月 26 日为 0），试进行回归分析。

表 14-4 ‘蒙 87’甜荞单株开花数的分析数据

	x	y	频率	累积频率（Y）	P	$x'=\ln x$	x'^2	$x'P$	P^2	$\hat{P}$
	5	97	0.1400	0.1400	3.9197	1.6094	2.5903	6.3085	15.3640	3.72
	10	137	0.1977	0.3377	4.5821	2.3026	5.3019	10.5507	20.9956	5.25
	15	181	0.2612	0.5989	5.2508	2.7081	7.3335	14.2197	27.5709	6.15
	20	190	0.2742	0.8731	6.1407	2.9957	8.9744	18.3957	37.7082	6.78
	25	72	0.1039	0.9770	6.9954	3.2189	10.3612	22.5175	48.9356	7.28
	30	16	0.0231	1.0000	8.0902	3.4012	11.5681	27.5164	65.4513	7.68
总计	105	693	1.0001	3.9267	34.9789	16.2359	46.1294	99.5085	216.0256	36.86

表 14-4 中的开花频率为各观察日的开花数除以开花总数 693 所得，再将开花频率累加得累积频率 Y。

由散点图可以看出，开花数的累积频率 Y 与 x' 呈不对称的 S 形曲线（图 14-10），概率单位 P（附表 13）和 x' 的散点图则呈线性关系（图 14-11）。因此对该资料进行概率单位对数曲线回归分析，由 P 和 x' 算得

$$SS_{x'}=\sum x'^2-\frac{\left(\sum x'\right)^2}{n}=46.1294-\frac{16.2359^2}{6}=2.1953$$

$$SS_P=\sum P^2-\frac{\left(\sum P\right)^2}{n}=216.0257-\frac{34.9789^2}{6}=12.1051$$

$$SP_{x'P}=\sum x'P-\frac{\sum x'\sum P}{n}=99.5084-\frac{16.2359\times 34.9789}{6}=4.8561$$

$$\bar{P}=\frac{\sum P}{n}=\frac{34.9789}{6}=5.8298\text{，}\quad \bar{x}'=\frac{\sum x'}{n}=\frac{16.2359}{6}=2.7060$$

$$U=\frac{SP_{x'P}^2}{SS_{x'}}=\frac{4.8561^2}{2.1953}=10.7419$$

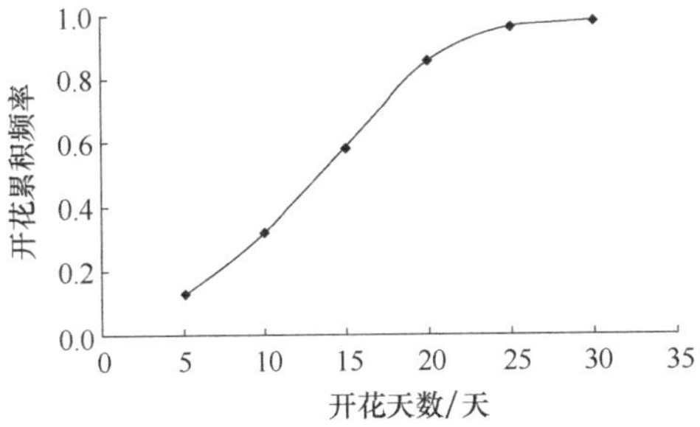

图 14-10　开花天数与开花累积频率的关系

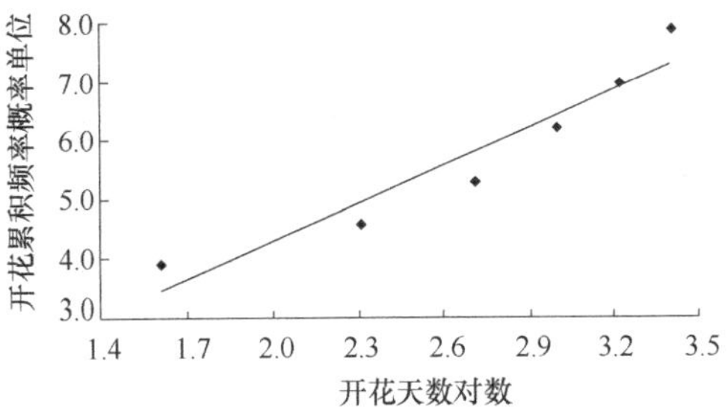

图 14-11　开花天数对数与开花累积频率概率单位的关系

$$Q=SS_P-\frac{SP_{x'P}^2}{SS_{x'}}=SS_P-U=12.1054-10.7419=1.3635$$

$$F=\frac{U/1}{Q/(n-2)}=\frac{10.7419}{1.3635/4}=31.5127$$

查附表 6 可知，$F>F_{0.01,4}$（$P=21.20$），P 与 x'线性相关极显著。故有回归统计数

$$b=\frac{SP_{x'P}}{SS_{x'}}=\frac{4.8561}{2.1953}=2.2120$$

$$a=\bar{P}-b\bar{x}'=5.8298-2.2120\times2.7060=-0.1559$$

则线性回归方程为

$$\hat{P}=-0.1559+2.2120\ln x$$

结果表明，当 $x=0$（7 月 26 日）时，开花数为-0.1559个概率单位，此后，x 每增加一个单位（时间每推后 5 天），开花率平均增加 2.2120 个概率单位。

农药的毒力试验、作物生长过程等呈左偏分布的观察结果可用概率单位曲线回归方法进行分析。

（二）Logistic 曲线回归

最符合生物学意义的不对称 S 形曲线是 Logistic 曲线（Logistic curve）。Logistic 曲线也称生长曲线，是一条没有动差、对纵坐标不对称的 S 形曲线。由于它不需要正态假定，因此被广泛地应用于动植物的饲养与栽培、资源、生态、环保等方面的研究中，常用来描述动植物生长发育过程的演变规律。

如果作物在无限空间、无限营养来源等无约束条件下的生长情况可用指数曲线 $y=\alpha e^{\beta x}$ 来描述，在有限制条件时的生长情况可用曲线 $y=K-\alpha e^{\beta x}$ 来描述，那么整个生长周期的生长情况可用 Logistic 曲线来描述。Logistic 曲线的形式为

$$y=\frac{K}{1+\alpha e^{-\beta x}} \tag{14.19}$$

式中，K 为环境限制的最大生长量；β 为相对生长率；K、α、β 均为>0的参数。当 $x=0$ 时，$y=\frac{K}{1+\alpha}$；$x\to\infty$时，$y=K$。所以时间为 0 的起始量为 $\frac{K}{1+\alpha}$，时间无限延长的终极量是 K。对式（14.19）求导数，得一阶导数

$$\frac{\mathrm{d}y}{\mathrm{d}x}=\frac{K\alpha\beta \mathrm{e}^{-\beta x}}{(1+\alpha \mathrm{e}^{-\beta x})^2}$$

故知，当 $y \ll K$ 时，绝对生长速度为 βy；当 y 接近 K 时，绝对生长速度趋近于 0。

二阶导数

$$\frac{\mathrm{d}^2 y}{\mathrm{d}x^2}=\frac{K\alpha\beta \mathrm{e}^{-\beta x}(\alpha\beta \mathrm{e}^{-\beta x}-\beta)}{(1+\alpha \mathrm{e}^{-\beta x})^3}$$

当 $\frac{\mathrm{d}^2 y}{\mathrm{d}x^2}=0$ 时，$x=\frac{\ln\alpha}{\beta}$，由此可知曲线在 $x=\frac{\ln\alpha}{\beta}$ 处有一拐点（knee point）。这时 $y=\frac{1}{2}K$，恰好是终极量 K 的一半，曲线在拐点处的生长速度最快，为 $\frac{\mathrm{d}y}{\mathrm{d}x}=\frac{1}{4}\beta K$。在拐点左侧，曲线凹向上，表示速率由小趋大、生长速度逐渐加快；在拐点右侧，曲线凸向上，表示速率由大渐小、生长速度逐渐减慢，直至 $y=K$ 时为 0，见图 14-12。

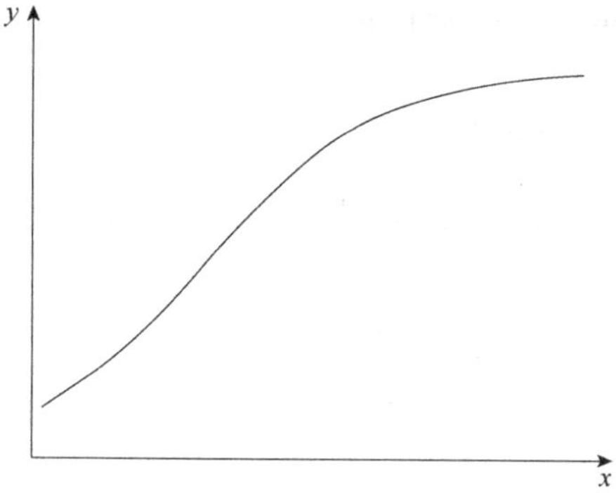

图 14-12　Logistic 曲线

将式（14.19）移项并取自然对数，得

$$\ln\left(\frac{K-y}{y}\right)=\ln\alpha-\beta x \qquad (14.20)$$

令

$$y'=\ln\left(\frac{K-y}{y}\right),\quad \alpha'=\ln\alpha,\quad \beta'=-\beta \qquad (14.21)$$

将 Logistic 曲线转换为直线 $y'=\alpha'+\beta' x$。用 y' 与 x 作直线回归分析，求出 α' 和 β' 的估计值 a' 和 b'，即可建立 y' 与 x 的线性回归方程和 Logistic 曲线回归方程。

$$a=\mathrm{e}^{a'},\quad b=-b' \qquad (14.22)$$

式（14.19）中 K 为未知常数。在将变量 y 转换为 y' 时，必须先确定 K 值。方法为：如果 y 是累积频率，则 y 无限增大的终极量应为 100%，即 $K=100$；如果 y 是生长量或繁殖量，则 K 用资料中相距尽可能大且等距的 3 个 x 值所对应的 y 值来估计。

$$K=\frac{y_2^2(y_1+y_3)-2y_1y_2y_3}{y_2^2-y_1y_3} \qquad (14.23)$$

如有多组数据（可含 1 个已用过的 x 值）均符合此条件，则可用加权法平均来估计 K 值。

$$K=\frac{\sum[y_2^2(y_1+y_3)-2y_1y_2y_3]}{\sum(y_2^2-y_1y_3)} \qquad (14.24)$$

【例 14-5】　研究小苹果品种‘花红’的枝条生长量（y，cm）和生长天数（x，天）的关系（以 5 月 10 日为 0），结果列入表 14-5，试进行 Logistic 曲线回归分析。

表 14-5　‘花红’苹果枝条生长量和生长天数的关系

x	y	y'	x^2	xy'	y'^2	$\hat{y}'$	$\hat{y}$
1	4.21	1.9769	1	1.9769	3.9081	1.88	4.59
8	7.87	1.2230	64	9.7840	1.4957	1.10	8.65

续表

	x	y	y'	x^2	xy'	y'^2	$\hat{y}'$	$\hat{y}$
	15	14.53	0.3234	225	4.8510	0.1046	0.32	14.57
	22	21.54	−0.4998	484	−10.9956	0.2498	−0.46	21.22
	29	24.10	−0.8301	841	−24.0729	0.6891	−1.24	26.84
	36	32.09	−2.5452	1296	−91.6272	6.4780	−2.02	30.55
	43	33.64	−3.5484	1849	−152.5812	12.5911	−2.80	32.62
	50	33.70	−3.6142	2500	−180.7100	13.0624	−3.58	33.67
	57	33.72	−3.6371	3249	−207.3147	13.2285	−4.36	34.17
总计	261	205.40	−11.1515	10509	−650.6897	51.8073	−11.15	206.85

由图 14-13 可见，‘花红’枝条生长量和生长天数的关系呈不对称的 S 形分布，枝条生长量的对数和生长天数则呈线性关系（图 14-14），因此进行 Logistic 曲线回归分析。先求 K 值，取等距的 3 个 x 值 1、29、57，其相应的 y 值分别为 4.21、24.10 和 33.72，得

$$K=\frac{24.10^2\times(4.21+33.72)\ -2\times4.21\times24.10\times33.72}{24.10^2-4.21\times33.72}=34.6078$$

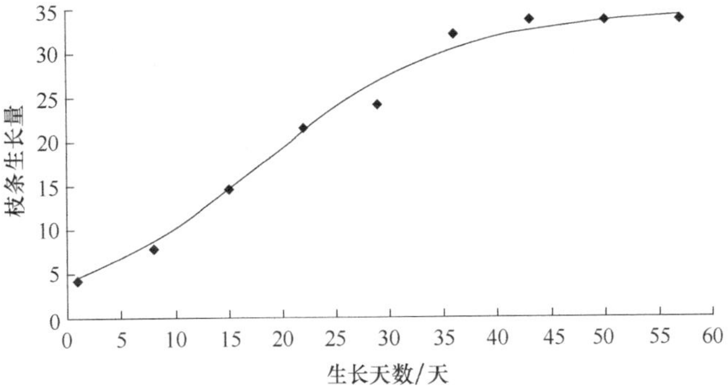

图 14-13　‘花红’枝条生长量和生长天数的关系

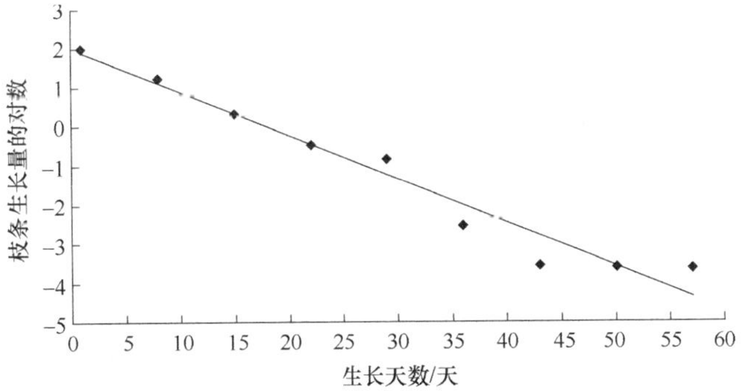

图 14-14　‘花红’枝条生长量曲线的直线化

然后用 $y'=\ln\left(\frac{34.6078-y}{y}\right)$ 将 y 转换为 y'，列入表 14-5 中并进行计算，得

$$SS_x=\sum x^2-\frac{\left(\sum x\right)^2}{n}=10509-\frac{261^2}{9}=2940.0000$$

$$SS_{y'}=\sum y'^2-\frac{\left(\sum y'\right)^2}{n}=51.8073-\frac{(-11.1515)^2}{9}=37.9900$$

$$SP_{xy'}=\sum xy'-\frac{\sum x\sum y'}{n}=-650.6897-\frac{261\times(-11.1515)}{9}=-327.2960$$

$$\bar{y}'=\frac{\sum y'}{n}=\frac{-11.1515}{9}=-1.2391,\quad \bar{x}=\frac{\sum x}{n}=\frac{261}{9}=29.0000$$

$$U=\frac{SP_{xy'}^2}{SS_x}=\frac{(-327.2960)^2}{2940.0000}=36.4363$$

$$Q=SS_{y'}-\frac{SP_{xy'}^2}{SS_x}=SS_{y'}-U=37.9900-36.4363=1.5537$$

$$F=\frac{U/1}{Q/(n-2)}=\frac{36.4363/1}{1.5537/7}=164.1592$$

查附表 6 可知，$F>F_{0.01,7}$（$P=12.25$），说明 x 与 y'的直线关系极显著，对表 14-5 资料配合 Logistic 曲线方程是适合的。计算 b'和 a'的值并转换为 b 和 a 值，得

$$b'=\frac{SP_{xy'}}{SS_x}=\frac{-327.2960}{2940}=-0.1113$$

$$a'=\bar{y}'-b'\bar{x}=-1.2391+0.1113\times29=1.9886$$

$$b=-b'=0.1113$$

$$a=e^{a'}=e^{1.9886}=7.3053$$

因此，y'与 x 的线性回归方程为

$$\hat{y}'=1.9886-0.1113x$$

y 与 x 的 Logistic 曲线回归方程为

$$\hat{y}=\frac{34.6078}{1+7.3053^{-0.1113x}}$$

并求得曲线的拐点为 $y=\frac{1}{2}\times34.6078=17.3039$ 和 $x=\frac{1.9886}{0.1113}=17.8670$，即在 5 月 29 日左右枝条的生长速率最快，大约为 $\frac{dy}{dx}=\frac{1}{4}\times0.1113\times34.6078=0.9630$（cm）。将 x 分别代入 y'与 x 的直线回归方程和 Logistic 曲线回归方程中，求得 $\hat{y}'$ 和 $\hat{y}$ 值，列于表 14-5 的最后两列，可见 $\hat{y}'$ 与 y'、$\hat{y}$ 与 y 都很接近，表明该资料用 Logistic 曲线回归方程配合较适宜。

五、多项式回归分析

当 y 对 x 的关系为非线性，且又找不到适当的变量转换形式使其直线化时，可以选用多项式回归方程（polynomial regression equation）来描述。由于任何一种连续函数都可以用多项式来逼近，因此在实际问题中，无论变量 y 与其他变量间的关系如何复杂，在一定范围内总可以用多项式曲线来拟合。多项式回归的最大优点是可以对任何双变量资料进行回归逼近，直至满意为止。两个变量的 n 对观察值最多可配到 $n-1$ 次多项式。一个多项式回归方程的次数以多少为宜，可根据资料的散点图做出选择。散点所表现出的曲线趋势的峰数+谷数+1，即为多项式回归方程的次数。若散点波动较大或峰谷两侧不对称，可再高一次，见图 14-15 和图 14-16。

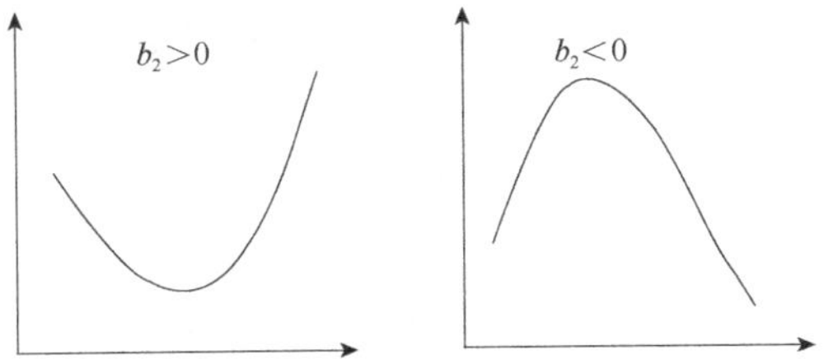

图 14-15　二次多项式回归曲线

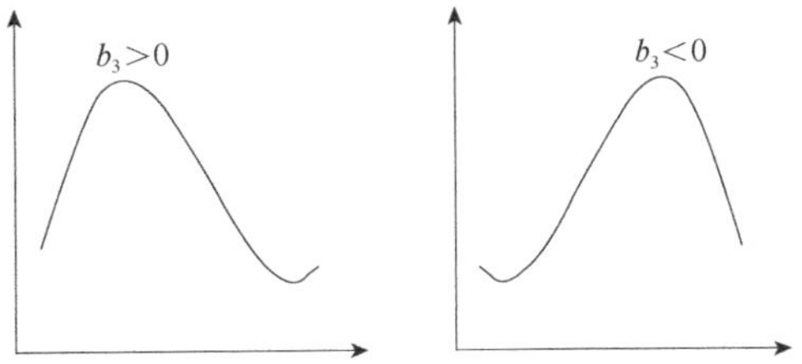

图 14-16　三次多项式回归曲线

多项式回归的数学模型为

$$y_i=\alpha+\beta_1x_i+\beta_2x_i^2+\cdots+\beta_kx_i^k+\varepsilon_i=\mu_{y/x,x^2,\cdots,x^k}+\varepsilon_i \tag{14.25}$$

式中，α为总体回归截距；β_1、β_2、…、β_k依次为一次项、二次项、…、k次项的总体回归系数；ε_i为随机误差，遵循$N(0,\ \sigma^2_{y/x,x^2,\cdots,x^k})$；$\mu_{y/x,x^2,\cdots,x^k}$为任一$x$上$k$次多项式回归的$y$总体平均数，即

$$\mu_{y/x,x^2,\cdots,x^k}=\alpha+\beta_1x+\beta_2x^2+\cdots+\beta_kx^k \tag{14.26}$$

相应的样本模型为

$$y_i=a+b_1x_i+b_2x_i^2+\cdots+b_kx_i^k+e_i=\hat{y}+e_i \tag{14.27}$$

式中，a、b_1、b_2、…、b_k依次为估计值α、β_1、β_2、…、β_k；e_i为ε_i的估计值；$\hat{y}$则估计$\mu_{y/x,x^2,\cdots,x^k}$，即

$$\hat{y}=a+b_1x_i+b_2x_i^2+\cdots+b_kx_i^k \tag{14.28}$$

$\sigma^2_{y/x,x^2,\cdots,x^k}$的样本估计值为

$$s^2_{y/x,x^2,\cdots,x^k}=\sqrt{\frac{\sum(y-\hat{y}_k)^2}{n-(k+1)}}=\sqrt{\frac{Q_k}{n-(k+1)}} \tag{14.29}$$

式（14.29）称为k次多项式的离回归标准误，这也是多项式回归方程的估计标准误。其中Q_k为k次多项式的离回归平方和。

令

$$x_1=x,\ x_2=x^2,\ \cdots,\ x_k=x^k$$

多项式回归的数学模型即转化为一般的多元线性回归模型，多项式回归问题即可用多元线性回归的方法求解。

【例 14-6】　研究 10 年生‘富士’苹果种植密度与产量（y，kg/667m^2）的关系，以 4m 行距为基础，得不同株距（x，m）下的产量结果，列入表 14-6。试做回归分析。

表 14-6　‘富士’苹果种植密度与产量的关系

	x	y	x^2	xy	x^2y	y^2	$\hat{y}$
	1.25	1176	1.5625	1470.00	1837.50	1382976.00	1120.48
	1.50	1194	2.2500	1791.00	2686.50	1425636.00	1305.71
	1.75	1372	3.0625	2401.00	4201.75	1882384.00	1380.00
	2.00	1464	4.0000	2928.00	5856.00	2143296.00	1343.33
	2.25	1166	5.0625	2623.50	5902.875	1359556.00	1195.71
	2.50	892	6.2500	2230.00	5575.00	795664.00	937.14
	2.75	586	7.5625	1611.50	4431.625	343396.00	567.62
总计	14.00	7850	29.7500	15055.00	30491.25	9332908.00	7849.99

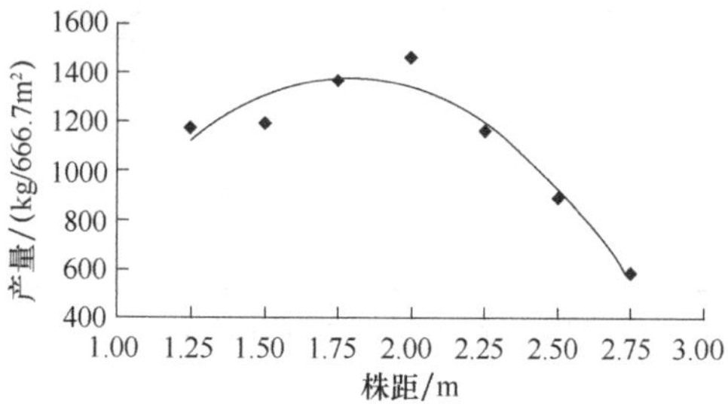

图 14-17 ‘富士’苹果产量和密度的关系

表 14-6 资料的（x，y）散点图呈明显的单峰趋势（图 14-17），无凹凸变化，故预期可配合二次多项式。由表 14-6 数据得

$$\boldsymbol{X}=\begin{bmatrix}1 & 1.25 & 1.5625\\ 1 & 1.50 & 2.2500\\ \vdots & \vdots & \vdots\\ 1 & 2.75 & 7.5625\end{bmatrix},\quad \boldsymbol{Y}=\begin{bmatrix}1176\\ 1194\\ \vdots\\ 586\end{bmatrix}$$

并有
$$\boldsymbol{X'X}=\begin{bmatrix}7.0000 & 14.0000 & 29.7500\\ 14.0000 & 29.7500 & 66.5000\\ 29.7500 & 66.5000 & 154.7656\end{bmatrix},\quad \boldsymbol{X'Y}=\begin{bmatrix}7850.0000\\ 15055.0000\\ 30491.2500\end{bmatrix}$$

$$(\boldsymbol{X'X})^{-1}=\begin{bmatrix}45.28571429 & -46.85714286 & 11.42857143\\ -46.85714286 & 49.33333333 & -12.19047619\\ 11.42857143 & -12.19047619 & 3.04761905\end{bmatrix}$$

所以

$$\boldsymbol{b}=(\boldsymbol{X'X})^{-1}(\boldsymbol{X'Y})$$

$$=\begin{bmatrix}45.28571429 & -46.85714286 & 11.42857143\\ -46.85714286 & 49.33333333 & -12.19047619\\ 11.42857143 & -12.19047619 & 3.04761905\end{bmatrix}\begin{bmatrix}7850.0000\\ 15055.0000\\ 30491.2500\end{bmatrix}=\begin{bmatrix}-1470.0000\\ 3181.9048\\ -887.6191\end{bmatrix}$$

因此，‘富士’苹果种植密度与产量的二元线性回归方程为

$$\hat{y}_2=-1470.0000+3181.9048x_1-887.6191x_2$$

二次多项式回归方程为

$$\hat{y}_2=-1470.0000+3181.9048x-887.6191x^2$$

【例 14-7】 试检验**【例 14-6】**所建回归方程的显著性。

由表 14-6 数据和**【例 14-6】**计算结果可得

$$SS_y=\boldsymbol{Y'Y}-(\boldsymbol{1'Y})^2/n=9332908.00-7850.00^2/7=529693.7143$$

$$Q=\boldsymbol{Y'Y}-\boldsymbol{b'X'Y}$$

$$=9332908.00-[-1470.00\quad 3181.9047619\quad -887.6190476]\begin{bmatrix}7850.0000\\ 15055.0000\\ 30491.2500\end{bmatrix}$$

$$=33446.0952$$

$$U=SS_y-Q=529693.7143-33446.0952=496247.6191$$

$$U_1=\frac{b_1^2}{c_{11}}=\frac{3181.9048^2}{49.3333}=205226.7145$$

$$U_2=\frac{b_2^2}{c_{22}}=\frac{(-887.6191)^2}{3.0476}=258520.6939$$

将方差分析于表 14-7。

表 14-7　'富士'苹果产量与种植密度多项式回归关系的 *F* 测验

变异来源	*DF*	*SS*	*MS*	*F*	$F_{0.01}$	*P*
多项式回归	2	496247.6191	248123.8095	29.67**	18.00	0.0040
一次回归分量	1	205226.7145	205226.7145	24.54**	21.20	0.0077
二次回归分量	1	258520.6939	258520.6939	30.92**	21.20	0.0050
离回归	4	33446.0952	8361.7795			

结果表明，一次回归分量、二次回归分量均极显著，在多项式回归方程中均应保留。因此，**【例 14-6】**中'富士'苹果种植密度与产量的关系用二次多项式曲线描述是适宜的。其回归估计标准误为

$$s^2_{y/x,x^2,\cdots,x^k}=\sqrt{\frac{Q}{n-(k+1)}}=\sqrt{\frac{33446.0952}{7-(2+1)}}=91.4414(\text{kg})$$

因二次曲线有极值存在，故对二次多项式回归方程求一阶导数并令其为 0，得

$$\frac{\mathrm{d}y}{\mathrm{d}x}=b_1+2b_2x=0$$

最佳种植密度为

$$x_{\text{opt}}=\frac{-b_1}{2b_2} \tag{14.30}$$

因此，当 $b_2<0$ 时，y 在 $x=x_{\text{opt}}$ 处有极大值，即

$$x_{\text{opt}}=\frac{-3181.9048}{2\times(-887.6191)}=1.7924$$

$$\hat{y}_{\max}=-1470.00+3181.9048\times1.7924-887.6191\times1.7924^2=1381.5943$$

结果表明，当 10 年生'富士'苹果的种植密度为 4m×1.8m 时，其最高期望产量可达 1381.59kg/667m^2，1.8m 为 4m 行距条件下的最佳株距。

$$R_{y/x,x^2,\cdots,x^k}=\sqrt{U/SS_y}=\sqrt{496247.6191/529693.7143}=0.9679$$

查附表 12 可知，当 $df=4$，$k=2$（即 $M=k+1=3$）时，$R_{0.01}=0.949$，y 与 x 的二次多项式相关极显著。对于 $R_{y/x,x^2,\cdots,x^k}$ 的检验和 F 测验完全一致，择一即可。

第二节　作物密度与产量关系的回归分析

作物的种植密度和群体大小、光能利用、产量高低都密切相关，是农业生产中的重要技术因素之一。设 Y 为群体产量，x 为种植密度，$\frac{Y}{x}=y$ 为个体平均产量，$y^{-1}=\frac{x}{Y}$ 则为每形成一单位产量所需的株数。根据 y^{-1} 与 x 的相关性质，可将作物产量和种植密度的关系分为等差型、等比型、混合型和抛物线型 4 种基本类型。

一般来说，等差型和混合型适用于群体调节能力较强的作物（如小麦、水稻等），等比型和抛物线型适用于个体调节能力较差的作物（如玉米）。

一、等差型密度-产量回归分析

在等差型密度-产量关系中，y^{-1} 与 x 的关系为

$$y^{-1}=\alpha+\beta x \tag{14.31}$$

意为随着种植密度x的变化，每形成一单位产量所需的株数y^{-1}呈等差级数线性变化。α是$x\to 0$（极度稀植）时群体每形成一单位产量所需的最小株数，β是x每增加一个单位，群体形成单位产量需要增加的株数，也是高度密植（$x\to\infty$）时群体形成一单位产量所需的最小面积。α、β均为＞0 的参数。等差型密度-产量回归方程的形式如下。

y与x的回归方程为

$$\hat{y}=\frac{1}{a+bx} \tag{14.32}$$

Y与x的回归方程为

$$\hat{Y}=\frac{x}{a+bx} \tag{14.33}$$

在$x\to 0$时，可得y的极大值

$$y_{\max}=\frac{1}{a} \tag{14.34}$$

在$x\to\infty$时，可得Y的极大值

$$Y_{\max}=\frac{1}{b} \tag{14.35}$$

即在给定条件下，单株可能接近的最高产量为$\frac{1}{a}$，群体可能接近的最高产量为$\frac{1}{b}$。因为y^{-1}与x的关系是线性的，所以只要令

$$y'=y^{-1}=\frac{x}{Y} \tag{14.36}$$

即可用直线回归分析的方法解出α和β的估计值a和b，做出等差型密度-产量回归分析。

【例 14-8】 研究马铃薯种薯播种量（种植密度，x）和块茎产量（Y）的关系，得试验结果列入表 14-8，试进行回归分析。

表 14-8 马铃薯种植密度和块茎产量的关系

	x	Y	$y=Y/x$	$y'=x/Y$	x^2	y'^2	xy'	$\hat{y}$	$\hat{Y}$
	0.25	8.10	32.4000	0.0309	0.0625	0.0010	0.0077	28.8184	7.2046
	0.50	9.20	18.4000	0.0543	0.2500	0.0030	0.0272	18.6220	9.3110
	0.75	10.00	13.3333	0.0750	0.5625	0.0056	0.0563	13.7552	10.3164
	1.00	10.60	10.6000	0.0943	1.0000	0.0089	0.0943	10.9051	10.9051
	1.25	11.20	8.9600	0.1116	1.5625	0.0125	0.1395	9.0334	11.2918
	1.50	11.60	7.7333	0.1293	2.2500	0.0167	0.1940	7.7101	11.5652
	1.75	11.90	6.8000	0.1471	3.0625	0.0216	0.2574	6.7249	11.7687
	2.00	12.00	6.0000	0.1667	4.0000	0.0278	0.3334	5.9630	11.9261
总计	9.00	84.60	104.2266	0.8092	12.7500	0.0971	1.1098	101.5321	84.2889

根据表 14-8 数据作（x，Y）和（x，y）的散点图（图 14-18，图 14-19）。

从（x，Y）的散点图可看出，随着x的增大，Y增加的速度越来越慢，最终将会接近某一常数，（x，y）散点图的变化趋势与$\beta<0$的指数曲线相符，符合等差型密度-产量回归的基本特征，因此进行等差型密度-产量回归分析。根据表 14-8 数据计算，得

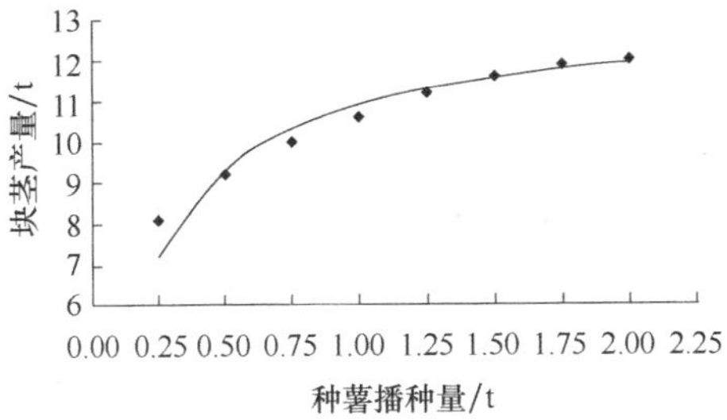

图 14-18　马铃薯种植密度与块茎产量的关系

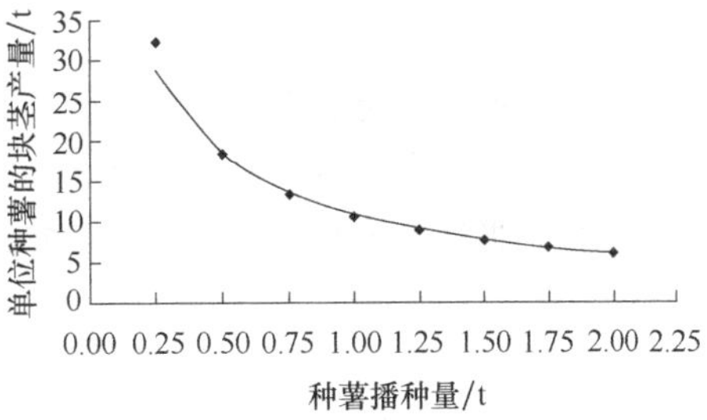

图 14-19　单位马铃薯种薯密度与块茎产量的关系

$$SS_x=\sum x^2-\frac{\left(\sum x\right)^2}{n}=12.7500-\frac{9.00^2}{8}=2.6250$$

$$SS_{y'}=\sum y'^2-\frac{\left(\sum y'\right)^2}{n}=0.0971-\frac{0.8092^2}{8}=0.01525$$

$$SP_{xy'}=\sum xy'-\frac{\sum x\sum y'}{n}=1.1098-\frac{9.00\times0.8092}{8}=0.1995$$

$$\overline{y}'=\frac{\sum y'}{n}=\frac{0.8092}{8}=0.1012\text{，}\quad \overline{x}=\frac{\sum x}{n}=\frac{9.00}{8}=1.1255$$

$$b=\frac{SP_{xy'}}{SS_x}=\frac{0.1995}{2.6250}=0.0760$$

$$a=\overline{y}'-b\overline{x}=0.1012-0.0760\times1.1250=0.0157$$

$$U=\frac{SP_{xy'}^2}{SS_x}=\frac{0.1995^2}{2.6250}=0.01516$$

$$Q=SS_{y'}-\frac{SP_{xy'}^2}{SS_x}=SS_{y'}-U=0.01525-0.01516=0.00009$$

$$F=\frac{U/1}{Q/(n-2)}=\frac{0.01516}{0.00009/6}=1010.67$$

查附表 6 可知，$F>F_{0.01,\ 6}$（$P=13.75$），说明 x 与 y'的直线回归关系极显著，本试验结果可用等差型密度-产量回归方程描述。进而有

$$\hat{y}'=\hat{y}^{-1}=0.0157+0.0760x$$

$$\hat{y}-\frac{1}{0.0157+0.0760x}$$

$$\hat{Y}=\frac{x}{0.0157+0.0760x}$$

并有

$$y_{\max}=\frac{1}{0.0157}=63.6943\text{，}\quad Y_{\max}=\frac{1}{0.0760}=13.16$$

结果表明，在本试验条件下，无论密度多小，每吨种薯的最高产量不会超过 63.70t；无论密度多大，群体最高产量不会超过 13.16t。

二、等比型密度-产量回归分析

等比型密度-产量关系中，y^{-1} 对 x 的回归模型为

$$y^{-1}=\alpha e^{\beta x} \tag{14.37}$$

意为 y^{-1} 随着 x 的变化呈等比级数即指数曲线变化，$\ln(y^{-1})$ 与 x 的关系为直线关系，此时 y 与 x 的关系为负指数关系。α是极度稀植时群体可能接近的单株最高产量，β 是 x 每增加一个单位，群体形成单位产量需增加株数的自然对数单位数。

$$y=\frac{1}{\alpha e^{\beta x}}=\alpha^{-1}e^{-\beta x} \tag{14.38}$$

Y 与 x 的关系为不对称的单峰曲线

$$Y=\frac{x}{\alpha e^{\beta x}}=x\alpha^{-1}e^{-\beta x} \tag{14.39}$$

在

$$x=x_{opt}=\frac{1}{\beta} \tag{14.40}$$

处 Y 达最大值，故 $x_{opt}=\frac{1}{\beta}$ 为最适密度，此时的群体产量为

$$Y_{max}=(\alpha e\beta)^{-1} \tag{14.41}$$

对式（14.37）取自然对数并令

$$y'=\ln y^{-1}=\ln\frac{x}{Y},\quad \alpha'=\ln\alpha \tag{14.42}$$

即可将式（14.37）线性化并解出α和β的估计值 a 和 b。

【例 14-9】 研究一玉米品种的种植密度（x，千株/667m^2）和籽粒产量（Y，kg/667m^2）的关系，得结果于表 14-9。试进行回归分析。

表 14-9　玉米等比型密度-产量回归关系分析数据

	x	Y	$y=Y/x$	y'	x^2	y'^2	xy'	$\hat{y}$	$\hat{Y}$
	1.2	267.50	222.9167	−5.4068	1.44	29.2335	−6.4882	229.07	274.88
	1.5	314.90	209.9333	−5.3468	2.25	28.5883	−8.0202	203.14	304.71
	2.0	328.90	164.4500	−5.1026	4.00	26.0365	−10.2052	166.29	332.57
	2.5	344.70	137.8800	−4.9264	6.25	24.2694	−12.3160	136.12	340.29
	3.0	330.30	110.1000	−4.7014	9.00	22.1032	−14.1042	111.42	334.26
总计	10.2	1586.30	845.2800	−25.4840	22.94	130.2309	−51.1338	846.04	1586.71

根据表 14-9 资料作（x，Y）及（x，y）的散点图（图 14-20，图 14-21）。

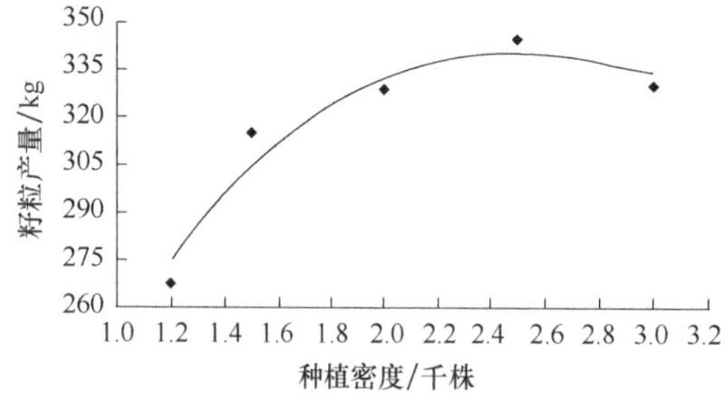

图 14-20　玉米种植密度与群体产量的关系

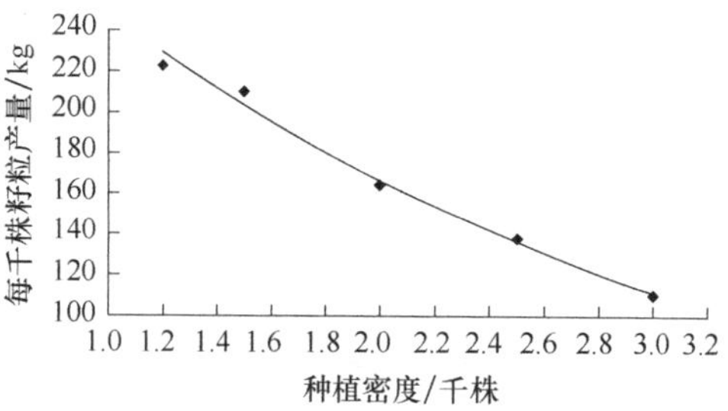

图 14-21　玉米种植密度与每千株籽粒产量的关系

从散点图可看出，随着 x 的增加，Y 的变化趋势呈单峰曲线，y 呈指数曲线，符合等比型密度-产量关系的基本特征。因此可进行等比型密度-产量回归分析。根据表 14-9 数据有

$$SS_x=\sum x^2-\frac{\left(\sum x\right)^2}{n}=22.94-\frac{10.2^2}{5}=2.1320$$

$$SS_{y'}=\sum y'^2-\frac{\left(\sum y'\right)^2}{n}=130.2309-\frac{(-25.4840)^2}{5}=0.3441$$

$$SP_{xy'}=\sum xy'-\frac{\sum x\sum y'}{n}=-51.1338+\frac{10.2\times 25.4840}{5}=0.8536$$

$$\bar{x}=\frac{\sum x}{n}=\frac{10.2}{5}=2.04\,,\quad \bar{y}'=\frac{\sum y'}{n}=\frac{-25.4840}{5}=-5.0968$$

$$b=\frac{SP_{xy'}}{SS_x}=\frac{0.8536}{2.1320}=0.4004$$

$$a'=\bar{y}'-b\bar{x}=-5.0968-0.4004\times 2.04=-5.9136$$

$$a=\mathrm{e}^{a'}=\mathrm{e}^{-5.9136}=0.0027$$

$$U=\frac{SP_{xy'}^2}{SS_x}=\frac{0.8536^2}{2.1320}=0.3418$$

$$Q=SS_{y'}-\frac{SP_{xy'}^2}{SS_x}=SS_{y'}-U=0.3441-0.3418=0.0023$$

$$F=\frac{U/1}{Q/(n-2)}=\frac{0.3418}{0.0023/3}=438.2104$$

查附表 6 可知，$F>F_{0.01,3}$（$P=34.12$），说明回归关系极显著，因此，得等比型密度-产量回归方程如下。

y'与 x 的线性回归方程为

$$\hat{y}'=-5.9136+0.4004x$$

y 与 x 的回归方程为

$$\hat{y}=\frac{1}{0.0027}\mathrm{e}^{-0.4004x}$$

Y 与 x 的回归方程为

$$\hat{Y}=\frac{1}{0.0027}x\mathrm{e}^{-0.4004x}$$

其最适密度为

$$x_{\mathrm{opt}}=0.4004^{-1}=2.4975\text{（千株/667m}^2\text{）}$$

相应的群体籽粒产量为

$$Y_{\max}=(0.0027\times 2.71828\times 0.4004)^{-1}=340.2891\text{（kg/667m}^2\text{）}$$

结果表明，随着种植密度的增大，此品种玉米的产量也相应增加，但增长的幅度越来越小。当种植密度为 2497.5 株/667m^2 时，可获得最高产量约 340kg/667m^2。在此之后继续增大密度，反而会使产量下降。

在曲线回归和作物密度与产量关系的回归分析中，我们介绍了一些在农业科学研究中常用的非线性回归方程，这些非线性方程均可通过变量转换的方法转化为线性方程。在非线性

回归的直线化过程中，首先要根据专业知识和实际观测值的散点图确定适当的曲线类型并将原始数据 x、y 按选定的曲线类型进行变量转换；然后用转换后的变量进行直线回归分析，建立直线回归方程并进行显著性测验；之后再将转换后的新变量还原为原变量，将线性回归方程转换成相应的非线性回归方程，并对有关统计参数做出推断。

曲线方程拟合的效果如何，通常以所配曲线与实测值吻合程度的高低来衡量。若同一资料用两种或两种以上不同类型的非线性方程配合，结果均显著，则选择相关系数 $r_{x'y'}$ 的绝对值最大者或相关指数 R 最大者。

如果 y 对 x 的关系为非线性，但又找不到适当的函数曲线来拟合时，则可采用多项式回归分析。多项式回归是研究一个依变量与一个或多个自变量间多项式的回归分析方法，通过将非线性回归关系的变量转变为多元线性回归的形式，用多元线性回归的方法求解并建立多项式回归方程。多项式回归方程通常只能用于描述试验范围内的 Y 依 X 的变化关系，外推一般不可靠。

除了文中所述分析方法，还有混合型、抛物线型密度-产量回归分析方法用来描述种植密度和产量的关系。

习　　题

14.1　什么叫作曲线回归？曲线回归的主要任务是什么？

14.2　曲线回归分析的一般程序是什么？根据什么选择恰当的曲线方程？

14.3　如何将多项式回归转化为多元线性回归？

14.4　研究小麦开花后不同天数下 30 个颖果的平均宽度（x，mm）和干重（y，mg）的关系，结果列入表 14-10，试为该资料配置指数曲线方程和幂函数曲线方程并对两种曲线方程的拟合效果做出比较。

表 14-10　小麦颖果的平均宽度和干重

x/mm	2.0	2.5	3.0	3.4	3.7	4.1	4.4	4.8	4.9	5.0
y/mg	0.8	2.2	5.6	9.3	14.6	20.0	28.0	33.3	38.7	42.7

14.5　测定越冬代棉红铃虫在 6～7 月的化蛹进度（y，%）如表 14-11 所示，试将化蛹进度依日期（以 5 月 31 日为 0）的关系用 Logistic 方程拟合。

表 14-11　越冬代棉红铃虫化蛹进度与时间

x（日期）	6/5	6/10	6/15	6/20	6/25	6/30	7/5	7/10	7/15	7/20
y（化蛹进度）/%	3.5	6.4	14.6	31.4	45.6	60.4	75.2	90.2	95.4	97.5

14.6　某玉米种植密度（x，100 株/667m^2）与产量（y，50kg/667m^2）的试验结果列于表 14-12，试进行二次多项式回归分析。

表 14-12　玉米种植密度与产量

x/（100 株/667m^2）	21.00	24.82	30.33	34.12	38.99	44.03	48.75
y/（50kg/667m^2）	8.412	8.857	10.083	10.333	10.557	9.769	9.654

习题答案

第十五章　正交回归设计

【内容提要】 正交回归设计是把正交设计与多元回归分析相结合，寻找试验指标与处理变量间的定量规律的试验设计和统计分析法。本章的主要内容有：一次回归正交设计、二次回归正交设计和二次回归正交旋转设计。每种设计方法均包括：设计具有正交性的试验方案，建立回归方程，对所得方程进行回归方程、回归系数和拟合测验，剔除不显著自变量，得到方程显著并且估计值与实测值拟合良好的回归方程，对方程进行进一步解析。

【学习重点】 一次回归正交、二次回归正交和二次回归正交旋转试验的设计；回归系数的计算，即方程的建立；回归方程、回归系数及拟合测验；回归方程信息分析，尤其是寻求最佳经济效益处理组合，以及处理组合模拟寻优。

【学习难点】 二次回归正交和二次回归正交旋转试验的设计方法；回归系数公式的推导过程，拟合测验；回归方程信息分析。

【要求掌握的基本技能】 设计试验；根据试验结果建立方程并完成三项测验；进行回归方程信息分析时方程组的求解方法、各种图形的绘制及图形解读。

正交试验虽然解决了多因素试验的处理组合太多、区组太大、环境差异（如试验地的土壤差异）无法控制、试验难以实施等困难，但它的统计方法也是处理单个变量。在方差分析中，虽然试验指标（反应变量）常和具有一定数量的处理变量相联系，但只是检验不同处理间反应量的差异显著性，未曾把反应变量与处理变量从数量上直接联系起来。常规的回归分析解决了两种或两种以上变量的联系问题，可发现变量间存在何种关系、关系的密切程度及性质，并当关系明确后，用它预测或估计变量间的变异趋向。但常规的回归分析方法比较麻烦，而且只是对已取得的试验结果进行分析，对试验设计几乎没有提出任何要求。通常也不研究所求回归方程的精度。所以，它被看成被动地处理已有试验数据的方法。这样不仅盲目地增加了试验次数，而且试验数据往往不能提供充分的信息，达不到试验目的。随着农业科学研究的不断深入，特别是寻求最佳工艺和配方，以及建立生产过程的数学模型等的需要，人们愈来愈希望能以较少的试验建立精度较高的回归方程。而 20 世纪 50 年代发展起来的回归设计（也称响应曲面设计）能够满足人们的这一需求，回归设计把试验设计、数据处理、回归方程计算及其精度统一起来综合考虑。根据试验目的和数据分析来选择试验处理，使每个试验处理上获得的数据含有最多的信息，而且具有试验处理数较少、统计计算简便、精确度高的特点。本章将介绍其中的一次回归正交设计和二次回归正交设计及其一般的统计分析方法。

第一节　一次回归正交设计

回归正交设计（regression-orthogonal design）是把正交设计与回归分析有机地结合起

来，在正交设计的基础上，利用回归分析，在给定的试验因素（自变量）与试验指标（依变量）之间找出一个明确的函数表达式，建立过程的数学模型，以便定量地描述过程中因素对指标所起的作用，并用该数学模型预测或控制过程。它一方面具有正交试验设计的特点，试验次数较少，试验效果较好，另一方面具有回归分析的特点，应用最小二乘法原理，通过实测的数据求出各因素与指标之间的回归方程。同时，由于“正交性原理”，计算回归系数的正规方程组的系数矩阵是对角形的（除对角线上的元素以外，其他元素均为零），从而不仅保证各回归系数 b_0，b_1，b_2，…，b_n 之间彼此是不相关的，而且大大地简化了回归系数的计算。

一、一次回归正交设计方法

只包含自变量的一次项和一级交互项的回归正交设计叫一次回归正交设计（first-order regression-orthogonal design）。其 p 个因素（z_1，z_2，…，z_p）的一次回归模型为

$$y_i=\beta_0+\beta_1z_1+\beta_2z_2+\cdots+\beta_pz_p+\beta_{12}z_1z_2+\beta_{13}z_1z_3+\cdots+\beta_{1p}z_1z_p+\beta_{23}z_2z_3$$
$$+\beta_{24}z_2z_4+\cdots+\beta_{2p}z_2z_p+\cdots+\beta_{(p-1)p}z_{(p-1)}z_p+\varepsilon_i$$

一般形式为

$$y_i=\beta_0+\sum_{j=1}^{p}\beta_jz_j+\sum_{j=1}^{p-1}\sum_{h=j+1}^{p}\beta_{hj}z_hz_j+\varepsilon_i \tag{15.1}$$

至于因素间二级及二级以上高级互作，在实际应用中的影响一般很小，故可以忽略。

对于上述模型通过 n 个处理组合的试验数据，我们要寻求的一次（线性）回归方程为

$$\hat{y}=b_0+\sum_{j=1}^{p}b_jx_j+\sum_{j=1}^{p-1}\sum_{h=j+1}^{p}b_{hj}x_hx_j \tag{15.2}$$

式中，z_j 是自然因素（natural factor）或称自然变量（natural variable）；x_j 是和 z_j 相对应的编码因素（code factor）。

回归正交设计的基本思想是通过编码公式 $x=f(z)$，将式（15.1）变为式（15.2），同时使试验方案具有正交性，这样，在剔除方程中不显著的项以后，其余项的回归系数不需要重新计算和测验，从而大大简化了分析过程。

一次回归正交试验法是通过二水平正交表，如 $L_4(2^3)$、$L_8(2^7)$、$L_{12}(2^{11})$、$L_{16}(2^{15})$ 等来实现的。在试验设计时，把正交表中水平“1”和“2”分别变换成编码“1”和“-1”，经过这样的变换后，就可以体现出“正交性”，表中每列各编码值之和等于零和任意两列各编码内积等于零，即

$$\begin{cases}\sum\limits_{i=1}^{n}x_{ij}=0 & j=1,2,\cdots,p\\ \sum\limits_{i=1}^{n}x_{ih}x_{ij}=0 & h,j=1,2,\cdots,p;\ h\neq j\end{cases} \tag{15.3}$$

其中，n 为正交表行数（处理组合数），p 为因素数。

表 15-1（a）为 $L_4(2^3)$，表 15-1（b）为变换后的形式。

表 15-1　$L_4(2^3)$ 字码的变换

（a）

试验号	列号		
	1	2	3
1	1	1	1
2	1	2	2
3	2	1	2
4	2	2	1

（b）

试验号	列号		
	1	2	3
1	1	1	1
2	1	−1	−1
3	−1	1	−1
4	−1	−1	1

【例 15-1】　欲用一次回归正交试验考察氮、磷、钾对某杂交水稻品种产量及结实率的影响，试予以设计。

1. 确定试验指标、试验因素（自变量）及水平上下限　试验指标为 y_1（产量）和 y_2（结实率），试验因素（自变量）为 z_1（纯 N）、z_2（P_2O_5）和 z_3（K_2O），根据实践经验或参考前人做过的 N、P、K 肥料试验，设置因素水平的上下限，假设分别设为 z_1：0～150kg/hm²；z_2：0～80kg/hm²；z_3：0～110kg/hm²。

2. 求每个因素的零水平（z_{0j}）及变化区间（Δ_j）　零水平：自然因素上、下水平的平均数，即中间水平。

$$z_{0j}=\frac{z_{+1j}+z_{-1j}}{2} \tag{15.4}$$

式中，z_{+1j} 为上水平（上限）；z_{-1j} 为下水平（下限）。

变化区间（class interval）：自然因素上、下水平之差的一半，即上水平与零水平之差，或零水平与下水平之差，即自然因素变动的数值与对应的编码值变动数值之比。

$$\Delta_j=\frac{z_{+1j}-z_{-1j}}{1-(-1)}=\frac{z_{+1j}-z_{-1j}}{2} \tag{15.5}$$

或

$$\Delta_j=z_{+1j}-z_{0j}$$

或

$$\Delta_j=z_{0j}-z_{-1j}$$

本例：

$$z_{01}=\frac{z_{+11}+z_{-11}}{2}=\frac{150+0}{2}=75\ (\text{kg/hm}^2)$$

$$\Delta_1=\frac{z_{+11}-z_{-11}}{2}=\frac{150-0}{2}=75\ (\text{kg/hm}^2)$$

同理，$z_{02}=40$kg/hm²，$\Delta_{02}=40$kg/hm²，$z_{03}=55$kg/hm²，$\Delta_{03}=55$kg/hm²。

3. 对每个因素的水平进行编码　所谓编码（coding）就是对因素的取值作如下的线性变换。

$$x_j=\frac{z_j-z_{0j}}{\Delta_j} \tag{15.6}$$

这样就建立了因素 z_j 与编码值 x_j 的一一对应关系，如图 15-1 所示。

编码的目的是将指标 y 对自然因素 z_1，z_2，…，z_p 的回归问题，转化为 y 对编码因素 x_1，x_2，…，x_p 的回归问题。这样，试验方案的设计、方程的建立及其统计测验都应在编码空间中进行。经过编码后，当 z_j 在区间［z_{-1j}，z_{+1j}］变化时，它的编码值 x_j 就在［−1，+1］变化，即使所有因素的取值范围都转化为中心在原点的一个立方体中。例如，在两个因素的情况下，因素的研究区域在因素空间（平面）是一个矩形，通过编码，研究区域就变成了一个正方形（图 15-2）。

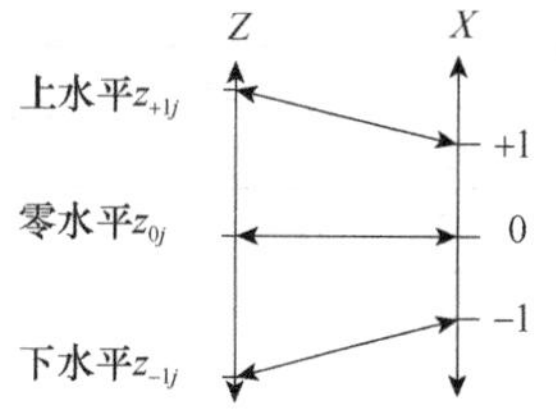

图 15-1　自然因素 z_j 与编码因素 x_j 的关系

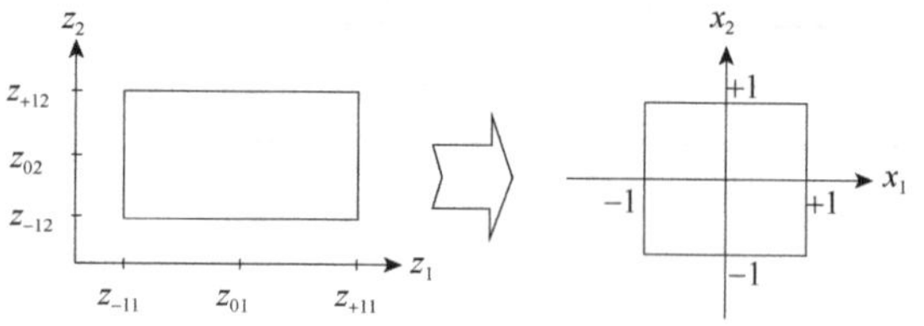

图 15-2　z_j 和 x_j 不同变化范围

经编码后，可列出因素水平编码表（表 15-2）。

表 15-2　因素水平编码表

水平	因素		
	z_1（纯 N）/（kg/hm^2）	z_2（P_2O_5）/（kg/hm^2）	z_3（K_2O）/（kg/hm^2）
−1	0	0	0
0	75	40	55
+1	150	80	110
变化区间Δ_j	75	40	55

4. 编制试验方案

方法 1：根据因素数 p，选择行数（处理数）$k=2^p$ 的二水平正交表，用"−1"替换表中的"2"。然后，将各因素安排在无交互作用混杂的列上，便构成试验方案。

方法 2：首先确定基础试验点（编码值为+1 或−1 的处理）数 m_c，$m_c=2^p$，然后采用逐渐裂分的方式，写出试验方案。

所谓逐渐裂分，即第 1 个因素 x_1 2 分——所有 2^p 个编码值一半为+1，一半为−1；第 2 个因素 x_2 4 分——2^p 个编码值的 1/4 为+1，1/4 为−1，然后又 1/4 为+1，1/4 为−1；第 3 个因素 x_3 8 分——2^p 个编码值的 1/8 为+1，1/8 为−1，再 1/8 的+1，1/8 的−1……；第 4 个因素 x_4 16 分；第 5 个因素 32 分……，直到最后一个因素的编码值裂分完毕。

方法 3：查现成的一次回归正交设计结构矩阵表。

方法 4：由统计软件（如 DPS）生成各处理的编码水平。

有了编码水平的试验方案以后，再根据因素水平编码表，将编码水平的试验方案转换成自然因素实际水平的试验方案。

本例有 3 个因素，其结构矩阵表见表 15-3。该表由 x_0 列（编码值均为 1），因素列和交互列（可由相应因素列对应编码相乘得到）组成。x_0 列和交互列供以后统计分析用，与试验方案无关。试验方案由因素列（x_1 列、x_2 列和 x_3 列）组成，即试验的处理组合为每一横行的 x_1、x_2 和 x_3 的编码构成。如处理 2 是：x_1 为 1；x_2 为 1；x_3 为−1。查因素水平编码表可知：z_1（纯 N）应为 $150kg/hm^2$；z_2（P_2O_5）应为 $80kg/hm^2$；z_3（K_2O）应为 $110kg/hm^2$。除了表 15-3 的 8 个基础试验点外，为了对回归模型进行拟合测验或称失拟测验（testing for lack of fit），还应补充 m_0 个中心试验点（编码值均为 0 的处理组合），整理成自然因素实际水平的试验方案（表 15-4）。

表 15-3　三因素一次回归正交设计结构矩阵表

试验号	x_0	x_1	x_2	x_3	x_1x_2	x_1x_3	x_2x_3
1	1	1	1	1	1	1	1
2	1	1	1	−1	1	−1	−1
3	1	1	−1	1	−1	1	−1
4	1	1	−1	−1	−1	−1	1
5	1	−1	1	1	−1	−1	1
6	1	−1	1	−1	−1	1	−1
7	1	−1	−1	1	1	−1	−1
8	1	−1	−1	−1	1	1	1

表 15-4　试验方案表

处理	编码因素水平值			自然因素水平值		
	x_1	x_2	x_3	z_1（纯 N）/（kg/hm^2）	z_2（P_2O_5）/（kg/hm^2）	z_3（K_2O）/（kg/hm^2）
1	1	1	1	150	80	110
2	1	1	−1	150	80	0
3	1	−1	1	150	0	110
4	1	−1	−1	150	0	0
5	−1	1	1	0	80	110
6	−1	1	−1	0	80	0
7	−1	−1	1	0	0	110
8	−1	−1	−1	0	0	0
9	0	0	0	75	40	55

实施试验方案时，应注意以下几点。

（1）尽可能设置重复。

作用：①提高试验的精确度，降低试验误差；②进行回归模型的拟合测验。

方法：①整个试验重复 r 次；②仅在零水平处设置重复（m_0 次）。

（2）随机排列：若在无环境差异的条件下试验，如实验室试验、盆栽试验等，可不划分区组，将试管、培养皿、盆钵等做好标记即可。若在有环境差异的条件下，如田间试验，注意选择肥力均匀一致的地块进行试验，或划分区组，实施局部控制以减少非处理因素差异的影响。

二、结果分析

一次回归正交试验设计的分析方法与多元线性回归分析方法相似，但结构矩阵具有正交性，使得回归系数的估计大为简单。

1. 回归系数的计算　采用最小二乘法估计回归系数。因为一次回归正交设计要建立的回归方程的一般形式为

$$\hat{y}=b_0+\sum_{j=1}^{p}b_jx_j+\sum_{h=1}^{p-1}\sum_{j=h+1}^{p}b_{hj}x_hx_j \tag{15.7}$$

结构矩阵为

$$
\boldsymbol{X}=\begin{bmatrix}
1 & x_{11} & x_{12} & \cdots & x_{1p} & x_{11}x_{12} & x_{11}x_{13} & \cdots & x_{1,p-1}x_{1p} \\
1 & x_{21} & x_{22} & \cdots & x_{2p} & x_{21}x_{22} & x_{21}x_{23} & \cdots & x_{2,p-1}x_{2p} \\
1 & x_{31} & x_{32} & \cdots & x_{3p} & x_{31}x_{32} & x_{31}x_{33} & \cdots & x_{3,p-1}x_{3p} \\
\vdots & \vdots & \vdots & & \vdots & \vdots & \vdots & & \vdots \\
1 & x_{n1} & x_{n2} & \cdots & x_{np} & x_{n1}x_{n2} & x_{n1}x_{n3} & \cdots & x_{n,p-1}x_{np}
\end{bmatrix} \tag{15.8}
$$

正规方程组的系数矩阵为

$$
\boldsymbol{A}=\boldsymbol{X}'\boldsymbol{X}=\begin{bmatrix}
n & \sum x_1 & \sum x_2 & \cdots & \sum x_p & \sum x_1x_2 & \sum x_1x_3 & \cdots & \sum x_{p-1}x_p \\
\sum x_1 & \sum x_1^2 & \sum x_1x_2 & \cdots & \sum x_1x_p & \sum x_1^2x_2 & \sum x_1^2x_3 & \cdots & \sum x_1x_{p-1}x_p \\
\sum x_2 & \sum x_1x_2 & \sum x_2^2 & \cdots & \sum x_2x_p & \sum x_1x_2^2 & \sum x_1x_2x_3 & \cdots & \sum x_2x_{p-1}x_p \\
\vdots & \vdots & \vdots & & \vdots & \vdots & \vdots & & \vdots \\
\sum x_p & \sum x_1x_p & \sum x_2x_p & \cdots & \sum x_p^2 & \sum x_1x_2x_p & \sum x_1x_3x_p & \cdots & \sum x_{p-1}x_p^2 \\
\sum x_1x_2 & \sum x_1^2x_2 & \sum x_1x_2^2 & \cdots & \sum x_1x_2x_p & \sum (x_1x_2)^2 & \sum x_1^2x_2x_3 & \cdots & \sum x_1x_2x_{p-1}x_p \\
\sum x_1x_3 & \sum x_1^2x_3 & \sum x_1x_2x_3 & \cdots & \sum x_1x_3x_p & \sum x_1^2x_2x_3 & \sum (x_1x_3)^2 & \cdots & \sum x_1x_3x_{p-1}x_p \\
\vdots & \vdots & \vdots & & \vdots & \vdots & \vdots & & \vdots \\
\sum x_{p-1}x_p & \sum x_1x_{p-1}x_p & \sum x_2x_{p-1}x_p & \cdots & \sum x_{p-1}x_p^2 & \sum x_1x_2x_{p-1}x_p & \sum x_1x_3x_{p-1}x_p & \cdots & \sum (x_{p-1}x_p)^2
\end{bmatrix} \tag{15.9}
$$

由于试验计划具有正交性，则

$$
\begin{cases}
\sum_{i=1}^{n} x_{ij}=0 \quad j=1,\ 2,\ \cdots,\ p \\
\sum_{i=1}^{n} x_{ih}x_{ij}=\sum_{i=1}^{n} x_{ih}^2x_{ij}=\sum_{i=1}^{n} x_{ih}x_{ij}^2=\sum_{i=1}^{n}(x_{ih}x_{ij})^2=0 \quad h\neq j
\end{cases}
$$

因此系数矩阵为

$$
\boldsymbol{A}=\begin{bmatrix}
n & & & & & & & & 0 \\
& \sum x_1^2 & & & & & & & \\
& & \sum x_2^2 & & & & & & \\
& & & \ddots & & & & & \\
& & & & \sum x_p^2 & & & & \\
& & & & & \sum (x_1x_2)^2 & & & \\
& & & & & & \sum (x_1x_3)^2 & & \\
& & & & & & & \ddots & \\
0 & & & & & & & & \sum (x_{p-1}x_p)^2
\end{bmatrix}=\begin{bmatrix}
n & & & 0 \\
& n & & \\
& & \ddots & \\
0 & & & n
\end{bmatrix} \tag{15.10}
$$

相关矩阵为

$$
\boldsymbol{A}^{-1}=\begin{bmatrix}
1/n & & & 0 \\
& 1/n & & \\
& & \ddots & \\
0 & & & 1/n
\end{bmatrix} \tag{15.11}
$$

常数项矩阵为

$$B=X'Y=\begin{bmatrix}\sum y\\ \sum x_1y\\ \sum x_2y\\ \vdots\\ \sum x_py\\ \sum x_1x_2y\\ \sum x_1x_3y\\ \vdots\\ \sum x_{p-1}x_py\end{bmatrix}=\begin{bmatrix}B_0\\ B_1\\ B_2\\ \vdots\\ B_p\\ B_{12}\\ B_{13}\\ \vdots\\ B_{p-1,p}\end{bmatrix} \tag{15.12}$$

因为 $\boldsymbol{b}=\boldsymbol{A}^{-1}\boldsymbol{B}=(\boldsymbol{X'X})^{-1}\boldsymbol{X'Y}$，在一次回归正交设计中为

$$\begin{bmatrix}b_0\\ b_1\\ b_2\\ \vdots\\ b_p\\ b_{12}\\ b_{13}\\ \vdots\\ b_{p-1,p}\end{bmatrix}=\begin{bmatrix}1/n & & & & & & 0\\ & 1/n & & & & & \\ & & 1/n & & & & \\ & & & \ddots & & & \\ & & & & \ddots & & \\ & 0 & & & & & \\ & & & & & & 1/n\end{bmatrix}\begin{bmatrix}B_0\\ B_1\\ B_2\\ \vdots\\ B_p\\ B_{12}\\ B_{13}\\ \vdots\\ B_{p-1,p}\end{bmatrix}$$

因此，

$$\begin{cases}b_0=\dfrac{B_0}{n}=\dfrac{\sum y}{n}\\ b_j=\dfrac{B_j}{n}=\dfrac{\sum x_jy}{n}\\ b_{hj}=\dfrac{B_{hj}}{n}=\dfrac{\sum x_hx_jy}{n}\quad (j=1,2,\cdots,p;\ h\neq j)\end{cases} \tag{15.13}$$

【例 15-2】　试对【例 15-1】试验结果进行分析。

试验（$m_0=4$）的产量结果列于结构矩阵表右侧，见表 15-5 最后一列。

表 15-5　试验结果分析计算表

试验号	x_0	x_1	x_2	x_3	x_1x_2	x_1x_3	x_2x_3	小区产量（y）/kg
1	1	1	1	1	1	1	1	19.6
2	1	1	1	−1	1	−1	−1	15.8
3	1	1	−1	1	−1	1	−1	16.6
4	1	1	−1	−1	−1	−1	1	13.1
5	1	−1	1	1	−1	−1	1	15.1
6	1	−1	1	−1	−1	1	−1	13.1
7	1	−1	−1	1	1	−1	−1	11.2

续表

试验号	x_0	x_1	x_2	x_3	x_1x_2	x_1x_3	x_2x_3	小区产量（y）/kg
8	1	−1	−1	−1	1	1	1	10.0
9	1	0	0	0	0	0	0	11.1
10	1	0	0	0	0	0	0	13.2
11	1	0	0	0	0	0	0	14.3
12	1	0	0	0	0	0	0	13.6
$B_j=\sum x_j y$	114.5	15.7	12.7	10.5	−1.3	4.1	1.1	
$b_j=B_j/n$	14.3125	1.9625	1.5875	1.3125	−0.1625	0.5125	0.1375	
$u_j=b_jB_j$		30.81125	20.16125	13.781 25	0.21125	2.10125	0.15125	

计算各项回归系数 b_j。

$$b_j=\frac{B_j}{n}=\frac{\sum x_j y}{n}$$ （注意：$n=8$，不包括 4 个零水平处理）

本例：

$$b_0=\frac{B_0}{n}=\frac{114.5}{8}=14.3125$$

$$b_1=\frac{B_1}{n}=\frac{15.7}{8}=1.9625$$

$$b_2=\frac{B_2}{n}=\frac{12.7}{8}=1.5875$$

……

用同样方法计算出 b_3、b_{12}、b_{13}、b_{23}，填于表 15-5 下方。

由此得到一次回归方程为

$$\hat{y}=14.3125+1.9625x_1+1.5875x_2+1.3125x_3-0.1625x_1x_2+0.5125x_1x_3+0.1375x_2x_3$$

2. 显著性测验 所求方程需要通过显著性测验才能应用。显著性测验的主要内容有：①考察各自变量对试验指标是否有显著影响，即回归系数的显著性测验；②考察整个回归方程对试验是否有显著影响，即回归方程的显著性测验；③考察事先假定的回归模型是否符合实际，即拟合测验。

（1）计算总变异平方和（SS_y）、各项回归平方和（u_j）、总回归平方和（U）、剩余平方和（Q）及相应的自由度。

总变异平方和及自由度分别为

$$SS_y=\sum y^2-\frac{\left(\sum y\right)^2}{rn} \tag{15.14}$$

$$df_y=rn-1 \tag{15.15}$$

r 为全部处理组合均重复时的重复次数。

本例：

$$SS_y=19.6^2+15.8^2+\cdots+10.0^2-\frac{114.5^2}{1\times 8}$$
$$=1706.03-1638.78125$$
$$=67.24875$$

$$df_y = rn - 1 = 1 \times 8 - 1 = 7$$

各项回归平方和及自由度分别为

$$u_j = b_j \times B_j = \frac{B_j^2}{n} \qquad (15.16)$$

$$df_j = 1 \qquad (15.17)$$

本例：

$$u_1 = b_1 \times B_1 = 1.9625 \times 15.7 = 30.81125$$

$$df_1 = 1$$

$$u_2 = b_2 \times B_2 = 1.5875 \times 12.7 = 20.16125$$

$$df_2 = 1$$

用同样的方法计算出 u_3、u_{12}、u_{13}、u_{23}，填入表 15-5 下方。注意：常数项不包含自变量，因此无须计算回归平方和。

从上述计算可以看出，各变量的偏回归平方和 $u_j = b_j B_j = b_j(b_j n) = n b_j^2$，与 b_j 的平方成正比。b_j 的绝对值越大，u_j 也越大。这就是说，在用回归设计所求得的回归方程中，每一回归系数绝对值的大小刻画了对应变量 x_j 的相对作用。这是由于经过无量纲的编码变换后，所有变量的取值区间都是 [−1，1]，它们在所研究的区域内是“平等”的，因而使得所求的回归系数不受因素 z_j 的单位和取值的影响，而直接反映了该因素相对作用的大小，回归系数的符号反映了这种作用的性质。

总回归平方和及自由度分别为

$$U = \sum u_j \qquad (15.18)$$

$$df_u = \sum df_j \qquad (15.19)$$

本例：

$$U = 30.81125 + 20.16125 + \cdots + 0.15125 = 67.2175$$

$$df_u = 6$$

剩余平方和及自由度分别为

$$Q = SS_y - U \qquad (15.20)$$

$$df_Q = df_y - df_u \qquad (15.21)$$

本例：

$$Q = 67.24875 - 67.2175 = 0.03125$$

$$df_Q = 7 - 6 = 1$$

（2）各项回归系数显著性测验。

$$F = \frac{u_j/1}{Q/df_Q} \qquad (15.22)$$

若某一回归系数的 $F > F_\alpha$，或此 F 值出现的概率 $P < \alpha$，则该回归系数在α水平上显著，该系数对应的因素或互作（即方程中相应的自变量）对试验指标 y 有显著影响；反之，$F < F_\alpha$，或 $P > \alpha$，则该回归系数在α水平上不显著，方程中相应的自变量对试验指标 y 无显著影响。

本例：

$$b_1：\ F = \frac{u_1/1}{Q/df_Q} = \frac{30.81125}{0.03125} = 985.96$$

$$b_2: \quad F=\frac{u_2/1}{Q/df_Q}=\frac{20.16125}{0.03125}=645.16$$

用同样的方法计算 b_3、b_{12}、b_{13}、b_{23} 的 F 值，列入方差分析表（表 15-6）。系数 b_1、b_2、b_3 的 F 值出现的概率 $P<0.05$，故在 0.05 水平上显著，而 b_{12}、b_{13}、b_{23} 在 0.05 水平上不显著，说明 N、P、K 各因素对产量均有显著的影响，而它们的一级互作对产量的影响在 0.05 水平上不显著。

表 15-6　方差分析表

变异来源	DF	SS	MS	F	$F_{0.05}$	p
x_1	1	30.81125	30.81125	985.96	161.45	0.0203
x_2	1	20.16125	20.16125	645.16	161.45	0.0251
x_3	1	13.78125	13.78125	441.00	161.45	0.0303
x_1x_2	1	0.21125	0.21125	6.76	161.45	0.2338
x_1x_3	1	2.10125	2.10125	67.24	161.45	0.0773
x_2x_3	1	0.15125	0.15125	4.84	161.45	0.2716
回归	6	67.21750	11.20292	358.49	233.99	0.0404
剩余	1	0.03125	0.03125			
总变异	7	67.24875				

（3）多元回归方程的显著性测验。

$$F=\frac{U/df_u}{Q/df_Q} \tag{15.23}$$

若 $F>F_\alpha$，或 F 出现的概率 $P<\alpha$，则回归方程在 α 水平上显著，方程成立。反之，$F<F_\alpha$，或 $P>\alpha$，则回归方程在 α 水平上不显著，方程不成立。

本例：

$$F=\frac{67.2175/6}{0.03125/1}=358.49$$

$F>F_{0.05}=161.45$，$P<0.05$，所以回归方程显著，方程成立。

上述回归系数及回归方程的显著性测验也可以在方差分析表中完成（表 15-6）。

由于试验具有正交性，所求得的回归系数彼此独立，因此在剔除某些不显著的因素或交互项后，不需要重新计算其他回归系数，也不需要对保留的回归系数重新进行显著性测验。注意，这一点与常规的多元回归分析用逐步回归的方法建立方程的过程不同。

（4）回归模型拟合测验。上述对回归方程的检验只是说明了相对于剩余平方和而言，变量部分影响的显著与否，尚不能说明失拟平方和对方程的影响程度。这时，即使回归方程显著，也不能保证在被研究区域内部，回归方程与实测值是拟合得很好的，即不能保证采用一次回归模型是最好的。因此必须进行回归模型的拟合测验。分以下两种情况。

a. 全部处理组合重复。

纯误差（pure error）平方和及自由度为

$$SS_{PE}=\sum_{i=1}^{n}\sum_{k=1}^{r}(y_{ik}-\bar{y}_i)^2 \tag{15.24}$$

$$df_{PE}=n(r-1) \tag{15.25}$$

失拟（lack of fit）平方和及自由度为

$$SS_{LF}=Q-SS_{PE} \tag{15.26}$$

$$df_{LF}=df_Q-df_{PE} \tag{15.27}$$

按式（15.28）进行测验，若 $F<F_\alpha$，或 F 的概率 $P>\alpha$，失拟不显著，拟合良好；若 $F>F_\alpha$，或 F 的概率 $P<\alpha$，失拟显著，拟合不良。

$$F=\frac{SS_{LF}/df_{LF}}{SS_{PE}/df_{PE}} \tag{15.28}$$

b. 只在零水平处重复 m_0 次。

在零水平（z_{01}，z_{02}，…，z_{0p}）处再安排 m_0 次重复试验，其试验结果分别为 y_{01}，y_{02}，…，y_{0m_0}，零水平处理组合平均值 $\bar{y}_0=\frac{\sum_{k=1}^{m_0}y_{0k}}{m_0}$ 与回归方程常数项 b_0（$b_0=\sum y/n=\bar{y}$）是否有显著差异，即中心试验点的一组数据（m_0 个）的平均数，与基础试验点的一组数据（n 个）的平均数之间的假设测验，故用 t 测验：

$$t=\frac{|b_0-\bar{y}_0|\sqrt{df_Q+df_0}}{\sqrt{Q+SS_0}\sqrt{\frac{1}{n}+\frac{1}{m_0}}} \tag{15.29}$$

服从 $df=df_Q+df_0$ 的 t 分布，其中零水平的纯误差平方和及自由度分别为

$$SS_0=\sum_{k=1}^{m_0}(y_{0k}-\bar{y}_0)^2 \tag{15.30}$$

$$df_0=m_0-1 \tag{15.31}$$

若 $t<t_\alpha$，或概率 $P>\alpha$，说明在区域中心，一次回归方程与实测值拟合良好。

若 $t>t_\alpha$，或 $P<\alpha$，表明拟合不良，用一次回归方程来描述还不够确切，有必要引进二次或更高次的项。

本例在零水平处重复了 4 次，所以有

$$\bar{y}_0=\frac{11.1+13.2+14.3+15.6}{4}=13.55$$

$$SS_0=(11.1-13.55)^2+(13.2-13.55)^2+(14.3-13.55)^2+(15.6-13.55)^2=10.89$$

$$df_0=4-1=3$$

$$t=\frac{|14.3125-13.55|\sqrt{1+3}}{\sqrt{0.03125+10.89}\sqrt{\frac{1}{8}+\frac{1}{4}}}=0.7207$$

$df=1+3=4$，$t_{0.05}=2.776$，$t<t_{0.05}$，$P=0.5109>0.05$，说明 b_0 与 $\bar{y}_0$ 无显著差异，在区域中心，方程与实测值拟合良好。

3. 回归方程的变换　由于在回归方程中，x_j 是各因素 z_j 的编码值，为了使用方便，可以将 x_j 用原变量 z_j 表示，根据式（15.7）有

$$x_1=\frac{z_1-75}{75}，\quad x_2=\frac{z_2-40}{40}，\quad x_3=\frac{z_3-55}{55}$$

$$\hat{y}=14.3125+1.9625\times\left(\frac{z_1-75}{75}\right)+1.5875\times\left(\frac{z_2-40}{40}\right)+1.3125\times\left(\frac{z_3-55}{55}\right)$$

$$=9.45+0.026167z_1+0.039688z_2+0.023864z_3$$

从所得方程可以看出，在本例中，3 个因素均是以上水平为最好。

4. 一次回归正交设计应注意的问题 一次回归正交设计是二次或更高次回归设计的基础。一次回归正交设计计算简便，消除了自变量之间的相关性，常被用来确定最佳工艺条件和筛选因素，但在应用时，尚需注意以下问题。

（1）一般要进行回归系数、回归方程与失拟三项测验，即使前两项测验显著，第三项测验也必须进行。因此，必须进行零水平试验点重复试验。但对非零点，当能较好地控制非试验因素的影响时，可以不进行重复试验，否则，也应进行重复试验。方程拟合不好，则应补充一些试验点，进行非线性回归设计。

（2）在农业试验中，常常发生一次模型欠适的现象，因此在田间试验中，不要轻易采用一次回归模型进行预测，而应直接进行二次回归模型的试验。

第二节　二次回归的组合设计

一次回归正交设计虽然能简化计算，消除回归系数间的相关性，可以考察因素间的交互作用，应用较广。但它毕竟只能计算出线性回归方程，而许多实际问题必须考虑因素的二次或更高次的作用，因此还必须进行非线性回归设计。通常进行二次回归设计就可以满足一般非线性问题的基本要求。

一、组合设计

p 个因素的二次回归模型为

$$y_i=\beta_0+\sum_{j=1}^{p}\beta_j z_j+\sum_{h=1}^{p-1}\sum_{j=h+1}^{p}\beta_{hj}z_h z_j+\sum_{j=1}^{p}\beta_{jj}z_j^2+\varepsilon_i \qquad (15.32)$$

$$(i=1,\ 2,\ \cdots,\ n)$$

对于上述模型通过 n 个处理组合的试验数据，所要寻求的二次回归方程为

$$\hat{y}=b_0+\sum_{j=1}^{p}b_j x_j+\sum_{h=1}^{p-1}\sum_{j=h+1}^{p}b_{hj}x_h x_j+\sum_{j=1}^{p}b_{jj}x_j^2 \qquad (15.33)$$

显然，该 p 元二次回归方程的回归系数共有 q 个

$$q=1+C_p^1+C_p^2+C_p^1=C_{p+2}^2=\frac{(p+1)(p+2)}{2} \qquad (15.34)$$

若要求得上述回归方程，必须满足下述两个条件。

（1）$n\geqslant q$。要求 q 个系数，试验次数 n 不能小于 q。但对于同一 q，若 n 越大，剩余自由度 df_Q 越大，经济性越差；反之，n 越接近 q，df_Q 越小，经济性越好，二次回归设计追求的目标之一，就是在满足 $n\geqslant q$ 的条件下，尽可能地减少 n。

（2）因素的水平数 $m\geqslant 3$。在回归分析和回归设计中，因素应取的最小水平数，应等于该因素在回归方程中的最高次数加 1。例如，对于线性回归方程各因素应取的最小水平数为 2；二次回归方程每个因素应取的最小水平数为 3，并且二次回归方程中，一般都考察交互项，

故需进行全面试验。若各因素水平数均取 3，那么全面试验 $n=3^p$。当 p 超过 4 时，n 增大得使人难以接受。如 $p=5$，$n=3^5=243$，而 $q=C_{5+2}^{2}=21$，剩余自由度 $df_Q=222$，剩余自由度过多，每个试验点获取的信息太少，显然很不合适。为了减少试验次数，使每个试验点能获得更多的信息，在二次回归设计时一般采用组合设计。

所谓组合设计（combination design），就是在编码空间中选择几类具有不同特点的试验处理，适当组合起来，形成试验次数少、精确度又高的试验方案的方法。

（一）组合设计的试验点组成

组合设计一般由三类不同的试验点组成：

$$n=m_c+m_\gamma+m_0 \tag{15.35}$$

式中，$m_c=2^p$，为各因素皆取二水平（+1，−1）的全面试验点，即基础试验点；$m_\gamma=2\times p$，为分布在 p 个坐标轴上的星号点，它们与中心试验点的距离 γ 称为星号臂，即臂长，γ 是待定参数，调节 γ 可得到所期望的优良性，如正交性、旋转性等；m_0 为各因素皆取零水平的试验点，即中心试验点，可以重复一次或多次。

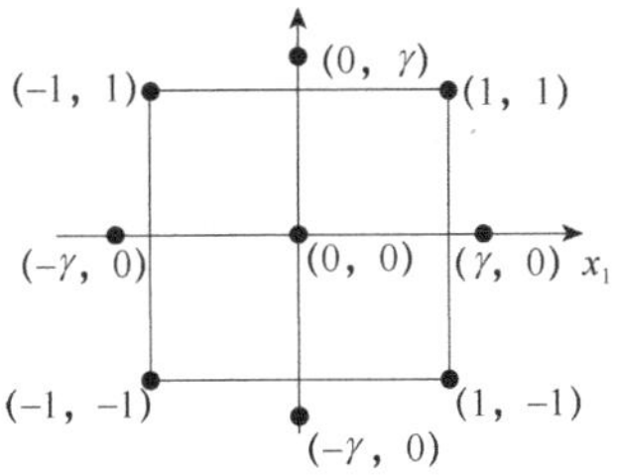

图 15-3　$p=2$ 的组合设计试验点的几何分布

$p=2$ 的组合设计是由 $n=9$ 个点组成，具体如表 15-7 所示，图 15-3 为这 9 个点的几何分布。

表 15-7　$p=2$ 的组合设计试验点构成

	试验号	x_1	x_2
$m_c=2^p=2^2$	1	1	1
	2	1	−1
	3	−1	1
	4	−1	−1
$m_\gamma=2p=2\times2$	5	γ	0
	6	$-\gamma$	0
	7	0	γ
	8	0	$-\gamma$
m_0	9	0	0

$p=3$ 的组合设计由 $n=15$ 个点组成，具体见表 15-8，图 15-4 为这 15 个试验点的几何分布。

表 15-8　$p=3$ 的组合设计试验点构成

	试验号	x_1	x_2	x_3
$m_c=2^p=2^3$	1	1	1	1
	2	1	1	−1
	3	1	−1	1
	4	1	−1	−1

续表

	试验号	x_1	x_2	x_3
$m_c=2^p=2^3$	5	−1	1	1
	6	−1	1	−1
	7	−1	−1	1
	8	−1	−1	−1
$m_\gamma=2p=2\times3$	9	γ	0	0
	10	$-\gamma$	0	0
	11	0	γ	0
	12	0	$-\gamma$	0
	13	0	0	γ
	14	0	0	$-\gamma$
$m_c=2^p=2^3$	15	0	0	0

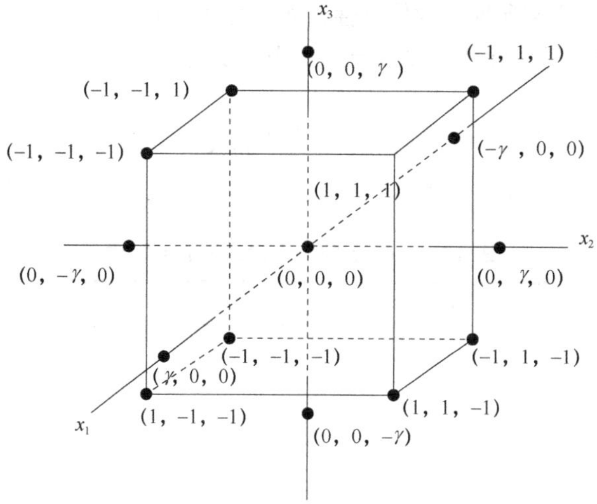

图 15-4　$p=3$ 的组合设计试验点的几何分布

（二）使组合设计具有正交性必须解决的问题

要使组合设计成为正交设计，必须解决两个问题：一是确定适当的星号臂γ；二是对平方项进行中心化。

1. 关于γ值的确定　以 $p=3$ 为例，当具有 x_1、x_2、x_3 三个变量时，二次回归组合设计的结构矩阵如表 15-9 所示。

表 15-9　三因素二次回归组合设计的结构矩阵

	x_0	x_1	x_2	x_3	x_1x_2	x_1x_3	x_2x_3	x_1^2	x_2^2	x_3^2
1	1	1	1	1	1	1	1	1	1	1
2	1	1	1	−1	1	−1	−1	1	1	1
3	1	1	−1	1	−1	1	−1	1	1	1
4	1	1	−1	−1	−1	−1	1	1	1	1

续表

	x_0	x_1	x_2	x_3	x_1x_2	x_1x_3	x_2x_3	x_1^2	x_2^2	x_3^2
5	1	−1	1	1	−1	−1	1	1	1	1
6	1	−1	1	−1	−1	1	−1	1	1	1
7	1	−1	−1	1	1	−1	−1	1	1	1
8	1	−1	−1	−1	1	1	1	1	1	1
9	1	γ	0	0	0	0	0	γ^2	0	0
10	1	$-\gamma$	0	0	0	0	0	γ^2	0	0
11	1	0	γ	0	0	0	0	0	γ^2	0
12	1	0	$-\gamma$	0	0	0	0	0	γ^2	0
13	1	0	0	γ	0	0	0	0	0	γ^2
14	1	0	0	$-\gamma$	0	0	0	0	0	γ^2
15	1	0	0	0	0	0	0	0	0	0

从表 15-9 可以看出，对一次计划加入星号点“γ”后，并不破坏一次变量和交互效应的正交性，表 15-9 的正交性只是被 x_j^2 列破坏了，因为

$$\begin{cases}\sum_{j=1}^{n} x_{ij}^2 = m_c + 2\gamma^2 \neq 0 \\ \sum_{h=1}^{p-1}\sum_{j=h+1}^{p} x_{ih}^2 x_{ij}^2 = m_c \neq 0 \quad (h \neq j)\end{cases} \tag{15.36}$$

为使组合设计具有正交性，必须使式（15.36）中二式全部为零。为满足上述要求，数学家已证明，正交组合设计必须满足的两个条件之一是

$$\gamma = \sqrt{\frac{\sqrt{nm_c} - m_c}{2}} \tag{15.37}$$

式中，$n = m_c + m_\gamma + m_0$。

可见，臂长γ与因素个数 p、中心试验点次数 m_0 有关。一些常用的γ值计算列于表 15-10。

表 15-10　γ 值表

中心试验点重复数（m_0）	因素数（p）				
	2	3	4	5	6
1	1.000	1.215	1.414	1.596	1.761
2	1.078	1.287	1.483	1.662	1.824
3	1.147	1.353	1.547	1.724	1.885
4	1.210	1.414	1.607	1.784	1.943
5	1.267	1.471	1.664	1.841	2.000
6	1.320	1.525	1.719	1.896	2.055
7	1.369	1.575	1.771	1.949	2.108
8	1.414	1.623	1.820	2.000	2.159
9	1.457	1.668	1.868	2.049	2.209
10	1.498	1.711	1.914	2.097	2.257

2. 对 x_j^2 列进行中心化处理　如何使平方项所占的列符合正交性？由算术平均数的一个性质——离均差的总和为零，即 $\sum(x-\bar{x})=0$ ，我们可以想到 $\sum(x_j^2-\bar{x}_j^2)=0$ ，即对 x_{ij}^2 进行如下线性变换。

$$x_{ij}'=x_{ij}^2-\frac{\sum_{i=1}^{n}x_{ij}^2}{n} \tag{15.38}$$

并以 x_{ij}' 作为 x_{ij}^2 列相应的编码值，计算回归系数 b_{jj}' 。这是正交组合设计必须满足的第二个条件。

（三）二次回归正交设计的主要方法步骤

1. 确定因素的变化范围　上下限分别用 $z_{\gamma j}$ 和 $z_{-\gamma j}$ 表示。

2. 确定 γ 值　计算或查表。

3. 进行因素水平编码

（1）计算各因素的零水平 $z_{0j}=(z_{\gamma j}+z_{-\gamma j})/2$。

（2）计算各因素的变化区间 $\Delta_j=(z_{\gamma j}-z_{-\gamma j})/[\gamma-(-\gamma)]$。

（3）对因素的取值进行线性变换 $x_j=(z_j-z_{0j})/\Delta_j$。

由于 $z_{\gamma j}$ 和 $z_{-\gamma j}$ 分别为因素的上、下限，试验前已定出，z_{0j} 为零水平（已算出），因此只需要算出 x_j 为 1 和 −1 时的自然因素 z_j 的取值。

$$z_{1j}=z_{0j}+1\Delta_j$$

$$z_{-1j}=z_{0j}-1\Delta_j$$

各因素 z_j 经线性变换后，即与编码值之间建立了一一对应的关系，见图 15-5。

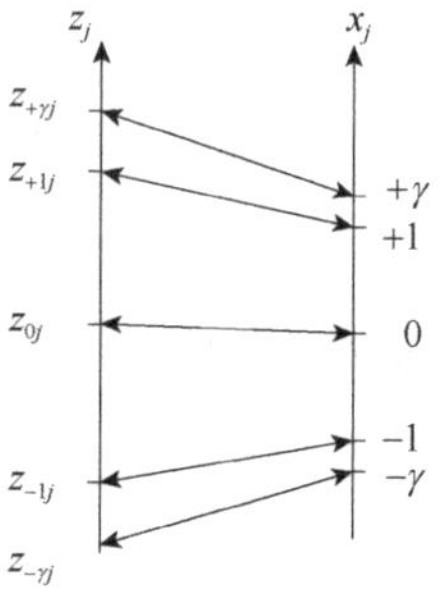

图 15-5　自然因素 z_j 与编码因素 x_i 的关系

和一次回归正交设计一样，这样做的目的是将变化区间为 $[z_{-\gamma j}, z_{\gamma j}]$ 的有量纲的自然变量 z_j 变成区间为 $[-\gamma, \gamma]$ 的无量纲的规范变量 x_j，然后对规范变量进行讨论。

4. 选用合适的设计表，列出试验方案　采用组合设计，根据因素个数及需要考察的交互作用项数，选取合适的二水平正交表，将因素列的 2 变换为 −1，或根据逐渐裂分的方式（参见一次回归正交设计方法）得到基础试验点的编码，再添加星号点“γ”及零水平试验点便得到试验方案。或选用已设计好的二次回归正交设计结构矩阵表，或用软件（如用 DPS 软件）生成试验方案。写出因素列的编码后，交互列的编码为相应因素列对应编码的乘积，并对 x_j^2 列进行中心化处理，将 x_j^2 转化为 x_j'，填入设计表，形成结构矩阵。注意：设计时仅用到因素列，其他各列在分析时使用。

根据因素列的各行编码值，参照因素水平编码表，写出各处理组合的自然因素水平的实际取值，形成试验方案。

（四）试验结果的统计分析

1. 计算各项回归系数　由于结构矩阵 $\boldsymbol{X}$ 具有正交性，与一次回归类似，系数矩阵 $\boldsymbol{A}$ 及相关矩阵 $\boldsymbol{A}^{-1}$ 为对角阵，因此根据 $\boldsymbol{b}=\boldsymbol{A}^{-1}\boldsymbol{B}$，很容易写出二次回归的回归系数矩阵表达式，即

$$\begin{bmatrix} b_0' \\ b_1 \\ b_2 \\ \vdots \\ b_p \\ b_{12} \\ \vdots \\ b_{p_1p} \\ b_{11} \\ b_{22} \\ \vdots \\ b_{pp} \end{bmatrix} = \begin{bmatrix} 1/N & & & & & & & & & & & \\ & 1/\sum x_1^2 & & & & & & & & & 0 & \\ & & 1/\sum x_2^2 & & & & & & & & & \\ & & & \ddots & & & & & & & & \\ & & & & 1/\sum x_p^2 & & & & & & & \\ & & & & & 1/\sum (x_1x_2)^2 & & & & & & \\ & & & & & & \ddots & & & & & \\ & & & & & & & 1/\sum (x_{p_1}x_p)^2 & & & & \\ & & & & & & & & 1/\sum x_1'^2 & & & \\ & 0 & & & & & & & & 1/\sum x_2'^2 & & \\ & & & & & & & & & & \ddots & \\ & & & & & & & & & & & 1/\sum x_p'^2 \end{bmatrix} \begin{bmatrix} \sum y \\ \sum x_1 y \\ \sum x_2 y \\ \vdots \\ \sum x_p y \\ \sum x_1x_2 y \\ \vdots \\ \sum x_{p_1}x_p y \\ \sum x_1' y \\ \sum x_2' y \\ \vdots \\ \sum x_p' y \end{bmatrix}$$

若试验有 r 次重复，则

$$b_0' = \frac{\sum_{i=1}^{n}\sum_{k=1}^{r} y_{ik}}{rn} = \frac{B_0}{rD_0} \tag{15.39}$$

$$一次项\ b_j = \frac{\sum_{i=1}^{n}\sum_{k=1}^{r} x_{ij}y_{ik}}{r\sum_{i=1}^{n} x_{ij}^2} = \frac{B_j}{rD_j} \tag{15.40}$$

$$交互项\ b_{hj} = \frac{\sum_{i=1}^{n}\sum_{k=1}^{r} x_{ih}x_{ij}y_{ik}}{r\sum_{i=1}^{n} (x_{ih}x_{ij})^2} = \frac{B_{hj}}{rD_{hj}} \tag{15.41}$$

$$二次项\ b_{jj} = \frac{\sum_{i=1}^{n}\sum_{k=1}^{r} x_{ij}'y_{ik}}{r\sum_{i=1}^{n} x_{ij}'^2} = \frac{B_{jj}}{rD_{jj}} \tag{15.42}$$

计算出各回归系数，即可得到方程

$$y = b_0' + \sum_{j=1}^{p} b_j x_j + \sum_{h=1}^{p-1}\sum_{j=h+1}^{p} b_{hj}x_hx_j + \sum_{j=1}^{p} b_{jj}x_j' \tag{15.43}$$

由于 x_j' 是经过中心化处理后的所谓二次项，并非我们所要寻求的方程的二次项，因此应按式（15.38）将 x_j' 还原成 x_j^2 。

$$\hat{y} = b_0' + \sum_{j=1}^{p} b_j x_j + \sum_{h<j} b_{hj}x_hx_j + \sum_{j=1}^{p} b_{jj}x_{jj}^2 - \sum_{j=1}^{p} b_{jj}\frac{\sum_{j=1}^{p} x_{jj}^2}{n}$$

$$\hat{y} = b_0' - \sum_{j=1}^{p} b_{jj}\frac{\sum_{j=1}^{p} x_{jj}^2}{n} + \sum_{j=1}^{p} b_j x_j + \sum_{h<j} b_{hj}x_hx_j + \sum_{j=1}^{p} b_{jj}x_{jj}^2$$

$$\hat{y} = b_0 + \sum_{j=1}^{p} b_j x_j + \sum_{h<j} b_{hj}x_hx_j + \sum_{j=1}^{p} b_{jj}x_{jj}^2$$

其中

$$b_0=b_0'-\sum_{j=1}^{p}b_{jj}\frac{\sum_{j=1}^{p}x_{jj}^2}{n} \tag{15.44}$$

2．显著性测验

（1）回归系数及回归方程的测验与一次回归正交设计完全类似，不再赘述。

（2）回归模型的拟合测验与一次回归正交设计基本相同，所不同的是，由于零水平处理的试验结果均要参加方程的建立，因此，拟合测验只有 F 测验法，即在按式（15.26）计算出失拟平方和以后，通过式（15.28）测验。

二、二次回归正交旋转组合试验的设计和结果分析

二次回归正交设计的基本缺点是没有旋转性，这是因为回归系数的方差不全相等，回归预测值 $\hat{y}$ 的方差 $D(\hat{y})$ 强烈地依赖于试验点在因素空间中的位置，由于误差的干扰，试验者不能根据预测值直接寻找最优区域。为了克服这一缺点，人们又提出了回归旋转设计，使得与试验中心距离相等的试验点，也就是分布在同一球面上的点的预测值具有相同的方差，即所谓的"旋转性"。这样，试验者就可以直接比较各点预测值的好坏，从而找出预测值相对较优的区域。

二次回归正交旋转设计（quadratic regression-orthogonal rotation design）过程与二次回归正交设计的基本一致，不同点仅在于前者中心试验点的个数 m_0 不能随意选择，并且星号臂的臂长γ计算公式不同。

（一）二次回归旋转设计需具备的条件

为使二次回归具有旋转性，数学家已证明其必须具备以下两个条件。

1．旋转性条件（必要条件）

$$\begin{cases}\sum_{i=1}^{n}x_{ij}^2=\lambda_2 n\\ \sum_{i=1}^{n}(x_{ij}^2)^2=3\sum(x_{ih}x_{ij})^2=3\lambda_4 n \quad (h,\ j=1,\ 2,\ \cdots,\ p)\end{cases} \tag{15.45}$$

式中，λ_2、λ_4为待定参数。

2．非退化条件

$$\frac{\lambda_4}{\lambda_2}>\frac{p}{p+2} \tag{15.46}$$

非退化指的是矩阵是满秩的。满足上述条件，旋转设计才有可能。已经证明，只要使 n 个试验点至少位于两个半径不等的球面上，就能满足非退化条件，就可能获得二次回归旋转设计。由于组合设计的总的试验点 $n=m_c+2p+m_0$ 分布在 3 个半径不等的球面上，其中：m_c个点分布在半径为 $\rho_c=\sqrt{p}$ 的球面上；$2p$ 个点分布在半径为$\rho_\gamma=\gamma$的球面上；m_0个点分布在半径为$\rho_0=0$ 的球面上，即球心。因此，组合设计满足非退化条件。至于旋转性条件，是容易满足的，因为在它的系数矩阵 $\boldsymbol{A}$ 的元素中，只要使 $\sum x_{ij}^4=3\sum_{h=1}^{p-1}\sum_{j=h+1}^{p}x_{ih}^2x_{ij}^2$ 就行了，在全面实施的情况下，即要使

$$2^p+2\gamma^4=3\times2^p$$

解这个方程可得

$$\gamma^2=\sqrt{2^p}=2^{\frac{p}{2}} \tag{15.47}$$

这样根据旋转性的要求，确定了组合设计的一个参数——星号臂，见表 15-11。

表 15-11　二次旋转组合设计的γ和γ^2值表

p	$\rho_c=\sqrt{p}$	$\rho_\gamma=\gamma$	γ^2	m_c	$m_\gamma=2\times p$
2	1.414	1.414	2.000	4	4
3	1.732	1.682	2.282	8	6
4	2.000	2.000	4.000	16	8
5	2.236	2.378	5.655	32	10
6	2.450	2.282	8.000	64	12

（二）二次旋转组合设计中 m_0 的选择

如果适当地选取 m_0，可使二次旋转组合设计具有正交性。

要消除常数项与平方项系数间的相关性，只要对平方项施行中心化变换即可。要消除平方项之间的相关性，只要令 $\lambda_4=\lambda_2^2$ 或 $\lambda_4/\lambda_2^2=1$ 即可。进一步分析条件 $\lambda_4/\lambda_2^2=1$ 对设计提出了什么要求。经推导得

$$\frac{\lambda_4}{\lambda_2^2}=\frac{m_cp^2+2p\gamma^4}{(m_cp+2p\gamma^2)^2}\cdot\frac{np}{p+2}=\frac{m_cp^2+2\gamma^4}{(m_c+2\gamma^2)^2}\cdot\frac{n}{p+2} \tag{15.48}$$

在式（15.48）中，对 p 个因素的旋转组合设计来说，基础试验点数 m_c 和星号点数 $2\times p$ 已确定，因此只有调整中心试验点数 m_0 来使 $\lambda_4/\lambda_2^2=1$，从而使二次旋转组合设计具有一定的正交性，为此，把式（15.48）改写为

$$\frac{n}{\lambda_4/\lambda_2^2}=\frac{(m_c+2\gamma^2)^2(p+2)}{m_cp^2+2\gamma^4} \tag{15.49}$$

对于固定的旋转组合设计，$n/(\lambda_4/\lambda_2^2)$ 的计算结果及 n、m_0 的取值列于表 15-12。

表 15-12　二次正交旋转组合设计的参数表

二次旋转设计参数			$\frac{n}{\lambda_4/\lambda_2^2}$	n	λ_4/λ_2^2	m_0
p	m_c	γ				
2	4	1.414	16	16	1.000	8
3	8	1.682	23.3137	23	0.987	9
4	16	2.000	36	36	1.000	12
5	32	2.378	58.6274	59	1.006	17
6	64	2.828	100	100	1.000	24

从表 15-12 可以看出，当因素数是 2、4、6 时，$n/(\lambda_4/\lambda_2^2)$ 是整数，因而旋转组合设计是正交的，而因素数为 3、5 的 $n/(\lambda_4/\lambda_2^2)$ 不是整数，n 只能选取靠近 $n/(\lambda_4/\lambda_2^2)$ 的整数值，λ_4/λ_2^2 不为 1，但与 1 相差甚微，这样的旋转组合设计是近似正交的。综上所述，使旋转组合设计具

有正交性的好处是，简化了计算回归系数的公式，但增加了在中心试验点的试验次数。

（三）二次旋转组合设计的主要步骤

【例 15-3】 欲做一玉米品种‘沈玉 20 号’的 N、P、K、密度 4 因素回归正交旋转组合设计试验，各因素的上下限分别为 N：75～375kg/hm²，P_2O_5：0～240kg/hm²，K_2O：0～240kg/hm²，密度：3.75 万～6.75 万株/hm²，试设计并进行分析。

（1）确定γ值。因 $p=4$，由 $\gamma^2=2^{\frac{p}{2}}$，算得 $\gamma^2=2^{\frac{4}{2}}=4$，所以，$\gamma=2$。或通过查$\gamma$值表取得。

（2）因素水平编码。已知 $z_{-\gamma1}=75$，$z_{\gamma1}=375$；$z_{-\gamma2}=0$，$z_{\gamma2}=240$；$z_{-\gamma3}=0$，$z_{\gamma3}=240$；$z_{-\gamma4}=37500$，$z_{\gamma4}=67500$。计算 z_{0j}，Δ_j，z_{1j}，z_{-1j}。

$$z_{01}=\frac{z_{-\gamma1}+z_{\gamma1}}{2}=\frac{75+375}{2}=225$$

$$\Delta_1=\frac{z_{\gamma1}-z_{-\gamma1}}{\gamma-(-\gamma)}=\frac{375-75}{4}=75$$

$$z_{11}=z_{01}+1\Delta_j=225+1\times75=300$$

$$z_{-11}=z_{01}-1\Delta_j=225-1\times75=150$$

同样方法可算得 z_{02}、Δ_2、z_{12}、z_{-12}、z_{03}、Δ_3、z_{13}、z_{-13}、z_{04}、Δ_4、z_{14}、z_{-14}。由此可列出因素水平编码表（表 15-13）。

表 15-13 因素水平编码表

水平编码	因素			
	氮（N）/（kg/hm²）	磷（P_2O_5）/（kg/hm²）	钾（K_2O）/（kg/hm²）	密度/（株/hm²）
−2	75	0	0	37500
−1	150	60	60	45000
0	225	120	120	52500
1	300	180	180	60000
2	375	240	240	67500
变化区间（Δ_j）	75	60	60	7500

（3）构造设计表，列出试验方案。与二次回归正交设计类似（只是γ与 m_0 有区别），写出因素列的编码，由此便得到各处理组合的编码，对照因素水平编码表，便可得到各处理组合自然因素的实际水平值（表 15-14）。

表 15-14 试验方案表

处理	处理组合编码				处理组合实际水平			
	x_1	x_2	x_3	x_4	z_1	z_2	z_3	z_4
1	1	1	1	1	300	180	180	60000
2	1	1	1	−1	300	180	180	45000
3	1	1	−1	1	300	180	60	60000
4	1	1	−1	−1	300	180	60	45000
5	1	−1	1	1	300	60	180	60000
6	1	−1	1	−1	300	60	180	45000

续表

处理	处理组合编码				处理组合实际水平			
	x_1	x_2	x_3	x_4	z_1	z_2	z_3	z_4
7	1	−1	−1	1	300	60	60	60000
8	1	−1	−1	−1	300	60	60	45000
9	−1	1	1	1	150	180	180	60000
10	−1	1	1	−1	150	180	180	45000
11	−1	1	−1	1	150	180	60	60000
12	−1	1	−1	−1	150	180	60	45000
13	−1	−1	1	1	150	60	180	60000
14	−1	−1	1	−1	150	60	180	45000
15	−1	−1	−1	1	150	60	60	60000
16	−1	−1	−1	−1	150	60	60	45000
17	2	0	0	0	375	120	120	52500
18	−2	0	0	0	75	120	120	52500
19	0	2	0	0	225	240	120	52500
20	0	−2	0	0	225	0	120	52500
21	0	0	2	0	225	120	240	52500
22	0	0	−2	0	225	120	0	52500
23	0	0	0	2	225	120	120	67500
24	0	0	0	−2	225	120	120	37500
25	0	0	0	0	225	120	120	52500
26	0	0	0	0	225	120	120	52500
27	0	0	0	0	225	120	120	52500
28	0	0	0	0	225	120	120	52500
29	0	0	0	0	225	120	120	52500
30	0	0	0	0	225	120	120	52500
31	0	0	0	0	225	120	120	52500
32	0	0	0	0	225	120	120	52500
33	0	0	0	0	225	120	120	52500
34	0	0	0	0	225	120	120	52500
35	0	0	0	0	225	120	120	52500
36	0	0	0	0	225	120	120	52500

（四）二次旋转组合设计试验结果的统计分析

1．写出结构矩阵，并列出各试验指标　按要求结构矩阵中 x_0 列各元素均为 1，因素列按逐渐裂分的方式写出（与设计表的相同），交互列按相应 2 列各对应元素相乘的方式写出，平方列进行中心化。

$$x_j'=x_j^2-\frac{\sum x_j^2}{n}$$

本例：

$$x_j'=x_j^2-\frac{24}{36}=x_j^2-0.667$$

将试验结果填入结构矩阵表右侧（表 15-15）。

表 15-15　结构矩阵（X）及回归系数计算表

处理	x_0	x_1	x_2	x_3	x_4	x_1x_2	x_1x_3	x_1x_4	x_2x_3	x_2x_4	x_3x_4	x_1'	x_2'	x_3'	x_4'	y
1	1	1	1	1	1	1	1	1	1	1	1	0.333	0.333	0.333	0.333	10332
2	1	1	1	1	−1	1	1	−1	1	−1	−1	0.333	0.333	0.333	0.333	9766
3	1	1	1	−1	1	1	−1	1	−1	1	−1	0.333	0.333	0.333	0.333	9928
4	1	1	1	−1	−1	1	−1	−1	−1	−1	1	0.333	0.333	0.333	0.333	7997
5	1	1	−1	1	1	−1	1	1	−1	−1	1	0.333	0.333	0.333	0.333	8445
6	1	1	−1	1	−1	−1	1	−1	−1	1	−1	0.333	0.333	0.333	0.333	7510
7	1	1	−1	−1	1	−1	−1	1	1	−1	−1	0.333	0.333	0.333	0.333	9063
8	1	1	−1	−1	−1	−1	−1	−1	1	1	1	0.333	0.333	0.333	0.333	8201
9	1	−1	1	1	1	−1	−1	−1	1	1	1	0.333	0.333	0.333	0.333	8406
10	1	−1	1	1	−1	−1	−1	1	1	−1	−1	0.333	0.333	0.333	0.333	8058
11	1	−1	1	−1	1	−1	1	−1	−1	1	−1	0.333	0.333	0.333	0.333	7662
12	1	−1	1	−1	−1	−1	1	1	−1	−1	1	0.333	0.333	0.333	0.333	7812
13	1	−1	−1	1	1	1	−1	−1	−1	−1	1	0.333	0.333	0.333	0.333	7836
14	1	−1	−1	1	−1	1	−1	1	−1	1	−1	0.333	0.333	0.333	0.333	8769
15	1	−1	−1	−1	1	1	1	−1	1	−1	−1	0.333	0.333	0.333	0.333	7713
16	1	−1	−1	−1	−1	1	1	1	1	1	1	0.333	0.333	0.333	0.333	7223
17	1	2	0	0	0	0	0	0	0	0	0	3.333	−0.667	−0.667	−0.667	9810
18	1	−2	0	0	0	0	0	0	0	0	0	3.333	−0.667	−0.667	−0.667	8593
19	1	0	2	0	0	0	0	0	0	0	0	−0.667	3.333	−0.667	−0.667	9061
20	1	0	−2	0	0	0	0	0	0	0	0	−0.667	3.333	−0.667	−0.667	8361
21	1	0	0	2	0	0	0	0	0	0	0	−0.667	−0.667	3.333	−0.667	9155
22	1	0	0	−2	0	0	0	0	0	0	0	−0.667	−0.667	3.333	−0.667	8448
23	1	0	0	0	2	0	0	0	0	0	0	−0.667	−0.667	−0.667	3.333	8739
24	1	0	0	0	−2	0	0	0	0	0	0	−0.667	−0.667	−0.667	3.333	8500

续表

处理	x_0	x_1	x_2	x_3	x_4	x_1x_2	x_1x_3	x_1x_4	x_2x_3	x_2x_4	x_3x_4	x_1'	x_2'	x_3'	x_4'	y
25	1	0	0	0	0	0	0	0	0	0	0	−0.667	−0.667	−0.667	−0.667	10353
26	1	0	0	0	0	0	0	0	0	0	0	−0.667	−0.667	−0.667	−0.667	9477
27	1	0	0	0	0	0	0	0	0	0	0	−0.667	−0.667	−0.667	−0.667	9764
28	1	0	0	0	0	0	0	0	0	0	0	−0.667	−0.667	−0.667	−0.667	10513
29	1	0	0	0	0	0	0	0	0	0	0	−0.667	−0.667	−0.667	−0.667	10574
30	1	0	0	0	0	0	0	0	0	0	0	−0.667	−0.667	−0.667	−0.667	9764
31	1	0	0	0	0	0	0	0	0	0	0	−0.667	−0.667	−0.667	−0.667	9841
32	1	0	0	0	0	0	0	0	0	0	0	−0.667	−0.667	−0.667	−0.667	9550
33	1	0	0	0	0	0	0	0	0	0	0	−0.667	−0.667	−0.667	−0.667	10479
34	1	0	0	0	0	0	0	0	0	0	0	−0.667	−0.667	−0.667	−0.667	9624
35	1	0	0	0	0	0	0	0	0	0	0	−0.667	−0.667	−0.667	−0.667	10547
36	1	0	0	0	0	0	0	0	0	0	0	−0.667	−0.667	−0.667	−0.667	10046
$B_j=\sum x_jy$	325920	10197	6601	4937	4527	4407	−1795	4539	2803	1341	−2217	−8947	−12871	−12147	−13603	
$D_j=\sum x_j^2$	36	24	24	24	24	16	16	16	16	16	16	32	32	32	32	
$b_j=B_j/D$	9053.33	424.88	275.04	205.71	188.63	275.44	−112.19	283.69	175.19	83.81	−138.56	−279.59	−402.22	−379.59	−425.09	

2. 计算各项回归系数　本例：

$$b'=\frac{B_0}{D_0}=\frac{325920}{36}=9053.33$$

$$b_1=\frac{B_1}{D_1}=\frac{10197}{24}=424.88$$

同理，可计算出其余的回归系数，见表 15-15。

$$b_0=b'-\sum b_{jj}\left(\frac{\sum x_j^2}{n}\right)$$

$$=9053.33-(-279.59)\left(\frac{24}{36}\right)-(-402.22)\left(\frac{24}{36}\right)-(-379.59)\left(\frac{24}{36}\right)-(-425.09)\left(\frac{24}{36}\right)$$

$$=10044.3233$$

所求方程为

$$\begin{aligned}\hat{y}=&10044.3233+424.88x_1+275.04x_2+205.71x_3+188.63x_4\\&+275.44x_1x_2-112.19x_1x_3+283.69x_1x_4+175.19x_2x_3+83.81x_2x_4-138.56x_3x_4\\&-279.59x_1^2-402.22x_2^2-379.59x_3^2-425.09x_4^2\end{aligned}\quad(15.50)$$

3. 回归方程及回归系数显著性测验　计算各项平方和及自由度。

总变异平方和及自由度为

$$SS_y=\sum y^2-\frac{\left(\sum y^2\right)}{n}$$

$$=103322^2+9766^2+\cdots+10046^2-\frac{325920^2}{36}$$

$$=34907150.00$$

$$df_y=36-1=35$$

各项回归平方和及自由度为

$$u_1=b_1\times B_1=424.88\times 10197.0=4332501.36$$

$$df_1=1$$

同法计算出其余各项回归平方和及自由度，填于表 15-16。

总回归平方和及自由度为

$$U=\sum u_j=4332501.36+1815539.04+\cdots+5782499.27=29702951.37$$

$$df_u=\sum df_j=14$$

离回归平方和及自由度为

$$Q=SS_y-U$$

$$=34907150.00-29702951.37$$

$$=5204198.63$$

$$df_Q=df_y-df_u$$

$$=35-14=21$$

用式（15.23）测验回归方程的显著性，用式（15.22）测验各回归系数的显著性。若 $F>F_\alpha$，或 F 值出现的概率 $P<\alpha$，说明该项测验在 α 水平上显著；若 $F<F_\alpha$，或 $P>$

α，说明该项检验在α水平上不显著，结果见表 15-16。

表 15-16　方差分析表（方程、回归系数及拟合检验）

变异来源	DF	SS	MS	F	$F_{0.05}$	P
x_1	1	4332501.36	4332501.36	17.48**	4.32	4.2E−04
x_2	1	1815539.04	1815539.04	7.33*	4.32	0.0132
x_3	1	1015590.27	1015590.27	4.10	4.32	0.0558
x_4	1	853928.01	853928.01	3.45	4.32	0.0775
x_1x_2	1	1213864.08	1213864.08	4.90*	4.32	0.0381
x_1x_3	1	201381.05	201381.05	0.81	4.32	0.3776
x_1x_4	1	1287668.91	1287668.91	5.20*	4.32	0.0332
x_2x_3	1	491057.57	491057.57	1.98	4.32	0.1739
x_2x_4	1	112389.21	112389.21	0.45	4.32	0.5080
x_3x_4	1	307187.52	307187.52	1.24	4.32	0.2781
x_1^2	1	2501491.73	2501491.73	10.09**	4.32	4.5E−03
x_2^2	1	5176973.62	5176973.62	20.89**	4.32	1.7E−04
x_3^2	1	4610879.73	4610879.73	18.61**	4.32	3.1E−04
x_4^2	1	5782499.27	5782499.27	23.34**	4.32	9.0E−05
回归	14	29702951.37	2121639.38	8.56**	2.20	8.7E−06
剩余	21	5204198.63	247818.98			
纯误差	11	1978512.67	179864.79			
失拟	10	3225685.96	322568.60	1.79	2.85	0.1760
总变异	35	34907150.00				

回归方程极显著，说明这些自变量（包括一次项、交互项和平方项）综合对指标有极显著的影响，方程成立。

显著的回归系数表明该系数对应的自变量单独对指标有显著影响。

方程能否应用，还需要进行拟合检验。

4. 回归方程拟合检验　纯误差平方和及自由度根据 m_0 个中心试验点的数据计算。

$$SS_{PE}=\sum_{k=1}^{m_0}(y_{0k}-\bar{y}_0)^2=\sum_{k=1}^{m_0}y_{0k}^2-\frac{\left(\sum_{k=1}^{m_0}y_{0k}\right)^2}{m_0}$$

$$=(10353^2+9477^2+\cdots+10046^2)-120532^2/12$$

$$=1978512.67$$

$$df_{PE}=(m_0-1)=12-1=11$$

失拟平方和及自由度为

$$SS_{LF}=Q-SS_{PE}$$

$$=5204198.63-1978512.67$$

$$=3225685.96$$

$$df_{LF}=df_Q-df_{PE}=21-11=10$$

$$F=\frac{SS_{LF}/df_{LF}}{SS_{PE}/df_{PE}}=\frac{3225685.96/10}{1978512.67/11}=1.79$$

$F<F_{0.05}=2.85$，或 $P=0.1760>\alpha=0.05$，说明失拟不显著，回归方程与实测值拟合良好。可以应用方程做进一步分析。

将α定为 0.10，根据表 15-16 回归系数检验结果，剔除不显著的回归系数 b_{13}、b_{23}、b_{24} 和 b_{34}，简化后的方程为

$$\begin{aligned}\hat{y}=&10044.3233+424.88x_1+275.04x_2+205.71x_3+188.63x_4\\&+275.44x_1x_2+283.69x_1x_4-279.59x_1^2-402.22x_2^2-379.59x_3^2-425.09x_4^2\end{aligned}\quad(15.51)$$

三、回归方程信息分析

（一）寻求最高产量的处理组合

1. 回归方程的变换　$\hat{y}=b_0+\sum_{j=1}^{p}b_jx_j+\sum_{h=1}^{p-1}\sum_{j=h+1}^{p}b_{hj}x_hx_j+\sum_{j=1}^{p}b_{jj}x_j^2$ 是以 x_j 为自变量的回归方程，x_j 为编码值，在实际应用时不方便，为此可将上述方程转化为以自然因素 z_j 为自变量的方程。将 $x_j=\frac{z_j-z_{0j}}{\Delta_j}$ 代入方程，便可得到方程 $\hat{y}=\hat{\beta}_0+\sum_{j=1}^{p}\hat{\beta}_jz_j+\sum_{h=1}^{p-1}\sum_{j=h+1}^{p}\hat{\beta}_{hj}z_hz_j+\sum_{j=1}^{p}\hat{\beta}_{jj}z_j^2$。

本例：

$$\begin{aligned}\hat{y}=&10044.3233+424.88\left(\frac{z_1-225}{75}\right)+275.04\left(\frac{z_2-120}{60}\right)+205.71\left(\frac{z_3-120}{60}\right)+188.63\left(\frac{z_4-52500}{7500}\right)\\&+275.44\left(\frac{z_1-225}{75}\right)\left(\frac{z_2-120}{60}\right)+283.69\left(\frac{z_1-225}{75}\right)\left(\frac{z_4-52500}{7500}\right)-279.59\left(\frac{z_1-225}{75}\right)^2\\&-402.22\left(\frac{z_2-120}{60}\right)^2-379.59\left(\frac{z_3-120}{60}\right)^2-425.09\left(\frac{z_4-52500}{7500}\right)^2\end{aligned}$$

整理得

$$\begin{aligned}\hat{y}=&-12375.056667-5.790533z_1+17.626667z_2\\&+28.734500z_3+0.705176z_4+0.061209z_1z_2+5.043378\text{E}-04z_1z_4\\&-0.049705z_1^2-0.111728z_2^2-0.105442z_3^2-7.557156\text{E}-06z_4^2\end{aligned}\quad(15.52)$$

2. 求最高产量处理组合　令式（15.52）对各自变量的一阶偏导数为 0，便可解得最高产量对应的自变量取值。即

$$令\begin{cases}\dfrac{\partial\hat{y}}{\partial z_1}=-5.790533-0.09941z_1+0.061209z_2+5.043378\text{E}-04z_4=0\\\dfrac{\partial\hat{y}}{\partial z_2}=17.626667+0.061209z_1-0.223456z_2=0\\\dfrac{\partial\hat{y}}{\partial z_3}=28.734500-0.210884z_3=0\\\dfrac{\partial\hat{y}}{\partial z_4}=0.705176+5.043378\text{E}-04z_1-1.5114312\text{E}-05z_4=0\end{cases}$$

整理得

$$\begin{cases}-0.09941z_1+0.061209z_2 & & +5.043378\text{E}-04z_4=5.790533\\ 0.061209z_1-0.223456z_2 & & =-17.626667\\ & -0.210884z_3 & =-28.734500\\ 5.043378\text{E}-04z_1 & & -1.5114312\text{E}-05z_4=-0.705176\end{cases}$$

用矩阵形式表示为

$$\begin{bmatrix}-0.09941 & 0.061209 & 0 & 5.043378\text{E}-04\\ 0.061209 & -0.223456 & 0 & 0\\ 0 & 0 & -0.210884 & 0\\ 5.043378\text{E}-04 & 0 & 0 & -1.5114312\text{E}-05\end{bmatrix}\begin{bmatrix}z_1\\ z_2\\ z_3\\ z_4\end{bmatrix}=\begin{bmatrix}5.790533\\ -17.626667\\ -28.734500\\ -0.705176\end{bmatrix}$$

则

$$\begin{bmatrix}z_1\\ z_2\\ z_3\\ z_4\end{bmatrix}=\begin{bmatrix}-0.09941 & 0.061209 & 0 & 5.043378\text{E}-04\\ 0.061209 & -0.223456 & 0 & 0\\ 0 & 0 & -0.210884 & 0\\ 5.043378\text{E}-04 & 0 & 0 & -1.5114312\text{E}-05\end{bmatrix}^{-1}\begin{bmatrix}5.790533\\ -17.626667\\ -28.734500\\ -0.705176\end{bmatrix}$$

即

$$\begin{bmatrix}z_1\\ z_2\\ z_3\\ z_4\end{bmatrix}=\begin{bmatrix}-15.1941529809 & -4.1619777934 & 0 & -507.0019520064\\ -4.1619777934 & -5.6152016449 & 0 & 0\\ 0 & 0 & -4.7419434381 & 0\\ -507.0019520064 & 0 & 0 & -83080.2122564756\end{bmatrix}$$

$$\begin{bmatrix}5.790533\\ -17.626667\\ -28.734500\\ -0.705176\end{bmatrix}=\begin{bmatrix}342.905161\\ 172.810516\\ 136.257374\\ 58098.3133\end{bmatrix}$$

即 z_1=343kg/hm^2，z_2=173kg/hm^2，z_3=136kg/hm^2，z_4=58098 株/hm^2，代入方程可得到最高产量 $\hat{y}$=10598kg / hm^2 。

（二）寻求最佳经济效益处理组合

上述方程的解不是原试验的处理组合，而是根据回归方程求出来的处理组合，虽然可使 $\hat{y}$ 值最大，但是一般投入偏高，经济效益不一定最高。若令方程对各自变量的一阶偏导等于该自变量单位成本 P_{x_j} 与依变量（产品）单价 P_y 之比，方程组的解即为最佳经济效益的处理组合。虽说其产量略低于最高产量 $\hat{y}_{max}$，但投入相对较少，经济效益较高。本例中，纯 N 的单价按 5 元/kg 计，P_2O_5 的单价按 8 元/kg 计，K_2O 的单价按 5.5 元/kg 计；每株所需种子费用，按玉米种子 30 元/kg，密度 45000 株/hm^2，每公顷需种按 45kg 折算，即按 0.03 元/株计；产品（玉米籽粒）单价按 2 元/kg 计，有

$$\begin{cases}\dfrac{\partial\hat{y}}{\partial z_1}=-5.790533-0.09941z_1+0.061209z_2+5.043378\text{E}-04z_4=\dfrac{5}{2}\\ \dfrac{\partial\hat{y}}{\partial z_2}=17.626667+0.061209z_1-0.223456z_2=\dfrac{8}{2}\\ \dfrac{\partial\hat{y}}{\partial z_3}=28.734500-0.210884z_3=\dfrac{5.5}{2}\\ \dfrac{\partial\hat{y}}{\partial z_4}=0.705176+5.043378\text{E}-04z_1-1.5114311\text{E}-05z_4=\dfrac{0.03}{2}\end{cases}$$

解此方程组得：z_1＝281kg/hm^2，z_2＝138kg/hm^2，z_3＝123kg/hm^2，z_4＝55029 株/hm^2。代入方程可得到最佳经济效益时的产量，约为 10409kg。虽说该产量略低于最高产量，但相对投入也较少，与最高产量比较，每公顷可增收约 380 元（表 15-17）。

表 15-17　最高产量与最佳经济效益时的收益比较

	N/（kg/hm^2）	P_2O_5/（kg/hm^2）	K/（kg/hm^2）	密度/（株/hm^2）	产量/（kg/hm^2）	成本/（元/hm^2）	利润/（元/hm^2）
最高产量时	343	173	136	58098	10598	5590	15606
最佳效益时	281	138	123	55029	10409	4836	15984

（三）单因素效应分析

固定式（15.51）中 3 个因素于 0 水平，求得剩下的因素与产量的降维回归方程，利用该回归方程即可分析每个单因素对产量的影响。

氮肥与产量的关系：　$\hat{y}=10044.3233+424.88x_1-279.59x_1^2$

磷肥与产量的关系：　$\hat{y}=10044.3233+275.04x_2-402.22x_2^2$

钾肥与产量的关系：　$\hat{y}=10044.3233+205.71x_3-379.59x_3^2$

密度与产量的关系：　$\hat{y}=10044.3233+188.63x_4-425.09x_4^2$

根据这些方程，可得到单因素与产量的关系曲线（图 15-6）。可以看出，各曲线都有最高点，出现在因素水平为 0～1 的区间，y（产量）达最大。然后，水平继续提高，y（产量）下降。

（四）边际产量效应分析

对单因素效应方程求一阶偏导，可得到一组边际产量效应方程 $\mathrm{d}\hat{y}/\mathrm{d}x_j=b_j+2b_{jj}x_j$，所以有

$$\mathrm{d}\hat{y}/\mathrm{d}x_1=424.88-559.18x_1$$
$$\mathrm{d}\hat{y}/\mathrm{d}x_2=275.04-804.44x_2$$
$$\mathrm{d}\hat{y}/\mathrm{d}x_3=205.71-759.18x_3$$
$$\mathrm{d}\hat{y}/\mathrm{d}x_4=188.63-850.18x_4$$

据此，可绘出边际产量效应曲线（图 15-7），可以看出这是一组直线方程，斜率为负。

边际产量效应反映的是因素对产量影响的速率，在因素的编码水平为－2 时，各因素的边际产量效应分别为 1543kg/hm^2、1884kg/hm^2、1724kg/hm^2 和 1889kg/hm^2，均为正，说明随着因素水平的提高，产量上升，但产量增加的速率在下降，在因素水平分别为 x_1＝0.76

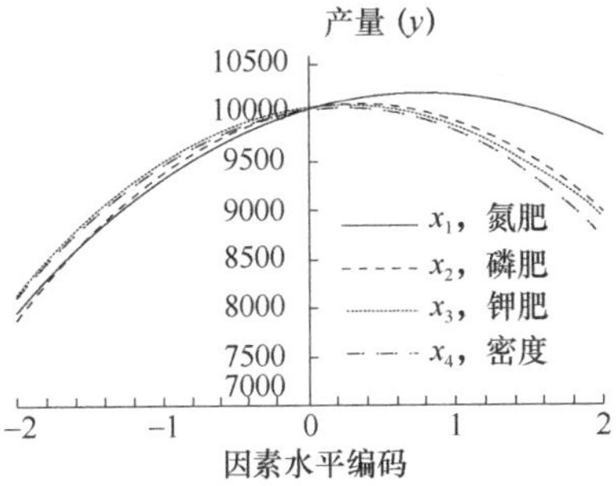

图 15-6　单因素对产量的影响

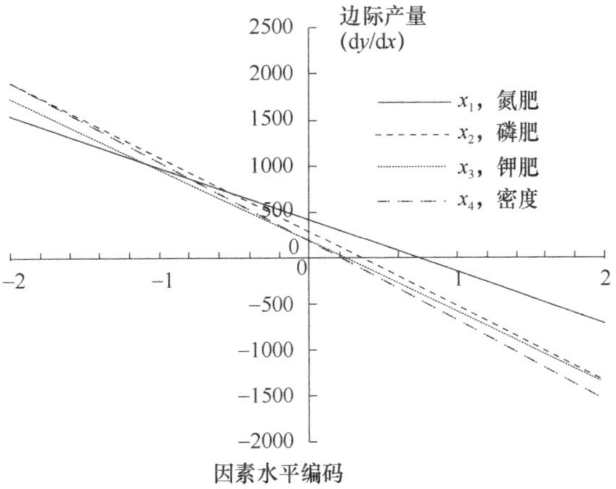

图 15-7　因素边际产量效应

（282kg/hm^2）、x_2＝0.34（141kg/hm^2）、x_3＝0.27（136kg/hm^2）和 x_4＝0.22（54164 株/hm^2）时，各因素边际产量效应分别为零，这也是图 15-6 各曲线最高点的横坐标位置，此时无增产效应，产量达到最大值。因素的水平继续提高，边际产量效应变为负值，即增产速率为负，产量开始下降。

（五）交互作用分析

在表 15-16 中，6 项互作中，有 2 项达到了 0.05 水平上的显著。互作显著，说明互作涉及的两个因素之一的简单效应在另一个因素不同水平间有显著的差异。将原模型式（15.51）中 x_3 和 x_4 两个因素固定在零水平，即可得到 x_1 和 x_2 因素互作项的降维方程。

$$\hat{y}=10044.3233+424.88x_1+275.04x_2+275.44x_1x_2-279.59x_1^2-402.22x_2^2$$

分别对 x_1 和 x_2 求一阶偏导，并令其为 0，解得当 x_1＝1.12，x_2＝0.72 时，$\hat{y}$ 取得最大值 10381kg。

将原模型式（15.51）中 x_2 和 x_3 两个因素固定在零水平，即可得到 x_1 和 x_4 因素互作项的降维方程。

$$\hat{y}=10044.3233+424.88x_1+188.63x_4+283.69x_1x_4-279.59x_1^2-425.09x_4^2$$

分别对 x_1 和 x_4 求一阶偏导，并令其为 0，解得当 x_1＝1.15，x_4＝0.57 时，$\hat{y}$ 取得最大值 10321kg。根据方程可以用软件（如 Surfer13）作出等产线图（图 15-8）。

先分析氮磷互作。从等产线图［图 15-8（a）］可以看出，氮的简单效应主要表现在磷的中高水平（x_2＞−0.5，即 z_2＞90kg/hm^2）处，随着氮的增加，产量上升，但当氮超过 $\hat{y}$ 最高时的用量（x_1＝1.15，即 $z_1\approx$311kg/hm^2），简单效应为负，即继续增加氮肥用量，产量下降。氮的另一部分简单效应是，当磷的用量处于较低水平（x_2＜−0.5，即 z_2＜90kg/hm^2）时，氮的正简单效应表现在较低水平（x_1＜−0.5）区域，在此区域，氮磷存在代换关系，即在一定程度上氮可代替磷，磷可代替氮；而在氮的中等水平（−0.5＜x_1＜0.5 即 188kg/hm^2＜z_1＜263kg/hm^2）区域，氮肥的简单效应很小，被交互作用所掩盖，当氮的水平大致超过 1（z_1＞300kg/hm^2）时，简单效应变成负的，即随着氮肥的增加，产量下降。所以，当磷在较低水平（x_2 ＜−0.5）时，氮水平不宜过高。

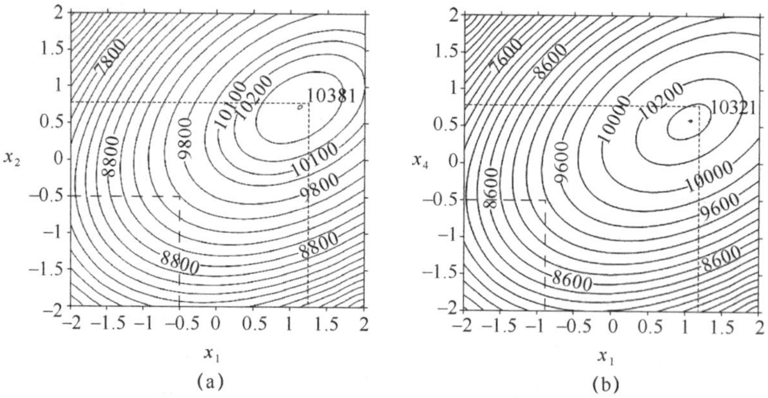

图 15-8　因素间互作对产量影响的等产线图

（a）氮肥与磷肥的互作；（b）氮肥与密度的互作

与氮的情形相似，磷的简单效应主要表现在氮的中高水平（$x_1>-0.5$，即 $z_1>188\text{kg/hm}^2$）处，若磷超过 $\hat{y}$ 最高时的用量（$x_2=0.72$），简单效应为负。当氮的用量处于较低水平（$x_1<-0.5$）时，磷的正简单效应主要表现在较低水平（$x_2<-0.5$）区域，在 $-0.5<x_2<0.5$ 区域，磷肥的简单效应很小，被交互作用所掩盖，当磷的水平大致超过 0.6（即 $z_2>132\text{kg/hm}^2$）时，简单效应变成负的，因此，氮在较低水平（$x_1<-0.5$）时，磷的水平也不宜过高。

氮肥与密度的互作分析与氮肥与磷肥间的互作分析相似，在此不赘述。

（六）处理组合的模拟寻优

首先将 4 因素 5 个编码水平的所有 625 个处理组合在计算机上做模拟试验，即分别将各处理组合代入方程求 $\hat{y}$，寻找出产量大于某一值（接近最高产量）的措施组合，即筛选出满足条件的各自变量的取值及出现的次数（表 15-18）。

表 15-18　产量大于 10200kg/hm² 的模拟寻优结果

自变量 x 取值	x_1（N）		x_2（P_2O_5）		x_3（K_2O）		x_4（密度）	
	次数	%	次数	%	次数	%	次数	%
−2	0	0	0	0	0	0	0	0
−1	0	0	0	0	0	0	0	0
0	0	0	1	16.6667	4	66.6667	1	16.6667
1	4	66.6667	5	83.3333	2	33.3333	5	83.3333
2	2	33.3333	0	0	0	0	0	0
总和	6	100	6	100	6	100	6	100
平均	1.3333		0.8333		0.3333		0.8333	
标准误	0.2108		0.1667		0.2108		0.1667	
x 的 95%置信区间	0.79～1.88		0.4～1.26		−0.21～0.88		0.40～1.26	
自变量 z 的取值区间	284～366kg/hm²		144～196kg/hm²		107～173kg/hm²		55500～61950 株/hm²	

也可以最高产量时各因素编码值为中心，通过缩短步长的办法，缩小各编码值的取值范围，上机模拟寻优。

例如，产量大于 10200kg/hm^2 的 x_1 的取值的 95%置信区间计算如下。

x_1 的总和为

$$\sum x_1=0+0+0+4+2=6$$

x_1 的平均为

$$\bar{x}_1=[0\times(-2)+0\times(-1)+0\times0+4\times1+2\times2]/6=1.3333$$

x_1 的标准误为

$$s_{\bar{x}_1}=\sqrt{\frac{0\times(-2-1.333)^2+0\times(-1-1.333)^2+0\times(0-1.333)^2+4\times(1-1.333)^2+2\times(2-1.333)^2}{6(6-1)}}$$

$=0.2108$

x_1 的 95%置信区间为

$$L_1=\bar{x}_1-t_{0.05,5}\cdot s_{\bar{x}_1}=1.3333-2.5706\times0.2108=0.79$$

$$L_2=\bar{x}_1+t_{0.05,5}\cdot s_{\bar{x}_1}=1.3333+2.5706\times0.2108=1.88$$

z_1 的 95%置信区间为

$$L_1'=z_{01}+L_1\times\Delta_1=225+0.79\times75\approx284(\text{kg/hm}^2)$$

$$L_2'=z_{01}+L_2\times\Delta_1=225+1.88\times75\approx366(\text{kg/hm}^2)$$

其他因素的计算方法相同，在此不赘述。

习　　题

15.1　什么是回归设计？有何特点？

15.2　因素水平编码的目的是什么？如何进行编码？

15.3　何为组合设计？组合设计由哪三类不同试验点组成？组合设计的每个因素有几个水平？

15.4　二次回归正交或二次回归正交旋转设计中，如何进行平方列的中心化处理？

15.5　试述二次回归正交设计和二次回归正交旋转设计的异同点。

15.6　回归试验设计在编码空间的方程，其回归系数的绝对值大小能否直接反映相应的因素或互作对指标的相对作用大小？为什么？

15.7　回归试验设计通常需要哪三项显著性检验？是否要求三项检验均达到显著，才可将方程应用于实践？

15.8　欲做一项小麦的二因素二次回归正交旋转设计试验，因素 z_1（纯 N）的范围为 0～280g/小区，因素 z_2（P_2O_5）的范围为 0～210g/小区，只在零水平处设重复，重复数 $m_0=8$，已知$\gamma\approx1.4$，请予以设计。

15.9　根据表 15-19 二次回归正交旋转试验结果：①求解各项回归系数；②进行显著性检验；③写出简化后的回归方程。

表 15-19　二次回归正交旋转试验结果

处理号	x_1	x_2	y	处理号	x_1	x_2	y
1	1	1	46	4	−1	−1	36
2	1	−1	34	5	$\sqrt{2}$	0	44
3	−1	1	40	6	$-\sqrt{2}$	0	35

续表

处理号	x_1	x_2	y	处理号	x_1	x_2	y
7	0	$\sqrt{2}$	45	12	0	0	40
8	0	$-\sqrt{2}$	36	13	0	0	49
9	0	0	45	14	0	0	42
10	0	0	46	15	0	0	44
11	0	0	47	16	0	0	46

习题答案

参 考 文 献

白厚义. 2003. 回归设计及多元统计分析. 南宁：广西科学技术出版社
白厚义. 2005. 试验方法及统计分析. 北京：中国林业出版社
董时富. 2002. 生物统计学. 北京：科学出版社
杜荣骞. 2014. 生物统计学. 4版. 北京：高等教育出版社
范福仁. 1980. 生物统计学（修订本）. 南京：江苏科学技术出版社
范濂. 1983. 农业试验统计方法. 郑州：河南科学技术出版社
方开泰，许建伦. 1987. 统计分布. 北京：科学出版社
盖钧镒. 2000. 试验统计方法. 3版. 北京：中国农业出版社
盖钧镒. 2013. 试验统计方法. 4版. 北京：中国农业出版社
高惠璇. 2005. 应用多元统计分析. 北京：北京大学出版社
华中农业大学. 1990. 果树研究法. 北京：农业出版社
黄玉碧. 2016. SAS在农业科学研究中的应用. 北京：中国农业出版社
霍志军. 2007. 田间试验与生物统计. 北京：中国农业大学出版社
贾乃光. 1999. 数理统计. 北京：中国林业出版社
金益. 2007. 试验设计与统计分析. 北京：中国农业出版社
孔繁玲. 1991. 田间试验及统计方法. 北京：中央人民广播电视大学出版社
李春喜，姜丽娜，邵云，等. 2007. 生物统计学. 3版. 北京：科学出版社
李春喜，姜丽娜，邵云，等. 2017. 生物统计学. 5版. 北京：科学出版社
利特尔 TM，希尔斯FJ. 1983. 农业试验设计和分析. 李耀鍠，高学曾，等译. 北京：农业出版社
马育华. 1982. 试验统计. 北京：农业出版社
马育华. 1985. 田间试验和统计方法. 2版. 北京：中国农业出版社
明道绪. 2003a. 生物统计附试验设计. 3版. 北京：中国农业出版社
明道绪. 2003b. 田间试验与统计分析. 北京：科学出版社
明道绪. 2008. 田间试验与统计分析. 2版. 北京：科学出版社
明道绪. 2016. 田间试验与统计分析. 3版. 北京：科学出版社
莫惠栋. 1964. 穗数-密度的理论曲线方程及其分析. 作物学报，3（3）：327～342
莫惠栋. 1980a. 种植密度和作物产量. 作物学报，6（2）：65～74
莫惠栋. 1980b. 种植密度和作物产量（续）. 作物学报，6（3）：147～160
莫惠栋. 1984. 农业试验统计. 上海：上海科学技术出版社
莫惠栋. 1987. 实用农业试验方法. 南京：江苏科学技术出版社
莫惠栋. 1992. 农业试验统计. 3版. 上海：上海科学技术出版社
宁海龙. 2012a. 田间试验数据的计算机分析. 北京：科学出版社
宁海龙. 2012b. 田间试验与统计方法. 北京：科学出版社
宁海龙. 2016. 试验设计与统计分析. 2版. 北京：中国农业出版社
裴鑫德. 1991. 多元统计分析及其应用. 北京：北京农业大学出版社
荣廷昭，李晚忱. 2001. 田间试验与统计分析. 成都：四川大学出版社
王宝山. 2002. 田间试验与统计方法. 北京：中国农业出版社
王宝山. 2008. 试验统计方法. 北京：中国农业出版社
王芳. 2009. 田间试验与生物统计. 北京：化学工业出版社
王贵学. 1994. 园艺试验与统计分析. 成都：成都科技大学出版社
王丽雪. 1995. 果树试验与统计. 北京：中国农业出版社
王梓坤. 1976. 概率论基础及其应用. 北京：科学出版社
徐辰武，章元明. 2016. 生物统计与试验设计. 北京：高等教育出版社
杨纪珂，齐翔林. 1985. 现代生物统计. 合肥：安徽教育出版社
赵仁熔，余松烈. 1979. 田间试验方法. 北京：农业出版社
Steel R G D, Torrie J H. 1980. Procedures and Principles of Statistics: a Biometrical Approch. 2nd. New York: Mc Graw-Hill, 1980

附　　录

附表 1　10000 个随机数字

	00～04	05～09	10～14	15～19	20～24	25～29	30～34	35～39	40～44	45～49
00	67220	14823	05098	75448	68612	81095	47771	24419	68239	30675
01	46459	79581	04719	35318	20729	51897	27942	75298	10431	36003
02	87376	83842	40512	25717	25708	84222	13451	45967	02194	18719
03	18257	44587	25245	02716	53306	48406	34574	73192	04117	64661
04	66608	27288	69249	11638	82544	34063	35008	44727	15458	94482
05	15116	57342	93982	30739	24548	72847	33222	65408	05117	45587
06	75219	18674	75989	83423	23027	37574	27867	93489	16534	26479
07	62183	23181	19926	42647	11697	73057	32494	83701	52802	96520
08	35366	01929	14305	93519	80586	96551	09966	48259	12861	78207
09	23887	39665	52810	42136	10610	30113	39973	68403	73823	60207
10	33289	76795	57914	09731	34966	28293	43199	30485	64019	58311
11	33900	77683	45137	20340	96147	95055	87455	95606	47960	74098
12	78469	82957	85804	15410	02210	51332	14257	92957	87740	65479
13	48043	35910	19055	09697	10414	46370	75610	31770	14691	03843
14	65496	26466	77998	45397	61816	23039	01590	32591	32967	49977
15	44976	59641	00545	61834	08639	97829	60772	66209	60448	78375
16	70154	97727	50602	09610	08512	66816	43603	36481	49461	58301
17	25967	06330	66054	79255	41030	65237	60603	19487	66127	92399
18	54704	93182	16822	76476	30791	84007	72462	65835	03022	09143
19	59956	90266	54608	13889	98262	73100	67200	01557	04127	92230
20	33762	11435	98436	32228	73408	09247	65402	15576	03402	74197
21	56513	40854	30802	02051	59408	60764	28327	62174	84145	01583
22	55964	09809	19914	50950	96105	77083	58451	85717	54857	74857
23	92273	60119	47873	28102	82912	74183	44056	09436	93468	99266
24	50942	90861	03753	65561	97820	62863	08362	81361	30240	78656
25	06509	49882	16392	12242	78595	42933	08130	71795	99573	28172
26	68078	17107	22132	44188	12838	79000	38543	38418	07139	81874
27	23144	39506	90346	09510	42002	68452	60428	49914	53912	28391
28	45690	80837	29052	00510	14647	31441	01891	41669	93492	12879
29	29435	87152	27749	88672	62312	05505	17606	77148	58176	86657
30	41916	01560	32277	97880	58385	59183	40001	30696	79030	63709
31	69199	66745	48616	30191	38972	72608	27939	16078	24541	88648
32	37832	26578	84117	62394	06113	98476	52635	31909	18109	91090

续表

	00～04	05～09	10～14	15～19	20～24	25～29	30～34	35～39	40～44	45～49
33	74286	11844	17581	44394	35859	60010	71225	60640	97348	20023
34	33374	23799	41941	30253	82571	48607	39611	08056	47610	28753
35	03250	34367	98044	36594	43779	02637	22189	62912	55557	15414
36	38166	11429	53245	57691	71186	87040	92002	75233	11677	20990
37	46598	85873	88413	50175	82723	77072	38387	19472	22487	99788
38	16799	81460	38589	09772	43673	95337	88995	76736	28717	97502
39	11920	12163	01358	11460	68691	97319	03384	02338	77680	63239
40	05417	82619	35397	77279	77803	89087	41163	58184	63918	03236
41	90490	26413	72197	71510	58835	56201	95345	43201	28031	59119
42	78042	57190	42711	27278	15376	29799	49188	04233	56886	82545
43	68568	22783	67372	73486	99617	72084	59356	09255	49471	45484
44	40912	89592	30181	62226	13108	66127	08766	16858	32963	03236
45	83578	31189	43343	18070	08100	43067	87090	52105	97343	68053
46	34724	46996	45587	19170	75366	29111	50030	02734	15624	59020
47	07328	64124	14400	72044	54920	65015	49856	42614	73103	03927
48	12458	62545	25212	72753	66816	62623	24210	59040	42703	81711
49	47522	83241	38687	31895	06878	17138	18731	56921	71997	26689
50	89740	21434	14788	51101	62828	39131	24072	84738	77097	50081
51	31491	52687	92128	50522	93882	76902	45613	09076	36971	14962
52	50708	95426	45297	70114	80238	93685	31736	25911	52835	89564
53	87517	73145	17151	34825	09361	45511	88837	80298	90209	73353
54	30941	03451	53467	51652	37102	98775	45941	99208	40436	50601
55	22576	95099	50463	57345	36402	22316	68044	67990	04668	21691
56	26987	21339	89468	72225	16238	78457	36019	35160	43556	35398
57	47631	86887	51469	71944	43291	35962	14480	31727	64273	72493
58	85566	86724	85083	88615	72999	41359	46985	35625	73621	35194
59	73369	99331	55734	67100	33743	08921	19169	39248	74115	02699
60	04355	14459	67375	24959	87970	63973	76243	98722	91325	42080
61	51569	94889	15781	32064	99713	73685	41546	84907	56854	68175
62	12518	89837	37848	32432	60718	69602	27310	65227	00035	68482
63	04827	40761	68811	26274	92360	79072	80974	57538	72448	68197
64	97372	45234	71244	82950	09149	05125	29168	57246	36875	34056
65	91924	36077	26311	70729	39781	51107	15913	08213	04516	46397
66	51884	37688	73213	17818	84945	41915	88019	44865	56552	56471
67	78113	17702	59045	16923	31182	09545	92991	80926	02545	58892
68	89091	90637	36158	23407	64969	18863	07278	61879	43363	25633
69	35790	86354	29465	82496	12660	97684	75443	19870	50722	84617
70	24726	75322	11183	22136	68932	51412	30403	33358	08905	30772

续表

	00～04	05～09	10～14	15～19	20～24	25～29	30～34	35～39	40～44	45～49
71	20154	20868	95999	21540	09782	51943	89604	57814	82586	47575
72	25439	30213	06921	99199	74658	73965	76179	22871	57688	72078
73	16756	13750	17370	35475	08543	37958	03255	07960	19486	06356
74	02901	62322	73445	82509	19576	18630	92354	59461	36400	29942
75	95638	04387	73899	53968	53266	78270	15376	24397	22925	50621
76	15041	89652	74236	27721	80540	79940	71788	84430	93602	36956
77	14067	83835	90835	38017	39500	54173	12142	64112	58699	29706
78	21834	33306	72990	34526	36571	39676	38212	42139	24914	99942
79	78671	68378	61826	31743	15076	75565	02678	42540	24153	32226
80	35607	58081	96469	02724	19130	94720	35465	07913	70483	13600
81	78122	77296	39458	41373	50040	85040	44584	90482	09871	97584
82	56888	43555	63843	75349	96783	92187	40265	26122	93069	19344
83	93979	97275	56779	74656	49773	52499	97466	93905	39958	78826
84	74324	65789	61241	10097	65212	29836	12236	95573	99770	17583
85	13283	97925	58665	16433	46814	33194	74706	95673	29720	32200
86	55046	24564	19744	56999	91693	99953	11200	18215	44364	77813
87	12238	62670	63056	70850	73079	56050	96834	13193	75267	14124
88	20084	08525	27726	89419	86051	80952	64194	65204	67305	01667
89	74167	31979	09309	49270	43805	72730	12063	66351	70196	76850
90	71201	97233	13891	05660	69294	71008	09716	99459	34290	43767
91	42071	22731	43172	16661	68839	66968	27597	06856	71254	88841
92	93337	70778	34799	49544	69214	76334	71691	96807	62432	29390
93	69235	02130	13034	21029	95234	01211	64429	38435	58451	09424
94	17755	37336	91510	05993	06552	61094	34402	04673	49790	26066
95	32735	83994	61829	80920	42912	32274	31958	73208	00401	80518
96	80996	16945	96133	37252	42344	66247	17193	12877	32243	80738
97	90986	74459	87713	35512	37539	79037	39922	56297	15172	41057
98	07873	27570	84473	24904	95602	30296	58539	99295	02095	79711
99	29850	70049	20704	32417	64965	89364	43409	75263	36528	48981

	50～54	55～59	60～64	65～69	70～74	75～79	80～84	85～89	90～94	95～99
00	30544	09608	17059	36868	24329	27689	05662	70963	85283	50131
01	98480	10452	11157	72358	99223	68367	37923	85160	20729	05703
02	45807	41467	73265	04140	89854	31968	16378	78967	09782	17479
03	81183	67497	65765	97657	29464	56795	27904	29066	91689	06172
04	88454	00094	31401	40423	82604	16777	48957	73333	33828	32818
05	80020	61063	57020	73574	57497	51009	77208	03435	37253	11488
06	68682	61126	05086	13554	02878	03012	32041	68975	69607	69820

续表

	50～54	55～59	60～64	65～69	70～74	75～79	80～84	85～89	90～94	95～99
07	68155	48382	00339	67889	98568	56671	68543	00840	54150	43003
08	64848	01119	49769	18405	04286	33964	70042	87988	93252	62999
09	79654	89000	22318	77865	68033	25417	99437	59653	49151	66063
10	20766	05863	66098	99805	17852	94126	83419	21545	22673	41985
11	14824	34676	98747	37217	94695	72069	10085	50982	44145	64635
12	96428	89317	56819	12292	19198	01504	47738	90663	70211	90803
13	12953	92645	06456	07856	75942	69729	71851	13490	08677	64132
14	85754	46022	56482	25782	53595	19273	16683	96379	93784	30092
15	56967	10164	20761	99107	18611	91460	34107	46130	31846	23560
16	55476	14046	95252	45241	00027	28126	44912	84883	67532	38049
17	36594	01948	12692	66824	05160	37280	24430	53357	25510	55499
18	46779	61743	74762	31315	28078	63826	12028	50600	35957	28822
19	75653	78840	99236	84699	58354	33150	79552	80700	95057	10091
20	35602	06316	50237	85617	97807	35471	58206	06381	37464	82168
21	01387	49292	59029	11866	42332	46247	18404	86666	27261	72421
22	47952	68306	53728	82438	58573	96929	37386	57190	16508	96177
23	76369	39499	74216	15270	78748	48880	88524	80357	04939	54917
24	03987	81188	61260	30443	96584	03645	35532	63695	80242	15621
25	91067	42104	52603	76598	75367	40657	87293	93110	96159	30156
26	03533	75108	48001	48419	40625	93185	66106	32985	49018	17847
27	27195	88613	44634	50660	32537	34824	38935	37888	71694	57888
28	14082	41356	06690	51592	57785	03540	03932	59196	94553	84136
29	55169	22759	92473	65764	36311	02800	33532	78557	35856	49884
30	89029	37779	40293	24846	74857	18395	29674	81812	60042	34895
31	90323	26150	57511	38611	76768	06804	78263	25091	39480	10957
32	43746	35966	93928	30546	21504	82903	04338	39100	59743	31338
33	25655	61597	70935	16830	51434	16195	77088	71782	81596	51933
34	85322	58513	50786	25848	43687	48445	66896	47950	76693	23235
35	18868	01984	31539	11121	71767	37067	10089	06631	15916	64235
36	45740	26540	09320	37733	11536	43997	69592	09365	43596	88287
37	84382	37586	99376	61807	68271	69460	65213	66067	29758	97881
38	47143	55642	98054	89303	14921	99488	92835	19208	09831	58534
39	64958	86808	08977	74409	49540	42331	22258	81970	20840	98965
40	77710	80782	40445	79560	00258	44471	61588	84152	68527	28181
41	18514	75636	23964	74717	63471	23494	67213	79658	02231	44867
42	09358	90525	56893	20397	39766	69213	34507	51791	72875	22525
43	56473	83883	38973	78501	77235	37040	26176	41434	93463	85048
44	17224	16928	65034	58285	42165	89940	11778	35542	78746	37109

续表

	50～54	55～59	60～64	65～69	70～74	75～79	80～84	85～89	90～94	95～99
45	31330	12349	92262	19683	68256	28917	31228	75298	54846	97655
46	88779	43581	81859	31763	10760	22732	33902	68292	06224	22115
47	27816	46333	52156	40557	81653	74263	02217	14896	23399	55952
48	34821	18296	83050	29051	76352	30147	32095	02151	95468	09275
49	65684	80824	01839	43795	72319	39851	80921	93255	97421	82780
50	30743	14725	73131	79981	23935	47210	05293	21259	23851	07818
51	12209	58133	31333	87743	75247	73424	16876	30237	21328	54312
52	51234	12481	37406	68961	14229	03510	28128	49318	68395	28413
53	67934	56591	13095	06877	94593	72562	77843	19285	88752	63952
54	82966	80670	67668	73916	94159	41941	06631	84312	74517	86974
55	34663	38190	81327	23542	11267	28617	28417	79771	11646	07781
56	42314	89123	86352	26094	54788	99856	18263	11947	27902	19282
57	56312	32535	00829	24058	98796	57451	32196	59599	39359	04561
58	00016	28873	20434	94292	48778	05451	38199	75480	78529	85250
59	07984	06015	91977	68904	89186	09679	06166	27733	05568	39251
60	90403	93740	98495	32998	13554	09680	37616	10445	66093	83668
61	30083	05911	18463	15638	58963	26948	58286	30931	53180	49740
62	15192	00196	22797	55772	19735	31460	61630	22793	68779	96578
63	84830	07257	50225	08914	09581	60372	89267	82376	02353	58378
64	63801	43605	20172	55283	52159	48953	87223	31615	67125	28163
65	45158	92096	70796	91987	87599	76675	65396	27984	76294	55397
66	29433	76677	50609	11838	89041	97017	41644	83724	62736	10249
67	96101	57250	93247	26250	47820	41164	96607	27733	93403	34653
68	87400	10818	90410	38462	22526	79303	54278	19360	98231	78886
69	62962	38743	49898	41464	37426	36936	03667	59010	08430	73533
70	54418	15416	33862	19092	14622	89417	18357	77645	85913	23237
71	21203	82989	90999	41310	79342	68331	46806	42650	74512	96331
72	61741	82029	23909	23744	27286	99802	46545	93393	96172	95147
73	58362	54025	21955	42239	03753	04013	64267	90240	06799	51312
74	41155	52567	40269	09036	73140	49105	31374	92076	89415	82894
75	87360	85766	84665	65124	99523	91552	20972	69678	51964	55655
76	55780	81604	06366	78626	68113	69273	65255	60107	66454	19270
77	58286	16361	15575	86107	42492	36076	14869	40504	61992	34615
78	69265	41469	67796	48142	02785	39429	52892	51505	64889	99135
79	38223	67724	87588	34798	37870	51880	09973	93989	28171	56504
80	14949	96889	00344	76943	11456	58733	69834	23955	43223	60235
81	08185	40930	05543	45957	01396	08457	19285	83094	94263	75505
82	21120	07944	90609	60269	11726	12713	39251	80620	45511	72082
83	88737	92704	53996	64613	06793	53088	38201	18836	24767	92037
84	75051	25474	37908	23522	72186	63375	26641	76250	75577	67695

续表

	50～54	55～59	60～64	65～69	70～74	75～79	80～84	85～89	90～94	95～99
85	56227	02201	22503	63359	07158	74264	68914	28956	99183	34877
86	76563	09867	98743	61657	22354	98314	21742	38751	62306	84914
87	31025	90131	32057	68453	91619	64761	67568	93098	64561	74060
88	22375	22386	38259	65221	12749	84425	74259	07956	59110	33396
89	33261	55530	09231	75265	66212	95158	16843	90202	19315	13317
90	43539	23953	70630	59123	45133	71832	25669	36523	82816	98070
91	63848	16515	83710	00208	95164	45893	26770	10563	66826	95682
92	43354	62501	10752	34571	08225	40487	80992	61293	61934	78596
93	97798	62410	90000	63239	63192	45714	14533	22315	21836	80610
94	69898	67063	82548	15127	42493	40839	68107	12334	83281	14996
95	85878	21864	92976	64183	71122	67417	32206	25589	55481	40334
96	66525	73151	64202	37052	67154	99817	78533	23827	60767	08587
97	32402	02587	36162	83521	52619	92096	35226	88786	50884	97278
98	56083	78497	44112	81389	86877	22867	35874	57580	13290	45269
99	72384	27285	26810	49714	39694	05388	66208	27831	71292	19446

附表2 （4×4）～（8×8）标准方

4×4

1

A	*B*	*C*	*D*
B	*A*	*D*	*C*
C	*D*	*B*	*A*
D	*C*	*A*	*B*

2

A	*B*	*C*	*D*
B	*C*	*D*	*A*
C	*D*	*A*	*B*
D	*A*	*B*	*C*

3

A	*B*	*C*	*D*
B	*D*	*A*	*C*
C	*A*	*D*	*B*
D	*C*	*B*	*A*

4

A	*B*	*C*	*D*
B	*A*	*D*	*C*
C	*D*	*A*	*B*
D	*C*	*B*	*A*

5×5

A	*B*	*C*	*D*	*E*
B	*A*	*E*	*C*	*D*
C	*D*	*A*	*E*	*B*
D	*E*	*B*	*A*	*C*
E	*C*	*B*	*D*	*A*

6×6

A	*B*	*C*	*D*	*E*	*F*
B	*F*	*D*	*C*	*A*	*E*
C	*D*	*E*	*F*	*B*	*A*
D	*A*	*F*	*E*	*C*	*B*
E	*C*	*A*	*B*	*F*	*D*
F	*E*	*B*	*A*	*D*	*C*

7×7

A	*B*	*C*	*D*	*E*	*F*	*G*
B	*C*	*D*	*E*	*F*	*G*	*A*
C	*D*	*E*	*F*	*G*	*A*	*B*
D	*E*	*F*	*G*	*A*	*B*	*C*
E	*F*	*G*	*A*	*B*	*C*	*D*
F	*G*	*A*	*B*	*C*	*D*	*E*
G	*A*	*B*	*C*	*D*	*E*	*F*

8×8

A	*B*	*C*	*D*	*E*	*F*	*G*	*H*
B	*C*	*D*	*E*	*F*	*G*	*H*	*A*
C	*D*	*E*	*F*	*G*	*H*	*A*	*B*
D	*E*	*F*	*G*	*H*	*A*	*B*	*C*
E	*F*	*G*	*H*	*A*	*B*	*C*	*D*
F	*G*	*H*	*A*	*B*	*C*	*D*	*E*
G	*H*	*A*	*B*	*C*	*D*	*E*	*F*
H	*A*	*B*	*C*	*D*	*E*	*F*	*G*

附表 3　u 分布的累积函数 $F(u)$ 值表

$$F(u_i)=\int_{-\infty}^{u_i} f(u)\,\mathrm{d}u$$

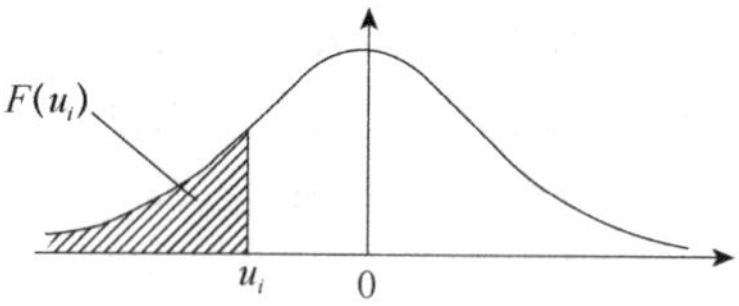

u_i	−0.09	−0.08	−0.07	−0.06	−0.05	−0.04	−0.03	−0.02	−0.01	0.00
−3.0										0.0013
−2.9	0.0014	0.0014	0.0015	0.0015	0.0016	0.0016	0.0017	0.0018	0.0018	0.0019
−2.8	0.0019	0.0020	0.0021	0.0021	0.0022	0.0023	0.0023	0.0024	0.0025	0.0026
−2.7	0.0026	0.0027	0.0028	0.0029	0.0030	0.0031	0.0032	0.0033	0.0034	0.0035
−2.6	0.0036	0.0037	0.0038	0.0039	0.0040	0.0041	0.0043	0.0044	0.0045	0.0047
−2.5	0.0048	0.0049	0.0051	0.0052	0.0054	0.0055	0.0057	0.0059	0.0060	0.0062
−2.4	0.0064	0.0066	0.0068	0.0069	0.0071	0.0073	0.0075	0.0078	0.0080	0.0082
−2.3	0.0084	0.0087	0.0089	0.0091	0.0094	0.0096	0.0099	0.0102	0.0104	0.0107
−2.2	0.0110	0.0113	0.0116	0.0119	0.0122	0.0125	0.0129	0.0132	0.0136	0.0139
−2.1	0.0143	0.0146	0.0150	0.0154	0.0158	0.0162	0.0166	0.0170	0.0174	0.0179
−2.0	0.0183	0.0188	0.0192	0.0197	0.0202	0.0207	0.0212	0.0217	0.0222	0.0228
−1.9	0.0233	0.0239	0.0244	0.0250	0.0256	0.0262	0.0268	0.0274	0.0281	0.0287
−1.8	0.0294	0.0301	0.0307	0.0314	0.0322	0.0329	0.0336	0.0344	0.0351	0.0359
−1.7	0.0367	0.0375	0.0384	0.0392	0.0401	0.0409	0.0418	0.0427	0.0436	0.0446
−1.6	0.0455	0.0465	0.0475	0.0485	0.0495	0.0505	0.0516	0.0526	0.0537	0.0548
−1.5	0.0559	0.0571	0.0582	0.0594	0.0606	0.0618	0.0630	0.0643	0.0655	0.0668
−1.4	0.0681	0.0694	0.0708	0.0721	0.0735	0.0749	0.0764	0.0778	0.0793	0.0808
−1.3	0.0823	0.0838	0.0853	0.0869	0.0885	0.0901	0.0918	0.0934	0.0951	0.0968
−1.2	0.0985	0.1003	0.1020	0.1038	0.1056	0.1075	0.1093	0.1112	0.1131	0.1151
−1.1	0.1170	0.1190	0.1210	0.1230	0.1251	0.1271	0.1292	0.1314	0.1335	0.1357
−1.0	0.1379	0.1401	0.1423	0.1446	0.1469	0.1492	0.1515	0.1539	0.1562	0.1587
−0.9	0.1611	0.1635	0.1660	0.1685	0.1711	0.1736	0.1762	0.1788	0.1814	0.1841
−0.8	0.1867	0.1894	0.1922	0.1949	0.1977	0.2005	0.2033	0.2061	0.2090	0.2119
−0.7	0.2148	0.2177	0.2206	0.2236	0.2266	0.2296	0.2327	0.2358	0.2389	0.2420
−0.6	0.2451	0.2483	0.2514	0.2546	0.2578	0.2611	0.2643	0.2676	0.2709	0.2743
−0.5	0.2776	0.2810	0.2843	0.2877	0.2912	0.2946	0.2981	0.3015	0.3050	0.3085
−0.4	0.3121	0.3156	0.3192	0.3228	0.3264	0.3300	0.3336	0.3372	0.3409	0.3446

续表

u_i	−0.09	−0.08	−0.07	−0.06	−0.05	−0.04	−0.03	−0.02	−0.01	0.00
−0.3	0.3483	0.3520	0.3557	0.3594	0.3632	0.3669	0.3707	0.3745	0.3783	0.3821
−0.2	0.3859	0.3897	0.3936	0.3974	0.4013	0.4052	0.4090	0.4129	0.4168	0.4207
−0.1	0.4247	0.4286	0.4325	0.4364	0.4404	0.4443	0.4483	0.4522	0.4562	0.4602
0.0	0.4641	0.4681	0.4721	0.4761	0.4801	0.4840	0.4880	0.4920	0.4960	0.5000

u_i	0.00	0.01	0.02	0.03	0.04	0.05	0.06	0.07	0.08	0.09
0.0	0.5000	0.5040	0.5080	0.5120	0.5160	0.5199	0.5239	0.5279	0.5319	0.5359
0.1	0.5398	0.5438	0.5478	0.5517	0.5557	0.5596	0.5636	0.5675	0.5714	0.5753
0.2	0.5793	0.5832	0.5871	0.5910	0.5948	0.5987	0.6026	0.6064	0.6103	0.6141
0.3	0.6179	0.6217	0.6255	0.6293	0.6331	0.6368	0.6406	0.6443	0.6480	0.6517
0.4	0.6554	0.6591	0.6628	0.6664	0.6700	0.6736	0.6772	0.6808	0.6844	0.6879
0.5	0.6915	0.6950	0.6985	0.7019	0.7054	0.7088	0.7123	0.7157	0.7190	0.7224
0.6	0.7257	0.7291	0.7324	0.7357	0.7389	0.7422	0.7454	0.7486	0.7517	0.7549
0.7	0.7580	0.7611	0.7642	0.7673	0.7704	0.7734	0.7764	0.7794	0.7823	0.7852
0.8	0.7881	0.7910	0.7939	0.7967	0.7995	0.8023	0.8051	0.8078	0.8106	0.8133
0.9	0.8159	0.8186	0.8212	0.8238	0.8264	0.8289	0.8315	0.8340	0.8365	0.8389
1.0	0.8413	0.8438	0.8461	0.8485	0.8508	0.8531	0.8554	0.8577	0.8599	0.8621
1.1	0.8643	0.8665	0.8686	0.8708	0.8729	0.8749	0.8770	0.8790	0.8810	0.8830
1.2	0.8849	0.8869	0.8888	0.8907	0.8925	0.8944	0.8962	0.8980	0.8997	0.9015
1.3	0.9032	0.9049	0.9066	0.9082	0.9099	0.9115	0.9131	0.9147	0.9162	0.9177
1.4	0.9192	0.9207	0.9222	0.9236	0.9251	0.9265	0.9279	0.9292	0.9306	0.9319
1.5	0.9332	0.9345	0.9357	0.9370	0.9382	0.9394	0.9406	0.9418	0.9429	0.9441
1.6	0.9452	0.9463	0.9474	0.9484	0.9495	0.9505	0.9515	0.9525	0.9535	0.9545
1.7	0.9554	0.9564	0.9573	0.9582	0.9591	0.9599	0.9608	0.9616	0.9625	0.9633
1.8	0.9641	0.9649	0.9656	0.9664	0.9671	0.9678	0.9686	0.9693	0.9699	0.9706
1.9	0.9713	0.9719	0.9726	0.9732	0.9738	0.9744	0.9750	0.9756	0.9761	0.9767
2.0	0.9772	0.9778	0.9783	0.9788	0.9793	0.9798	0.9803	0.9808	0.9812	0.9817
2.1	0.9821	0.9826	0.9830	0.9834	0.9838	0.9842	0.9846	0.9850	0.9854	0.9857
2.2	0.9861	0.9864	0.9868	0.9871	0.9875	0.9878	0.9881	0.9884	0.9887	0.9890
2.3	0.9893	0.9896	0.9898	0.9901	0.9904	0.9906	0.9909	0.9911	0.9913	0.9916
2.4	0.9918	0.9920	0.9922	0.9925	0.9927	0.9929	0.9931	0.9932	0.9934	0.9936
2.5	0.9938	0.9940	0.9941	0.9943	0.9945	0.9946	0.9948	0.9949	0.9951	0.9952
2.6	0.9953	0.9955	0.9956	0.9957	0.9959	0.9960	0.9961	0.9962	0.9963	0.9964
2.7	0.9965	0.9966	0.9967	0.9968	0.9969	0.9970	0.9971	0.9972	0.9973	0.9974
2.8	0.9974	0.9975	0.9976	0.9977	0.9977	0.9978	0.9979	0.9979	0.9980	0.9981
2.9	0.9981	0.9982	0.9982	0.9983	0.9984	0.9984	0.9985	0.9985	0.9986	0.9986
3.0	0.9987									

附表 4　u 分布的临界 u_α 值表

$$P(|u|>u_\alpha)=\alpha$$

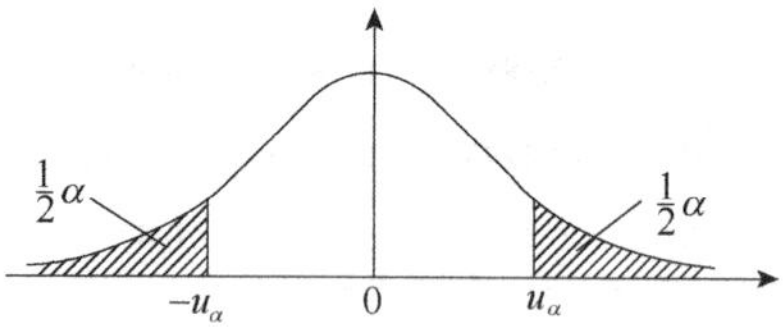

α	0.01	0.02	0.03	0.04	0.05	0.06	0.07	0.08	0.09	0.10
0.00	2.575829	2.326348	2.170090	2.053749	1.959964	1.880794	1.811911	1.750686	1.695398	1.644854
0.10	1.598193	1.554774	1.514102	1.475791	1.439531	1.405072	1.372204	1.340755	1.310579	1.281552
0.20	1.253565	1.226528	1.200359	1.174987	1.150349	1.126391	1.103063	1.080319	1.058122	1.036433
0.30	1.015222	0.994458	0.974114	0.954165	0.934589	0.915365	0.896473	0.877896	0.859617	0.841621
0.40	0.823894	0.806421	0.789192	0.772193	0.755415	0.738847	0.722479	0.706303	0.690309	0.674490
0.50	0.658838	0.643345	0.628006	0.612813	0.597760	0.582842	0.568051	0.553385	0.538836	0.524401
0.60	0.510073	0.495850	0.481727	0.467699	0.453762	0.439913	0.426148	0.412463	0.398855	0.385320
0.70	0.371856	0.358459	0.345126	0.331853	0.318639	0.305481	0.292375	0.279319	0.266311	0.253347
0.80	0.240426	0.227545	0.214702	0.201893	0.189118	0.176374	0.163658	0.150969	0.138304	0.125661
0.90	0.113039	0.100434	0.087845	0.075270	0.062707	0.050154	0.037608	0.025069	0.012533	0.000000

附表 5　t 分布两尾临界值表

$$P(|t|>t_\alpha)=\alpha$$

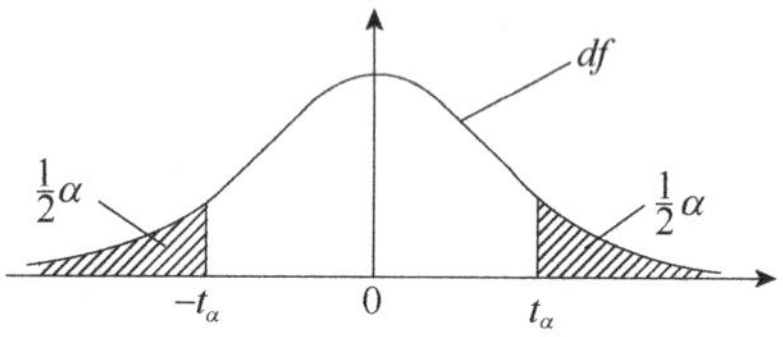

自由度	概率						
	0.100	0.050	0.020	0.010	0.005	0.002	0.001
1	6.314	12.706	31.821	63.657	127.321	318.309	636.619
2	2.920	4.303	6.965	9.925	14.089	22.327	31.599
3	2.353	3.182	4.541	5.841	7.453	10.215	12.924
4	2.132	2.776	3.747	4.604	5.598	7.173	8.610
5	2.015	2.571	3.365	4.032	4.773	5.893	6.869
6	1.943	2.447	3.143	3.707	4.317	5.208	5.959
7	1.895	2.365	2.998	3.499	4.029	4.785	5.408
8	1.860	2.306	2.896	3.355	3.833	4.501	5.041
9	1.833	2.262	2.821	3.250	3.690	4.297	4.781
10	1.812	2.228	2.764	3.169	3.581	4.144	4.587
11	1.796	2.201	2.718	3.106	3.497	4.025	4.437
12	1.782	2.179	2.681	3.055	3.428	3.930	4.318
13	1.771	2.160	2.650	3.012	3.372	3.852	4.221

续表

自由度	概率						
	0.100	0.050	0.020	0.010	0.005	0.002	0.001
14	1.761	2.145	2.624	2.977	3.326	3.787	4.140
15	1.753	2.131	2.602	2.947	3.286	3.733	4.073
16	1.746	2.120	2.583	2.921	3.252	3.686	4.015
17	1.740	2.110	2.567	2.898	3.222	3.646	3.965
18	1.734	2.101	2.552	2.878	3.197	3.610	3.922
19	1.729	2.093	2.539	2.861	3.174	3.579	3.883
20	1.725	2.086	2.528	2.845	3.153	3.552	3.850
21	1.721	2.080	2.518	2.831	3.135	3.527	3.819
22	1.717	2.074	2.508	2.819	3.119	3.505	3.792
23	1.714	2.069	2.500	2.807	3.104	3.485	3.768
24	1.711	2.064	2.492	2.797	3.091	3.467	3.745
25	1.708	2.060	2.485	2.787	3.078	3.450	3.725
26	1.706	2.056	2.479	2.779	3.067	3.435	3.707
27	1.703	2.052	2.473	2.771	3.057	3.421	3.690
28	1.701	2.048	2.467	2.763	3.047	3.408	3.674
29	1.699	2.045	2.462	2.756	3.038	3.396	3.659
30	1.697	2.042	2.457	2.750	3.030	3.385	3.646
35	1.690	2.030	2.438	2.724	2.996	3.340	3.591
40	1.684	2.021	2.423	2.704	2.971	3.307	3.551
45	1.679	2.014	2.412	2.690	2.952	3.281	3.520
50	1.676	2.009	2.403	2.678	2.937	3.261	3.496
60	1.671	2.000	2.390	2.660	2.915	3.232	3.460
70	1.667	1.994	2.381	2.648	2.899	3.211	3.435
80	1.664	1.990	2.374	2.639	2.887	3.195	3.416
90	1.662	1.987	2.368	2.632	2.878	3.183	3.402
100	1.660	1.984	2.364	2.626	2.871	3.174	3.390
10000	1.645	1.960	2.327	2.576	2.808	3.091	3.291

附表 6　*F* 分布右尾临界值表

$$P(F>F_\alpha)=\alpha$$

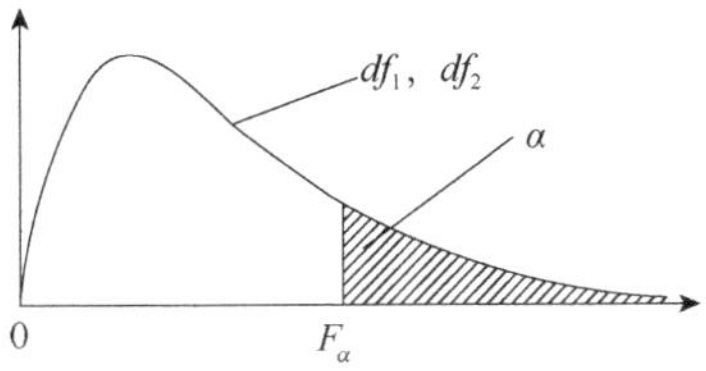

分母自由度	显著水平	分子自由度									
		1	2	3	4	5	6	7	8	9	10
1	0.050	161.45	199.50	215.71	224.58	230.16	233.99	236.77	238.88	240.54	241.88
	0.025	647.79	799.50	864.16	899.58	921.85	937.11	948.22	956.66	963.28	968.63

续表

分母自由度	显著水平	分子自由度									
		1	2	3	4	5	6	7	8	9	10
1	0.010	4052.18	4999.50	5403.35	5624.58	5763.65	5858.99	5928.36	5981.07	6022.47	6055.85
	0.005	16210.72	19999.50	21614.74	22499.58	23055.80	23437.11	23714.57	23925.41	24091.00	24224.49
2	0.050	18.51	19.00	19.16	19.25	19.30	19.33	19.35	19.37	19.38	19.40
	0.025	38.51	39.00	39.17	39.25	39.30	39.33	39.36	39.37	39.39	39.40
	0.010	98.50	99.00	99.17	99.25	99.30	99.33	99.36	99.37	99.39	99.40
	0.005	198.50	199.00	199.17	199.25	199.30	199.33	199.36	199.37	199.39	199.40
3	0.050	10.13	9.55	9.28	9.12	9.01	8.94	8.89	8.85	8.81	8.79
	0.025	17.44	16.04	15.44	15.10	14.88	14.73	14.62	14.54	14.47	14.42
	0.010	34.12	30.82	29.46	28.71	28.24	27.91	27.67	27.49	27.35	27.23
	0.005	55.55	49.80	47.47	46.19	45.39	44.84	44.43	44.13	43.88	43.69
4	0.050	7.71	6.94	6.59	6.39	6.26	6.16	6.09	6.04	6.00	5.96
	0.025	12.22	10.65	9.98	9.60	9.36	9.20	9.07	8.98	8.90	8.84
	0.010	21.20	18.00	16.69	15.98	15.52	15.21	14.98	14.80	14.66	14.55
	0.005	31.33	26.28	24.26	23.15	22.46	21.97	21.62	21.35	21.14	20.97
5	0.050	6.61	5.79	5.41	5.19	5.05	4.95	4.88	4.82	4.77	4.74
	0.025	10.01	8.43	7.76	7.39	7.15	6.98	6.85	6.76	6.68	6.62
	0.010	16.26	13.27	12.06	11.39	10.97	10.67	10.46	10.29	10.16	10.05
	0.005	22.78	18.31	16.53	15.56	14.94	14.51	14.20	13.96	13.77	13.62
6	0.050	5.99	5.14	4.76	4.53	4.39	4.28	4.21	4.15	4.10	4.06
	0.025	8.81	7.26	6.60	6.23	5.99	5.82	5.70	5.60	5.52	5.46
	0.010	13.75	10.92	9.78	9.15	8.75	8.47	8.26	8.10	7.98	7.87
	0.005	18.63	14.54	12.92	12.03	11.46	11.07	10.79	10.57	10.39	10.25
7	0.050	5.59	4.74	4.35	4.12	3.97	3.87	3.79	3.73	3.68	3.64
	0.025	8.07	6.54	5.89	5.52	5.29	5.12	4.99	4.90	4.82	4.76
	0.010	12.25	9.55	8.45	7.85	7.46	7.19	6.99	6.84	6.72	6.62
	0.005	16.24	12.40	10.88	10.05	9.52	9.16	8.89	8.68	8.51	8.38
8	0.050	5.32	4.46	4.07	3.84	3.69	3.58	3.50	3.44	3.39	3.35
	0.025	7.57	6.06	5.42	5.05	4.82	4.65	4.53	4.43	4.36	4.30
	0.010	11.26	8.65	7.59	7.01	6.63	6.37	6.18	6.03	5.91	5.81
	0.005	14.69	11.04	9.60	8.81	8.30	7.95	7.69	7.50	7.34	7.21
9	0.050	5.12	4.26	3.86	3.63	3.48	3.37	3.29	3.23	3.18	3.14
	0.025	7.21	5.71	5.08	4.72	4.48	4.32	4.20	4.10	4.03	3.96
	0.010	10.56	8.02	6.99	6.42	6.06	5.80	5.61	5.47	5.35	5.26
	0.005	13.61	10.11	8.72	7.96	7.47	7.13	6.88	6.69	6.54	6.42
10	0.050	4.96	4.10	3.71	3.48	3.33	3.22	3.14	3.07	3.02	2.98
	0.025	6.94	5.46	4.83	4.47	4.24	4.07	3.95	3.85	3.78	3.72
	0.010	10.04	7.56	6.55	5.99	5.64	5.39	5.20	5.06	4.94	4.85

续表

分母自由度	显著水平	分子自由度									
		1	2	3	4	5	6	7	8	9	10
10	0.005	12.83	9.43	8.08	7.34	6.87	6.54	6.30	6.12	5.97	5.85
11	0.050	4.84	3.98	3.59	3.36	3.20	3.09	3.01	2.95	2.90	2.85
	0.025	6.72	5.26	4.63	4.28	4.04	3.88	3.76	3.66	3.59	3.53
	0.010	9.65	7.21	6.22	5.67	5.32	5.07	4.89	4.74	4.63	4.54
	0.005	12.23	8.91	7.60	6.88	6.42	6.10	5.86	5.68	5.54	5.42
12	0.050	4.75	3.89	3.49	3.26	3.11	3.00	2.91	2.85	2.80	2.75
	0.025	6.55	5.10	4.47	4.12	3.89	3.73	3.61	3.51	3.44	3.37
	0.010	9.33	6.93	5.95	5.41	5.06	4.82	4.64	4.50	4.39	4.30
	0.005	11.75	8.51	7.23	6.52	6.07	5.76	5.52	5.35	5.20	5.09
13	0.050	4.67	3.81	3.41	3.18	3.03	2.92	2.83	2.77	2.71	2.67
	0.025	6.41	4.97	4.35	4.00	3.77	3.60	3.48	3.39	3.31	3.25
	0.010	9.07	6.70	5.74	5.21	4.86	4.62	4.44	4.30	4.19	4.10
	0.005	11.37	8.19	6.93	6.23	5.79	5.48	5.25	5.08	4.94	4.82
14	0.050	4.60	3.74	3.34	3.11	2.96	2.85	2.76	2.70	2.65	2.60
	0.025	6.30	4.86	4.24	3.89	3.66	3.50	3.38	3.29	3.21	3.15
	0.010	8.86	6.51	5.56	5.04	4.69	4.46	4.28	4.14	4.03	3.94
	0.005	11.06	7.92	6.68	6.00	5.56	5.26	5.03	4.86	4.72	4.60
15	0.050	4.54	3.68	3.29	3.06	2.90	2.79	2.71	2.64	2.59	2.54
	0.025	6.20	4.77	4.15	3.80	3.58	3.41	3.29	3.20	3.12	3.06
	0.010	8.68	6.36	5.42	4.89	4.56	4.32	4.14	4.00	3.89	3.80
	0.005	10.80	7.70	6.48	5.80	5.37	5.07	4.85	4.67	4.54	4.42
16	0.050	4.49	3.63	3.24	3.01	2.85	2.74	2.66	2.59	2.54	2.49
	0.025	6.12	4.69	4.08	3.73	3.50	3.34	3.22	3.12	3.05	2.99
	0.010	8.53	6.23	5.29	4.77	4.44	4.20	4.03	3.89	3.78	3.69
	0.005	10.58	7.51	6.30	5.64	5.21	4.91	4.69	4.52	4.38	4.27
17	0.050	4.45	3.59	3.20	2.96	2.81	2.70	2.61	2.55	2.49	2.45
	0.025	6.04	4.62	4.01	3.66	3.44	3.28	3.16	3.06	2.98	2.92
	0.010	8.40	6.11	5.18	4.67	4.34	4.10	3.93	3.79	3.68	3.59
	0.005	10.38	7.35	6.16	5.50	5.07	4.78	4.56	4.39	4.25	4.14
18	0.050	4.41	3.55	3.16	2.93	2.77	2.66	2.58	2.51	2.46	2.41
	0.025	5.98	4.56	3.95	3.61	3.38	3.22	3.10	3.01	2.93	2.87
	0.010	8.29	6.01	5.09	4.58	4.25	4.01	3.84	3.71	3.60	3.51
	0.005	10.22	7.21	6.03	5.37	4.96	4.66	4.44	4.28	4.14	4.03
19	0.050	4.38	3.52	3.13	2.90	2.74	2.63	2.54	2.48	2.42	2.38
	0.025	5.92	4.51	3.90	3.56	3.33	3.17	3.05	2.96	2.88	2.82
	0.010	8.18	5.93	5.01	4.50	4.17	3.94	3.77	3.63	3.52	3.43
	0.005	10.07	7.09	5.92	5.27	4.85	4.56	4.34	4.18	4.04	3.93

续表

分母自由度	显著水平	分子自由度 1	2	3	4	5	6	7	8	9	10
20	0.050	4.35	3.49	3.10	2.87	2.71	2.60	2.51	2.45	2.39	2.35
	0.025	5.87	4.46	3.86	3.51	3.29	3.13	3.01	2.91	2.84	2.77
	0.010	8.10	5.85	4.94	4.43	4.10	3.87	3.70	3.56	3.46	3.37
	0.005	9.94	6.99	5.82	5.17	4.76	4.47	4.26	4.09	3.96	3.85
21	0.050	4.32	3.47	3.07	2.84	2.68	2.57	2.49	2.42	2.37	2.32
	0.025	5.83	4.42	3.82	3.48	3.25	3.09	2.97	2.87	2.80	2.73
	0.010	8.02	5.78	4.87	4.37	4.04	3.81	3.64	3.51	3.40	3.31
	0.005	9.83	6.89	5.73	5.09	4.68	4.39	4.18	4.01	3.88	3.77
22	0.050	4.30	3.44	3.05	2.82	2.66	2.55	2.46	2.40	2.34	2.30
	0.025	5.79	4.38	3.78	3.44	3.22	3.05	2.93	2.84	2.76	2.70
	0.010	7.95	5.72	4.82	4.31	3.99	3.76	3.59	3.45	3.35	3.26
	0.005	9.73	6.81	5.65	5.02	4.61	4.32	4.11	3.94	3.81	3.70
23	0.050	4.28	3.42	3.03	2.80	2.64	2.53	2.44	2.37	2.32	2.27
	0.025	5.75	4.35	3.75	3.41	3.18	3.02	2.90	2.81	2.73	2.67
	0.010	7.88	5.66	4.76	4.26	3.94	3.71	3.54	3.41	3.30	3.21
	0.005	9.63	6.73	5.58	4.95	4.54	4.26	4.05	3.88	3.75	3.64
24	0.050	4.26	3.40	3.01	2.78	2.62	2.51	2.42	2.36	2.30	2.25
	0.025	5.72	4.32	3.72	3.38	3.15	2.99	2.87	2.78	2.70	2.64
	0.010	7.82	5.61	4.72	4.22	3.90	3.67	3.50	3.36	3.26	3.17
	0.005	9.55	6.66	5.52	4.89	4.49	4.20	3.99	3.83	3.69	3.59
25	0.050	4.24	3.39	2.99	2.76	2.60	2.49	2.40	2.34	2.28	2.24
	0.025	5.69	4.29	3.69	3.35	3.13	2.97	2.85	2.75	2.68	2.61
	0.010	7.77	5.57	4.68	4.18	3.85	3.63	3.46	3.32	3.22	3.13
	0.005	9.48	6.60	5.46	4.84	4.43	4.15	3.94	3.78	3.64	3.54
26	0.050	4.23	3.37	2.98	2.74	2.59	2.47	2.39	2.32	2.27	2.22
	0.025	5.66	4.27	3.67	3.33	3.10	2.94	2.82	2.73	2.65	2.59
	0.010	7.72	5.53	4.64	4.14	3.82	3.59	3.42	3.29	3.18	3.09
	0.005	9.41	6.54	5.41	4.79	4.38	4.10	3.89	3.73	3.60	3.49
27	0.050	4.21	3.35	2.96	2.73	2.57	2.46	2.37	2.31	2.25	2.20
	0.025	5.63	4.24	3.65	3.31	3.08	2.92	2.80	2.71	2.63	2.57
	0.010	7.68	5.49	4.60	4.11	3.78	3.56	3.39	3.26	3.15	3.06
	0.005	9.34	6.49	5.36	4.74	4.34	4.06	3.85	3.69	3.56	3.45
28	0.050	4.20	3.34	2.95	2.71	2.56	2.45	2.36	2.29	2.24	2.19
	0.025	5.61	4.22	3.63	3.29	3.06	2.90	2.78	2.69	2.61	2.55
	0.010	7.64	5.45	4.57	4.07	3.75	3.53	3.36	3.23	3.12	3.03
	0.005	9.28	6.44	5.32	4.70	4.30	4.02	3.81	3.65	3.52	3.41
29	0.050	4.18	3.33	2.93	2.70	2.55	2.43	2.35	2.28	2.22	2.18

续表

分母自由度	显著水平	分子自由度									
		1	2	3	4	5	6	7	8	9	10
29	0.025	5.59	4.20	3.61	3.27	3.04	2.88	2.76	2.67	2.59	2.53
	0.010	7.60	5.42	4.54	4.04	3.73	3.50	3.33	3.20	3.09	3.00
	0.005	9.23	6.40	5.28	4.66	4.26	3.98	3.77	3.61	3.48	3.38
30	0.050	4.17	3.32	2.92	2.69	2.53	2.42	2.33	2.27	2.21	2.16
	0.025	5.57	4.18	3.59	3.25	3.03	2.87	2.75	2.65	2.57	2.51
	0.010	7.56	5.39	4.51	4.02	3.70	3.47	3.30	3.17	3.07	2.98
	0.005	9.18	6.35	5.24	4.62	4.23	3.95	3.74	3.58	3.45	3.34
32	0.050	4.15	3.29	2.90	2.67	2.51	2.40	2.31	2.24	2.19	2.14
	0.025	5.53	4.15	3.56	3.22	3.00	2.84	2.71	2.62	2.54	2.48
	0.010	7.50	5.34	4.46	3.97	3.65	3.43	3.26	3.13	3.02	2.93
	0.005	9.09	6.28	5.17	4.56	4.17	3.89	3.68	3.52	3.39	3.29
34	0.050	4.13	3.28	2.88	2.65	2.49	2.38	2.29	2.23	2.17	2.12
	0.025	5.50	4.12	3.53	3.19	2.97	2.81	2.69	2.59	2.52	2.45
	0.010	7.44	5.29	4.42	3.93	3.61	3.39	3.22	3.09	2.98	2.89
	0.005	9.01	6.22	5.11	4.50	4.11	3.84	3.63	3.47	3.34	3.24
36	0.050	4.11	3.26	2.87	2.63	2.48	2.36	2.28	2.21	2.15	2.11
	0.025	5.47	4.09	3.50	3.17	2.94	2.78	2.66	2.57	2.49	2.43
	0.010	7.40	5.25	4.38	3.89	3.57	3.35	3.18	3.05	2.95	2.86
	0.005	8.94	6.16	5.06	4.46	4.06	3.79	3.58	3.42	3.30	3.19
38	0.050	4.10	3.24	2.85	2.62	2.46	2.35	2.26	2.19	2.14	2.09
	0.025	5.45	4.07	3.48	3.15	2.92	2.76	2.64	2.55	2.47	2.41
	0.010	7.35	5.21	4.34	3.86	3.54	3.32	3.15	3.02	2.92	2.83
	0.005	8.88	6.11	5.02	4.41	4.02	3.75	3.54	3.39	3.26	3.15
40	0.050	4.08	3.23	2.84	2.61	2.45	2.34	2.25	2.18	2.12	2.08
	0.025	5.42	4.05	3.46	3.13	2.90	2.74	2.62	2.53	2.45	2.39
	0.010	7.31	5.18	4.31	3.83	3.51	3.29	3.12	2.99	2.89	2.80
	0.005	8.83	6.07	4.98	4.37	3.99	3.71	3.51	3.35	3.22	3.12
42	0.050	4.07	3.22	2.83	2.59	2.44	2.32	2.24	2.17	2.11	2.06
	0.025	5.40	4.03	3.45	3.11	2.89	2.73	2.61	2.51	2.43	2.37
	0.010	7.28	5.15	4.29	3.80	3.49	3.27	3.10	2.97	2.86	2.78
	0.005	8.78	6.03	4.94	4.34	3.95	3.68	3.48	3.32	3.19	3.09
44	0.050	4.06	3.21	2.82	2.58	2.43	2.31	2.23	2.16	2.10	2.05
	0.025	5.39	4.02	3.43	3.09	2.87	2.71	2.59	2.50	2.42	2.36
	0.010	7.25	5.12	4.26	3.78	3.47	3.24	3.08	2.95	2.84	2.75
	0.005	8.74	5.99	4.91	4.31	3.92	3.65	3.45	3.29	3.16	3.06
46	0.050	4.05	3.20	2.81	2.57	2.42	2.30	2.22	2.15	2.09	2.04
	0.025	5.37	4.00	3.42	3.08	2.86	2.70	2.58	2.48	2.41	2.34

续表

分母自由度	显著水平	分子自由度 1	2	3	4	5	6	7	8	9	10
46	0.010	7.22	5.10	4.24	3.76	3.44	3.22	3.06	2.93	2.82	2.73
	0.005	8.70	5.96	4.88	4.28	3.90	3.62	3.42	3.26	3.14	3.03
48	0.050	4.04	3.19	2.80	2.57	2.41	2.29	2.21	2.14	2.08	2.03
	0.025	5.35	3.99	3.40	3.07	2.84	2.69	2.56	2.47	2.39	2.33
	0.010	7.19	5.08	4.22	3.74	3.43	3.20	3.04	2.91	2.80	2.71
	0.005	8.66	5.93	4.85	4.25	3.87	3.60	3.40	3.24	3.11	3.01
50	0.050	4.03	3.18	2.79	2.56	2.40	2.29	2.20	2.13	2.07	2.03
	0.025	5.34	3.97	3.39	3.05	2.83	2.67	2.55	2.46	2.38	2.32
	0.010	7.17	5.06	4.20	3.72	3.41	3.19	3.02	2.89	2.78	2.70
	0.005	8.63	5.90	4.83	4.23	3.85	3.58	3.38	3.22	3.09	2.99
60	0.050	4.00	3.15	2.76	2.53	2.37	2.25	2.17	2.10	2.04	1.99
	0.025	5.29	3.93	3.34	3.01	2.79	2.63	2.51	2.41	2.33	2.27
	0.010	7.08	4.98	4.13	3.65	3.34	3.12	2.95	2.82	2.72	2.63
	0.005	8.49	5.79	4.73	4.14	3.76	3.49	3.29	3.13	3.01	2.90
70	0.050	3.98	3.13	2.74	2.50	2.35	2.23	2.14	2.07	2.02	1.97
	0.025	5.25	3.89	3.31	2.97	2.75	2.59	2.47	2.38	2.30	2.24
	0.010	7.01	4.92	4.07	3.60	3.29	3.07	2.91	2.78	2.67	2.59
	0.005	8.40	5.72	4.66	4.08	3.70	3.43	3.23	3.08	2.95	2.85
80	0.050	3.96	3.11	2.72	2.49	2.33	2.21	2.13	2.06	2.00	1.95
	0.025	5.22	3.86	3.28	2.95	2.73	2.57	2.45	2.35	2.28	2.21
	0.010	6.96	4.88	4.04	3.56	3.26	3.04	2.87	2.74	2.64	2.55
	0.005	8.33	5.67	4.61	4.03	3.65	3.39	3.19	3.03	2.91	2.80
100	0.050	3.94	3.09	2.70	2.46	2.31	2.19	2.10	2.03	1.97	1.93
	0.025	5.18	3.83	3.25	2.92	2.70	2.54	2.42	2.32	2.24	2.18
	0.010	6.90	4.82	3.98	3.51	3.21	2.99	2.82	2.69	2.59	2.50
	0.005	8.24	5.59	4.54	3.96	3.59	3.33	3.13	2.97	2.85	2.74
200	0.050	3.89	3.04	2.65	2.42	2.26	2.14	2.06	1.98	1.93	1.88
	0.025	5.10	3.76	3.18	2.85	2.63	2.47	2.35	2.26	2.18	2.11
	0.010	6.76	4.71	3.88	3.41	3.11	2.89	2.73	2.60	2.50	2.41
	0.005	8.06	5.44	4.41	3.84	3.47	3.21	3.01	2.86	2.73	2.63
$+\infty$	0.050	3.84	3.00	2.61	2.37	2.21	2.10	2.01	1.94	1.88	1.83
	0.025	5.03	3.69	3.12	2.79	2.57	2.41	2.29	2.19	2.11	2.05
	0.010	6.64	4.61	3.78	3.32	3.02	2.80	2.64	2.51	2.41	2.32
	0.005	7.88	5.30	4.28	3.72	3.35	3.09	2.90	2.75	2.62	2.52

续表

分母自由度	显著水平	分子自由度									
		11	12	13	14	15	16	17	18	19	20
1	0.050	242.98	243.91	244.69	245.36	245.95	246.46	246.92	247.32	247.69	248.01
	0.025	973.03	976.71	979.84	982.53	984.87	986.92	988.73	990.35	991.80	993.10
	0.010	6083.32	6106.32	6125.86	6142.67	6157.28	6170.10	6181.43	6191.53	6200.58	6208.73
	0.005	24334.36	24426.37	24504.54	24571.77	24630.21	24681.47	24726.80	24767.17	24803.35	24835.97
2	0.050	19.40	19.41	19.42	19.42	19.43	19.43	19.44	19.44	19.44	19.45
	0.025	39.41	39.41	39.42	39.43	39.43	39.44	39.44	39.44	39.45	39.45
	0.010	99.41	99.42	99.42	99.43	99.43	99.44	99.44	99.44	99.45	99.45
	0.005	199.41	199.42	199.42	199.43	199.43	199.44	199.44	199.44	199.45	199.45
3	0.050	8.76	8.74	8.73	8.71	8.70	8.69	8.68	8.67	8.67	8.66
	0.025	14.37	14.34	14.30	14.28	14.25	14.23	14.21	14.20	14.18	14.17
	0.010	27.13	27.05	26.98	26.92	26.87	26.83	26.79	26.75	26.72	26.69
	0.005	43.52	43.39	43.27	43.17	43.08	43.01	42.94	42.88	42.83	42.78
4	0.050	5.94	5.91	5.89	5.87	5.86	5.84	5.83	5.82	5.81	5.80
	0.025	8.79	8.75	8.71	8.68	8.66	8.63	8.61	8.59	8.58	8.56
	0.010	14.45	14.37	14.31	14.25	14.20	14.15	14.11	14.08	14.05	14.02
	0.005	20.82	20.70	20.60	20.51	20.44	20.37	20.31	20.26	20.21	20.17
5	0.050	4.70	4.68	4.66	4.64	4.62	4.60	4.59	4.58	4.57	4.56
	0.025	6.57	6.52	6.49	6.46	6.43	6.40	6.38	6.36	6.34	6.33
	0.010	9.96	9.89	9.82	9.77	9.72	9.68	9.64	9.61	9.58	9.55
	0.005	13.49	13.38	13.29	13.21	13.15	13.09	13.03	12.98	12.94	12.90
6	0.050	4.03	4.00	3.98	3.96	3.94	3.92	3.91	3.90	3.88	3.87
	0.025	5.41	5.37	5.33	5.30	5.27	5.24	5.22	5.20	5.18	5.17
	0.010	7.79	7.72	7.66	7.60	7.56	7.52	7.48	7.45	7.42	7.40
	0.005	10.13	10.03	9.95	9.88	9.81	9.76	9.71	9.66	9.62	9.59
7	0.050	3.60	3.57	3.55	3.53	3.51	3.49	3.48	3.47	3.46	3.44
	0.025	4.71	4.67	4.63	4.60	4.57	4.54	4.52	4.50	4.48	4.47
	0.010	6.54	6.47	6.41	6.36	6.31	6.28	6.24	6.21	6.18	6.16
	0.005	8.27	8.18	8.10	8.03	7.97	7.91	7.87	7.83	7.79	7.75
8	0.050	3.31	3.28	3.26	3.24	3.22	3.20	3.19	3.17	3.16	3.15
	0.025	4.24	4.20	4.16	4.13	4.10	4.08	4.05	4.03	4.02	4.00
	0.010	5.73	5.67	5.61	5.56	5.52	5.48	5.44	5.41	5.38	5.36
	0.005	7.10	7.01	6.94	6.87	6.81	6.76	6.72	6.68	6.64	6.61
9	0.050	3.10	3.07	3.05	3.03	3.01	2.99	2.97	2.96	2.95	2.94
	0.025	3.91	3.87	3.83	3.80	3.77	3.74	3.72	3.70	3.68	3.67
	0.010	5.18	5.11	5.05	5.01	4.96	4.92	4.89	4.86	4.83	4.81
	0.005	6.31	6.23	6.15	6.09	6.03	5.98	5.94	5.90	5.86	5.83
10	0.050	2.94	2.91	2.89	2.86	2.85	2.83	2.81	2.80	2.79	2.77

续表

分母自由度	显著水平	分子自由度									
		11	12	13	14	15	16	17	18	19	20
10	0.025	3.66	3.62	3.58	3.55	3.52	3.50	3.47	3.45	3.44	3.42
	0.010	4.77	4.71	4.65	4.60	4.56	4.52	4.49	4.46	4.43	4.41
	0.005	5.75	5.66	5.59	5.53	5.47	5.42	5.38	5.34	5.31	5.27
11	0.050	2.82	2.79	2.76	2.74	2.72	2.70	2.69	2.67	2.66	2.65
	0.025	3.47	3.43	3.39	3.36	3.33	3.30	3.28	3.26	3.24	3.23
	0.010	4.46	4.40	4.34	4.29	4.25	4.21	4.18	4.15	4.12	4.10
	0.005	5.32	5.24	5.16	5.10	5.05	5.00	4.96	4.92	4.89	4.86
12	0.050	2.72	2.69	2.66	2.64	2.62	2.60	2.58	2.57	2.56	2.54
	0.025	3.32	3.28	3.24	3.21	3.18	3.15	3.13	3.11	3.09	3.07
	0.010	4.22	4.16	4.10	4.05	4.01	3.97	3.94	3.91	3.88	3.86
	0.005	4.99	4.91	4.84	4.77	4.72	4.67	4.63	4.59	4.56	4.53
13	0.050	2.63	2.60	2.58	2.55	2.53	2.51	2.50	2.48	2.47	2.46
	0.025	3.20	3.15	3.12	3.08	3.05	3.03	3.00	2.98	2.96	2.95
	0.010	4.02	3.96	3.91	3.86	3.82	3.78	3.75	3.72	3.69	3.66
	0.005	4.72	4.64	4.57	4.51	4.46	4.41	4.37	4.33	4.30	4.27
14	0.050	2.57	2.53	2.51	2.48	2.46	2.44	2.43	2.41	2.40	2.39
	0.025	3.09	3.05	3.01	2.98	2.95	2.92	2.90	2.88	2.86	2.84
	0.010	3.86	3.80	3.75	3.70	3.66	3.62	3.59	3.56	3.53	3.51
	0.005	4.51	4.43	4.36	4.30	4.25	4.20	4.16	4.12	4.09	4.06
15	0.050	2.51	2.48	2.45	2.42	2.40	2.38	2.37	2.35	2.34	2.33
	0.025	3.01	2.96	2.92	2.89	2.86	2.84	2.81	2.79	2.77	2.76
	0.010	3.73	3.67	3.61	3.56	3.52	3.49	3.45	3.42	3.40	3.37
	0.005	4.33	4.25	4.18	4.12	4.07	4.02	3.98	3.95	3.91	3.88
16	0.050	2.46	2.42	2.40	2.37	2.35	2.33	2.32	2.30	2.29	2.28
	0.025	2.93	2.89	2.85	2.82	2.79	2.76	2.74	2.72	2.70	2.68
	0.010	3.62	3.55	3.50	3.45	3.41	3.37	3.34	3.31	3.28	3.26
	0.005	4.18	4.10	4.03	3.97	3.92	3.87	3.83	3.80	3.76	3.73
17	0.050	2.41	2.38	2.35	2.33	2.31	2.29	2.27	2.26	2.24	2.23
	0.025	2.87	2.82	2.79	2.75	2.72	2.70	2.67	2.65	2.63	2.62
	0.010	3.52	3.46	3.40	3.35	3.31	3.27	3.24	3.21	3.19	3.16
	0.005	4.05	3.97	3.90	3.84	3.79	3.75	3.71	3.67	3.64	3.61
18	0.050	2.37	2.34	2.31	2.29	2.27	2.25	2.23	2.22	2.20	2.19
	0.025	2.81	2.77	2.73	2.70	2.67	2.64	2.62	2.60	2.58	2.56
	0.010	3.43	3.37	3.32	3.27	3.23	3.19	3.16	3.13	3.10	3.08
	0.005	3.94	3.86	3.79	3.73	3.68	3.64	3.60	3.56	3.53	3.50
19	0.050	2.34	2.31	2.28	2.26	2.23	2.21	2.20	2.18	2.17	2.16
	0.025	2.76	2.72	2.68	2.65	2.62	2.59	2.57	2.55	2.53	2.51

续表

分母自由度	显著水平	分子自由度									
		11	12	13	14	15	16	17	18	19	20
19	0.010	3.36	3.30	3.24	3.19	3.15	3.12	3.08	3.05	3.03	3.00
	0.005	3.84	3.76	3.70	3.64	3.59	3.54	3.50	3.46	3.43	3.40
20	0.050	2.31	2.28	2.25	2.22	2.20	2.18	2.17	2.15	2.14	2.12
	0.025	2.72	2.68	2.64	2.60	2.57	2.55	2.52	2.50	2.48	2.46
	0.010	3.29	3.23	3.18	3.13	3.09	3.05	3.02	2.99	2.96	2.94
	0.005	3.76	3.68	3.61	3.55	3.50	3.46	3.42	3.38	3.35	3.32
21	0.050	2.28	2.25	2.22	2.20	2.18	2.16	2.14	2.12	2.11	2.10
	0.025	2.68	2.64	2.60	2.56	2.53	2.51	2.48	2.46	2.44	2.42
	0.010	3.24	3.17	3.12	3.07	3.03	2.99	2.96	2.93	2.90	2.88
	0.005	3.68	3.60	3.54	3.48	3.43	3.38	3.34	3.31	3.27	3.24
22	0.050	2.26	2.23	2.20	2.17	2.15	2.13	2.11	2.10	2.08	2.07
	0.025	2.65	2.60	2.56	2.53	2.50	2.47	2.45	2.43	2.41	2.39
	0.010	3.18	3.12	3.07	3.02	2.98	2.94	2.91	2.88	2.85	2.83
	0.005	3.61	3.54	3.47	3.41	3.36	3.31	3.27	3.24	3.21	3.18
23	0.050	2.24	2.20	2.18	2.15	2.13	2.11	2.09	2.08	2.06	2.05
	0.025	2.62	2.57	2.53	2.50	2.47	2.44	2.42	2.39	2.37	2.36
	0.010	3.14	3.07	3.02	2.97	2.93	2.89	2.86	2.83	2.80	2.78
	0.005	3.55	3.47	3.41	3.35	3.30	3.25	3.21	3.18	3.15	3.12
24	0.050	2.22	2.18	2.15	2.13	2.11	2.09	2.07	2.05	2.04	2.03
	0.025	2.59	2.54	2.50	2.47	2.44	2.41	2.39	2.36	2.35	2.33
	0.010	3.09	3.03	2.98	2.93	2.89	2.85	2.82	2.79	2.76	2.74
	0.005	3.50	3.42	3.35	3.30	3.25	3.20	3.16	3.12	3.09	3.06
25	0.050	2.20	2.16	2.14	2.11	2.09	2.07	2.05	2.04	2.02	2.01
	0.025	2.56	2.51	2.48	2.44	2.41	2.38	2.36	2.34	2.32	2.30
	0.010	3.06	2.99	2.94	2.89	2.85	2.81	2.78	2.75	2.72	2.70
	0.005	3.45	3.37	3.30	3.25	3.20	3.15	3.11	3.08	3.04	3.01
26	0.050	2.18	2.15	2.12	2.09	2.07	2.05	2.03	2.02	2.00	1.99
	0.025	2.54	2.49	2.45	2.42	2.39	2.36	2.34	2.31	2.29	2.28
	0.010	3.02	2.96	2.90	2.86	2.81	2.78	2.75	2.72	2.69	2.66
	0.005	3.40	3.33	3.26	3.20	3.15	3.11	3.07	3.03	3.00	2.97
27	0.050	2.17	2.13	2.10	2.08	2.06	2.04	2.02	2.00	1.99	1.97
	0.025	2.51	2.47	2.43	2.39	2.36	2.34	2.31	2.29	2.27	2.25
	0.010	2.99	2.93	2.87	2.82	2.78	2.75	2.71	2.68	2.66	2.63
	0.005	3.36	3.28	3.22	3.16	3.11	3.07	3.03	2.99	2.96	2.93
28	0.050	2.15	2.12	2.09	2.06	2.04	2.02	2.00	1.99	1.97	1.96
	0.025	2.49	2.45	2.41	2.37	2.34	2.32	2.29	2.27	2.25	2.23
	0.010	2.96	2.90	2.84	2.79	2.75	2.72	2.68	2.65	2.63	2.60

续表

分母自由度	显著水平	分子自由度 11	12	13	14	15	16	17	18	19	20
28	0.005	3.32	3.25	3.18	3.12	3.07	3.03	2.99	2.95	2.92	2.89
29	0.050	2.14	2.10	2.08	2.05	2.03	2.01	1.99	1.97	1.96	1.94
	0.025	2.48	2.43	2.39	2.36	2.32	2.30	2.27	2.25	2.23	2.21
	0.010	2.93	2.87	2.81	2.77	2.73	2.69	2.66	2.63	2.60	2.57
	0.005	3.29	3.21	3.15	3.09	3.04	2.99	2.95	2.92	2.88	2.86
30	0.050	2.13	2.09	2.06	2.04	2.01	1.99	1.98	1.96	1.95	1.93
	0.025	2.46	2.41	2.37	2.34	2.31	2.28	2.26	2.23	2.21	2.20
	0.010	2.91	2.84	2.79	2.74	2.70	2.66	2.63	2.60	2.57	2.55
	0.005	3.25	3.18	3.11	3.06	3.01	2.96	2.92	2.89	2.85	2.82
32	0.050	2.10	2.07	2.04	2.01	1.99	1.97	1.95	1.94	1.92	1.91
	0.025	2.43	2.38	2.34	2.31	2.28	2.25	2.22	2.20	2.18	2.16
	0.010	2.86	2.80	2.74	2.70	2.65	2.62	2.58	2.55	2.53	2.50
	0.005	3.20	3.12	3.06	3.00	2.95	2.90	2.86	2.83	2.80	2.77
34	0.050	2.08	2.05	2.02	1.99	1.97	1.95	1.93	1.92	1.90	1.89
	0.025	2.40	2.35	2.31	2.28	2.25	2.22	2.20	2.17	2.15	2.13
	0.010	2.82	2.76	2.70	2.66	2.61	2.58	2.54	2.51	2.49	2.46
	0.005	3.15	3.07	3.01	2.95	2.90	2.85	2.81	2.78	2.75	2.72
36	0.050	2.07	2.03	2.00	1.98	1.95	1.93	1.92	1.90	1.88	1.87
	0.025	2.37	2.33	2.29	2.25	2.22	2.20	2.17	2.15	2.13	2.11
	0.010	2.79	2.72	2.67	2.62	2.58	2.54	2.51	2.48	2.45	2.43
	0.005	3.10	3.03	2.96	2.90	2.85	2.81	2.77	2.73	2.70	2.67
38	0.050	2.05	2.02	1.99	1.96	1.94	1.92	1.90	1.88	1.87	1.85
	0.025	2.35	2.31	2.27	2.23	2.20	2.17	2.15	2.13	2.11	2.09
	0.010	2.75	2.69	2.64	2.59	2.55	2.51	2.48	2.45	2.42	2.40
	0.005	3.06	2.99	2.92	2.87	2.82	2.77	2.73	2.70	2.66	2.63
40	0.050	2.04	2.00	1.97	1.95	1.92	1.90	1.89	1.87	1.85	1.84
	0.025	2.33	2.29	2.25	2.21	2.18	2.15	2.13	2.11	2.09	2.07
	0.010	2.73	2.66	2.61	2.56	2.52	2.48	2.45	2.42	2.39	2.37
	0.005	3.03	2.95	2.89	2.83	2.78	2.74	2.70	2.66	2.63	2.60
42	0.050	2.03	1.99	1.96	1.94	1.91	1.89	1.87	1.86	1.84	1.83
	0.025	2.32	2.27	2.23	2.20	2.16	2.14	2.11	2.09	2.07	2.05
	0.010	2.70	2.64	2.59	2.54	2.50	2.46	2.43	2.40	2.37	2.34
	0.005	3.00	2.92	2.86	2.80	2.75	2.71	2.67	2.63	2.60	2.57
44	0.050	2.01	1.98	1.95	1.92	1.90	1.88	1.86	1.84	1.83	1.81
	0.025	2.30	2.26	2.22	2.18	2.15	2.12	2.10	2.07	2.05	2.03
	0.010	2.68	2.62	2.56	2.52	2.47	2.44	2.40	2.37	2.35	2.32
	0.005	2.97	2.89	2.83	2.77	2.72	2.68	2.64	2.60	2.57	2.54

续表

分母自由度	显著水平	分子自由度									
		11	12	13	14	15	16	17	18	19	20
46	0.050	2.00	1.97	1.94	1.91	1.89	1.87	1.85	1.83	1.82	1.80
	0.025	2.29	2.24	2.20	2.17	2.13	2.11	2.08	2.06	2.04	2.02
	0.010	2.66	2.60	2.54	2.50	2.45	2.42	2.38	2.35	2.33	2.30
	0.005	2.94	2.87	2.80	2.75	2.70	2.65	2.61	2.58	2.54	2.51
48	0.050	1.99	1.96	1.93	1.90	1.88	1.86	1.84	1.82	1.81	1.79
	0.025	2.27	2.23	2.19	2.15	2.12	2.09	2.07	2.05	2.02	2.01
	0.010	2.64	2.58	2.53	2.48	2.44	2.40	2.37	2.33	2.31	2.28
	0.005	2.92	2.85	2.78	2.72	2.67	2.63	2.59	2.55	2.52	2.49
50	0.050	1.99	1.95	1.92	1.89	1.87	1.85	1.83	1.81	1.80	1.78
	0.025	2.26	2.22	2.18	2.14	2.11	2.08	2.06	2.03	2.01	1.99
	0.010	2.63	2.56	2.51	2.46	2.42	2.38	2.35	2.32	2.29	2.27
	0.005	2.90	2.82	2.76	2.70	2.65	2.61	2.57	2.53	2.50	2.47
60	0.050	1.95	1.92	1.89	1.86	1.84	1.82	1.80	1.78	1.76	1.75
	0.025	2.22	2.17	2.13	2.09	2.06	2.03	2.01	1.98	1.96	1.94
	0.010	2.56	2.50	2.44	2.39	2.35	2.31	2.28	2.25	2.22	2.20
	0.005	2.82	2.74	2.68	2.62	2.57	2.53	2.49	2.45	2.42	2.39
70	0.050	1.93	1.89	1.86	1.84	1.81	1.79	1.77	1.75	1.74	1.72
	0.025	2.18	2.14	2.10	2.06	2.03	2.00	1.97	1.95	1.93	1.91
	0.010	2.51	2.45	2.40	2.35	2.31	2.27	2.23	2.20	2.18	2.15
	0.005	2.76	2.68	2.62	2.56	2.51	2.47	2.43	2.39	2.36	2.33
80	0.050	1.91	1.88	1.84	1.82	1.79	1.77	1.75	1.73	1.72	1.70
	0.025	2.16	2.11	2.07	2.03	2.00	1.97	1.95	1.92	1.90	1.88
	0.010	2.48	2.42	2.36	2.31	2.27	2.23	2.20	2.17	2.14	2.12
	0.005	2.72	2.64	2.58	2.52	2.47	2.43	2.39	2.35	2.32	2.29
100	0.050	1.89	1.85	1.82	1.79	1.77	1.75	1.73	1.71	1.69	1.68
	0.025	2.12	2.08	2.04	2.00	1.97	1.94	1.91	1.89	1.87	1.85
	0.010	2.43	2.37	2.31	2.27	2.22	2.19	2.15	2.12	2.09	2.07
	0.005	2.66	2.58	2.52	2.46	2.41	2.37	2.33	2.29	2.26	2.23
200	0.050	1.84	1.80	1.77	1.74	1.72	1.69	1.67	1.66	1.64	1.62
	0.025	2.06	2.01	1.97	1.93	1.90	1.87	1.84	1.82	1.80	1.78
	0.010	2.34	2.27	2.22	2.17	2.13	2.09	2.06	2.03	2.00	1.97
	0.005	2.54	2.47	2.40	2.35	2.30	2.25	2.21	2.18	2.14	2.11
$+\infty$	0.050	1.79	1.75	1.72	1.69	1.67	1.64	1.62	1.60	1.59	1.57
	0.025	1.99	1.95	1.90	1.87	1.83	1.80	1.78	1.75	1.73	1.71
	0.010	2.25	2.19	2.13	2.08	2.04	2.00	1.97	1.94	1.91	1.88
	0.005	2.43	2.36	2.30	2.24	2.19	2.14	2.10	2.07	2.03	2.00

续表

分母自由度	显著水平	分子自由度									
		22	24	26	28	30	40	60	80	100	+∞
1	0.050	248.58	249.05	249.45	249.80	250.10	251.14	252.20	252.72	253.04	254.30
	0.025	995.36	997.25	998.85	1000.22	1001.41	1005.60	1009.80	1011.91	1013.17	1018.21
	0.010	6222.84	6234.63	6244.62	6253.20	6260.65	6286.78	6313.03	6326.20	6334.11	6365.55
	0.005	24892.42	24939.57	24979.53	25013.85	25043.63	25148.15	25253.14	25305.80	25337.45	25463.18
2	0.050	19.45	19.45	19.46	19.46	19.46	19.47	19.48	19.48	19.49	19.50
	0.025	39.45	39.46	39.46	39.46	39.46	39.47	39.48	39.49	39.49	39.50
	0.010	99.45	99.46	99.46	99.46	99.47	99.47	99.48	99.49	99.49	99.50
	0.005	199.45	199.46	199.46	199.46	199.47	199.47	199.48	199.49	199.49	199.50
3	0.050	8.65	8.64	8.63	8.62	8.62	8.59	8.57	8.56	8.55	8.53
	0.025	14.14	14.12	14.11	14.09	14.08	14.04	13.99	13.97	13.96	13.90
	0.010	26.64	26.60	26.56	26.53	26.50	26.41	26.32	26.27	26.24	26.13
	0.005	42.69	42.62	42.56	42.51	42.47	42.31	42.15	42.07	42.02	41.83
4	0.050	5.79	5.77	5.76	5.75	5.75	5.72	5.69	5.67	5.66	5.63
	0.025	8.53	8.51	8.49	8.48	8.46	8.41	8.36	8.33	8.32	8.26
	0.010	13.97	13.93	13.89	13.86	13.84	13.75	13.65	13.61	13.58	13.46
	0.005	20.09	20.03	19.98	19.93	19.89	19.75	19.61	19.54	19.50	19.33
5	0.050	4.54	4.53	4.52	4.50	4.50	4.46	4.43	4.41	4.41	4.37
	0.025	6.30	6.28	6.26	6.24	6.23	6.18	6.12	6.10	6.08	6.02
	0.010	9.51	9.47	9.43	9.40	9.38	9.29	9.20	9.16	9.13	9.02
	0.005	12.84	12.78	12.73	12.69	12.66	12.53	12.40	12.34	12.30	12.15
6	0.050	3.86	3.84	3.83	3.82	3.81	3.77	3.74	3.72	3.71	3.67
	0.025	5.14	5.12	5.10	5.08	5.07	5.01	4.96	4.93	4.92	4.85
	0.010	7.35	7.31	7.28	7.25	7.23	7.14	7.06	7.01	6.99	6.88
	0.005	9.53	9.47	9.43	9.39	9.36	9.24	9.12	9.06	9.03	8.88
7	0.050	3.43	3.41	3.40	3.39	3.38	3.34	3.30	3.29	3.27	3.23
	0.025	4.44	4.41	4.39	4.38	4.36	4.31	4.25	4.23	4.21	4.14
	0.010	6.11	6.07	6.04	6.02	5.99	5.91	5.82	5.78	5.75	5.65
	0.005	7.69	7.64	7.60	7.57	7.53	7.42	7.31	7.25	7.22	7.08
8	0.050	3.13	3.12	3.10	3.09	3.08	3.04	3.01	2.99	2.97	2.93
	0.025	3.97	3.95	3.93	3.91	3.89	3.84	3.78	3.76	3.74	3.67
	0.010	5.32	5.28	5.25	5.22	5.20	5.12	5.03	4.99	4.96	4.86
	0.005	6.55	6.50	6.46	6.43	6.40	6.29	6.18	6.12	6.09	5.95
9	0.050	2.92	2.90	2.89	2.87	2.86	2.83	2.79	2.77	2.76	2.71
	0.025	3.64	3.61	3.59	3.58	3.56	3.51	3.45	3.42	3.40	3.33
	0.010	4.77	4.73	4.70	4.67	4.65	4.57	4.48	4.44	4.41	4.31
	0.005	5.78	5.73	5.69	5.65	5.62	5.52	5.41	5.36	5.32	5.19
10	0.050	2.75	2.74	2.72	2.71	2.70	2.66	2.62	2.60	2.59	2.54

续表

分母自由度	显著水平	分子自由度									
		22	24	26	28	30	40	60	80	100	+∞
10	0.025	3.39	3.37	3.34	3.33	3.31	3.26	3.20	3.17	3.15	3.08
	0.010	4.36	4.33	4.30	4.27	4.25	4.17	4.08	4.04	4.01	3.91
	0.005	5.22	5.17	5.13	5.10	5.07	4.97	4.86	4.80	4.77	4.64
11	0.050	2.63	2.61	2.59	2.58	2.57	2.53	2.49	2.47	2.46	2.41
	0.025	3.20	3.17	3.15	3.13	3.12	3.06	3.00	2.97	2.96	2.88
	0.010	4.06	4.02	3.99	3.96	3.94	3.86	3.78	3.73	3.71	3.60
	0.005	4.80	4.76	4.72	4.68	4.65	4.55	4.45	4.39	4.36	4.23
12	0.050	2.52	2.51	2.49	2.48	2.47	2.43	2.38	2.36	2.35	2.30
	0.025	3.04	3.02	3.00	2.98	2.96	2.91	2.85	2.82	2.80	2.73
	0.010	3.82	3.78	3.75	3.72	3.70	3.62	3.54	3.49	3.47	3.36
	0.005	4.48	4.43	4.39	4.36	4.33	4.23	4.12	4.07	4.04	3.91
13	0.050	2.44	2.42	2.41	2.39	2.38	2.34	2.30	2.27	2.26	2.21
	0.025	2.92	2.89	2.87	2.85	2.84	2.78	2.72	2.69	2.67	2.60
	0.010	3.62	3.59	3.56	3.53	3.51	3.43	3.34	3.30	3.27	3.17
	0.005	4.22	4.17	4.13	4.10	4.07	3.97	3.87	3.81	3.78	3.65
14	0.050	2.37	2.35	2.33	2.32	2.31	2.27	2.22	2.20	2.19	2.13
	0.025	2.81	2.79	2.77	2.75	2.73	2.67	2.61	2.58	2.56	2.49
	0.010	3.46	3.43	3.40	3.37	3.35	3.27	3.18	3.14	3.11	3.01
	0.005	4.01	3.96	3.92	3.89	3.86	3.76	3.66	3.60	3.57	3.44
15	0.050	2.31	2.29	2.27	2.26	2.25	2.20	2.16	2.14	2.12	2.07
	0.025	2.73	2.70	2.68	2.66	2.64	2.59	2.52	2.49	2.47	2.40
	0.010	3.33	3.29	3.26	3.24	3.21	3.13	3.05	3.00	2.98	2.87
	0.005	3.83	3.79	3.75	3.72	3.69	3.58	3.48	3.43	3.39	3.26
16	0.050	2.25	2.24	2.22	2.21	2.19	2.15	2.11	2.08	2.07	2.01
	0.025	2.65	2.63	2.60	2.58	2.57	2.51	2.45	2.42	2.40	2.32
	0.010	3.22	3.18	3.15	3.12	3.10	3.02	2.93	2.89	2.86	2.75
	0.005	3.68	3.64	3.60	3.57	3.54	3.44	3.33	3.28	3.25	3.11
17	0.050	2.21	2.19	2.17	2.16	2.15	2.10	2.06	2.03	2.02	1.96
	0.025	2.59	2.56	2.54	2.52	2.50	2.44	2.38	2.35	2.33	2.25
	0.010	3.12	3.08	3.05	3.03	3.00	2.92	2.83	2.79	2.76	2.65
	0.005	3.56	3.51	3.47	3.44	3.41	3.31	3.21	3.15	3.12	2.99
18	0.050	2.17	2.15	2.13	2.12	2.11	2.06	2.02	1.99	1.98	1.92
	0.025	2.53	2.50	2.48	2.46	2.44	2.38	2.32	2.29	2.27	2.19
	0.010	3.03	3.00	2.97	2.94	2.92	2.84	2.75	2.70	2.68	2.57
	0.005	3.45	3.40	3.36	3.33	3.30	3.20	3.10	3.04	3.01	2.87
19	0.050	2.13	2.11	2.10	2.08	2.07	2.03	1.98	1.96	1.94	1.88
	0.025	2.48	2.45	2.43	2.41	2.39	2.33	2.27	2.24	2.22	2.13
	0.010	2.96	2.92	2.89	2.87	2.84	2.76	2.67	2.63	2.60	2.49
	0.005	3.35	3.31	3.27	3.24	3.21	3.11	3.00	2.95	2.91	2.78
20	0.050	2.10	2.08	2.07	2.05	2.04	1.99	1.95	1.92	1.91	1.84

续表

分母自由度	显著水平	分子自由度 22	24	26	28	30	40	60	80	100	+∞
20	0.025	2.43	2.41	2.39	2.37	2.35	2.29	2.22	2.19	2.17	2.09
	0.010	2.90	2.86	2.83	2.80	2.78	2.69	2.61	2.56	2.54	2.42
	0.005	3.27	3.22	3.18	3.15	3.12	3.02	2.92	2.86	2.83	2.69
21	0.050	2.07	2.05	2.04	2.02	2.01	1.96	1.92	1.89	1.88	1.81
	0.025	2.39	2.37	2.34	2.33	2.31	2.25	2.18	2.15	2.13	2.04
	0.010	2.84	2.80	2.77	2.74	2.72	2.64	2.55	2.50	2.48	2.36
	0.005	3.19	3.15	3.11	3.08	3.05	2.95	2.84	2.79	2.75	2.62
22	0.050	2.05	2.03	2.01	2.00	1.98	1.94	1.89	1.86	1.85	1.78
	0.025	2.36	2.33	2.31	2.29	2.27	2.21	2.14	2.11	2.09	2.00
	0.010	2.78	2.75	2.72	2.69	2.67	2.58	2.50	2.45	2.42	2.31
	0.005	3.12	3.08	3.04	3.01	2.98	2.88	2.77	2.72	2.69	2.55
23	0.050	2.02	2.01	1.99	1.97	1.96	1.91	1.86	1.84	1.82	1.76
	0.025	2.33	2.30	2.28	2.26	2.24	2.18	2.11	2.08	2.06	1.97
	0.010	2.74	2.70	2.67	2.64	2.62	2.54	2.45	2.40	2.37	2.26
	0.005	3.06	3.02	2.98	2.95	2.92	2.82	2.71	2.66	2.62	2.49
24	0.050	2.00	1.98	1.97	1.95	1.94	1.89	1.84	1.82	1.80	1.73
	0.025	2.30	2.27	2.25	2.23	2.21	2.15	2.08	2.05	2.02	1.94
	0.010	2.70	2.66	2.63	2.60	2.58	2.49	2.40	2.36	2.33	2.21
	0.005	3.01	2.97	2.93	2.90	2.87	2.77	2.66	2.60	2.57	2.43
25	0.050	1.98	1.96	1.95	1.93	1.92	1.87	1.82	1.80	1.78	1.71
	0.025	2.27	2.24	2.22	2.20	2.18	2.12	2.05	2.02	2.00	1.91
	0.010	2.66	2.62	2.59	2.56	2.54	2.45	2.36	2.32	2.29	2.17
	0.005	2.96	2.92	2.88	2.85	2.82	2.72	2.61	2.55	2.52	2.38
26	0.050	1.97	1.95	1.93	1.91	1.90	1.85	1.80	1.78	1.76	1.69
	0.025	2.24	2.22	2.19	2.17	2.16	2.09	2.03	1.99	1.97	1.88
	0.010	2.62	2.58	2.55	2.53	2.50	2.42	2.33	2.28	2.25	2.13
	0.005	2.92	2.87	2.84	2.80	2.77	2.67	2.56	2.51	2.47	2.33
27	0.050	1.95	1.93	1.91	1.90	1.88	1.84	1.79	1.76	1.74	1.67
	0.025	2.22	2.19	2.17	2.15	2.13	2.07	2.00	1.97	1.94	1.85
	0.010	2.59	2.55	2.52	2.49	2.47	2.38	2.29	2.25	2.22	2.10
	0.005	2.88	2.83	2.79	2.76	2.73	2.63	2.52	2.47	2.43	2.29
28	0.050	1.93	1.91	1.90	1.88	1.87	1.82	1.77	1.74	1.73	1.65
	0.025	2.20	2.17	2.15	2.13	2.11	2.05	1.98	1.94	1.92	1.83
	0.010	2.56	2.52	2.49	2.46	2.44	2.35	2.26	2.22	2.19	2.07
	0.005	2.84	2.79	2.76	2.72	2.69	2.59	2.48	2.43	2.39	2.25
29	0.050	1.92	1.90	1.88	1.87	1.85	1.81	1.75	1.73	1.71	1.64
	0.025	2.18	2.15	2.13	2.11	2.09	2.03	1.96	1.92	1.90	1.81
	0.010	2.53	2.49	2.46	2.44	2.41	2.33	2.23	2.19	2.16	2.04
	0.005	2.80	2.76	2.72	2.69	2.66	2.56	2.45	2.39	2.36	2.21
30	0.050	1.91	1.89	1.87	1.85	1.84	1.79	1.74	1.71	1.70	1.62

续表

分母自由度	显著水平	分子自由度									
		22	24	26	28	30	40	60	80	100	+∞
30	0.025	2.16	2.14	2.11	2.09	2.07	2.01	1.94	1.90	1.88	1.79
	0.010	2.51	2.47	2.44	2.41	2.39	2.30	2.21	2.16	2.13	2.01
	0.005	2.77	2.73	2.69	2.66	2.63	2.52	2.42	2.36	2.32	2.18
32	0.050	1.88	1.86	1.85	1.83	1.82	1.77	1.71	1.69	1.67	1.60
	0.025	2.13	2.10	2.08	2.06	2.04	1.98	1.91	1.87	1.85	1.75
	0.010	2.46	2.42	2.39	2.36	2.34	2.25	2.16	2.11	2.08	1.96
	0.005	2.71	2.67	2.63	2.60	2.57	2.47	2.36	2.30	2.26	2.12
34	0.050	1.86	1.84	1.82	1.81	1.80	1.75	1.69	1.66	1.65	1.57
	0.025	2.10	2.07	2.05	2.03	2.01	1.95	1.88	1.84	1.82	1.72
	0.010	2.42	2.38	2.35	2.32	2.30	2.21	2.12	2.07	2.04	1.91
	0.005	2.66	2.62	2.58	2.55	2.52	2.42	2.30	2.25	2.21	2.06
36	0.050	1.85	1.82	1.81	1.79	1.78	1.73	1.67	1.64	1.62	1.55
	0.025	2.08	2.05	2.03	2.00	1.99	1.92	1.85	1.81	1.79	1.69
	0.010	2.38	2.35	2.32	2.29	2.26	2.18	2.08	2.03	2.00	1.87
	0.005	2.62	2.58	2.54	2.50	2.48	2.37	2.26	2.20	2.17	2.01
38	0.050	1.83	1.81	1.79	1.77	1.76	1.71	1.65	1.62	1.61	1.53
	0.025	2.05	2.03	2.00	1.98	1.96	1.90	1.82	1.79	1.76	1.66
	0.010	2.35	2.32	2.28	2.26	2.23	2.14	2.05	2.00	1.97	1.84
	0.005	2.58	2.54	2.50	2.47	2.44	2.33	2.22	2.16	2.12	1.97
40	0.050	1.81	1.79	1.77	1.76	1.74	1.69	1.64	1.61	1.59	1.51
	0.025	2.03	2.01	1.98	1.96	1.94	1.88	1.80	1.76	1.74	1.64
	0.010	2.33	2.29	2.26	2.23	2.20	2.11	2.02	1.97	1.94	1.81
	0.005	2.55	2.50	2.46	2.43	2.40	2.30	2.18	2.12	2.09	1.93
42	0.050	1.80	1.78	1.76	1.75	1.73	1.68	1.62	1.59	1.57	1.49
	0.025	2.02	1.99	1.96	1.94	1.92	1.86	1.78	1.74	1.72	1.62
	0.010	2.30	2.26	2.23	2.20	2.18	2.09	1.99	1.94	1.91	1.78
	0.005	2.52	2.47	2.43	2.40	2.37	2.26	2.15	2.09	2.06	1.90
44	0.050	1.79	1.77	1.75	1.73	1.72	1.67	1.61	1.58	1.56	1.48
	0.025	2.00	1.97	1.95	1.93	1.91	1.84	1.77	1.73	1.70	1.60
	0.010	2.28	2.24	2.21	2.18	2.15	2.07	1.97	1.92	1.89	1.75
	0.005	2.49	2.44	2.40	2.37	2.34	2.24	2.12	2.06	2.03	1.87
46	0.050	1.78	1.76	1.74	1.72	1.71	1.65	1.60	1.57	1.55	1.46
	0.025	1.99	1.96	1.93	1.91	1.89	1.82	1.75	1.71	1.69	1.58
	0.010	2.26	2.22	2.19	2.16	2.13	2.04	1.95	1.90	1.86	1.73
	0.005	2.46	2.42	2.38	2.35	2.32	2.21	2.10	2.04	2.00	1.84
48	0.050	1.77	1.75	1.73	1.71	1.70	1.64	1.59	1.56	1.54	1.45
	0.025	1.97	1.94	1.92	1.90	1.88	1.81	1.73	1.69	1.67	1.56
	0.010	2.24	2.20	2.17	2.14	2.12	2.02	1.93	1.88	1.84	1.71
	0.005	2.44	2.39	2.36	2.32	2.29	2.19	2.07	2.01	1.97	1.81
50	0.050	1.76	1.74	1.72	1.70	1.69	1.63	1.58	1.54	1.52	1.44

续表

分母自由度	显著水平	分子自由度									
		22	24	26	28	30	40	60	80	100	+∞
50	0.025	1.96	1.93	1.91	1.89	1.87	1.80	1.72	1.68	1.66	1.55
	0.010	2.22	2.18	2.15	2.12	2.10	2.01	1.91	1.86	1.82	1.68
	0.005	2.42	2.37	2.33	2.30	2.27	2.16	2.05	1.99	1.95	1.79
60	0.050	1.72	1.70	1.68	1.66	1.65	1.59	1.53	1.50	1.48	1.39
	0.025	1.91	1.88	1.86	1.83	1.82	1.74	1.67	1.63	1.60	1.48
	0.010	2.15	2.12	2.08	2.05	2.03	1.94	1.84	1.78	1.75	1.60
	0.005	2.33	2.29	2.25	2.22	2.19	2.08	1.96	1.90	1.86	1.69
70	0.050	1.70	1.67	1.65	1.64	1.62	1.57	1.50	1.47	1.45	1.35
	0.025	1.88	1.85	1.82	1.80	1.78	1.71	1.63	1.59	1.56	1.44
	0.010	2.11	2.07	2.03	2.01	1.98	1.89	1.78	1.73	1.70	1.54
	0.005	2.28	2.23	2.19	2.16	2.13	2.02	1.90	1.84	1.80	1.62
80	0.050	1.68	1.65	1.63	1.62	1.60	1.54	1.48	1.45	1.43	1.33
	0.025	1.85	1.82	1.79	1.77	1.75	1.68	1.60	1.55	1.53	1.40
	0.010	2.07	2.03	2.00	1.97	1.94	1.85	1.75	1.69	1.65	1.50
	0.005	2.23	2.19	2.15	2.11	2.08	1.97	1.85	1.79	1.75	1.57
100	0.050	1.65	1.63	1.61	1.59	1.57	1.52	1.45	1.41	1.39	1.28
	0.025	1.81	1.78	1.76	1.74	1.71	1.64	1.56	1.51	1.48	1.35
	0.010	2.02	1.98	1.95	1.92	1.89	1.80	1.69	1.63	1.60	1.43
	0.005	2.17	2.13	2.09	2.05	2.02	1.91	1.79	1.72	1.68	1.49
200	0.050	1.60	1.57	1.55	1.53	1.52	1.46	1.39	1.35	1.32	1.19
	0.025	1.74	1.71	1.68	1.66	1.64	1.56	1.47	1.42	1.39	1.23
	0.010	1.93	1.89	1.85	1.82	1.79	1.69	1.58	1.52	1.48	1.28
	0.005	2.06	2.01	1.97	1.94	1.91	1.79	1.66	1.59	1.54	1.32
+∞	0.050	1.54	1.52	1.50	1.48	1.46	1.40	1.32	1.28	1.25	1.03
	0.025	1.67	1.64	1.61	1.59	1.57	1.49	1.39	1.33	1.30	1.04
	0.010	1.83	1.79	1.76	1.73	1.70	1.59	1.48	1.41	1.36	1.05
	0.005	1.95	1.90	1.86	1.82	1.79	1.67	1.54	1.46	1.40	1.05

附表 7　χ^2 分布右尾临界值表

$$P(\chi^2>\chi^2_\alpha)=\alpha$$

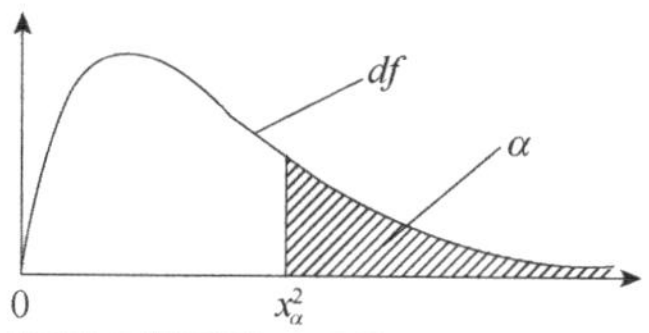

自由度	显著水平											
	0.995	0.990	0.975	0.900	0.750	0.500	0.250	0.100	0.050	0.025	0.010	0.005
1				0.02	0.10	0.45	1.32	2.71	3.84	5.02	6.63	7.88
2	0.01	0.02	0.05	0.21	0.58	1.39	2.77	4.61	5.99	7.38	9.21	10.60

续表

自由度	显著水平											
	0.995	0.990	0.975	0.900	0.750	0.500	0.250	0.100	0.050	0.025	0.010	0.005
3	0.07	0.11	0.22	0.58	1.21	2.37	4.11	6.25	7.81	9.35	11.34	12.84
4	0.21	0.30	0.48	1.06	1.92	3.36	5.39	7.78	9.49	11.14	13.28	14.86
5	0.41	0.55	0.83	1.61	2.67	4.35	6.63	9.24	11.07	12.83	15.09	16.75
6	0.68	0.87	1.24	2.20	3.45	5.35	7.84	10.64	12.59	14.45	16.81	18.55
7	0.99	1.24	1.69	2.83	4.25	6.35	9.04	12.02	14.07	16.01	18.48	20.28
8	1.34	1.65	2.18	3.49	5.07	7.34	10.22	13.36	15.51	17.53	20.09	21.95
9	1.73	2.09	2.70	4.17	5.90	8.34	11.39	14.68	16.92	19.02	21.67	23.59
10	2.16	2.56	3.25	4.87	6.74	9.34	12.55	15.99	18.31	20.48	23.21	25.19
11	2.60	3.05	3.82	5.58	7.58	10.34	13.70	17.28	19.68	21.92	24.72	26.76
12	3.07	3.57	4.40	6.30	8.44	11.34	14.85	18.55	21.03	23.34	26.22	28.30
13	3.57	4.11	5.01	7.04	9.30	12.34	15.98	19.81	22.36	24.74	27.69	29.82
14	4.07	4.66	5.63	7.79	10.17	13.34	17.12	21.06	23.68	26.12	29.14	31.32
15	4.60	5.23	6.26	8.55	11.04	14.34	18.25	22.31	25.00	27.49	30.58	32.80
16	5.14	5.81	6.91	9.31	11.91	15.34	19.37	23.54	26.30	28.85	32.00	34.27
17	5.70	6.41	7.56	10.09	12.79	16.34	20.49	24.77	27.59	30.19	33.41	35.72
18	6.26	7.01	8.23	10.86	13.68	17.34	21.60	25.99	28.87	31.53	34.81	37.16
19	6.84	7.63	8.91	11.65	14.56	18.34	22.72	27.20	30.14	32.85	36.19	38.58
20	7.43	8.26	9.59	12.44	15.45	19.34	23.83	28.41	31.41	34.17	37.57	40.00
21	8.03	8.90	10.28	13.24	16.34	20.34	24.93	29.62	32.67	35.48	38.93	41.40
22	8.64	9.54	10.98	14.04	17.24	21.34	26.04	30.81	33.92	36.78	40.29	42.80
23	9.26	10.20	11.69	14.85	18.14	22.34	27.14	32.01	35.17	38.08	41.64	44.18
24	9.89	10.86	12.40	15.66	19.04	23.34	28.24	33.20	36.42	39.36	42.98	45.56
25	10.52	11.52	13.12	16.47	19.94	24.34	29.34	34.38	37.65	40.65	44.31	46.93
26	11.16	12.20	13.84	17.29	20.84	25.34	30.43	35.56	38.89	41.92	45.64	48.29
27	11.81	12.88	14.57	18.11	21.75	26.34	31.53	36.74	40.11	43.19	46.96	49.64
28	12.46	13.56	15.31	18.94	22.66	27.34	32.62	37.92	41.34	44.46	48.28	50.99
29	13.12	14.26	16.05	19.77	23.57	28.34	33.71	39.09	42.56	45.72	49.59	52.34
30	13.79	14.95	16.79	20.60	24.48	29.34	34.80	40.26	43.77	46.98	50.89	53.67
40	20.71	22.16	24.43	29.05	33.66	39.34	45.62	51.81	55.76	59.34	63.69	66.77
50	27.99	29.71	32.36	37.69	42.94	49.33	56.33	63.17	67.50	71.42	76.15	79.49
60	35.53	37.48	40.48	46.46	52.29	59.33	66.98	74.40	79.08	83.30	88.38	91.95
70	43.28	45.44	48.76	55.33	61.70	69.33	77.58	85.53	90.53	95.02	100.43	104.21
80	51.17	53.54	57.15	64.28	71.14	79.33	88.13	96.58	101.88	106.63	112.33	116.32
90	59.20	61.75	65.65	73.29	80.62	89.33	98.65	107.57	113.15	118.14	124.12	128.30
100	67.33	70.06	74.22	82.36	90.13	99.33	109.14	118.50	124.34	129.56	135.81	140.17

附表 8　Duncan 新复极差测验 $SSR_{0.05}$ 和 $SSR_{0.01}$ 值表（两尾）

自由度（*df*）	显著水平（*P*）	测验极差的平均数个数（*p*）													
		2	3	4	5	6	7	8	9	10	12	14	16	18	20
1	0.05	18.00	18.00	18.00	18.00	18.00	18.00	18.00	18.00	18.00	18.00	18.00	18.00	18.00	18.00
	0.01	90.00	90.00	90.00	90.00	90.00	90.00	90.00	90.00	90.00	90.00	90.00	90.00	90.00	90.00
2	0.05	6.09	6.09	6.09	6.09	6.09	6.09	6.09	6.09	6.09	6.09	6.09	6.09	6.09	6.09
	0.01	14.00	14.00	14.00	14.00	14.00	14.00	14.00	14.00	14.00	14.00	14.00	14.00	14.00	14.00
3	0.05	4.50	4.50	4.50	4.50	4.50	4.50	4.50	4.50	4.50	4.50	4.50	4.50	4.50	4.50
	0.01	8.26	8.50	8.60	8.70	8.80	8.90	8.90	9.00	9.00	9.00	9.10	9.20	9.30	9.30
4	0.05	3.93	4.01	4.02	4.02	4.02	4.02	4.02	4.02	4.02	4.02	4.02	4.02	4.02	4.02
	0.01	6.51	6.80	6.90	7.00	7.10	7.10	7.20	7.20	7.30	7.30	7.40	7.40	7.50	7.50
5	0.05	3.64	3.74	3.79	3.83	3.83	3.83	3.83	3.83	3.83	3.83	3.83	3.83	3.83	3.83
	0.01	5.70	5.96	6.11	6.18	6.26	6.33	6.40	6.44	6.50	6.60	6.60	6.70	6.70	6.80
6	0.05	3.46	3.58	3.64	3.68	3.68	3.68	3.68	3.68	3.68	3.68	3.68	3.68	3.68	3.68
	0.01	5.24	5.51	5.65	5.73	5.81	5.88	5.95	6.00	6.00	6.10	6.20	6.20	6.30	6.30
7	0.05	3.35	3.47	3.54	3.58	3.60	3.61	3.61	3.61	3.61	3.61	3.61	3.61	3.61	3.61
	0.01	4.95	5.22	5.37	5.45	5.53	5.61	5.69	5.73	5.80	5.80	5.90	5.90	6.00	6.00
8	0.05	3.26	3.39	3.47	3.52	3.55	3.56	3.56	3.56	3.56	3.56	3.56	3.56	3.56	3.56
	0.01	4.74	5.00	5.14	5.23	5.32	5.40	5.47	5.51	5.50	5.60	5.70	5.70	5.80	5.80
9	0.05	3.20	3.34	3.41	3.47	3.50	3.52	3.52	3.52	3.52	3.52	3.52	3.52	3.52	3.52
	0.01	4.60	4.86	4.99	5.08	5.17	5.25	5.32	5.36	5.40	5.50	5.50	5.60	5.70	5.70
10	0.05	3.15	3.30	3.37	3.43	3.46	3.47	3.47	3.47	3.47	3.47	3.47	3.47	3.47	3.48
	0.01	4.48	4.73	4.88	4.96	5.06	5.13	5.20	5.24	5.28	5.36	5.42	5.48	5.54	5.55
11	0.05	3.11	3.27	3.35	3.39	3.43	3.44	3.45	3.46	4.46	3.46	3.46	3.46	3.47	3.48
	0.01	4.39	4.63	4.77	4.86	4.94	5.01	5.06	5.12	5.15	5.24	5.28	5.34	5.38	5.39
12	0.05	3.08	3.23	3.33	3.36	3.40	3.42	3.44	3.44	3.46	3.46	3.46	3.46	3.47	3.48
	0.01	4.32	4.55	4.68	4.76	4.84	4.92	4.96	5.02	5.07	5.13	5.17	5.22	5.24	5.26
13	0.05	3.06	3.21	3.30	3.35	3.38	3.41	3.42	3.44	3.45	3.45	3.46	3.46	3.47	3.47
	0.01	4.26	4.48	4.62	4.69	4.74	4.84	4.88	4.96	4.98	5.04	5.08	5.13	5.14	5.15
14	0.05	3.03	3.18	3.27	3.33	3.37	3.39	3.41	3.42	3.44	3.45	3.46	3.46	3.47	3.47
	0.01	4.21	4.42	4.55	4.63	4.70	4.78	4.83	4.87	4.91	4.96	5.08	5.04	5.06	5.07
15	0.05	3.01	3.16	3.25	3.31	3.36	3.38	3.40	3.42	3.43	3.44	3.45	3.46	3.47	3.47
	0.01	4.17	4.37	4.50	4.58	4.64	4.72	4.77	4.81	4.84	4.90	4.94	4.97	4.99	5.00
16	0.05	3.00	3.15	3.23	3.30	3.34	3.37	3.39	3.41	3.43	3.44	3.45	3.46	3.47	3.47
	0.01	4.13	4.34	4.45	4.54	4.60	4.67	4.72	4.76	4.79	4.84	4.88	4.91	4.93	4.94
17	0.05	2.98	3.13	3.22	3.28	3.33	3.36	3.38	3.40	3.42	3.44	3.45	3.46	3.47	3.47
	0.01	4.10	4.30	4.41	4.50	4.56	4.63	4.68	4.72	4.75	4.80	4.83	4.86	4.88	4.89
18	0.05	2.97	3.12	3.21	3.27	3.32	3.35	3.37	3.39	3.41	3.43	3.45	3.46	3.47	3.47
	0.01	4.07	4.27	4.38	4.46	4.53	4.59	4.64	4.68	4.71	4.76	4.79	4.82	4.84	4.85

续表

自由度（*df*）	显著水平（*P*）	测验极差的平均数个数（*p*）													
		2	3	4	5	6	7	8	9	10	12	14	16	18	20
19	0.05	2.96	3.11	3.19	3.26	3.31	3.35	3.37	3.39	3.41	3.43	3.44	3.46	3.47	3.47
	0.01	4.05	4.24	4.35	4.43	4.50	4.56	4.61	4.64	4.67	4.72	4.76	4.79	4.81	4.82
20	0.05	2.95	3.10	3.18	3.25	3.30	3.34	3.36	3.38	3.40	3.43	3.44	3.46	3.46	3.47
	0.01	4.02	4.22	4.33	4.40	4.47	4.53	4.58	4.61	4.65	4.69	4.73	4.76	4.78	4.79
22	0.05	2.93	3.08	3.17	3.24	3.29	3.32	3.35	3.37	3.39	3.42	3.44	3.45	3.46	3.47
	0.01	3.99	4.17	4.28	4.36	4.42	4.48	4.53	4.57	4.60	4.65	4.68	4.71	4.74	4.75
24	0.05	2.92	3.07	3.15	3.22	3.28	3.31	3.34	3.37	3.38	3.41	3.43	3.45	3.46	3.47
	0.01	3.96	4.14	4.24	4.33	4.39	4.44	4.49	4.53	4.57	4.62	4.62	4.67	4.70	4.72
26	0.05	2.91	3.06	3.14	3.21	3.27	3.30	3.34	3.36	3.38	3.41	3.43	3.45	3.46	3.47
	0.01	3.93	4.11	4.21	4.30	4.36	4.41	4.46	4.50	4.53	4.58	4.60	4.65	4.67	4.69
28	0.05	2.90	3.04	3.13	3.20	3.26	3.30	3.33	3.35	3.37	3.40	3.43	3.45	3.46	3.47
	0.01	3.91	4.08	4.18	4.28	4.34	4.39	4.43	4.47	4.51	4.56	4.58	4.62	4.65	4.67
30	0.05	2.89	3.04	3.12	3.20	3.25	3.29	3.32	3.35	3.37	3.40	3.42	3.44	3.46	3.47
	0.01	3.89	4.06	4.16	4.22	4.32	4.36	4.41	4.45	4.48	4.54	4.51	4.61	4.63	4.65
40	0.05	2.86	3.01	3.10	3.17	3.22	3.27	3.30	3.33	3.35	3.39	3.40	3.44	3.46	3.47
	0.01	3.28	3.99	4.10	4.17	4.24	4.30	4.34	4.37	4.41	4.46	4.44	4.54	4.57	4.59
60	0.05	2.83	2.98	3.08	3.14	3.20	3.24	3.28	3.31	3.33	3.37	3.40	3.43	3.45	3.47
	0.01	3.76	3.92	4.03	4.12	4.17	4.23	4.27	4.31	4.34	4.39	4.44	4.47	4.50	4.53
100	0.05	2.80	2.95	3.05	3.12	3.18	3.22	3.26	3.29	3.32	3.36	3.40	3.42	3.45	3.47
	0.01	3.71	3.96	3.98	4.06	4.11	4.17	4.21	4.25	4.29	4.35	4.38	4.42	4.45	4.48
∞	0.05	2.77	2.92	3.02	3.09	3.15	3.19	3.23	3.26	3.29	3.34	3.38	3.41	3.44	3.47
	0.01	3.64	3.80	3.90	3.98	4.04	4.09	4.14	4.17	4.20	4.26	4.31	4.34	4.38	4.41

附表 9　Dunnett 测验的 $Dt_{0.05}$ 和 $Dt_{0.01}$ 值表（两尾）

自由度	显著水平	处理平均数个数（不包括对照）								
		1	2	3	4	5	6	7	8	9
5	0.05	2.57	3.03	3.39	3.66	3.88	4.06	4.22	4.36	4.49
	0.01	4.03	4.63	5.09	5.44	5.73	5.97	6.18	6.36	6.53
6	0.05	2.45	2.86	3.18	3.41	3.60	3.75	3.88	4.00	4.11
	0.01	3.71	4.22	4.60	4.88	5.11	5.30	5.47	5.61	5.74
7	0.05	2.36	2.75	3.04	3.24	3.41	3.54	3.66	3.76	3.86
	0.01	3.50	3.95	4.28	4.52	4.71	4.87	5.01	5.13	5.24
8	0.05	2.31	2.67	2.94	3.13	3.28	3.40	3.51	3.60	3.68
	0.01	3.36	3.77	4.06	4.27	4.44	4.58	4.70	4.81	4.90
9	0.05	2.26	2.61	2.86	3.04	3.18	3.29	3.39	3.48	3.55
	0.01	3.25	3.63	3.90	4.09	4.24	4.37	4.48	4.57	4.65
10	0.05	2.23	2.57	2.81	2.97	3.11	3.21	3.31	3.39	3.46
	0.01	3.17	3.53	3.78	3.95	4.10	4.21	4.31	4.40	4.47

续表

自由度	显著水平	处理平均数个数（不包括对照）								
		1	2	3	4	5	6	7	8	9
11	0.05	2.20	2.53	2.76	2.92	3.05	3.15	3.24	3.31	3.38
	0.01	3.11	3.45	3.68	3.85	3.98	4.09	4.18	4.26	4.33
12	0.05	2.18	2.50	2.72	2.88	3.00	3.10	3.18	3.25	3.32
	0.01	3.05	3.39	3.61	3.76	3.89	3.99	4.08	4.15	4.22
13	0.05	2.16	2.48	2.69	2.84	2.96	3.06	3.14	3.21	3.27
	0.01	3.01	3.33	3.54	3.69	3.81	3.91	3.99	4.06	4.13
14	0.05	2.14	2.46	2.67	2.81	2.93	3.02	3.10	3.17	3.23
	0.01	2.98	3.29	3.49	3.64	3.75	3.84	3.92	3.99	4.05
15	0.05	2.13	2.44	2.64	2.79	2.90	2.99	3.07	3.13	3.19
	0.01	2.95	3.25	3.45	3.59	3.70	3.79	3.86	3.93	3.99
16	0.05	2.12	2.42	2.63	2.77	2.88	2.96	3.04	3.10	3.16
	0.01	2.92	3.22	3.41	3.55	3.65	3.74	3.82	3.88	3.93
17	0.05	2.11	2.41	2.61	2.75	2.85	2.94	3.01	3.08	3.13
	0.01	2.90	3.19	3.38	3.51	3.62	3.70	3.77	3.83	3.89
18	0.05	2.10	2.40	2.59	2.73	2.84	2.92	2.99	3.05	3.11
	0.01	2.88	3.17	3.35	3.48	3.58	3.67	3.74	3.80	3.85
19	0.05	2.09	2.39	2.58	2.72	2.82	2.90	2.97	3.04	3.09
	0.01	2.86	3.15	3.33	3.46	3.55	3.64	3.70	3.76	3.81
20	0.05	2.08	2.38	2.57	2.70	2.81	2.89	2.96	3.02	3.07
	0.01	2.85	3.13	3.31	3.43	3.53	3.61	3.67	3.73	3.78
24	0.05	2.06	2.35	2.53	2.66	2.76	2.84	2.91	2.96	3.01
	0.01	2.80	3.07	3.24	3.36	3.45	3.52	3.58	3.64	3.69
30	0.05	2.04	2.32	2.50	2.62	2.72	2.79	2.86	2.91	2.96
	0.01	2.75	3.01	3.17	3.28	3.37	3.44	3.50	3.55	3.59
40	0.05	2.02	2.29	2.47	2.58	2.67	2.75	2.81	2.86	2.90
	0.01	2.70	2.95	3.10	3.21	3.29	3.36	3.41	3.46	3.50
60	0.05	2.00	2.27	2.43	2.55	2.63	2.70	2.76	2.81	2.85
	0.01	2.66	2.90	3.04	3.14	3.22	3.28	3.33	3.38	3.42
120	0.05	1.98	2.24	2.40	2.51	2.59	2.66	2.71	2.76	2.80
	0.01	2.62	2.84	2.98	3.08	3.15	3.21	3.25	3.30	3.33
∞	0.05	1.96	2.21	2.37	2.47	2.55	2.62	2.67	2.71	2.75
	0.01	2.58	2.79	2.92	3.01	3.08	3.14	3.18	3.22	3.25

附表 10　q 两尾临界值表

自由度（df）	显著水平（P）	测验极差的平均数个数（p）								
		2	3	4	5	6	7	8	9	10
1	0.05	17.97	26.98	32.82	37.08	40.41	43.12	45.40	47.36	49.07
	0.01	90.03	135.00	164.03	185.60	202.20	215.80	227.20	237.00	245.60

续表

自由度（df）	显著水平（P）	测验极差的平均数个数（p）								
		2	3	4	5	6	7	8	9	10
2	0.05	6.08	8.33	9.80	10.88	11.74	12.44	13.03	13.54	13.99
	0.01	14.04	19.02	22.29	24.72	26.63	28.20	29.53	30.68	31.69
3	0.05	4.50	5.91	6.82	7.50	8.04	8.48	8.85	9.18	9.46
	0.01	8.26	10.62	12.17	13.33	14.24	15.00	15.64	16.20	16.69
4	0.05	3.93	5.04	5.76	6.29	6.71	7.05	7.35	7.60	7.83
	0.01	6.51	8.12	9.17	9.96	10.58	11.10	11.55	11.93	12.27
5	0.05	3.64	4.60	5.22	5.67	6.03	6.33	6.58	6.80	6.99
	0.01	5.70	6.98	7.80	8.42	8.91	9.32	9.67	9.97	10.24
6	0.05	3.46	4.34	4.90	5.30	5.63	5.90	6.12	6.32	6.49
	0.01	5.24	6.33	7.03	7.56	7.97	8.32	8.61	8.87	9.10
7	0.05	3.34	4.16	4.68	5.06	5.36	5.61	5.82	6.00	6.16
	0.01	4.95	5.92	6.54	7.01	7.37	7.68	7.94	8.17	8.37
8	0.05	3.26	4.04	4.53	4.89	5.17	5.40	5.60	5.77	5.92
	0.01	4.75	5.64	6.20	6.62	6.96	7.24	7.47	7.68	7.86
9	0.05	3.20	3.95	4.41	4.76	5.02	5.24	5.43	5.59	5.74
	0.01	4.60	5.43	5.96	6.35	6.66	6.91	7.13	7.33	7.49
10	0.05	3.15	3.88	4.33	4.65	4.91	5.12	5.30	5.46	5.60
	0.01	4.48	5.27	5.77	6.14	6.43	6.67	6.87	7.05	7.21
11	0.05	3.11	3.82	4.26	4.57	4.82	5.03	5.20	5.35	5.49
	0.01	4.39	5.15	5.62	5.97	6.25	6.48	6.67	6.84	6.99
12	0.05	3.08	3.77	4.20	4.51	4.75	4.95	5.12	5.27	5.39
	0.01	4.32	5.05	5.50	5.84	6.10	6.32	6.51	6.67	6.81
13	0.05	3.06	3.73	4.15	4.45	4.69	4.88	5.05	5.19	5.32
	0.01	4.26	4.96	5.40	5.73	5.98	6.19	6.37	6.53	6.67
14	0.05	3.03	3.70	4.11	4.41	4.64	4.83	4.99	5.13	5.25
	0.01	4.21	4.89	5.32	5.63	5.88	6.08	6.26	6.41	6.54
15	0.05	3.01	3.67	4.08	4.37	4.59	4.78	4.94	5.08	5.20
	0.01	4.17	4.84	5.25	5.56	5.80	5.99	6.16	6.31	6.44
16	0.05	3.00	3.65	4.05	4.33	4.56	4.74	4.90	5.03	5.15
	0.01	4.13	4.79	5.19	5.49	5.72	5.92	6.08	6.22	6.35
17	0.05	2.98	3.63	4.02	4.30	4.52	4.70	4.86	4.99	5.11
	0.01	4.10	4.74	5.14	5.43	5.66	5.85	6.01	6.15	6.27
18	0.05	2.97	3.61	4.00	4.28	4.49	4.67	4.82	4.96	5.07
	0.01	4.07	4.70	5.09	5.38	5.60	5.79	5.94	6.08	6.20
19	0.05	2.96	3.59	3.98	4.25	4.47	4.65	4.79	4.92	5.04
	0.01	4.05	4.67	5.05	5.33	5.55	5.73	5.89	6.02	6.14
20	0.05	2.95	3.58	3.96	4.23	4.45	4.62	4.77	4.90	5.01
	0.01	4.02	4.64	5.02	5.29	5.51	5.69	5.84	5.97	6.09

续表

自由度（*df*）	显著水平（*P*）	测验极差的平均数个数（*p*）								
		2	3	4	5	6	7	8	9	10
24	0.05	2.92	3.53	3.90	4.17	4.37	4.54	4.68	4.81	4.92
	0.01	3.96	4.55	4.91	5.17	5.37	5.54	5.69	5.81	5.92
30	0.05	2.89	3.49	3.85	4.10	4.30	4.46	4.60	4.72	4.82
	0.01	3.89	4.45	4.80	5.05	5.24	5.40	5.54	5.65	5.76
40	0.05	2.86	3.44	3.79	4.04	4.23	4.39	4.52	4.63	4.73
	0.01	3.82	4.37	4.70	4.93	5.11	5.26	5.39	5.50	5.60
60	0.05	2.83	3.40	3.74	3.98	4.16	4.31	4.44	4.55	4.65
	0.01	3.76	4.28	4.95	4.82	4.99	5.13	5.25	5.36	5.45
120	0.05	2.80	3.36	3.68	3.92	4.10	4.24	4.36	4.47	4.56
	0.01	3.70	4.20	4.50	4.71	4.87	5.01	5.12	5.21	5.30
∞	0.05	2.77	3.31	3.63	3.86	4.03	4.17	4.29	4.39	4.47
	0.01	3.64	4.12	4.40	4.60	4.76	4.88	4.99	5.08	5.06

自由度（*df*）	显著水平（*P*）	测验极差的平均数个数（*p*）								
		11	12	13	14	15	16	17	18	19	20
1	0.05	50.59	51.96	53.20	54.33	55.36	56.32	57.22	58.04	58.83	59.56
	0.01	253.20	260.00	266.20	271.80	277.00	281.80	286.30	290.40	294.30	298.00
2	0.05	14.39	14.75	15.08	15.38	16.65	15.91	16.14	16.37	16.57	16.77
	0.01	32.59	33.40	34.13	34.81	35.43	36.00	36.53	37.03	37.50	37.95
3	0.05	9.72	9.95	10.15	10.35	10.52	10.69	10.84	10.98	11.11	11.24
	0.01	17.13	17.53	17.89	18.22	18.52	18.81	19.07	19.32	19.55	19.77
4	0.05	8.03	8.21	8.37	8.52	8.66	8.79	8.91	9.03	9.13	9.23
	0.01	12.57	12.84	13.09	13.32	13.53	13.73	13.91	14.08	14.24	14.40
5	0.05	7.17	7.32	7.47	7.60	7.72	7.83	7.93	8.03	8.12	8.21
	0.01	10.48	10.70	10.89	11.08	11.24	11.40	11.55	11.68	11.81	11.93
6	0.05	6.65	6.79	6.92	7.03	7.14	7.24	7.34	7.43	7.51	7.59
	0.01	9.30	9.48	9.65	9.81	9.95	10.08	10.21	10.32	10.43	10.54
7	0.05	6.30	6.43	6.55	6.66	6.76	6.85	6.94	7.02	7.10	7.17
	0.01	8.55	8.71	8.86	9.00	9.12	9.24	9.35	9.46	9.55	9.65
8	0.05	6.05	6.18	6.29	6.39	6.48	6.57	6.65	6.73	6.80	6.87
	0.01	8.03	8.18	8.31	8.44	8.55	8.66	8.76	8.85	8.94	9.03
9	0.05	5.87	5.98	6.09	6.19	6.28	6.36	6.44	6.51	6.58	6.64
	0.01	7.65	7.78	7.91	8.03	8.13	8.23	8.33	8.41	8.49	8.57
10	0.05	5.72	5.83	5.93	6.03	6.11	6.19	6.27	6.34	6.40	6.47
	0.01	7.36	7.49	7.60	7.71	7.81	7.91	7.99	8.08	8.15	8.23
11	0.05	5.61	5.71	5.81	5.90	5.98	6.06	6.13	6.20	6.27	6.33
	0.01	7.13	7.25	7.36	7.46	7.56	7.65	7.73	7.81	7.88	7.95
12	0.05	5.51	5.61	5.71	5.80	5.88	5.95	6.02	6.09	6.15	6.21
	0.01	6.94	7.06	7.17	7.26	7.36	7.44	7.52	7.59	7.66	7.73

续表

自由度（df）	显著水平（P）	测验极差的平均数个数（p）									
		11	12	13	14	15	16	17	18	19	20
13	0.05	5.43	5.53	5.63	5.71	5.79	5.86	5.93	5.99	6.05	6.11
	0.01	6.79	6.90	7.01	7.10	7.19	7.27	7.35	7.42	7.48	7.55
14	0.05	5.36	5.46	5.55	5.64	5.71	5.79	5.85	5.91	5.97	6.03
	0.01	6.66	6.77	6.87	6.96	7.05	7.13	7.20	7.27	7.33	7.39
15	0.05	5.31	5.40	5.49	5.57	5.65	5.72	5.78	5.85	5.90	5.96
	0.01	6.55	6.66	6.76	6.84	6.93	7.00	7.07	7.14	7.20	7.26
16	0.05	5.26	5.35	5.44	5.52	5.59	5.66	5.73	5.79	5.84	5.90
	0.01	6.46	6.56	6.66	6.74	6.82	6.90	6.97	7.03	7.09	7.15
17	0.05	5.21	5.31	5.39	5.47	5.54	5.61	5.67	5.73	5.79	5.84
	0.01	6.38	6.48	6.57	6.66	6.73	6.81	6.87	6.94	7.00	7.05
18	0.05	5.17	5.27	5.35	5.43	5.50	5.57	5.63	5.69	5.74	5.79
	0.01	6.31	6.41	6.50	6.58	6.65	6.73	6.79	6.85	6.91	6.97
19	0.05	5.14	5.23	5.31	5.39	5.46	5.53	5.59	5.65	5.70	5.75
	0.01	6.25	6.34	6.43	6.51	6.58	6.65	6.72	6.78	6.84	6.89
20	0.05	5.11	5.20	5.28	5.36	5.43	5.49	5.55	5.61	5.66	5.71
	0.01	6.19	6.28	6.37	6.45	6.52	6.59	6.65	6.71	6.77	6.82
24	0.05	5.01	5.10	5.18	5.25	5.32	5.38	5.44	5.49	5.55	5.59
	0.01	6.02	6.11	6.19	6.26	6.33	6.39	6.45	6.51	6.56	6.61
30	0.05	4.92	5.00	5.08	5.15	5.21	5.27	5.33	5.38	5.43	5.47
	0.01	5.85	5.93	6.01	6.08	6.14	6.20	6.26	6.31	6.36	6.41
40	0.05	4.82	4.90	4.98	5.04	5.11	5.16	5.22	5.27	5.31	5.36
	0.01	5.69	5.76	5.83	5.90	5.96	6.02	6.07	6.12	6.16	6.21
60	0.05	4.73	4.81	4.88	4.94	5.00	5.06	5.11	5.15	5.20	5.24
	0.01	5.53	5.60	5.67	5.73	5.78	5.84	5.89	5.93	5.97	6.01
120	0.05	4.64	4.71	4.78	4.84	4.90	4.95	5.00	5.04	5.09	5.13
	0.01	5.37	5.44	5.50	5.56	5.61	5.66	5.71	5.75	5.79	5.83
∞	0.05	4.55	4.62	4.68	4.74	4.80	4.85	4.89	4.93	4.97	5.01
	0.01	5.23	5.29	5.35	5.40	5.45	5.49	5.54	5.57	5.61	5.56

附表 11　百分数反正弦（$\sin^{-1}\sqrt{p}$）转换表

%	0.0	0.1	0.2	0.3	0.4	0.5	0.6	0.7	0.8	0.9
0	0.00	1.81	2.56	3.14	3.63	4.05	4.44	4.80	5.13	5.44
1	5.74	6.02	6.29	6.55	6.80	7.03	7.27	7.49	7.71	7.92
2	8.13	8.33	8.53	8.72	8.91	9.10	9.28	9.46	9.63	9.80
3	9.97	10.14	10.30	10.47	10.63	10.78	10.94	11.09	11.24	11.39
4	11.54	11.68	11.83	11.97	12.11	12.25	12.38	12.52	12.66	12.79

续表

%	0.0	0.1	0.2	0.3	0.4	0.5	0.6	0.7	0.8	0.9
5	12.92	13.05	13.18	13.31	13.44	13.56	13.69	13.81	13.94	14.06
6	14.18	14.30	14.42	14.54	14.65	14.77	14.89	15.00	15.12	15.23
7	15.34	15.45	15.56	15.68	15.79	15.89	16.00	16.11	16.22	16.32
8	16.43	16.54	16.64	16.74	16.85	16.95	17.05	17.15	17.26	17.36
9	17.46	17.56	17.66	17.76	17.85	17.95	18.05	18.15	18.24	18.34
10	18.43	18.53	18.63	18.72	18.81	18.91	19.00	19.09	19.19	19.28
11	19.37	19.46	19.55	19.64	19.73	19.82	19.91	20.00	20.09	20.18
12	20.27	20.36	20.44	20.53	20.62	20.70	20.79	20.88	20.96	21.05
13	21.13	21.22	21.30	21.39	21.47	21.56	21.64	21.72	21.81	21.89
14	21.97	22.06	22.14	22.22	22.30	22.38	22.46	22.54	22.63	22.71
15	22.79	22.87	22.95	23.03	23.11	23.18	23.26	23.34	23.42	23.50
16	23.58	23.66	23.73	23.81	23.89	23.97	24.04	24.12	24.20	24.27
17	24.35	24.43	24.50	24.58	24.65	24.73	24.80	24.88	24.95	25.03
18	25.10	25.18	25.25	25.33	25.40	25.47	25.55	25.62	25.70	25.77
19	25.84	25.91	25.99	26.06	26.13	26.21	26.28	26.35	26.42	26.49
20	26.57	26.64	26.71	26.78	26.85	26.92	26.99	27.06	27.13	27.20
21	27.27	27.35	27.42	27.49	27.56	27.62	27.69	27.76	27.83	27.90
22	27.97	28.04	28.11	28.18	28.25	28.32	28.39	28.45	28.52	28.59
23	28.66	28.73	28.79	28.86	28.93	29.00	29.06	29.13	29.20	29.27
24	29.33	29.40	29.47	29.53	29.60	29.67	29.73	29.80	29.87	29.93
25	30.00	30.07	30.13	30.20	30.26	30.33	30.40	30.46	30.53	30.59
26	30.66	30.72	30.79	30.85	30.92	30.98	31.05	31.11	31.18	31.24
27	31.31	31.37	31.44	31.50	31.56	31.63	31.69	31.76	31.82	31.88
28	31.95	32.01	32.08	32.14	32.20	32.27	32.33	32.39	32.46	32.52
29	32.58	32.65	32.71	32.77	32.83	32.90	32.96	33.02	33.09	33.15
30	33.21	33.27	33.34	33.40	33.46	33.52	33.58	33.65	33.71	33.77
31	33.83	33.90	33.96	34.02	34.08	34.14	34.20	34.27	34.33	34.39
32	34.45	34.51	34.57	34.63	34.70	34.76	34.82	34.88	34.94	35.00
33	35.06	35.12	35.18	35.24	35.30	35.37	35.43	35.49	35.55	35.61
34	35.67	35.73	35.79	35.85	35.91	35.97	36.03	36.09	36.15	36.21
35	36.27	36.33	36.39	36.45	36.51	36.57	36.63	36.69	36.75	36.81
36	36.87	36.93	36.99	37.05	37.11	37.17	37.23	37.29	37.35	37.41
37	37.46	37.52	37.58	37.64	37.70	37.76	37.82	37.88	37.94	38.00
38	38.06	38.12	38.17	38.23	38.29	38.35	38.41	38.47	38.53	38.59
39	38.65	38.70	38.76	38.82	38.88	38.94	39.00	39.06	39.11	39.17
40	39.23	39.29	39.35	39.41	39.47	39.52	39.58	39.64	39.70	39.76
41	39.82	39.87	39.93	39.99	40.05	40.11	40.16	40.22	40.28	40.34
42	40.40	40.45	40.51	40.57	40.63	40.69	40.74	40.80	40.86	40.92

续表

%	0.0	0.1	0.2	0.3	0.4	0.5	0.6	0.7	0.8	0.9
43	40.98	41.03	41.09	41.15	41.21	41.27	41.32	41.38	41.44	41.50
44	41.55	41.61	41.67	41.73	41.78	41.84	41.90	41.96	42.02	42.07
45	42.13	42.19	42.25	42.30	42.36	42.42	42.48	42.53	42.59	42.65
46	42.71	42.76	42.82	42.88	42.94	42.99	43.05	43.11	43.17	43.22
47	43.28	43.34	43.39	43.45	43.51	43.57	43.62	43.68	43.74	43.80
48	43.85	43.91	43.97	44.03	44.08	44.14	44.20	44.26	44.31	44.37
49	44.43	44.48	44.54	44.60	44.66	44.71	44.77	44.83	44.89	44.94
50	45.00	45.06	45.11	45.17	45.23	45.29	45.34	45.40	45.46	45.52
51	45.57	45.63	45.69	45.74	45.80	45.86	45.92	45.97	46.03	46.09
52	46.15	46.20	46.26	46.32	46.38	46.43	46.49	46.55	46.61	46.66
53	46.72	46.78	46.83	46.89	46.95	47.01	47.06	47.12	47.18	47.24
54	47.29	47.35	47.41	47.47	47.52	47.58	47.64	47.70	47.75	47.81
55	47.87	47.93	47.98	48.04	48.10	48.16	48.22	48.27	48.33	48.39
56	48.45	48.50	48.56	48.62	48.68	48.73	48.79	48.85	48.91	48.97
57	49.02	49.08	49.14	49.20	49.26	49.31	49.37	49.43	49.49	49.55
58	49.60	49.66	49.72	49.78	49.84	49.89	49.95	50.01	50.07	50.13
59	50.18	50.24	50.30	50.36	50.42	50.48	50.53	50.59	50.65	50.71
60	50.77	50.83	50.89	50.94	51.00	51.06	51.12	51.18	51.24	51.30
61	51.35	51.41	51.47	51.53	51.59	51.65	51.71	51.77	51.83	51.88
62	51.94	52.00	52.06	52.12	52.18	52.24	52.30	52.36	52.42	52.48
63	52.54	52.59	52.65	52.71	52.77	52.83	52.89	52.95	53.01	53.07
64	53.13	53.19	53.25	53.31	53.37	53.43	53.49	53.55	53.61	53.67
65	53.73	53.79	53.85	53.91	53.97	54.03	54.09	54.15	54.21	54.27
66	54.33	54.39	54.45	54.51	54.57	54.63	54.70	54.76	54.82	54.88
67	54.94	55.00	55.06	55.12	55.18	55.24	55.30	55.37	55.43	55.49
68	55.55	55.61	55.67	55.73	55.80	55.86	55.92	55.98	56.04	56.10
69	56.17	56.23	56.29	56.35	56.42	56.48	56.54	56.60	56.66	56.73
70	56.79	56.85	56.91	56.98	57.04	57.10	57.17	57.23	57.29	57.35
71	57.42	57.48	57.54	57.61	57.67	57.73	57.80	57.86	57.92	57.99
72	58.05	58.12	58.18	58.24	58.31	58.37	58.44	58.50	58.56	58.63
73	58.69	58.76	58.82	58.89	58.95	59.02	59.08	59.15	59.21	59.28
74	59.34	59.41	59.47	59.54	59.60	59.67	59.74	59.80	59.87	59.93
75	60.00	60.07	60.13	60.20	60.27	60.33	60.40	60.47	60.53	60.60
76	60.67	60.73	60.80	60.87	60.94	61.00	61.07	61.14	61.21	61.27
77	61.34	61.41	61.48	61.55	61.61	61.68	61.75	61.82	61.89	61.96
78	62.03	62.10	62.17	62.24	62.31	62.38	62.44	62.51	62.58	62.65
79	62.73	62.80	62.87	62.94	63.01	63.08	63.15	63.22	63.29	63.36
80	63.43	63.51	63.58	63.65	63.72	63.79	63.87	63.94	64.01	64.09

续表

%	0.0	0.1	0.2	0.3	0.4	0.5	0.6	0.7	0.8	0.9
81	64.16	64.23	64.30	64.38	64.45	64.53	64.60	64.67	64.75	64.82
82	64.90	64.97	65.05	65.12	65.20	65.27	65.35	65.42	65.50	65.57
83	65.65	65.73	65.80	65.88	65.96	66.03	66.11	66.19	66.27	66.34
84	66.42	66.50	66.58	66.66	66.74	66.82	66.89	66.97	67.05	67.13
85	67.21	67.29	67.37	67.46	67.54	67.62	67.70	67.78	67.86	67.94
86	68.03	68.11	68.19	68.28	68.36	68.44	68.53	68.61	68.70	68.78
87	68.87	68.95	69.04	69.12	69.21	69.30	69.38	69.47	69.56	69.64
88	69.73	69.82	69.91	70.00	70.09	70.18	70.27	70.36	70.45	70.54
89	70.63	70.72	70.81	70.91	71.00	71.09	71.19	71.28	71.37	71.47
90	71.57	71.66	71.76	71.85	71.95	72.05	72.15	72.24	72.34	72.44
91	72.54	72.64	72.74	72.85	72.95	73.05	73.15	73.26	73.36	73.46
92	73.57	73.68	73.78	73.89	74.00	74.11	74.21	74.32	74.44	74.55
93	74.66	74.77	74.88	75.00	75.11	75.23	75.35	75.46	75.58	75.70
94	75.82	75.94	76.06	76.19	76.31	76.44	76.56	76.69	76.82	76.95
95	77.08	77.21	77.34	77.48	77.62	77.75	77.89	78.03	78.17	78.32
96	78.46	78.61	78.76	78.91	79.06	79.22	79.37	79.53	79.70	79.86
97	80.03	80.20	80.37	80.54	80.72	80.90	81.09	81.28	81.47	81.67
98	81.87	82.08	82.29	82.51	82.73	82.97	83.20	83.45	83.71	83.98
99	84.26	84.56	84.87	85.20	85.56	85.95	86.37	86.86	87.44	88.19

附表 12　*r* 和 *R* 两尾临界值表

自由度（*df*）	显著水平（*P*）	变数的个数（*M*）				自由度（*df*）	显著水平（*P*）	变数的个数（*M*）			
		2	3	4	5			2	3	4	5
1	0.05	0.997	0.999	0.999	0.999	8	0.05	0.632	0.726	0.777	0.811
	0.01	1.000	1.000	1.000	1.000		0.01	0.765	0.827	0.860	0.882
2	0.05	0.950	0.975	0.983	0.987	9	0.05	0.602	0.697	0.750	0.786
	0.01	0.990	0.995	0.997	0.997		0.01	0.735	0.800	0.837	0.861
3	0.05	0.878	0.930	0.950	0.961	10	0.05	0.576	0.671	0.726	0.763
	0.01	0.959	0.977	0.983	0.987		0.01	0.708	0.776	0.814	0.840
4	0.05	0.811	0.881	0.912	0.930	11	0.05	0.553	0.648	0.703	0.741
	0.01	0.917	0.949	0.962	0.970		0.01	0.684	0.753	0.793	0.821
5	0.05	0.754	0.836	0.874	0.898	12	0.05	0.532	0.627	0.683	0.722
	0.01	0.875	0.917	0.937	0.949		0.01	0.661	0.732	0.773	0.802
6	0.05	0.707	0.795	0.839	0.867	13	0.05	0.514	0.608	0.664	0.703
	0.01	0.834	0.886	0.911	0.927		0.01	0.641	0.712	0.755	0.785
7	0.05	0.666	0.758	0.807	0.838	14	0.05	0.497	0.590	0.646	0.686
	0.01	0.798	0.855	0.885	0.904		0.01	0.623	0.694	0.737	0.768

续表

自由度 (*df*)	显著水平 (*P*)	变数的个数（*M*）				自由度 (*df*)	显著水平 (*P*)	变数的个数（*M*）			
		2	3	4	5			2	3	4	5
15	0.05	0.482	0.574	0.630	0.670	35	0.05	0.325	0.397	0.445	0.482
	0.01	0.606	0.677	0.721	0.752		0.01	0.418	0.481	0.523	0.556
16	0.05	0.468	0.559	0.615	0.655	40	0.05	0.304	0.373	0.419	0.455
	0.01	0.590	0.662	0.706	0.738		0.01	0.393	0.454	0.494	0.526
17	0.05	0.456	0.545	0.601	0.641	45	0.05	0.288	0.353	0.397	0.432
	0.01	0.575	0.647	0.691	0.724		0.01	0.372	0.430	0.470	0.501
18	0.05	0.444	0.532	0.587	0.628	50	0.05	0.273	0.336	0.379	0.412
	0.01	0.561	0.633	0.678	0.710		0.01	0.354	0.410	0.449	0.479
19	0.05	0.433	0.520	0.575	0.615	60	0.05	0.250	0.308	0.348	0.380
	0.01	0.549	0.620	0.665	0.697		0.01	0.325	0.377	0.414	0.442
20	0.05	0.423	0.509	0.563	0.604	70	0.05	0.232	0.286	0.324	0.354
	0.01	0.537	0.607	0.652	0.685		0.01	0.302	0.351	0.386	0.413
21	0.05	0.413	0.498	0.552	0.593	80	0.05	0.217	0.269	0.304	0.332
	0.01	0.526	0.596	0.641	0.674		0.01	0.283	0.330	0.363	0.389
22	0.05	0.404	0.488	0.542	0.582	90	0.05	0.205	0.254	0.288	0.315
	0.01	0.515	0.585	0.630	0.663		0.01	0.267	0.312	0.343	0.368
23	0.05	0.396	0.479	0.532	0.572	100	0.05	0.195	0.241	0.274	0.299
	0.01	0.505	0.574	0.619	0.653		0.01	0.254	0.297	0.327	0.351
24	0.05	0.388	0.470	0.532	0.562	125	0.05	0.174	0.216	0.246	0.269
	0.01	0.496	0.565	0.609	0.643		0.01	0.228	0.267	0.294	0.316
25	0.05	0.381	0.462	0.514	0.553	150	0.05	0.159	0.198	0.225	0.247
	0.01	0.487	0.555	0.600	0.633		0.01	0.208	0.244	0.269	0.290
26	0.05	0.374	0.454	0.506	0.545	200	0.05	0.138	0.172	0.196	0.215
	0.01	0.479	0.546	0.590	0.624		0.01	0.181	0.212	0.235	0.253
27	0.05	0.367	0.446	0.498	0.536	300	0.05	0.113	0.141	0.160	0.176
	0.01	0.471	0.538	0.582	0.615		0.01	0.148	0.174	0.192	0.208
28	0.05	0.361	0.439	0.490	0.529	400	0.05	0.098	0.122	0.139	0.153
	0.01	0.463	0.529	0.573	0.607		0.01	0.128	0.151	0.167	0.180
29	0.05	0.355	0.432	0.483	0.521	500	0.05	0.088	0.109	0.124	0.137
	0.01	0.456	0.522	0.565	0.598		0.01	0.115	0.135	0.150	0.162
30	0.05	0.349	0.425	0.476	0.514	1000	0.05	0.062	0.077	0.088	0.097
	0.01	0.449	0.514	0.558	0.591		0.01	0.081	0.096	0.106	0.115

附表 13　百分率和概率单位转换表

%	0	0.1	0.2	0.3	0.4	0.5	0.6	0.7	0.8	0.9
0		1.9098	2.1218	2.2522	2.3479	2.4242	2.4879	2.5427	2.5911	2.6344
1	2.6737	2.7096	2.7429	2.7738	2.8027	2.8299	2.8556	2.8799	2.9031	2.9251
2	2.9463	2.9665	2.9859	3.0046	3.0226	3.0400	3.0569	3.0732	3.0890	3.1043

续表

%	0	0.1	0.2	0.3	0.4	0.5	0.6	0.7	0.8	0.9
3	3.1192	3.1337	3.1478	3.1616	3.1750	3.1881	3.2009	3.2134	3.2256	3.2376
4	3.2493	3.2608	3.2721	3.2831	3.2940	3.3046	3.3151	3.3253	3.3354	3.3454
5	3.3551	3.3648	3.3742	3.3836	3.3928	3.4018	3.4107	3.4195	3.4282	3.4368
6	3.4452	3.4536	3.4618	3.4699	3.4780	3.4859	3.4937	3.5015	3.5091	3.5167
7	3.5242	3.5316	3.5389	3.5462	3.5534	3.5605	3.5675	3.5745	3.5813	3.5882
8	3.5949	3.6016	3.6083	3.6148	3.6213	3.6278	3.6342	3.6405	3.6468	3.6531
9	3.6592	3.6654	3.6715	3.6775	3.6835	3.6894	3.6953	3.7012	3.7070	3.7127
10	3.7184	3.7241	3.7298	3.7354	3.7409	3.7464	3.7519	3.7574	3.7628	3.7681
11	3.7735	3.7788	3.7840	3.7893	3.7945	3.7996	3.8048	3.8099	3.8150	3.8200
12	3.8250	3.8300	3.8350	3.8399	3.8448	3.8497	3.8545	3.8593	3.8641	3.8689
13	3.8736	3.8783	3.8830	3.8877	3.8923	3.8969	3.9015	3.9061	3.9107	3.9152
14	3.9197	3.9242	3.9286	3.9331	3.9375	3.9419	3.9463	3.9506	3.9550	3.9593
15	3.9636	3.9678	3.9721	3.9763	3.9806	3.9848	3.9890	3.9931	3.9973	4.0014
16	4.0055	4.0096	4.0137	4.0178	4.0218	4.0259	4.0299	4.0339	4.0379	4.0419
17	4.0458	4.0498	4.0537	4.0576	4.0615	4.0654	4.0693	4.0731	4.0770	4.0808
18	4.0846	4.0884	4.0922	4.0960	4.0998	4.1035	4.1073	4.1110	4.1147	4.1184
19	4.1221	4.1258	4.1295	4.1331	4.1367	4.1404	4.1440	4.1476	4.1512	4.1548
20	4.1584	4.1619	4.1655	4.1690	4.1726	4.1761	4.1796	4.1831	4.1866	4.1901
21	4.1936	4.1970	4.2005	4.2039	4.2074	4.2108	4.2142	4.2176	4.2210	4.2244
22	4.2278	4.2312	4.2345	4.2379	4.2412	4.2446	4.2479	4.2512	4.2546	4.2579
23	4.2612	4.2644	4.2677	4.2710	4.2743	4.2775	4.2808	4.2840	4.2872	4.2905
24	4.2937	4.2969	4.3001	4.3033	4.3065	4.3097	4.3129	4.3160	4.3192	4.3224
25	4.3255	4.3287	4.3318	4.3349	4.3380	4.3412	4.3443	4.3474	4.3505	4.3536
26	4.3567	4.3597	4.3628	4.3659	4.3689	4.3720	4.3750	4.3781	4.3811	4.3842
27	4.3872	4.3902	4.3932	4.3962	4.3992	4.4022	4.4052	4.4082	4.4112	4.4142
28	4.4172	4.4201	4.4231	4.4260	4.4290	4.4319	4.4349	4.4378	4.4408	4.4437
29	4.4466	4.4495	4.4524	4.4554	4.4583	4.4612	4.4641	4.4670	4.4698	4.4727
30	4.4756	4.4785	4.4813	4.4842	4.4871	4.4899	4.4928	4.4956	4.4985	4.5013
31	4.5041	4.5070	4.5098	4.5126	4.5155	4.5183	4.5211	4.5239	4.5267	4.5295
32	4.5323	4.5351	4.5379	4.5407	4.5435	4.5462	4.5490	4.5518	4.5546	4.5573
33	4.5601	4.5628	4.5656	4.5684	4.5711	4.5739	4.5766	4.5793	4.5821	4.5848
34	4.5875	4.5903	4.5930	4.5957	4.5984	4.6011	4.6039	4.6066	4.6093	4.6120
35	4.6147	4.6174	4.6201	4.6228	4.6255	4.6281	4.6308	4.6335	4.6362	4.6389
36	4.6415	4.6442	4.6469	4.6495	4.6522	4.6549	4.6575	4.6602	4.6628	4.6655
37	4.6681	4.6708	4.6734	4.6761	4.6787	4.6814	4.6840	4.6866	4.6893	4.6919
38	4.6945	4.6971	4.6998	4.7024	4.7050	4.7076	4.7102	4.7129	4.7155	4.7181
39	4.7207	4.7233	4.7259	4.7285	4.7311	4.7337	4.7363	4.7389	4.7415	4.7441
40	4.7467	4.7492	4.7518	4.7544	4.7570	4.7596	4.7622	4.7647	4.7673	4.7699

续表

%	0	0.1	0.2	0.3	0.4	0.5	0.6	0.7	0.8	0.9
41	4.7725	4.7750	4.7776	4.7802	4.7827	4.7853	4.7879	4.7904	4.7930	4.7955
42	4.7981	4.8007	4.8032	4.8058	4.8083	4.8109	4.8134	4.8160	4.8185	4.8211
43	4.8236	4.8262	4.8287	4.8313	4.8338	4.8363	4.8389	4.8414	4.8440	4.8465
44	4.8490	4.8516	4.8541	4.8566	4.8592	4.8617	4.8642	4.8668	4.8693	4.8718
45	4.8743	4.8769	4.8794	4.8819	4.8844	4.8870	4.8895	4.8920	4.8945	4.8970
46	4.8996	4.9021	4.9046	4.9071	4.9096	4.9122	4.9147	4.9172	4.9197	4.9222
47	4.9247	4.9272	4.9298	4.9323	4.9348	4.9373	4.9398	4.9423	4.9448	4.9473
48	4.9498	4.9524	4.9549	4.9574	4.9599	4.9624	4.9649	4.9674	4.9699	4.9724
49	4.9749	4.9774	4.9799	4.9825	4.9850	4.9875	4.9900	4.9925	4.9950	4.9975
50	5.0000	5.0025	5.0050	5.0075	5.0100	5.0125	5.0150	5.0175	5.0201	5.0226
51	5.0251	5.0276	5.0301	5.0326	5.0351	5.0376	5.0401	5.0426	5.0451	5.0476
52	5.0502	5.0527	5.0552	5.0577	5.0602	5.0627	5.0652	5.0677	5.0702	5.0728
53	5.0753	5.0778	5.0803	5.0828	5.0853	5.0878	5.0904	5.0929	5.0954	5.0979
54	5.1004	5.1030	5.1055	5.1080	5.1105	5.1130	5.1156	5.1181	5.1206	5.1231
55	5.1257	5.1282	5.1307	5.1332	5.1358	5.1383	5.1408	5.1434	5.1459	5.1484
56	5.1510	5.1535	5.1560	5.1586	5.1611	5.1637	5.1662	5.1687	5.1713	5.1738
57	5.1764	5.1789	5.1815	5.1840	5.1866	5.1891	5.1917	5.1942	5.1968	5.1993
58	5.2019	5.2045	5.2070	5.2096	5.2121	5.2147	5.2173	5.2198	5.2224	5.2250
59	5.2275	5.2301	5.2327	5.2353	5.2378	5.2404	5.2430	5.2456	5.2482	5.2508
60	5.2533	5.2559	5.2585	5.2611	5.2637	5.2663	5.2689	5.2715	5.2741	5.2767
61	5.2793	5.2819	5.2845	5.2871	5.2898	5.2924	5.2950	5.2976	5.3002	5.3029
62	5.3055	5.3081	5.3107	5.3134	5.3160	5.3186	5.3213	5.3239	5.3266	5.3292
63	5.3319	5.3345	5.3372	5.3398	5.3425	5.3451	5.3478	5.3505	5.3531	5.3558
64	5.3585	5.3611	5.3638	5.3665	5.3692	5.3719	5.3745	5.3772	5.3799	5.3826
65	5.3853	5.3880	5.3907	5.3934	5.3961	5.3989	5.4016	5.4043	5.4070	5.4097
66	5.4125	5.4152	5.4179	5.4207	5.4234	5.4261	5.4289	5.4316	5.4344	5.4372
67	5.4399	5.4427	5.4454	5.4482	5.4510	5.4538	5.4565	5.4593	5.4621	5.4649
68	5.4677	5.4705	5.4733	5.4761	5.4789	5.4817	5.4845	5.4874	5.4902	5.4930
69	5.4959	5.4987	5.5015	5.5044	5.5072	5.5101	5.5129	5.5158	5.5187	5.5215
70	5.5244	5.5273	5.5302	5.5330	5.5359	5.5388	5.5417	5.5446	5.5476	5.5505
71	5.5534	5.5563	5.5592	5.5622	5.5651	5.5681	5.5710	5.5740	5.5769	5.5799
72	5.5828	5.5858	5.5888	5.5918	5.5948	5.5978	5.6008	5.6038	5.6068	5.6098
73	5.6128	5.6158	5.6189	5.6219	5.6250	5.6280	5.6311	5.6341	5.6372	5.6403
74	5.6433	5.6464	5.6495	5.6526	5.6557	5.6588	5.6620	5.6651	5.6682	5.6713
75	5.6745	5.6776	5.6808	5.6840	5.6871	5.6903	5.6935	5.6967	5.6999	5.7031
76	5.7063	5.7095	5.7128	5.7160	5.7192	5.7225	5.7257	5.7290	5.7323	5.7356
77	5.7388	5.7421	5.7454	5.7488	5.7521	5.7554	5.7588	5.7621	5.7655	5.7688
78	5.7722	5.7756	5.7790	5.7824	5.7858	5.7892	5.7926	5.7961	5.7995	5.8030

续表

%	0	0.1	0.2	0.3	0.4	0.5	0.6	0.7	0.8	0.9
79	5.8064	5.8099	5.8134	5.8169	5.8204	5.8239	5.8274	5.8310	5.8345	5.8381
80	5.8416	5.8452	5.8488	5.8524	5.8560	5.8596	5.8633	5.8669	5.8705	5.8742
81	5.8779	5.8816	5.8853	5.8890	5.8927	5.8965	5.9002	5.9040	5.9078	5.9116
82	5.9154	5.9192	5.9230	5.9269	5.9307	5.9346	5.9385	5.9424	5.9463	5.9502
83	5.9542	5.9581	5.9621	5.9661	5.9701	5.9741	5.9782	5.9822	5.9863	5.9904
84	5.9945	5.9986	6.0027	6.0069	6.0110	6.0152	6.0194	6.0237	6.0279	6.0322
85	6.0364	6.0407	6.0450	6.0494	6.0537	6.0581	6.0625	6.0669	6.0714	6.0758
86	6.0803	6.0848	6.0893	6.0939	6.0985	6.1031	6.1077	6.1123	6.1170	6.1217
87	6.1264	6.1311	6.1359	6.1407	6.1455	6.1503	6.1552	6.1601	6.1650	6.1700
88	6.1750	6.1800	6.1850	6.1901	6.1952	6.2004	6.2055	6.2107	6.2160	6.2212
89	6.2265	6.2319	6.2372	6.2426	6.2481	6.2536	6.2591	6.2646	6.2702	6.2759
90	6.2816	6.2873	6.2930	6.2988	6.3047	6.3106	6.3165	6.3225	6.3285	6.3346
91	6.3408	6.3469	6.3532	6.3595	6.3658	6.3722	6.3787	6.3852	6.3917	6.3984
92	6.4051	6.4118	6.4187	6.4255	6.4325	6.4395	6.4466	6.4538	6.4611	6.4684
93	6.4758	6.4833	6.4909	6.4985	6.5063	6.5141	6.5220	6.5301	6.5382	6.5464
94	6.5548	6.5632	6.5718	6.5805	6.5893	6.5982	6.6072	6.6164	6.6258	6.6352
95	6.6449	6.6546	6.6646	6.6747	6.6849	6.6954	6.7060	6.7169	6.7279	6.7392
96	6.7507	6.7624	6.7744	6.7866	6.7991	6.8119	6.8250	6.8384	6.8522	6.8663
97	6.8808	6.8957	6.9110	6.9268	6.9431	6.9600	6.9774	6.9954	7.0141	7.0335
98	7.0537	7.0749	7.0969	7.1201	7.1444	7.1701	7.1973	7.2262	7.2571	7.2904
99	7.3263	7.3656	7.4089	7.4573	7.5121	7.5758	7.6521	7.7478	7.8782	8.0902

附表 14 常用正交表

一、二水平正交表

$L_4(2^3)$

试验号	列号			试验号	列号		
	1	2	3		1	2	3
1	1	1	1	3	2	1	2
2	1	2	2	4	2	2	1

注：任意两列的交互作用为另外一列

$L_8(2^7)$

试验号	列号						
	1	2	3	4	5	6	7
1	1	1	1	1	1	1	1
2	1	1	1	2	2	2	2
3	1	2	2	1	1	2	2

续表

试验号	列号						
	1	2	3	4	5	6	7
4	1	2	2	2	2	1	1
5	2	1	2	1	2	1	2
6	2	1	2	2	1	2	1
7	2	2	1	1	2	2	1
8	2	2	1	2	1	1	2

$L_8(2^7)$ 两列间的交互作用

1	2	3	4	5	6	7	列号
(1)	3	2	5	4	7	6	1
	(2)	1	6	7	4	5	2
		(3)	7	6	5	4	3
			(4)	1	2	3	4
				(5)	3	2	5
					(6)	1	6
						(7)	7

$L_8(2^7)$ 主效应不与交互作用混杂的设计表

因素数		列号						
		1	2	3	4	5	6	7
3	1	A	B	$A\times B$	C	$A\times C$	$B\times C$	
4	1/2	A	B	$A\times B$	C	$A\times C$	$B\times C$	D
				$C\times D$		$B\times D$	$A\times D$	

$L_{12}(2^{11})$

试验号	列号										
	1	2	3	4	5	6	7	8	9	10	11
1	1	1	1	1	1	1	1	1	1	1	1
2	1	1	1	1	1	2	2	2	2	2	2
3	1	1	2	2	2	1	1	1	2	2	2
4	1	2	1	2	2	1	2	2	1	1	2
5	1	2	2	1	2	2	1	2	1	2	1
6	1	2	2	2	1	2	2	1	2	1	1
7	2	1	2	2	1	1	2	2	1	2	1
8	2	1	2	1	2	2	2	1	1	1	2
9	2	1	1	2	2	2	1	2	2	1	1
10	2	2	2	1	1	1	1	2	2	1	2
11	2	2	1	2	1	2	1	1	1	2	2
12	2	2	1	1	2	1	2	1	2	2	1

注：任意两列的交互作用均不在表中

$L_{16}(2^{15})$

试验号	列号														
	1	2	3	4	5	6	7	8	9	10	11	12	13	14	15
1	1	1	1	1	1	1	1	1	1	1	1	1	1	1	1
2	1	1	1	1	1	1	1	2	2	2	2	2	2	2	2
3	1	1	1	2	2	2	2	1	1	1	1	2	2	2	2
4	1	1	1	2	2	2	2	2	2	2	2	1	1	1	1
5	1	2	2	1	1	2	2	1	1	2	2	1	1	2	1
6	1	2	2	1	1	2	2	2	2	1	1	2	2	1	2
7	1	2	2	2	2	1	1	1	1	2	2	2	2	1	1
8	1	2	2	2	2	1	1	2	2	1	1	1	1	2	2
9	2	1	2	1	2	1	2	1	2	1	2	1	2	1	2
10	2	1	2	1	2	1	2	2	1	2	1	2	1	2	1
11	2	1	2	2	1	2	1	1	2	1	2	2	1	2	1
12	2	1	2	2	1	2	1	2	1	2	1	1	2	1	2
13	2	2	1	1	2	2	1	1	2	2	1	1	2	2	1
14	2	2	1	1	2	2	1	2	1	1	2	2	1	1	2
15	2	2	1	2	1	1	2	1	2	2	1	2	1	1	2
16	2	2	1	2	1	1	2	2	1	1	2	1	2	2	1

$L_{16}(2^{15})$ 两列间的交互作用

1	2	3	4	5	6	7	8	9	10	11	12	13	14	15	列号
(1)	3	2	5	4	7	6	9	8	11	10	13	12	15	14	1
	(2)	1	6	7	4	5	10	11	8	9	14	15	12	13	2
		(3)	7	6	5	4	11	10	9	8	15	14	13	12	3
			(4)	1	2	3	12	13	14	15	8	9	10	11	4
				(5)	3	2	13	12	15	14	9	8	11	10	5
					(6)	1	14	15	12	13	10	11	8	9	6
						(7)	15	14	13	12	11	10	9	8	7
							(8)	1	2	3	4	5	6	7	8
								(9)	3	2	5	4	7	6	9
									(10)	1	6	7	4	5	10
										(11)	7	6	5	4	11
											(12)	1	2	3	12
												(13)	3	2	13
													(14)	1	14
														(15)	15

L_{16}（2^{15}）主效应不与交互作用混杂的设计表

因素	列号														
	1	2	3	4	5	6	7	8	9	10	11	12	13	14	15
4	*A*	*B*	*AB*	*C*	*AC*	*BC*		*D*	*AD*	*BD*		*CD*			
5	*A*	*B*	*AB*	*C*	*AC*	*BC*	*DE*	*D*	*AD*	*BD*	*CE*	*CD*	*BE*	*AE*	*E*
6	*A*	*B*	*AB* *DE*	*C*	*AC* *DF*	*BC* *EF*		*D*	*AD* *BE* *CF*	*BD* *AE*	*E*	*CD* *AF*	*F*		*CE* *BF*
7	*A*	*B*	*AB* *DE* *FG*	*C*	*AC* *DF* *EG*	*BC* *EF* *DG*		*D*	*AD* *BE* *CF*	*BD* *AE* *CG*	*E*	*CD* *AF* *BG*	*F*	*G*	*CE* *BF* *AG*
8	*A*	*B*	*AB* *DE* *FG* *CH*	*C*	*AC* *DF* *EG* *BH*	*BC* *EF* *DG* *AH*	*H*	*D*	*AD* *BE* *CF* *GH*	*BD* *AE* *CG* *FH*	*E*	*CD* *AF* *BG* *EH*	*F*	*G*	*CE* *BF* *AG* *DH*

二、三水平正交表

L_0（3^4）

试验号	列号			
	1	2	3	4
1	1	1	1	1
2	1	2	2	2
3	1	3	3	3
4	2	1	2	3
5	2	2	3	1
6	2	3	1	2
7	3	1	3	2
8	3	2	1	3
9	3	3	2	1

注：任意两列的交互作用为另外两列

L_{18}（3^7）

试验号	列号						
	1	2	3	4	5	6	7
1	1	1	1	1	1	1	1
2	1	2	2	2	2	2	2
3	1	3	3	3	3	3	3
4	2	1	1	2	2	3	3
5	2	2	2	3	3	1	1
6	2	3	3	1	1	2	2
7	3	1	2	1	3	2	3

续表

试验号	列号						
	1	2	3	4	5	6	7
8	3	2	3	2	1	3	1
9	3	3	1	3	2	1	2
10	1	1	3	3	2	2	1
11	1	2	1	1	3	3	2
12	1	3	2	2	1	1	3
13	2	1	2	3	1	3	2
14	2	2	3	1	2	1	3
15	2	3	1	2	3	2	1
16	3	1	3	2	3	1	2
17	3	2	1	3	1	2	3
18	3	3	2	1	2	3	1

注：任意两列的交互作用均不在表中

$L_{27}(3^{13})$

试验号	列号												
	1	2	3	4	5	6	7	8	9	10	11	12	13
1	1	1	1	1	1	1	1	1	1	1	1	1	1
2	1	1	1	1	2	2	2	2	2	2	2	2	2
3	1	1	1	1	3	3	3	3	3	3	3	3	3
4	1	2	2	2	1	1	1	2	2	2	3	3	3
5	1	2	2	2	2	2	2	3	3	3	1	1	1
6	1	2	2	2	3	3	3	1	1	1	2	2	2
7	1	3	3	3	1	1	1	3	3	3	2	2	2
8	1	3	3	3	2	2	2	1	1	1	3	3	3
9	1	3	3	3	3	3	3	2	2	2	1	1	1
10	2	1	2	3	1	2	3	1	2	3	1	2	3
11	2	1	2	3	2	3	1	2	3	1	2	3	1
12	2	1	2	3	3	1	2	3	1	2	3	1	2
13	2	2	3	1	1	2	3	2	3	1	3	1	2
14	2	2	3	1	2	3	1	3	1	2	1	2	3
15	2	2	3	1	3	1	2	1	2	3	2	3	1
16	2	3	1	2	1	2	3	3	1	2	2	3	1
17	2	3	1	2	2	3	1	1	2	3	3	1	2
18	2	3	1	2	3	1	2	2	3	1	1	2	3
19	3	1	3	2	1	3	2	1	3	2	1	3	2
20	3	1	3	2	2	1	3	2	1	3	2	1	3
21	3	1	3	2	3	2	1	3	2	1	3	2	1

续表

试验号	列号												
	1	2	3	4	5	6	7	8	9	10	11	12	13
22	3	2	1	3	1	3	2	2	1	3	3	2	1
23	3	2	1	3	2	1	3	3	2	1	1	3	2
24	3	2	1	3	3	2	1	1	3	2	2	1	3
25	3	3	2	1	1	3	2	3	2	1	2	1	3
26	3	3	2	1	2	1	3	1	3	2	3	2	1
27	3	3	2	1	3	2	1	2	1	3	1	3	2

$L_{27}(3^{13})$ 两列间的交互作用

列号													列号
1	2	3	4	5	6	7	8	9	10	11	12	13	
(1)	3,4	2,4	2,3	6,7	5,7	5,6	9,10	8,10	8,9	12,13	11,13	11,12	1
	(2)	1,4	1,3	8,11	9,12	10,13	5,11	6,12	7,13	5,8	6,9	7,10	2
		(3)	1,2	9,13	10,11	8,12	7,12	5,13	6,11	6,10	7,8	5,9	3
			(4)	10,12	8,13	9,11	6,13	7,11	5,12	7,9	5,10	6,8	4
				(5)	1,7	1,6	2,11	3,13	4,12	2,8	4,10	3,9	5
					(6)	1,5	4,13	2,12	3,11	3,10	2,9	4,8	6
						(7)	3,12	4,11	2,13	4,9	3,8	2,10	7
							(8)	1,10	1,9	2,5	3,7	4,6	8
								(9)	1,8	4,7	2,6	3,5	9
									(10)	3,6	4,5	2,7	10
										(11)	1,13	1,12	11
											(12)	1,11	12
												(13)	13

$L_{27}(3^{13})$ 主效应不与交互作用混杂的设计表

因素	列号												
	1	2	3	4	5	6	7	8	9	10	11	12	13
3	A	B	AB	A^2B	C	AC	A^2C	BC			B^2C		
4	A	B	AB C^2D	A^2B	C	AC B^2D	A^2C	BC A^2D	D	AD	B^2C	BD	CD

三、四水平正交表

$L_{16}(4^5)$

试验号	列号				
	1	2	3	4	5
1	1	1	1	1	1
2	1	2	2	2	2
3	1	3	3	3	3

续表

试验号	列号				
	1	2	3	4	5
4	1	4	4	4	4
5	2	1	2	3	4
6	2	2	1	4	3
7	2	3	4	1	2
8	2	4	3	2	1
9	3	1	3	4	2
10	3	2	4	3	1
11	3	3	1	2	4
12	3	4	2	1	3
13	4	1	4	2	3
14	4	2	3	1	4
15	4	3	2	4	1
16	4	4	1	3	2

注：任意两列的交互作用为另外三列

四、五水平正交表

$L_{25}(5^6)$

试验号	列号					
	1	2	3	4	5	6
1	1	1	1	1	1	1
2	1	2	2	2	2	2
3	1	3	3	3	3	3
4	1	4	4	4	4	4
5	1	5	5	5	5	5
6	2	1	2	3	4	5
7	2	2	3	4	5	1
8	2	3	4	5	1	2
9	2	4	5	1	2	3
10	2	5	1	2	3	4
11	3	1	3	5	2	4
12	3	2	4	1	3	5
13	3	3	5	2	4	1
14	3	4	1	3	5	2
15	3	5	2	4	1	3
16	4	1	4	2	5	3
17	4	2	5	3	1	4

续表

试验号	列号					
	1	2	3	4	5	6
18	4	3	1	4	2	5
19	4	4	2	5	3	1
20	4	5	3	1	4	2
21	5	1	5	4	3	2
22	5	2	1	5	4	3
23	5	3	2	1	5	4
24	5	4	3	2	1	5
25	5	5	4	3	2	1

注：任意两列的交互作用为另外四列

五、混合水平正交表

$L_8(4\times2^4)$

试验号	列号				
	1	2	3	4	5
1	1	1	1	1	1
2	1	2	2	2	2
3	2	1	1	2	2
4	2	2	2	1	1
5	3	1	2	1	2
6	3	2	1	2	1
7	4	1	2	2	1
8	4	2	1	1	2

$L_{12}(3\times2^4)$

试验号	列号				
	1	2	3	4	5
1	1	1	1	1	1
2	1	1	1	2	2
3	1	2	2	1	2
4	1	2	2	2	1
5	2	1	2	1	1
6	2	1	2	2	2
7	2	2	1	1	1
8	2	2	1	2	2
9	3	1	2	1	2
10	3	1	1	2	1
11	3	2	1	1	2
12	3	2	2	2	1

《田间试验与统计方法》（第二版）教学课件索取单

凡是使用本《田间试验与统计方法》（第二版）作为教材的院校与教师，均可免费获赠由作者提供的教学课件一份。欢迎通过电话、信件、电邮与我们联系。本活动解释权在科学出版社。

教师反馈表

姓名：	职称 / 职务：
大学：	院系：
电话：	传真：
电子邮件（重要）：	
通讯地址及邮编：	
所授课程（一）：	人数：
课程对象：□研究生 □本科（____年级） □其他________	授课专业：
使用教材名称 / 作者 / 出版社：	
所授课程（二）：	人数：
课程对象：□研究生 □本科（____年级） □其他________	授课专业：
使用教材名称 / 作者 / 出版社：	
您对本书的评价及对下一版的修改意见：	
贵校（学院）开设的相关课程有哪些？使用的教材名称/作者/出版社？	
某些现用教材若不符合教学需求，换用其他版本时有何要求？	院系证明（建议加盖公章）：
您的其他建议和意见：	

表格回执地址：北京市东黄城根北街 16 号 科学出版社高等教育出版中心，邮编 100717

联系人：丛楠　　Tel：010-64034871　　e-mail：congnan@mail.sciencep.com